AF616915

***ACCESO GRATIS** a la Lectura en la Nube*

Para visualizar el libro electrónico en la nube de lectura envíe junto a su nombre y apellidos una fotografía del código de barras situado en la contraportada del libro y otra del ticket de compra a la dirección:

ebooktirant@tirant.com

En un máximo de 72 horas laborables le enviaremos el código de acceso con sus instrucciones.

CONSTITUCIONALISMO GLOBAL Y ORDEN DE GÉNERO

Una batalla por la inclusión transformadora

CONSTITUCIONALISMO GLOBAL Y ORDEN DE GÉNERO

Una batalla por la inclusión transformadora

RUTH RUBIO MARÍN

tirant lo blanch
Valencia, 2024

En caso de erratas y actualizaciones, la Editorial Tirant lo Blanch publicará la pertinente corrección en la página web www.tirant.com.

TEORÍA Segunda época
Colección dirigida por
Jorge Cerdio

EDITA: TIRANT LO BLANCH
C/ Artes Gráficas, 14 - 46010 - Valencia
TELFS.: 96/361 00 48 - 50
FAX: 96/369 41 51
Email:tlb@tirant.com
www.tirant.com
Librería virtual: www.tirant.es
DEPÓSITO LEGAL: V-3985-2024
ISBN: 978-84-1071-125-9
MAQUETA: Tink Factoría de Color

Si tiene alguna queja o sugerencia, envíenos un mail a: *atencioncliente@tirant.com*. En caso de no ser atendida su sugerencia, por favor, lea en *www.tirant.net/index.php/empresa/politicas-de-empresa* nuestro procedimiento de quejas.

Responsabilidad Social Corporativa: http://www.tirant.net/Docs/RSCTirant.pdf

Quiero dedicar este libro a mi madre, Joana,
y al hombre y los hombrecitos de mi vida:
Ricardo, Simón y Lucas.

También a las muchas mujeres constituyentes silenciadas durante siglos en los relatos oficiales de la historia del constitucionalismo y a las nuevas generaciones académicas con la esperanza de que esta obra les ayude a sentir que su pasión por el estudio del constitucionalismo en perspectiva de género y feminista no implica necesariamente una condena a los márgenes de la disciplina.

Índice

Prólogo

ANA MICAELA ALTERIO

Como la historia misma de las mujeres, la academia jurídica feminista se nos ha presentado de modo fragmentado. Quienes nos dedicamos al estudio del constitucionalismo desde el feminismo hemos tenido que ir reconstruyendo un rompecabezas con piezas perdidas, descartadas y que en muchas ocasiones no encajaban en los espacios previstos para acomodarlas. Bajo el impulso de la inconformidad, el pensamiento crítico y la imaginación, hemos ido recuperando las piezas, creándolas cuando no estaban y generando los espacios como hemos podido. Este libro de Ruth Rubio Marín que me honra prologar es una composición de esa historia y de ese constitucionalismo feminista; es el rompecabezas finalmente armado, y la imagen que muestra es reveladora.

Luego de verla, cobramos conciencia de cuánta falta hacía tener una narrativa completa y cómo esta nos hace pleno sentido, como si siempre hubiera estado allí. En efecto, puede decirse que estaba allí, como hemos estado siempre los subalternos sin ser del todo vistos ni nombrados, como estaban las piezas del puzle antes de acomodarse. Lo revelador es el acto de nombrar, reconstruir y hacer inteligible mediante categorías y datos precisos —que abarcan una enorme cantidad de experiencias constitucionales de todo el mundo y se nutren de estudios de género de numerosos académicos— este acervo de conocimiento que permite resignificar un derecho que ya nunca podrá verse igual.

Esto es lo que hace este libro, que sin duda constituye un parteaguas en la teoría constitucional comparada contemporánea. En *Constitucionalismo global y género: una batalla por la inclusión transformadora*, Ruth Rubio Marín generosamente nos revela un constitucionalismo feminista global con la majestuosidad que solo cabe a una de las mejores académicas jurídicas contemporáneas. Su relato complejiza la historia y los fundamentos teóricos que sentaron las bases del constitucionalismo moderno, contrastándolos de modo dialéctico con las luchas feministas de resistencia y resignificación (la historia "de ellas"). De allí que el constitucionalismo feminista que nos enseña, la "síntesis", abreve tanto de los postulados universales propios del discurso jurídico como del pensamiento situado más afín a las ciencias sociales y los feminismos para lograr una visión estructural del diseño del género en el constitucionalismo global.

En este ejercicio dialéctico, no es extraño que la autora utilice al mismo tiempo un lenguaje universalista y una narrativa en primera persona de tenor abiertamente contextual, marcando un contrapunto con las abstracciones desencarnadas a las que la academia jurídica tradicional nos tiene acostumbrados. Consciente de que toda construcción académica será siempre imperfecta e incompleta, Ruth se anima a un trabajo comprensivo y ambicioso y lo ejecuta con erudición y meticulosidad. Con un cuidado enorme por documentar cada afirmación, la autora no incurre en generalizaciones ligeras sobre el constitucionalismo y da cuenta de las diferencias sin jerarquizarlas, resaltando tanto el dinamismo de todo sistema de orden social como la interacción de los distintos sistemas de opresión en el tiempo y en los espacios, entre los que el sexo-genérico es solo uno de estos y no es siempre el mismo.

Uno de los grandes aportes del libro es, sin duda, la periodización que realiza. Nos han enseñado las vicisitudes del constitucionalismo según olas de democratización, ligadas a sucesos y sujetos políticos emergentes como las revoluciones liberales y la burguesía, las revoluciones socialistas y los trabajadores, las guerras mundiales y las minorías que requieren protección, con suerte incluyendo los procesos de descolonización, todos vistos desde el norte global. El feminismo, por su parte, se ha racionalizado en olas asociadas a la lucha por ciertos derechos, como el sufragio, los derechos sexuales y reproductivos, la igualdad sustantiva, la identidad de género, etc., que no parecen interactuar del todo con la lógica constitucional. La propuesta de Ruth Rubio Marín, en cambio, si bien transita esos momentos ya incorporados en nuestro pensamiento, realiza cortes y secuencias según la forma en que los ordenamientos jurídicos constitucionales han tratado a las mujeres y a otras minorías sexo-genéricas y de acuerdo a cómo estas han interpelado a esos sistemas jurídicos, logrando (parcialmente o no) que reciban sus reclamos. Así genera esa interacción ausente, más allá del norte global, cuatro grandes momentos explicativos.

Un primer momento se presenta marcado por la "exclusión", donde las mujeres y otras personas subalternizadas están completamente afuera del constitucionalismo y de la ciudadanía. Este momento es fundamental no solo por su carácter fundacional, sino también porque pondrá en evidencia el "ADN" de un derecho que pervive hasta hoy. Con la lente feminista, nos permite cuestionar además los presupuestos de universalidad e igualdad del constitucionalismo de la época.

Un segundo momento es el de la "inclusión" de las mujeres en el constitucionalismo, propiciada por las victorias de la segunda ola del feminismo y la consolidación del discurso de los derechos humanos a nivel constitucional e internacional. Este periodo nos enfrenta de inmediato a los límites del concepto de autonomía, central para el constitucionalismo, pero en tensión cuando de reconocimiento de derechos sexuales y reproductivos se trata. Aquí vemos cómo la posibilidad de inclusión de las mujeres también responde a diseños constitucionales preexistentes, bifurcándose en dos modos distintos de operarla. Por un lado, un modo "asimilacionista", que adopta una postura de neutralidad ante el sexo y cuyo paradigma es el constitucionalismo liberal de Estados Unidos. Por otro lado, un modelo "maternalista/acomodacionista", con una idea de inclusión en la diferencia bajo un sistema de protecciones especiales a la familia reproductiva y la maternidad, articuladas en el marco del Estado social europeo. Ambos modos se revelan a la postre insuficientes para la plena ciudadanía y los derechos de las mujeres. En el primer caso, por no lograr acomodar las diferencias; en el segundo, por reforzar estereotipos de género y afianzar el modelo de familia patriarcal.

Un tercer momento, al que Ruth denomina "constitucionalismo participativo", aparece casi como respuesta necesaria a estas insuficiencias y se centra en cuestionar la propia legitimidad de los sistemas democrático-constitucionales. Las experiencias jurídicas y de movilización recogidas en esta etapa, que comienza en los años noventa del siglo XX con el surgimiento de las teorías sustantivas de la igualdad, refutan con contundencia la ilusión de que es posible tener un derecho igualitario si en su confección e interpretación no participa más de la mitad de la población. De allí que aparezcan en escena los reclamos de paridad de los feminismos, acompañados por nuevos resquebrajamientos a la teoría clásica del constitucionalismo: la división público-privada sobre la que se asienta el Estado liberal y la idea de independencia como columna vertebral de la ciudadanía tienen su lado oscuro en el trabajo doméstico, reproductivo y de cuidados —sostenedor de la dependencia humana—, impuesto históricamente a las mujeres como parte de un contrato sexual invisibilizado.

Finalmente, Ruth nos introduce a un cuarto estadio que designa "constitucionalismo feminista transformador" y que está marcado por el horizonte normativo de una estructura familiar y un orden sexual y reproductivo realmente igualitarios. En este momento, la autora combina un balance de los aciertos y desaciertos del movimiento feminista a la hora de trasladar sus luchas políticas a la arena constitucional basado en la comprensión de las causas de la subordinación por género y de los mecanismos que han servido para mantenerla y reproducirla, con propuestas jurídicas complejas y estructurales para hacerles frente. En este sentido, la culminación del libro es más una guía de acción para transformar el constitucionalismo en sentido feminista igualitario e inclusivo que una descripción de una realidad jurídica alguna vez ocurrida.

Huelga decir que la autora no presenta esta periodización como una secuencia evolutiva lineal de los regímenes jurídicos ni tampoco como un devenir histórico necesario y universal, sino, como dice Bev Baines en el prólogo a la versión anglófona de este libro, como una aproximación a las «formas que el constitucionalismo feminista» pueda tomar. Así todo, al final Ruth Rubio consigue transmitirnos un mensaje optimista —y, por tanto, movilizador—, aunque no por ello carente de conciencia sobre los grandes desafíos que presenta un mundo polarizado como el que habitamos.

Quisiera terminar este prólogo compartiendo lo que considero es la vivencia que nos habilita el libro, un texto que —como he señalado al inicio— es revelador y esencial para cualquier constitucionalista. A medida que avanzamos en la lectura, como lectores vamos experimentando un doble proceso epistémico. Uno de deconstrucción de presupuestos asumidos, de ese llamado "sentido común" del derecho tan arraigado, y otro simultáneo de reconstrucción de ideas constitucionales más completas, complejas y menos ideales, que en conjunto nos permiten una nueva narrativa dotada, esta vez sí, de sentido. Esto no es menor. El hecho de que un libro nos permita entender las razones de un derecho que les falla sistemáticamente a las mujeres y a otras minorías, no solo teóricamente, sino desde la enorme cantidad de datos y experiencias recopiladas a nivel global, nos abre la posibilidad de renovar la apuesta por el derecho y la democracia con una agenda transformadora y retomar el diseño constitucional como tarea prioritaria. Y eso, para quienes nos dedicamos al derecho constitucional con perspectiva feminista, es muchísimo.

Presentación

Mediante esta traducción al castellano he querido facilitar el acceso de la obra *Global Gender Constitutionalism and Women's Citizenship: A Struggle for Transformative Inclusion* (Cambridge University Press, 2022) al público de mi lengua materna.

El contenido de la obra es el mismo que el de la versión inglesa, con la salvedad de que he convertido el último epígrafe del capítulo 5 en un capítulo independiente, el capítulo 6, dada la centralidad y actualidad de la materia que aborda. Gran parte del nuevo capítulo 6 fue publicado como artículo en 2023 bajo el título «La munición constitucional del movimiento global anti-género» en *Teoría y Realidad Constitucional* (52): 233-65.

Por lo demás, en esta edición he incluido solo algunas actualizaciones para no dejar fuera del texto algunas importantes novedades jurisprudenciales (como la que ha tenido lugar en el ámbito reproductivo), sin pretender, lógicamente, ser exhaustiva. Hacerlo hubiera implicado más tiempo y espacio de los que estaban a mi disposición. Como en toda obra, hay que saber poner punto final y aceptar humildemente que el resultado siempre será incompleto e imperfecto.

Quisiera pedir disculpas a una buena parte de la doctrina que en los países de habla hispana se ha consagrado al estudio del constitucionalismo desde la perspectiva de género, incluyendo en España, mi propio país, porque soy consciente de que este cuerpo doctrinal aparece claramente infrarrepresentado en la obra y de que esta infrarrepresentación se hace aún más patente en un texto en lengua española. En general, por su amplia ambición temática y temporal, la obra prioriza la descripción y análisis de los patrones que ofrecen las fuentes primarias (como las propias constituciones y la jurisprudencia constitucional) frente al análisis dogmático de la doctrina. A esta opción hay que añadir la circunstancia de que la versión original de la obra estaba destinada al público anglosajón, de modo que esta no deja de ser una traducción solo muy ligeramente adaptada al nuevo público. Por ello, la incorporación de doctrina de países de habla hispana en esta edición ha sido inevitablemente puntual, selectiva y, hasta cierto punto, azarosa. De ahí que extienda mis disculpas a mis compañeras y compañeros de faena. Ojalá que la expansión de los parámetros de análisis —más allá de los países que en el ámbito anglosajón se han privilegiado tradicionalmente en los estudios de derecho constitucional comparado para dar mucho más protagonismo, entre otras cuestiones, a los avances y aportes de los países de habla hispana, que es lo que he pretendido con la obra en su conjunto— sirvan para redimirme, al menos un poco, de este pecado.

Sevilla, 8 de marzo de 2024.

Introducción

El cuándo, el porqué, el qué y el cómo del libro: cuando lo personal se convierte en político

1. EL CUÁNDO Y EL PORQUÉ DEL LIBRO

En cierta medida, este libro debe su existencia a la pandemia de COVID-19. Habían pasado algunos años desde que firmara el contrato con la editorial y cada año, con una paciencia verdaderamente encomiable, los responsables del sello me formulaban la temida pregunta: ¿está casi listo? La verdad era que, por mucho que quisiera, me estaba resultando extremadamente difícil escribir un libro en lugar de redactar artículos u otras piezas en formatos más cortos o colaborativos. Escribir un libro requiere una dedicación constante, horas de trabajo diario, sistemático e ininterrumpido, y un grado de aislamiento que simplemente me ha resultado difícil de compaginar tanto con el resto de mis obligaciones académicas (clases, exámenes, supervisión de tesis, tutorías, conferencias, preparación, dirección o coordinación de proyectos de investigación, revisiones, desplazamientos al extranjero...) como con las obligaciones propias de mi condición —primero *de facto* y luego *de jure*— de madre sola de dos niños (provisión de alimentos, limpieza, tareas, deportes, citas con médicos y profesores, organización de agendas, burocracia doméstica, planificación de vacaciones...). Todo ello a pesar de los privilegios que acompañan mi condición de mujer europea de clase media profesional, privilegios que, entre otras cosas, me han permitido delegar parte de ese trabajo de cuidados en otras mujeres económicamente más vulnerables, a menudo, aunque no siempre, inmigrantes. Sin su ayuda habría sido simplemente imposible no solo escribir este libro, sino también compatibilizar la maternidad y la carrera académica por la que opté. Vaya, pues, por delante mi agradecimiento. Si a estas circunstancias se añaden las vicisitudes más o menos comunes de la vida y a menudo difíciles o dolorosas (varias mudanzas entre países, turbulencias sentimentales, períodos de enfermedades o pérdida de seres queridos) que he encarado, debo confesar que durante mucho tiempo temí que nunca llegaría el momento en que este libro viera la luz.

Por eso, cuando la pandemia de COVID-19 irrumpió en nuestras vidas y, de repente, las conferencias, viajes y compromisos de diversa índole empezaron a caerse de mi agenda y las rutinas de socialización se empobrecieron inevitablemente, atisbé una oportunidad única para retomar el proyecto del libro donde lo había dejado la última vez que me las había arreglado para dedicar un tiempo prolongado a trabajar en él. Esta vez enfrenté el esfuerzo con la renovada esperanza de llevarlo a cabo. Y lo hice. Mientras escribo estas páginas, no ignoro que, para muchas de mis colegas —y no solo para aquellas cuya salud se vio seriamente comprometida— la pandemia no representó en absoluto una ventana de oportunidad. Me refiero a aquellas mujeres con hijos pequeños cuyas escuelas no pudieron continuar con la enseñanza en línea y que, por ello, lejos de disfrutar de un contexto de paz y tranquilidad, tuvieron que afrontar la situación sin el respiro que conlleva el horario escolar y vivieron confinadas en espacios más o menos estrechos. En mi casa sevillana disfruto de un espacio amplio y luminoso y de una bonita terraza. Muchas de mis compañeras tuvieron que sumar a sus roles de académicas y cuidadoras el de maestras, al tiempo que perdían la posibilidad de subcontratar parte de los trabajos de cuidados en el sector del empleo remunerado. Aun así, la mayoría de ellas también forman parte del segmento de mujeres privilegiadas cuya situación contrasta con la de muchas otras que, sin tener la posibilidad de teletrabajar ni de disfrutar de la relativa seguridad económica que, superadas ciertas barreras, otorga el trabajo académico en países como el mío, tuvieron que exponer su vida a diario realizando tareas esenciales de cuidado y provisión de bienes básicos, tareas generalmente poco reconocidas y mal retribuidas. En efecto, fuimos privilegiadas en comparación con aquellas que perdieron por completo sus fuentes de empleo o ingresos en trabajos precarios, en la economía informal o en el sector de los cuidados, por no hablar de las que no tuvieron lugar alguno en el que protegerse junto a sus familias, o las que vivieron el encierro no como un retiro productivo aunque solitario, sino como una fuente de angustia permanente cuando el confinamiento implicaba compartir un espacio íntimo con familiares violentos o seres queridos cuyas necesidades más básicas simplemente no podían atender.

Si miro en perspectiva, me doy cuenta de que, a lo largo de este tiempo, varios factores me ayudaron a mantener a flote la esperanza de que este libro llegara a buen puerto, aunque durante mucho tiempo solo existiera en mi mente. Primero, la convicción de que un libro así era necesario y de que había llegado el momento de escribirlo. Cuando hace casi dos décadas Bev Baines y yo organizamos en Sevilla lo que, creo que acertadamente, supusimos que sería el primer seminario internacional sobre género y constitucionalismo comparado, un seminario del que surgiría el volumen colectivo *The Gender of Constitutional Jurisprudence* en 2005[1], no éramos plenamente conscientes de que estábamos dando el pistoletazo de salida a lo que desde entonces se ha convertido en una vibrante agenda de investigación. Por supuesto, ni siquiera en aquel entonces partíamos de cero. Como recuerda Irving (2017b: 2), «la comprensión moderna de que las constituciones no son neutrales con respecto al sexo o al género» arraigó en las últimas décadas del siglo XX, pero «con escasa visibilidad» y, excepción hecha de algunos casos particulares, esta toma de conciencia no trascendió por lo general «más allá de los círculos de las historiadoras feministas, siendo las ideas que generó ignoradas en la literatura más amplia sobre la elaboración de las constituciones» y en el constitucionalismo en general. Contábamos, además, con una literatura floreciente que comenzó a aplicar la perspectiva de género a una variedad de experiencias constitucionales nacionales y que trataba de describir, entre otros aspectos, el papel más o menos limitado de las mujeres en la ela-

[1] Se trata del primer libro de derecho constitucional comparado con perspectiva de género. En su introducción planteamos una visión sinóptica de la agenda que entendíamos abría la interacción entre el constitucionalismo y la igualdad de género, centrándonos de manera específica en la igualdad de las mujeres.

boración constitucional, una literatura que desde entonces no ha hecho más que crecer. No obstante, nuestro interés específico se centraba en la intersección entre el derecho constitucional comparado y el feminismo jurídico, y desde esa intersección, sentimos la necesidad de hacer un llamado a la comunidad académica para que participara de forma crítica en el análisis de los conceptos centrales de la disciplina y de algunos de los presupuestos subyacentes a las teorías constitucionales dominantes. Para ello, habría de servirnos la identificación de tendencias emergentes, pero también las diferencias textuales y doctrinales; el hallazgo de estructuras de oportunidad; y, en última instancia, el fomento de la creación de alianzas académicas que pudieran nutrirnos de inspiración para avanzar en el empeño compartido de entender en qué medida el derecho constitucional podía convertirse en una herramienta de transformación en la lucha por los derechos de las mujeres. Si el movimiento transnacional de mujeres articulado en torno a conferencias internacionales pioneras (a partir de los años setenta y, especialmente, desde mediados de los noventa) había sido capaz de organizarse para establecer agendas feministas en el campo de los derechos humanos y ofrecer un horizonte de posibilidades para la lucha común por la justicia de género más allá de las fronteras nacionales, ¿no era también razonable profundizar en el entendimiento del modo en que las distintas constituciones —esas normas que se encuentran en la cúspide de los ordenamientos jurídicos nacionales, pero también en ese espacio de confluencia e intercambio entre estándares normativos nacionales, regionales e internacionales— propiciaban aquellas potencialidades emancipadoras? ¿Por qué no mirar hacia afuera, y no solo hacia arriba, para comprender mejor las fortalezas y deficiencias de los distintos diseños y alternativas doctrinales, al igual que sus evoluciones en el tiempo, a partir de la fertilidad suministrada por las diferentes culturas constitucionales? Después de todo, ¿no ofrecía el constitucionalismo ese punto de encuentro entre lo vocacionalmente universal y lo contingente, histórico y culturalmente específico que podía contribuir a comprender mejor las verdaderas dimensiones del reto de construir comunidades políticas capaces de superar el código de género patriarcal de carácter fundacional?

Ha llovido mucho desde entonces, y la verdad es que ha sido un verdadero placer ver crecer este subcampo del derecho constitucional comparado durante las últimas dos décadas. Pronto, la literatura enmarcada en este cuerpo doctrinal —publicada especialmente en lengua inglesa— comenzó a poner en primer plano cuestiones de diseño constitucional, yendo más allá de la dogmática de los derechos (véase, por ejemplo, *Gender and the Constitution: Equity and Agency in Comparative Constitutional Design*[2], de Helen Irving), y a expandir el abanico de temas y experiencias constitucionales abordadas, ampliando la mirada más allá de los países que hasta entonces habían dominado la agenda (a menudo, países del norte global, así como las jurisdicciones de habla inglesa o con vínculos históricos con la *Commonwealth*). Entre estas contribuciones colectivas podría mencionarse la compilación editada por Irene Spigno, Valentina Scotti y Janaína Lima Penalva da Silva, *The Rights of Women in Comparative Constitutional Law* (2023), así como diversas obras de indudable relevancia, entre ellas *Constituting Equality: Gender Equality and Comparative Constitutional Law* (2009a)[3], de Susan H. Williams; *Feminist Constitutionalism: Global Perspectives* (2012), de Beverley Baines, Daphne Barak-Erez y Tsvi Kahana; *The Public Law of Gender: From*

---

2 En su libro, Irving adopta un enfoque tridimensional: una perspectiva textual, estructural y aplicada basada en observar lo que dicen y significan las palabras de la constitución, cómo están estructuradas las distintas secciones y apartados de la misma y cómo funcionan los preceptos constitucionales en la práctica, analizando la relación que existe entre la equidad y la agencia desde la perspectiva de género y las estructuras de oportunidades constitucionales. Otros trabajos importantes la habían precedido en la exploración de cuestiones clave del diseño institucional en perspectiva de género (Sullivan, 2002: 735; Monopoli, 2006: 2643; Resnik, 2002: 619).

3 El volumen incorpora un enfoque comparativo y orientado al diseño de la igualdad de género en el derecho constitucional y parte de una perspectiva global e interdisciplinaria que, además del derecho, incorpora la cultura, la política y la teoría como elementos de análisis.

the Local to the Global (2016)[4], de Kim Rubenstein y Katharine G. Young; y *Constitutions and Gender* (2017), de Helen Irving. Al mismo tiempo, es preciso constatar la proliferación de libros que analizan comparativamente las experiencias de las mujeres en procesos constituyentes, entre los que se destaca *Women Making Constitutions: New Politics and Comparative Perspectives* (2004b), obra pionera coordinada por Alexandra Dobrowolsky y Vivien Hart —y la expansión de esta agenda de investigación con libros como nuestro reciente *Women as Constitution-Makers: Case Studies From the New Democratic Era* (2019b), obra colectiva en la que Irving y yo nos propusimos reflejar los esfuerzos recientes, más o menos exitosos, de muchas mujeres por influir en las constituciones de sus países, poniendo particular énfasis en las experiencias relativamente poco exploradas de los países musulmanes—. Curiosamente, el desarrollo de esta literatura académica —que, por supuesto, debe enriquecerse con la de otros idiomas distintos al inglés— ha ido acompañado de la aparición de un conjunto de guías y herramientas feministas que, nutriéndose de los hallazgos académicos, aspiran a ser instrumentos cuya aplicación práctica se verifique cada vez en un mayor número de sistemas jurídicos del mundo por actores nacionales e internacionales que se han sumado a la tarea de introducir una perspectiva de género en los procesos constituyentes y a la aplicación e interpretación de los textos constitucionales, entendiendo esta labor como un requisito crucial para el fortalecimiento de la legitimidad de los sistemas constitucionales contemporáneos[5]. También merece

---

4 Este libro se esfuerza por trazar conexiones entre el derecho administrativo, el derecho constitucional y el derecho internacional y da cuenta de una descripción más completa del sesgo de género en el derecho público.

5 Como señala Irving (2017: 4), estas pautas feministas para la elaboración constitucional, las cuales permiten «incorporar la igualdad de género en las constituciones en construcción y "evaluar" su reconocimiento en las constituciones existentes», comenzaron a aparecer en el contexto del creciente papel de las mujeres en los procesos constituyentes de los años ochenta y noventa (Brodsky y Day, 1989; Smith y Wachtel, 1992). Desde entonces, este tipo de guías no han hecho más que proliferar: las Naciones Unidas y el Programa de las Naciones Unidas para el Desarrollo han adoptado

la pena hacer referencia a las encuestas, los motores de búsqueda, los foros en línea y las bases de datos que han aparecido en fechas recientes y que ahora facilitan la investigación y los nuevos enfoques de carácter cuantitativo[6].

Partiendo de todo este trabajo preliminar, sentí que había llegado el momento de ofrecer un análisis global del constitucionalismo desde una perspectiva de género con la esperanza de que pudiera proporcionar una visión feminista del constitucionalismo y de su evolución en el tiempo. Una historia (la nuestra) de la que, sin ignorar las diferentes posiciones y puntos de partida de los distintos colectivos de mujeres, «nosotras» pudiéramos apropiarnos de forma colectiva; una historia que permitiera arrojar luz sobre tensiones y dilemas recurrentes, sí, pero también recuperar agendas y formas de contribución hasta ahora desatendidas o poco reconocidas, desafiando algunos de los axiomas de la disciplina, así como propiciar la identificación y proponer el análisis de nuevos hitos clave dentro de la misma, ya sobre la base de expresiones textuales, ya de construc-

---

los principios de la igualdad de género en sus «Notas orientativas» sobre la elaboración constitucional (Murray y Wittke, 2017: 107-32). El Programa de Elaboración Constitucional de IDEA Internacional desarrolló una guía de herramientas llamada *Constitution Assessment for Women's Equality* (*Evaluación de la Constitución para la igualdad de la mujer*) (Allen, 2017: 195-220). En 2016, también se redactó el *ABC for a Gender Sensitive Constitution: Handbook for Engendering Constitution-Making* (*ABC para una Constitución sensible al género. manual para promover la elaboración constitucional*) bajo los auspicios de la Iniciativa Feminista Euromed (IFE-EFI), cofundada por el Gobierno sueco y la Unión Europea.

6 Existe un estudio comparativo de los derechos constitucionales de igualdad de género y las disposiciones que reconocen a las mujeres realizado por Van der Leest, et al. (2007). ONU Mujeres ha creado también una base de datos constitucionales de alcance global en materia de igualdad de género con un repositorio de preceptos relacionados con la igualdad de género en 195 constituciones de todo el mundo (https://constitutions.unwomen.org/en). Por otro lado, la base de datos «Constitute» (https://www.constituteproject.org/) permite comparar sistemáticamente los textos constitucionales del mundo en función de un amplio conjunto de términos, entre los que se incluyen «género» y «mujeres».

ciones doctrinales. Se trataba, pues, de determinar si estos hitos nos permitirían ampliar el alcance de los tradicionales cánones dentro del campo y, a su vez, de desafiar algunas de las posturas hegemónicas en los ámbitos dogmático y jurisdiccional que, hasta ahora, han caracterizado tanto al derecho constitucional como al derecho comparado. De este modo, tal vez se lograría periodizar y tipificar las formas y las etapas del constitucionalismo y vincularlas a la pregunta central sobre la eficacia con la que el derecho constitucional ha sabido dar respuesta a las cambiantes y diversas demandas de las mujeres, así como a sus formas de entender la ciudadanía en clave de género, atribuyendo a la agencia y a las voces de las mujeres un papel predominante en todo este proceso de reconocimiento. Para lograrlo, era necesario conectar el estudio de la configuración del género en el derecho constitucional con la exclusión de las mujeres desde el propio origen de la construcción del Estado, como en su momento hicieran otras autoras como MacKinnon (1989) y Pateman (1988b). Ello nos permitiría reivindicar la condición de membresía constitucional intrínseca y sistémicamente diferenciada y subordinada de las mujeres como punto de partida (el orden de género establecido) para abordar las formas en que las herramientas del derecho constitucional han operado como dispositivos de resistencia (especialmente en el antiguo constitucionalismo) o de subversión (particularmente en el nuevo constitucionalismo) del orden de género original en un proceso gradual, aunque en modo alguno lineal, plenamente consensuado o libre de contradicciones.

El presente libro es el resultado de este esfuerzo. Sobre la base de la proliferación de estudios cualitativos (centrados en las distintas jurisdicciones nacionales y que permiten apreciar matices, contextos y rasgos culturales) y, más recientemente, de estudios cuantitativos (que, por primera vez, brindan la posibilidad de observar patrones textuales más amplios, aunque con frecuencia carezcan de una correcta contextualización que permita su adecuada interpretación), mi objetivo ha sido ofrecer un nivel de análisis «meso» y diacrónico capaz de trascender lo particular y de abordar en términos regionales, pero sobre todo de forma más sistemática, el concepto de «orden constitucional de género», superando el análisis más estrecho y diferenciado de las distintas temáticas de las que se ha ocupado la doctrina o, al menos, relacionándolas como piezas de un rompecabezas que, una vez ensambladas, suministren una visión más global. En este sentido, este libro debe ser leído e interpretado como el resultado de un esfuerzo colectivo, aunque, como no puede ser de otra manera, asumo la responsabilidad individual por los errores que pueda contener, o peor aún, por los agravios que pueda cometer.

Otra de las fuerzas impulsoras de este libro ha sido mi compromiso con una nueva generación de académicas y académicos en respuesta a mi colección íntima de pequeños «traumas académicos». Recuerdo de forma vívida, aún hoy, la reacción de uno de los grandes profesores y autoridades de mi entorno cuando, justo después de terminar mi tesis doctoral en el Instituto Universitario Europeo de Florencia en 1997 (una tesis que analizaba el estatus constitucional de los extranjeros en varias jurisdicciones), le comuniqué que mi nueva agenda de investigación se centraría en la intersección entre el género y el derecho constitucional. Se trataba de un hombre profundamente liberal: «Por supuesto, ¿por qué no?», fue su reacción, acompañada de una sugerencia, en tono amable, de que lo hiciera de forma marginal, es decir, que no lo convirtiera en el objeto central de mi inquietud intelectual o, en otras palabras, que el proyecto le parecía idóneo siempre y cuando pudiera demostrar mis credenciales de «erudición constitucional» trabajando sobre las cuestiones constitucionales verdaderamente importantes (¿quizás el principio de proporcionalidad?). Aunque, de hecho, he escrito sobre temas distintos (sin abandonar, eso sí, el hilo conductor que me ha guiado siempre y que me ha permitido explorar las posibilidades y los límites del derecho público para retar las dinámicas de dominación), debo de haber fracasado en aquello de demostrar de forma suficiente mis credenciales académicas en el mundo del constitucionalismo más convencional. De lo contrario, ¿cómo podría alguien explicar esta otra experiencia más reciente que paso a relatar? En este caso, la intervención provino de otro profesor maduro, esta vez elegido para presidir la comisión examinadora de la prueba que el sistema académico español prevé para acceder a la cátedra. Al comentar mi trabajo científico, el mencionado profesor, un hombre igualmente liberal y amable (y, al igual que el primero, blanco, hetero, cis y con plenas capacidades), reconoció que mi trabajo era sin duda de alta calidad y su alcance internacional verdaderamente encomiable. Sin embargo, haciendo referencia al futbolista argentino Leo Messi, a quien literalmente consideraba «el futbolista absoluto» (en el sentido de que manejaba todas las habilidades del fútbol como ningún otro, y no solo algunas), me preguntó: «¿No siente Ud. la necesidad de convertirse más en una "constitucionalista absoluta"?». Una observación, en suma, que solo tiene sentido si se asume *a priori* que el análisis feminista del derecho constitucional no requiere un dominio «absoluto» o al menos amplio y sofisticado de la historia, los conceptos clave y los debates académicos centrales de esta rama jurídica por tratarse de algo sectorial, confinado y, tal vez, de orden menor.

Sé perfectamente que no soy la única que se siente así. En su prólogo a *Feminist Constitutionalism*, MacKinnon (2012: xii) afirma con acierto que «en la academia jurídica, el análisis feminista no se considera todavía una especialización; sigue siendo concebido como algo autobiográfico e ideológico: cosa de mujeres, la declaración sobre el hablante y no sobre lo que se habla, una fijación solipsista y estrecha en lugar de un enfoque para comprender la realidad con la precisión adicional que permite identificar los sesgos de enfoques anteriores, sesgos que los incapacita para cumplir incluso con sus propios estándares. En cambio, se ha convertido en el mejor de los casos en un nicho académico que debe rellenarse, aunque sea mínimamente; un pequeño trozo de tierra para que lo siembre quizás una persona por facultad, tal vez un profesor visitante; un remolino al borde de la corriente principal; una marca que cultivar y sobre la cual competir; una fe privada a modo de religión, que se sostiene internamente pero que es impropia, poco académica y que estigmatiza cuando se expone o reconoce, sobre todo cuando de forma explícita se persigue como columna vertebral o brújula de una agenda intelectual». La autora escribió estas consideraciones hace solo algo más de diez años, y me consta que este tipo de presión no ha desaparecido. De hecho, con frecuencia me encuentro con académicas y académicos que inician sus carreras y me confiesan que se enfrentan al dilema «pasión *versus* carrera»: dedicarse a lo que realmente les apasiona (por ejemplo, el estudio de la teoría crítica de la raza, la perspectiva de género o la teoría *queer*) o centrarse en lo que se les exige para demostrar su competencia si aspiran a un puesto estable o a avanzar dentro de sus respectivas disciplinas, que, como todas las disciplinas, llevan las improntas de los históricamente privilegiados, es decir, de quienes hasta ahora han definido sus confines, sus conceptos centrales y sus prioridades en un inexorable ejercicio de supremacía epistémica.

Por todo ello, confío en que este libro pueda ser una modesta expresión de resiliencia incorporada a la rica producción teórica ya existente sobre género y derecho constitucional comparado con la intención de ofrecer contranarrativas que, poco a poco, permitan construir una de alcance verdaderamente global. El texto celebra, a su vez, la existencia de este cuerpo preexistente de trabajo del que he aprendido inmensamente, así como de otros signos de esperanza (aunque sean aun modestos), incluido el hecho de que en los últimos años cada vez más editoriales de prestigio están contribuyendo a visibilizar el constitucionalismo feminista. Es también esperanzador que una sociedad internacional de derecho público de reciente creación y tan vibrante como ICON·S, que cuenta ya con secciones en España y muchos otros países de habla hispana, haya abrazado la regla de la paridad en toda su estructura de gobernanza y esté esforzándose por tener en cuenta los diversos ejes de la diversidad y los patrones de discriminación existentes a la hora de definir los contenidos y el *modus operandi* de sus conferencias anuales, que cuentan cada vez más con un número mayor de participantes. O que en los últimos años hayan aparecido cada vez más artículos sobre género y otros enfoques críticos del derecho público en varias revistas de derecho constitucional, entre las que merece una mención especial la *International Journal of Constitutional Law*, cuyo equipo editorial dio el paso audaz de invitar explícitamente a mujeres y minorías a enviar sus contribuciones (Hailbronner, Prieto Rudolphy y de Búrca, 2019: 1025-44). Ante todo, con este libro quiero transmitir a esa nueva generación académica de jóvenes apasionadas/os el mensaje de que no están solas y de que, en la medida de lo posible (todos tenemos que llegar a fin de mes y es fácil predicar desde la cómoda posición de catedrática que, sin embargo, no ostentaba en el momento en que decidí NO seguir los consejos a los que me he referido), deben ser fieles a sus pasiones intelectuales (¿por qué elegir la academia, si no?) y rechazar la premisa de que la investigación que impulsa la pasión y el compromiso con una serie de valores no permite ser analíticamente sofisticada ni realizar un trabajo académico riguroso. El rigor está en el rigor. La posibilidad de construir narrativas alternativas a las hegemónicas es real, por imperfecta que sea todavía la que yo haya podido construir aquí, y depende no solo ni tanto de desmentir mucho de lo afirmado, sino también de la posibilidad de construir relatos que pongan el punto de mira en los ángulos ciegos y en las voces silenciadas. Solo me cabe, pues, confiar en que esta osadía mía de contar una historia breve y de ofrecer una clasificación de formas o fases dentro del constitucionalismo global con la mira puesta en las mujeres y en la categoría de género como concepto político llame a una proliferación de agendas y nuevas narrativas que centren la mirada en todos los ejes de exclusión que han marcado la senda del constitucionalismo como hecho y como disciplina narrada, de manera que entre todas y todos logremos construir un relato de la disciplina más cercano a esa meta siempre evasiva de la «verdad científica».

Para quienes sientan la tentación de seguir este camino, quizás el único modesto consejo que puedo ofrecerles es que busquen la forma de sentirse parte de una comunidad dondequiera que la encuentren; una comunidad de académicas y académicos que existe, aunque con frecuencia no se manifieste de forma tangible en el cara a cara y el día a día de nuestra cotidianidad ni se encuentre en las reuniones de la facultad o de departamento. Es con y a través de esa comunidad que resulta posible avanzar en la construcción de contranarrativas disciplinarias, tarea que, hoy más que nunca, requiere de esfuerzos para combatir la proliferación de movimientos organizados que buscan deslegitimar la entidad científica y la naturaleza académica de varias ramas de la teoría crítica en muchos de nuestros países. La comunidad, como digo, es clave y cuestiona «la academia del individualismo». Desde luego, en mi itinerario ha sido así y, en ese sentido, debo reconocer que este libro representa un logro colectivo. El volumen sintetiza el resultado de dos décadas de investigación, pero cualquiera que me conozca sabrá que, si algo ha caracterizado mi carrera académica, también en esto contra la corriente que aplaude a los grandes solistas más que a las grandes orquestas (y en la que se han destacado más hombres tenores que mujeres soprano), ha sido mi absoluta convicción de que el trabajo académico colaborativo es fundamental en general y, en lo que respecta al derecho comparado, absolutamente indispensable, puesto que reclama un esfuerzo serio para tomar conciencia primero de nuestros propios sesgos y limitaciones cognitivas y tratar de superarlos después.

Con todo, confieso que la publicación del libro, primero en inglés y ahora en castellano, me ha generado una trepidación enorme. No ignoro que, a pesar de mis esfuerzos, el relato que ofrezco reflejará inevitablemente mis límites y sesgos epistémicos, que son el resultado de mi visión particular del mundo y del objeto de estudio, desde mi condición de mujer cis, europea, blanca, heterosexual, con plenas capacidades, de mediana edad, con recursos, cabeza de familia y madre de dos hijos sanos, criada y educada entre España, Italia, Canadá y Estados Unidos, y socializada predominantemente y a partir de cierta edad en círculos de élite académica. Atreverme, como hago en este libro, a generalizar sobre «el mundo» y sobre las «mujeres» probablemente me convertirá en objeto de las consabidas y a menudo legítimas acusaciones de caer en el esencialismo, el falso universalismo y en la visión colonial del norte global. En mi descargo, solo diré que una de las razones por las que me tomó tanto tiempo escribir este libro es que nunca me hubiera atrevido a hacerlo sin antes involucrarme en varios proyectos colectivos para explorar la intersección entre la teoría feminista, el constitucionalismo comparado y la ciudadanía de las mujeres. Muchos de estos proyectos de colaboración han encontrado expresión en los volúmenes colectivos que he coeditado[7]. Si en las páginas que siguen a menudo hago referencia a este *corpus* no es por una inclinación autorreferencial. A fin de cuentas, más allá de intentar ofrecer, como mucho, un marco teórico, una cuadrícula compartida de análisis y una síntesis de las lecciones aprendidas, en muchos de estos volúmenes mi contribución se ha limitado al papel (generalmente compartido) de coordinadora tenaz que, a despecho de su fatiga, ofrece un promedio de tres rondas de comentarios a las pacientes autoras. Si me refiero a esta obra, entonces, es principalmente porque la he estudiado a lo largo de los años. Y digo estudiado porque es a eso, al estudio, a lo que quiero referirme exactamente, dado que no solo he leído a las autoras y los autores con los que he tenido el gusto de trabajar, sino que realmente he estudiado su trabajo para poder comprender, en todo su calado y contexto, las experiencias jurídicas y políticas de las distintas jurisdicciones que abordaban. Por eso, ante todo, mi agradecimiento se dirige a todas aquellas autoras y autores cuyas voces he intentado integrar, como una suerte de coro sinfónico, en este libro.

Hasta cierto punto, entiendo mi trabajo como el de una tejedora de alfombras. «¡Tres años de trabajo de tres mujeres!», fue lo que me dijo el joven del Gran Bazar de Estambul cuando me vendió la

---

7 En concreto, además de las autoras y autores involucrados en los dos volúmenes mencionados, estoy en deuda con las diversas coeditoras/es y autoras/es que han contribuido a la producción de *Gender Parity and Multicultural Feminism: Towards a New Synthesis* (coeditado con Kymlicka, W., 2018); *Transforming Gender Citizenship: The Irresistible Rise of Gender Quotas in Europe* (coeditado con Lépinard, E., 2018); *The Struggle for Female Suffrage in Europe: Voting to Become Citizens* (coeditado con Rodríguez-Ruiz, B., 2012); *The Cambridge Companion on Law and Gender* (coeditado con Hennette-Vauchez, S., 2023); *Gender, Sexuality and Constitutionalism in Asia* (coeditado con Chang, W-C., Loper, K. y Malagodi, M., 2024); y *Women, Gender, and Constitutionalism in Latin America* (coeditado con Pou Giménez, F. y Undurraga Valdés, V., 2024).

hermosa alfombra que puede verse en las imágenes de la primera y última página de este libro, su reverso, como se observa en la página final de la obra, revela pequeños nudos, cada uno de los cuales contribuye de forma minúscula a la formación del patrón que emerge como resultado final. De manera similar, este libro fue concebido como una alfombra: los hilos y nudos son los aportes de todas y cada una de las personas que, a lo largo del tiempo y en todo el mundo, han luchado por la configuración de un orden constitucional que ayude a las mujeres a consolidar su ciudadanía plena e igualitaria. También representan las voces de todas las académicas de quienes he aprendido a lo largo de los años en este campo en crecimiento, particularmente las voces de aquellas con las que he tenido la oportunidad de trabajar en estrecha colaboración en proyectos compartidos. En ese sentido, este libro pretende ser una historia de voces de mujeres. Esta es también la razón por la que me gustaría que quien lo lea reciba la rica recopilación de notas que incorpora, con referencias a fuentes jurídicas y académicas, como el tesoro que ha sido para mí.

2. EL QUÉ Y EL CÓMO DEL LIBRO

El libro trata de explicar, en términos amplios y casi a modo de cuento o relato, las formas en que el constitucionalismo escrito —esa rama del derecho positivo que históricamente se ha propuesto definir las estructuras de poder y los procesos de toma de decisiones en cada Estado y con los límites que marcan los derechos fundamentales— ha facilitado u obstaculizado la consecución de la igual ciudadanía de las mujeres a lo largo de la historia. Aunque el énfasis recae en el constitucionalismo occidental y, especialmente, en el de Estados Unidos y la Europa continental (no solo por las limitaciones de mi conocimiento, sino también por su relevancia en la historia temprana y en los fundamentos filosóficos del constitucionalismo moderno), el libro abarca todos los ámbitos regionales del mundo y, de hecho, reconoce que algunos de los desarrollos más interesantes en términos de un constitucionalismo sensible al género se encuentran en aquellos países que han consolidado sus credenciales democráticas en tiempos más recientes. Estos desarrollos se han dado con frecuencia en momentos constitucionales que han marcado la creación de una nueva constitución o, al menos, su reforma en profundidad, a menudo bajo el influjo de los estándares de derechos humanos y como expresión de una forma emergente de constitucionalismo participativo que puede denominarse «nuevo constitucionalismo».

En su intento de describir el modo en que el constitucionalismo ha moldeado los reclamos de ciudadanía igualitaria de las mujeres, el libro no solo toma en consideración, en primer término, la exclusión de las mujeres y, en segundo término, su acceso gradual a la titularidad de los derechos que los varones fraguaron y conquistaron en primer lugar y a las estructuras de gobierno que ellos mismos diseñaron y dominaron. Antes bien, el libro se plantea la pregunta de en qué medida y de qué manera las formas de participación que tradicionalmente les fueron asignadas a las mujeres (no en el Estado ni en el mercado, sino en el hogar y la familia, ámbito de la reproducción física y simbólica de la especie humana) han sido constitucionalmente reconocidas como formas de contribución ciudadana. Por ello, lo que aquí se relata es la historia de la relevancia del constitucionalismo para la consecución de la ciudadanía de las mujeres, una ciudadanía tradicionalmente definida en términos masculinos (es decir, con el énfasis puesto en la igualdad de derechos y en la participación en la llamada esfera pública), así como su capacidad de redefinir y avanzar en la propia comprensión del concepto de ciudadanía, de forma que en él quede reflejada la secular participación de la mujer en la reproducción social y la importancia de una estructura familiar igualitaria y de una vida libre de coacción y violencia en todas las esferas de interacción humana, incluida la esfera doméstica. Para ello, parto de la base de que, en mayor o menor medida (es decir, en función del contexto y las variables culturales específicas, así como de los distintos ejes de discriminación que pueden entrecruzarse en las vidas de las mujeres), la separación por género de esferas y tareas estaba ya inscrita en el ADN del Estado moderno, circunstancia que limitó significativamente la promesa emancipadora del constitucionalismo. Por ello, de acuerdo con las premisas del constitucionalismo inclusivo contemporáneo, la conquista de los derechos y el acceso a las instituciones «de los hombres» por parte de las mujeres han sido inadecuados para desmontar el orden fundacional de género[8]. Como tendremos ocasión

---

8 Desde el surgimiento de la doctrina de las «esferas separadas» en el siglo XIX, la doctrina feminista, incluida la jurídica, ha hecho de esta dicotomía el blanco central de su crítica (Olsen, 1983: 1497-1578; Gavison, 1992: 1-45). Como argumenta la teoría feminista, la distinción entre lo público y lo privado es básicamente ideológica y la «línea entre lo público y lo privado se renegocia constantemente» (Landes, 1998: 3). Aunque a menudo el énfasis recae en la formación histórica del Estado constitucional moderno en el mundo occidental, es importante no perder de vista la persistencia de la dicotomía en el tiempo y en el espacio. Susan Gal invita a observar cómo opera la distinción en términos de «comunicación ideológica». Para ello hay que identificar «las propiedades indexadas de las distinciones entre lo público y lo privado» de forma que permitan revelar cómo su contenido referencial «se basa en los distintos contextos de uso y que la distinción es relativa a esos contextos». El enfoque semiótico que sugiere la autora nos invita a reflexionar que, por encima de sus configuraciones específicas, lo «público» y lo «privado» «no son lugares, ámbitos, esferas de actividad o incluso tipos de interacción específicos» ni tampoco un conjunto particular de «instituciones o prácticas». Antes bien, la dicotomía entre lo público y lo privado debe entenderse como un fenómeno discursivo, y es necesario comprender que el «proceso históricamente localizable de dotar a estas categorías de significado político y económico se apropia de o parasita en la posibilidad práctica mucho más generalizada de usar en la interacción una variedad de señales indexadas para relaciones o eventos que se consideran más próximos frente a otros más distantes». Esto significa que «lo que es público o privado será definido de forma diferente en distintos periodos históricos y formaciones sociales. Pero una vez que se establece una dicotomía concreta, la lógica semiótica genera un andamio que posibilita la consolidación y, por lo tanto, también las posibilidades de cambio, creatividad y argumentación en torno a la misma». Estas dicotomías también pueden acabar siendo «duraderas y coercitivas [...] vinculando a actores sociales a través de sistemas como la regulación legal y otras formas de ritualización e institucionalización» (Gal, 2002: 79, 80-81, 85). Esta concepción podría ayudarnos a comprender las diferentes configuraciones políticas y económicas a las que se ha prestado la distinción entre lo público y lo privado, de la misma forma que puede explicar

de ver, en muchas jurisdicciones y ámbitos jurídicos ha sido precisamente el orden constitucional y fundacional de género el que se ha encargado de frenar, en lugar de facilitar, los reclamos de emancipación de las mujeres. Solo desde el cambio de siglo puede sostenerse que el empoderamiento de las mujeres, expresado en su creciente participación en la toma de decisiones a nivel nacional e internacional, que incluye su rol cada vez más significativo en el desarrollo de los textos constitucionales —en calidad de creadoras, intérpretes y litigantes—, está permitiendo una expansión significativa del ámbito de aplicación o cobertura del *ethos* constitucional igualitario que, poco a poco, ha puesto en evidencia la relevancia política de la construcción de las esferas separadas, los roles de género y, de forma más reciente aún, de la identidad sexual y de género.

Por lo que respecta a la estructura de la obra, el capítulo 1 comienza con el análisis del nacimiento del constitucionalismo escrito que, como veremos, afianzó un modelo de ciudadanía de doble vía para hombres y mujeres. El capítulo nos conduce seguidamente a la época de la conquista del sufragio femenino y a la valoración de su impacto en términos de igualdad constitucional para las mujeres, un impacto significativo, aunque de alcance limitado, debido a que el derecho al voto no llevó a una subversión más cabal del orden de género primigenio, pues la recién conquistada voz política de la mujer coexistió con el modelo imperante del *pater familias*. Este capítulo también sitúa al lector en el marco del constitucionalismo de entreguerras y de la segunda posguerra, y muestra que, a pesar de la aceptación gradual del principio de igualdad entre los sexos como axioma constitucional, el persistente modelo del hombre sostén de la familia y la mujer cuidadora del hogar —más allá de que tuviera un reflejo constitucional explícito o de que estuviera más o menos al alcance de muchas familias y mujeres con vidas atravesadas por

---

algunas de sus variaciones en el tiempo y el espacio, pero también el diferente papel que ha desempeñado en la configuración del significado de «la feminidad» con respecto a diferentes grupos de mujeres y tipos de actividades, o con respecto a las mismas actividades cuando se realizan en diferentes lugares.

varios ejes de discriminación— generó una especie de «excepcionalismo familiar» que limitó significativamente la igualdad constitucional de las mujeres.

El capítulo 2 explora el impacto del feminismo de la segunda ola en la ciudadanía constitucional de las mujeres a partir de la década de los setenta y la forma en la que el ideal de un orden legal neutro respecto al género acabó convirtiéndose en la nueva norma, reemplazando el régimen del *pater familias* y desafiando, al mismo tiempo, las múltiples formas a través de las cuales su estado civil había condicionado el lugar que ocupaban las mujeres en el orden constitucional. Se examinan así las vías a través de las cuales los tribunales comenzaron a desafiar progresivamente los estereotipos de género para facilitar la incorporación de las mujeres al mercado laboral en términos cada vez más semejantes a los de los hombres (aunque nunca completamente iguales, dada la insuficiencia asociada a la ocultación —como lo hizo la vertiente asimilacionista del constitucionalismo— o simplemente a la aceptación parcial —como lo hizo la vertiente maternalista— del hecho de que las mujeres hayan seguido soportando la mayor parte del trabajo reproductivo y del cuidado tanto dentro como fuera de sus hogares). El capítulo también analiza las primeras expresiones constitucionales de la autonomía reproductiva de la mujer y describe cómo tanto la vertiente asimilacionista como la maternalista comenzaron a abordar el debate del aborto cuando este trascendió la esfera legislativa y comenzó a dirimirse desde el punto de vista constitucional ante los tribunales. Asimismo, el capítulo trata de demostrar cómo, a excepción del constitucionalismo en materia de aborto, el énfasis en la igualdad formal —tanto en la esfera matrimonial como en la laboral, en detrimento de otras muchas expresiones de la subordinación de las mujeres no contempladas bajo este prisma— muestra los límites de esta forma de constitucionalismo, ciertamente más prometedora que la anterior, pero aún muy limitada en su alcance. A pesar de ello, actualmente el constitucionalismo inclusivo continúa siendo la forma más representativa de constitucionalismo, y desde este enfoque sigue haciéndose más hincapié en la igualdad de derechos de las mujeres —un objetivo aún lejano en muchos países— que en la garantía de la igualdad de oportunidades para que las mujeres puedan participar en condiciones de igualdad en la arena política y social, tal y como reclama una lectura más sustantiva y menos formal de la igualdad de género[9].

El capítulo 3 nos traslada a tiempos más recientes y aborda el análisis de lo que denomino el «giro participativo» en el discurso de la igualdad de las mujeres, tendencia que surgió a finales de la década de los ochenta y floreció a partir de mediados de la década de los noventa. Esta expresión hace referencia a la inflexión en virtud de la cual los reclamos de las mujeres pasaron de articularse en términos de igualdad de derechos a hacerlo, de forma adicional, en términos de participación igualitaria, no ya solo en el ámbito del empleo, sino también, o sobre todo, en el de la política y, más ampliamente, en el acceso a puestos de autoridad y toma de decisiones. El fundamento de estas reivindicaciones se base en aquellas doctrinas y normas constitucionales relativas a la igualdad sustantiva que legitiman o incluso permiten exigir acciones afirmativas y formas de democracia paritaria, así como relativas a una lista más sólida de derechos socioeconómicos. El giro participativo, que también ha tenido su

---

[9] De las 194 constituciones escritas en todo el mundo, casi todas contienen una cláusula de igualdad en términos explícitos; casi dos tercios afirman además la igualdad o no discriminación por razón de sexo, y casi un tercio hacen referencia expresa al género (Young, 2016: 2, citando varias fuentes). Cabe inferir, por tanto, que actualmente la mayoría de los sistemas constitucionales están comprometidos con alguna forma de constitucionalismo inclusivo, lo que no es en absoluto irrelevante, dado que persisten las discriminaciones directas en las legislaciones de muchos países. Dicho esto, conviene recordar que la utilidad de estos preceptos constitucionales para efectivamente depurar los ordenamientos jurídicos de tales discriminaciones dependerá de muchos factores, entre los que cabe citar si las disposiciones son directamente ejecutables; los parámetros, tests y estándares en los que se basan los distintos tribunales a la hora de establecer distinciones entre lo que constituyen diferenciaciones legítimas y discriminatorias; así como si algunos ámbitos competenciales tales como el derecho de familia, el derecho religioso, el derecho consuetudinario o el derecho tribal están total o parcialmente exentos de las obligaciones que impone el mandato constitucional de la igualdad entre los sexos.

reflejo en la paulatina proliferación de procesos constituyentes más inclusivos, ha propiciado que las mujeres por fin se sumen a estos procesos de manera más significativa (aunque están aún lejos de poder hacerlo en términos de estricta igualdad) tanto a través de organismos y sedes oficiales (por ejemplo, las asambleas constituyentes) como, sobre todo, a través de la movilización de base. Coincidiendo en el tiempo con la expansión de las teorías del multiculturalismo, el giro participativo de las mujeres también contribuyó a poner de relieve la complejidad de las formas interseccionales de discriminación y las posibilidades disponibles, pero también los particulares desafíos a los que se enfrentan, incluidas aquellas mujeres fuera del ámbito de toma de decisiones y de autogobierno a los ojos de la sociedad mayoritaria, de sus propias comunidades o de ambas. En particular, como veremos, el enfoque participativo realza la posibilidad de potenciar la agencia de las mujeres para que sean estas quienes también adquieran protagonismo a la hora de resolver las posibles tensiones y conflictos que puedan surgir en contextos de pluralismo legal o de estructuras de poder descentralizadas.

En el capítulo 4 presento un análisis del modo en que, en los últimos años, esta forma participativa de constitucionalismo de género, con su énfasis en la agencia de las mujeres y la consiguiente invitación a tomar en cuenta las perspectivas interseccionales, ha contribuido gradualmente a la expansión de las agendas constitucionales de las mujeres y de los feminismos y ha ayudado a moldear los contornos del constitucionalismo de género del nuevo milenio. Este encuentra su mejor expresión en las nuevas doctrinas y en los nuevos textos constitucionales redactados en los procesos constituyentes a partir de la tercera ola de democratización, pero, sobre todo, y con especial fuerza, desde el inicio del nuevo siglo[10]. Poco

[10] Desde la década de 1990, al menos 110 países han elaborado nuevas constituciones o han acometido importantes reformas de los antiguos textos constitucionales (véase Young, 2016: 3). En muchos de estos procesos se observa que la igualdad de género ha sido una preocupación central en el proceso constituyente.

a poco, el constitucionalismo del nuevo milenio está asumiendo el reto y la necesidad de desarticular por completo el orden fundacional de género, reconocer la centralidad de la reproducción humana y social, y fomentar estructuras familiares más igualitarias, plurales y democráticas como imperativo constitucional a fin de superar las viejas estructuras de poder patriarcal, cuestionar los tradicionales roles de género y ampliar el abanico de formas graves y sistemáticas de explotación y limitación de la autonomía de las mujeres consideradas constitucionalmente problemáticas. Asentado sobre la base de la tradición constitucional maternalista y su reconocimiento de la centralidad del cuidado, pero empeñado en superar las limitaciones de esta tradición —y, sobre todo, desafiando los tradicionales roles de género—, este nuevo constitucionalismo de género se articula a través de una fecunda agenda constitucional que incluye a las parejas del mismo sexo y al matrimonio igualitario, un abanico ampliado de derechos sexuales y reproductivos y una nueva comprensión del derecho al aborto, el reconocimiento de las dimensiones constitucionales de la violencia doméstica y otras formas de violencia machista, la corresponsabilidad y la asunción colectiva de los costos de la reproducción humana (construida en torno a las nociones de «maternidad positiva» y de «nueva paternidad»), así como la construcción social y la fluidez del propio concepto de género, ejemplificadas por las demandas de las personas trans.

Todas estas manifestaciones del nuevo constitucionalismo son analizadas brevemente en el capítulo 5 bajo el rubro «constitucionalismo de género de carácter transformador». A diferencia del constitucionalismo inclusivo, esta modalidad de constitucionalismo tiene el potencial de ahondar más incisivamente en las raíces del orden de género fundacional y, por ello, de transformarlas. Aunque de momento ha sido acogida solo tímida y selectivamente en algunos países, esta última forma de constitucionalismo de género tiene la virtualidad revolucionaria de desafiar de forma radical el sistema sexo-genérico que se encuentra en el ADN del constitucionalismo moderno. Por ello, no puede realmente sorprendernos que su agenda no avance sin enormes resistencias. En este sentido, el capítulo 6 está dedicado a describir un movimiento creciente y de escala global contrario a la igualdad de género que intenta reafirmar, valiéndose de determinadas tácticas constitucionales que se exponen en el texto, los contornos de la familia tradicional —que, según esta corriente regresiva, está en peligro de extinción—. Es decir, la familia articulada en torno a una concepción binaria del sexo y el género, una división de roles de género y una visión heterosexual y procreativa, todos ellos, siempre según este movimiento, pilares básicos de unas sociedades circundadas por todas las incertidumbres de un mundo globalizado.

Por lo que respecta a la periodización que sirve de estructura al libro, es importante señalar que he prestado especial atención al momento en que los diversos reclamos en torno a la igualdad de género ingresaron en el constitucionalismo. Este planteamiento no sugiere la existencia de un camino evolutivo que ha de repetirse secuencialmente en el avance hacia la igualdad constitucional de la mujer en todas y cada una de las jurisdicciones. Por ello, en última instancia sería mejor pensar en las categorías asociadas al constitucionalismo y al género como *formas* de constitucionalismo —antes que como etapas del constitucionalismo— que pueden estar presentes o ausentes en diferentes sistemas constitucionales, que varían en tiempo y secuencia entre los distintos países y que, además, por regla general, no se excluyen entre sí. Cabe también esperar que ciertas jurisdicciones presenten algunas, pero no todas, las características que he reunido bajo una única tipología entre tantas otras razones porque también resulta posible priorizar las expresiones textuales o jurisprudenciales a la hora de identificar los rasgos del orden de género de un sistema constitucional. En fin, se trata de tipologías construidas, algo idealizadas y, en cualquier caso, bastante simplificadas. De forma resumida, las formas de constitucionalismo de género que identifico son las siguientes: (1) el *constitucionalismo de género excluyente*, que no considera que la igualdad de género es una preocupación que deba ser incluida en el ámbito constitucional porque naturaliza su negación; (2) el *constitucionalismo de género inclusivo*, que se centra en garantizar a las mujeres derechos iguales a los de los hombres, redimiéndolas, en cierta medida, de su condición de ciudadanas de segunda (condición con frecuencia vinculada a su estado civil), pero sin llegar a cuestionar en el fondo la estructura de un orden de género subyacente basada todavía en esquemas familiares tradicionales y patriarcales; (3) el *constitucionalismo de género participativo*, que se hace eco de la idea de que la justicia de género requiere ir más allá de la igualdad de derechos para fomentar la participación igualitaria de las mujeres en una esfera pública dominada hasta la fecha por los hombres, también en lo que respecta a los procesos constituyentes, apelando para ello a las nociones de igualdad sustantiva, democracia paritaria y lo que podría denominarse multiculturalismo feminista; (4) por último, el *constitucionalismo de género de carácter transformador*, que espera que el derecho constitucional promueva o al menos facilite el proyecto de subvertir de forma más radical el orden constitucional de género primigenio, que caracteriza a la esfera doméstica y las actividades de cuidado que en ella se desarrollan como un ámbito y unas formas relevantes de contribución ciudadana y que aboga por la necesidad de que el *ethos* constitucional de igualdad democrática y la autonomía individual trasciendan las diversas «esferas privadas» y, en definitiva, contribuyan a la total disolución de los roles e identidades de género.

En esencia, estas cuatro formas del constitucionalismo se definen sobre la base del papel que ha desempeñado el derecho constitucional con respecto a las distintas pretensiones de ciudadanía de las mujeres. La intensidad de su reconocimiento y el momento de su adopción en los distintos ordenamientos constitucionales depende de un amplio conjunto de factores, no todos directamente relacionados con el género. Entre ellos, cabe destacar el contexto en que se redacta la constitución y la concepción dominante de la ciudadanía de la mujer vigente en esa coyuntura histórica; la intervención de las mujeres en su redacción o interpretación mediante el ejercicio de diversas funciones (redactoras de la constitución, juezas constitucionales, litigantes o activistas de organizaciones de la sociedad civil); las pretensiones que los diferentes grupos de mujeres han logrado articular judicialmente en términos constitucionales (pues, huelga decirlo, los tribunales no hacen sino responder a las demandas que reciben); la concepción, maximalista o minimalista, del Estado que refleja cada constitución y, más específicamente, el modo en que estas se traducen en el papel que atribuyen a los poderes públicos como garantes de la igualdad (incluso en el ámbito de las relaciones entre particulares); la regulación del sistema de fuentes del derecho, sobre todo en situaciones de pluralismo jurídico; y la posible existencia de sinergias entre el texto constitucional y las fuentes regionales e internacionales de normatividad que puedan facilitar la incorporación de estándares de derechos humanos relevantes al sistema constitucional doméstico.

El libro hace, además, referencia a una amplia gama de imaginarios, narrativas y aspiraciones constitucionales que han ido formulando las mujeres, sin ocultar que en muchos escenarios no se trató de blancos y negros ni obviar las experiencias en las que, en último término, no fueron tomados en cuenta. Se parte en este sentido de la convicción de que las aspiraciones formuladas y los intentos fallidos también deben incorporarse en los relatos nacionales y transnacionales con los que se construye la historia constitucional. Una experiencia personal que tuvo lugar en Egipto fue lo que me animó a hacerlo. Expectante, como muchos otros académicos, ante la posibilidad de que la Primavera Árabe consolidara una cuarta ola de transiciones democráticas, en abril de 2014 me encontraba en El Cairo entrevistando a académicos y activistas para estudiar la participación de las mujeres en el momento constituyente de un país que había visto la aprobación de dos constituciones en poco tiempo y en el que la caída del régimen de Mubarak, la llegada al poder de los Hermanos Musulmanes bajo la presidencia de Morsi y la expulsión de este del poder con la ayuda de la intervención militar se habían sucedido a un ritmo vertiginoso. Como a tantos otros, me ha entristecido mucho que los acontecimientos desde entonces hayan jalonado el devenir del país y el alcance limitado de las reformas democráticas que en aquel momento se estaban fraguando. También he cobrado conciencia de que, en contextos en los que el poder político no está completamente secularizado, la elección de mayorías religiosas, incluso democráticamente, puede representar una ulterior limitación de las libertades y los derechos de las mujeres en lugar de su ampliación. Sin embargo, al mismo tiempo, siento que nada de esto resta valor a las extraordinarias lecciones que, durante mi estancia en el país, recibí de la movilización de las mujeres egipcias para plasmar sus aspiraciones constitucionales. Nutriéndose de su propia historia constitucional y de las luchas previas libradas por pioneras egipcias feministas y trazando conexiones entre el pasado y el presente del país (también para esquivar las acusaciones de occidentalización), diferentes coaliciones de activistas y académicas se encargaron de estudiar experiencias constituyentes comparadas que trataran de poner en primer plano la igualdad de género, gestionar con mayor o menor éxito algunas de las diferencias entre las mujeres religiosas y laicas, y, sobre todo, a través de métodos innovadores y participativos, alentar a miles de mujeres en todo el país, sin olvidar a las de las aldeas más remotas, a pensarse como creadoras de constituciones mediante la redacción de documentos que sintetizaran sus distintos puntos de vista (Kamal, 2015: 150-61). Esto, pensé, era algo que el resto del mundo debía conocer. Y esta es la experiencia reveladora que subyace a mi propósito de destacar la importancia de recuperar las voces y aspiraciones de las mujeres en todas sus manifestaciones e independientemente de los resultados finalmente alcanzados, aunque el limitado espacio no me haya permitido más que insinuar algunas de las muchas formas en que dicha agencia se ha expresado a lo largo de la historia en todo el mundo.

En otras palabras, creo que el constitucionalismo de las mujeres debe incluir la actuación de las mujeres en toda su amplitud y complejidad, y no solo en la medida en que esta se haya traducido en el acceso, siempre limitado, de las mismas a los espacios y organismos oficiales de toma de decisiones o haya logrado el éxito perseguido. Quienes, como yo, creen en la noción del constitucionalismo democrático probablemente aprueben mi elección, y entre todos tal vez podamos recuperar progresivamente mucho de lo que hasta ahora se ha descuidado y ha quedado relegado a los márgenes de la disciplina, cuando no a un completo silencio.

3. LOS LÍMITES Y LAS LIMITACIONES

La ambición de «escala global» y «de largo recorrido temporal» que inspira el libro es ciertamente osada, así que me permito introducir algunos matices confiando en que también sirvan para exonerarme de algunas responsabilidades. Por lo que respecta al alcance geográfico del libro, quienes lean la obra repararán en que, aunque en ningún momento he pretendido ser exhaustiva, me he apoyado en una amplia gama de experiencias nacionales y he tratado de identificar, también, tendencias o hitos de carácter regional en un intento de reconocer debidamente las diversas realidades y dinámicas constitucionales. Inevitablemente, mi elección ha sido moldeada por la literatura secundaria existente y mis limitadas habilidades lingüísticas, pues, aunque manejo varios idiomas, desde luego no me alcanzan para acceder a muchas fuentes primarias o secundarias.

Para sortear el sesgo geográfico, he tomado varias decisiones deliberadas y quisiera explicitarlas ahora. En primer lugar, aunque he pretendido ser fiel a la historia, también he intentado que, a la hora de describir las luchas y los hitos en el proceso de incorporación de una perspectiva de género en la redacción, interpretación y aplicación de las constituciones, no se sobredimensionaran la importancia y los logros de los países del norte global, sin negar, por supuesto, la relevancia del legado colonial de estos y su impacto en las dinámicas poscoloniales. También he tratado de compensar la hegemonía anglosajona en la literatura de este campo de estudio, sobre todo la que lo aborda desde un enfoque comparativo. Ciertamente, no puede sorprendernos demasiado que en los países de habla inglesa se escriba sobre todo de otros países de habla inglesa con los que, lógicamente, se comparten conexiones históricas, pero debemos tener en cuenta que la hegemonía académica anglosajona puede tener el efecto de moldear los campos académicos de formas bien concretas y no científicamente justificadas. Lo mismo puede decirse de la relativa preeminencia que tienen ciertas tradiciones constitucionales en el constitucionalismo europeo —Alemania, por ejemplo, es considerada como referencia clave del constitucionalismo continental— frente a otras de los países del sur o del este que, sin embargo, también influyen en dinámicas constitucionales transnacionales. Por ello, las páginas de este libro reflejan un intento de aprovechar muchas experiencias regionales, incluidas las que están teniendo lugar actualmente en el mundo árabe, América Latina, Asia y Europa central y oriental, y también ponen en primer plano experiencias de países relativamente pequeños y poco explorados. Pretendo, en definitiva, desafiar y controvertir la línea divisoria entre el norte y el sur que tantas veces reproducimos cuando los ejemplos que escogemos para ilustrar un campo provienen sistemática o predominantemente del norte global, dejando al sur global completamente fuera del objeto de análisis o, en el mejor de los casos, degradándolo al rango de exóticas notas a pie de página.

Con todo, soy absolutamente consciente de que un objetivo tan ambicioso como el que me mueve solo puede lograrse de forma imperfecta. Sin duda, he dejado fuera más de lo que he podido incluir. La ambición de ser tanto geográfica como temáticamente comprehensiva, y a la vez teóricamente analítica, ha debido pagar el precio de la descontextualización y de cierto grado de sobresimplificación. Y aunque, ciertamente, he tratado de asegurar la exactitud de las fuentes y de mis interpretaciones (confiando en fuentes locales autoritativas, así como, siempre que ha sido posible, en la generosa colaboración de compañeros y compañeras provenientes de las comunidades académicas relevantes que pacientemente se han prestado a revisar mis borradores), el resultado logrado solo puede ser el comienzo de un ejercicio que, estoy segura, será desafiado, enriquecido, matizado y ampliado por miembros de la comunidad académica global de la que me honra formar parte. Es solo que, en ocasiones, me he dicho a mí misma que tenemos que atrevernos y pensar en grande. Después de todo, ¿no es cierto que hemos estado repetidamente transmimiendo a nuestros estudiantes versiones canónicas e inevitablemente limitadas y sesgadas —debido también a la sobrerrepresentación de la mirada masculina— de la historia del constitucionalismo local y global? ¿Por qué no probar con algunas que pongan la mirada en lo femenino y en las masculinidades no hegemónicas en las próximas décadas y que lo hagan ampliando el conjunto de voces y geografías?

Como he señalado con anterioridad, mis lectores no deben aproximarse a esta obra como si en ella se estuviera sugiriendo una secuencia evolutiva real o normativa ideal del avance hacia la igualdad constitucional de las mujeres del planeta. De igual manera, hay que tener en cuenta que en muchos ordenamientos jurídicos (como aquellos con una tradición parlamentaria más fuerte o con formas más débiles de constitucionalismo y activismo judicial) se han producido evoluciones similares en términos de avances y resistencias en el camino hacia una ciudadanía igualitaria de las mujeres, pero principalmente a través de luchas políticas e hitos legislativos y con constituciones escritas que han desempeñado un papel escaso o nulo. Las preguntas centrales a las que este libro trata de dar respuesta tienen, por lo tanto, un alcance más modesto: en la medida en que los textos, los actores, los litigios y las doctrinas constitucionales hayan jugado un papel en la configuración de la dinámica de inclusión o exclusión ciudadana de las mujeres (y, hasta cierto punto, de las minorías sexuales y de género), ¿cuál ha sido ese rol?, ¿cómo ha cambiado con el tiempo y por qué? Como podrán anticipar, las respuestas a estas preguntas no pueden sino estar relacionadas con los distintos órdenes de género vigentes en cada país que, lógicamente, pueden impregnar textos e interpretaciones constitucionales que cobran vida en el tiempo y el espacio, y, hasta cierto punto, «congelar la imaginación conceptual» (Irving, 2008: 165) respecto a las formas de injusticia que merecen abordaje constitucional. También pueden resultar relevantes otras muchas variables relacionadas con los rasgos generales de los diferentes sistemas constitucionales, entre las que cabe destacar la diversidad de las competencias y la composición de los tribunales constitucionales o supremos; el elenco de derechos reconocidos en las distintas constituciones y el sistema de garantías previsto para protegerlos, así como su ámbito de vinculación (particularmente, si solo son límites y vínculos para los poderes públicos o tienen también eficacia entre particulares); las teorías de interpretación imperantes en cada sistema; y, más ampliamente, las reglas procedimentales y sustantivas que han condicionado las posibilidades reales de acceso a la justicia constitucional de las mujeres y de distintas minorías (incluyendo las que atañen a la legitimación activa y al procedimiento de admisión a trámite, a la eventual participación de *amici curiae* y a los recursos disponibles para el litigio estratégico y de interés público). A fin de cuentas, la jurisprudencia constitucional es normalmente la encargada de dar contenido a cláusulas constitucionales de perfiles difusos, y lo hace generalmente en respuesta a las pretensiones y argumentos que llegan a los tribunales.

A la hora de evaluar los cambios —y, a veces, de celebrar ciertas evoluciones—, me he centrado en las reivindicaciones formuladas en lenguaje constitucional (referidas bien al texto fundamental, bien a la hermenéutica doctrinal) y me he limitado, también por razones de espacio, a analizar las sentencias de los tribunales de rango superior o de cometido específicamente constitucional para centrarme, dentro de cada jurisdicción, en las voces más autorizadas en la tarea de la interpretación constitucional. Y no me pesa, sin embargo, reconocer que tienen razón quienes, como MacKinnon (2012: xi), afirman que «el constitucionalismo es un contenedor demasiado limitado y formalista para abordar los problemas que identifica el feminismo» y que «las costumbres, hábitos, normas, roles y otras regularidades dominantes son la verdadera ley para las mujeres, en cuanto que son las reglas a las que están en realidad sujetas». También me pueden desafiar todos aquellos que con razón destacan la «brecha de aplicación», cuando no de «sinceridad» (Young, 2016: 3), de lo que con demasiada frecuencia no dejan de ser constituciones meramente cosméticas o incluso falaces (Law y Versteeg, 2013: 863; Huneeus, Couso y Sieder, 2010), es decir, constituciones que representan la apropiación por parte de las élites políticas de las energías y el apoyo de los movimientos de mujeres únicamente para garantizar el aval de la opinión pública y que, por ello, cabría tildar de constituciones cínicas. Nada nuevo bajo el sol: desde siempre el objetivo de la igualdad de género ha sido susceptible de cooptación por otras causas y proyectos como el nacionalismo, el socialismo y, de forma más reciente, el neoliberalismo y la agenda de la seguridad (Jayawardena, 1986, citado en Young, 2016: 3; Griffin, 2010: 86-104). No obstante, también cabe destacar que las nuevas cláusulas constitucionales ofrecen un nuevo vocabulario moral y político que a menudo refleja las aspiraciones de las mujeres y alienta batallas legales que están por venir y que tienen igualmente una función expresiva y educativa en los canales a través de los cuales opera el proceso de migración de ideas en el campo del derecho público, como los procesos de préstamos o trasplantes jurídicos (Choudhry, 2006; Frankenberg, 2013; Jackson, 2010).

En último término, tenemos que reconocer que es perfectamente legítimo cuestionar la posibilidad de que las constituciones que paulatinamente reflejan una cierta preocupación por la justicia de género tengan un impacto real (Lambert y Scribner, 2009: 337-57). Los procesos constituyentes y el litigio ofrecen cauces de transformación inevitablemente estrechos, cauces que, por regla general, están fuera del alcance de la mayoría de las mujeres y de los grupos marginados. Además, el constitucionalismo democrático liberal, que se ha vuelto cada vez más hegemónico y que ha acompañado los procesos de consolidación de las economías de mercado en las sociedades de capitalismo avanzado, es también un producto de su época y tiene una capacidad limitada para canalizar reclamos de transformación de carácter más radical y que persigan importantes fines de «predistribución» o «redistribución» en términos de dignidad o bienestar material, sin perjuicio de que este sea precisamente el tipo de medidas que haría falta para que nuestras sociedades fueran más radicalmente igualitarias. Irónicamente, o quizás no tanto, tal vez las reglas que articulan la familia acaben resultando menos impenetrables que las del mercado cuando se trata de depurar todos los espacios de poder de los patrones de dominación que son contrarios a un *ethos* constitucional democrático e igualitario.

Debo, pues, dejar meridianamente clara mi posición de partida: dudo que ninguna forma de constitucionalismo de género sea capaz de lograr metas verdaderamente transformadoras salvo que venga de la mano de una importante acción política para abordar las distintas formas de discriminación interseccional y los perjuicios que conforman las jerarquías y patrones de dominación existentes, así como la creciente desigualdad socioeconómica que amenaza la pervivencia de nuestras democracias. Cómo acometer esta labor y abordar al mismo tiempo las amenazas ambientales que también dificultan la sostenibilidad de nuestra existencia en el planeta es, sin duda, una de las cuestiones más urgentes de nuestra época. Ambas tareas requieren repensar seriamente el modo en que organizamos nuestras comunidades políticas y preguntarnos si hasta ahora hemos fracasado, como creo, en la tarea de poner en el centro del escenario la supervivencia de la especie y del planeta, y por ende el cuidado y la vida misma. Mi esperanza es que, a la hora de acometer la tarea pendiente, podamos aprender algo de las lecciones que el constitucionalismo de género global nos ha enseñado a lo largo de los tiempos.

Capítulo 1
El establecimiento constitucional del orden de género: tiempos revolucionarios y constitucionalismo excluyente

1.1. EL MOMENTO REVOLUCIONARIO Y LA CIUDADANÍA DE LAS MUJERES

En Francia, tras la marcha sobre Versalles del 5 de octubre de 1789, las mujeres presentaron la Petición de las Mujeres ante la Asamblea Nacional, un documento que reconocía sus derechos en términos de igualdad con los hombres. Dos años después, en 1791, en la *Declaración de los derechos de la mujer y la ciudadana*, Olympe de Gouges escribió que «la mujer nace libre y permanece igual al hombre en derechos» en un texto que abogaba no solo por el sufragio universal, sino también por el acceso de las mujeres a cargos públicos, la igualdad en materia de derechos de propiedad y en la toma de decisiones entre maridos y esposas. Aproximadamente seis décadas después, en 1848, al otro lado del Atlántico, se adoptaría la *Declaración de sentimientos* en la Convención de Seneca Falls, la primera convención sobre derechos de las mujeres organizada por ellas cuyo texto testimoniaba el fracaso de las ambiciones emancipadoras de las mujeres revolucionarias: «Habiéndola privado de este primer derecho ciudadano, el del sufragio, y habiéndola dejado, por tanto, sin representación en las asambleas legislativas, [el varón] la ha oprimido de forma general. Si está casada, la ha convertido en civilmente muerta ante los ojos de la ley» (Siegel, 2020: 459).

En efecto, las ambiciones revolucionarias emancipadoras que triunfaron habían sido principalmente las de los hombres. En 1776, la Declaración de Independencia de Estados Unidos proclamó que «los Gobiernos se instituyen entre *hombres*, derivando su poder del consentimiento de los gobernados», después de afirmar que «todos los *hombres* son creados iguales [...] y dotados por su Creador de ciertos derechos inalienables». No sería hasta 1789 cuando la Declaración Francesa de los Derechos del Hombre y del Ciudadano proclamara la «libertad e igualdad de los *hombres* al nacer» (las cursivas son mías). Los autores de ambos documentos, que simbolizan el nacimiento del constitucionalismo moderno y el reconocimiento de los derechos fundamentales tras los procesos revolucionarios francés y estadounidense, utilizaron claramente un lenguaje universalista, dado que se inspiraban en las teorías ilustradas del derecho natural y la razón humana. Sin embargo, también utilizaron la palabra «hombres» en sentido literal y no simplemente como una expresión genérica e incorpórea del sujeto universal. De hecho, ninguna mujer integró los órganos de redacción de dichas declaraciones. Las mujeres quedaban simplemente excluidas del consentimiento soberano y se les negaban tanto los derechos políticos como la independencia y la igualdad en la esfera doméstica y el matrimonio. Haría falta más de un siglo para que el sufragio femenino comenzara a ser una realidad, si bien solo en unos pocos lugares en el mundo y, en general, sin dejar rastros constitucionales. De esta forma, los ideales de libertad e igualdad fueron eclipsados por el de fraternidad y dotados de «rasgos masculinos» (Landes, 1988: 158). Además, el término «hombres» contenido en las declaraciones citadas no incluía a todos los varones, sino únicamente a los hombres blancos y propietarios, es decir, a una pequeña minoría de la población de ambas naciones, la minoría a la que se consideraba capacitada para adquirir el estatus de ciudadanía. A las mujeres no les quedaba sino confiar en la buena voluntad de sus maridos, algo de lo que Abigail Adams (la esposa de John Adams, redactor de la Constitución de Massachusetts y futuro presidente de Estados Unidos) era bien consciente cuando, en marzo de 1776, anticipándose a la Declaración de Independencia, escribió una famosa carta a su esposo rogándole lo siguiente: «Recuerda a las Damas y se más generoso y favorable con ellas que tus antepasados. No pongas un poder ilimitado en manos de sus Maridos. Recuerda que todos los hombres serían tiranos si pudieran» (Irving, 2008: 5, citando a Adams en Butterfield *et al.*, 1975: 5). No sabemos hasta qué punto John Adams quiso o pudo seguir los consejos de su esposa. Lo que sí sabemos es que Samuel Chase, signatario de la Declaración de Independencia y futuro juez de la Corte Suprema, escribiría en su tratado *Baron and Feme* que «el derecho natural ha colocado [a la esposa] bajo la obediencia de su esposo» (Kang, 2017: 513 citando a Berkin, 2005: 4).

Resulta irónico que la llegada del constitucionalismo escrito y los derechos llevara aparejado un retroceso, en lugar de un avance, para los derechos políticos de la mujer. Lo cierto es que, en muchos ordenamientos jurídicos europeos, la modernidad privó a las mujeres de los derechos de sufragio que habían disfrutado bajo las instituciones políticas del Antiguo Régimen, en el que las nociones feudales de estatus y de propiedad habían facilitado el reconocimiento limitado de derechos políticos a favor de determinadas mujeres contribuyentes y nobles —aunque generalmente estaban restringidos a las elecciones municipales y provinciales— (Rubio Marín, 2014: 8-9). Desde principios del siglo XIX, la legislación en materia de nacionalidad dispuso que la nacionalidad de la mujer dependía de la de sus maridos, negando así también a la mujer una ciudadanía independiente e igualitaria[1]. En ocasiones, estas regresiones requirieron subrayar de manera explícita en los distintos ordenamientos jurídicos que la formulación neutral respecto al género del nuevo concepto de ciudadanía abarcaba solo a los hombres, ello a pesar de

[1] Irving (2017a); Shaw (2020: 131, 141-43 y 147-48 —sobre discriminación basada en el sexo— y 107-9, 114-15, 234-35, 140-41, 143-44 —sobre discriminación basada en la raza o etnia—). Nótese que las normas en materia de naturalización y ciudadanía ejemplifican también la intersección entre la discriminación por motivos de raza y sexo: con frecuencia, si una mujer no era blanca y no reunía las condiciones para la naturalización, no podía adquirir la ciudadanía de su marido estadounidense, con independencia de la cobertura legal que pudiera recibir de este. Por otra parte, incluso reuniendo los requisitos, no podía ser naturalizada si su marido no los reunía y la precedía (Cott, 2000: 165).

la innegable participación de las mujeres en las luchas revolucionarias de la época a ambos lados del Atlántico[2].

La privación de los derechos políticos a las mujeres no fue un problema menor ni fácil de superar. En Estados Unidos se les concedió el sufragio por primera vez en el estado de Wyoming en 1890, cuando este se unió a la federación. Solo se logró el sufragio a nivel federal en 1920 mediante la reforma constitucional de la Decimonovena Enmienda. Las mujeres francesas, por su parte, tuvieron que esperar hasta 1944, después de la Segunda Guerra Mundial, para que se les reconociera el derecho al voto. Si la igualdad política fue difícil de conquistar incluso en el mundo occidental, la consecución de la plena igualdad de derechos fue un proceso aún más arduo: se necesitó más de siglo y medio desde los albores del constitucionalismo revolucionario para iniciar el proceso de anulación del esquema del *pater familias* que, a los ojos de la ley, convertía a las mujeres en menores de edad dentro del hogar para afirmar su estatus civil plenamente igualitario. Recién en las décadas de los sesenta y setenta, bajo la influencia del desafío que el feminismo de la segunda ola formuló al modelo patriarcal del Estado-hogar, comenzó aquel proceso en los países que fueron la cuna del constitucionalismo y que en muchas partes del mundo todavía está en curso.

Nada de esto resulta sorprendente si tenemos en cuenta que la desigualdad sexual fue fundamental en las teorías de la ciudadanía de corte tanto liberal como republicano sobre las que se cimentó el constitucionalismo moderno. En la tradición republicana moderna, cuyas raíces se remontan a la Antigüedad, se esperaba de los ciudadanos que contribuyeran al bien común, aunque el significado de este concepto fuera distinto para los hombres y las mujeres. Los hombres debían centrarse en el servicio militar y el gobierno, habitando, por tanto, el reino de la libertad humana, mientras que

---

2 Varias publicaciones hacen referencia a las «madres fundadoras» al describir las diversas formas en que las mujeres apoyaron la revolución en América del Norte (véase, por ejemplo, Roberts, 2004). Sobre las mujeres en la Revolución Francesa, véase Roessler (1996).

a las mujeres se les demandaba que canalizaran su contribución al bien común a través de la maternidad y la protección de las virtudes y la moral republicana en la llamada esfera privada (Lister, 2003: 71). A las mujeres no les fue mucho mejor bajo la tradición liberal, ya que en las sociedades burguesas en las que floreció el discurso sobre la libertad y los derechos universales los sujetos titulares de derechos eran solo los propietarios (incluida la propiedad sobre la propia persona), es decir, aquellos que podían mantenerse a sí mismos y que, por tanto, no dependían de nadie. Claramente, estos requisitos solo podían ser cumplidos por algunos hombres y no, desde luego, por las mujeres, dado que era normal que a ellas se les negaran los derechos de propiedad. Los hombres y mujeres esclavos eran literalmente propiedad de sus amos, parte de la propiedad del hogar; la mayoría de las mujeres «libres» también dependían económicamente de sus maridos (Lister, 2007: 21), y a todas ellas se les atribuía explícita o implícitamente la tarea de cuidar de los demás. En definitiva, tanto el republicanismo como el liberalismo construyeron el mito de la independencia y la autosuficiencia de los hombres libres y propietarios en contraste con las mujeres, relegadas al ámbito privado, en el que debían consagrarse a la reproducción humana y social; de hecho, su estatus jurídico era más próximo al de la propiedad que al de las propietarias[3].

---

[3] La Francia revolucionaria abolió la esclavitud en todos sus territorios conquistados en 1794 tras la Revolución haitiana (1791-1804), mientas que la Ley de Abolición de la Esclavitud del Reino Unido de 1833 abolió la esclavitud en muchas partes del Imperio británico. Sin embargo, la esclavitud siguió siendo fundamental para la economía de los estados del sur en Estados Unidos hasta su completa abolición con el fin de la Guerra Civil. La Constitución original de Estados Unidos reflejaba la convicción de que ni los negros ni los indígenas nativos eran completamente humanos, por lo que privarlos de derechos era algo natural. La esclavitud y el estatus político inferior de los negros en lo que respecta a la representación se reflejan en las cláusulas de reparto y de fuga de esclavos de la Constitución de Estados Unidos, que serían eventualmente superadas por la Decimotercera, Decimocuarta y Decimoquinta Enmienda, también conocidas como Enmiendas de la Reconstrucción.

Cierto es que, a diferencia de los esclavos y las personas racializadas, a las mujeres no se les negó totalmente su humanidad en tiempos revolucionarios, aunque las nuevas constituciones a menudo guardaran silencio sobre su estatus político. Surge, por tanto, una pregunta obvia: ¿Cómo se reconcilió el sometimiento de las mujeres con la promesa igualitaria sobre la que se fundó el constitucionalismo moderno? La respuesta está en la institución de la familia, sustentada en el contrato matrimonial, central en un orden político basado en el hogar. En la modernidad, la estratificación social basada en el estatus fue reemplazada por un sistema político-social articulado en torno a la lógica contractual. En el caso de la institución matrimonial, se tornó central la idea de que el consentimiento que manifestaba la mujer al casarse legitimaba su lugar tanto en la sociedad como en la comunidad política y permitía configurar el carácter subordinado de su ciudadanía. Para entender este planteamiento, es preciso analizar la transformación del matrimonio como institución durante el período revolucionario y en los tiempos modernos.

1.2. EL CONTRATO MATRIMONIAL ILUSTRADO Y EL ESTADO MODERNO

En su fascinante relato de la historia del matrimonio, en el que me baso para describir la evolución de la institución, la historiadora Stephanie Coontz (2006: 145-46) explica los profundos cambios que experimentó el matrimonio como resultado de la expansión de la economía de mercado y la irrupción de la Ilustración. Si durante sus primeros cinco mil años de vida el matrimonio fue un sistema basado en alianzas políticas y económicas, la institución empezó a ser concebida a lo largo el siglo XVIII como una relación privada entre dos individuos. Por primera vez en la historia, se esperaba que las personas se casaran libremente y por amor. Como explica Coontz, detrás de esta evolución hay una serie de cambios políticos, económicos y culturales que se iniciaron en la Europa del siglo XVII y comenzaron a erosionar las antiguas funciones del matrimonio. Solo a finales del siglo XVIII, y únicamente en Europa occidental y América del Norte, prosperaron culturalmente las nociones de la libre elección y del matrimonio por amor. Entre las condiciones económicas y políticas que hicieron posible lo que Coontz denomina la «revolución matrimonial» se encuentran la expansión del trabajo asalariado en el seno de una creciente economía de mercado y el auge de un nuevo orden social industrial. Concretamente, fue el acusado crecimiento del trabajo asalariado lo que hizo que las parejas recién casadas dependieran en menor medida de sus padres y lo que a su vez facilitó la transición histórica del hogar hacia un modelo de familia nuclear en el cual marido y mujer debían complementarse (*ibid.*: 146). El marido dejó gradualmente de ser el supervisor de la fuerza de trabajo familiar y se convirtió en la persona que ocupaba la esfera pública y que debía mantener a la familia con los ingresos que generaba fuera del hogar. Por su parte, la esposa pasó de ser su compañera en la economía agrícola a ser la fuente de alimento emocional, moral y físico tanto del esposo como de la progenie, relegada a la esfera privada. Así, durante el siglo XIX la gran mayoría de europeos y estadounidenses asumieron una nueva visión sustentada en la idea de que la función del marido era la de *proveer* a la familia, mientras que la de su esposa era la de *cuidar* del hogar; el marido tenía el deber de proteger a su mujer, pero también el derecho de controlarla. Es interesante resaltar de partida que, por razones socioeconómicas, este ideal, al que volveremos más adelante, resultaría inalcanzable para la mayor parte de las familias al menos hasta mediados del siglo XX. Incluso entonces, la mayoría de las familias que se ajustaban a aquel patrón fueron familias blancas. En realidad, el modelo ignoraba las formas a través de las que el patriarcado racial —la esclavitud, la expropiación y el confinamiento de los pueblos indígenas, las poblaciones coloniales y el resto de las minorías raciales— conformó la esfera pública como un espacio «blanco de creación masculina» (Mills, 2007: 187). El modelo también implicaba la existencia de una relación matrimonial estable, así como la posibilidad de subsistir con los ingresos de un único miembro de la familia, lo que daría lugar a la aparición del salario familiar. Con todo, por inalcanzable que fuera para muchos, el paradigma matrimonial culturalmente hegemónico se exportó al extranjero[4] y obligó tanto a las mujeres blancas pobres y solteras como a los hombres y las mujeres no blancos a vivir bajo la sombra de un ideal ajeno y alienante.

Junto a las libertades derivadas de la economía de mercado florecieron nuevas ideas políticas y filosóficas que también influyeron en la profunda modificación de la institución matrimonial. El absolutismo político había considerado a la familia como una monarquía en miniatura hasta finales del siglo XVII, erigiendo al marido en una suerte de rey que dominaba a quienes dependían de él (Kang, 2017: 501). Los nuevos ideales políticos avivados por la Revolución gloriosa en Inglaterra en 1688 y las aún más ambiciosas revoluciones liberales de finales del siglo XVIII en América y Francia cuestionaron la defensa tradicional y clásica de la autoridad patriarcal[5]. Los pensadores de la Ilustración defendían los derechos naturales del individuo e insistían en que las relaciones sociales, incluida la relación entre el hombre y la mujer, debían organizarse sobre la base del consentimiento, no de la fuerza, y con arreglo a transacciones, no a un estatus innato (Coontz, 2006: 146-47). De este modo, el matrimonio consentido y con base contractual reemplazó a la sujeción natural de las mujeres a sus maridos y se convirtió en el instrumento legitimador del nuevo orden familiar. No obstante, nada de esto traería consigo la superación automática de la desigualdad entre los sexos, que se consideraba basada en la naturaleza. Solo una

---

4 Se ha observado que la colonización transformó no solo la vida material de las personas colonizadas, sino también el sentido de lo que significaba ser femenino o masculino (véase, al respecto, Strobel, 2002: 57). Sobre la imposición de la vida doméstica europea y su moral a nivel familiar como eje central para validar toda la empresa colonial, véase también Kaler (1999).

5 Coontz (2006: 148). Si las fuentes de legitimidad de las viejas formas de subordinación eran la palabra de Dios, la naturaleza o la tradición, la subordinación civil moderna tendría en su base contratos de propiedad de la persona (Pateman, 2007a: 209-10).

pequeña minoría de pensadores tanto europeos como americanos, entre ellos Olympe de Gouges, el marqués de Condorcet, Jean le Rond D'Alambert y Mary Wollstonecraft, reclamaron la igualdad total dentro del matrimonio. En España destacaron el benedictino Benito Jerónimo Feijoo, que en su *Defensa de las mujeres* (1726), censuró la misoginia de los siglos anteriores, y el jurista Adolfo Posada, que en 1899 publicó *Feminismo*, obra en la que defendía la necesidad de que nuestro país incorporara los avances normativos en materia de igualdad que ya se habían introducido en otros países (Rubio Marín y Salazar Benítez, 2024). Sin embargo, la mayoría de los autores ilustrados defendieron simultáneamente las ideas de libertad e igualdad universales y la subordinación de la mujer. Fue la ficción contractual del matrimonio libre y consensuado lo que permitió que las nociones de jerarquía y comunidad —que, se suponía, el proyecto moderno estaba llamado a reemplazar— no se cuestionaran en lo que respecta a las mujeres. El amor vino a desplazar gradualmente a la obediencia como narrativa dominante que legitimaba la necesidad de una identidad de intereses para asegurar la unidad familiar, a pesar de que, bajo el pretexto de la intimidad familiar, aquel discurso diera cobertura a las formas más abusivas de sometimiento de las mujeres, incluida la violencia (Siegel, 1996). Dado que estos pensadores ilustrados pusieron los cimientos filosóficos del constitucionalismo moderno, vale la pena reflexionar sobre su visión del papel y el lugar de las mujeres en el nuevo orden social y político.

Tomemos a John Locke como ejemplo. A finales del siglo XVII, Locke sostuvo que la autoridad gubernamental era simplemente un contrato entre gobernantes y gobernados. De esta premisa infería que, si un gobernante excedía la autoridad que le otorgaban sus súbditos, este podía ser reemplazado. Bajo la misma lógica contractual, Locke sugirió que el matrimonio también podía concebirse como un contrato entre iguales (Coontz, 2006: 148). Sin embargo, pensaba que sería el hombre quien gobernaría la familia, dada su mayor fuerza y destreza, que, para el autor inglés, era un hecho natural indiscutible. La idea de que las diferencias físicas entre los sexos debían reflejarse en un estatus legal diferenciado y, esencialmente, en la subordinación de las mujeres a los hombres fue más tarde compartida por autores contractualistas e ilustrados y parece una concesión a la naturaleza que se halla en tensión con la tesis de que cualquier forma de subordinación política necesitaba encontrar su justificación última en un acuerdo entre humanos. De hecho, una expresión paradigmática de esta comprensión de las mujeres como seres dependientes naturales de —y subyugadas por— los hombres se encuentra en los escritos de Jean-Jacques Rousseau, quien consideraba que solo los hombres eran seres independientes. Al igual que Locke, Rousseau basó su teoría en las diferencias naturales entre hombres y mujeres. Para Rousseau, los hombres eran naturalmente libres, mientras que las mujeres estaban hechas para complacerlos y ser subyugadas por ellos, e incluso debían ser entrenadas para soportar la violencia necesaria orientada a domesticarlas y neutralizar así la tentación de desafiar la autoridad del hombre (Rousseau, 1979: 412, 425-26). Para el filósofo ginebrino, esto se debe a que la naturaleza ha hecho que un sexo sea más fuerte y otro más débil, lo cual explica que solo los hombres tengan una inclinación natural a ser libres y que la justicia, la razón y la esfera pública sean territorio exclusivo de ellos (Rousseau, 2002: 149). Las mujeres, afirmaba Rousseau, carentes de inteligencia teórica y dotadas más bien de razón práctica, castidad, modestia, dulzura, ingenio y belleza, debían mantenerse alejadas de la esfera pública y poner sus virtudes al servicio del ámbito doméstico y privado (*ibid.*). Estos pensamientos suministraron munición a los políticos de la época. En palabras del conciudadano y primer ministro de Rousseau, Charles-Maurice de Talleyrand, «la delicada constitución de las mujeres, sus inclinaciones pacíficas y los numerosos deberes de la maternidad las alejan constantemente de las preocupaciones públicas. [...] Enseñémosles a las mujeres que cuanto menos participen en la elaboración de las leyes, mayor será la protección y la fuerza que obtendrán de la ley» (Taylor, 2004: 59).

Para explicar cómo el contractualismo igualitario podía justificar el persistente sometimiento de las mujeres a los varones, Pateman

(1988) apunta con brillantez en su libro seminal *El Contrato sexual* que la respuesta radica precisamente en la doctrina de las esferas separadas en la que se basó el proyecto moderno desde sus inicios (Okin, 1979). Pateman examina el modo en que la inclusión de un contrato sexual en la modernidad, complementario al contrato social, sirvió para afirmar y a la vez superar el orden de estatus característico de las mujeres durante la premodernidad. En otras palabras, el contrato matrimonial permitió que la sumisión de las esposas fuera simultáneamente rechazada (en la teoría) y arraigada (en la práctica) en el seno del nuevo sistema político. La sustitución de un orden político basado en el estatus por otro de naturaleza contractual definió la modernidad. En el nuevo imaginario moderno, explica Pateman, la figura del contrato es lo que le permite al individuo creer que sus relaciones con los demás se basan en los principios de libertad e igualdad, y no en la sujeción y la jerarquía de carácter natural. Los hombres también utilizan la figura del contrato en la esfera pública, ya sea en la sociedad civil o en el desempeño de funciones estatales, cuando interactúan entre iguales. No obstante, la modernidad también conceptualizó a este individuo «contractualista» masculino —y, por lo tanto, al ciudadano moderno— sobre la base de la subordinación implícita de las mujeres, consideradas naturalmente inaptas para el ámbito de lo público. Dado que la idea de igualdad humana, esencia misma del nuevo orden social y político, no podía quedar totalmente en entredicho, este «contrato sexual», ficticio y encarnado en la institución matrimonial, resultaba primordial.

El matrimonio permitía a las mujeres «contratar» y, por tanto, otorgar su consentimiento en una institución, el matrimonio, que afianzaba el patriarcado mediante la consolidación de su obediencia a los hombres. El resultado fue que la incorporación de las mujeres al ámbito de la sociedad civil en el orden político moderno estuvo teñida de un marcado sesgo de género: accedían a la esfera pública en calidad de mujeres y no simplemente como personas, como lo hacían las partes del contrato social original, y ello implicaba que fueran agregadas a los hombres como seres naturalmente subordinados mediante un doble pacto de protección y subordinación (Okin, 1979: 181). Así, la incorporación de la mujer a través del contrato sexual permitió que las esferas públicas del mercado y del Estado se construyeran como espacios de libertad interpersonal, igualdad y fraternidad esencialmente masculinos.

Por otra parte, una literatura creciente ha explorado la forma en que el contrato social no solo se construyó sobre la base de un contrato sexual (que, en teoría, consideraba a la mujer igual y complementaria al hombre), sino también sobre la base de un contrato racial que consideraba a las personas no blancas (ya fueran los americanos, australianos «salvajes», esclavos africanos o pueblos coloniales en los imperios europeos) como «infrahumanos»[6] y, por lo tanto, como menos que iguales y no dignos de ser incluidos como individuos libres en la *polis* blanca. En consecuencia, no merecían ser considerados ciudadanos o, en el mejor de los casos, solo podían ser ciudadanos de segunda en estructuras sociopolíticas racializadas, patriarcales e imperiales (Goldberg, 2002; Mills, 1997). Aunque en muchos sentidos el contrato racial se impuso al contrato matrimonial como paradigma para definir las relaciones entre los sexos de acuerdo con la división entre lo público y lo privado, «la reproducción humana, el sexo y el antimestizaje» también estuvieron presentes en el corazón del contrato racial, de tal manera que moldearon la apropiación sexual y reproductiva de la mujer. Es decir, los contratos sociales, sexuales y raciales se reforzaron mutuamente en las políticas familiares de los Estados patriarcales, raciales e imperiales de la época[7].

---

6 De hecho, «desde los inicios del período moderno en adelante, la "raza" se convirtió en el vehículo a través del cual ciertos grupos de humanos pasarían a ser considerados inferiores, relegados a los márgenes de la humanidad o incluso excluidos por completo de la humanidad», reflejando las concepciones de raza de los siglos XVII y XVIII construidas a su vez en torno a teorías sobre las etapas evolutivas de la «civilización» (Pateman, 2007b: 136).

7 Por ejemplo, Pateman (2007b) recuerda que, dado que la raza blanca requería pureza en la línea sanguínea, la interrelación entre los contratos sexual y racial implicaba que la sexualidad de blancos y negros fuera percibida de manera

Aun con ciertas variaciones respecto a su forma concreta de entender el contrato matrimonial, no solo los teóricos contractualistas, sino también los filósofos modernos en general abrazaron la doctrina de las esferas separadas y asignaron lugares distintos a los hombres y a las mujeres tanto en la sociedad como en su relación con el Estado, dotando así de contenido específico a la ciudadanía de las mujeres, en el sentido de pertenencia o contribución a la comunidad. La disputa entre Kant y Hegel en torno a la adecuada comprensión del contrato matrimonial, muy bien plasmada en el libro de Pateman, es particularmente interesante porque refleja la hegemonía de la lógica del contrato, así como los ingeniosos esfuerzos para hacerla compatible con la comprensión moderna del matrimonio romántico. Para Kant, explica Pateman, el matrimonio era la «unión de dos personas de diferente sexo con la finalidad de la posesión recíproca de sus facultades sexuales para toda la vida» (Kant, 1887, citado en Pateman, 1988b: 168, n. 38), una visión que, dicho sea de paso, no es muy distinta a la de Locke sobre el

---

bastante diferente. La raza blanca fue protegida mediante prohibiciones tanto formales como informales de relaciones sexuales interraciales, incluido el linchamiento de hombres negros por la presunta violación de mujeres blancas. A los esclavos se les prohibió casarse (aunque sus uniones se regularizaron tras la emancipación) y los hombres blancos tenían acceso ilimitado a las esclavas, quienes transmitían su servidumbre a los hijos en común aumentando así la mano de obra (*ibid.*: 134-35, 142-44). La incorporación forzosa de los no blancos al hogar patriarcal del hombre blanco privó a los hombres racializados no solo de la ciudadanía, sino también del «derecho a sus esposas» que de otro modo el contrato sexual les habría garantizado, y al mismo tiempo privó a las mujeres no blancas de la posibilidad de habitar su propia «esfera privada» al ser incorporadas de manera forzosa a la esfera privada de sus dueños. Sobre las formas a través de las que el contrato racial prevaleció sobre el contrato sexual, véase, por ejemplo, Schloesser (2002: 33). Por otra parte, Mills (2007: 182) explica cómo, en la empresa colonial, «las mujeres no blancas en la esfera pública quedan privatizadas por el patriarca blanco, como menores sometidas al dominio paterno» en un modelo de familia colonial extendida en el que «las mujeres blancas eran simultáneamente sometidas de manera individual en sus familias a la vez que disfrutaban de un privilegio de grupo en condición de cogobernantes del hogar familiar colonial blanco».

contrato matrimonial, «que consiste principalmente en la Comunión y Derecho de los cónyuges en el Cuerpo del otro» (Locke, 1967, citado en Pateman, 1988b: 168, n. 39). Kant también sostiene que las mujeres no tienen personalidad civil (Kant, 1970, citado en Pateman, 1988b: 169, n. 43) y que, por tanto, deben mantenerse alejadas del Estado y sujetas a sus maridos —sus amos— en el matrimonio. El autor no ve contradicción alguna en sostener al mismo tiempo que las mujeres carecen de personalidad civil y que tienen capacidad para contraer matrimonio (Pateman, 1988b: 169) porque para él el contrato matrimonial es un contrato *sui generis*: en el contrato matrimonial, el individuo adquiere un derecho sobre la persona —más bien, como afirma Kant, revelando su parcialidad, «el Hombre adquiere una Esposa» (Kant, 1887, citado en Pateman, 1988b: 170, n. 46)—, que se convierte así en una cosa, una mercancía o una propiedad. Pero dado que ambas partes se convierten en una sola cosa (¡de nuevo la ficción de la neutralidad equidistante!), y cada uno es posesión del otro, ambos recuperan su condición de seres racionales que se usan mutuamente como personas, no como propiedad (Pateman, 1988b: 170), de tal modo que el uso mutuo del deseo sexual implica disponer de la persona como un todo, incluyendo «el bienestar, la felicidad y en general, todas las circunstancias de esa persona» (Kant, 1963, citado en Pateman, 1988b: 170, n. 49).

Hegel se rebelaría contra la concepción kantiana del contrato matrimonial como un pacto de uso recíproco (Hegel, 1952, citado en Pateman, 1988b: 173, n. 56), alegando que se fundaba en una comprensión degradada del matrimonio. Para Hegel, el matrimonio debía entenderse más bien como una forma distinta de vida ética, nada menos que un «contrato para trascender la lógica contractual» (*ibid.*:174, n. 58) y su finalidad no era el uso sexual mutuo. Al ser el origen de la familia, el contrato matrimonial creaba una relación sustantiva basada en «el amor, la confianza y la compartición de toda la existencia en calidad de individuos» (*ibid.*:174, n. 60) y constituía un laboratorio para la reproducción de la ciudadanía, la base privada necesaria para la vida pública (Pateman, 1988b: 175).

En otras palabras, la familia conyugal era un espacio de formación de la conciencia humana en el que los niños aprendían y los adultos recordaban continuamente lo que significa ser miembro de una pequeña asociación basada en el amor y la confianza que necesitaban a fin de estar preparados para participar en la esfera pública universal de la sociedad civil y el Estado (*ibid.*:176).

Nótese que, a pesar de este importante desacuerdo en su percepción del contrato matrimonial, tanto Kant como Hegel aún consideraban que el destino de la mujer era permanecer en la esfera privada y natural de la familia, de tal manera que la diferencia sexual implicaba necesariamente una división patriarcal del trabajo[8]. Esta coincidencia se explica porque, en esencia, y de manera similar a Rousseau, tanto Kant como Hegel compartían la idea de que la naturaleza de la mujer era poco apta para ejercitar la razón pública, política o civil. La falta de personalidad civil de las mujeres, tesis sostenida por Kant, explicaría por qué deben mantenerse alejadas del Estado y estar sujetas a sus maridos —sus superiores y amos naturales (Kant, 1887, citado en Pateman, 1988b: 172, n. 53)— a través del matrimonio: la capacidad de las mujeres de participar en el contrato matrimonial no era sino una concesión a su máxima de que todos los seres humanos tienen la capacidad racional de actuar de acuerdo con principios morales universales (Pateman, 1988b: 171). Pero incluso Hegel, que criticó duramente tanto la teoría del contrato social de Rousseau como la idea del contrato matrimonial de Kant, coincidía con Rousseau y Kant en la comprensión patriarcal de la masculinidad y la feminidad y, por ende, en la división pública y privada de las esferas de acción y del trabajo (*ibid.*: 176). Para Hegel, la «diferencia en las características físicas de los dos sexos tiene una base racional y, en consecuencia, adquiere un significado intelectual y ético» (Hegel, 1952, citado en Pateman, 1988b:

---

8 Estas teorías filosóficas fueron a su vez apoyadas por investigaciones científicas sobre la biología/naturaleza de la mujer, desarrolladas en la segunda mitad del siglo XVIII, las cuales produjeron un nuevo discurso sobre las diferencias fundamentales entre los dos sexos (Maihofer, 1995: 22 ss., 91 ss.).

176, n. 65), circunstancia que determina que el destino de la mujer sea la familia, donde debe cultivar la piedad familiar como estado mental ético. Dado que carecen de la capacidad de someterse a «las exigencias de la razón universal» (Pateman, 1988b: 176, n. 66), las mujeres no pueden ingresar en la vida pública y civil, y deben permanecer en la esfera privada natural de la familia (*ibid.*: 176). Es el marido quien tiene la «prerrogativa de salir y trabajar para procurar el sustento [de la familia], atender a sus necesidades y controlar y administrar su capital» (Hegel, 1952, citado en Pateman, 1988b: 177, n. 67).

Un siglo después de la publicación de *El contrato social* de Rousseau, John Stuart Mill, el pensador liberal comprometido con los principios de la libertad y la igualdad que se rebeló de manera más explícita y activa contra el sometimiento de las mujeres a los hombres, seguía, no obstante, aceptando y justificando la separación de esferas, así como los roles de género construidos en torno a tal división. Firme defensor de la igualdad entre los sexos, Mill fue un avanzado en comparación con sus iluminados predecesores, abogó por la reforma de la ley matrimonial vigente en su época y rechazó la autoridad legal conferida al marido, que le permitía controlar la persona, la propiedad y la libertad de acción de su esposa. Sin embargo, continuaba sin ver contradicción alguna entre la defensa de la igualdad de la mujer, la aceptación de su rol de ama de casa y su dependencia económica del marido (Mill y Mill, 1970a, citado en Pateman, 1988b: 161, n. 23). Al igual que los teóricos clásicos del contrato social, Mill también asumió que la diferencia sexual conduciría necesariamente a una división sexual del trabajo (Pateman, 1988b: 162). Para Mill, el marido, que normalmente es mayor que su esposa, también suele tener más autoridad en la toma de decisiones (Mill y Mill, 1970b, citado en Pateman, 1988b: 162, n. 25). Por ello, incluso cuando se les reconoce a las mujeres la igualdad de oportunidades en materia de educación, la «capacidad de ganar dinero», y el matrimonio se reforma en términos igualitarios —tal y como Mill defendía—, al convertirse en esposa la mujer seguiría eligiendo de manera natural su permanencia en el hogar, protegida por su marido, como si esa fuera su verdadera «carrera». En definitiva, la elección, el consentimiento y el contrato ofrecían las nuevas bases para legitimar la sujeción de la mujer cuando el patriarcado ya no podía afirmarse como derecho natural del hombre. De este modo, la división de roles y la subordinación de las mujeres a los hombres a través de la institución del matrimonio pasó a formar parte del ADN del constitucionalismo moderno. Es decir, las concesiones a la «naturaleza» habrían de justificar tanto el contrato racial como el sexual sobre el que se asentaba el orden moderno.

1.3. LA LUCHA DE LAS MUJERES EN EL CONSTITUCIONALISMO REVOLUCIONARIO Y EL NACIMIENTO DEL DERECHO DE FAMILIA PATRIARCAL

Las premisas filosóficas que impregnaron el sentido común de la época y las concepciones dominantes de la feminidad que sobre su base se construyeron explican por qué la exclusión política de las mujeres en el seno del constitucionalismo revolucionario no se articuló constitucionalmente, sino que se asumió como el orden natural de las cosas sobre el que habría de construirse el nuevo régimen. Esto no debe llevarnos a pensar, sin embargo, que no hubo resistencia por parte de las mujeres frente a dicho orden supuestamente natural. Antes bien, en aquellos tiempos revolucionarios tuvo lugar un vívido debate sobre los derechos de las mujeres, indebidamente silenciado en la mayoría de los libros de derecho constitucional. Como es de esperar, el debate se centró en el desafío a la institución matrimonial, y el llamado a reorganizar el matrimonio se expresó en círculos tanto académicos como políticos y populares. También se discutió la participación de la mujer en el gobierno (Coontz, 2006: 151). En todo caso, para las mujeres, la idea de diferenciar las demandas emancipatorias relativas a la llamada «esfera privada» y las que afectaban a la esfera pública nunca tuvo sentido, pues sus vidas reflejaban claramente la naturaleza entrelazada de los dos ámbitos[9].

Ciertamente, las revoluciones de Francia y Estados Unidos dieron lugar a llamamientos para reivindicar los derechos de las mujeres y reorganizar el matrimonio como parte de una misma agenda emancipadora. Clave en este sentido fue *Vindicación de los derechos de la mujer*, obra de Mary Wollstonecraft publicada en la Inglaterra de 1792 que inspiraría las campañas constitucionales de las mujeres durante las décadas siguientes. Solo un año antes, en 1791, Olympe de Gouges redactó la *Declaración de los derechos de la mujer y la ciudadana*, texto en el que afirmó que la revolución solo entraría en vigor cuando todas las mujeres fueran plenamente conscientes de su lamentable condición y de los derechos que perdían en sociedad. La declaración parafraseaba punto por punto los derechos otorgados a los hombres en la carta de 1789, pero incluía a las mujeres, añadía una referencia a la autonomía reproductiva de estas y contenía en la posdata un «Formulario para un contrato social entre el hombre y la mujer» —en esencia, un manifiesto por la igualdad en el matrimonio[10]—. Décadas después, Elizabeth Cady Stanton repetiría el ejer-

---

9 Que las mujeres fueron actores políticos importantes y activos durante la revolución se refleja bien en el apelativo de «les tricoteuses» o «las tejedoras», acuñado para hacer referencia a las mujeres que participaron en la política revolucionaria, ya que su participación política a menudo implicaba que tuvieran que traer consigo tareas domésticas que no podían permitirse interrumpir o dejar de lado (Godineau, 1988, citado en Hennette-Vauchez y Rubio Marín, 2023b). Además, es importante recordar aquí que las mujeres revolucionarias se movilizaron intensamente para reclamar su derecho a portar armas y ser admitidas como miembros de la Guardia Nacional. Aunque nunca fueron formalmente aceptadas, algunas se unieron *de facto* al Ejército (véase Godineau, 2004).

10 Irving (2008: 7). Vale la pena señalar que las propuestas legislativas de la Francia revolucionaria, desechadas bajo la influencia napoleónica, representaron un intento genuino de imprimir activamente un perfil igualitario a la familia, cancelando cualquier noción de autoridad marital y promoviendo la igualdad entre los cónyuges en materia de gestión patrimonial y toma de decisiones

cicio al reformular el texto de la Declaración de Independencia de Estados Unidos en la *Declaración de sentimientos*, adoptada en la Convención de Seneca Falls en 1848. Convocada por Cady Stanton y Lucretia Mott para discutir la condición social, civil y religiosa de la mujer, la convención exigió el reconocimiento a las mujeres de todos los derechos y privilegios que les correspondían en calidad de ciudadanas, incluidos el sufragio y el derecho a la propiedad[11]. Aunque estas iniciativas fueron las más visibles, los reclamos de los derechos de las mujeres no se limitaron a los países artífices de la revolución, sino que también se expresaron en los años posteriores a 1790 tanto en Alemania como en Italia (Coontz, 2006: 152).

A pesar de estas manifestaciones feministas de fervor revolucionario, la jerarquía y el paternalismo prevalecieron. En la reacción conservadora contra la revolución, los legisladores estadounidenses y franceses revirtieron los avances que las mujeres y los niños habían logrado en el camino hacia las libertades políticas durante el apogeo del proceso revolucionario y se distanciaron de las interpretaciones más generosas de los derechos individuales (*ibid.*). Con el fin de reprimir las demandas de las mujeres en el período posrevolucionario, la mayoría de los Estados aprobaron las primeras prohibicio-

---

patrimoniales (Fulchiron, 1989: 377, citado en Hennette-Vauchez y Rubio Marín, 2023b).

11 Asimismo, se ha observado que durante el siglo XIX y la primera década del XX, en un contexto de racismo y colonialismo, a las mujeres blancas les costaba ver a las mujeres negras como iguales y que, aunque criticaban duramente el contrato sexual que las sometía, podían sin embargo comparar su posición favorablemente a la de las mujeres de «razas inferiores» (Mills, 2007: 147-48). En Estados Unidos, durante los primeros años de la república, Mercy Otis Warren, Abigail Smith Adams y Judith Sargent Murray, importantes mujeres intelectuales del período revolucionario, terminaron aceptando los términos del patriarcado racial y atribuyéndose especiales virtudes que habrían de poner al servicio de una particular «misión civilizadora» (Schloesser 2002: 80-82). Sobre la necesidad de desafiar el «feminismo imperialista», es decir, la forma en que el movimiento por la emancipación femenina en Gran Bretaña estuvo estrechamente vinculado a las teorías de la superioridad racial y del Imperio, véase también Amos y Parmar (2001: 19).

nes explícitas del ejercicio de los derechos políticos de las mujeres (Coontz, 2006: 153), maniobra que evidenciaba el temor generalizado a que la agitación revolucionaria en favor de los derechos de las mujeres terminara socavando los lazos familiares (*ibid.*: 152). Este itinerario sugiere que, a pesar de la exaltación revolucionaria de los derechos del individuo frente a los derechos condicionados por la pertenencia grupal de la sociedad estamental, la familia heterosexual, y no el individuo, fue tomada como pieza angular del sistema, dado que era considerada el grupo social fundacional capaz de moldear el estatus de los derechos individuales y de las obligaciones del hogar. En este sentido, las democracias emergentes en la modernidad fueron esencialmente democracias de corte familiar (Verjus, 2002; Heuer, 2005; Desan, 2006).

Resulta interesante que no fueran solo los hombres quienes temían los posibles efectos destructivos de la incorporación de la mujer a la esfera pública. También las mujeres compartían esta prevención, si bien su preocupación no solo concernía a los lazos familiares que había que preservar, sino también a todo el sistema de dependencias construido a su alrededor. Concretamente, a lo largo del período posrevolucionario a las mujeres les preocupaba que, en un contexto de dependencia económica de los hombres, la plena igualdad legal comportara más riesgos que beneficios (Coontz, 2006: 153). De hecho, la plena igualdad de derechos sin contar con oportunidades suficientes en el mercado laboral y sin la participación de los hombres en el trabajo reproductivo planteaba en ese momento —y ha planteado a lo largo de la historia del constitucionalismo— una disyuntiva preocupante que empujó a muchas mujeres —ya fuera por pragmatismo o por principios— a reivindicar el mantenimiento de las «prerrogativas de las mujeres», especialmente las relacionadas con la protección familiar (más que con la subordinación), sobre todo en el caso de aquellas mujeres para las que, por su clase o raza, el sistema familiar conllevaba cierto grado de tutela.

Curiosamente, fue en este momento cuando se consolidó el derecho de familia como un *corpus* diferenciado del ordenamiento jurídico positivo (Halley y Rittich, 2010: 756). Se afianzaba así la subordinación jerárquica de la mujer y su relegación a la esfera doméstica, y quedaba delimitada la singular «ciudadanía» de las mujeres. El Código Civil francés de 1804, o Código Napoleónico, ampliamente elogiado por ser la primera cristalización de los principios liberales en el derecho privado y exportado a numerosos países, se encargó de preservar «los rasgos del patriarcado medieval de la forma más duradera y pura» (Weber, 1907, citado en Lister *et al.*, 2007: 32). Su regla central, a saber, que «el hombre debe protección a su esposa; la esposa a su vez debe obediencia al marido» (artículo 213), fue interpretada en estos términos: a pesar de que la esposa podía ser formalmente propietaria, estaba bajo la tutela legal de su marido, a quien también se le otorgaba la custodia legal de sus descendientes, incluidas las hijas solteras, que no estaban autorizadas a abandonar el hogar paterno incluso después de alcanzar la mayoría de edad. Siempre menor de edad según el código, la esposa debía solicitar la autorización de su esposo para poder realizar toda una serie de actos jurídicos y políticos, entre ellos participar en procesos legales, firmar contratos, establecerse en una profesión, realizar transacciones financieras y afiliarse a un partido político o sindicato. El objetivo revolucionario de garantizar a todos los niños, incluidos los nacidos fuera del matrimonio, derechos iguales respecto a sus padres tampoco figuraba en el código, como cabía esperar de un Napoleón que había afirmado explícitamente que la nación no tenía ningún interés en reconocer a bastardos (Coontz, 2006: 153). El Código Napoleónico tuvo un gran impacto en todos los países sometidos al Imperio francés durante las guerras napoleónicas, entre ellos Bélgica y los Países Bajos, y dejó huella incluso después de que estos obtuvieran la independencia. Además, el influjo cultural del liberalismo francés fue más allá de sus dominios territoriales y, por ejemplo, también se dejó sentir en las colonias francesas y en los territorios americanos que pertenecieron al resto de los países europeos que, como los virreinatos españoles, habían estado bajo su influencia, ejerciendo por tanto un gran ascendiente en América Latina (Esquirol, 2001).

Sin embargo, el Código Napoleónico no fue una excepción. El Código Civil alemán, que entró en vigor en 1900, fue bastante similar: restableció la autoridad paterna y reafirmó el derecho del marido a decidir en «todos los asuntos que afectan a la vida en común de la pareja»[12]. Además, concedía al marido el derecho exclusivo de administrar la propiedad, incluyendo la de su esposa, así como la potestad de intervenir en sus contratos laborales[13]. En el derecho consuetudinario inglés, exportado a las colonias británicas, la llamada «doctrina de la cobertura» siguió siendo el paradigma dominante. Como escribió William Blackstone en sus *Comentarios sobre las leyes de Inglaterra*, una licencia de matrimonio era algo así como un certificado de propiedad sobre la esposa, que le daba derecho al esposo sobre su propiedad, su cuerpo y sus productos, incluido el trabajo que pudiera realizar a cambio de un salario y el trabajo a través del cual produjera descendencia; obligándolo a cuidarla y alimentarla; otorgándole causa de acción contra quienes lesionaran sus intereses en ella; haciéndolo responsable de sus acciones, y dándole derechos para su control[14].

En resumen, el estallido revolucionario representó un singular camino intermedio entre las perspectivas igualitarias y patriarcales en lo que respecta al matrimonio, institución que atribuía a ambos sexos un papel específico y complementario en un orden político construido, a su vez, sobre estructuras de poder racializadas. Sin contar a los pocos «radicales» masculinos y femeninos que, siguiendo la estela de la Ilustración, defendían la idea de que los hombres y las mujeres debían tener los mismos derechos, la mayoría simplemente aceptó la opinión generalizada de acuerdo con la cual la familia debía seguir siendo el dominio principal de la actividad de

---

12 Bürgerlichen Gesetzbuches, § 1354 BGB, en vigor hasta 1953. Para las (infructuosas) protestas contra el Código Civil alemán, véase Gerhard (1990: 225 ss.).

13 Bürgerlichen Gesetzbuches, § 1358 BGB.

14 Blackstone (2001). Amo y señor de la casa, el marido podía exigirle obediencia a su esposa incluso mediante el uso de medidas de «corrección moderada» (*i.e.*, castigos corporales) si ella desafiaba su autoridad.

las mujeres, dado que era depositaria de una cualidad moral única que tenía que ser «protegida frente a la contaminación por influencia de la esfera mundana de actividad de los hombres» (Coontz, 2006: 153). Un excepcionalismo familiar, por así decirlo, que fue incorporándose al proyecto constitucional desde sus albores y generó lo que, en términos federales, podríamos caracterizar como un espacio de supremacía y gobernanza masculina y blanca. Dentro de este espacio, las vindicaciones del derecho natural (y la distinta biología de hombres y mujeres), las normas sobre la esclavitud, y la ficción del contrato y el consentimiento servirían para legitimar los distintos niveles y formas de explotación del trabajo productivo y reproductivo de las mujeres —un trabajo que sostendría la nueva economía de mercado— y una nueva disciplina jurídica, el derecho de familia, que constituía el andamiaje legal del modelo.

1.4. LA INCORPORACIÓN CONSTITUCIONAL DEL ORDEN FAMILIAR BASADO EN EL SUSTENTO MASCULINO

A lo largo del siglo XIX y la primera mitad del siglo XX, el modelo de matrimonio heterosexual basado en el sustento masculino adquirió un estatus culturalmente hegemónico en Europa y América del Norte. A medida que el trabajo asalariado y la actividad mercantil se desplazaban progresivamente del hogar a una esfera separada del trabajo, la división entre las actividades asalariadas del marido y las actividades de la esposa en el hogar crecía y se afianzaba la percepción social de que las mujeres y los hombres vivían en esferas distintas: las mujeres eran supervisoras del espacio doméstico y los hombres de la economía y el gobierno (*ibid.*: 154). Apartadas de la economía monetizada, las amas de casa quedaban condenadas a la dependencia económica de sus maridos. Culturalmente, el hogar se convirtió en el santuario en el que las mujeres quedarían protegidas de «la confusión y la contaminación de la vida económica y política» y los hombres escaparían de las «preocupaciones materiales de su trabajo diario» (*ibid.*: 156).

Las mujeres, cuyas madres habían abanderado las demandas feministas revolucionarias de la década de 1790, acabaron abandonando la batalla de la igualdad para defender plenamente la doctrina de las esferas separadas para hombres y mujeres (*ibid.*: 161). El resultado fue que a mediados del siglo XIX emergió un creciente consenso en toda Europa occidental y América del Norte en torno a la idea de que el matrimonio por amor, con la esposa en casa protegida y mantenida por su esposo, era el camino hacia la felicidad. Como ya se ha dicho, en la vida real este ideal era difícil de alcanzar, especialmente para las mujeres de clase baja —y, en Estados Unidos, para las afroamericanas—. Desde el principio, el modelo de familia para las clases medias y altas, basado en el sustento masculino y el cuidado femenino, se había asentado sobre determinadas premisas que imposibilitaban el logro de aquel ideal a amplios sectores de la clase baja (*ibid.*:169). Para ellos, la creciente hegemonía cultural de las nociones de feminidad definidas en torno a este modelo era dañina tanto desde el punto de vista moral como material. Paralelamente, se consolidó la dualidad trabajo productivo / trabajo reproductivo, que suponía la negación del carácter productivo de las tareas desempeñadas por las mujeres en el hogar y transformaba en términos culturales la naturaleza laboral de las tareas reproductivas, convirtiéndolas en actos de «construcción del hogar» y expresiones altruistas de «amor» más que de trabajo. En el mundo de las transacciones monetarias, el trabajo de la mujer quedaba así progresivamente devaluado (*ibid.*: 156). Si las mujeres llegaban a desempeñar un rol público, la concepción predominante entendía que se trataba de una extensión de sus deberes de cuidado hacia la comunidad, deberes desempeñados generalmente a nivel local —a través, por ejemplo, de su participación en programas de reducción de pobreza o de su influencia sobre sus maridos e hijos (*ibid.*: 163)—.

Este orden social y político de género tuvo algunas plasmaciones constitucionales tanto en el Viejo como en el Nuevo Mundo. No obstante, la mayoría de los textos constitucionales revolucionarios no hacían referencia expresa a la situación de la mujer, la familia o el orden de género, lo cual no resulta sorprendente, considerando el énfasis puesto durante ese período en el individuo y en la necesidad de romper con los privilegios de los que gozaban los estamentos intermedios en el Antiguo Régimen. Aun así, en algunas constituciones revolucionarias pueden hallarse rastros indirectos del orden de género dominante que afectaba no solo a las mujeres, sino también a todo el ámbito doméstico. Por ejemplo, la primera Constitución española del período revolucionario, la Constitución de Cádiz de 1812, incluía una cláusula (el artículo 25) que estipulaba que los hombres dedicados al servicio doméstico verían suspendidos sus derechos de ciudadanía (Rico Linage, 1989: 23). Pero era la excepción. El silencio constitucional en torno a la familia y al orden de género subyacente era generalizado y reflejaba la «normalización», «naturalización» o «despolitización» del orden político basado en la familia matrimonial. A pesar del silencio de los primeros textos constitucionales sobre la materia, no hay duda de que la comprensión de la familia heteronormativa procreadora como célula fundamental de la sociedad fue la representación hegemónica sobre la que se construyó el primer constitucionalismo. En este orden político basado en la familia, «la ley aspiraba a que el jefe del hogar gobernara y representara a aquellos que de él dependían legalmente, no solo los niños, sino también los adultos vinculados a él a través de instituciones como la esclavitud, el empleo y el matrimonio (es decir, en calidad de esclavos, sirvientes y esposas)» (Siegel, 2020: 456; Hartog, 2000: 101).

Dada su continuidad histórica y la durabilidad de su texto fundamental, el constitucionalismo estadounidense ofrece un magnífico ejemplo para analizar la construcción de género de este nuevo orden político y económico, así como del papel central del matrimonio y la familia tradicional como repositorios naturales de los cuidados y la interdependencia humana. En su texto original, que data de 1787, la Constitución de Estados Unidos no hacía mención alguna de la familia o el matrimonio. Sin embargo, el vínculo directo entre la construcción de la organización familiar y el matrimonio y la exclusión de la mujer de la esfera pública —exclusión que afectaba tanto a las libertades de mercado como a la esfera de los derechos y deberes cívicos y políticos— puede apreciarse en el subtexto de género presente en muchas de las decisiones de la Corte Suprema de la época. Así, por ejemplo, en 1873 el juez Bradley justificó la imposibilidad de que la recurrente ejerciera la abogacía precisamente apelando al hecho de que era una mujer casada y, en su voto en el caso *Bradwell vs. Illinois*, manifestó sin ambages lo que simplemente constituía la agenda cotidiana:

> La constitución de la organización familiar, basada en la ordenanza divina, así como en la naturaleza de las cosas, señala a la esfera doméstica como aquella que pertenece por derecho propio al dominio y funciones de la mujer. La armonía, por no decir la identidad, de intereses y puntos de vista que pertenecen, o deberían pertenecer, a la institución familiar rechaza la idea de que una mujer adopte una carrera distinta e independiente de la de su marido [...]. Es cierto que muchas mujeres son solteras y no se ven afectadas por ninguno de los deberes, complicaciones e incapacidades que surgen del estado matrimonial, pero se trata de excepciones a la regla general. El destino y la misión primordial de la mujer es cumplir con los nobles y benignos oficios de esposa y madre. Esta es la ley del Creador. Y las reglas de la sociedad civil deben adaptarse a la constitución general de las cosas, en lugar de basarse en casos excepcionales (*Bradwell vs. Illinois* [1873], 141-42).

Apenas unos años después, un caso sobre poligamia brindaría a la Corte Suprema la oportunidad de reconocer de manera explícita (y con un lenguaje que visibilizaba claramente los matices raciales del contrato sexual) la centralidad del matrimonio, al que definía no solo como la relación fundamental para la familia nuclear, sino también como la base misma de la sociedad en las «naciones civilizadas». A este respecto, el juez Waite se expresó en estos términos: «El matrimonio, que por su propia naturaleza es una obligación sagrada, es [...] un contrato civil, generalmente regulado por la ley. Se puede decir que a través del matrimonio se construye la sociedad, y que de sus frutos surgen tanto las relaciones como las obligaciones y deberes sociales, de los que el Gobierno necesariamente debe ocuparse»[15]. Más de treinta años después, en 1908, al defender una ley estatal que limitaba la jornada laboral de las mujeres (¡solo la desarrollada fuera del hogar, por supuesto!), la Corte Suprema todavía insistiría en que «el desempeño adecuado de las funciones maternas [por parte de la mujer] justifica la legislación que la protege tanto de la codicia como de las pasiones del hombre, teniendo en cuenta no solo su propia salud, sino también el bienestar de la raza»[16].

1.5. EL FEMINISMO DE LA PRIMERA OLA Y SU INTERACCIÓN CON EL CONSTITUCIONALISMO

A pesar de su exclusión constitucional y de la negación de sus derechos políticos, a mediados del siglo XIX las mujeres empezaron a organizarse, a menudo en clubs y asociaciones, en torno a una creciente conciencia feminista y a reaccionar contra los tres pilares que, de acuerdo con su propia percepción, sustentaban su condición subordinada: el silenciamiento constitucional, la privación de sus derechos políticos y la estructura familiar opresiva y, con frecuencia, violenta[17]. Lo hicieron en un movimiento a escala global

---

15 *Reynolds vs. United States* (1878).

16 *Muller vs. Oregon* (1908).

17 Desde sus inicios, los movimientos de mujeres estuvieron divididos en distintas clases y no todos los grupos de mujeres daban la misma importancia al reconocimiento del derecho al sufragio femenino como punto de partida. En Alemania, por ejemplo, la fundación en 1865 de la Allgemeine Deutsche Frauenverein (Asociación Alemana de Ciudadanas) constituyó el inicio del movimiento femenino (burgués) alemán, que centró sus pretensiones en el reclamo del derecho de la mujer (burguesa) a trabajar. El movimiento de las mujeres obreras comenzó en 1869 con la Verein zur Fortbildung und geistigen Anregung der Arbeiterfrau (Asociación para la Formación Permanente y la Estimulación Intelectual de la Mujer Trabajadora). Una de las representantes del ala más radical del movimiento feminista fue Hewdig Dohm (1813-1919), junto con Clara Zetkin (1857-1933). Ya en 1876 DOHM (1876) reclamaba la

conocido como feminismo de la primera ola (aunque aquellos que reconocen la lucha de las mujeres durante los primeros tiempos revolucionarios podrían estar en desacuerdo con esta denominación). El cambio de siglo vería por fin la materialización de las primeras victorias constitucionales del movimiento.

Las luchas por el cambio fueron numerosas, más o menos pacíficas y ciertamente limitadas en sus objetivos, sobre todo si tomamos en consideración la posición de las mujeres racializadas y el hecho de que entre 1870 y 1920 el movimiento de las mujeres estuvo en gran parte racialmente segregado (Newman, 1999). Por lo que respecta al ámbito del constitucionalismo y a las diversas luchas orientadas a convertir los ideales emancipatorios en una realidad constitucional, las mujeres se apoyaron tanto en la interpretación constitucional de aquellos textos que guardaban silencio en relación con el sexo como en los intentos de generar nuevas normas constitucionales. En todo caso, las mujeres nunca se limitaron a defender los derechos de la mujer, aunque indudablemente ese era el núcleo de sus demandas. Más bien trataron de promover una concepción amplia de lo que consideraban una sociedad justa, una visión indudablemente moldeada por sus experiencias como mujeres. Dado que estas experiencias eran, de hecho, diferentes en los distintos colectivos de mujeres, en sus diversas luchas las mujeres se enfrentaron a la dificultad que suponía la articulación de sus demandas mediante una sola voz, y ello no solo por la notoria complejidad de establecer un orden de prioridades entre las distintas causas emancipatorias de la época o por la heterogeneidad interna del movimiento, sino también, una vez más, por el miedo natural a los costes que un proceso de desarticulación de los roles de género podría generar, especialmente en el caso de aquellas mujeres que, aun estando subordinadas, mantenían al mismo tiempo una posición de relativo privilegio en comparación con otras. De manera reveladora, sin embargo, al formular sus demandas, la mayoría de

---

igualdad plena para la mujer en términos legales, económicos y políticos, y específicamente el derecho al voto femenino.

las mujeres desafiaron la doctrina de la familia como orden natural ajeno a los requerimientos o aspiraciones en clave de justicia. Por el contrario, las mujeres solían identificar el abuso y la explotación allí donde los experimentaban en sus propias vidas, incluyendo —y a menudo comenzando por— la esfera doméstica, ya fuera la suya propia o la de las que les servían.

La lucha por el reconocimiento del sufragio femenino representa el paradigma decimonónico de la movilización política de las mujeres y de su tejido de alianzas transnacionales. Aunque este combate no siempre se libró a través de herramientas constitucionales, el hecho es que las mujeres participaron en diversas contiendas de naturaleza constitucional relacionadas con su propio estatus en la comunidad política o con otras causas de interés público por las que consideraban que valía la pena luchar.

Durante el siglo XIX en Estados Unidos, por ejemplo, muchas mujeres se involucraron activamente en la lucha por el abolicionismo trazando analogías entre sus experiencias de servidumbre doméstica y la servidumbre forzada del esclavo, al tiempo que subrayaban la doble victimización de las mujeres esclavas, explotadas como fuerza de trabajo y, a la vez, sometidas al abuso sexual de sus amos. Se ha dicho, por ello, que las mujeres fueron en gran medida «sujetos y objetos de la Decimotercera Enmienda a la Constitución de Estados Unidos», ratificada al final de la Guerra Civil (1865), mediante la cual se abolió la esclavitud[18]. En 1873 se fundó la Unión Cristiana de Mujeres por la Templanza con el objetivo de activar el debate político en torno al abandono familiar, la violencia doméstica y el abuso sexual, fenómenos que en ese momento se atribuían principalmente al consumo de alcohol por parte de maridos

---

[18] Reed Amar (1995: 465-67). Las mujeres de clase media estaban fuertemente implicadas en la lucha británica contra la esclavitud y, tras la abolición de la misma en Inglaterra en 1833, centraron su atención en Estados Unidos. Dicho esto, se ha denunciado que las activistas contra la esclavitud generalmente se unieran al movimiento desde un «sentimiento de deber cristiano y un sentido de superioridad cultural» (Pateman, 2007b: 148).

ingobernables. La interpretación de la Corte Suprema de Estados Unidos de la cláusula de comercio de alcohol había sido contraria al objetivo prohibicionista de la Unión Cristiana de Mujeres por la Templanza. Por ello, en 1919 se buscó con éxito una reforma adicional a través de la Decimoctava Enmienda, cláusula que habría de permitir que los poderes federales impusieran la prohibición a nivel nacional. No obstante, esta decisión sería revertida mediante la Vigésimoprimera Enmienda adoptada en 1933, una vez que quedó claro que la enmienda de 1919 no había tenido éxito en su objetivo inicial de prohibir el comercio de bebidas alcohólicas, razón por la cual se decidió devolver el control sobre la materia a la jurisdicción estatal. En 1920 se aprobó finalmente la Decimonovena Enmienda a la Constitución de Estados Unidos, que ratificó el reconocimiento del derecho al voto de las mujeres.

En Australia el escenario fue diferente. La participación de las mujeres en el proceso constituyente de 1890, que llevaría a la adopción de la Constitución de 1900, tuvo como eje rector garantizar el derecho al voto de las mujeres (que, además, ya había sido reconocido en dos colonias al momento de su redacción); no en vano, las ligas en favor del sufragio femenino desempeñaron un rol increíblemente activo en el proceso. La Unión Cristiana de Mujeres por la Templanza también asumió un papel de liderazgo en el reclamo de la otra pretensión constitucional de las mujeres e intentó que la prohibición de la venta y el comercio de bebidas alcohólicas —objetivo defendido bajo la creencia de que contribuiría a la superación de la violencia y el abandono domésticos— permaneciera en el ámbito de la jurisdicción estatal (Irving, 2008: 78).

Aun así, la participación en la elaboración y la reforma de los textos constitucionales no fue la única expresión temprana de la implicación de las mujeres de la época en el desarrollo del constitucionalismo. En varios países también hubo litigios en los que se recurrió a la interpretación constitucional para garantizar la pronta inclusión de la mujer en las esferas de las que había sido excluida. En Estados Unidos, la adopción de la Decimocuarta Enmienda en 1868, cuyo propósito histórico fue obligar a los antiguos estados esclavistas a reconocer la ciudadanía a los esclavos emancipados, pareció abrir una ventana de oportunidades para las mujeres, dado que contemplaba la ciudadanía de «todas las personas nacidas o naturalizadas en los estados y sujetas a su jurisdicción» y obligaba a los estados a no promulgar ni hacer cumplir ninguna ley que «limitara los privilegios e inmunidades de los ciudadanos de Estados Unidos». Fue esta nueva disposición la que condujo a personas como Myra Bradwell a acudir a la Corte Suprema para reclamar los mismos privilegios que cualquier ciudadano estadounidense, en especial el de poder ganarse la vida a través de la obtención de una licencia para ejercer como abogada, demanda finalmente desestimada por el Alto Tribunal, que recordó a la peticionaria que los privilegios mencionados no amparaban sus pretensiones y, por así decirlo, la envió a casa a hacer las labores propias de su sexo[19].

Fueron, en efecto, diversos los intentos de acceder al derecho al voto a través del litigio y la hermenéutica constitucional aprovechando una laguna normativa, a saber, el hecho de que la privación de los derechos políticos de las mujeres a menudo (aunque no siempre)[20] no aparecía articulada de forma explícita en las constituciones de la época. No obstante, estos intentos fueron por lo general infructuosos. Así, por ejemplo, en 1872 Susan B. Anthony trató de apelar, sin éxito, a un enfoque sistemático de la interpretación constitucional en su defensa en el juicio al que fue sometida por cometer el delito federal de votar sin tener derecho a voto. Su pretensión de que se le concediera el sufragio como «privilegio ciudadano» fue rechazada con base en el argumento de que la Decimoquinta Enmienda, ratificada en 1870, no había incluido ni el género ni el sexo (sino solo la raza, el color o la condición previa de servidumbre) entre los motivos prohibidos para negar el derecho al voto (Irving, 2008: 10-11). Asimismo —y para horror de muchas mujeres sufragistas, al menos de aquellas que también habían

---

19 *Bradwell vs. Illinois* (1873).

20 En Canadá, por ejemplo, el artículo 41 del Acta Constitucional de 1867 limitó el voto específicamente a «todo ciudadano británico varón».

luchado por la abolición de la esclavitud—, la sección 2 de la Decimocuarta Enmienda, adoptada apenas dos años antes, introdujo por primera vez la palabra «masculino» en la Constitución (en relación al número de miembros que la Cámara de Representantes de un estado tenía derecho a reducir si ese estado privaba de sus derechos a cualquier habitante varón), vinculándola con el sufragio y explicitando lo que hasta entonces había sido algo implícito, es decir, que la Constitución solo amparaba el sufragio masculino (Sullivan, 2002: 736). A pesar de este revés, en 1874 Virginia Minor, líder del movimiento por el sufragio femenino que no consiguió inscribirse en el censo para votar en las elecciones de Missouri, probó nuevamente suerte, también sin éxito, alegando la violación de la cláusula de privilegios e inmunidades de la Decimocuarta Enmienda[21]. Maria Montessori, la famosa pedagoga italiana (Mancini, 2012: 378, citando a Romanelli, 1994), y Julieta Lanteri[22], una de las pioneras feministas de Argentina, lo intentarían años después, también en vano, en sus respectivos países. Todas ellas encontraron las puertas constitucionales igualmente cerradas a sus pretensiones relativas al reconocimiento del derecho al voto.

1.6. LA LUCHA POR EL SUFRAGIO FEMENINO Y LA TEORÍA DE LAS ESFERAS SEPARADAS

Pronto se hizo evidente que, en aquellos contextos en los que una interpretación constitucional creativa no lograba franquear la

---

[21] *Minor vs. Happersett* (1874).

[22] CSJN, «Julieta Lanteri Renshaw» (1929), *Fallos* 154:283. Doña Julieta Lanteri, feminista socialista, fue la primera mujer que ejerció el derecho al voto activo en 1911 —gracias a una orden judicial— y pasivo en 1919, elecciones en las que quiso también votar argumentando que la Constitución no lo impedía. La Corte, a la hora de denegarle el derecho al voto, se refirió a las diferencias en el orden natural entre varones y mujeres (Beguerie y Bergallo, 2024: 291-292).

vía de la emancipación política de las mujeres, la única forma propicia era recurrir a la defensa de una reforma legislativa, ya fuera o no de carácter constitucional. Así, en Estados Unidos se inició una campaña a favor de una renovada redacción de la Decimosexta Enmienda que estableciera que el derecho de los ciudadanos al voto no debía ser restringido por razón de sexo ni por la nación ni por ningún estado. Aunque la propuesta se presentó por primera vez ante el Congreso en 1878, tuvieron que pasar más de cuarenta años hasta que prosperara con la ratificación de la Decimonovena Enmienda en 1920. Cabe destacar que este hito se produjo después de que las mujeres lograran, en muchas otras partes del mundo, el reconocimiento del derecho de sufragio en igualdad de condiciones que los hombres en todos los niveles territoriales a través de mecanismos no constitucionales[23], como sucedió en Australia (1902), Finlandia (1905), Noruega (1907) y Canadá (1918). Dado que en aquel momento ninguno de estos países contaba con una carta constitucional de derechos que pudiera ser interpretada para afianzar la exclusión de las mujeres de la esfera pública, la reforma constitucional resultaba innecesaria y bastaba con una reforma le-

---

23 Las mujeres habían obtenido un limitado derecho al voto en Suecia, Finlandia y algunos estados del oeste de Estados Unidos a fines del siglo XIX (DuBois, 1994). En 1893, Nueva Zelanda, por entonces una colonia británica autónoma, reconoció a las mujeres adultas el derecho al voto, y la colonia británica autónoma de Australia Meridional hizo lo propio en 1895. Australia se federó en 1901 y las mujeres adquirieron entonces el derecho al voto y a presentarse a las elecciones federales de 1902 (Sneider, 2010). El primer país europeo en reconocer el sufragio femenino (en 1907) fue el Gran Ducado de Finlandia, entonces parte del Imperio ruso. Noruega lo hizo en 1913. En 1918, el Reino Unido otorgó el derecho al voto a mujeres mayores de treinta años que cumplieran con el requisito de ser propietarias; sin embargo, la igualdad de derechos de sufragio no llegaría hasta 1928. El Estado Libre de Irlanda ha proporcionado los mismos derechos al voto desde 1922. Aun así, la mayoría de los países europeos, asiáticos y africanos no aprobarían el sufragio femenino sino hasta después de la Primera Guerra Mundial, y varios países europeos solo lo harían después de la Segunda Guerra Mundial, incluidos Francia (1944), Grecia (1952), Italia (1946), Suiza (1971) y Liechtenstein (1984) (Rodríguez Ruiz y Rubio Marín, 2012).

gal. De hecho, dos colonias australianas (Australia del Sur y Australia Occidental) ya habían otorgado el derecho al voto a las mujeres antes de que la Constitución del país fuera finalmente adoptada en 1900. Estos avances alentaron la batalla constitucional en favor de la participación política de las mujeres incluso en aquellas colonias donde estas aún carecían del derecho al voto (Irving, 2008: 15). Aunque la presión de las sufragistas no fue suficiente para lograr el reconocimiento del derecho de sufragio femenino en las elecciones federales, sí se introdujo una disposición en la Constitución australiana (la sección 41) en virtud de la cual a aquellas mujeres a quienes ya se les había reconocido el derecho a votar en sus colonias ahora se les debía garantizar ese mismo derecho en las elecciones federales, una previsión normativa que favoreció la reivindicación del sufragio femenino en el resto de las colonias, el cual fue finalmente reconocido en 1902 por la primera Ley de Sufragio federal (*ibid.*). Este relato, como otros que iremos viendo, parece sugerir que, allí donde se afianzaron, los derechos constitucionales podían operar no tanto como resortes facilitadores del reconocimiento de la igualdad ciudadana de las mujeres, sino más bien como obstáculos para su consecución, dado que su interpretación estaba implícitamente orientada a reforzar el orden familiar y el dominio de los varones.

Ya fuera por medios constitucionales o de otro tipo, el acceso de las mujeres al sufragio tuvo una dimensión constitucional innegable[24]. Se luchó y se alcanzaron conquistas gracias a la conciencia política emergente de las mujeres, actoras que, en general, estaban frustradas por la poca importancia que los partidos políticos tradicionales e incluso las asociaciones de mujeres burguesas atribuían a su causa. Fueron las organizaciones sufragistas que proliferaron

---

24 En ocasiones, el sufragio no fue directamente reconocido por el texto constitucional, sino que la Constitución se encargó de remitir la labor al legislador. Este es el caso de la Constitución de Uruguay de 1918, que reconoció la posibilidad de otorgar derechos de ciudadanía a las mujeres por vía legal —algo que el legislador en efecto hizo en 1932—. Uruguay fue el primer país de América Latina en reconocer el sufragio femenino (Giudice Graña y Berro Pizzarossa, 2024: 318).

a principios del siglo XX las que lideraron la lucha a través de un movimiento con aspiraciones internacionalistas consolidado con la creación de la Asociación Internacional del Sufragio Femenino entre 1899 y 1902, el reclutamiento de mujeres de todos los ámbitos de la vida y el cuestionamiento de las definiciones dominantes de la feminidad articuladas en torno a la domesticidad (Rubio Marín, 2014: 12-13). El acceso de las mujeres al sufragio también definió, en cada país, el cuerpo social que en adelante tendría derecho a dar su consentimiento soberano a través de su participación en la elaboración y/o reforma de las leyes y las constituciones. Y, lo que es más importante aún, poco a poco se fue cristalizando la convicción de que las mujeres seguirían enfrentándose a importantes dificultades en el ejercicio y disfrute del resto de sus derechos y libertades mientras se negara formalmente su derecho a la participación política. En esencia, tanto desde el punto de vista simbólico como práctico, la negación del sufragio a las mujeres representaba la confirmación del orden de género en el que se basaban las primeras constituciones, un orden que afianzaba la ideología de las esferas separadas y la concepción de la ciudadanía de la mujer centrada en la maternidad. No es extraño, por ello, que en la lucha por el sufragio femenino los argumentos esgrimidos a favor y en contra —incluidos aquellos que formulaban las mujeres que se movilizaron en su contra, que también las hubo— reflejaran la hegemonía de la idea de las esferas separadas como realidad y como constructo ideológico.

Las razones por las que las mujeres se enfrentaron al desafío de hablar con una sola voz en la lucha por el sufragio fueron numerosas. Hubo divisiones de clase (en la mayoría de los países, el movimiento feminista estuvo liderado por mujeres burguesas que, en ocasiones, se oponían a que se reconociera el derecho al voto a mujeres sin suficiente educación) y de orden político (algunas fuerzas progresistas afirmaban que las mujeres tenderían a votar a las fuerzas conservadoras debido a la influencia de la tradición y la religión, mientras que las fuerzas conservadoras articulaban estrategias inspiradas en una línea argumentativa similar). También hubo conflictos étnicos y raciales[25]. Las contiendas nacionalistas se interpusieron en el camino de las mujeres a ambos lados del Atlántico. Así, en el complejo contexto social y político de la Austria de los Habsburgo, por ejemplo, las lealtades étnicas y nacionalistas impidieron la consolidación de un movimiento sufragista unitario. Algo parecido sucedió en Suiza, donde las diferencias culturales y las barreras lingüísticas entre los diferentes cantones dificultaron la unificación de los esfuerzos encaminados a la consecución de las reivindicaciones de las mujeres. La cuestión de la lengua también provocaría una división en el seno de la Asociación de Mujeres de Finlandia, y en Irlanda la afiliación a las sociedades sufragistas se redujo debido a las deserciones en favor de las organizaciones femeninas nacionalistas y unionistas recién creadas. En Estados Unidos, la Asociación Nacional del Sufragio Femenino rompió con la tradición abolicionista al oponerse a la ratificación de la Decimoquinta Enmienda por priorizar los derechos de las mujeres frente a la cuestión racial, mientras que la Asociación Estadounidense del Sufragio Femenino, de perfil más moderado, mantuvo su alianza con la vieja causa de la abolición en todo momento (Zollinger Giele, 1995: 114; DuBois, 1999: 162-202)[26].

---

25 Estas divisiones no reflejaban únicamente el debate en torno a si era la privación del derecho al voto por motivos de raza o de sexo lo que merecía la mayor preocupación, sino también el debate acerca de la relativa importancia que debía atribuirse a la causa del sufragio y al desafío a la tradición de las esferas separadas en la creación de un movimiento verdaderamente integral de mujeres. A muchas mujeres negras les disgustaba el hecho de que las líderes blancas ignoraran sus preocupaciones —como la prohibición del matrimonio o la violación interracial, los linchamientos y los espacios públicos racialmente segregados— como «cuestiones raciales» irrelevantes para el objetivo central, obtener la «igualdad política de la mujer» (Newman, 1999: 6, 7, 134). Asimismo, la ideología de las esferas separadas y la rebelión contra la ciudadanía de las mujeres centrada en la maternidad resultaban en cierta medida ajenas a aquellas mujeres que nunca habían estado relegadas a la «esfera privada» y a la maternidad.

26 El difícil dilema político surgió en torno a la aprobación de la Decimoquinta Enmienda, que reconoció el derecho al sufragio a los hombres esclavos liberados, a pesar de que las mujeres, blancas y negras, continuaban excluidas de las

Sin embargo, tanto en Europa como en Estados Unidos el desacuerdo entre las mujeres también giró en torno a los posibles efectos que el sufragio femenino podría tener sobre la familia tradicional (Rubio Marín, 2014: 15-17). En particular, las fuerzas conservadoras consideraban que el sufragio femenino era políticamente controvertido porque podía erosionar la armonía familiar y generar inestabilidad social, de ahí que los antisufragistas enfatizaran que las mujeres estaban destinadas exclusivamente al trabajo de mantenimiento de la familia. Dado que las mujeres carecían de capacidad para gestionar asuntos públicos, el derecho de sufragio no haría más que distraerlas de sus obligaciones como madres y esposas[27]. Por ello, las mujeres debían ser representadas por los hombres como jefes de familia. De esta forma, se avanzaban dos argumentos en realidad contradictorios, a saber, que el sufragio femenino era innecesario porque se presumía una unidad de intereses en la familia (que el cabeza de familia estaría en condiciones de defender) y que el sufragio femenino podía perturbar la armonía familiar en el caso de un conflicto de intereses, por lo que la subordinación de la mujer era la única solución (*ibid.*). En Suecia, por ejemplo, se constituyó una comisión parlamentaria encargada de investigar las posibles consecuencias del reconocimiento del sufragio femenino en la tasa de natalidad y el matrimonio. Y en el Reino Unido, uno de los argu-

---

urnas. Las dos líderes blancas más destacadas, Elizabeth Cady Stanton y Susan B. Anthony, se opusieron a la enmienda y la controversia dividió al movimiento durante una generación. En la década de 1890, las sufragistas blancas entrarían en alianzas extremadamente desagradables con políticos sureños (Pateman, 2007b: 149).

27 Siegel (2002: 979). Argumentos similares se manejaron en América Latina, incluso por parte de los autores de la doctrina constitucional de la época. A título de ejemplo, cabe citar al famoso constitucionalista uruguayo Justino Jiménez de Aréchaga, quien en 1874 argumentó que, a pesar de que tendrían que reconocerse los mismos derechos y poderes a mujeres y hombres, no cabía otorgarles a ellas derechos políticos porque la misión de las mujeres se circunscribía al hogar, además de que su insuficiente educación no podía garantizar un voto independiente (Umpiérrez Blengio, 2018: 86, 89, citando fuentes originales).

mentos que sostuvo el primer ministro liberal William Gladstone en su obstinada resistencia al sufragio femenino fue que las mujeres podrían ser corrompidas por la política y que, por lo tanto, el derecho al voto era una amenaza a la estabilidad de la familia (Rubio Marín, 2014: 16). De hecho, fue en Gran Bretaña donde se fundó la Liga Nacional para la Oposición al Sufragio de la Mujer en 1910.

Cabe destacar que lo que estaba en juego no era solo una ideología, sino también una preocupación razonable. A fin de cuentas, la doctrina de las esferas separadas ofrecía a un subconjunto de mujeres —el de las «clases respetables»— la promesa de una subsistencia económica y un lugar social definido en calidad de esposas (Pateman, 1994: 341). Y, si bien es cierto que las oportunidades económicas de la mujer habían mejorado a finales del siglo XIX, estas eran aún muy limitadas. En este contexto, las mujeres de la clase trabajadora, y no solo las mujeres de clase media alta, tenían motivos para temer la plena igualdad jurídica si esta implicaba la exigencia de competir económicamente con los hombres, tal y como afirmaban los antisufragistas y, además, de renunciar (en aras de la conquistada igualdad jurídica) al sistema de protección subsidiario que el incipiente Estado social patriarcal preveía para las mujeres (Coontz, 2006: 182).

A pesar de que a algunos les preocupaba que el sufragio femenino perturbara la vida familiar, resulta curioso que a veces se adujera el argumento contrario: dada su condición de madres y proveedoras de cuidados, las mujeres eran, en realidad, especialmente aptas para las preocupaciones políticas (Rubio Marín, 2014: 17). Las sufragistas recurrieron a los ejemplos de Australia y Nueva Zelanda para demostrar que el sufragio femenino no conducía necesariamente al abandono de los hogares y la familia, y muchas sostuvieron también que la maternidad hacía de las mujeres ciudadanas buenas y solidarias especialmente calificadas para actuar en el ámbito de la política local (Cowman, 2012: 275-76). El argumento según el cual la nación se beneficiaría si las inclinaciones naturales de las mujeres hacia el cuidado se ponían al servicio público calaba de forma especial en un momento en el que crecía la preocupación legislativa por el bienestar social. Se argumentaba que las mujeres defenderían la maternidad patriótica en la esfera pública y que su emancipación podría propiciar una tarea de «limpieza social» que facilitaría su participación en la regulación de los servicios municipales y de las condiciones de trabajo en las industrias que tanto ellas como sus hijos debían soportar (Boris, 1989).

Conviene destacar que estos argumentos no fueron patrimonio exclusivo de voces conservadoras o masculinas. Muchas mujeres y activistas compartían la opinión de que las contribuciones de hombres y mujeres a la nación eran de diferente naturaleza. Una línea divisoria clave separaba, pues, a las «igualitaristas» y a las «maternalistas» de las mujeres que luchaban por el sufragio femenino. Las primeras se basaban en consideraciones de justicia, apelando al lenguaje universal de la libertad e igualdad individuales en sintonía con el lenguaje de la modernidad ilustrada. También subrayaban que lo que impedía a las mujeres participar en el ámbito público no era su naturaleza, sino el monopolio de los hombres sobre la educación, la formación, el empleo remunerado y el sufragio. Por su parte, las maternalistas fundaban sus tesis en el papel y las necesidades específicas de las mujeres, haciendo hincapié en los valores maternales y en su vida afectiva —que, sostenían, podían y debían utilizarse en pro del interés nacional—. También había divisiones basadas en la relevancia de la consecución del sufragio femenino para subvertir la doctrina de las esferas separadas. Muchas sufragistas de clase media y obrera vinculaban el voto a la independencia económica de las mujeres, considerándolo como una forma de mejorar su condición de trabajadoras en esferas productivas dominadas por hombres. Sin embargo, para otras sufragistas, incluidas las que fueron captadas por el movimiento por la templanza, el sufragio era fundamental para fortalecer la posición de la mujer en la vida privada y eliminar la tiranía doméstica de los hombres. Parece que, finalmente, las voces a favor del sufragio a menudo lograron engranar con éxito dos tipos de argumentos: los que reafirmaban y los que subvertían la doctrina de las esferas separadas.

Por convincente e importante que fuera la campaña del sufragio femenino, esta no fue la única iniciativa orientada al logro de la plena participación política de las mujeres. La lucha para adquirir, retener y transmitir la nacionalidad por derecho propio y en igualdad de condiciones también se libró durante décadas. De una u otra forma, y con un retraso de casi cien años, la plena ciudadanía/nacionalidad independiente e igualitaria de la mujer no se alcanzó en la mayoría de los países hasta bien entrado el siglo XX y, en algunos casos, no fue reconocida sino hasta después de la Segunda Guerra Mundial. Al igual que en la campaña por el sufragio, lo que estaba en juego en la batalla por la nacionalidad era el reconocimiento de las mujeres como miembros independientes y autónomos del Estado nación por derecho propio, dado que esta ausencia de reconocimiento implicaba la privación de la igualdad de derechos políticos y del derecho pleno a residir en el Estado y, por ello, simbolizaba la privación de una pertenencia plena a la comunidad constitucional (Irving, 2017a: 387). De hecho, las mismas organizaciones sufragistas fueron las que ampliaron sus miras para incorporar el objetivo del igual acceso a la nacionalidad en un momento en el que la comunidad internacional apoyaba la práctica de vincular la nacionalidad de la mujer a la de sus maridos, y todo ello, una vez más, en aras de garantizar la unidad familiar (*ibid.*: 389).

1.7. EL INGRESO DE LA IGUALDAD ENTRE LOS SEXOS EN EL CONSTITUCIONALISMO DE LA MANO DE LA MATERNIDAD Y LA PROTECCIÓN DE LA FAMILIA

Dada la preponderancia del orden de género sobre el que se construyó la modernidad, no es extraño que la conquista del sufragio femenino, incluso en aquellos casos en los que fue expresamente consagrado en la constitución, no condujera automáticamente a una reinterpretación global del texto constitucional ni fuera capaz de desmantelar las distinciones legales entre hombres y mujeres en las que se basaba la ideología dominante inspirada en el modelo familiar de sustento masculino. De la misma manera que en Estados Unidos el intento por parte de las mujeres de utilizar la cláusula de la igualdad consagrada en la Decimocuarta Enmienda para eliminar los privilegios basados en el sexo fracasó de manera sistemática, también lo hizo su alegación de la cláusula de ciudadanía de la misma enmienda para tratar de impugnar las leyes de nacionalidad que discriminaban con base en la condicional marital[28] o de utilizar la recién conquistada Decimonovena Enmienda como herramienta para reclamar el acceso a otras expresiones de la ciudadanía, incluidos los deberes, entre ellos la obligación de servir en el jurado ante los tribunales estatales (Brown, 1993)[29]. La conquista del sufragio

---

28 En *Mackenzie vs. Hare* (1915), Ethel Mackenzie impugnó sin éxito la Ley de Expatriación de 1907 que la había privado de la posibilidad de inscribirse en el censo electoral de California tras el reconocimiento del derecho al voto de las mujeres en ese estado en 1911. En la sentencia, la Corte señala que «la identidad de marido y mujer es un principio antiguo de nuestra jurisprudencia» y que «el matrimonio con un extranjero se había contraído voluntariamente» con «advertencia de las consecuencias» y, por lo tanto, concluye que «el matrimonio de una mujer estadounidense con un extranjero equivale a la expatriación voluntaria de esta».

29 De manera similar, la conquista legislativa del sufragio en otros países tampoco sirvió para anticipar una interpretación más amplia de la constitución puesta al servicio de una mejor defensa de los derechos políticos de la mujer. El «caso Personas» de Canadá es tal vez el mejor ejemplo al respecto. Para contextualizarlo, conviene recordar que en Canadá las mujeres habían obtenido el sufragio en Manitoba, Saskatchewan y Alberta en 1916 y, a nivel federal, en 1918, aunque esto no implicó una igualación plena de derechos políticos ni incluyó a todas las mujeres, puesto que la Ley Electoral de 1920 negó la prerrogativa federal a todas aquellas personas privadas de derechos a nivel provincial «por razones de raza». En la práctica, esto supuso que las personas de origen japonés, chino e hindú (es decir, cualquier persona no anglosajona del subcontinente indio) quedaran excluidas de las elecciones federales en Columbia Británica y Saskatchewan. Esta limitación se mantendría hasta 1948 y abarcó tanto a mujeres como a hombres. Además, en virtud de la Ley de Indios de Canadá, a los «indios» se les negó el derecho al voto: los aborígenes obtuvieron el derecho al voto recién en 1960. En este contexto, en 1928, la Corte Suprema de Canadá se enfrentó a la cuestión de si, con el propósito de ser nombradas miembros del Senado canadiense (del que seguían excluidas),

no permitió, por tanto, que el feminismo de la primera ola derrotara el modelo hegemónico de familia ni el orden político basado en él. Con la única salvedad de los intentos, fallidos y efímeros, de imponer normas especiales relativas a la seguridad en el trabajo y a la jornada laboral a los establecimientos que emplearan a mujeres (normas que, en la época del apogeo económico de la doctrina de *laissez-faire* de la era de *Lochner*[30], fueron consideradas contrarias a la libertad contractual), el intento de realizar una lectura expansiva de la Decimonovena Enmienda para avanzar hacia la igualdad fracasó de manera sistemática, a pesar de que la Corte Suprema expidiera una retórica que celebraba los cambios revolucionarios asociados a la conquista del sufragio y otros avances[31]. De hecho, como veremos, la pervivencia de ese modelo de familia dominante y del orden social que sustentaba fueron algunas de las principales razones por las que la Constitución de Estados Unidos no incorporó ninguna enmienda que consagrara explícitamente la prohibición de la discriminación por motivos de sexo, aunque ya en 1923, poco después

---

la palabra «personas» de la sección 24 de la Constitución canadiense (la Ley Británica de América del Norte de 1867) debía interpretarse de manera que incluyera también a las mujeres, algo que la Corte Suprema negó valiéndose de una interpretación originalista en virtud de la cual, en 1867 y bajo el derecho consuetudinario, las mujeres no eran aptas para ocupar cargos públicos. Véase *Edwards vs. Attorney General of Canada* (1929). Afortunadamente, en apelación, el Privy Council (el tribunal de apelaciones más alto del Imperio Británico) revirtió la decisión basándose en una interpretación liberal que sostenía que era necesario interpretar la Constitución canadiense como un árbol vivo capaz de crecer y expandirse para reflejar la evolución de los valores sociales. Véase, además, *Edwards vs. Attorney General of Canada* (1930). Para una historia detallada del caso, consúltese Sharpe y McMahon (2007).

30 *Lochner vs. New York* (1905).

31 *Adkins vs. Children's Hospital* (1923): «En vista de los grandes —por no decir revolucionarios— cambios que han tenido lugar [...] en el estatus contractual, político y civil de la mujer, que culminaron en la Decimonovena Enmienda [...], la antigua desigualdad entre los sexos, más allá de lo físico [...] ha experimentado una intensidad decreciente».

del reconocimiento del derecho de sufragio femenino, se formulara una propuesta en tal sentido[32].

Hemos visto cómo en Estados Unidos la ideología de la familia tradicional moldeó el constitucionalismo, a pesar de que la norma fundamental no incluyera ninguna referencia a la familia o al matrimonio que no tuviera relación con el federalismo[33]. Mientras, en

---

32 Tras la conquista del derecho al sufragio, el movimiento de la mujer se fragmentó. Bajo el liderazgo de Alice Paul, el Partido Nacional de las Mujeres (National Women's Party) decidió centrarse en la eliminación de las diferencias basadas en el sexo que perduraban tanto en la legislación matrimonial como en el resto del ordenamiento jurídico, persiguiendo la igualdad formal ante la ley y dejando de lado la legislación y las normas concernientes a la sexualidad, la reproducción y la relación entre el trabajo en el mercado y el trabajo familiar. Ello condujo a la aprobación de distintas leyes estatales y, en 1923, a la primera propuesta de la Enmienda de la Igualdad de Derechos, o ERA (Equal Rights Amendment). Y aunque, a decir verdad, en su lucha contra la discriminación por razón de sexo o con base en el matrimonio, tanto Paul como Florence Kelley habían tratado de salvaguardar la legislación laboral protectora de la mujer trabajadora, a mediados de la década el empeño de Paul por sacar adelante la ERA acabó dividiendo el movimiento, puesto que a las feministas centradas en el bienestar social les preocupaba que el eventual éxito de la reforma constitucional diera al traste con la legislación laboral de la que dependían las trabajadoras con responsabilidades familiares en un momento en el que los sindicatos no priorizaban en absoluto los intereses de las mujeres. El debate en torno a los derechos reproductivos y los derechos de las mujeres negras también quedaron postergados en la agenda, y muchas mujeres que reivindicaban los derechos de la población negra, el pacifismo y el control de la natalidad terminaron abadonando el Partido Nacional de las Mujeres (Siegel, 2020: 471-72).

33 Sobre la base del concepto de libertad contractual y económica de la era *Lochner*, la Corte Suprema reconoció por primera vez en los años veinte cierta protección a las prerrogativas de los progenitores sobre la educación y la crianza de sus hijos basándose en la noción de las garantías sustantivas del proceso debido derivadas de la Decimocuarta Enmienda. Véase *Meyer vs. Nebraska* (1923) y *Pierce vs. Society of Sisters* (1925). El derecho a la vida familiar (entendida la familia, aun entonces, como un espacio de autonomía y privacidad, y no como una institución que mereciera el apoyo activo del Estado) fue afirmado por primera vez en *Griswold vs. Connecticut* (1965), que avanzó la noción de la privacidad conyugal y que ampararía el uso de anticonceptivos por parte de una pareja casada. Desde entonces, la noción de intimidad familiar se ha

Europa, donde por regla general el constitucionalismo democrático no logró consolidarse hasta la segunda mitad del siglo XX —haciendo frente primero a las fuerzas reaccionarias monárquicas y luego a los movimientos fascistas y totalitarios—, la misma ideología familiar dio forma y delimitó los contornos de la ciudadanía de la mujer. En realidad, las constituciones nacidas de la Ilustración europea también guardaron silencio sobre la familia y el estatus constitucional de las mujeres, estableciendo, en el mejor de los casos, cláusulas generales de igualdad sin mención específica al sexo[34]. A diferencia de Estados Unidos, donde el texto constitucional original ha seguido teniendo validez y ha sido difícil introducir enmiendas, la atormentada historia constitucional europea y la proliferación de textos constitucionales que la han caracterizado propiciaron la recepción de comprensiones cambiantes de la condición de la mujer en función de las concepciones predominantes de la familia. A ello tampoco fue ajeno el hecho de que, en varios países europeos, el derecho de sufragio femenino recién conquistado permitiera a las mujeres participar por primera vez en la elaboración de constituciones durante el período de entreguerras. Ciertamente, el número de mujeres presentes en los procesos constituyentes de todos los países siguió siendo simbólico. Sin embargo, siempre que fue

---

expandido hasta cubrir un amplio conjunto de derechos de autonomía relacionados con la familia (a veces reconocidos como pertenecientes al individuo y a veces a la familia, pero siempre como derechos negativos o de no interferencia), incluido el derecho a contraer matrimonio, a procrear, a poner fin a un embarazo, a cohabitar con la familia extendida, a criar a los hijos y a participar de la intimidad sexual. Como fundamento último, simplemente se asumió que la familia era la célula subyacente en la estructura social del sistema constitucional de Estados Unidos, concepción respaldada por el hecho de que *Griswold* (donde la Corte Suprema afirmó por primera vez la noción de privacidad conyugal) se refiriera a la familia como un espacio de privacidad, como un derecho derivado implícitamente de varias enmiendas constitucionales «más antiguo que la misma declaración de derechos», sugiriendo su carácter fundacional y natural (Meyer, 2000: 527-95).

34 Este fue, por ejemplo, el caso de la Declaración Francesa de los Derechos del Hombre y del Ciudadano de 1789, que proclamó que «todos son iguales ante la ley» (artículo 6).

posible, las mujeres utilizaron sus derechos políticos recién adquiridos para garantizar el mantenimiento de disposiciones relativas a la igualdad de sexo en la constitución, aunque también, de manera significativa, a la protección de la maternidad y la familia. En otras palabras, la igualdad de derechos y la tutela especial de las mujeres en calidad de madres fueron, desde el principio, consideradas complementarias y capacitadoras.

La histórica Constitución alemana de 1919, vigente en Alemania durante la República de Weimar (1919-1933), ofrece un buen ejemplo de la coexistencia de las disposiciones constitucionales relativas a la igualdad de género (resultantes de los esfuerzos del feminismo de la primera ola) y a la ideología familiar dominante, así como de la participación de las mujeres en la elaboración constitucional. Las mujeres elegidas para participar en la redacción de la Constitución de Weimar gracias al derecho de sufragio conquistado en 1918 fueron cuarenta y una (es decir, el 10 % del total de los miembros de la Asamblea Constituyente). El texto constitucional reconocía a hombres y mujeres «fundamentalmente» los mismos derechos y deberes cívicos (artículo 109) y la igualdad de acceso de la mujer a la función pública (artículo 128). La Constitución de Weimar también contenía una cláusula que reflejaba la centralidad social y la relevancia política de la estructura familiar en general, y de la maternidad en particular. Así, en el capítulo dedicado a la vida en comunidad, el artículo 119 disponía que la familia conyugal, basada en la igualdad de ambos sexos, gozaba de protección especial por parte de la Constitución y encomendaba tanto al Estado como a la comunidad la protección del bienestar de las familias y las madres[35].

---

35 Concretamente, el artículo 119 disponía: «El matrimonio, como fundamento de la familia y la preservación y expansión de la nación, goza de protección especial por parte de la Constitución. Se basa en la igualdad de ambos sexos. Es tarea tanto del Estado como de las comunidades fortalecer y promover socialmente a la familia. Las familias numerosas pueden demandar asistencia social. La maternidad queda bajo la protección y el bienestar del Estado».

En la Asamblea Constituyente que redactó la Constitución de Weimar, las mujeres de diferentes partidos políticos no se pusieron de acuerdo sobre la cuestión de si la protección de la maternidad debía limitarse a los hijos concebidos dentro del matrimonio (algo que las mujeres conservadoras consideraban necesario para proteger la familia conyugal) o si debía extenderse también a las madres solteras y a sus hijos habidos fuera del matrimonio, un debate cuyos matices de clase fueron minimizados por el contexto de la posguerra[36]. También hubo desacuerdo sobre si el papel de la maternidad era realmente compatible con la incorporación de las mujeres a los cargos públicos. Curiosamente, sin embargo, la necesidad de proteger la maternidad y la familia en pro del bienestar de la mujer generó consenso en todos los ámbitos y ocupó un lugar clave en la concepción de las mujeres socialistas alemanas sobre la protección constitucional que requería la mujer[37]. En otras palabras, la suposición generalizada respecto a los distintos roles de género, respaldada por la realidad de aquel tiempo, sobrevivió al reconocimiento constitucional de la igualdad, circunstancia que contribuye a explicar por qué el precepto que afirmaba la igualdad de género fue matizado con dos cautelas: la limitación de la cláusula de la igualdad al disfrute de los derechos y deberes civiles y la referencia a que los hombres y las mujeres disfrutan «fundamentalmente» (*grund-*

---

36 Finalmente, la Constitución de Weimar también ofreció cierta protección a los hijos nacidos fuera del matrimonio, cuyo bienestar fue una preocupación para muchas feministas alemanas, en particular durante la Primera Guerra Mundial. El texto de Weimar (artículo 119) reservó una frase separada que se refería a la petición de las madres de recibir cuidados especiales, sugiriendo que todas las madres, y no solo aquellas unidas en matrimonio, merecían dicha protección especial.

37 Suk (2018: 119). Durante las dos décadas anteriores al proceso constituyente, varias de las mujeres presentes en la asamblea habían participado activamente en movimientos sociales para proteger a las madres. Los diferentes grupos de mujeres disintieron respecto a las razones por las que las madres merecían una protección especial, pero el hecho de que dicha protección fuera necesaria para que la familia y las madres pudieran cumplir con sus obligaciones fue ampliamente compartido por las feministas liberal-burguesas y socialdemócratas.

sätzlich) de los mismos derechos y deberes. Esta última matización se justificó de forma específica sobre la base de las obligaciones militares de los hombres, a pesar de que, tras la derrota de Alemania en la guerra, el Tratado de Versalles impusiera severas restricciones al Ejército alemán, prohibiendo expresamente el servicio militar obligatorio[38]. Resulta también revelador que, aunque la matización se mantuvo, fue considerada innecesaria incluso por los defensores más ardientes de la disposición constitucional relativa a la igualdad de género, quienes simplemente daban por sentado que «las mujeres estaban cumpliendo obligaciones similares de ciudadanía, como educar y criar hijos», algo que parecía indiscutiblemente aceptado por todos[39].

La Constitución alemana no fue un caso aislado. Otras constituciones del período de entreguerras, en especial aquellas de inspiración socialista que preveían una mayor intervención estatal, también mencionaron la protección de la maternidad y de la reproducción social[40], así como el fin de los «privilegios basados en el sexo». Es-

38 *Ibid.*

39 *Ibid.* Algunas constituciones vecinas siguieron el ejemplo alemán. Así, la Constitución checa de 1920 estableció que los privilegios debidos al sexo, nacimiento u ocupación no debían ser reconocidos (artículo 106 [1]) y consagró la idea de que el matrimonio, la familia y la maternidad se encontraban bajo protección de la ley (artículo 126).

40 Concretamente, las constituciones de inspiración socialista fueron a menudo bastante explícitas al abordar la necesidad de garantizar la reproducción social directamente y no solo protegiendo a las madres y a las familias. Este fue el caso de la Constitución de la Unión Soviética de 1936, cuyo artículo 122 disponía: «Las mujeres en la URSS gozan de los mismos derechos que los hombres en todas las esferas de la vida económica, estatal, cultural, social y política. La posibilidad de ejercer estos derechos queda garantizada a las mujeres otorgándoles un derecho igual al de los hombres al trabajo, a la remuneración por su trabajo, al descanso y al ocio, a la seguridad social y a la educación y mediante la protección estatal de los intereses de madres y niños, licencias por embarazo y maternidad con sueldo completo y la provisión de una amplia red de hogares de maternidad, guarderías y jardines de infancia». Esta característica sería una constante en los países de tradición socialista tanto durante como después del Imperio soviético. En este sentido, cabe señalar que la obra que

te fue también el caso de la Constitución de 1931 de la Segunda República española, cuyo artículo 25 estableció la abolición de los privilegios basados en el sexo (no solo «en principio», como algunos plantearon en la Asamblea Constituyente, inspirándose en el precedente alemán). Por otra parte, si bien el artículo 43 disponía que la familia estaría bajo la salvaguarda especial del Estado y establecía su obligación de proteger la maternidad, el mismo precepto también contenía elementos de democratización igualitaria del orden familiar, como el derecho al divorcio y la igualdad de derechos y obligaciones entre los cónyuges y para con la descendencia dentro y fuera del matrimonio.

La anulación general de los privilegios basados en el sexo vino de la mano del reconocimiento de la igualdad de derechos políticos en algunos casos puntuales: la Constitución española de 1931[41], la Constitución checa de 1920, la Constitución austríaca de 1920 y la Constitución polaca de 1921. No obstante, la abolición total de los privilegios y distinciones sustentados en el sexo no fue una característica general del constitucionalismo europeo de entreguerras, y algunos países dieron pasos tanto hacia adelante como hacia atrás en relación con el tema. Así, algunas disposiciones constitucionales consagraron específicamente la inferioridad de la condición política de la mujer respecto a la del hombre (como el artículo 6 de la Constitución rumana de 1923), mientras que otras simplemente

---

abordó el tema de la opresión de la mujer con más influencia en las políticas de Europa del Este fue *El origen de la familia, la propiedad privada y el Estado*, de Friedrich Engels, publicada en 1884, en la que Engels afirma que la opresión de las mujeres hunde sus raíces en la aparición de la familia monógama, que a su vez está vinculada al desarrollo de la propiedad privada acumulada por los hombres a través de un excedente de producción. De ahí la necesidad de trasladar significativamente las tareas domésticas de las mujeres a la comunidad (Engels, 2010).

41 La peculiaridad española consistió en que durante la Segunda República la mujer pudo ser elegida antes de poder votar, de acuerdo con la normativa aprobada durante la dictadura de Primo de Rivera. Eso explica que el debate sobre el voto femenino se librara en la Asamblea Constituyente con la voz de Clara Campoamor como destacada protagonista (Aguado, 2012).

permitían al legislador fijar las distinciones entre hombres y mujeres que se consideraran justificadas de acuerdo con «las funciones específicas» de cada uno de los sexos (artículo 16.2 de la Constitución austríaca de 1934). En realidad, resultaba bastante ilusorio proclamar un estatus igualitario sin reservas mientras la ideología del modelo de familia dominante y el orden jurídico sobre el que se articulaba siguieran atribuyendo funciones diferentes a hombres y mujeres y el derecho de familia siguiera, además, trazando todo tipo de distinciones entre marido y mujer, definiendo, en ese sentido, mas que las propias constituciones, los límites de la condición constitucional de la mujer.

Una razón importante de que la ideología familiar dejara una clara impronta constitucional en Europa occidental fue la formación temprana del modelo del estado de bienestar[42]. La creación de este diseño institucional contribuye a explicar la creciente preocupación por la protección tanto de la institución de la familia —a la que se le asignó principalmente la función social de cuidado— como de la maternidad, entendida como un rol necesario, pero también como condición de vulnerabilidad (especialmente en las «familias fallidas» que carecían de la figura del hombre cabeza de familia). Los programas iniciales de provisión social establecidos en todo Occidente durante el período de formación del estado de bienestar, que se prolongó aproximadamente desde la década de 1880 hasta el inicio de la Primera Guerra Mundial, fueron diseñados para reforzar el sistema salarial familiar, que asignaba a los hombres el rol de sostenedores de la familia y a las mujeres el de principales cuidadoras, trabajadoras domésticas y asalariadas secundarias. Este modelo de ciudadanía social de las mujeres, construido en torno a un estado de bienestar denominado de «dos canales» o «patriarcal» (Orloff, 1993: 323), afianzaba la ciudadanía dependiente de las mujeres, reteniéndolas como objetos de protección debido a su naturaleza dé-

---

[42] En la literatura sobre el estado de bienestar, sin embargo, hay ciertas variaciones en cuanto al papel esperado de la familia y al modelo de sustento económico familiar en los diferentes países europeos (Esping-Andersen, 1990).

bil y/o dependiente, o a sus roles como madres y cuidadoras[43]. En este sentido, las referencias constitucionales al modelo de familia dominante y al papel protector del Estado no se consideraron necesariamente contradictorias con la abolición de las distinciones o privilegios basados en el sexo, sino que fueron más bien concebidas como protecciones necesarias y debidas a las mujeres en su rol de cuidadoras. Después de todo, el sistema de protecciones también era, por supuesto, un reflejo de la economía política de la época, una economía en la que a las mujeres se les ofrecían en gran medida trabajos de carácter doméstico o en las fábricas de producción, es decir, empleos extremadamente mal pagados y que solo aceptaban las que de verdad los necesitaban, en un mercado caracterizado por la segregación laboral y la discriminación salarial (Coontz, 2006: 209).

El modelo de familia basado en el sustento masculino fue tan ampliamente aceptado que condicionó el horizonte emancipatorio de muchas formas de activismo. Así, en la primera mitad del siglo XX, se desarrolló una vertiente «maternalista» de las políticas de bienestar que defendía que el Estado debía brindar un apoyo total a las madres viudas o abandonadas. El objetivo era permitir que estas mujeres, provenientes de familias «rotas» o «fracasadas», permanecieran en el hogar para cuidar de sus hijos. Algunos reformistas llegaron incluso a exigir un «subsidio de maternidad» general para todas las madres, alegando que solo de ese modo el aparato estatal reconocería políticamente el trabajo de la maternidad y garantizaría a las mujeres un ingreso independiente (Orloff, 1993: 323). Sin embargo, este enfoque no tuvo éxito, excepción hecha de una ver-

---

43 Fraser (1996) explica que, cuando las mujeres accedieron a los derechos de ciudadanía, estos ya tenían un perfil masculino, y que, cuando accedieron a la ciudadanía social, lo hicieron a través de una retórica que afianzaba su ciudadanía dependiente; es decir, reforzaba la concepción de la mujer como objeto de protección por su debilidad y/o naturaleza dependiente o en sus roles de madres y protectoras. Estas asunciones determinaron que la ciudadanía social de las mujeres se anclara *más en la retórica de las necesidades domésticas y la esfera privada que en la ciudadanía civil o política*, propia de la esfera pública.

sión débil concretada en la concesión de ayudas por hijos que muchos Estados abonaban a las madres, unas prestaciones que nunca fueron suficientes para que una mujer pudiera mantenerse sin el sustento del marido. Por tanto, los programas «maternalistas» se convirtieron principalmente en un paliativo frente a los «fracasos» del sistema salarial familiar, y la mayoría de los beneficios quedaron restringidos a las madres no casadas, sobre todo viudas, aunque a veces también divorciadas, separadas o solteras. La paridad entre los beneficios otorgados a las madres amas de casa y las prestaciones de los trabajadores asalariados, así como la idea de un sustento que garantizara un nivel de vida a las madres solteras comparable al de sus contrapartes casadas, seguían siendo objetivos difíciles de alcanzar, una realidad que comportaba efectos estigmatizadores, en particular para las mujeres pobres y racializadas.

En este contexto, muchas constituciones de Europa occidental reconocieron la centralidad social de la estructura familiar y contemplaron la necesidad de otorgar una protección especial a la maternidad, inaugurando así una tradición maternalista en el constitucionalismo que posteriormente sería exportada a otras latitudes. De hecho, algunas constituciones europeas del período de entreguerras fueron bastante explícitas a la hora de afianzar el modelo de familia basado en el sustento masculino y la rígida delimitación de los roles de género. Quizás el ejemplo más contundente del período sea la Constitución de Irlanda de 1937 (que reemplazó al texto de 1922 y que actualmente sigue en vigor, aunque se prevé su reforma a pesar de no haber prosperado los términos de una propuesta al respecto sometida a referéndum en marzo de 2024), texto que, revestido de un espíritu católico claramente politizado, glorificaba la santidad de la familia. Así, el artículo 41, dedicado precisamente a la familia, establece:

> (1.1) El Estado reconoce a la Familia como el grupo unitario natural primario y fundamental de la Sociedad, y como una institución moral que posee derechos inalienables e imprescriptibles, antecedente y superior a todo derecho positivo.

(1.2) El Estado, por tanto, garantiza la protección de la Familia en su constitución y autoridad, como base necesaria del orden social, indispensable para el bienestar de la Nación y del Estado.

(2.1) En particular, el Estado reconoce que, con su vida dentro del hogar, la mujer le presta al Estado un servicio sin el cual no es posible alcanzar el bien común.

(2.2) El Estado procurará, por tanto, que las madres no se vean obligadas por necesidades económicas a realizar trabajos laborales en descuido de sus deberes en el hogar.

(3.1) El Estado se compromete a proteger con especial cuidado la institución del Matrimonio, sobre la que se funda la Familia, y a protegerla contra ataques.

El hecho de que esta disposición pudiera conciliarse con el principio de igualdad expresado genéricamente, principio que también figura en la Constitución de Irlanda, se comprende mejor si observamos la formulación exacta de aquel principio: el artículo 40.1 reconoce la igualdad, pero también prevé la posibilidad de establecer distinciones basadas en la diferente naturaleza física y moral o en las funciones sociales de los ciudadanos[44].

Sea como fuere, en Europa se consideró que la abolición de privilegios basados en el sexo que las cláusulas de igualdad contenían era, en principio y en mayor o menor medida, compatible con la preservación del orden familiar tradicional, a pesar de que la lógica igualitaria empezara a preconizarse también respecto a la familia. El temor a que la proclamada igualdad constitucional de las mujeres pudiera amenazar tanto el orden de género establecido como el sistema de protección para las mujeres en calidad de madres y esposas dependientes provocó, sin embargo, resultados diferentes en otros contextos. Concretamente, contribuyó al fracaso de la En-

---

44 El artículo 40.1 de la Constitución de Irlanda establece: «Todos los ciudadanos, como personas humanas, serán considerados iguales ante la ley. Esto no se interpretará en el sentido de que el Estado no pueda tener debidamente en cuenta en sus leyes las diferencias de capacidad, física y moral, y de función social».

mienda de Igualdad de Derechos (ERA, por sus siglas en inglés) en Estados Unidos. Esta enmienda, que galvanizó los esfuerzos de mujeres formidables (Suk, 2020), había reconocido que «la igualdad de derechos bajo la ley no debe ser negada ni restringida por Estados Unidos ni por ningún estado por razón de sexo». Como hemos visto, fue propuesta por primera vez en 1922 —es decir, en la época en que las disposiciones sobre la igualdad de derechos comenzaban a florecer en el constitucionalismo europeo— precisamente por quienes veían en el precepto constitucional un corolario lógico de la conquista del sufragio a través de la Decimonovena Enmienda. No obstante, el Congreso solo la aprobaría casi cincuenta años más tarde, en 1972, ante la presión del activismo feminista de la segunda ola. Durante los dos años siguientes a su aprobación en el Congreso, treinta de los treinta y ocho estados requeridos la ratificaron, pero a partir de entonces el ritmo de las ratificaciones se ralentizó drásticamente hasta detenerse. La propuesta decayó en 1982 debido a la imposibilidad de lograr las ratificaciones estatales necesarias a pesar de la energía invertida en su defensa y la ampliación de tres años del plazo inicialmente establecido para su aprobación[45].

En aquel momento, el fracaso de la ERA se debió al predicamento social de un conservadurismo que apelaba a la precaución. Hubo quienes vieron en la enmienda una amenaza a la estructura familiar, tal y como lo habían hecho los opositores al sufragio en el pasado. Sin embargo, su éxito se basó en que atrajo también a quienes, en cambio, temían la eliminación de las medidas de protección en beneficio de las mujeres trabajadoras o de los cónyuges dependientes en el marco de un mercado laboral que aún no podía asegurar que las mujeres compitieran en igualdad de condiciones con los varones. En su discurso, Phyllis Schlafly, principal opositora de la ERA, iden-

45 En marzo de 2017, el proceso de ratificación se reanudó y Nevada se convirtió en el primer estado en treinta y cinco años en ratificar la ERA. La última ratificación necesaria se logró el 15 de enero de 2020 en Virginia, aunque las consecuencias jurídicas de esta última ratificación siguen siendo, hasta el momento, inciertas.

tificó el papel de la maternidad como el de «ejecutiva del hogar», argumentando que el matrimonio y la maternidad proporcionaban a la mujer la fuente de seguridad más confiable (Marshall, 1985: 357). Schlafly, y en general los miembros del movimiento STOP ERA, argumentaban que la ERA invalidaría las leyes estatales que establecían la obligación del esposo de mantener a su esposa económicamente, eliminando el derecho [de la esposa] a recibir asistencia social en función de los ingresos de su marido. Lo que resulta obvio es que la principal preocupación de este movimiento no era la situación de las mujeres que no tenían a su lado un marido solidario y proveedor (como era el caso de muchas mujeres negras y otras minorías racializadas) o la de aquellas que estaban casadas con hombres con pocos ingresos. A fin de cuentas, se trataba de mujeres que, si bien desempeñaban tareas de cuidado —no solo las destinadas a sus propios hijos y hogares—, de ellas siempre se había esperado que las compaginaran con otros trabajos serviles y mal remunerados.

Solo cabe plantear la hipótesis de que la falta de cláusulas de protección de la familia y la maternidad similares a las de los textos europeos en la Constitución de Estados Unidos permitió que en este país la cláusula de la igualdad entre los sexos se percibiera como una amenaza mayor para los roles familiares tradicionales y el sistema de protecciones de la dependencia legalmente impuesta a las mujeres de lo que fueron las cláusulas europeas de igualdad del periodo de entreguerras y también, como veremos, las constituciones europeas de la segunda posguerra. En último término, pocos de los que se opusieron a la ERA lo hicieron para defender abiertamente la inferioridad de la mujer. Por el contrario, insistían en la importancia de preservar su papel familiar y lo que denominaban la familia tradicional, aunque para muchos esta nunca había sido más que un constructo social (Siegel, 2006: 1379). El tiempo también fue un factor crucial, ya que cuando finalmente se aprobó la ERA en el Congreso, la nueva derecha había comenzado a centrarse en la familia como eje de su movilización política, circunstancia que propiciaría el establecimiento de vínculos entre la enmienda y temas como el aborto y la homosexualidad, vínculos que a fin de cuentas ayudaron a mantener y fortalecer el argumento de que la enmienda de la igualdad suponía una amenaza para la familia tradicional (heterosexual y reproductiva) y que facilitaron el bloqueo a su adopción (*ibid.*: 1390).

1.8. EL CONSTITUCIONALISMO POSTERIOR A LA SEGUNDA GUERRA MUNDIAL: ENTRE CONTINUISMO Y RUPTURA, HACIA UN CONSTITUCIONALISMO DE GÉNERO INCLUSIVO

La adopción de cláusulas de igualdad entre los sexos se convirtió en una característica definitoria del constitucionalismo democrático liberal que se desarrolló entre la revolución de los derechos humanos y la segunda ola del constitucionalismo democrático, encabezada por los países de Europa occidental que emergieron de las cenizas de la Segunda Guerra Mundial. Este constitucionalismo se exportaría a gran parte del resto del mundo en el contexto de los procesos de descolonización e inspiraría la elaboración de otras constituciones en olcadas posteriores de democratización. Se trata, por lo demás, del momento en el que aquellos países europeos que, a pesar de abrazar sólidamente el constitucionalismo democrático, no habían concedido aún el voto a las mujeres —por ejemplo, Francia—, finalmente percibieron la necesidad de hacerlo (Chaperon, 2012: 305). La segunda posguerra también fue el marco en el que se adoptó la primera convención internacional centrada específicamente en las mujeres, la Convención sobre los Derechos Políticos de la Mujer (aprobada en 1952), instrumento que abordó muchas de las desigualdades sufridas por las mujeres hasta el momento para acceder y transmitir su nacionalidad, desigualdades que, no obstante, hoy siguen vigentes en muchos países del mundo[46]. Así la

46 La legislación nacional de varios países en Oriente Medio, el norte de África y el África subsahariana no permite que las mujeres transmitan su nacionalidad en iguales condiciones que los hombres.

consagración del principio de igualdad entre hombres y mujeres, la prohibición de la discriminación por razón de sexo y la discriminación basada en la raza empezaron a incorporarse en los principales instrumentos internacionales y regionales de derechos humanos y constituciones aprobados desde entonces[47]. De hecho, la comunidad jurídica y la ciudadanía comenzaron a percibir que la jerarquización de los sexos y las razas, legalmente establecida poco tiempo antes, contradecía palmariamente el espíritu igualitario del constitucionalismo democrático liberal y el nuevo orden de los derechos humanos. Algunas de las constituciones de posguerra también

---

47 Véase el artículo 2 de la Declaración Universal de los Derechos Humanos, que garantiza el derecho de todo ser humano a disfrutar de los derechos consagrados en sus disposiciones sin distinción de ningún tipo, incluidos el sexo y la raza. El artículo 7, además, establece que «todos son iguales ante la ley y tienen, sin distinción, derecho a igual protección de la ley» y que «todos tienen derecho a igual protección contra toda discriminación que infrinja esta Declaración y contra toda provocación a tal discriminación». El Pacto Internacional de Derechos Civiles y Políticos prevé ampliamente el derecho a la igualdad y no discriminación en relación con el disfrute de los derechos establecidos en sus disposiciones y enunciados en el artículo 2.1. Se establece además la obligación de los Estados parte de «garantizar a hombres y mujeres la igualdad en el goce de todos los derechos civiles y políticos enunciados en el presente Pacto» (artículo 3). Asimismo, el artículo 23 dispone que se requiere el consentimiento libre y pleno de ambas partes para contraer matrimonio. También hay disposiciones similares en el Pacto Internacional de Derechos Económicos, Sociales y Culturales (en los artículos 2.2 y 3). A nivel regional, el Convenio Europeo de Derechos Humanos establece la prohibición de la discriminación en su artículo 14, según el cual el «goce de los derechos y libertades reconocidos en el presente Convenio ha de ser asegurado sin distinción alguna, especialmente por razones de sexo, raza, color, lengua, religión, opiniones políticas u otras, origen nacional o social, pertenencia a una minoría nacional, fortuna, nacimiento o cualquier otra situación». La Constitución de Italia de 1947 reconoció a los ciudadanos la igualdad de dignidad social y la igualdad ante la ley sin importar su sexo (artículo 3). La Ley Fundamental de Alemania de 1949 (Grundgesetz [GG]) también menciona la igualdad entre hombres y mujeres (artículo 3 [2] GG) y prohíbe las desventajas basadas en el sexo (artículo 3 [3] GG). El preámbulo de la Constitución de Francia de 1946 al que se refiere la actual Constitución de 1958 (legalmente vinculante desde 1971) también reconoce la igualdad de hombres y mujeres ante la ley.

agregaron una referencia adicional a la igualdad entre los sexos e hicieron referencia explícita a algunos de los ámbitos e instituciones en los que las mujeres habían sido tradicionalmente relegadas a un estatus legal inferior, entre ellos el matrimonio, el lugar de trabajo o el sistema educativo[48].

Aunque todos estos signos expresaran el compromiso con la eliminación de la discriminación sexual en el ámbito legal y la configuración de ordenamientos jurídicos neutrales en cuanto al género, lo cierto es que algunas diferenciaciones entre los sexos, algunas incluso explícitamente consagradas en los textos constitucionales, subsistirían durante muchos años. Además, a pesar de que el eje de subordinación fuera paulatinamente abandonado, el de la diferenciación de género se abordó en menor medida o solo implícitamente, circunstancia que limitó el alcance real de la afirmación de la «igualdad entre los sexos» como característica del nuevo orden constitucional. En otras palabras, las bases del contrato sexual no fueron subvertidas de forma radical; la desarticulación de la tradición de las esferas separadas, que determinaba los roles distintivos de hombres y mujeres, no fue un elemento central de la agenda inicial del constitucionalismo de posguerra. Después de todo, este periodo coincidió con el apogeo cultural del modelo de familia basado en el sustento masculino. En efecto, la década de los cincuenta y principios de la de los sesenta coincidieron con un fuerte movimiento pronatalista alentado por el alivio que trajo consigo el final de dos décadas de depresión y de guerra y por los beneficios de la consolidación en las primeras economías de un consumo verdaderamente masivo en casas amuebladas con electrodomésticos que facilitaban las tareas domésticas y que habrían sido impensables tan solo unos años antes (Coontz, 2006: 230). En este contexto, la idea

48 Por ejemplo, la Constitución de Italia de 1947, todavía en vigor, reconoce que el matrimonio implica la igualdad moral y jurídica de los cónyuges (artículo 29.2), que las mujeres trabajadoras tienen los mismos derechos en materia laboral y que también tienen derecho a la misma remuneración que los hombres en el caso de trabajos comparables (artículo 37.1).

de que el matrimonio debía proporcionar tanto al marido como a la esposa «satisfacción sexual, intimidad y realización personal» alcanzó su punto álgido (*ibid.*: 233) y las tasas de divorcio disminuyeron significativamente. Cuando las esposas y madres accedían al empleo remunerado, por lo general se trataba de trabajos a tiempo parcial o de carácter temporal. La desigualdad salarial y de género en el mercado laboral no tenía límites e incluso se agravó durante las décadas de los cincuenta y sesenta (*ibid.*: 236). Y, aunque las esposas y madres afroamericanas y las mujeres inmigrantes en Estados Unidos eran mucho más propensas que las blancas a trabajar fuera de casa (a menudo, de hecho, en hogares de blancos), en los medios de comunicación y en la cultura popular estaban prácticamente invisibilizadas[49].

Por lo que respecta al bloque del Este, a pesar de las críticas a la familia burguesa en la filosofía dominante bajo el socialismo de Estado, la referencia en los textos constitucionales a la necesidad de asistencia pública en materia de cuidados[50] convergía con el deseo y la expectativa de que las mujeres estuvieran presentes en el ámbito de la producción y en las fábricas. En muchos países se promovía simultáneamente la idea de las mujeres como colegas de los varones en el empleo y como madres, y era incluso frecuente la adopción de medidas que alentaban a las mujeres a tener muchos

---

49 Coontz (2006: 236). El matrimonio basado en el sustento masculino era tan popular que los científicos sociales de la época especularon que se trataba del resultado necesario e inevitable de la modernización y argumentaron que las sociedades industriales dependían de una imprescindible división del trabajo. En su libro *World Revolution and Family Patterns* (1963), el sociólogo estadounidense William J. Goode desarrolló ampliamente esta idea.

50 Véase, por ejemplo, el artículo 24 de la Constitución yugoslava de 1946: «Las mujeres tienen los mismos derechos que los hombres en todos los ámbitos de la vida estatal, económica y sociopolítica. Las mujeres tienen derecho al mismo salario que perciben los hombres por el mismo trabajo y, como trabajadoras o empleadas, gozan de una protección especial. El Estado protege especialmente los intereses de las madres y los niños mediante el establecimiento de hospitales de maternidad, hogares para niños y guarderías y a través del derecho de las madres a una licencia remunerada antes y después del parto».

hijos en respuesta a inquietudes demográficas (especialmente, desde finales de la década de los sesenta). Además de ser dispositivos propagandísticos, estas medidas incluían diferentes títulos honoríficos para incentivar la procreación y facilitar la crianza de los hijos, como los incentivos económicos para las madres, las prolongadas licencias por maternidad y hasta la penalización del aborto en los casos más extremos. En realidad, el comunismo no promovió una revisión significativa de la masculinidad hegemónica que animara a los hombres a involucrarse más en la esfera privada y en las labores de cuidado, por lo que la configuración constitucional descrita se traducía con frecuencia en la consabida doble carga para las mujeres (Scott, 1976: 212-13; Popa, 2003a: 43-44; Einhorn, 1993: 18-19).

Estas tendencias y contradicciones quedaron hasta cierto punto reflejadas en el orden constitucional. Por tanto, tiene más sentido pensar que el constitucionalismo de posguerra fue un híbrido del continuismo y el cambio progresivo y no una ruptura total en lo que respecta al orden de género. Resulta revelador, por ejemplo, que, a pesar de la emancipación política de la mujer a través del derecho al voto, persistieran algunas diferenciaciones basadas en el sexo que recuerdan la tradicional exclusión de la mujer de la esfera pública y de los deberes y funciones de la ciudadanía. De manera paradigmática, cabe mencionar el trato diferenciado de las mujeres en relación con las obligaciones militares[51], pero también, por ejem-

---

[51] Así, en 1956, cuando Alemania finalmente llegó a tener un Ejército, se enmendó la Constitución. Sin embargo, el artículo 12 (4) eximía a las mujeres de la obligación de prestar servicios en cualquier unidad de las Fuerzas Armadas y prohibía que fueran empleadas en cualquier servicio que implicara el uso de armas. Posteriormente, en una enmienda de 1968, el artículo 12 (4) fue reemplazado por el artículo 12a (4), que establecía que las mujeres podrían ser obligadas a servir en las Fuerzas Armadas, en especial en las unidades de atención médica, pero que no se les permitiría servir en ninguna unidad que implicara el uso de armas. Desde el 23 de diciembre de 2000, el texto solo hace referencia a la prohibición de obligar a las mujeres a servir en las unidades armadas del Ejército, actividad que, no obstante, se les permite desarrollar desde el 1 de enero de 2001. Nótese que también el artículo 13 (cláusula de la igualdad) de la Constitución sueca de 1974, ubicada en términos sistemáticos

plo, las reglas discriminatorias en la sucesión a la Corona en algunas monarquías parlamentarias, incluida la española[52]. Más allá de eso, los tratados de derechos humanos[53] y las constituciones europeas de la época —y aquellas que, en el contexto de la descolonización, las emularon— seguían reconociendo la necesidad de proteger a las madres y a la institución familiar (a menudo explícitamente definida como heterosexual y/o matrimonial), entendiendo a esta última como unidad fundamental de la sociedad, repositorio del cuidado y de la dependencia y, como tal, merecedora de protección por parte del Estado. En el ámbito familiar, también se reconoció de manera general la centralidad específica de la maternidad. De hecho, algunas de las nuevas constituciones de la posguerra seguían siendo bastante explícitas respecto a los roles asignados a las mujeres en el marco del modelo de familia basado en el sustento masculino, uno de los símbolos culturales dominantes de la época.

Por lo dicho, el constitucionalismo europeo posterior a la Segunda Guerra Mundial dio continuidad a la vertiente maternalista del constitucionalismo europeo de entreguerras y reprodujo su combinación de igualdad constitucional entre los sexos, maternidad y protección familiar. A pesar de ello, no todos esperaban que la convivencia entre los distintos preceptos relativos a la familia, las mujeres y el ámbito doméstico fuera pacífica. Curiosamente, la Ley

---

en el capítulo de derechos y libertades fundamentales, establece: «Ningún acto de la ley u otra disposición puede implicar el trato desfavorable de una persona por motivos de género, a menos que la disposición forme parte de los esfuerzos por promover la igualdad entre hombres y mujeres o se relacione con el servicio militar obligatorio u otros deberes oficiales equivalentes».

52 Véase el artículo 57.1 de la Constitución española de 1978.

53 Lacey (2017: 140). El artículo 25.2 de la Declaración Universal de los Derechos Humanos establece que tanto la maternidad como la infancia deben recibir una protección especial. El artículo 10.2 del Pacto Internacional de Derechos Económicos, Sociales y Culturales establece que «Se debe conceder especial protección a las madres durante un período de tiempo razonable antes y después del parto. Durante dicho período, a las madres que trabajen se les debe conceder licencia con remuneración o con prestaciones adecuadas de seguridad social».

Fundamental de Alemania de 1949 (Grundgesetz [GG]) —producto de un proceso constitucional en el que las mujeres tuvieron una menor participación en comparación con el proceso que condujo a la promulgación de la Constitución de Weimar en 1919— no incluyó en su primera redacción ninguna disposición sobre igualdad de género a raíz del temor de las fuerzas conservadoras de que la adopción de garantías constitucionales de igualdad representara la anulación de las «medidas de protección especial» de las que disponían las mujeres en ese entonces (Suk, 2018: 121). Finalmente, gracias a Elisabeth Selbert, una de las integrantes del exiguo grupo de cuatro mujeres seleccionadas para participar en la Asamblea Constituyente, se incluyó una cláusula de igualdad referida específicamente a hombres y mujeres. Selbert había viajado por todo el país promoviendo y defendiendo la cláusula (Baer, 2010: 67, 70, 75). Con todo, resulta interesante observar que uno de los argumentos a los que Selbert solía recurrir en defensa de su postura remitía al hecho de que la controvertida cláusula no era incompatible con que la ley otorgara un trato diferente a hombres y mujeres, dado que «la obligación del marido de mantener [a la familia] resultaba equivalente a la obligación de la esposa de educar a los niños y administrar el hogar». Esta era, en definitiva, la visión restringida de la igualdad de género propia de la época.

Como hemos visto, la Grundgesetz finalmente incluyó una cláusula de igualdad junto con una prohibición de discriminación sexual (artículos 3.2 y 3.3, esta vez ya no restringida al ámbito de los derechos cívicos, a diferencia de la Constitución de Weimar), con lo que el orden familiar del Código Civil devino claramente inconstitucional. Como era de esperar, el texto constitucional también incluyó una disposición referida a la protección de la familia y de las madres (artículo 6 GG)[54]. Una vez más, el alcance preciso

[54] El artículo 6.1 de la Ley Fundamental de Alemania, dedicado a la familia, establece: «El matrimonio y la familia gozarán de la protección especial del Estado». Por otro lado, el artículo 6.2 dispone: «El cuidado y la crianza de los hijos son un derecho natural de los padres y un deber que les incumbe prin-

de esta última disposición y la cuestión de si debía o no proteger a los niños nacidos fuera del matrimonio, así como a las madres solteras —ambos colectivos estaban conformados por un considerable número de personas después de la guerra—, dividió a mujeres de diferentes orientaciones políticas y sensibilidades de clase. Con todo, la Constitución alemana no fue el único texto, ni siquiera el más explícito, en reflejar el modelo de familia basado en el sustento masculino dominante en la posguerra. La Constitución italiana de 1947 (redactada con una mínima participación de mujeres —21 de los 556 miembros electos— después de que obtuvieran el derecho al voto en 1946) también prohibió la discriminación por razón de sexo y, al mismo tiempo, reconoció a la familia como «una asociación natural fundada en el matrimonio» (artículo 29.1). El texto también garantizó «la igualdad moral y jurídica de los cónyuges» (artículo 29.2), previendo, sin embargo, que «esa igualdad debe tener lugar dentro de los límites legalmente definidos para proteger la unidad de la familia». El párrafo 1 del artículo 36 hizo una referencia explícita al concepto de salario familiar, y el artículo 37, a pesar de reconocer en su párrafo 1 que «las mujeres trabajadoras tienen los mismos derechos y, para trabajos comparables, [el derecho a] la misma remuneración que los hombres», en su párrafo 2 dispuso que «las condiciones de trabajo deben ser tales que les permitan a las mujeres cumplir con sus *deberes familiares esenciales* y que aseguren una adecuada protección a madres y niños» (la cursiva es nuestra). Al igual que en la Alemania de posguerra, las mujeres italianas también manifestaron opiniones divergentes durante el proceso constituyente. Si bien coincidían en la necesidad de proteger la maternidad y la familia, defendían visiones enfrentadas respecto a la base normativa sobre la que tal protección debía extenderse también a las madres solteras. Aun así, todas reconocieron que la

---

cipalmente. El Estado velará por ellos en el desempeño de este deber». Es de interés también el tenor literal del artículo 6.4: «Toda *madre* tiene derecho a la protección y al cuidado de la comunidad» (las cursivas son nuestras).

maternidad cumplía una función social y que merecía tutela pública (Suk, 2018: 125-28).

En resumen, el incipiente constitucionalismo europeo posterior a la Segunda Guerra Mundial, que luego se extendería al resto de Europa y más adelante inspiraría constituciones en gran parte de América Latina, África y Asia, no solo reconoció la igualdad de sexos, sino también el papel central del matrimonio y la familia como fundamento natural de la sociedad humana, previendo a su vez la importancia del apoyo estatal a la familia y, de manera más específica, a la maternidad. Basta únicamente hacer referencia a algunos ejemplos históricos para comprender hasta qué punto esta ideología consagrada constitucionalmente limitaría la igualdad de la mujer. Pensemos, por ejemplo, que en muchos países la reforma sistemática del derecho de familia, el derecho penal, el derecho laboral y el derecho de la seguridad social, orientada a eliminar las discriminaciones contra la mujer, solo tendría lugar muchos años después de la entrada en vigor de las constituciones. Y es que la línea divisoria entre la discriminación y la diferenciación justificada, objetiva o razonable siempre tuvo que ser trazada a partir de distinciones entre los sexos consideradas «razonables» u «objetivas», lo cual propició interpretaciones heterogéneas de las implicaciones del reconocimiento de la igualdad constitucional entre los sexos.

El caso de Italia es el más revelador, ya que pone de manifiesto que el mandato de igualdad entre los sexos —consagrado en el artículo 3 de la Constitución de 1947— pudo interpretarse para justificar un trato desigual, siempre que se alegara una diferencia entre la situación de hombres y mujeres cuya razonabilidad pudiera ser defendida. De hecho, Italia no emprendió las primeras reformas de su ordenamiento jurídico para garantizar la igualdad entre los sexos sino hasta la década de los setenta, incluida la primera reforma significativa de su derecho de familia, aprobada solo en 1975[55]. Como hemos visto, la Constitución de 1947 afirmaba que el ma-

55 Legge 19 maggio 1975, n.151.

trimonio suponía la «igualdad moral y legal de los cónyuges». No obstante, matizaba este principio con una frase que confería un amplio margen de discrecionalidad al legislador («dentro de los límites legalmente definidos para proteger la unidad de la familia» [artículo 29.2]). En este sentido, durante la década de los sesenta, la Corte Constitucional italiana tuvo que pronunciarse en varias ocasiones sobre diversas disposiciones eventualmente discriminatorias. Sus primeras decisiones muestran que la interpretación de la Corte de las implicaciones de la noción de «unidad familiar» se basaban en una comprensión patriarcal y jerárquica de la familia y el modelo de familia de sustento masculino.

En 1961, en una de sus sentencias más inicuas, la Corte Constitucional confirmó la validez de una disposición del Código Penal que tipificaba como delito el adulterio de la esposa en todos los casos y que limitaba el adulterio del esposo a aquellos supuestos en los que era cometido dentro del hogar o «con notoriedad» en cualquier otro lugar, y declaró que esta distinción se justificaba sobre la base del consenso social en torno a los diferentes significados del adulterio por parte de hombres y mujeres, así como sobre el hecho, asumido como evidente, de que el adulterio de la esposa constituía un ataque más grave a la unidad familiar[56]. Aunque pronto se apartó de este precedente, la Corte tuvo otras oportunidades para confirmar la ideología familiar que prevalecía en ese momento. En 1966, por ejemplo, validó constitucionalmente una norma del

---

56 Sentenza 64/1961 (23 de noviembre de 1961). Afortunadamente, la Corte tardaría solo unos años en abandonar esta doctrina. Véase Sentenza 126/1968 (16 de diciembre de 1968), 127/1968 (16 de diciembre de 1968) y 147/1969 (27 de noviembre de 1969). Casi al mismo tiempo, tribunales de muchas otras partes del mundo se enfrentaron a denuncias sobre el trato desigual de hombres y mujeres en relación con el delito de adulterio, que en ocasiones era expresión de un legado colonial. Este fue el caso de la Corte Suprema de la India, que en 1954 dictó una sentencia en la que ratificó la sección 497 del Código Procesal Penal colonial (Ley XLV de 1860), que solo castigaba al hombre adúltero y solo permitía que el esposo de la compañera formulara denuncias. Véase *Yusuf Abdul Aziz vs. State of Bombay* (1954).

Código Civil mediante la cual, en caso de viudedad seguida de un nuevo matrimonio, se esperaba que solo las mujeres —y no los hombres— informaran a las autoridades judiciales. Estos, a su vez, estarían en condiciones de evaluar si era necesario privar a las mujeres del poder de administrar la propiedad que los hijos heredarían de su primer matrimonio (en el bien entendido de que la viuda que se volvía a casar podía acabar más centrada en la nueva familia y sus necesidades que lo que cabría esperar de un viudo en las mismas circunstancias)[57]. Y, en 1967, la Corte sancionó una vez más una norma del Código Civil mediante la cual, en caso de separación consensuada, correspondía al esposo cubrir todas las necesidades de su esposa, independientemente de la situación financiera de esta, mientras que la esposa solo estaba obligada a hacerlo en caso de que el varón demostrara medios de subsistencia insuficientes. Esta vez, el trato diferencial quedaba supuestamente justificado por el estatus superior que la ley le otorgaba al esposo dentro de la familia, estatus que, afirmaba la Corte, implicaba tanto su «autoridad matrimonial» como la obligación de mantener financieramente a su esposa[58].

La historia constitucional alemana también ofrece un ejemplo interesante. La Ley Fundamental de 1949 entró en vigor antes de que se aprobaran las principales reformas orientadas a incorporar la igualdad entre los sexos, que tuvieron lugar en la década de los setenta[59]. Cabe aclarar que, desde el principio, la subordinación je-

---

[57] Sentenza 49/1966 (4 de mayo de 1966).

[58] Sentenza 144/1967 (12 de diciembre de 1967), revocada por la Sentenza 133/1970 (24 de junio de 1970). Para un análisis crítico de esta jurisprudencia y de la forma en la que la Corte utilizó inicialmente el concepto de unidad familiar para afianzar los estereotipos de género basados en un modelo de familia patriarcal, véase Pezzini (2012).

[59] Se preveía que las leyes contrarias a la cláusula de igualdad de género del artículo 3.2 GG permanecerían en vigor hasta el 31 de marzo de 1953. Sin embargo, este plazo venció sin que se produjeran reformas significativas. La primera Ley de Igualdad de Derechos (Erstes Gleichberechtigungsgesetz), que cubría los aspectos civiles del matrimonio y la familia, entraría en vigor el 1 de julio de 1958. Esta reforma pasó por alto ciertos rasgos patriarcales del Código Civil, lo que daría lugar a varios litigios constitucionales. La primera

rárquica de la mujer se consideró incompatible con el nuevo orden constitucional. Sin embargo, no puede afirmarse lo mismo respecto al eje de la diferenciación de roles. Así, al interpretar las cláusulas constitucionales de igualdad de género y antidiscriminación por motivos de sexo, la jurisprudencia temprana de la Corte Constitucional Federal (CCF) sostuvo que la diferencia de trato por razón de sexo estaba constitucionalmente prohibida, excepto cuando pudiera basarse, objetivamente, en «rasgos biológicos o diferencias sexuales funcionales»[60]. Esta retórica (que en cierta medida sobrevivió hasta la década de los noventa) alcanzó su cenit durante las décadas de los cincuenta y sesenta y permitió que la Corte interpretara que la igualdad sexual debía considerarse compatible con las «diferencias sexuales legítimas», ya fueran biológicas o funcionales en naturaleza. Para ello, la Corte hizo hincapié en el valor igualitario de los roles de hombres y mujeres dentro de la familia, así como en el igual valor de padres y madres y de la labor del sustento económico-familiar y los cuidados de las amas de casa. Se entendió, pues, que este modelo de ciudadanía de «doble vía», por así decirlo, era constitucionalmente aceptable, y ello permitió que los estereotipos de género tradicionales pervivieran sin ser fundamentalmente cuestionados. Lo que no resultaba aceptable, según la CCF, era la permanencia en el ordenamiento de distinciones arbitrarias que solo podían interpretarse como reliquias del patriarcado, entre ellas el otorgamiento al padre de la última palabra en caso de falta de acuerdo sobre las decisiones relativas al bienestar de los hijos[61]. En otras palabras, el valor asociado a los roles distintivos del hombre y la mujer dentro de la familia —sustento económico y cuidado complementario— debía ser equivalente[62]. Esta doctrina permitió

---

ley de reforma integral del derecho matrimonial y familiar (Erstes Gesetz zur Reform des Ehe- und Familienrechts) no sería adoptada sino hasta enero de 1977 (Wiegmann, 2003).

60 BVerGE 3, 225 (18 de diciembre de 1953).

61 BVerfGE 10, 59 (29 de julio de 1959).

62 Para una descripción más detallada de las sentencias de este período, véase Rodríguez Ruíz y Sacksofsky (2005: 152).

a la Corte afirmar, por ejemplo, la constitucionalidad de una norma en virtud de la cual el varón podía estar legalmente obligado a mantener económicamente a sus hijos habidos fuera del matrimonio, quienes se esperaba fueran criados por la madre[63], así como otra que reconocía a los viudos una pensión solo si las esposas fallecidas habían sido el principal sostén de la familia, mientras que las viudas accedían a la pensión de viudedad independientemente de la concurrencia de aquella circunstancia[64].

Esta visión influyó también en la interpretación del precepto sobre la familia que contiene la Ley Fundamental de Bonn. En aquel momento, gran parte de la doctrina jurídica alemana argumentaba que solo la familia tradicional organizada en torno al ama de casa y al varón proveedor gozaba de la protección del artículo 6.1 de la Constitución, aludiendo, no pocas veces, a la ley natural y al cristianismo para sustentar esta lectura *de lege lata*[65]. En realidad, la propia Corte nunca llegó a expresar manifiestamente su preferencia por este modelo de familia. Su doctrina exaltaba simplemente el igual valor de ambos sexos, al tiempo que exigía el respeto por las «diferencias objetivas, naturales y funcionales» entre hombres y mujeres. En teoría, la Corte se limitaba a cumplir con el deber del Estado de permanecer neutral en la materia, dado que había sostenido que la intimidad conyugal debía abarcar la autonomía de la pareja para tomar decisiones sobre la estructura y la organización interna de la familia, incluyendo el hecho de si era uno solo o ambos cónyuges los que debían encargarse de generar ingresos[66]. El problema, co-

---

63 BVerfGE 11, 277 (21 de julio de 1960).

64 BVerfGE 17, 1 (24 de julio de 1963).

65 Franzius (2005: 92-95) alude a Friedrich Wilhelm Bosch y Günther Beitzke, dos profesores y comentaristas de derecho civil de la época que apoyaron firmemente la concepción de la unidad familiar porque, a su juicio, derivaba de la ley natural y la doctrina cristiana, con una estructura patriarcal similar a la que habría incorporado la Constitución alemana.

66 BVerfGE 6, 55 (17 de enero de 1957), 67 y 80, y BVerfGE 9, 237 (14 de abril de 1959), 241-43. En Europa, donde el enfoque institucional de la familia y del matrimonio ha prevalecido constitucionalmente, las constituciones poste-

mo veremos, es que esta supuesta neutralidad resultó ser bastante ficticia frente a una realidad social y un sistema legal que, sin duda, seguían privilegiando claramente el modelo culturalmente dominante de las esferas y roles separados para hombres y mujeres, modelo que la Corte acabó avalando.

Este «excepcionalismo familiar», que excluía al dominio familiar de la estricta aplicación del mandato constitucional de igualdad de género, no fue una característica exclusiva del constitucionalismo europeo de posguerra. Tengamos en cuenta que este constitucionalismo tuvo impacto en muchas de las constituciones de los nuevos Estados que se independizaron en las décadas siguientes, a veces replicando las reglas constitucionales de las potencias colonizadoras. De hecho, este excepcionalismo familiar se mantuvo vigente en numerosos países y durante mucho tiempo, en especial, como veremos, en contextos en los que prevaleció la influencia formal o informal de fuerzas y tradiciones religiosas o en aquellos Estados en los que el pluralismo jurídico permitió el acomodo de ciertas normas culturales que quedaron libres del escrutinio constitucional en materia de igualdad de sexos[67].

---

riores a la Segunda Guerra Mundial no contemplaban la noción de un derecho a la intimidad familiar más allá del concepto de inviolabilidad del domicilio, destinado a proteger el hogar frente a registros e incautaciones indebidos (véase, por ejemplo, el artículo 13 de la Ley Fundamental alemana y el artículo 14 de la Constitución italiana). Esto cambió en la década de 1950, cuando el Tribunal Europeo de Derechos Humanos reconoció que el derecho a la vida privada y familiar estaba amparado por el artículo 8, así como el derecho al matrimonio, en virtud del artículo 12. Otras constituciones europeas seguirían el ejemplo y reconocerían por separado el matrimonio (y, a veces, el derecho fundamental a contraer matrimonio) y la familia (expresada como una institución), a menudo haciendo mención expresa de su necesaria tutela por parte del Estado. La Constitución española de 1978 es un ejemplo de ello (el artículo 39 se refiere a la familia como una institución que merece la protección del Estado, y el artículo 32 al derecho fundamental de hombres y mujeres a contraer matrimonio).

67 En algunos países de tradición islámica que habían buscado deliberadamente modernizarse y que llegaron a compartir la estructura básica de la arquitectura constitucional de género de la posguerra (incluida la prohibición de la

La India representa un caso fascinante, dado que algunas de las disposiciones incluidas en su Constitución de 1950 fueron muy progresistas para la época. La Constitución de la India contiene no solo un derecho genérico a la igualdad (artículo 14) y una prohibición de discriminación por razón de sexo (artículo 15 [1]), sino también una disposición que permite al Estado adoptar medidas especiales dirigidas a la protección de mujeres y niños (artículo 15 [3]), normas que garantizan la igualdad de oportunidades en el acceso al empleo público (artículo 16) y que prohíben la discriminación por razón de sexo (artículo 16 [2]) y la inelegibilidad electoral también basada en el sexo (artículo 325), además de una regulación que reclama al Estado que oriente sus políticas a asegurar, entre otras cosas, la igualdad del derecho a la subsistencia y la igual remuneración por igual trabajo para hombres y mujeres (artículo 39)[68]. Aun así, como se ha apuntado críticamente (Kapur y Cossman, 1993; Bhatia,

---

discriminación sexual, la protección de la maternidad y el recordatorio de la igualdad de sexos en los dominios en los que las mujeres habían sido tradicionalmente discriminadas) sería necesaria una nueva reforma constitucional para hacer explícita la igualdad entre los cónyuges. Este fue, por ejemplo, el caso de Turquía, donde el esquema constitucional de 1961, que reflejaba el modelo de la posguerra y fue prácticamente reproducido en la Constitución de 1982, requirió una enmienda en 2001 para reconocer de forma explícita la igualdad entre los cónyuges. En 2004 y 2010, los preceptos sobre la igualdad se reformarían y fortalecerían aún más y pasarían a incorporar una lógica sustantiva de la igualdad (Emrah Oder, 2019: 283, 290, 298).

68 El artículo 51A, sobre deberes fundamentales, condena las prácticas lesivas de la dignidad de la mujer, aunque no formó parte de la Constitución original de 1950. Fue introducido en el texto constitucional en 1976 a través de su cuadragésima segunda enmienda. Curiosamente, la enmienda incluye el deber de «promover la armonía y el espíritu de hermandad común entre todos los pueblos de la India de manera que trasciendan las diferencias religiosas, lingüísticas y regionales o seccionales» (artículo 51A [e]). El término «hermandad», vinculado al deber de «renunciar a prácticas lesivas de la dignidad de la mujer», parece hacer referencia al hecho de que corresponde a los hombres (unidos como hermanos) dirigir los asuntos públicos de la India. Es más, una lectura conjunta de ambos deberes parece hacer referencia a que el desafío de respetar la dignidad de las mujeres es uno que comparten los distintos grupos culturales y religiosos ante lo común de la posición subordinada de la mujer.

2019), nada de esto impidió que hasta 2018 los tribunales apoyaran la validez de una disposición del Código Penal que sancionaba de manera diferente el adulterio masculino y el femenino sobre la base de la comprensión patriarcal de la sexualidad femenina en términos de posesión masculina[69], que inhabilitaran a las mujeres para el desempeño de determinados cargos sobre la base de su diferente naturaleza y funciones[70] o que justificaran las diferentes reglas sobre jubilación para hombres y mujeres asistentes de vuelo aludiendo al papel de las mujeres como madres y cuidadoras[71]. La Corte Supre-

---

Nótese, además, que el preámbulo orienta la Constitución hacia ciertos valores que incluyen la justicia, la libertad, la igualdad y la fraternidad.

69 *Yusuf Abdul Aziz vs. State of Bombay* (1954), sentencia en la que la Corte Suprema de la India invocó el artículo 15 (3) y su autorización de «disposiciones especiales» en favor de las mujeres a la hora de validar la sección 497 del Código Procesal Penal colonial de la India (Ley XLV de 1860), que, como vimos, solo castigaba al hombre adúltero y solo permitía que fuera el esposo de la mujer quien presentara cargos contra él. Con posterioridad, la Corte Suprema confirmó el precedente de *Yusuf Abdul Aziz* hasta en tres ocasiones: *Sowmithri Vishnu vs. Union of India* (1985), *V. Revathi vs. Union of India* (1988) y *W. Kalyani vs. State through Inspector of Police and another* (2012). En la sentencia de 1988, el razonamiento de la Corte no dejó lugar a interpretaciones: «La comunidad castiga al "forastero" que irrumpe en el domicilio conyugal y viola la santidad del vínculo matrimonial al desarrollar una relación ilícita con uno de los cónyuges... solo el "hombre" que yerra, y no la mujer, debe ser castigado». Los preceptos solo se derogaron en 2018 después de que la Corte llegara a la conclusión de que dicha legislación otorgaba un dudoso «beneficio» a las mujeres, pues, a fin de cuentas, se basaba en una comprensión de la condición sexual de la mujer como meramente pasiva. En su opinión concurrente, el juez Malhotra señaló, además, que ya no cabía justificar las «disposiciones especiales» en favor de las mujeres bajo una lógica protectora y patriarcal. A su vez, la opinión concurrente del juez Dhananjaya Yeshwant Chandrachud denunció que la disposición impugnada se «basaba en el paternalismo y en valores patriarcales», en la medida en que «subyugaba a la mujer mediante una ley que ignoraba su sexualidad» (*Joseph Shine vs. Union of India* [2018]).

70 *R. S. Singh vs. State of Punjab* (1971), donde se invocan toda una serie de presupuestos sobre los roles de género —desde la diferencia de fuerza física hasta el desempeño de «funciones maternas»— para salvaguardar la norma que inhabilitaba a las mujeres a ser nombradas directoras de las cárceles de hombres.

71 *Air India vs. Nargesh Meerza* (1981). La norma obligaba a las azafatas a abandonar su empleo en caso de matrimonio, en el primer embarazo o una vez

ma tampoco se sirvió de los preceptos mencionados para impulsar la necesidad de «una revisión o reforma de las leyes personales y religiosas que regían la vida privada de las mujeres en el hogar y en la familia sobre cuestiones de matrimonio, tutela, adopción o herencia» (Bhatia y Attrey, 2024), a pesar de que el artículo 44 de la Constitución contiene un principio directivo, hasta el momento incumplido, que obliga al Estado a promulgar un Código Civil uniforme[72].

En definitiva, el constitucionalismo moderno se superpuso a una estructura familiar de naturaleza extractiva, reproductiva, heteronormativa y con connotaciones racistas que fue objeto de normalización e incluso de romantización. Esta es la razón por la que todo intento de avanzar hacia una ciudadanía de las mujeres de la mano de una visión más igualitaria y democrática de la familia enfrentó resistencias, dado que era percibido como un desafío a la estructura misma del orden constitucional fundacional en lugar de ser celebrado como un paso natural en la evolución y el desarrollo del proyecto contractualista e ilustrado de coexistencia entre individuos naturalmente libres. Esto también explica por qué la evolución de la ciudadanía de las mujeres no puede ser narrada simplemente como una historia de adquisición gradual de los mismos derechos que los hombres. Más bien, la historia debe incluir la transformación de la comprensión de los roles asignados principalmente a las mujeres, roles en torno a los que diferentes grupos de mujeres fueron construyendo en mayor o menor medida su sentido de identidad y que constituyeron la base de la articulación de un sistema de limitacio-

---

que alcanzaran los 35 años. La Corte Suprema confirmó, modificó y suprimió estas normas por partes. Para el supuesto del matrimonio, consideró que la jubilación forzosa de las azafatas que se casaran en los cuatro años siguientes a su incorporación al servicio era razonable poque contribuían a la planificación familiar y al éxito del matrimonio, ambos considerados responsabilidad específica de la mujer (Bhatia, 2019: 10-12).

72 *State of Bombay vs. Narasu Appa Mali* (1951), fallo en respaldo de la ley provincial que discriminaba a las hijas en la herencia, alegando que las «leyes personales» no codificadas no estaban sujetas a escrutinio constitucional.

nes, pero también, por frágil que fuera, de protecciones cuyo abandono generaría necesariamente un sentimiento tanto de liberación como de ansiedad y preocupación.

En Estados Unidos, la ideología familiar dominante y la politización progresiva de su carácter pretendidamente amenazador impediría la enmienda de la Constitución a efectos, por ejemplo, de incorporar de forma específica la igualdad entre los sexos. En Europa, en cambio, al igual que en otras regiones, las disposiciones sobre igualdad entre los sexos fueron gradualmente incorporadas a los textos constitucionales. Es probable que estas previsiones constitucionales resultaran menos inquietantes, en la medida en que las constituciones también incorporaron mecanismos de protección para las mujeres como madres, así como referencias a las instituciones del matrimonio y la familia. La tradición maternalista permitió que las cláusulas de igualdad constitucional se interpretaran a la luz de las disposiciones de protección de la familia, el matrimonio y la maternidad, propiciando que la ideología de la familia dominante basada en el sustento masculino moldeara los contornos del ámbito de protección de dicha igualdad.

Habría de transcurrir más de un siglo y medio desde los albores del constitucionalismo en el mundo occidental para que pudiera reformarse el derecho matrimonial y de familia a fin de garantizar la igualdad legal de las mujeres con respecto a los hombres. Ello solo tendría lugar en las décadas de los sesenta y setenta bajo la influencia del feminismo de la segunda ola y su crítica al modelo de familia patriarcal. Solo a partir de entonces el matrimonio y la familia, dominios paradigmáticos de la tradición, empezaron a ser cuestionados más seriamente y, con ellos, el lugar de la mujer en la sociedad y los presupuestos de género implícitos en las concepciones predominantes de la ciudadanía.

Capítulo 2
El constitucionalismo inclusivo y sus límites

2.1. EL FEMINISMO DE LA SEGUNDA OLA Y LAS DEMANDAS DE IGUALDAD DE LAS MUJERES

El 26 de agosto de 1970, la Organización Nacional de Mujeres (NOW, por sus siglas en inglés) organizó una huelga en cuarenta ciudades de Estados Unidos para conmemorar el medio siglo de la ratificación de la Decimonovena Enmienda. Las organizadoras de la Huelga de Mujeres por la Igualdad proclamaban que, si bien era cierto que la enmienda había reconocido a las mujeres el derecho al voto, su acceso al estatus de ciudadanía en condiciones de igualdad aún quedaba lejos (Siegel, 2020a: 475). A pesar de su inclusión política, las mujeres seguían siendo ciudadanas de segunda y lo seguirían siendo a menos que se adoptaran cambios fundamentales en sus condiciones laborales y familiares, tal y como las sufragistas habían reclamado décadas antes. El derecho al sufragio no bastaba. Además de la ratificación de una enmienda a la Constitución que proclamara de manera explícita la igualdad de derechos entre hombres y mujeres (la conocida Enmienda de Igualdad de Derechos, o ERA), la huelga fue convocada para reivindicar tres reformas concretas consideradas indispensables para la consecución de la igualdad: oportunidades en el empleo y la educación, aborto libre y gratuito, y guarderías gratuitas abiertas las veinticuatro horas (*ibid.*). En otras palabras, los derechos políticos no alcanzarían su verdadera relevancia constitucional hasta que las mujeres tuvieran las mismas oportunidades laborales que los hombres, fueran libres para decidir si tener hijos y cuándo y dejaran de asumir de forma exclusiva las tareas de cuidado. En definitiva, las condiciones de la vida privada y pública estaban indisolublemente ligadas.

Estas peticiones representan la cristalización de la lucha del movimiento feminista de finales de la década de los sesenta en Occidente, el denominado feminismo de la segunda ola, que tuvo repercusión en muchas partes del mundo. La segunda ola planteó un ataque integral al modelo de la mujer-esposa y el hombre proveedor de la década de los cincuenta, por lo que no sorprende que algunos manifiestos feministas declararan sin ambages que el matrimonio convertía a las mujeres en «criaderas» y «sirvientas domésticas» (Coontz, 2006: 248). Una destacada ilustración de las tesis de la época se encuentra en *La mística de la feminidad* (1963), de Betty Friedan, en la que la autora formuló una crítica radical a los devastadores efectos de los estereotipos de género que obligaban a las mujeres a concebirse esencialmente como madres y esposas. Por razones obvias, los principios del movimiento tuvieron más eco cuando, para explicarlos, se recurrió al relato de la experiencia de opresión de las mujeres blancas que cuando la narrativa se centró en la experiencia de las mujeres de color, subordinadas a través de formas de opresión racializadoras y para las que concebirse fundamentalmente como madres y esposas no había sido nunca una opción real[1].

El desarrollo del movimiento feminista y el desafío a la familia matrimonial tradicional no fueron ajenos a los cambios en la economía ni a los avances médicos. Si la expansión de los años sesenta ofreció a las mujeres más oportunidades en el creciente sector de los servicios, las sucesivas crisis y recesiones de los setenta redujeron las posibilidades de que el varón continuara siendo el único sostén económico de la familia (Coontz, 2006: 242). A su vez, el

1 Mills (2007: 181) menciona la opresión a través de la conquista, la expropiación de tierras, la esclavitud, los regímenes de trabajo forzado colonial, la segregación y el mercado laboral racialmente segregado para explicar por qué la división entre lo público y lo privado no encontró gran eco entre las mujeres negras, quienes en realidad siempre habían habitado «la esfera pública», ya fuera como esclavas en las plantaciones, como mano de obra en las colonias, como empleadas domésticas en hogares de blancos o como trabajadoras en puestos reservados en función de su sexo y raza.

aumento de oportunidades laborales de las mujeres propició el incremento de sus aspiraciones profesionales, y muchas optaron por posponer el matrimonio para completar su ciclo vital educativo. El mayor grado de formación trajo consigo un incremento de la frustración por la persistencia de desigualdades y asentó las bases de un movimiento más amplio de mujeres que contribuyó a mejorar ostensiblemente las condiciones de su incorporación al mundo laboral y a la educación superior. De este modo, un número creciente de mujeres de clase media acabaron rechazando el trabajo doméstico a tiempo completo como el «oficio de la mujer» (*ibid.*: 253). Las nuevas posibilidades de participar en la esfera laboral fueron también facilitadas por la introducción de la píldora anticonceptiva en el mercado, lo que contribuyó decisivamente a aumentar la capacidad de planificación y la autonomía reproductiva de las mujeres. A su vez, la revolución anticonceptiva dio paso a la revolución sexual, que normalizó el sexo prematrimonial, desvinculando el sexo de la reproducción (*ibid.*: 254). El constante aumento de matrimonios sin hijos debilitó igualmente la conexión entre matrimonio y paternidad-maternidad, por lo que tanto las justificaciones tradicionales de la exaltación del matrimonio sobre las demás relaciones (y su caracterización como institución de relevancia pública) como su limitación a las parejas heterosexuales acabaron siendo cada vez más cuestionadas (*ibid.*: 255).

Espoleado por estos cambios en el mundo laboral y el ámbito reproductivo, el movimiento de mujeres de los años sesenta y principios de los setenta impulsó en el mundo occidental una serie de transformaciones de gran calado y, tras 150 años de cambios paulatinos, el estatus legal de las mujeres experimentó una verdadera revolución. Vaya por delante que ni los derechos fundamentales ni los tribunales constitucionales fueron protagonistas del cambio en muchos países —entre ellos, el Reino Unido, los Estados de la Europa nórdica o Francia— en los que el progreso del estatus legal de las mujeres tuvo lugar a través de reformas legislativas graduales. Sin embargo, en otros países, las pretensiones del movimiento —o, al menos, algunas de ellas— sí fueron planteadas ante los tribunales constitucionales, cuyas respuestas variaron en función de su grado de receptividad de las aspiraciones igualitarias de las mujeres en relación con la familia, el matrimonio, la reproducción y el mercado laboral.

Concretamente, las cláusulas constitucionales de igualdad y las doctrinas que las desarrollaron abrieron la senda para hacer realidad algunos de los cambios necesarios tanto en torno a la familia como al mercado, sobre todo cuando de lo que se trataba era de superar discriminaciones palmarias para equiparar el estatus jurídico de las mujeres y los varones. En la promesa de un orden jurídico que no estableciera diferenciaciones basadas en el sexo y de un constitucionalismo inclusivo que no excluyera a la mujer del cuerpo político anidaba la posibilidad de superación del excepcionalismo familiar hasta entonces dominante, que había amparado la idea de la preservación de la familia como unidad fundamental de la sociedad y, con ella, la defensa de los tradicionales roles de género y los deberes naturales de la mujer dentro de la familia, sustrayéndolos al filtro del *ethos* constitucional igualitario. Esto permitió que las mujeres empezaran a subvertir el ordenamiento jurídico sobre el que se había sostenido la supremacía masculina en el hogar y que las había rebajado a la condición de menores de edad, limitando sus oportunidades de independencia económica. Tras conquistar el dominio público del sufragio, tocaba ahora conquistar la igualdad en el ámbito del trabajo asalariado independientemente de su estado civil.

Distinto sería el devenir de los ejes de desigualdad relacionados con las capacidades, las aspiraciones y los roles reproductivos de las mujeres, asuntos que requerían el abordaje de la distribución social de los costes de la reproducción humana y la garantía de la autonomía reproductiva de la mujer. En relación con esta materia, la mayoría de los textos constitucionales simplemente guardaban silencio, asumiendo sin más el esquema de la familia tradicional y la vocación reproductiva de la mujer. Por lo demás, la imposibilidad de contrastar la situación de las mujeres con la de los varones a la hora de formular sus pretensiones en este terreno constituía necesariamente un reto para un constitucionalismo inclusivo que, en esencia, incorporaba a las mujeres en una construcción doctrinal y jurisprudencial de los derechos edificada a imagen y semejanza de los hombres y su particular concepción de la autonomía humana. A pesar de ello, la autonomía reproductiva figuraba como elemento esencial en la agenda de la emancipación de las mujeres, y su reconocimiento exigía desprenderse de las limitaciones legales y los estereotipos de género relativos a sus habilidades y capacidades naturales, precisamente los estereotipos que habían fundamentado la doctrina de las esferas separadas desde los orígenes del constitucionalismo. La lucha por la emancipación exigía igualmente poner los medios para que la maternidad no fuera el resultado de embarazos no deseados, así como la asunción colectiva de los costes asociados a la reproducción humana, costes que hasta entonces habían asumido las mujeres en general y, de forma desproporcionada, las mujeres pobres o racializadas, de las que tradicionalmente se había esperado que, por muy poco o nada, asumieran los costes de la reproducción propia y ajena (Dinner, 2011: 415, 419).

Desde la perspectiva constitucional, tanto los inicios como la evolución del feminismo de la segunda ola fueron diferentes en Estados Unidos y Europa occidental. Aunque interrumpidos por el surgimiento de regímenes autoritarios y dictatoriales, los regímenes constitucionales europeos del período de entreguerras habían comenzado a incorporar disposiciones sobre la igualdad entre los sexos, la maternidad y la familia en sus respectivos textos fundamentales. Además, como hemos visto, en los primeros años de la segunda posguerra, el constitucionalismo europeo encontró la manera de construir una doctrina en materia de igualdad compatible con el excepcionalismo familiar, elaboración teórica articulada en torno a la lógica de una «ciudadanía de doble vía» que, por ello, negaba la igualdad real a las mujeres. Para avanzar, era necesario un cambio hermenéutico capaz de conservar el valor de la maternidad y su necesaria tutela sin que ello implicara la restricción de otros derechos.

En Estados Unidos, la enmienda constitucional que estableció la igualdad entre los sexos de forma explícita fue la Enmienda de

Igualdad de Derechos (ERA), aprobada en el Congreso en 1972. Esta cosechó un amplio apoyo del movimiento feminista de la época y se envió a los estados para su ratificación. No obstante, su tramitación topó con un movimiento organizado contrario a los cambios en los roles de género y las normas sexuales —que, a mediados de la década de los setenta, estaba en pleno apogeo— y con la exitosa campaña en contra de la ratificación liderada por activistas conservadoras como Phyllis Schlafly. Al igual que Selbert en la Alemania de posguerra, los defensores de la enmienda trataron de explicar que una cláusula constitucional sobre la igualdad de los sexos no tenía por qué invalidar la exención de las mujeres del servicio militar obligatorio o sacrificar las medidas diseñadas para promover su bienestar económico, ni tampoco les impediría «cumplir con sus deberes como amas de casa y madres» (Siegel, 2010: 1380). En definitiva, la igualdad de derechos no tenía por qué implicar un trato estrictamente igualitario. Aun así, lo que había sido posible en Alemania en 1949 no lo fue en la convulsa década de los setenta en Estados Unidos, con una auténtica revolución de género en curso y múltiples frentes abiertos, entre ellos el debate sobre el derecho al aborto. Por ello, la superación de la discriminación sexual se convirtió en Estados Unidos en una labor de legisladores y abogados que se apoyarían en la interpretación de la Constitución para impulsar sus objetivos igualitarios una vez cerrada la vía de la enmienda constitucional.

2.2. LA SUPERACIÓN DEL RÉGIMEN DEL CABEZA DE FAMILIA: IGUALDAD JURÍDICA DE LA MUJER Y RETOS DE TRANSICIÓN

En muchos países de robusta tradición parlamentaria, en los que los mecanismos de control constitucional son débiles, las reformas legislativas necesarias para depurar el ordenamiento jurídico de las múltiples distinciones basadas en el sexo (comenzando por las del ámbito matrimonial y familiar) fueron aprobándose progresivamente y sin mucho aporte constitucional, mientras que en otros el constitucionalismo de los derechos y el reconocimiento del derecho a la igualdad como derecho fundamental justiciable (ya fuera mediante su reconocimiento textual o jurisprudencial) sí jugaron un papel relevante en este proceso. Sea como fuere, a partir de la década de los setenta, las democracias consolidadas de Occidente aceleraron las reformas legislativas orientadas a suprimir las formas de discriminación explícita y a buscar la neutralidad del ordenamiento jurídico[2]. Solo en algunas cuestiones especialmente sensibles para la concepción sexuada de la ciudadanía pervivieron las distinciones (por ejemplo, los deberes militares, las reglas de acceso y transmisión de la nacionalidad o el orden de los apellidos familiares, cuestión, esta última, que ha seguido generando controversias hasta hoy). Las reformas legislativas perseguían, ante todo, redefinir los códigos de familia para concebir el matrimonio como una «asociación de dos individuos iguales en lugar de la unión de dos personas con roles distintos y especializados» (Coontz, 2006: 255). A las reformas de los códigos de familia le siguió la modificación de la legislación tributaria, laboral y de seguridad social, cambios dirigidos a plasmar en estas regulaciones sectoriales la creciente emancipación femenina del ámbito doméstico y la progresiva independencia y participación de las mujeres en el ámbito profesional, así como en el de las transacciones comerciales, con independencia de su estado civil. Fueron también frecuentes las reformas de las leyes penales que hasta entonces amalgamaban el paternalismo y la patrimonialización y que habían reducido a las mujeres a objetos a

2 «En España, dicho proceso se vio lastrado por la larguísima dictadura de carácter patriarcal que, anclada en viejas normas civiles, penales y laborales, impidió la consolidación de los efímeros logros de la Segunda República. Así, durante las cuatro décadas del régimen franquista, las mujeres se vieron relegadas a la esfera privada donde una estructura familiar patriarcal, concebida como la unidad en torno a la que se articulaba toda la sociedad civil, las oprimía» (Rubio Marín y Salazar Benítez, 2024: 8). Finalmente, el artículo 32.1 de la Constitución española de 1978 reconocería que «el hombre y la mujer tienen derecho a contraer matrimonio con plena igualdad jurídica».

los que se protegía no como sujetos titulares de autonomía sexual, sino como instrumentos de tutela del honor y la reputación del varón. En algunos países, no solo occidentales[3], este proceso gradual de igualación se vio favorecido en los años ochenta y noventa por una jurisprudencia constitucional articulada fundamentalmente en torno a la regla de la igualdad formal que ejemplificaba la multiplicidad de pretensiones que cabe esperar en una transición en el orden de género[4].

---

3 En la India, por ejemplo, las disposiciones sobre igualdad de sexos de la Constitución de 1950 fueron objeto de litigios articulados en torno a la igualdad formal y se centraron en la eliminación de «vestigios coloniales» claramente contrarios a la garantía constitucional de la igualdad de sexos, así como de leyes y otra normativa poscolonial que, de forma mecánica, habían reproducido los rasgos de sus antecedentes coloniales. El litigio abarcó temas de derecho civil, penal y laboral (por nombrar solo algunos campos) e incluyó casos como los que abordaron las diferencias en las reglas para determinar el sistema de garantías de las partes del procedimiento, las consecuencias del adulterio o del matrimonio en el acceso al empleo público, o las prohibiciones absolutas para uno u otro sexo de ciertas formas de empleo, como el de superintendente carcelario o el de enfermera (Bhatia y Attrey, 2024). Véase, por ejemplo, *Bombay Labour Union vs. Messrs International Franchises* (1965), decisión que invalidó una regla que exigía que una mujer soltera renunciara a su empleo al contraer matrimonio, a pesar de que la Corte Suprema asumía que seguiría siendo la principal cuidadora de los niños, utilizando a las viudas como término de comparación y argumentando que no cabía esperar un problema mayor de absentismo de las viudas que de las casadas. En *C. B. Muthamma vs. Union of India* (1979), la Corte Suprema se valió de un análisis centrado en la igualdad formal para invalidar restricciones del Servicio Exterior de la India que afectaban el nombramiento de mujeres casadas. Y en *Maya Devi vs. State of Maharashtra* (1986), la Corte derogó el requisito de que las mujeres casadas obtuvieran el consentimiento de sus maridos antes de solicitar un empleo público.

4 En otras latitudes, los cambios culturales, sociales y políticos necesarios para superar el régimen familiar patriarcal se demorarían mucho más, y en algunas regiones aún están en curso. En muchos países asiáticos, por ejemplo, el uso del litigio constitucional por parte de las mujeres comenzó fundamentalmente a partir de mediados de la década de los noventa y principios del nuevo siglo, con estrategias jurídicas que vinieron de la mano de las reformas sociales y políticas de las décadas de los ochenta y noventa. La falta de estabilidad democrática y la polarización de la Guerra Fría fueron los principales obstáculos para que algunas de estas reformas se llevaran a cabo con anterioridad (Rubio-

En muchos países del mundo empezaron a ser cuestionadas por primera vez las normas restrictivas o protectoras que habían limitado la capacidad legal y las oportunidades de empleo de las mujeres, incluidas aquellas que restringían su acceso a profesiones peligrosas, físicamente extenuantes o dominadas por hombres, así como aquellas que prohibían los turnos de noche o establecían un

---

Marín y Chang, 2015: 303-4). En el caso de Taiwán, véase Interpretation No. 365 (23 de septiembre de 1994), que declaró inconstitucional una disposición del Código Civil que otorgaba el poder de decisión final al padre en caso de desacuerdo sobre el ejercicio de la patria potestad en relación con la prole; Interpretation No. 452 (10 de abril de 1998), que invalidó otra disposición del mismo código que requería que la esposa tomara la residencia del esposo después del matrimonio; e Interpretation No. 457 (12 de junio de 1998), que derogó una regulación gubernamental que privaba a las hijas casadas de los veteranos, pero no a los hijos casados, de su igual derecho a heredar licencias para la explotación de bienes públicos. En cuanto a Nepal, véase *Meera Dhungana vs. Ministry of Law and Justice* (1995), que declaró inconstitucional el sistema de herencia en perjuicio de las hijas en el Muluki Ain o Código Nacional y conminó al Gobierno a elaborar un nuevo proyecto de ley, previa consulta con las diversas organizaciones competentes. La táctica de declarar las desigualdades contrarias a la Constitución dejando que sea el Gobierno el que introduzca las pertinentes enmiendas la ha repetido la Corte Suprema en otros asuntos, por ejemplo, con respecto a normas que reconocían diferentes edades matrimoniales para hombres y mujeres (*Sapana Pradhan Malla vs. Office of the Prime Minister* [2006]) o que permitían a los maridos, y solo a ellos, volver a casarse cuando la esposa padecía una enfermedad venérea incurable o una discapacidad mental grave (*Sapana Pradhan Malla vs. Office of the Prime Minister* [2008]). Sobre la jurisprudencia posterior a 2002 sobre el derecho de propiedad de las mujeres, véase Malagodi (2024). Para Corea del Sur, véase el caso que deroga la obligación contenida en el Código Civil sobre el uso del apellido paterno (17-2 KCCR 544, 2003Hun-Ka5, 22 de diciembre de 2005) y la sentencia que invalida el modelo familiar patriarcal centenario que obligaba a esposos y a padres a registrarse como jefes de hogar y a que, en caso de divorcio, los niños estuvieran registrados en el hogar del padre en lugar del de la madre (17-1 KCCR 1, 2001Hun-Ka9, 3 de febrero de 2005). Jin Shin (2024) señala que, de acuerdo con esta concepción familiar, se entendía que la mujer pertenecía a su padre al nacer, a su marido al contraer matrimonio y a su hijo cuando el marido fallecía, conforme a las «tres reglas de obediencia» que la tradición confuciana imponía a las mujeres.

límite máximo de horas solo para ellas[5]. Lo mismo ocurrió con las normas que, asumiendo de manera estereotipada su dependencia de los hombres, limitaban la capacidad de las mujeres para generar prestaciones laborales a favor de sus maridos dependientes, previsiones legales que, además de ofender su dignidad, repercutían claramente en la economía familiar[6]. No obstante, resulta interesante subrayar que algunas de estas demandas fueron planteadas por mujeres que no deseaban renunciar al viejo sistema de protecciones y «privilegios» porque consideraban, no sin parte de razón, que

5 Véase, por ejemplo, BVerfGE 85, 191 (28 de enero de 1992), famosa sentencia del Tribunal Constitucional Federal de Alemania que declaró inconstitucional la prohibición del trabajo nocturno de la mujer por paternalista; prohibición que, a su entender, perpetuaba la imagen de la mujer como criatura vulnerable y que, a su vez, reforzaba su subordinación. Véase también la Sentencia n.º C-622/97 (27 de noviembre de 1997) de la Corte Constitucional de Colombia, que anuló un precepto del Código Laboral que prohibía trabajar de noche a las mujeres empleadas en fábricas.

6 Véase, por ejemplo, la decisión del Tribunal Constitucional de Hungría 10/1990 (IV. 27.) sobre la abolición de las pensiones de viudedad concedidas únicamente a las mujeres; las sentencias de la Corte Constitucional de Colombia, Sentencia n.º T-098/94 (7 de marzo de 1994), sobre la inconstitucionalidad del régimen de seguridad social que proporciona prestaciones médicas a las esposas o parejas estables de los empleados masculinos, pero no a los maridos o parejas de las empleadas, y Sentencia n.º C-309/96 (11 julio de 1996), sobre la derogación de la ley que cancelaba la pensión de la viuda de un trabajador en caso de contraer nuevo matrimonio. Véase también la Sentencia n.º 00629-1994 (31 de enero de 1994) de la Sala Constitucional de la Corte Suprema de Costa Rica, que derogó una norma del régimen de seguridad social que permitía a un asegurado la cobertura de su esposa, previa prueba de la existencia del matrimonio y, al mismo tiempo, obligaba a la trabajadora asegurada que deseara hacer lo propio con su esposo a cumplir una serie de requisitos adicionales, como demostrar que estaba enfermo, que no podía trabajar, que era estudiante, que estaba desempleado o que dependía económicamente de ella por alguna otra razón. A pesar de su vigencia, algunas de estas distinciones han comenzado a cuestionarse. Así, véase el Amparo en Revisión 664/2008 de la Suprema Corte de Justicia de México, en el que la Corte deroga una disposición del régimen de seguridad social que requería al viudo, pero no a la viuda, probar la dependencia económica de su esposa o pareja estable para poder acceder a la pensión de viudedad. Véase, en líneas similares, el Amparo en Revisión 364/2018.

la promesa emancipadora que traería el nuevo régimen igualitario llegaba demasiado tarde para ellas, por mucho que el viejo sistema de protección hubiera formado parte de un esquema más amplio que, en conjunto, las había hecho depender de sus esposos. En España, por ejemplo, tras la entrada en vigor de la Constitución de 1978, el Tribunal Constitucional tuvo que dar respuesta a las numerosas pretensiones de mujeres que habían estado sujetas a un sistema de «excedencias matrimoniales», primero de carácter obligatorio y después meramente voluntario, bajo el régimen franquista, que inicialmente las había obligado y después las había incentivado a que dejaran sus empleos al casarse (al menos hasta que, tras la muerte de sus maridos, recayera en ellas la condición de cabezas de familia). Cuando, fallecido el esposo, intentaron recuperar el empleo, se toparon con empresarios y tribunales que les negaron sus pretensiones argumentando que, desde la entrada en vigor de la Constitución, con la prohibición de discriminación por razón de sexo (artículo 14), la normativa preconstitucional de carácter discriminatorio había dejado de ser válida en virtud del numeral 3 de la disposición derogatoria del texto constitucional (Rubio Marín, 1999: 29-36).

Resulta también interesante destacar que, al amparo de la nueva doctrina de la igualdad entre los sexos, muchas batallas fueron libradas, en primer lugar, por varones ávidos de acceder a los «privilegios» o «beneficios» de los que disfrutaban las mujeres en calidad de cuidadoras, a las que se presumía —y que con frecuencia en efecto eran— económicamente dependientes, lo cual obligó a muchos tribunales a diferenciar entre las medidas compensatorias justificadas y los falsos privilegios[7]. Estas ventajas, que en el mejor de los casos

7 Desde el inicio de su andadura, el Tribunal Constitucional español fue sensible al hecho de que el régimen preconstitucional contenía muchas normas que en apariencia privilegiaban a las mujeres, aunque en realidad perpetuaban esquemas de proteccionismo paternalista, por lo que, antes de declarar su validez era necesario cerciorarse de que tales medidas no tuvieran como efecto limitar sus oportunidades ni perpetuar estereotipos como los que asumían una marcada vocación u obligación de las mujeres hacia roles tradicionales en el seno de

constituían un arma de doble filo, incluían exenciones fiscales relacionadas con el cuidado (aunque solo para mujeres), el acceso o trato preferencial de la mujer en materia de pensiones de orfandad y viudedad, así como la jubilación anticipada. La norma que establecía una edad inferior para la jubilación de las mujeres era habitual en la mayoría de los países (y en muchos sigue vigente), y dio lugar a luchas similares[8]. En teoría, cabía entender, y así se defendía a veces, que esta previsión trataba de compensar a las mujeres por la doble carga que se les había exigido a lo largo de su vida laboral dentro y fuera del hogar. En la práctica, sin embargo, operaba como un incentivo para que las mujeres abandonaran su empleo y se dedicaran al cuidado de sus maridos, normalmente mayores que ellas y, por tanto, ya jubilados. En todo caso, este esquema diferenciador se tradujo con frecuencia en una merma en la cuantía de la pensión, que por lo general se calculaba en función del tiempo total trabajado, del salario alcanzado durante los últimos años o de ambos criterios. Lo cierto es que una doctrina que prometía un ordenamiento jurídico que simplemente no estableciera diferenciaciones fundadas en el género invitaba a todos a reclamar un trato igualitario (aunque

---

la familia (Rubio Marín y Salazar Benítez, 2024: 24, donde se citan, a modo de ejemplo, las SSTC 7/1983, 128/1987, 28/1992 y 317/1994).

8 Véase la Sentencia n.º C-410/94 (15 de septiembre de 1994) de la Corte Constitucional de Colombia, que mantuvo las edades diferenciadas de jubilación y pensión a favor de las mujeres como un medio legítimo para compensar la inferioridad de estas en el mercado laboral y el desgaste físico y mental que conlleva la doble carga de trabajo remunerado y doméstico en beneficio de la sociedad. En la misma línea, véase también la Sentencia n.º 06472-1999 (18 de agosto de 1999) de la Sala Constitucional de la Corte Suprema de Justicia de Costa Rica y el Amparo en Revisión 405/2019 de la Suprema Corte de Justicia de México, Segunda Sala, justificando la diferencia en términos de igualdad sustantiva para la mujer. En el caso de Japón, véase *Nissan Motors, Inc. vs. Nakamoto* (1981), en la que la Corte Suprema de Japón derogó la norma que estipulaba diferentes edades de jubilación obligatorias para hombres y mujeres en la empresa privada por ser discriminatoria. Para Nepal, véase *Rina Bajracharya vs. HM Government Secretariat of the Council of Ministers* (2000), que derogó la norma que diferenciaba entre varones y mujeres a la hora de establecer la edad de jubilación de los empleados de Royal Nepal Airlines Corporation.

se corriera el riesgo de que la igualación se hiciera a la baja y no al alza) y a que de ella pudieran beneficiarse más los hombres, quienes usualmente contaban con mejores condiciones para emprender largas batallas legales[9]. También es verdad que, como veremos, a veces fueron las propias mujeres las que se adhirieron, de forma estratégica, a causas lideradas por varones para demostrar que los estereotipos de género perjudicaban tanto a los hombres como a las mujeres cuando se presuponía que ellos no podían depender de sus esposas ni ser cuidadores, planteamiento claramente erróneo en muchos casos. Sobra decir que el hecho de que los tribunales supremos y las cortes constitucionales de la época estuvieran compuestos mayoritariamente por hombres alentaba esta estrategia de combate contra los estereotipos de género.

En el trasfondo de las batallas legales que trataban de abandonar el constitucionalismo excluyente en favor de un sistema más inclusivo latía una cuestión de fondo que rara vez ha sido objeto de análisis: ¿cómo abordar las necesidades de las mujeres atrapadas en la generación de la transición teniendo en cuenta la enorme brecha entre las metas que planteaba el nuevo orden igualitario y la realidad social, así como las escasas probabilidades de que esta generación de mujeres, a quienes la transición al nuevo orden pillaba ya con sus vidas construidas, pudieran beneficiarse significativamente del cambio normativo? A fin de cuentas, habían forjado sus expectativas en torno al viejo orden, que limitaba su autonomía de múltiples maneras, al tiempo que, en cierta medida y siempre

---

9 Según BAER (1991: 821, 823, tabla 1), dieciocho de los veintiséis casos que se litigaron ante la Corte Suprema de Estados Unidos entre 1971 y 1984 fueron presentados por varones. Véase también BAINES (2005: 52), quien argumenta que, de entre los casos de discriminación sexual decididos durante los primeros tres años después de que la disposición de igualdad de la Carta Canadiense (sección 15) entrara en vigor, treinta y cinco fueron litigados por, o en nombre de, hombres y solo nueve por, o en nombre de, mujeres. Véase, además, JAGWANTH y MURRAY (2005: 243), quienes plantean un reclamo similar sobre la experiencia sudafricana, y RUBIO MARÍN y SALAZAR BENÍTEZ (2024: 20-21), sobre la experiencia española.

de forma insuficiente, se articulaba un sistema de compensaciones para paliar su dependencia legal respecto a los hombres y reconocer su papel impuesto de cuidadoras. Considerando el limitado poder de la ley para modificar la realidad social a corto plazo, esto obligaba a los tribunales a preguntarse cómo trazar los límites entre las antiguas normas protectoras-paternalistas (que, de forma sistemática, limitaban las oportunidades de las mujeres y arraigaban los viejos estereotipos de género) y las medidas compensatorias legítimas orientadas a dar respuesta a las persistentes desventajas de las mujeres. En definitiva, implicaba emitir un juicio que requería una reflexión serena en torno al papel de los tribunales frente al legislador en el tratamiento de una transformación social deseada[10]. Aunque, conscientes de estos y otros desafíos «transicionales», algunas constituciones previeron la gradual entrada en vigor de las recién proclamadas disposiciones en materia de igualdad de género o la validez temporal de excepciones[11], esto no fue lo habitual. Desafortunadamente, con frecuencia los tribunales no han sabido enfrentarse abiertamente a dicha complejidad mediante la articulación de soluciones imaginativas que no hicieran recaer el peso de los costes de la transición hacia el «nuevo orden de género» en esa generación intermedia de mujeres. Por ejemplo, el Tribunal Constitucional español desatendió muchas demandas planteadas por mujeres viudas

---

[10] Por ejemplo, el Tribunal Constitucional Federal de Alemania ratificó en repetidas ocasiones la norma legal que establece que la pensión de viudo, pero no la de viuda, dependía de si el cónyuge fallecido había sido el proveedor principal del sustento familiar. Según el Tribunal, la regla simplemente reflejaba la división de roles entre los sexos predominante en ese momento y, sin dejar de reconocer la evolución en curso de normas sociales para socavar tal división de roles, conminaba al legislador futuro a que, llegado el momento oportuno, plasmara tal evolución en la ley. Véase BVerfGE 39, 169 (12 de marzo de 1975), en 185 et seq.

[11] La sección 37 de la Constitución de Sudáfrica permite la derogación excepcional de la cláusula que prohíbe la discriminación con base en el género, lo que parece reflejar una cierta reticencia de los redactores de la Constitución a alterar de forma súbita y radical las normas de la época sobre el rol de la mujer (Andrews, 2000: 700).

que solicitaban reincorporarse a sus puestos de trabajo después del fallecimiento de sus maridos de acuerdo con la normativa preconstitucional y declaró que debían haber reaccionado inmediatamente después de la entrada en vigor de la Constitución y no esperar a enviudar, tal y como preveía la antigua legislación, una solución que se antoja poco realista y excesivamente formalista[12].

Lidiar con el legado discriminatorio del pasado también ha obligado a los tribunales a decidir si es legítimo adoptar medidas para compensar las desigualdades resultantes (aunque hacerlo pueda contribuir a perpetuar viejos estereotipos de género) o si, en cambio, la función primordial de la igualdad constitucional entre los sexos debe ser precisamente eliminar tales estereotipos, así sea a costa de ignorar muchas de las diferencias entre los sexos aún vigentes en la sociedad[13]. Sin embargo, en muchas ocasiones los tribunales han fracasado a la hora de abordar abiertamente las tensiones que plantea la transición entre distintos regímenes de género y de decidir, de forma deliberada, el papel más o menos intervencionista que corresponde a los tribunales frente al legislador. Algunos, especialmente desde la década de los ochenta hasta la de los noventa, han acudido incluso a doctrinas de igualdad sustantiva o de acción afirmativa de nuevo cuño para defender los viejos «privilegios» de las mujeres sin advertir que el efecto de mantener tales privilegios pueda ser el reforzamiento de los viejos estereotipos[14]. Solo algu-

12 Véanse las SSTC 7/1983, 86/1983, 58/1984, 241/1988, 59/1993 y 70/1993.

13 En *President of the Republic of South Africa and Another vs. John Phillip Peter Hugo* (1997), la Corte Constitucional de Sudáfrica confirmó un indulto presidencial a favor de mujeres presas, madres de niños pequeños, que había sido impugnado por presos varones a quienes el indulto no amparaba. Si bien la mayoría de la Corte aceptó que el acto presidencial discriminaba entre hombres y mujeres, no lo declaró inconstitucional, dado que consideró que reflejaba una realidad social sobre la prestación de cuidados y que beneficiaba a los menores concernidos.

14 Véase, por ejemplo, Sentencia n.° C-588/92 (12 de noviembre de 1992) de la Corte Constitucional de Colombia, que validó una ley que otorgaba a las hijas solteras de militares, pero no a sus hijos, determinadas prestaciones sociales en nombre del principio de igualdad real y efectiva, dada la mayor dependen-

nos tribunales se han enfrentado de forma abierta y franca a estas inevitables tensiones haciendo un encomiable esfuerzo por establecer distinciones relevantes antes de defender la pervivencia de las medidas tutelares[15].

Fueran o no sensibles a estas consideraciones transitorias, lo cierto es que, al momento de abordar toda esta panoplia de reclamos de discriminación bajo la nueva doctrina de la igualdad formal, los tribunales no podían afirmar que, de pronto, todas y cada una de las diferencias legales entre hombres y mujeres se hubieran vuelto irrelevantes. Era preciso aceptar que al menos algunas «diferencias basadas en el sexo» justificaban un tratamiento específico y constituirían diferenciaciones objetivas y razonables. Como veremos, fue precisamente la interpretación, amplia o limitada, de estas «diferencias basadas en el sexo» (biológicas o socialmente construidas) y de lo que debían implicar lo que en Occidente dio lugar a las distintas interpretaciones de la doctrina constitucional de la igualdad de sexos, en especial a partir de la década de los ochenta. En Estados Unidos, por ejemplo, la norma masculina se convirtió en estándar, y cualquier desviación de un tratamiento jurídico estrictamente igualitario pasó a considerarse sospechosa por temor a que sirviera para afianzar, y no para subvertir, los tradicionales

---

cia económica de las mujeres con respecto a los varones. Por el contrario, el mismo tribunal rechazó el intento de un municipio de reservar, con base en la lógica de la discriminación positiva, ciertos puestos de limpieza exclusivamente a mujeres. Véase Sentencia n.° T-026/96 (26 de enero de 1996).

15 El Tribunal Constitucional español afirmó tempranamente la necesidad de garantizar que, pese a que la norma examinada las favoreciera, esta no restringiera la igualdad general de oportunidades de las mujeres (SSTC 28/1992, 109/1993 y 317/1994). Todas estas sentencias declaran la inconstitucionalidad de normas que permitían solo a las mujeres tomar excedencias indefinidas en el trabajo tras haber contraído matrimonio. De igual manera, según el Tribunal, habría que asegurarse de que las medidas en juego no perdieran su sentido original y no contribuyeran a perpetuar estereotipos culturales que fomentaran la consolidación de prácticas discriminatorias, asumiendo una mayor vocación u obligación de las mujeres para con el cuidado familiar (SSTC 7/1983 y 128/1987).

roles de género. En Europa, en cambio, donde, como hemos visto, la protección de la maternidad llevaba mucho tiempo constitucionalmente arraigada, el desafío era otro. Se trataba de garantizar no solo al amparo de la igualdad formal, sino también y cada vez más al de una lógica de igualdad sustantiva, real o *de facto*, que las mujeres pudieran disfrutar de una igualdad de oportunidades en el mercado laboral sin cuestionar sustancialmente el modelo de maternidad. Como veremos más en detalle, estos dos enfoques no favorecerían la igualdad plena de la mujer en el mercado laboral, ya que realmente ninguno de ellos ponía en entredicho que ni los hombres ni la sociedad en su conjunto compartieran el coste de la reproducción social. Habría de pasar mucho tiempo para que se establecieran las bases que permitieran reconocer la dimensión constitucional del reparto de los cuidados.

2.3. LAS MUJERES Y EL MERCADO LABORAL: POSIBILIDADES Y LÍMITES DEL MODELO ASIMILACIONISTA[16]

En Estados Unidos, las feministas de la segunda ola argumentaron que las normas que partían del supuesto de que todas las mujeres eran cuidadoras dependientes de sus maridos erosionaban su dignidad y que las políticas públicas que, de hecho, generaban esa dependencia de la persona cuidadora constituían injusticias de tipo distributivo (Siegel, 2006: 1376). En muchos sentidos, sus reclamos fueron atendidos. Como vimos, el Congreso respondió al vigoroso llamamiento constitucional del movimiento feminista con la aprobación en 1972 del proyecto de enmienda constitucional que habría de reconocer la igualdad de derechos de las mujeres (Enmienda de Igualdad de Derechos, o ERA). Asimismo, se aprobaron otras leyes para combatir la discriminación y garantizar cierta cobertura fede-

---

16 En gran medida, esta y las siguientes secciones se basan en —y contienen extractos de— Rubio Marín (2015).

ral del cuidado infantil[17]. Y aunque la ERA nunca vio la luz porque no alcanzó el número suficiente de ratificaciones estatales, la Corte Suprema pronto comenzó a desarrollar una jurisprudencia equivalente, impulsando un constitucionalismo inclusivo que, por primera vez en la historia del país, garantizaba que las demandas de igualdad de las mujeres pudieran incluirse bajo el paraguas constitucional de la igualdad.

En efecto, las defensoras de los derechos de las mujeres, incluidas las famosas Ruth Bader Ginsburg[18], Dorothy Kenyon y Pauli Murray, fueron las que, con su actividad en la década de los setenta, persuadieron a la Corte Suprema de la necesidad de interpretar la genérica cláusula de protección igualitaria (Equal Protection Clause, o EPC) de la Decimocuarta Enmienda a la Constitución de forma tal que amparara la igualdad de género. Así, en el caso *Reed vs. Reed* (1971), la Corte Suprema anuló una ley de Idaho que favorecía a los hombres como administradores de inmuebles al considerar que la diferenciación carecía de racionalidad y que, por lo tanto, atentaba contra la EPC. Dos años más tarde, en el caso *Frontiero vs. Richardson* (1973), la Corte articularía por vez primera la tesis —que luego se consolidaría— de que las leyes basadas en estereotipos de género

---

17 Concretamente, el Congreso logró aprobar legislación para garantizar que la discriminación sexual (título VII de la Ley de Derechos Civiles de 1964) fuera tan perseguida como la discriminación racial y prohibir la discriminación sexual en diversos ámbitos institucionales (como el título IX de la Ley de Educación de 1972, que prohibió la discriminación por razón de sexo en cualquier programa que recibiera financiación federal). Asimismo, se aprobaron la financiación y los beneficios fiscales para programas de cuidado infantil siguiendo el modelo de cobertura universal, aunque sin alcanzar el nivel de protección que solicitaban las mujeres trabajadoras (Siegel, 2006: 1377), entre otras razones, por el surgimiento de la nueva derecha y su oposición a lo que se percibían como «enfoques comunitarios para la crianza de los niños frente al enfoque centrado en la familia» (Siegel, 2020a: 477).

18 Jueza de la Corte Suprema de Estados Unidos desde su nombramiento en 1993 hasta su fallecimiento en 2020. Antes fue fundadora del Proyecto de Derechos de la Mujer y abogada de la Unión Estadounidense de Libertades Civiles.

eran constitucionalmente inadmisibles y debían ser sometidas a un estándar de control estricto. Esta vez, el caso concernía a una mujer «atípica», una teniente de la Fuerza Aérea de Estados Unidos que pretendía que su cobertura médica y de vivienda amparara también a su marido. El asunto brindó a la Corte la oportunidad de reconocer el papel fundamental que el matrimonio y su regulación habían jugado en el mantenimiento de la subordinación de las mujeres. La sentencia detalló que, durante gran parte del siglo XIX, la posición de la mujer había sido comparable a la de los negros bajo las leyes de esclavitud anteriores a la Guerra Civil, ya que ni a las mujeres ni a los negros se les había permitido desempeñar cargos públicos, formar parte de jurados ni demandar en nombre propio, y a las esposas se les había negado, además, tanto la capacidad legal de poseer o trasmitir bienes como la de ser tutoras legales de sus propios hijos. El «pedestal» en el que se había colocado a las mujeres consideradas desprotegidas podía convertirse fácilmente en una «jaula», advertía la Corte, al tiempo que recordaba que la teoría de las esferas separadas para mujeres y hombres, y la división del trabajo que esta imponía, hundían sus raíces en un «paternalismo romántico».

Esta nueva doctrina, articulada bajo la influencia de la discriminación racial (Siegel, 2004), sirvió fundamentalmente para afirmar la necesidad de que el ordenamiento jurídico fuera neutral respecto al género, y ello tanto en beneficio de las mujeres como de los hombres. Se trataba de frenar cualquier acción estatal que reforzara la teoría de las esferas separadas, de ahí que la batalla contra los estereotipos de género acabara convirtiéndose en la esencia del principio de igualdad de género. Así, en el caso *Weinberger vs. Wiesenfeld* (1975), la Corte dictaminó que negar al varón ciertas prestaciones de viudedad en igualdad de condiciones discriminaba tanto a la esposa fallecida asalariada (pues se atribuía menor valor a su trabajo) como al esposo superviviente en calidad de cuidador del hijo común[19]. Efectivamente, la principal consecuencia de la

19 La Corte Suprema declaró inconstitucional la disposición que otorgaba ciertas prestaciones sociales por viudedad solo a las madres y no a los padres.

nueva jurisprudencia fue el desmantelamiento constitucional de la diferenciación entre los roles de género y su consagración legal, fundamentalmente en torno al matrimonio. Por supuesto, nada impedía que las parejas mantuvieran sus roles tradicionales dentro de la institución matrimonial. No obstante, la ley ya no podía asumir —y menos aún pretender— que, como regla general, el sostén de familia correspondiera al varón y la mujer tuviera que desempeñar el rol de ama de casa (Case, 2000). Por ello, la Corte Suprema solía incluir en sus sentencias reflexiones sobre el espíritu cambiante de la época. Atrás quedaban los tiempos en los que «la mujer se entendía destinada únicamente al hogar y a la crianza de la familia, y el hombre al mercado y al mundo de las ideas», afirmaría en *Stanton vs. Stanton* (1975), sentencia que eliminó la diferencia en el cálculo de la mayoría de edad entre niños y niñas a la hora de fijar las obligaciones de manutención de un padre divorciado[20].

Dicho todo esto, sobra decir que el rechazo constitucional de la diferenciación de los roles de género no supuso de manera automática que las mujeres dejaran de asumir la mayor parte de las responsabilidades de crianza y cuidado de la familia, como en la actualidad. Sin embargo, a partir de ese momento, e independientemente de lo que dijeran las estadísticas en relación con las persistentes diferencias, el hecho de que la ley se basara en la evidencia empírica para generalizarlas se interpretaría como una inaceptable normalización, sanción o consolidación de los roles de género y, por lo tanto, como una discriminación. Se ha afirmado que, dada la desconexión entre las aspiraciones teóricas de la nueva doctrina y la tozuda realidad social, esa doctrina está hecha a la medida de hombres y mujeres excepcionales (es decir, de quienes ya entonces rompían con los estereotipos de género) y no para las personas comunes (Suk, 2010: 16,

---

20 Véase también *Orr vs. Orr* (1979), decisión que reconoció el igual derecho de maridos y esposas a la pensión alimenticia y el hecho de que el modelo de asignación de responsabilidades familiares bajo el cual la esposa desempeñaba un papel dependiente ya no resultaba válido para justificar una ley que discriminaba con base en el sexo.

55). En otras palabras, la doctrina servía para dinamizar la transformación, pero resultaba mucho menos útil cuando se trataba de satisfacer las complejas necesidades reales de las mujeres, quienes seguían soportando la mayor parte de las tareas de cuidado. La misión principal de la doctrina, entonces, no sería reflejar y acomodar las diferencias funcionales entre los sexos, sino más bien soslayarlas para liberar al individuo de las normas de género que condicionaban sus opciones de vida. En 1996, el fallo del caso *United States vs. Virginia* (que actualmente sigue siendo la sentencia de referencia en lo que atañe a los estándares de escrutinio en la materia) dejó meridianamente claro que las generalizaciones sobre talentos y capacidades basadas en el sexo se habían vuelto inaceptables incluso en el dominio paradigmático de la ciudadanía masculina tradicional: el Ejército[21]. En definitiva, las diferencias funcionales fácticas no podían ser acomodadas; solo podían serlo las «diferencias reales», es decir, aquellas basadas en distinciones biológicas y, aun así, había que interpretarlas de manera restrictiva[22].

---

21 Este caso anuló la práctica de ubicar a las aspirantes a cadete en una escuela aparte para mujeres, pero claramente desigual en términos de financiación y renombre en comparación con el prestigioso Virginia Military Institute.

22 Al amparo de esta doctrina se reconoció, por ejemplo, que una ley que criminalizaba el sexo con menores del sexo femenino, pero no del sexo masculino, reflejaba sencillamente una asimetría natural: mientras que el riesgo de un posible embarazo disuadiría a las menores de tener relaciones sexuales, los varones necesitarían el desincentivo adicional de la ley penal. Véase *Michael M. vs. Superior Court of Sonoma County* (1981). Veinte años después, en *Nguyen vs. INS* (2001), la Corte hizo hincapié nuevamente en las diferencias reproductivas al rechazar el recurso interpuesto contra una ley que solo otorgaba la nacionalidad estadounidense a los hijos naturales de ciudadanas —pero no de ciudadanos— estadounidenses nacidos en el extranjero sobre la base de la diferencia entre hombres y mujeres en relación con el parto y sus supuestos efectos a la hora de garantizar el vínculo maternofilial, vínculo que, por lo tanto, no podía presumirse de igual manera por parte del padre.

Esta doctrina opuesta a los estereotipos se convirtió en el modelo dominante en el constitucionalismo estadounidense hasta nuestros días. Dado su énfasis en la lucha contra los estereotipos de género en sentido amplio, y no solo contra los que afectan a las mujeres, no sorprende que los hombres fueran los impulsores de muchas de las demandas por discriminación, en especial durante los años en los que se fraguó la doctrina. El empoderamiento femenino requería liberar tanto a las mujeres como a los hombres de los roles de género históricamente impuestos a través de los procesos de socialización. Desafiar los «privilegios» concedidos a las mujeres (como aquellos que las excluían de los trabajos más duros y del desempeño de deberes cívicos) significaba cuestionar los estereotipos que describían a las mujeres como frágiles y dependientes y a los hombres como agresivos y proveedores (Sullivan, 2002: 752). La igualdad requería desagregar el sexo biológico del género cultural (Case, 1995: 9-13; Franke, 1995). Y aunque la Corte no descartara que un trato diferencial pudiera establecerse como una forma de compensación por la discriminación pasada y presente sufrida por las mujeres[23], el enfoque predominantemente simétrico de la EPC hizo de la igualdad ante la ley la norma y de la acción afirmativa o correctora la excepción, una excepción que, para ser válida, debía superar un escrutinio muy estricto. En otras palabras, la preferencia por la igualdad ante la ley, la igualdad formal, la neutralidad de la norma en cuanto al género y la lucha contra los estereotipos servían para establecer la presunción de que cualquier trato diferencial podía dar

---

23 Véase *Schlesinger vs. Ballard* (1975), sentencia en la que, aplicando un estándar de control intermedio, la Corte validó la regla que otorgaba a las mujeres más años para demostrar sus méritos en el sistema de ascensos de oficiales navales, argumentando que el trato diferencial entre hombres y mujeres, lejos de reflejar una generalización arcaica y genérica, respondía al hecho demostrable de que, en la Marina, los oficiales de línea masculinos y femeninos «no se encontraban en una situación similar con respecto a las oportunidades de servicio profesional». Véase también *Califano vs. Webster* (1977), que validó la norma que exigía un número menor de años con salarios más bajos a la hora de calcular la pensión de jubilación de las mujeres con la finalidad de compensar la discriminación salarial que estas experimentan por regla general.

cobijo a un trato preferente de carácter «restrictivo», «proteccionista» o «paternalista» (que algunos, en tono sarcástico, tildaron de «acción afirmativa para señoritas») (Sullivan, 2002: 753). A fin de cuentas, y casi sin excepción, siempre es posible argumentar que los beneficios que un subgrupo de mujeres —aunque fuera numéricamente significativo— ha de obtener de cualquier medida específica de protección pueden también acarrear prejuicios en términos de estereotipos de género impuestos al conjunto de las mujeres (piénsese en aquellas en favor de las mujeres embarazadas o las madres de niños pequeños).

A pesar de su noble promesa emancipadora y de los logros que sin duda propició, se ha dicho que esta concepción meramente formalista de la igualdad de sexos generó algunas de las deficiencias más deplorables de la tutela de la mujer bajo la Constitución de Estados Unidos. Tal vez el mejor ejemplo es el caso *Geduldig vs. Aiello* (1974), en el que la Corte Suprema rechazó que la discriminación por embarazo pudiera ser categorizada como discriminación por razón de sexo y, por ende, requerir un escrutinio más estricto de constitucionalidad. La Corte argumentó que, aunque solo las mujeres podían quedar embarazadas, no todas lo hacían, y que el embarazo era, además, una diferencia sexual con base fáctica[24]. Cierto es que el excesivo formalismo de esta doctrina fue pronto compensado, al menos en parte, por la Ley de Discriminación por Embarazo de 1978, que definió este tipo de discriminación como una discrimi-

---

24 Varios académicos estadounidenses cuestionan que *Geduldig vs. Aiello* pueda considerarse aún hoy un precedente válido (Siegel, 2020b; Dinner, 2019: 94). En todo caso, el enfoque de *Geduldig*, según el cual la discriminación por embarazo no constituía discriminación por motivos de género, no fue exclusivo de Estados Unidos. Por ejemplo, algo similar sucedió en el caso *Bliss vs. Canada* (1979), aunque esta decisión fuera revertida en 1992 cuando la Corte Suprema de Canadá finalmente concluyó que la discriminación por embarazo sí constituía discriminación por motivos de género. Véase también *Brooks vs. Canada Safeway Ltd.* (1992).

nación sexual en el ámbito de la legislación laboral[25]. No obstante, la doctrina constitucional seguía siendo extremadamente estrecha. Por ejemplo, para apreciar una discriminación sexual de relevancia constitucional, aunque no legislativa, se exigía una prueba de intencionalidad —y no solo de impacto negativo—, del mismo modo que la requerían los estándares de discriminación racial. Esta previsión, sumada a una aplicación estricta de la doctrina de acción estatal (que negaba cualquier forma de horizontalidad en la eficacia de la norma antidiscriminatoria y, por ende, excluía cualquier discfriminación entre particulares del escrutinio constitucional) acabó limitando seriamente el alcance de las normas y conductas que podrían considerarse discriminatorias desde un punto de vista constitucional.

Hace ya tiempo que gran parte de la doctrina viene identificando las limitaciones a las posibles formas de protección del embarazo y la maternidad bajo esta doctrina excesivamente formalista de la igualdad entre los sexos en la tradición estadounidense —que, recordemos, parte de un texto que, a diferencia de la mayoría de las constituciones del mundo, no hace referencia a aquella protección—. Como afirmara Ginsburg, una de las más connotadas protagonistas de la consagración de la doctrina centrada en la eliminación de estereotipos de género, no se trataba de rechazarlas por una cuestión de principios, sino que era preciso entender que la protección especial del embarazo y la maternidad suscitaba inevi-

---

[25] Con todo, la Ley de Discriminación por Embarazo, fiel también a la lógica asimilacionista y formalista, asimiló el embarazo a otras discapacidades en el lugar de trabajo. Por ello, se ha criticado que la ley descansa sobre las premisas de universalismo de un feminismo de la igualdad, una forma de feminismo que, sin embargo, no refleja de forma suficiente y adecuada los reclamos de los movimientos feministas de la época, que también pretendían cambiar las estructuras sociales que atribuían a las mujeres la responsabilidad única o principal de la crianza de los hijos. Desafortunadamente, como señala Bagenstos (2019: 186-87), los intentos de garantizar fondos públicos para financiar la práctica del aborto fracasaron, y tampoco prosperó la propuesta de un programa nacional de apoyo al cuidado infantil, con lo que este modelo formalista de igualdad se convirtió en la única estrategia viable por muy limitada que fuera.

tablemente cierta preocupación, teniendo en cuenta que las «normas patriarcales se habían encargado por mucho tiempo de secuestrar a las mujeres en el hogar [...] [En otras palabras], no siempre resulta fácil distinguir las normas que realmente ayudan a madres e hijos, permitiendo el adecuado equilibrio entre el trabajo remunerado y la maternidad, de aquellas que en realidad acaban relegando a las mujeres a su tradicional condición de subordinación» (Bader Ginsburg y Jones Merritt, 1999-2000: 253). Finalmente, a pesar de que una gran parte del movimiento feminista de la época insistiera en el imperativo de atender a las necesidades específicas de las mujeres como madres (y futuras madres) frente a una legislación laboral que históricamente había restringido la empleabilidad de mujeres y madres por igual, la estrategia universalista y asimilacionista prevaleció durante las décadas de los sesenta y setenta, de modo que no solo acabaron minimizándose las diferencias entre hombres y mujeres, sino también, en buena medida, las que se daban entre diferentes grupos de mujeres (Albertson Fineman, 1995: 37).

Una de las consecuencias de esta doctrina ha sido la exigua protección de la maternidad en Estados Unidos, carencia que ha perjudicado especialmente a las madres solteras y racializadas, obligadas a asumir un diseño estrictamente neutral en cuanto al género. La asimilación de las necesidades vinculadas al embarazo y la maternidad con las que justificaban otros permisos relacionados con enfermedades o cuidados familiares en general ha sido una de las expresiones más claras de esta tendencia. La igualdad de trato —entendida como una igualdad que parte del modelo masculino y lo universaliza— ha acabado traduciéndose en un modelo «asimilacionista» que, si bien dispensa a las mujeres un trato igual al de los varones, también acababa priorizando como ámbitos relevantes para la justicia constitucional y la lucha por la igualdad aquellos que, como el mercado laboral, han estado fundamentalmente dominados por varones. A la fecha, Estados Unidos continúa careciendo de permisos de maternidad obligatorios y remunerados para todos los trabajadores, a pesar de que muchos de los estados y centros de trabajo del país hayan reconocido estos permisos a algunas personas[26].

Si bien en Estados Unidos gran parte de la protección ofrecida a las mujeres embarazadas, las madres trabajadoras y los progenitores en general se ha conseguido a través de la aprobación de medidas legislativas y el dictado de resoluciones judiciales[27], lo cierto es que la tradición constitucional estadounidense, centrada en la lucha contra los estereotipos de género, ha dificultado, cuando no impedido, que la maternidad y el cuidado ocupen un lugar central en el escenario constitucional. No son pocas las voces que deploran que esto haya sido así y que lamentan que el énfasis en la maternidad haya supuesto, con demasiada frecuencia, que aquella doctrina se haya granjeado automáticamente la etiqueta de «pronatalista» y se haya hecho acreedora de reproches por respaldar un modelo de maternidad normativa (Albertson Fineman, 1995: 87), lo que ha obligado a centrar el debate en asuntos ajenos a las circunstancias

---

26 La Ley de Permiso Familiar y Médico (Family and Medical Leave Act, o FMLA), adoptada en 2003, brinda cierta cobertura general, otorgando a los trabajadores el derecho a doce semanas no remuneradas de licencia al año para cuidar a un bebé recién nacido, un hijo adoptado o un familiar enfermo, o bien para lidiar con una condición de salud grave del propio trabajador. Véase 29 U.S. Code § 2612 a (1), cuya constitucionalidad fue confirmada por la Corte Suprema en *Nevada Department of Human Resources vs. Hibbs* (2003), sobre todo en atención a su formulación neutra en cuanto al género. Aun así, muchos han criticado el hecho de que la FMLA solo cubra a un pequeño porcentaje de los empleados de Estados Unidos y ofrezca un tipo de licencia sin sueldo que muchas mujeres sencillamente no pueden permitirse. Véase, en este sentido, Williams (2000: 237). Bagenstos (2019: 202-3) también ha criticado lo que llama el enfoque universalista de la FMLA porque, a pesar de su neutralidad, no contempla el hecho de que sean las trabajadoras las que continúan disfrutando de las licencias con mucha más frecuencia que los hombres.

27 La Ley de Equidad para Personas Trabajadoras en Situación de Embarazo (Pregnant Workers Fairness Act), aprobada en diciembre de 2023 bajo la Administración Biden, exige medidas para acomodar el embarazo en el contexto laboral que no supongan una carga excesiva para el empleador, pero, curiosamente, está redactada, una vez más, en términos perfectamente neutrales en cuanto al género.

familiares. Además, se ha criticado que el cuidado y las cargas por circunstancias familiares hayan sido tematizados únicamente como un obstáculo para la igualdad laboral y no como una expresión de la condición humana, de su interdependencia o incluso de la realización de la capacidad humana de cuidar, tendencia que ha facilitado la entrega de la agenda de los «valores familiares» a la derecha cultural (*ibid.*: 88), que sigue sin renunciar a su visión tradicional de los roles de género dentro de la familia ni a su convicción central de que la familia, y no el Estado, continúa siendo el lugar privilegiado y natural para lidiar con la inevitable dependencia del ser humano (*ibid.*: 161-62). Sobra decir que esta «familiarización del cuidado» ha tenido efectos terribles para aquellas madres que, al no poder contar con el apoyo del varón como sostén familiar o no poder beneficiarse de un privilegio de clase, se han enfrentado a la imposibilidad de compaginar la maternidad y el empleo para ser autosuficientes, y han sido, por ello, estigmatizadas.

2.4. LA MADRE TRABAJADORA: EL POTENCIAL Y LAS LIMITACIONES DEL ACOMODO MATERNALISTA

En términos generales, la experiencia europea ofrece un panorama diferente, ya que no se ha prestado con la misma facilidad a la «privatización» de la maternidad o de la familia, sino que ha sido más proclive a la adopción de medidas encaminadas a permitir que las mujeres combinen el trabajo remunerado y la maternidad, reconociendo, por tanto, el papel que desde siempre ha desempeñado la mujer en la reproducción y el cuidado familiar. Desafortunadamente, este tipo de políticas se han traducido en la configuración de una senda profesional propia (la «senda de las mamás»), con sus suelos pegajosos, sus techos de cristal y su segregación horizontal en el mercado laboral, un mercado en el que las mujeres se emplean de manera desproporcionada en el sector informal, a tiempo parcial y peor remunerado.

Las licencias por maternidad, con frecuencia parcialmente obligatorias, constituyen una de las formas más antiguas y comunes de apoyo a las trabajadoras en Europa. En algunos casos se remontan al siglo XIX y a la época de la formación del estado de bienestar. Alemania adoptó su primera legislación en la materia en 1883, en forma de un seguro médico obligatorio para los trabajadores que incluía prestaciones por parto para la madre tras el nacimiento de un hijo. A esta iniciativa se sumaron Suecia en 1891 y Francia en 1928 (Ruhm y Teague, 1997). Se trataba, a la sazón, de una legislación de carácter netamente paternalista que traducía una preocupación por la salud del hijo y de la madre a través de permisos prenatales y posnatales de carácter obligatorio, de naturaleza prevalentemente no remunerada y sin garantía de protección del empleo. De hecho, tras la Segunda Guerra Mundial, la justificación pronatalista de estas medidas y, en general, de las políticas sociales de toda Europa se hizo bien explícita, pues no se ocultaba el deseo de que las mujeres volvieran al papel de amas de casa[28]. Ello explica que muchos Estados, como Dinamarca, Finlandia, Grecia, Países Bajos y Francia, instituyeran permisos obligatorios por embarazo, aunque no prohibieran el despido por la misma causa. Solo a finales de los años sesenta, dos décadas de cambios ininterrumpidos quedaron plasmadas en un concepto evolucionado de licencia por maternidad: de la prohibición de emplear mujeres embarazadas justo antes o después del parto se pasó al establecimiento de un periodo para el cuidado de un recién nacido o de hijos de edad temprana acompañado de medidas para garantizar la estabilidad en el empleo, entre ellas las prohibiciones contra el despido tanto de trabajadoras embarazadas como de trabajadores durante el período de licencia parental[29].

---

28 Incluso en el bloque del Este, donde se esperaba que las mujeres trabajaran hombro con hombro con los hombres en las fábricas, las políticas pronatalistas de la región promovieron la adopción de largas licencias por maternidad (Popa, 2003b: 56-57).

29 Portugal, España y Finlandia adoptaron licencias con protección del empleo durante 1969 y 1971. Francia y Países Bajos aprobaron una legislación similar en 1975 y 1976. Dinamarca, Irlanda y Grecia lo hicieron entre 1980 y 1984.

A diferencia de lo ocurrido en Estados Unidos, las medidas de tutela de la maternidad y del embarazo adoptadas en Europa no fueron cuestionadas ni consideradas contrarias a una noción de igualdad de género vinculada a la idea de la neutralidad. Antes bien, se entendía que tales medidas resultaban necesarias para garantizar el derecho a la igualdad que, durante la posguerra, empezó también a amparar formaciones familiares distintas a la familia nuclear y a los hijos nacidos fuera del matrimonio. Desde el principio, las madres fueron las destinatarias principales de este tipo de medidas. Y aunque, como veremos, las licencias por paternidad se estén adoptando en un creciente número de países, suelen ser mucho más breves, de naturaleza voluntaria y, con frecuencia, subsidiarias a las licencias por maternidad, lo que refleja tanto la expectativa como la realidad social que confirma que las madres continúan siendo las principales cuidadoras.

Si volvemos la vista atrás, podemos identificar un momento de convergencia doctrinal entre Estados Unidos y Europa en torno a la década de los setenta. En aquellos años empezó a cuestionarse de manera cada vez más intensa el papel de las mujeres como amas de casa a medida que su incorporación en el mercado laboral se incrementaba como resultado del crecimiento económico y, con él, de la demanda de mano de obra y del desafío que planteó la segunda ola del feminismo a la subordinación de las mujeres a través de la ideología de las esferas separadas. Entre otros cambios, esta transformación permitiría a las mujeres a ambos lados del Atlántico reclamar el acceso a profesiones que hasta entonces se habían reservado principalmente a los hombres, ya fuera *de jure* o *de facto* (tal como sigue sucediendo en algunos países)[30]. No obstante, en Estados Unidos

---

30 En relación con los litigios constitucionales planteados por mujeres en su lucha por acceder a empleos tradicionalmente ocupados por hombres, véanse los ejemplos de los asuntos decididos por el Tribunal Constitucional español (SSTC 216/1991 y 229/1992, sobre el empleo de la mujer en el sector minero); el caso alemán BVerfGE 89, 276 (16 de noviembre de 1993), planteado por una mujer que no fue preseleccionada para un puesto de mecánico pese a tener las calificaciones requeridas; y el caso argentino, CSJN, 20/05/2014,

el énfasis seguiría centrado en la igualdad formal y en la lucha contra los estereotipos de género, lo cual, como hemos visto, pronto conduciría a la adopción de una lógica asimilacionista que tomaría como referencia al varón. Esta orientación simplemente silenciaba la división de los roles de género en el ámbito familiar (protegido por nociones con cobertura constitucional como la privacidad), que la convertía en un asunto meramente privado y patologizaba, a su vez, aquellas formas familiares que no daban la talla frente al mito de la autosuficiencia. Por otro lado, junto a la idea de la igualdad formal y el rechazo, al menos parcial, de los estereotipos de género, se desarrolló en Europa una lógica acomodaticia que reflejaba la importancia tradicional y constitucionalmente arraigada de la protección social de la maternidad que trataba de amparar, e incluso de promover, medidas que facilitaran que las mujeres pudieran compaginar el trabajo remunerado del mercado con el trabajo familiar del cuidado. Se trataba, en otras palabras, de garantizar su igualdad de oportunidades en el mercado laboral por mucho que estas fueran aún limitadas, precisamente porque se veían obligadas a asumir una carga desproporcionada de trabajo reproductivo no remunerado.

La hibridación de los rasgos del estado de bienestar y los del Estado liberal en el constitucionalismo europeo occidental de posguerra explica las características específicas del modelo de igualdad de género que encontramos en las constituciones de la segunda ola de democratización que alcanzó su esplendor a mediados de la década de los setenta. En primer lugar, los textos constitucionales contenían disposiciones que, reconociendo la obligación del Esta-

---

«Sisnero, Mirtha Graciela y Otros» (2014), *Fallos* 337:611, sobre mujeres que, pese a cumplir los requisitos, no consiguen ser contratadas como chóferes. Resulta interesante que algunas constituciones de la época anclaran de forma explícita la exclusión profesional a algunos sectores. Así, la Constitución de Pakistán de 1973, por ejemplo, contiene una disposición (el artículo 27) contra la discriminación profesional que, sin embargo, dispone que «determinados puestos o servicios podrán reservarse para miembros de un solo sexo si dichos puestos o servicios implican el desempeño de deberes y funciones que no pueden ser realizados de forma adecuada por miembros del otro sexo».

do de proteger a la familia —y, específicamente, la maternidad—, promovían el equilibrio entre las obligaciones laborales y familiares de las mujeres y la reducción de las cargas soportadas por las madres trabajadoras[31]. Como hemos visto, estas previsiones tienen sus orígenes en el constitucionalismo de entreguerras y sobrevivieron en el constitucionalismo europeo inmediatamente posterior a la Segunda Guerra Mundial, entre otras razones gracias a la contribución, así fuera limitada, de las mujeres en los respectivos procesos constituyentes. Desde allí se exportarían a otros países de Europa, incluidos los del sur, cuando estos se unieran a la tercera ola de democratización. Las cláusulas de promoción de la familia y la maternidad acabarían replicándose por el mundo entero tras los procesos constituyentes posteriores a la descolonización del continente africano (1950-1975), las transiciones democráticas en América Latina y en la región de Asia-Pacífico en la década de los ochenta y en el África subsahariana a partir de 1989.

La tutela de la maternidad y el embarazo fue incluso más intensa en la tradición constitucional socialista, que enfatizaba además la dimensión comunitaria del trabajo doméstico y reproductivo, tradición que inspiró algunos de los procesos constituyentes que tuvieron lugar bajo su influjo. Hubo, no obstante, una interesante evolución en la forma en la que se entendía la igualdad de género en los países comunistas. En los primeros años de vigencia de los regímenes comunistas, la igualdad entre hombres y mujeres fue entendida en el sentido de que las mujeres debían trabajar hombro con hombro en las fábricas con sus colegas varones, mientras que a finales de la década de los sesenta la preocupación por la demografía en la región motivó que los países comunistas empezaran a definir la igualdad de la mujer en clave de diferencia y a enfatizar también

---

31 Así, el párrafo 11 del preámbulo de la Constitución francesa de 1946 dispone que «[la nación] garantizará a todos, especialmente a los niños, las madres y los trabajadores de edad avanzada, la protección de su salud, la seguridad material, el descanso y el esparcimiento». Véase también Suk (2018: 128).

la necesidad de proteger y estimular la maternidad[32]. Las constituciones de los antiguos Estados soviéticos y las que, en todo caso, se inspiraron en la tradición socialista fueron las que incorporaron las cláusulas más elaboradas de protección de la maternidad.

Una característica adicional del constitucionalismo europeo que lo ha hecho más proclive a la protección de la maternidad es la matización de que fue objeto la noción de igualdad formal a través de cláusulas y concepciones sustantivas de la igualdad que, de una u otra forma, han atribuido al Estado la responsabilidad de la remoción de obstáculos sociales y económicos que impidieran la igualdad mate-

---

32 Esto se refleja en la Constitución de la Unión de Repúblicas Socialistas Soviéticas de 1977, cuyo artículo 35 establecía: «La mujer y el hombre tienen en la URSS iguales derechos. Aseguran el ejercicio de estos derechos la concesión a la mujer de iguales posibilidades que al hombre en la instrucción y capacitación profesional, en el trabajo, en su remuneración, en la promoción profesional y en la actividad sociopolítica y cultural, así como medidas especiales para proteger el trabajo y la salud de la mujer; la creación de condiciones que permitan a la mujer conjugar el trabajo con la maternidad; la defensa jurídica y el apoyo material y moral a la maternidad y la infancia, incluyendo la concesión de vacaciones pagadas y otras ventajas a las mujeres en el período pre- y posnatal, así como la reducción paulatina del tiempo de trabajo para las mujeres que tengan hijos de corta edad». Por su parte, el artículo 53 disponía: «La familia se encuentra bajo el amparo del Estado. El matrimonio descansa en el acuerdo voluntario de la mujer y el hombre; en las relaciones familiares existe absoluta igualdad de derechos entre los cónyuges. El Estado vela por la familia mediante la creación y el desarrollo de una amplia red de instituciones de puericultura, la organización y el perfeccionamiento de los diversos servicios y de la alimentación pública, abonando una subvención por el nacimiento de cada niño, concediendo subsidios y ventajas a las familias de prole numerosa y también otros tipos de subvenciones y asistencia a la familia». Las constituciones adoptadas tras la caída del comunismo han seguido prestando atención a las necesidades especiales de las madres trabajadoras. Entre los ejemplos destacamos el artículo 47.2 de la Constitución búlgara de 1991, «Las madres serán objeto de especial protección del Estado y se garantizarán la baja prenatal y el posparto, la gratuidad de los cuidados obstétricos, la flexibilidad de las condiciones laborales y cualquier otra asistencia social», o el artículo 39 de la Constitución lituana de 1992, «La ley les proporcionará a las madres trabajadoras una licencia remunerada antes y después del parto, así como condiciones de trabajo favorables y otras concesiones».

rial o fáctica. Cierto es que, con algunas excepciones, las cláusulas constitucionales de igualdad sustantiva se diseñaron principalmente con un tinte clasista durante el período del constitucionalismo de posguerra[33]. Sin embargo, a partir de la década de los ochenta, y en particular desde la de los noventa, la jurisprudencia de muchos países europeos fue apartándose claramente del modelo simétrico de la igualdad, y además muchas constituciones empezaron a incluir menciones explícitas al objetivo de la igualdad de oportunidades para las mujeres, así como referencias ocasionales a la legítima, o incluso necesaria, adopción de medidas de acción afirmativa y otras políticas específicas para alcanzar el resultado deseado[34]. En muchos casos, esta tendencia normativa estuvo abiertamente influida por la Convención sobre la Eliminación de Todas las Formas de Discriminación contra la Mujer de las Naciones Unidas (CEDAW, por sus siglas en inglés), adoptada en 1981, que preveía la legitimidad de medidas de corrección de desigualdades de carácter temporal. Además, el marco normativo del derecho antidiscriminatorio eu-

---

33 Por ejemplo, el artículo de la igualdad de la Constitución italiana contiene una cláusula (artículo 3), según la cual «Corresponde a la República suprimir los obstáculos de orden económico y social que, limitando de hecho la libertad y la igualdad entre los ciudadanos, impiden el pleno desarrollo de la persona humana y la participación efectiva de todos los trabajadores en la organización política, económica y social del País». La Constitución española de 1978 se basó en dicho artículo, como bien se refleja en el artículo 9.2: «Corresponde a los poderes públicos promover las condiciones para que la libertad y la igualdad del individuo y de los grupos en que se integra sean reales y efectivas; remover los obstáculos que impidan o dificulten su plenitud y facilitar la participación de todos los ciudadanos en la vida política, económica, cultural y social».

34 Así, el artículo 3 (3) de la Constitución alemana de 1949, que dispone que «Nadie podrá ser perjudicado ni favorecido a causa de su sexo», fue completado con el artículo 3 (2.2), insertado por vía de enmienda el 27 de octubre de 1994. Este establece que «El Estado promoverá la realización efectiva de la igualdad de derechos de las mujeres y los hombres e impulsará la eliminación de las desventajas existentes».

ropeo ha jugado un papel determinante en el viejo continente[35]. En resumen, todos estos avances motivaron a que en Europa el modelo de la antisubordinación fuera consolidándose como el marco interpretativo dominante del derecho a la igualdad, lo que ha llevado a parte de la doctrina a denominarlo derecho «nti(subor)discriminatorio» (Barrère Unzueta y Morondo Taramundi, 2011: 28). Algunos tribunales nacionales llegaron a validar medidas de acción afirmativa que iban incluso más allá de lo que en cada momento permitía el marco normativo europeo, mientras que otros reconocieron de

---

35 En el ordenamiento jurídico de la Unión Europea, la expansión del marco legal del modelo de igualdad de género se refleja en la adopción del Tratado de Ámsterdam en 1997, en el que se incorporó la igualdad de género entre hombres y mujeres como un valor comunitario fundamental que debe promoverse (artículo 2). Inspirado en la Conferencia de Mujeres de Beijing, el tratado también adoptó la idea del enfoque transversal de género (artículo 3), sentando así las bases para políticas de género que eviten su confinamiento al gueto de la igualdad de oportunidades y promuevan su integración en todos los ámbitos sectoriales. El tratado también consagra la competencia del Consejo Europeo para adoptar medidas proactivas y combatir la discriminación por motivos de sexo, origen racial o étnico, religión o convicciones, discapacidad, edad u orientación sexual (artículo 6a). El principio de igual remuneración pasó a hacer referencia a un trabajo de igual valor y, a pesar de la adopción del principio de igualdad de trato, se explicitó que este no habría de impedir que los Estados miembros adoptaran medidas de discriminación positiva (artículo 119). La Unión Europea continúa operando bajo este marco legal que se replicó en el Tratado de Lisboa y cuyo perfil reproduce ahora la Carta Europea de Derechos Fundamentales (artículos 20, 21 y 23). No obstante, se ha cuestionado hasta qué punto ese marco jurídico y las políticas que lo han amparado han propiciado un avance real para las mujeres. Sobre todo porque, con frecuencia, el Tribunal de Justicia de la Unión Europea ha adoptado una concepción muy formalista de la igualdad en virtud de la cual las medidas de acción afirmativa constituyen una excepción que debe interpretarse de manera restrictiva, enfatizando las limitaciones inherentes al modelo antidiscriminatorio de la igualdad a la hora de abordar desigualdades de tipo estructural. En el mejor de los casos, se ha afirmado que el modelo ha servido únicamente para acelerar la incorporación de las mujeres a la esfera masculina del empleo y, aun así, solo en la medida en la que lo ha permitido un mercado laboral segregado en el que las formas de empleo más precarias (a tiempo parcial no libremente escogido, mal remunerado y con malas condiciones) siguen estando abrumadoramente feminizadas. Véase, por ejemplo, Stratigaki (2004).

forma cada vez más abierta que la razón por la que sus constituciones habían incluido el sexo como un criterio de clasificación sospechoso tenía menos que ver con el objetivo de la neutralidad que con el objetivo de «poner fin al tradicional desprecio de la mujer y eliminar las diferencias de trato que la habían colocado en una situación de inferioridad jurídica y social»[36].

Desde el punto de vista doctrinal, el acomodo de la especificidad de género (de carácter biológico o funcional) en la tradición constitucional europea también se ha visto favorecido por una doctrina constitucional en ciernes que parte de la base de que la discriminación por embarazo constituye una discriminación sexual[37], una doctrina que además no exige intencionalidad, sino que se limita a requerir que haya impacto discriminatorio, y que admite en ciertos casos algunas formas de eficacia horizontal de los derechos fundamentales —al menos en ámbitos que, como el laboral, se caracterizan por las grandes disparidades de poder entre el empleador y el empleado— con el propósito de que las mujeres puedan superar los obstáculos reales a los que se enfrentan en esta esfera. En la Unión Europea, esta doctrina antidiscriminatoria (y la necesidad de amparar la maternidad en el ámbito profesional) se ha visto fuertemente influenciada por la interacción entre el derecho nacional y el derecho europeo, que, como es sabido, goza de primacía en los ámbitos de su competencia (Azkárate-Askasua Albéniz, 1998).

El constitucionalismo alemán es un ejemplo que ilustra esta evolución doctrinal. En la década de los setenta, el Tribunal Constitu-

---

36 Véase la decisión del Tribunal Constitucional español STC 241/1988, FJ. 6.

37 Tómese, como ejemplo, la doctrina del Tribunal Constitucional español, que en su jurisprudencia ha reconocido la inconstitucionalidad no solo del despido, sino también de cualquier otro trato diferenciado no razonable por razón de embarazo. Es especialmente destacable su interpretación realista de la carga de la prueba en esta materia (SSTC 136/1996, 17/2003 y 98/2003), así como alguna jurisprudencia más reciente que obliga al acomodo razonable por parte del empleador (STC 171/2004) o sanciona la falta de diligencia por parte de este a la hora de advertir a la empleada embarazada la posibilidad de ajustes razonables, incluida la modificación de las condiciones laborales (STC 2/2017).

cional Federal abandonó el modelo que había adoptado en los primeros años de la posguerra, el de la ciudadanía a «doble vía», que normalizaba los roles de género de las mujeres y los hombres bajo el pretexto de reconocer igual dignidad a ambos. Así, se abrió paso la idea de la estricta igualdad entre marido y mujer en el ámbito familiar y por ello se derogaron leyes como la que solo permitía a los padres alemanes casados con una extranjera —pero no a las madres alemanas casadas con un extranjero— transmitir su nacionalidad[38] o las disposiciones del Código Civil alemán que exigían que todos los miembros de la familia llevaran el apellido del marido (sin embargo, las esposas que desearan conservar el suyo podían hacerlo, aunque incluyendo también el de sus respectivos cónyuges)[39]. Este cambio jurisprudencial contribuyó a que en 1976 se aprobara la primera reforma legislativa significativa del derecho alemán matrimonial y de familia y, con ella, el abandono de los rasgos más explícitos del esquema familiar basado en el sustento masculino del Código Civil. Así, en 1979, se declaró la inconstitucionalidad de una disposición que, para facilitar el «doble turno» de las mujeres, permitía que aquellas que trabajaban fuera del hogar contaran con un día libre al mes para ocuparse de «tareas domésticas», derecho que no se reconocía a los varones[40]. Asimismo, se rechazó que las mujeres pudieran deducirse fiscalmente el coste del cuidado de los hijos en atención al hecho de que eran ellas quienes soportaban la mayor carga de dicha responsabilidad. Si ambos cónyuges debían compartir la responsabilidad de mantener a la familia, razonó el Alto Tribunal, no había razón para no presumir que también habrían de hacer lo propio con el cuidado de los hijos y las labores del hogar[41].

Con todo, ni el objetivo de la igualdad formal ni el de la lucha contra los estereotipos de género se convirtieron en el paradigma del régimen antidiscriminatorio en Alemania, sino que este seguiría

---

38 BVerfGE 37, 217 (21 de marzo de 1974).
39 BVerfGE 48, 327 (31 de mayo de 1978).
40 BVerfGE 52, 369 (13 de noviembre de 1979).
41 BVerfGE 47, 1 (11 de octubre de 1977).

el camino acomodaticio del régimen jurídico europeo en materia de discriminación laboral. Así, ya en la década de los ochenta y guiado por la lógica de la igualdad sustantiva, el Alto Tribunal alemán validó el trato diferenciado para garantizar la igualdad de oportunidades de las mujeres —prestando especial atención, más que cuestionando, su rol de madres mediante el abordaje de diversos aspectos, entre ellos, la necesidad de superar la infravaloración del empleo a tiempo parcial en el que ellas se ocupaban con mayor frecuencia—. Como veremos, este compromiso con la visión sustantiva de la igualdad se hizo más evidente a partir de octubre de 1994, cuando se modificó el artículo 3.2 GG (que declara la igualdad de derechos para ambos sexos) con el fin de incluir la afirmación de que corresponde al Estado promover la implementación efectiva de la igualdad de derechos entre mujeres y hombres.

Si bien en Alemania, y en los países europeos de su entorno, las medidas puramente paternalistas fueron rechazadas, la tutela constitucional de las madres trabajadoras y de las embarazadas continuó siendo un hecho indiscutible (con base en la protección de la maternidad del artículo 6.4 GG), un deber de protección que, de acuerdo con la jurisprudencia, no recaía solo en el Estado, sino también en la comunidad. Y aunque es cierto que esta tutela de las mujeres embarazadas y las madres trabajadoras se ha desarrollado típicamente por vía legislativa, el Alto Tribunal alemán (como muchos tribunales europeos) no ha dudado en intervenir cuando la protección legislativa resultó inadecuada. Por ejemplo, en 1991, después de la reunificación del país, el Tribunal anuló un plan de reorganización del servicio civil que consideró insuficiente para proteger a las mujeres embarazadas[42]. Además, la aceptación de la discriminación indirecta por influencia de la legislación de la Unión Europea[43] también ha permitido al Tribunal valorar si de normas

---

42 BVerfGE 84, 133 (24 de abril de 1991), en 155 *et seq.*

43 Véase *J. P. Jenkins vs. Kingsgate (Clothing Productions) Ltd.*, asunto 96/80, TJCE, decidido ya en 1981, al que le seguirían otras muchas sentencias y la cristalización del principio en instrumentos legislativos. Esta forma de discriminación

o actos formalmente neutros podían derivarse efectos negativos o desiguales para las mujeres, teniendo en cuenta su realidad legal y social y no solo su condición biológica. En esta noción de «realidad legal y social» de la mujer, el Tribunal Constitucional ha incluido diversas consideraciones, como su mayor contribución al trabajo de cuidado en el hogar[44], su posición específica dentro de un mercado laboral segregado por sexo[45] e incluso el disfrute de las protecciones legales vinculadas a la maternidad[46].

---

incluye los tratamientos formalmente no discriminatorios de los que derivan, por las diferencias fácticas que tienen lugar entre trabajadores de diverso sexo, consecuencias desiguales perjudiciales. Según la doctrina de la discriminación indirecta, para ser considerados discriminatorios, el trato o la práctica deben carecer de justificación, no estar vinculados a un requisito indispensable y objetivo del trabajo en sí mismo o, allí donde se invoca una justificación, no ser los medios escogidos idóneos para alcanzar el fin perseguido.

44 BVerfGE 113 (1 de abril de 2005), que declaró contrarios al artículo 3, apartado 2 GG, los fondos de pensiones profesionales del colegio de abogados de Baden-Württemberg en la medida en que no eximan a los afiliados de pagar la cuota durante el tiempo que permanezcan en casa cuidando a sus hijos.

45 BVerfGE 126, 29 (14 de abril de 2010), que en el contexto de la privatización de un hospital público tachó de discriminatoria la decisión de excluir únicamente al personal de limpieza de un plan de reasignación de empleo por su impacto diferencial de género.

46 BVerfGE 132, 72 (10 de julio de 2012), que derogó una disposición legislativa que condicionaba el acceso por parte de los nacionales de terceros países en posesión de un permiso de residencia por razones humanitarias o políticas a subsidios estatales en materia de educación y paternidad a la condición de estar integrado en el mercado laboral y en atención a la mayor dificultad que encuentran las mujeres a la hora de cumplir con este tipo de requisitos, dado que tienen prohibido trabajar después del parto. En esencia, el concepto de «sexo» en la prohibición de la discriminación por razón de sexo se ha interpretado en el sentido de que abarca tanto la condición biológica como todas las circunstancias directamente relacionadas con el mismo. Se incluyen, por tanto, no solo el embarazo o la lactancia, sino también el disfrute de beneficios como los permisos para conciliar las obligaciones familiares y la vida laboral, puesto que son utilizados mayoritariamente por mujeres. El Tribunal Constitucional español ha operado con una noción igualmente amplia del concepto de «sexo», entendiendo que este incluye «razones o circunstancias que tengan una conexión directa e inequívoca con el sexo», como el embarazo o el disfrute de «derechos asociados a (la) maternidad». Véanse, por todas, las SSTC

No obstante, esta lectura maternalista acomodaticia de la doctrina de la igualdad presenta algunas complicaciones. Por un lado, como hemos visto, la distinción entre las medidas compensatorias o protecciones necesarias y aquellas que simplemente consagran obsoletos prejuicios paternalistas que limitan las opciones de las mujeres en lugar de ampliarlas no es siempre fácil de trazar[47]. En realidad, incluso aquellas medidas compensatorias o acomodaticias adoptadas con las mejores intenciones, en especial cuando las destinatarias son principalmente las mujeres, pueden acabar perpetuando los patrones de género y resultar contraproducentes cuando las dinámicas del mercado laboral provocan que aquellas protecciones limiten las posibilidades de que las mujeres sean contratadas y ascendidas, tal y como llevan advirtiendo desde hace tiempo muchas voces críticas en Estados Unidos, incluso dentro del campo feminista. Pensemos en las licencias por maternidad y en los permisos parentales. Sin duda, en la medida en que las mujeres sean sus principales destinatarias o se acojan a ellas de forma mayoritaria, los empresarios tendrán un incentivo para discriminarlas en la contratación y la promoción, sobre todo a quienes sean madres o estén en edad reproductiva. Además, es bien sabido que las medidas orientadas a facilitar la conciliación entre el trabajo y la vida familiar pensadas únicamente para la mujer acaban traduciéndose a menudo en la estratificación de un mercado laboral en el que el trabajo femenino se identifica con el trabajo a tiempo parcial, precario e informal, lo cual, a su vez, no hace más que reforzar las expectativas de que sean ellas las que realicen la mayor parte de las tareas de cuidado (Suk,

173/1994, 136/1996, 182/2005, 214/2006,17/2007, 12/2008, 66/2014 y 108/2019.

47 De hecho, el Tribunal Constitucional Federal alemán respaldó explícitamente la necesidad de establecer una distinción entre las protecciones paternalistas que limitan *de facto* las oportunidades de las mujeres y las protecciones válidas. Ello le llevó a anular la prohibición del trabajo nocturno de las mujeres, argumentando que limitaba sus oportunidades laborales mientras perpetuaba la imagen de la mujer como criatura indefensa y reforzaba, por tanto, su condición de subordinada. Véase BVerfGE 85, 191 (28 de enero de 1992).

2010: 54). De hecho, la toma de conciencia de este factor fue lo que condujo al tribunal alemán a apoyar la necesidad de distribuir, cuando menos de forma más equitativa, los costes sociales de la protección de la maternidad en el empleo[48].

Por último, la interpretación acomodaticia del mandato de igualdad entre los sexos (que es el resultado de la conexión del principio de igualdad sustantiva y el mandato de protección de la maternidad/familia) ha demostrado ser con frecuencia insuficiente para quienes pretenden instituir una protección realmente adecuada de la maternidad dentro del marco constitucional, pues en muchas ocasiones tanto la igualdad sustantiva como la tutela de la protección de la maternidad/familia suelen configurarse constitucionalmente como principios rectores o mandatos programáticos más que como derechos subjetivos. Es por ello que se ha afirmado que la relación entre el derecho a no ser discriminado con base en el sexo y el mandato que legitima la adopción de medidas compensatorias o promocionales no ha dejado de ser una relación desigual, dado que, en el caso de estas últimas, no hay un mandato taxativo de acción, sino que se trata solo de medidas que los poderes públicos pueden adoptar legítimamente para compensar la posición de desventaja de las mujeres, es decir, son medidas «constitucionalmente permitidas» pero no «constitucionalmente obligadas» (Rubio Marín y Salazar Benítez, 2024: 22; Salazar Benítez, 2021: 45; Barrère Unzueta, 2018: 35). Estamos, en definitiva, lejos de que se reconozca de forma generalizada un derecho subjetivo a la asistencia estatal respecto a las cargas de reproducción y cuidado que comprometa importantes partidas presupuestarias. Prohibir la discriminación es apremiante, y la formulación de un concepto amplio de discriminación también ayuda, pero deja la cuestión de la distribución de los costes de la reproducción social sin resolver, y eso lo saben mejor que nadie las madres solas, con las que con frecuencia se ceba la pobreza.

---

48 Véase BVerfGE 109, 64 (18 de noviembre de 2003), que derogó un plan de contribución de los empresarios a la licencia por maternidad al considerar que tenía un efecto discriminatorio en las oportunidades de empleo de las mujeres.

En la raíz del problema se encuentra el hecho de que la incorporación de la protección de la maternidad a las constituciones de Europa occidental tuvo lugar de la mano de una concepción paternalista del estado de bienestar (Orloff, 1993: 323; Pateman, 1988a; Vita, 2021). Se conminaba al Estado y a la comunidad en general a ayudar a las mujeres al cuidado de la familia, a la vez que se naturalizaban sus deberes de maternidad y de cuidado. Esta idea —que podríamos llamar de maternidad normativa y protección estatal subsidiaria— casaba mucho menos con la doctrina de la igualdad basada en la oposición a los estereotipos que se estaba consolidando en Estados Unidos que con las tradicionales tendencias acomodaticias maternalistas europeas. Como veremos en breve, esta misma diferencia puede también encontrarse en el distinto encuadre constitucional del debate en torno al aborto en ambas tradiciones, a pesar de que esta controversia trascendió a la esfera constitucional más o menos en el mismo periodo, es decir, en el contexto de la movilización del feminismo de la segunda ola contra la criminalización del aborto.

Finalmente, ambas formas de constitucionalismo invisibilizaron el impacto de las tareas de reproducción en los proyectos de vida de las mujeres y negaron la importancia de reconocer el derecho a que decidieran por sí mismas si querían concebir y en qué momento hacerlo. El silencio sobre los derechos reproductivos es tal vez el ejemplo más claro de los límites de un constitucionalismo inclusivo construido sobre la base de la experiencia masculina como paradigma. La inclusión de las mujeres en la subjetividad constitucional implicó que se abrieran las puertas a su participación política y en el mercado laboral (un coto reservado hasta entonces a los hombres). Sin embargo, no permitió superar el mutismo de los padres de la Constitución, que no habían contemplado que la libertad para decidir si engendrar o no, vivir un embarazo, dar a luz y convertirse en madre merecían algún tipo de consideración constitucional, aunque fuera absolutamente central para afirmar la autonomía e independencia de las mujeres por el impacto que aquellas decisiones han acarreado sobre sus cuerpos y el curso de sus vidas.

2.5. LOS ORÍGENES DE LA CONSTITUCIONALIZACIÓN DEL DEBATE SOBRE EL ABORTO

La década de los sesenta marcó la tendencia liberalizadora del aborto tanto en Europa como en América del Norte, donde al menos cuarenta y dos ordenamientos jurídicos fueron escenario de reformas legales sobre la materia entre 1967 y 1977. En la gran mayoría de los casos, se trataron de ampliar las indicaciones legales para el aborto, es decir, las condiciones bajo las cuales el aborto quedaría fuera del ámbito penal, o al menos exento de castigo, incluyendo las referidas a consideraciones terapéuticas, embriopatías o ético-jurídicas relativas a un embarazo producto de una violación o a las circunstancias socioeconómicas de la mujer (Glendon, 1987: 45; Lane Scheppele, 1996). La liberalización del aborto, impulsada por los países escandinavos, se convirtió en realidad en un resorte unificador del movimiento feminista en Europa occidental a principios de la década de los setenta, especialmente en los países caracterizados por su arraigada tradición católica. Entre los factores que explican el cambio en la opinión pública y la prensa a favor de la liberalización cabe destacar el gran número de abortos ilegales y la alta tasa de mortalidad que provocaban unas intervenciones que tenían particular incidencia en las mujeres pobres y racializadas que carecían de recursos para eludir las prohibiciones. A pesar de que en muchos países la cantidad total de enjuiciamientos seguía siendo mínima, la criminalización afectaba de manera desproporcionada a aquellas mujeres que no podían viajar para abortar a países en los que el procedimiento era legal ya en la década de los sesenta —entre ellos, Japón, Inglaterra y Suecia— y que, por tanto, acababan recurriendo a redes clandestinas de médicos que, por una módica suma de dinero, llevaban a cabo la intervención (Nijsten, 1990: 37-38; Greenhouse y Siegel, 2019: 55). Había, además, otras cuestiones urgentes que exigían cambios. Entre ellas, los problemas de salud de las mujeres que habían estado expuestas al consumo de ciertos medicamentos o que habían padecido determinadas enfermedades que, se sabía, podían dañar el desarrollo del feto (como la talidomida o el sarampión). Entre aquellas preocupaciones, cabe destacar la creciente inquietud por la superpoblación del planeta, sobre todo después de que el superventas *The Population Bomb*, de Paul R. Ehrlich, advirtiera que en 1968 el planeta se estaba quedando sin recursos (Greenhouse y Siegel, 2019: 56), y las inquietudes y el malestar profesional de los médicos, quienes también eran víctimas de la errática aplicación de las leyes que criminalizaban el aborto (Siegel, 2012: 1060-64).

A principios de la década de los setenta, a estas preocupaciones sobre la salud pública, el mundo profesional y la demografía se sumaron los argumentos feministas a favor de la liberalización del aborto y también, en cierta medida, las voces de los movimientos juveniles que desafiaban los hábitos sexuales tradicionales (*ibid.*). Hubo incluso tácticas compartidas, como la que adoptaron las feministas en Europa y América del Norte, quienes decidieron «salir del armario» en grupo para reconocer en los medios de comunicación que ellas también habían abortado. En Francia, 343 mujeres firmaron un manifiesto redactado por Simone de Beauvoir y publicado en *Le Nouvel Observateur* en abril de 1971. Dos meses después, Aktion 218, una organización de mujeres de Alemania Occidental cuyo nombre aludía a la sección del Código Penal que criminalizaba el aborto, también publicaría historias de aborto. A ello se sumaría el semanario *Stern*, con los nombres de 374 mujeres alemanas que confesaban haber abortado. El 4 de agosto de 1971, las mujeres italianas prepararon su propia campaña de autoincriminación en *Liberazione Notizie*. Una acción similar tendría lugar poco después en Estados Unidos en la edición de primavera de 1972 de la revista *Ms* (*ibid.*).

El sector de la salud pública perseguía la liberalización del aborto e insistía en la necesidad de proceder de manera incremental (agregando excepciones a la criminalización mediante un modelo de indicaciones), mientras que las feministas abogaban por un cambio radical y por la despenalización total. Esta reivindicación se apoyaba en la noción de autonomía y desafiaba la idea de la maternidad normativa, que hasta entonces había moldeado la ciudadanía y el constitucionalismo de las mujeres. Durante la primera conferencia nacional sobre legislación en materia de aborto, organizada en febrero de 1969 para promover la despenalización, Betty Friedan, presidenta de la Organización Nacional de Mujeres en Estados Unidos, se expresó en los siguientes términos:

> No hay libertad, no hay igualdad, no hay plena dignidad humana y personalidad posibles para las mujeres hasta que hagamos valer y exijamos el control sobre nuestro propio cuerpo, sobre nuestro propio proceso reproductivo [...]. Son las mujeres las que, por tanto, deben decidir, y lo que estamos haciendo, me parece, es darnos cuenta de que hay ciertos derechos que nunca han sido definidos como derechos, que son fundamentales para la igualdad de las mujeres, y que no estaban definidos en la Constitución de este ni de ningún otro país, una constitución redactada solo por hombres. El derecho de la mujer a controlar su proceso reproductivo debe establecerse como un derecho civil humano básico y valioso que el Estado no puede negar ni coartar [...]. La verdadera revolución sexual es la salida de la mujer de la pasividad, de la *cosificación* [...] hacia la autodeterminación plena, la dignidad plena (Friedan, citada en Greenhouse y Siegel, 2010: 39-40).

Conviene subrayar que tanto en Europa como en Estados Unidos se plantearon, además, preocupaciones interseccionales en torno a los impactos de clase y de raza de la criminalización del aborto, de modo que la reivindicación de la *libertad* de abortar no agotaba el alcance de las demandas de justicia reproductiva. Así, en Estados Unidos, Frances Beal, una destacada feminista afroamericana, se dio a conocer porque explicitó los perjuicios específicos e interseccionales que la criminalización del aborto causaba a las mujeres negras. Era necesario ampliar la discusión sobre los daños reproductivos e ir más allá de aquellos generados por la prohibición del aborto. Beal (2005) hizo referencia al «doble peligro» que amenazaba a las mujeres de las comunidades negra y puertorriqueña, y recordó la forma en la que la agenda eugenésica se cebaba con aquellas mujeres a las que se presionaba para que aceptaran la esterilización a cambio de prestaciones sociales, al mismo tiempo que se las exponía a abortos inseguros cuando no podían ni deseaban tener más hijos. Asimismo, vale recordar aquí que, aunque el debate del aborto dominó gran parte del discurso público, las demandas feministas en materia de justicia reproductiva incluyeron otros extremos, como la protección de las mujeres que querían tener hijos y carecían de medios o la de aquellas que simplemente querían contar con la posibilidad de postergar el momento de la reproducción. Entre esos reclamos figuraban la seguridad laboral para mujeres embarazadas y la ampliación de la cobertura de la asistencia pública en el cuidado de la prole a las mujeres de todas las clases sociales (Siegel, 2020a: 476-77).

A medida que el movimiento a favor de la liberalización del aborto fue cobrando vigor tanto en Europa como América del Norte, las fuerzas opositoras a la interrupción voluntaria del embarazo empezaron a organizar contramovilizaciones. Los católicos conservadores lideraron la lucha y recurrieron al lenguaje moderno de los derechos humanos y constitucionales para sustentar sus demandas y defender el derecho a la vida del feto como «ser humano inocente». Invocando el nazismo de la Alemania Occidental y el tejido moral de la nación en Estados Unidos, la estrategia principal de la resistencia vinculaba la noción de la vida humana a la de dignidad humana y ambas a la del Estado de derecho (Siegel, 2012: 1063-64). En este contexto altamente polarizado, distintos Gobiernos se vieron obligados a tomar cartas en el asunto, pero como la carga emotiva y simbólica de la cuestión del aborto dificultaba el consenso político, en algunos países se solicitó la intervención de los tribunales constitucionales, fundamentalmente para tratar de que se sumaran a la resistencia frente a los intentos de despenalización (Nijsten, 1990: 39, 43). En este marco vieron la luz las primeras decisiones judiciales que abordaron el aborto en términos constitucionales tanto en América del Norte como en Europa. No puede sorprendernos, a estas alturas, que el enfoque desde el que se abordó la cuestión difiriera radicalmente a ambos lados del Atlántico.

A) *La autonomía reproductiva se afianza constitucionalmente*

En el histórico fallo del caso *Roe vs. Wade* (1973) la Corte Suprema de Estados Unidos afirmó, por primera vez en la historia constitucional universal, el derecho a la interrupción voluntaria del embarazo de la mujer embarazada a partir de un texto constitucional que no la contemplaba de forma explícita. Para ello, la Corte Suprema se basó en el derecho a la privacidad extraído de la dimensión sustantiva de la cláusula del debido proceso (Due Process Clause) de la Decimocuarta Enmienda a la Constitución Federal. El caso giró en torno a la pretensión de una mujer embarazada que cuestionaba la constitucionalidad de una ley de Texas que tipificaba como delito «practicar un aborto, excepto por indicación médica con el propósito de salvar la vida de la madre». A pesar de que se convirtió en un símbolo de la autonomía reproductiva de las mujeres en el imaginario global e inspiró demandas constitucionales similares en muchos otros países[49], la sentencia respondió antes a argumentos de salud pública del momento que a las demandas fe-

---

[49] En *R. vs. Morgentaler* (1988), la Corte Suprema de Canadá resolvió el recurso interpuesto por un médico imputado por realizar abortos. La ley que se le había aplicado contemplaba una excepción terapéutica articulada en términos extremadamente estrictos (se requería la participación de cuatro médicos, hospitalización y un diagnóstico de peligro para la vida o la salud de la mujer). Según el recurrente, ello violaba el derecho de la mujer a su intimidad, así como a tomar decisiones libremente y sin restricciones sobre su vida. Lo cierto es que la Corte Suprema de Canadá consideró que la regulación violaba la sección 7 de la Carta Canadiense de los Derechos y las Libertades, pero lo hizo únicamente apelando al derecho a la seguridad personal, incluyendo dentro de su ámbito la protección de la integridad psicológica (solo la jueza Bertha Wilson, la única jueza mujer, interpretó que el precepto también vulneraba el derecho de la mujer a su libertad personal por afectar importantes decisiones sobre su vida privada). No obstante, a diferencia de *Roe*, la decisión del tribunal canadiense no reconocía un derecho constitucional a abortar; más bien, preconizaba la necesidad de equilibrar los intereses del feto y los de la mujer, quedando abierta la posibilidad de un abanico de eventuales regulaciones. Véase Baines (2005: 55).

ministas de la época. Así, en el texto de la sentencia se destacan más la autonomía de los médicos y los retos físicos y psicológicos asociados al embarazo que la autonomía de la mujer y su derecho a decidir libremente su proyecto de vida como ciudadana en pie de igualdad (Siegel, 2012: 1066).

En *Roe vs. Wade*, la Corte Suprema reconoció que el feto no es una persona, sino, como mucho, una potencialidad de persona cuya protección puede tener interés para sus progenitores y para el Estado, aunque este interés solo puede ser considerado imperioso en el momento de la viabilidad que marca su capacidad de vida independiente[50]. Por ello, la Corte se decantó por un esquema trimestral y afirmó el derecho de las mujeres y sus médicos a decidir conjuntamente sobre la interrupción del embarazo durante el primer trimestre sin ningún tipo de interferencia estatal. Transcurrido el primer trimestre, se permitiría a los poderes públicos regular el aborto a fin de proteger la salud y la vida de la mujer embarazada. Llegado el momento de la viabilidad del feto en el tercer trimestre, se podría ahora sí limitar e incluso prohibir el aborto por estimar que el interés estatal en la protección de la vida fetal es más apremiante[51]. Más allá de cualquier matiz, lo cierto es que, en el imaginario público del constitucionalismo global, *Roe vs. Wade* se convirtió en el primer intento de articulación de la subjetividad constitucional de la mujer embarazada, una mujer a la que había que reconocer plenas facultades para decidir libremente si continuaba o no con su embarazo; una mujer, en definitiva, totalmente autónoma y en plena posesión de sí misma.

Hubo que esperar a que la jurisprudencia posterior perfeccionara el contenido de *Roe vs. Wade,* otorgando mayor peso al argumento de la autonomía de la mujer, aunque ello no se tradujera necesariamente en un mayor grado de tutela. En 1992, en el caso

---

50 *Roe vs. Wade* (1973), 163-64.

51 *Ibid.*, 162-63, 166.

Planned Parenthood vs. Casey[52], la Corte Suprema reafirmó la esencia de *Roe* (es decir, el derecho de la mujer a interrumpir su embarazo antes del momento de viabilidad fetal), pero lo hizo apartándose del esquema trimestral. Aunque la argumentación sobre la que descansa *Casey* ha sido tan celebrada como cuestionada[53], a partir de ese momento la regulación gubernamental orientada a proteger la vida del no nacido durante el embarazo sería válida siempre que, antes del momento de viabilidad fetal, tal regulación no supusiera

---

52 Véase *Planned Parenthood of Southeastern Pennsylvania, et al. vs. Casey, Governor of Pennsylvania, et al.* (1992). En *Casey*, la Corte Suprema analizó la constitucionalidad de una ley de Pennsylvania que imponía un período de espera de veinticuatro horas antes de abortar y precisaba que una mujer que quisiera abortar recibiera cierta información para persuadirla de abandonar su intención de interrumpir el embarazo; en el caso de tratarse de una menor, la ley requería que mediara el consentimiento de sus padres, y exigía en todo caso que la mujer comunicara a su cónyuge su intención de abortar. Este último requisito fue el único que anuló el Alto Tribunal.

53 Algunas posiciones doctrinales han argumentado que «Casey se asienta en una visión en evolución acerca de la ciudadanía de la mujer que reconoce en las mujeres, más que en el Estado, la autoridad principal para que estas tomen decisiones sobre sus roles» (Siegel, 2008: 1069). En sentido literal, la Corte Suprema reconoció que «el sufrimiento [de una mujer] es demasiado íntimo y personal para que el Estado insista, sin más, sobre su propia visión del papel que debe desempeñar la mujer, por dominante que haya sido esa visión en el curso de nuestra historia y nuestra cultura. Antes bien, el destino de la mujer debe responder a su propia concepción de sus imperativos espirituales y su lugar en la sociedad» (*Casey*, 852). No obstante se ha criticado (Rodríguez Ruiz, 2023: 513-14) que en otros pasajes la Corte introdujera «contenidos metajurídicos», como aquel en el que se refiere a los «sacrificios [que] desde los orígenes de la raza humana la mujer ha realizado con un orgullo que la ennoblece ante los ojos ajenos y la une a sus hijas/os mediante el vínculo del amor» o aquel en el que se remite a «las consecuencias psicológicas devastadoras» que podría tener descubrir que la decisión de abortar no había sido plenamente informada (*Casey*, 852, 882). Esta tendencia quedaría reforzada en *González vs. Carhart et al.* (2007), sentencia en la que la Corte validó una ley federal que prohibía el método de «aborto de parto parcial» de fetos no viables refiriéndose al aborto en términos de desviación antinatural del vínculo de amor de la gestante con el feto, con graves consecuencias emocionales para la mujer (*ibid.*: 159), es decir valiéndose de una argumentación netamente proteccionista (Siegel, 2008).

una «carga indebida» (*undue burden*) o un «obstáculo considerable» (*substantial obstacle*) a la decisión de la embarazada de proseguir o no con la gestación. Es decir, siempre que no tuviera el efecto de «obstaculizar de forma significativa el camino de una mujer que pretendiera abortar un feto no viable»[54]. Como cabía esperar, a partir de entonces la definición de lo que suponía una «carga indebida» se convertiría en objeto de incesantes e intensas batallas constitucionales y del sempiterno intento de revocar el derecho a abortar que tanto *Roe* como *Casey* habían reconocido, una verdadera obsesión de los conservadores que solo recientemente han logrado materializar en la sentencia *Dobbs vs. Jackson Women's Health Organization* (2022), a la que volveremos en capítulos posteriores.

Para el resto del mundo, *Roe* y luego *Casey* fueron, sencillamente, hitos en la historia constitucional que lograron introducir la agenda de los derechos reproductivos en un marco constitucional global que hasta entonces había guardado silencio al respecto, desafiando, en cierto sentido, los límites del constitucionalismo de tipo inclusivo al ampliar su ámbito de protección para dar cabida a esferas esenciales de la autonomía humana que las constituciones elaboradas por hombres nunca tuvieron en cuenta. Lamentablemente, la capacidad de articular una agenda más ambiciosa de justicia reproductiva y asistencial con base en este precedente constitucional y en sintonía con las demandas del movimiento de mujeres fue limitada.

A fin de cuentas, y a pesar de las alusiones de *Casey* a la igual ciudadanía de las mujeres, desde el punto de vista doctrinal tanto *Roe* como *Casey* vincularon la autonomía reproductiva al derecho a la intimidad, es decir, apelando a una esfera libre de interferencia estatal, y no como un derecho de prestación vinculado a la obligación del Estado de proporcionar un entorno adecuado para la procreación humana, un entorno capaz de garantizar que las mujeres no se vean obligadas a tener hijos por embarazos no deseados, pero que también proporcione los medios necesarios a quienes deseen

---

54 *Casey*, 877.

ser madres y exprese el compromiso de una sociedad que sepa responder colectivamente a los desafíos de la reproducción de la especie. Tal vez un anclaje más firme en el derecho a la igualdad habría permitido priorizar la cuestión del acceso y destacar el impacto diferencial sobre las mujeres que, por ser víctimas de discriminación interseccional[55], soportaban ya entonces —como continúan haciéndolo hoy— el mayor peso de las restricciones vinculadas a la falta de medios. Sin embargo, pronto quedó claro que no sería este el camino. Así, en el caso *Harris vs. McRae* (1980), la Corte Suprema de Estados Unidos declaró constitucional la restricción de la financiación del aborto con fondos federales, por lo que muchos lamentaron que el derecho a abortar reconocido en *Roe* no fuera sino un privilegio otorgado a las mujeres más acomodadas y que, *de facto*, la autonomía reproductiva de muchas mujeres pobres, migrantes y negras seguiría sin amparo constitucional alguno[56]. Sobra decir que a partir de la década de los ochenta la nueva derecha empezó a

---

55 De hecho, en la época de *Roe*, algunas activistas feministas también presentaron recursos en los que alegaban que la prohibición de abortar vulneraba el principio de igualdad al discriminar por razón de clase, raza y sexo, además de vulnerar su derecho a la intimidad. Véase Greenhouse y Siegel (2019: 53, 63-65 y 68).

56 Incluso antes de *Harris vs. McRae*, la Corte Suprema de Estados Unidos había rechazado la obligación de proporcionar fondos o instalaciones públicas para facilitar la práctica del aborto, aun tratándose de una mujer indigente que sufría un embarazo médicamente complicado que amenazaba con paralizarla de por vida. Véase *Peolker vs. Doe* (1977). Véase igualmente *Maher vs. Roe* (1977), sentencia que deniega financiación para abortar en caso de un embarazo médicamente ordinario, y *Webster vs. Reproductive Health Services* (1989), que confirma la validez constitucional de la prohibición de la financiación pública del aborto. Véase también McDonagh (1999). En *Harris vs. McRae*, la Corte Suprema confirmó la constitucionalidad de la Enmienda Hyde, que prohibía el uso de fondos federales para realizar abortos seguros bajo el programa de Medicaid, prohibición que afectaba desproporcionadamente a las mujeres de color, sobrerrepresentadas entre las que vivían en situación de pobreza. Se ha argumentado que había una conexión entre la lucha contra la Enmienda Hyde y la creciente oposición a los abusos en materia de esterilización: negándose a financiar los abortos de mujeres indigentes, pero no a cubrir el coste de sus esterilizaciones, en realidad el Gobierno federal solo exacerbaba las probabili-

desplegar una agenda que tampoco favoreció las pretensiones que desde siempre había reclamado el movimiento feminista: una mayor asunción social de los costes ligados a la reproducción humana.

B) La maternidad normativa se afianza constitucionalmente

Desde el principio, en la tradición constitucional asistencialista y maternalista europea, el debate sobre el aborto llegó de manera diferente a los tribunales. Los intentos de liberalización y las resistencias de las fuerzas reaccionarias también entraron en colisión en el viejo continente, y entre 1974 y 1975 este desencuentro daría lugar a sendas sentencias constitucionales en Austria, Francia, Italia y Alemania. Sin embargo, a diferencia de lo que ocurrió en Estados Unidos, el debate constitucional sobre el aborto en Europa nació de modo «reactivo», es decir, fue promovido por aquellos sectores sociales contrarios a la liberalización que tomaron la iniciativa de recurrir a la justicia constitucional. Italia fue la única excepción, pues la sentencia 25/1975 de la Corte Constitucional dio respuesta a una cuestión de constitucionalidad planteada por un juez ordinario, a cuyo parecer la criminalización total del aborto (con la salvedad de una excepción de necesidad muy limitada y de carácter general) no garantizaba suficiente protección a la salud y vida de las mujeres[57]. En el resto de los países de Europa occidental, la liberalización del aborto tuvo lugar por vía legislativa, sin que las mujeres ni quienes defendían sus derechos reproductivos tuvieran que recurrir a los parcos textos constitucionales o a los tribunales constitucionales para promover su causa[58]. En cambio, las fuerzas conservadoras

---

dades de que las mujeres de color de bajos ingresos tuvieran que optar por la esterilización para evitar embarazos no deseados (Bridges, 2019).

57 Sentenza 27/1975 (18 de febrero de 1975), 20.

58 En el bloque comunista, la represión de la religión permitió que se desarrollara una dinámica diferente, y algunas de las constituciones de la época efectivamente contenían algunas disposiciones relativas a la reproducción, aunque no hicieran referencia explícita al aborto. El artículo 55 de la Constitución

no dudaron en interponer recursos ante la Justicia para oponerse rotundamente a los avances legislativos que intentaban superar, o al menos relajar, el modelo dominante —el de la criminalizaicón del aborto—, lo que provocó la implementación de algunas excepciones articuladas a través de un sistema de indicaciones. Eso fue lo que sucedió en Austria, Francia y Alemania de manera más o menos simultánea a la sentencia *Roe*. Es decir, en Europa se trajeron a colación los parámetros constitucionales para impedir, y no para ampliar, la agenda reproductiva de las mujeres. En realidad, y dada la tradición constitucional maternalista del continente, este hecho no resulta sorprendente. Resultaba necesario, no obstante, ofrecer nuevas interpretaciones constitucionales en la dirección deseada, pues las constituciones europeas de posguerra contenían, en el mejor de los casos, una disposición que recomendaba amparar a las madres y a las familias, pero que no obligaban a las mujeres —ni siquiera a las embarazadas— a convertirse en madres. Por ello, hacía falta cierta ingeniería doctrinal para fundamentar constitucio-

---

eslovena de 1991, que reproduce sustancialmente las disposiciones contenidas en el artículo 233 de la Constitución de la República Socialista de Eslovenia de 1974, dispone: «Toda persona debe ser libre de decidir si quiere tener hijos. El Estado garantizará las oportunidades para ejercer el control de esta libertad y creará las condiciones que permitan a los padres decidir tener hijos». Al igual que las eslovenas, las mujeres croatas obtuvieron el derecho al aborto en virtud de la reforma de la Constitución Federal yugoslava en 1974. Aunque durante el período socialista el aborto había sido, por regla general, legal —con la excepción de Rumanía y, en parte, de Bulgaria—, el debate se había considerado indisolublemente vinculado a la cuestión del control demográfico y, en cierta medida, a la de la salud de la mujer. El hecho de que la posibilidad de abortar coexistiera con claras políticas pronatalistas que glorificaban la maternidad hace de esta región un ejemplo dudoso del reconocimiento temprano de la autonomía reproductiva de la mujer. Rusia, por ejemplo, fue el primer país de Europa en legalizar el aborto en 1920, pero en 1936, en el contexto de una crisis demográfica —y siendo ya parte de la URSS—, optó por criminalizarlo y permitirlo solo en casos excepcionales. Un nuevo cambio se produjo en 1955, cuando, ante el elevado número de abortos ilegales, la URSS volvió a legalizar el aborto, tendencia que seguirían el resto de los países del bloque del Este (Holt, 1980).

nalmente la obligación del Estado de proteger al feto y, sobre todo, para justificar que, de ese deber genérico se pudiera inferir, como se hizo, el deber constitucional *prima facie* de la mujer embarazada de llevar a término el embarazo.

En Austria, el Tribunal Constitucional se negó a atribuir un rango constitucional a la vida del nonato[59]. En otros países, a pesar del silencio de las constituciones en la materia[60], los tribunales cons-

59 El Tribunal Constitucional de Austria se enfrentó al recurso contra una legislación que eximía a las mujeres de la sanción penal en aquellos casos en que se les practicara un aborto durante los primeros tres meses. En su decisión en apoyo a dicha legislación, el Tribunal rechazó los argumentos basados en un supuesto derecho a la vida del feto, argumentando que ni la Constitución austríaca ni el Convenio Europeo de Derechos Humanos reconocían tal derecho. Agregó también que, de inferirse tal derecho, este ofrecería protección —al igual que todos los derechos fundamentales— contra la injerencia del Estado y no contra las injerencias de particulares. Véase VfGH G8/74 (11 de octubre de 1974).

60 Solo en la década de 1980, después de que se constitucionalizara por primera vez el debate sobre el aborto, algunas constituciones empezaron a referirse explícitamente a la vida no nacida como merecedora de protección. Así, para reafirmar la identidad católica de la nación y su rechazo a la doctrina de *Roe vs. Wade*, la Constitución de la República de Filipinas de 1987 incluyó una disposición que se comprometía a proteger «de igual modo la vida de la madre y la vida del no nacido desde su concepción» (sección 2, artículo 12) (Tiojanco, 2024). De la misma manera, bajo la influencia del catolicismo, en la República de Irlanda la Constitución fue enmendada en 1983 para establecer que «el Estado reconoce el derecho a la vida del niño nonato y, con la debida consideración al igual derecho a la vida de la madre, garantiza en y a través de sus leyes el respeto, y, hasta donde sea posible, la defensa y la reivindicación de ese derecho» (Irlanda, Octava Enmienda de la Constitución, 1983 [artículo 40, sección 3.3]). Esta disposición se convirtió, a su vez, en el catalizador de nuevos litigios. Cabe citar, por ejemplo, la prohibición a entidades privadas de difundir información sobre los servicios abortivos disponibles en el extranjero. Véase *Attorney General (Society for the Protection of the Unborn Child) vs. Open Door Counselling and Dublin Well Woman Centre Ltd.* (1988). En 2018, el controvertido artículo fue finalmente reformado mediante la Trigésimosexta Enmienda de la Constitución y sustituido por un nuevo precepto que reza: «La ley puede prever la regulación de la interrupción del embarazo». Otros ejemplos, referidos explícitamente a la protección de la vida humana antes del nacimiento, son el artículo 15.1 de la Constitución eslovaca de 1992 («Todos tienen derecho a

titucionales, claramente influenciados por fuerzas religiosas y por consideraciones metajurídicas, esgrimieron diversas doctrinas para introducir la protección del feto en la carta magna y convertir tal protección en un verdadero «deber constitucional» exigible a la mujer. Con todo, esta construcción doctrinal no siempre condujo al fracaso de los intentos de liberalización[61]. Fue sobre todo el Tribunal Constitucional Federal de Alemania el que tomaría un camino radicalmente diferente, sentando un precedente que acabaría

---

la vida. La vida humana es digna de protección incluso antes del nacimiento») y el artículo 6.1 de la Carta Checa de Derechos Fundamentales y Libertades Básicas («Todos tienen derecho a vivir. La vida humana merece ser protegida aun antes del nacimiento»), parte de la Constitución checa de 1992.

61 En Italia, la Corte Constitucional reconoció que la protección del nonato tenía un fundamento constitucional (en referencia a la alusión que hace la Constitución italiana a la «madre y al niño» y a «los derechos inviolables» de la persona en los artículos 37 y 2, respectivamente). No obstante, la Corte derogó la legislación impugnada porque la excepción de necesidad (la única excepción general que la ley penal contemplaba) resultaba demasiado estrecha y al final incurría en una equivalencia errónea entre el derecho a la vida (y a la salud) de la mujer embarazada y el del embrión, el cual, a diferencia de aquella, aún no se ha convertido en persona. Véase Sentenza 27/1975 (18 de febrero de 1975), 20. Resistiéndose a otorgar estatus constitucional al feto de manera explícita, el Consejo Constitucional francés declaró en 1975 la validez de una reforma legislativa que permitía a las mujeres abortar cuando se encontraran en una «situación de angustia» o por razones terapéuticas dentro de las primeras diez semanas de embarazo, entendiendo que tal previsión no contrariaba el principio de libertad personal (bajo el artículo 2 de la Declaración de los Derechos del Hombre y del Ciudadano). Aunque el tribunal no negara frontalmente el principio del debido respeto a todo ser humano desde el comienzo mismo de la vida al que hacía referencia la legislación impugnada (basándose, para ello, en el artículo 1 de la Declaración, que únicamente establece que «Los hombres nacen y permanecen libres e iguales en derechos»), al final aplicó un juicio de proporcionalidad y avaló unas excepciones referidas a una situación de necesidad y a unas condiciones estrictamente definidas por la ley. Véase Décision n.° 74-54 DC (15 de enero de 1975). En 2001, el Consejo Constitucional adoptó un razonamiento similar al validar una reforma legislativa que ampliaba de diez a doce semanas el plazo para abortar para mujeres en situación de angustia y convertía el procedimiento de asesoramiento previo obligatorio en un trámite puramente opcional. Véase Décision n.° 2001-446 DC (27 de junio de 2001).

teniendo una gran influencia tanto en Europa como en otros países, en particular en aquellos de tradición católica.

En efecto, en 1975, el Tribunal Constitucional Federal de Alemania dictó su histórica sentencia en la que declaró la inconstitucionalidad de un intento legislativo de despenalizar el aborto durante las primeras doce semanas de embarazo. La única condición legalmente prevista era que las mujeres que desearan abortar fueran asesoradas previamente para que conocieran la asistencia pública y privada disponible en caso de que decidieran continuar con su embarazo[62]. La sentencia planteó el debate constitucional en términos de la protección debida al feto, normalizando de esta forma el deber de la embarazada de llevar el embarazo a término, deber al que el Tribunal Constitucional se refirió de manera explícita. A diferencia de su homólogo francés, el tribunal alemán decidió que no podía permitir la solución temporal que proponía la legislación basada en una ponderación de la autonomía de la mujer frente a la protección debida al feto: no procedía un test de proporcionalidad. Para el Tribunal Constitucional alemán, el feto gozaba de la protección del derecho a la vida (artículo 2.2 GG) en calidad de «ser humano no nacido», lo que eliminaba la posibilidad de señalar diferentes etapas en el proceso de su desarrollo (como la que marcaría el momento de viabilidad fetal) a efectos de establecer los distintos grados de protección requeridos a nivel constitucional[63]. Según el Alto Tribunal, el feto también era acreedor de la protección brindada por el principio de dignidad humana (artículo 1.1 GG)[64] y, uniendo vida y dignidad, el Tribunal acabó elevando la vida humana a la categoría de valor supremo del ordenamiento constitucional de Alemania, va-

62 BVerfGE 39, 1 (25 de febrero de 1975)

63 Véase *ibid.*, en 37 y 41. De acuerdo con el razonamiento del Tribunal, ni siquiera sería necesario decidir si un feto es, en sentido estricto, titular de derechos fundamentales porque, más allá de otorgar derechos individuales y amparables, los derechos fundamentales también encarnan un orden objetivo de valores que los poderes públicos deben salvaguardar proactivamente.

64 *Ibid.*, en 41.

lor merecedor de tutela estatal[65]. No se trataba de ignorar, aclaraba incidentalmente el Tribunal, que la autodeterminación de las mujeres pudiera verse afectada por el embarazo, el parto y la crianza de los hijos. En todo caso, serían daños menores en comparación con los que se le causarían a un feto aniquilado, razón por la cual la defensa de su vida tenía que considerarse una prioridad absoluta como cuestión de principio y durante todo el desarrollo del embarazo[66]. En otras palabras, este criterio implicaba que las embarazadas tenían el deber constitucional de llevar su embarazo a término[67] y que carecían del derecho a rechazar arbitrariamente lo que el Tribunal denominó «los deberes maternos naturales y los sacrificios que les son propios»[68]. Antes bien, correspondía a los poderes públicos el deber de proteger a los no nacidos de lo que el Tribunal describía como la búsqueda de «placer ilimitado» y «comodidad» por parte de las embarazadas[69]. De este modo, cualquiera que fuera el grado de autonomía reproductiva del que las mujeres disfrutaran constitucionalmente, este se convertía en irrelevante desde el momento mismo del embarazo.

Para el Tribunal, nada de esto comportaba la negación de la mujer como sujeto de derechos, dado que los deberes de maternidad podrían ceder ante circunstancias extraordinarias como las que se reflejan típicamente en las excepciones de un modelo de indicaciones. La protección de la vida y la salud de la mujer, las malformaciones graves en el feto, un embarazo consecuencia de una violación

---

65 *Ibid.*, en 42 *et seq*. Esta fue la primera decisión en la que el Tribunal estableció su famosa y aún influyente teoría acerca del deber del Estado de proteger los derechos fundamentales. Aunque en esta primera decisión en materia de aborto las consecuencias que el Tribunal derivó del deber de proteger cada vida humana concebida fueran ciertamente problemáticas desde el punto de vista de la autonomía de la mujer, vale la pena señalar que esta doctrina también se ha utilizado en Alemania para abordar la desigualdad estructural y las subjetividades dependientes y vulnerables en el derecho constitucional.

66 *Ibid.*

67 *Ibid.*, en 44 *et seq*.

68 *Ibid.*, en 56 D.III. 2.

69 *Ibid.*, en 48 C.II.3 y D.III. 2.

o, incluso, la falta de medios sociales eran, todas ellas, excepciones que podían imponerse sobre el deber de la maternidad[70]. Además, nada indicaba que la criminalización del aborto fuera siempre un método adecuado y, mucho menos, necesario para proteger a los no nacidos. La decisión sobre la forma más eficaz de proteger al nonato formaba parte del margen de discrecionalidad del legislador, si bien solo cabría ignorar la alternativa de criminalización si se contaba con otros medios igualmente eficaces[71]. En cualquier caso, incluso con un modelo de indicaciones que eximiera a las mujeres de la imposición de una sanción penal en determinadas circunstancias, el sistema legal estaría obligado en términos generales a condenar el aborto como hecho antijurídico que, en el mejor de los casos, podía ser tolerado, pero nunca contar con la aprobación jurídica[72]. Por ello, antes de someterse a un aborto, cabía esperar que las mujeres recibieran un asesoramiento, cuando menos disuasorio, que les recordara adecuadamente su deber fundamental de respetar la vida del feto y las animara a continuar con el embarazo[73]. En definitiva, la decisión cifraba el debate en la caracterización de unas mujeres abortistas que habrían de considerarse madres egoístas y de quienes sería necesario proteger a sus indefensos fetos. Asimismo, la sentencia avalaba tanto los medios punitivos de protección (la amenaza de sanción penal) como los medios disuasorios (el asesoramiento desincentivador) como formas válidas de tutela del feto. No es extraño, entonces, que finalmente se aprobara una versión revisada de la Ley de Reforma del Aborto que, tras la sentencia, abandonó la intención de avanzar hacia un sistema de plazos y optó por mante-

70 *Ibid.*, en 48 *et seq*. Para el Tribunal, las mujeres deben necesariamente quedar exentas de castigo penal cuando su vida o su salud están en juego. Más allá de estas circunstancias, corresponde al legislador decidir libremente qué cargas extraordinarias no deben imponerse a las mujeres embarazadas, incluidas las representadas por las indicaciones de tipo embriopático, ético-jurídico o social.

71 *Ibid.*, en 55 *et seq*.

72 *Ibid.*, en 52 *et seq*.

73 *Ibid.*, en 61 *et seq*.

ner el modelo de indicaciones, aunque de modo ampliado. Tampoco sorprende que la solución adoptada no contentara a nadie. Para los antiabortistas, el elevado número de abortos que en adelante se practicarían por consideraciones socioeconómicas seguiría siendo motivo de preocupación, teniendo en cuenta, además, que contarían con la cobertura del seguro público. Para muchas activistas, sin embargo, la regulación continuaba siendo excesivamente onerosa, ineficaz e innecesariamente restrictiva de la autonomía de las mujeres en la etapa temprana del embarazo.

Si *Roe vs. Wade* había ofrecido al mundo un instrumento hermenéutico para anclar constitucionalmente la autonomía reproductiva de las mujeres, la sentencia del Tribunal Constitucional Federal alemán de 1975 ejemplificó una forma de fundar la protección constitucional en favor del no nacido y el deber de maternidad de las embarazadas. No obstante, a inicios de la década de los noventa, el Tribunal tuvo la oportunidad de reconsiderar su doctrina, y lo hizo otorgando un mayor, aunque aún modesto, reconocimiento de la autonomía reproductiva de las mujeres y, sobre todo, teniendo en cuenta la necesidad de que el deber de tutela de la vida en formación no recayera de forma exclusiva sobre ellas.

El punto de partida fue la constatación de que la legislación de Alemania oriental era más permisiva respecto a la libertad de la mujer a la hora de decidir sobre el aborto al comienzo del embarazo que su contraparte occidental. Con la reunificación alemana como telón de fondo, se planteó el reto de la armonización, que desembocó en un nuevo intento de avanzar hacia un modelo de plazos. La nueva ley despenalizaba el aborto en las primeras doce semanas después de un proceso obligatorio de asesoramiento abierto, y sin carácter explícitamente disuasorio, y de un período de espera de tres días. En esencia, el nuevo marco legislativo reflejaba el convencimiento de que, en lugar de recurrir a medios punitivos o disuasorios, el deber del Estado de proteger la vida del feto sería más eficaz mediante la implementación de una serie de políticas públicas. Los objetivos de tales políticas serían prevenir embarazos no deseados (lo que podríamos llamar la tutela preventiva de la vida en formación) y mejorar el entorno social de las mujeres y familias con hijos (tutela que podría llamarse habilitante, promocional o asistencial). En consecuencia, la nueva legislación contenía un voluminoso paquete de medidas sociales de carácter general en materia de educación, control de la natalidad y asistencia estatal en la planificación familiar y el embarazo. Una vez más, la ley fue impugnada y declarada inconstitucional[74].

En su respuesta a la impugnación constitucional, el Tribunal alemán no se opuso al abandono de la criminalización (reconociendo que el derecho penal tiene que ser la *ultima ratio*) ni a la adopción de un modelo periódico *per se*, sobre todo en vista de la amplia evidencia empírica verificada hasta entonces sobre la ineficiencia de la amenaza de la punición para reducir el número de abortos. Con todo, el Tribunal consideró que el procedimiento de asesoramiento previsto por la ley resultaba insuficientemente disuasorio y que, por tanto, no otorgaba el grado mínimo de protección debida a los no nacidos. En esencia, las medidas de protección de naturaleza preventiva y asistencial de la vida del feto no resultaban suficientes. Era necesario, cuando menos, un intento de disuasión explícita para convencer a las mujeres de que reanudaran sus deberes naturales de maternidad. En otras palabras, había que maximizar las posibilidades de rescatar a cada uno de los fetos ya concebidos (con «identidad genética única e inconfundible») y proteger a las mujeres embarazadas de la influencia indebida de quienes, como el marido u otros miembros de la familia, en lugar de apoyar su decisión de convertirse en madres, pudieran desanimarlas. El deber de proteger la vida del feto concebido no podía, en definitiva, reducirse a un acto general de expresión de respeto de la existencia humana ni a un intento genérico por reducir el número de abortos[75]. Al mismo tiempo, la sentencia reflejó una renovada percepción de las mujeres que se someten a un aborto: el estereotipo de mujer egoísta o caprichosa dio paso al patrón de la potencial madre desesperada y

---

74 BVerfGE 88, 203 (28 de mayo de 1993).

75 *Ibid.*, en 252.

vulnerable, percepción que se asentaba en el reconocimiento de un vínculo especial entre la mujer y el feto, una relación que el Tribunal ya no describía en términos conflictuales al referirse a ella como una «dualidad dentro de la unidad»[76]. La jurisdicción constitucional se distanció, pues, de la visión precedente, sustentada en la relación antagónica que oponía las mujeres a los fetos amenazados, a los que hacía referencia su anterior sentencia. Sin embargo, en ninguna parte quedó plasmada la idea de que las mujeres eran seres humanos responsables y sexuados en condiciones de decidir de forma autónoma sobre su reproducción. Simplemente se aceptó la realidad palpable de que, para ser efectiva, la protección de la vida humana nonata tenía que contar con el apoyo de las madres y no articularse contra ellas.

Fiel a la tradición constitucional maternalista y asistencialista del país, el Tribunal Constitucional alemán reconoció, por otro lado, que ni los dispositivos disuasorios ni los medios punitivos eran suficientes. También eran necesarias la prevención y la asistencia para aquellas mujeres que abrazaban la maternidad pero carecían de los medios para hacerlo o que anteponían la preocupación por su desarrollo social y profesional. Para el Tribunal alemán, la protección del derecho a la vida debía interpretarse a la luz del deber de amparo a la familia y la maternidad, consagrado en los artículos 6 (1) y (4) de la Ley Fundamental alemana. Por ello, la responsabilidad de proteger la vida no podía recaer enteramente en las mujeres, sino que debía ser compartida, es decir, la maternidad y la crianza debían ser concebidas como un servicio realizado en beneficio de toda la comunidad[77]. De ahí que se validara un sistema que, a la ho-

---

76 *Ibid.*, en 253.

77 De manera reveladora, entre las causas más comunes del aborto, el Tribunal Constitucional incluía la falta de una vivienda adecuada y de medios para criar a los hijos, compatibilizando la tarea con un proyecto educativo o una actividad económica, así como la falta de medios materiales y la discriminación social que sufrían las madres solteras (*ibid.*, en 259). Entre las medidas que se solicitaban para afrontar tales situaciones, el Tribunal mencionaba la asistencia estatal en caso de necesidad, pero también la adopción de otras medidas legislati-

ra de proteger la vida humana en formación, priorizaba el trabajo con —y no contra— las mujeres embarazadas, mujeres a las que además se les brindaba el apoyo necesario al tiempo que se apelaba a su sentido de la responsabilidad moral. Por lo demás, el Tribunal declaró que únicamente los abortos que se ajustaran al antiguo modelo de indicaciones, y no aquellos libremente elegidos, debían financiarse con fondos públicos, con la única excepción de las mujeres que carecieran de medios económicos suficientes, previsión, esta última, que respondía tanto a consideraciones de justicia social como a razones estratégicas[78].

La influencia de la jurisprudencia alemana sobre el aborto en los países vecinos fue notable. Aunque su construcción doctrinal acabó permitiendo que en el país se adoptara el modelo de plazos (acompañado de mecanismos disuasorios y medidas asistenciales), lo cierto es que su arquitectura original seguía adaptándose mejor a un sistema de indicaciones, como aquél que fue efectivamente implementado después de la sentencia de 1975. No sorprende, pues, que otros países tomaran prestada la doctrina alemana precisamente con tal propósito. Así, a mediados de la década de los ochenta, los tribunales constitucionales de Portugal[79] y de España[80] se apoyaron

vas que garantizaran una sociedad amable con la reproducción: la prohibición de finalizar contratos de alquiler en caso de nacimiento de un niño, la garantía de igualdad entre hombres y mujeres en el empleo, la compatibilización de la educación, el desarrollo profesional y las cargas familiares, y la compensación de los costes de oportunidad a aquellas personas principalmente encargadas de la crianza.

78 *Ibid.*, en 270 *et seq.* y en 315.

79 Acórdão n.° 25/84 (1984) y Acórdão n.° 85/85 (1985).

80 Véase la decisión del Tribunal Constitucional español STC 53/1985, heredera, en cierta medida, de la sentencia alemana de 1975. En ella, apelando a la teoría de la doble naturaleza de los derechos fundamentales de la doctrina alemana, el Tribunal Constitucional español interpretó que el artículo 15 CE —que consagra el derecho a la vida— establece no solo un derecho individual subjetivo, sino también un mandato de protección de la vida como valor objetivo, por lo que habría que considerar la vida del embrión como «un bien jurídico constitucionalmente protegido» que, no obstante, habría que ponderar con los derechos y libertades constitucionales de las mujeres que pudieran concurrir,

en versiones ligeramente modificadas de esa doctrina para defender la validez de las excepciones recientemente incorporadas a sus ordenamientos jurídicos frente a las fuerzas católicas, reaccionarias y conservadoras que se alzaron en defensa de la criminalización incondicional. Aunque los tribunales constitucionales de ambos países negaron la posibilidad de considerar que el feto fuera titular de derechos, declararon la necesidad de tutelarlo por encarnar un bien constitucional digno de protección. Años más tarde, en 1998, el Tribunal Constitucional húngaro también asumiría la construcción doctrinal alemana para establecer límites a un sistema de indicaciones que, en su opinión, iba demasiado lejos y dejaba al feto indebidamente desprotegido[81].

2.6. EL CONSTITUCIONALISMO INCLUSIVO A DEBATE

La gradual incorporación en la esfera constitucional de la mujer como sujeto amparado por una doctrina de la igualdad que progresivamente quebró el esquema del «excepcionalismo familiar» que la había relegado y encorsetado en el «orden natural de la familia» marcó un hito en la historia del constitucionalismo y consti-

---

como los que están efectivamente en juego en las excepciones de tipo ético, eugenésico o embriopático contempladas en la ley recurrida. Entre estos derechos y libertades de la mujer, el Tribunal cita el principio de la dignidad humana y el derecho al libre desarrollo de la personalidad (artículo 10), el derecho a la integridad moral y física (artículo 15), el derecho al honor, a la intimidad y a la propia imagen (artículo 18.1) y la libertad de creencia e ideología (artículo 16).

81 En su decisión de 1998 (48/1998 [XI. 23.]), el Tribunal Constitucional húngaro derogó un modelo de indicaciones que incluía, entre otros, el supuesto de que la mujer se encontrara en una acreditada «situación de grave crisis». Para el Tribunal, una regulación que únicamente protegía la autonomía de la mujer no era constitucional. Dicho esto, el Tribunal reconoció que la despenalización del aborto, junto con un requisito de asesoramiento disuasorio, era un método constitucionalmente válido para proteger a la vez la vida no nacida y los derechos de la mujer.

tuyó uno de los mecanismos jurídicos que permitió a las mujeres avanzar en su lucha por la igualdad ciudadana. En efecto, tanto la prohibición constitucional de la discriminación por razón de sexo como la promesa de un orden legal neutro respecto al género resultaron fundamentales para superar un ordenamiento jurídico que, empezando por el derecho matrimonial y de familia, había sellado la dependencia de las mujeres respecto a los hombres durante la vigencia del constitucionalismo excluyente del siglo XIX, el constitucionalismo de entreguerras e incluso el constitucionalismo de los años inmediatamente posteriores a la Segunda Guerra Mundial. El reconocimiento a las mujeres y los hombres de un estatuto jurídico diferenciado, el confinamiento de las mujeres en el «ámbito privado» del cuidado y del hogar (ya fuera el propio o el ajeno) y la asignación a las mujeres de una condición de minoría legal en un entorno familiar gobernado por el hombre empezaron a ser considerados contrarios a las exigencias constitucionales en materia de igualdad. Una vez roto el esquema de sujeción familiar, se podrían sentar las bases para reconsiderar las desigualdades en los ámbitos laboral, penal, tributario o en el régimen de seguridad social, bases estrechamente ligadas a aquel modelo.

Al mismo tiempo, una doctrina constitucional que enfatizaba, sobre todo, la neutralidad de género y la igualdad formal limitaba el posible alcance y la profundidad de la subversión del «contrato sexual» originario e impedía responder plenamente a las demandas planteadas por el movimiento feminista de la segunda ola. Esta tendencia quedó nítidamente constatada en Estados Unidos, donde la preocupación constitucional por superar los estereotipos de género que habían confinado a la mujer al rol de madre y esposa arrojó resultados significativos, pero también limitó la posibilidad de atender a las necesidades específicas de las mujeres trabajadoras y de las madres, entre ellas las madres solteras, de modo que la maternidad y los cuidados quedaron relegados al dominio privado y, a menudo, patologizados junto con la dependencia. Por el contrario, desde la tradición maternalista —y bajo el influjo de normas internacionales de derechos humanos y de una normatividad europea en evolución—, el constitucionalismo europeo fue abrazando una noción más sustantiva de la igualdad entre los sexos que permitió proteger a las mujeres embarazadas y a las madres trabajadoras para que pudieran compaginar el trabajo dentro y fuera del hogar —tanto el remunerado como el no remunerado, es decir, tanto el trabajo productivo como el reproductivo—. No obstante, el modelo europeo, asentado sobre la noción de una «relación especial que media entre la mujer y su prole», también adoleció de importantes deficiencias en la medida en que sirvió para afianzar los roles tradicionales de género y el orden familiar tradicional y no para subvertirlos.

Las feministas de la segunda ola habían tenido bien claro el doble reto que encaraban las mujeres como trabajadoras y madres. Por ello, muchas habían reclamado la igualdad de oportunidades en el ámbito de la educación y del empleo, pero también la gratuidad del aborto y de las guarderías, sumada a un horario de apertura de estas últimas de veinticuatro horas. Sin embargo, una vez derogadas las leyes que atribuían a los hombres la condición de amos y cabezas de familia y eliminadas la mayor parte de las desigualdades formales en la ley (gracias, en parte, a litigios constitucionales promovidos tanto por hombres como por mujeres), durante las décadas de los setenta y ochenta el constitucionalismo occidental se centró principalmente en la igualdad de mercado a ambos lados del Atlántico, quedando fuera del ámbito de la agenda constitucional las reivindicaciones relativas al trabajo doméstico, la sexualidad y la reproducción, con una sola excepción: el debate constitucional en torno al aborto. El reconocimiento del derecho constitucional de la mujer a interrumpir un embarazo no deseado, estimulado por la sentencia *Roe vs. Wade*, representó en efecto un gran hito para el movimiento de las mujeres que no encontró equivalente en el constitucionalismo europeo de la época, donde la batalla por ampliar la autonomía reproductiva se libró sobre todo a nivel legislativo y no trascendió necesariamente el ámbito constitucional. Cuando lo hizo, como sucedió en el caso del constitucionalismo alemán, no benefició a las mujeres, pues el resultado fue un modelo a disposición del mundo (en especial del mundo católico) que en realidad afianzaba la obligación de la maternidad de la mujer embarazada, aunque se partiera para ello de textos constitucionales que nada decían sobre la reproducción. Desafortunadamente, la argumentación de *Roe*, construida sobre la base del derecho a la intimidad (y no del derecho a la igualdad), acabó limitando su alcance real, sobre todo para las mujeres víctimas de discriminación interseccional (género/raza/clase social), precisamente aquellas que más necesitaban el amparo de un derecho real y efectivo de acceso al aborto. Es posible que, una aproximación desde la igualdad habría facilitado que otras formas de injusticia reproductiva del momento, como la esterilización forzada de mujeres racializadas, adquirieran la debida visibilidad y relevancia constitucional.

En resumen, el constitucionalismo de género de tipo inclusivo —que limitó sus reivindicaciones a extender a las mujeres los derechos conquistados por los varones— sirvió para alcanzar cierto grado de igualdad, pero adoleció de graves limitaciones para lograr la plena emancipación de la mujer. El reto no fue únicamente avanzar más allá de la igualdad formal y la neutralidad de género en aquellos ordenamientos jurídicos elaborados por y para los hombres sobre la base de la doctrina de las esferas separadas —ordenamientos que, en buena medida, siguen reflejando dicha tradición aunque ya no recurran a diferenciaciones explícitamente sexuadas— y en sociedades que siguen en gran parte funcionando según esos códigos tradicionales de género. También se buscó ampliar el ámbito de aplicación del principio constitucional de igualdad de género para que fuera relevante no solo en el mercado laboral, sino más allá de él, de forma que incluyera los numerosos espacios y esferas en los que los hombres siguen afirmando su dominio sobre las mujeres, así como las múltiples instituciones que lo permiten. Muchas de las batallas constitucionales por la igualdad entre los sexos de las décadas de los setenta y ochenta (e incluso de los noventa) se centraron en el desmantelamiento del orden familiar del hombre como amo y cabeza de familia y en la garantía de la participación de la mujer en el empleo. Sin embargo, salvo algunas excepciones, otros espacios y formas de participación socialmente relevantes, entre ellas la reproducción, el cuidado de la familia e incluso el ejercicio de la autoridad y la representación política, quedaron fuera de la preocupación constitucional, pese a que en todos ellos los roles y desigualdades no cesaron y a que el lenguaje legal fuera cada vez más neutro en cuanto al género. Si la igualdad formal ciertamente garantiza que las mujeres no estén sujetas a limitaciones legales específicas por razón de su sexo en la familia, el empleo o la educación, y que tengan los mismos derechos y deberes en el acceso a la autoridad pública, el constitucionalismo inclusivo tiene poco que aportar más allá de lo que pueda lograr mediante la afirmación de la igualdad formal en el resto de los espacios que, sin embargo, siguen siendo profundamente sexuados. La subversión de los roles de género (más allá del reconocimiento de la igualdad de derechos) es un objetivo al que el constitucionalismo inclusivo no ha podido aspirar.

El mundo jurídico fue creado por los hombres a su imagen y semejanza, en contraposición y a expensas de las mujeres. Invitarlas entonces a unirse a ese mundo sin cuestionar los mimbres de su construcción, a través del simple reconocimiento de los derechos que ellos se habían concedido a sí mismos —o, en el mejor de los casos, mediante escasas medidas de protección en calidad de mujeres embarazadas o madres trabajadoras— no garantizaba la clase de justicia que las mujeres siempre habían exigido en el mercado de trabajo, donde las dinámicas de género se han mantenido a pesar de la igualdad formal, y mucho menos en otros espacios e instituciones. Haría falta que muchas mujeres —y no solo un puñado de ellas— se sumaran a la labor de creación constitucional para dar un paso más sobre la base de los logros de sus predecesoras y propiciar la conformación de una agenda constitucional ampliada y adecuada para subvertir radicalmente el orden de género tradicional.

Capítulo 3

El constitucionalismo participativo: las mujeres como creadoras de normas y agendas

3.1. EL GIRO PARTICIPATIVO EN LA IGUALDAD DE LAS MUJERES

El 3 de noviembre de 1992, doce destacadas mujeres de Europa occidental, todas con experiencia en el desempeño de altos cargos políticos, incluidas ministras, primeras ministras y parlamentarias (entre ellas Simone Veil, expresidenta del Parlamento Europeo y principal promotora de la ley francesa de despenalización del aborto de 1975), se reunieron en Atenas bajo los auspicios de la Comisión Europea para celebrar la primera cumbre europea sobre Mujeres en el Poder. Las conclusiones de aquel encuentro quedaron plasmadas en la Declaración de Atenas, documento en el que las participantes sostuvieron que la igualdad entre ambos sexos imponía la paridad en la representación y la administración de las naciones. La Declaración comenzaba de este modo:

> CONSTATAMOS UN DÉFICIT DEMOCRÁTICO
>
> Constatamos que la situación actual de las mujeres en los Estados miembros de las Comunidades Europeas y en otros países europeos se sigue caracterizando por una desigualdad profunda en todas las instancias y organismos de decisión públicos y políticos y a todos los niveles —local, regional, nacional y europeo—.
>
> Constatamos con preocupación que la participación de las mujeres en la toma de decisiones políticas no ha mejorado en algunos países europeos desde mediados de los años setenta y que la evolución política reciente ha producido una disminución sensible de la proporción de mujeres que ocupan puestos de decisión, sobre todo en las asambleas legislativas.
>
> Concluimos que el acceso de las mujeres a los mismos derechos formales que los hombres, entre ellos el derecho al voto, el derecho a presentarse

a elecciones y a presentar su candidatura a puestos elevados de la administración pública, no ha conducido a la igualdad en la práctica.

Deploramos en consecuencia la ausencia de estrategias que permitan trasladar todos los principios democráticos a la realidad.

PROCLAMAMOS LA NECESIDAD DE CONSEGUIR UN REPARTO EQUILIBRADO DE LOS PODERES PÚBLICOS Y POLÍTICOS ENTRE MUJERES Y HOMBRES

Un sistema democrático debe asegurar una participación equitativa de sus ciudadanos y ciudadanas en la vida pública y política.

Pedimos la igualdad de participación de las mujeres y de los hombres en la toma de decisiones públicas y políticas.

Destacamos la necesidad de proceder a modificaciones de la estructura de los procesos de decisión con el fin de asegurar dicha igualdad fáctica.

La Declaración de Atenas marcó el inicio de un proceso decisivo en muchos Estados europeos y suministró bastimento a los movimientos de mujeres que luchaban por la representación equitativa. Su argumentación hacía referencia a la igualdad, la democracia, el buen uso de los recursos humanos, la importancia de satisfacer las necesidades e intereses de las mujeres, así como la previsible mejora en la formulación de políticas en beneficio de todos. Su adopción parecía estar más que justificada, dado que incluso en aquellos países pioneros donde las mujeres habían obtenido el sufragio ya a inicios del siglo XX, a la altura de la década de los sesenta estas apenas habían cruzado el umbral del 20 % en escaños parlamentarios en el mejor de los casos. Además, el índice de representación a partir de mediados de los setenta se había estancado e incluso había disminuido.

De algún modo, en su lucha por incrementar la representación política femenina, las mujeres europeas volvieron a recurrir a la narrativa de la igualdad de oportunidades, una narrativa que, como hemos visto, floreció en la década de los ochenta junto al reclamo de la adopción de medidas de acción positiva, sobre todo en el ámbito laboral, demandas que se justificaban bajo la lógica cada vez más extendida de la igualdad sustantiva, material o fáctica sobre la que volveremos más adelante. En ese sentido, se trataba, efectivamente, de desafiar las limitaciones del modelo de igualdad inclusiva y la insuficiencia de la neutralidad de género y de la igualdad formal de los derechos. Sin embargo, la narrativa que empezó a cobrar forma en los noventa apuntaba a una dimensión estructural, pues lo que se preconizaba era la necesidad de que las mujeres se unieran para definir las reglas del juego democrático y marcar agendas a través de su participación igualitaria en las esferas de poder y en la toma de decisiones en general. Para decirlo en sentido metafórico, no se trataba únicamente de tener las mismas oportunidades de participar en un juego con reglas definidas en términos masculinos, sino de tener la posibilidad de participar de forma equitativa en la propia formulación de las reglas del juego.

Asimismo, la creciente preocupación por el empoderamiento femenino se vio potenciada por la consolidación de una red de alianzas transnacionales de mujeres y por la evolución de los estándares de derechos humanos. La Convención sobre la Eliminación de Todas las Formas de Discriminación contra la Mujer (CEDAW) —abierta para ratificación en 1979 y en vigor desde 1981, y hasta la fecha el instrumento de derechos humanos que expresa el compromiso más robusto con la igualdad de las mujeres— ya se había distanciado de la concepción estrecha y formalista de la igualdad que había predominado hasta entonces, haciéndose eco de muchos de los argumentos avanzados por los movimientos de mujeres. Partiendo de una concepción fundamentalmente sustantiva de la igualdad, la CEDAW acogió una definición amplia de discriminación y justificó en su articulado la legitimidad de las denominadas medidas especiales temporales para garantizar la igualdad de oportunidades, al igual que la necesidad de superar los estereotipos y roles tradicionales de género. De ahí su impacto en los procesos constituyentes de muchos de los países que la ratificaron a partir de los años ochenta (Jackson, 2016).

No obstante, fue la Plataforma de Acción de Beijing (surgida de la Cuarta Conferencia Mundial sobre la Mujer celebrada en 1995) la que recogió las crecientes demandas de participación de las mujeres. Entre sus objetivos estratégicos, esta incluía el acceso igualitario y la participación plena de las mujeres en las estructuras de poder y decisión y, por primera vez, se hizo referencia al principio de transversalización (*mainstreaming*) y de equilibrio de género en la toma de decisiones[1]. En su intento por destacar la importancia del empoderamiento femenino y la inclusión de la mujer en la toma de decisiones como auténtico requisito democrático, la Plataforma de Acción de Beijing proclamó que las medidas de acción afirmativa no solo eran un mecanismo legítimo (como lo había hecho la CEDAW), sino también una medida necesaria para combatir la subrepresentación de las mujeres. Al vincular la igualdad en la toma de decisiones con las nociones de justicia y democracia, la Plataforma propugnó la necesidad de reflejar la composición de la sociedad en las estructuras de gobierno mediante la mejora sustancial de la representación de las perspectivas de las mujeres en la arena pública y la defensa de sus intereses específicos. La Plataforma se refirió también a la división desigual del trabajo doméstico y de las responsabilidades familiares como expresión de las relaciones desiguales de poder, cuestión fundamental que constituía una de las barreras persistentes a las que se enfrentaban las mujeres a la hora de participar en el mercado laboral, la política y la vida pública en general[2].

Así, en la década de los noventa, bajo el impulso de las conferencias internacionales y regionales de mujeres y de los mecanismos de derechos humanos[3], se inició un «giro participativo» en la narrativa

---

1 Declaración y Plataforma de Acción de Beijing, Cuarta Conferencia Mundial sobre la Mujer (4-15 de septiembre de 1995, Beijing), adoptada en la decimosexta sesión plenaria del 15 de septiembre de 1995, anexo II, capítulo 4, secciones G, párrafo 181, y G1.

2 Declaración y Plataforma de Acción de Beijing, párrafos 181-83 y sección G1.

3 Después de la firma de la Declaración de Atenas en 1992, se adoptó la Declaración sobre la Igualdad entre Hombres y Mujeres como criterio democrático fundamental durante la Cuarta Conferencia Ministerial Europea sobre Igualdad entre Mujeres y Hombres del Consejo de Europa, celebrada en Estambul en 1997. Esta conferencia se convirtió en un marco de referencia para quienes

y en el movimiento a favor de la igualdad de género a nivel mundial y regional que perdura hasta la actualidad[4]. Sin dejar de reivindicar la centralidad de los derechos, esta narrativa preconizaba la necesidad de ir más allá de la igualdad de derechos para abrazar la igualdad sustantiva o fáctica (medida en términos de oportunidades reales de participación en todos los ámbitos) y de reforzar el empoderamiento de las mujeres. De este modo, la democracia paritaria —o la participación equilibrada de género— se convirtió en el nuevo estándar de legitimidad política.

Desde el punto de vista de las reformas legislativas, el giro participativo se manifestó sobre todo en la expansión global —y aún creciente— de las cuotas de género (Inter-Parliamentary Union, 2022) incorporadas en disposiciones constitucionales y legislativas, previsiones que exigen que las mujeres tengan asegurado cierto porcentaje en las candidaturas u ocupen un determinado número

luchaban por el incremento de la participación de las mujeres en la toma de decisiones.

4 En 2000, la Asamblea General de las Naciones Unidas adoptó los Objetivos de Desarrollo del Milenio (ODM), con el año 2015 como meta. Estos objetivos incluían una disposición sobre género y una llamada a «promover la igualdad entre los sexos y la autonomía de la mujer». En la revisión y renovación de estos objetivos en 2015, con la adopción de los Objetivos de Desarrollo Sostenible (ODS), se consideró la igualdad de género como una prioridad que perseguía «lograr la igualdad entre los géneros y empoderar a todas las mujeres y las niñas». Actualmente, la Agenda 2030 para el Desarrollo Sostenible llama nuevamente a la participación plena y efectiva de las mujeres, así como a la igualdad de oportunidades en todos los ámbitos de toma de decisiones en la vida política, económica y pública. Además, ONU Mujeres, creada en 2010 mediante la Resolución 64/289 de la Asamblea General de las Naciones Unidas y dedicada a promover la igualdad de género y el empoderamiento de las mujeres, trabaja en la adopción de nuevas leyes y en la introducción de reformas constitucionales para garantizar el acceso igualitario de las mujeres a la esfera política, ya sea en calidad de votantes, candidatas, representantes electas o funcionarias públicas. La cuestión del empoderamiento de las mujeres también ha sido abordada por el Comité de la CEDAW, que a través de sus recomendaciones ha llegado a adoptar el estándar normativo de representación paritaria en un número creciente de dominios en su interlocución con los Estados miembros (Rubio Marín, 2020a).

de escaños. En realidad, este movimiento no ha dejado de expandirse tanto a nivel del aparato estatal (a través de cargos y funciones en los Poderes Legislativo y Ejecutivo y, cada vez más, aunque aún de forma tímida, en el Poder Judicial) como en las instituciones de gobernanza de la sociedad civil (partidos políticos, organizaciones patronales, sindicatos, instituciones de investigación y académicas, consejos de administración y cuerpos ejecutivos de las grandes empresas)[5]. El progresivo aumento del número de mujeres que, a partir de ese momento, comenzaron a sumarse a los procesos de elaboración constitucional representa una parte esencial, aunque todavía no demasiado explorada, del giro participativo en la marcha hacia la igualdad. No obstante, cabe destacar que la adopción de cuotas de género y la incorporación de voces femeninas en los procesos de elaboración constitucional no han hecho sino cobrar más fuerza en el nuevo siglo, aunque, como veremos, no siempre de forma pacífica.

Lógicamente, las reivindicaciones y las agendas que las mujeres han planteado desde que han ido incorporándose en los procesos de elaboración constitucional de manera significativa han sido diversas en función de cada contexto. Una mirada retrospectiva permite identificar varias transformaciones constitucionales entre sus principales contribuciones, muchas de las cuales están directamente relacionadas con el despertar participativo de las mujeres a partir de las décadas de los ochenta y noventa a nivel nacional e internacional, así como con el desarrollo de normas regionales e internacionales de derechos humanos promovidas por redes transnacionales de mujeres que, con frecuencia, han tenido una incidencia directa o indirecta sobre las nuevas constituciones. En todo caso, conviene destacar que las mujeres no se han limitado a promover agendas emancipadoras a través del lenguaje de los derechos o apoyándose en disposiciones de tratados de derechos humanos y constitucio-

---

5 Todos estos ámbitos se mencionan en los objetivos estratégicos de la Plataforma de Acción de Beijing. Véase la Declaración y Plataforma de Acción de Beijing, párrafos 184, 191 y sección G1.

nales. Antes bien, en cada contexto la elección entre política ordinaria y política constitucional como campo principal de batalla ha dependido de un amplio conjunto de factores, entre los que cabe mencionar la cultura política y la tradición constitucional de cada país, pero también las estructuras de oportunidades que han tenido los movimientos de mujeres a la hora de articular sus pretensiones en diferentes áreas geográficas.

Con respecto a esta última cuestión, parece existir una importante línea divisoria. Por un lado, encontramos escenarios en los que un proceso constituyente ofrece a las mujeres un horizonte de borrón y cuenta nueva aparejado a la redacción de una nueva constitución o a un proceso de reforma constitucional de gran calado. Estos escenarios son los que han brindado mejores oportunidades a las mujeres para canalizar su contribución a través de la articulación de nuevas aspiraciones en términos constitucionales, sobre todo cuando, para hacerlo, han podido valerse de estándares consolidados a nivel mundial o regional o de tendencias emergentes. En cambio, cuando las nuevas agendas de emancipación se han tenido que hacer frente a viejos textos constitucionales y a un cuerpo jurisprudencial bien establecido, en muchas ocasiones las constituciones, sobre todo las más antiguas y rígidas, han supuesto un obstáculo más que un instrumento facilitador para el logro de transformaciones progresistas.

En general, el éxito gradual del giro participativo en la lucha por la igualdad de género de las mujeres ha tenido varias consecuencias en el ámbito constitucional. Concretamente, hay que destacar que aquel giro ha comportado una ampliación de la agenda constitucional gracias a la creciente presencia de mujeres en organizaciones de la sociedad civil, Parlamentos nacionales, asambleas constituyentes y tribunales constitucionales, que han contribuido a articular muchas de las demandas vinculadas a la igual ciudadanía de la mujer. Así observamos que, por ejemplo, la violencia contra las mujeres —que incluye la violencia doméstica y de género— ha pasado a formar parte de la agenda constitucional de la misma forma que lo han hecho los intentos de consagrar visiones más sólidas de la igualdad sustantiva y las disposiciones que articulan la agenda de la paridad tanto legislativa como constitucional.

Por lo que respecta a la secuencia temporal, conviene destacar que el giro participativo en materia de igualdad de género vino acompañado de un giro participativo en el constitucionalismo, fundamentado en gran medida en la teoría de la democracia participativa. En efecto, desde las décadas de los ochenta y noventa (acompañando a muchos de los procesos constituyentes de la tercera ola de democratización) se consolidó el llamamiento a la «elaboración de constituciones populares, cívicas o democráticas» (Blokker, 2016: 40; Blount, 2011; Saunders, 2012). Se trataba de rescatar al constitucionalismo de la esfera de la «alta política» (Hart, 2003) para subrayar el «carácter dinámico y transformador de la elaboración constitucional» (Irving, 2008: 26). Desde entonces, la creciente convicción de que la participación popular debe evaluarse de manera más amplia ha desencadenado una verdadera multiplicación de los mecanismos para fomentar los procesos participativos en la elaboración constitucional. Desde esta perspectiva, se sostiene que estos dispositivos deberían ir más allá de las vías tradicionales, bastante limitadas, de participación popular (entre ellas, la elección de representantes al órgano encargado de debatir y aprobar la constitución o la ratificación mediante un referéndum una vez aprobado el texto constitucional). Entre estos mecanismos cabe mencionar los programas de educación cívica y de cabildeo nacional y supranacional, las consultas con partidos políticos y los miembros de asambleas constituyentes, los debates públicos, las reuniones abiertas, la creación de canales para la presentación de escritos públicos o en línea, y las campañas publicitarias[6]. Cabe añadir que, desde el inicio de la tercera ola de democratización, muchos de los marcos constituyentes que han garantizado la participación de las mujeres en los esfuerzos de reconstrucción de la paz han tenido lugar en socieda-

---

6 En los últimos tiempos, los nuevos instrumentos tecnológicos han facilitado aún más la posibilidad de influir de manera directa sobre el contenido y la forma del texto constitucional (Landemore, 2020).

des que recién dejaban atrás regímenes autoritarios o situaciones de conflicto armado, a veces con la intermediación de la Organización de las Naciones Unidas o la asistencia de otros organismos internacionales familiarizados con el cada vez más robusto marco normativo de los derechos humanos de las mujeres[7]. En resumen, estos nuevos enfoques sobre la legitimidad de los procesos constituyentes que se quieren inclusivos han acabado alentando la participación de las mujeres y la asunción de la agenda del movimiento internacional de mujeres, a comenzar por sus propuestas de reformas legislativas[8].

Los giros participativos descritos —cuyas implicaciones son tanto sustantivas como procedimentales— han facilitado también la incorporación de preocupaciones multiculturales e interseccionales a la agenda constitucional. Aunque la lucha contra el racismo, la segregación y los movimientos de liberación nacional desempeñaron un rol no menor en la revolución de los derechos humanos de la posguerra en la etapa poscolonial, hubo que esperar hasta la década de los noventa para que las teorías multiculturales desafiaran el persistente legado de la colonización blanca y europea y el claramente insuficiente grado de reconocimiento de la autonomía política y de la protección de las minorías culturales, religiosas y de los pueblos indígenas. En este sentido, no está de más recordar que el «giro participativo» de género coincidió en el tiempo con un «giro plura-

---

7 Este ha sido el caso especialmente desde 2000 a raíz de la adopción de la Resolución 1325 del Consejo de Seguridad de la ONU sobre mujeres, paz y seguridad (S/RES/1325 [2000]) y las que la siguieron.

8 Según Murray y Wittke (2017: 124), en estos momentos cabe afirmar que ningún proceso importante de revisión constitucional en una democracia, o en una democracia emergente, puede evitar el abordaje de cuestiones de género y que, en gran medida, ello está relacionado con las formas cada vez más frecuentes de participación y asistencia internacionales en dichos procesos. Aunque estas intervenciones rara vez abordan las relaciones de poder subyacentes en clave de género, las autoras estiman que no dejan de fortalecer los debates sobre la condición social de la mujer, además de ofrecer apoyo e incluso legitimidad a actores locales que buscan una constitución que proporcione las bases para articular la lucha por la justicia de género.

lista» que cuestionó las viejas concepciones unitarias de la soberanía nacional y propuso nuevos modelos de constitucionalismo multicultural y plurinacional (Kymlicka y Rubio Marín, 2018: 23). Ello no debe sorprendernos. A fin de cuentas, tanto la difusión global del multiculturalismo como el giro participativo en la igualdad de género no han sido sino expresiones de un proceso de deslegitimación de las tradicionales jerarquías de raza y género, producto de una combinación de procesos de movilización local y de difusión de estándares y discursos globales (Kymlicka, 2007). Con todo, no hay que asumir que entre ambos procesos no hubiera tensiones, pues la superación de los obstáculos que enfrentan las mujeres para incorporarse a los procesos de toma de decisiones y articular sus inquietudes e intereses planteaba, sin duda, el desafío de garantizar que la diversidad de las mujeres estuviera suficientemente representada.

No ha de extrañar, por tanto, la posibilidad del conflicto entre el giro participativo de género y el giro hacia el pluralismo, entre otras razones porque los arreglos multiculturales no siempre han promovido la igualdad o paridad de género, preocupación que las mujeres pertenecientes a minorías tal vez pudieron expresar con más tranquilidad a partir de la década de los noventa, una vez que las dinámicas más contundentes de subordinación racial y etnocultural dejaron de ser la norma y permitieron que las identidades comunitarias se sintieran menos amenazadas. En el ámbito internacional, la preocupación por el posible conflicto entre los derechos de las mujeres y los derechos culturales quedó plasmada en la Declaración y Programa de Acción de Viena, adoptada en la Conferencia Mundial de Derechos Humanos de 1993, que priorizó la protección de las mujeres y las niñas frente a la tutela de la cultura (Kaganas y Murray, 1994: 420-21). Adicionalmente, y como veremos más abajo, tanto las constituciones como los tribunales que han interpretado las reglas del multiculturalismo y del pluralismo han evolucionado no solo para asegurar la protección de los derechos de las mujeres como límites a las formas legítimas de expresión cultural, sino también para garantizar las voces y la participación de las mujeres a la hora de abordar posibles tensiones y definir las normas culturales.

En las páginas que siguen se analizan las expresiones del giro participativo de las mujeres que se han incorporado a la elaboración e interpretación de textos constitucionales de manera cada vez más significativa y las agendas constitucionales resultantes de estos procesos. Entre ellas, sobresale la batalla de las mujeres por el disfrute de oportunidades reales no solo en el mundo laboral, sino también en la sociedad en general, en la economía y en las estructuras de gobierno tanto estatales como de sus comunidades de origen. El capítulo siguiente prosigue la exploración de esta ampliada agenda constitucional. En particular, se analizará el modo en que las demandas de ciudadanía de las mujeres han trascendido del ámbito público ampliamente definido (es decir, mercado y aparato estatal) para alcanzar el ámbito privado (entendido como el ámbito de las relaciones interpersonales, íntimas y propias del entorno familiar y la esfera reproductiva), dando paso a una modalidad de constitucionalismo que por fin cuestiona de manera directa el orden fundacional de género y sexual y los mecanismos disciplinarios en los que tradicionalmente se ha asentado.

3.2. MUJERES Y PROCESOS CONSTITUYENTES[9]

A lo largo de la historia constitucional, tanto las asambleas constituyentes como las comisiones encargadas de la redacción del texto constitucional han estado en su mayoría compuestas por «padres fundadores», excepción hecha de algunas —ciertamente muy pocas— «madres fundadoras». Lo cierto es que, como vimos en capítulos anteriores, siempre ha habido voces de mujeres articulando lo que se esperaba de las constituciones. Cierto es también que,

---

9 Aunque con actualizaciones importantes, este epígrafe se basa en Rubio Marín (2020b) que, a su vez, se inspira en Rubio Marín e Irving (2019b: 1-30).

a pesar de ello, solo un número reducido de privilegiadas lograron participar formalmente en los distintos procesos de creación constitucional en el constitucionalismo de entreguerras y en el de posguerra gracias a sus derechos políticos recién conquistados[10]. No obstante, hasta la década de los noventa, la representación de las mujeres en estos órganos a nivel mundial rara vez superó una media que oscilaba entre el 5 % y el 10 %, circunstancia que no debe extrañar si tenemos en cuenta la escasa presencia de mujeres en instituciones representativas y su tardío ingreso en la profesión jurídica. Solo a finales de la década de los ochenta y, sobre todo, a partir de la década de los noventa —cuando, por cierto, el derecho a la participación en la elaboración constitucional cobró vigor como expresión del derecho humano a la participación política[11]— observamos a las mujeres movilizarse y participar activamente en procesos de elaboración constitucional con cifras más que simbólicas a través de instituciones electas o designadas y, lo que es más

---

10 Para Alemania, véase Frevert (1989); para Italia, Pezzini (2007); y para España, Ventura Franch (1999). En España, la representación de las mujeres en la Asamblea Constituyente de la que resultaría la Constitución de 1978 fue bastante pobre. Las mujeres representaron el 5,5 % de los miembros del Congreso de los Diputados (21 diputadas) y el 2,5 % del Senado (6 senadoras). Además, los siete diputados encargados de redactar el texto de la Constitución fueron varones, por lo que la expresión «padres de la Constitución» ha sido siempre más que una metáfora. Los arquitectos fueron en su inmensa mayoría varones, y en esto nuestro proceso supuso un paso atrás en comparación con el de la Constitución de 1931, que ciertamente contó con menos mujeres en la Asamblea Constituyente, pero sí incluyó a Clara Campoamor, la gran defensora del sufragio femenino y la igualdad de sexos, en su Comité de Redacción (Rubio Marín y Salazar Benítez, 2024). Sobre la necesaria reforma de la Constitución española desde un proceso y agenda que reflejan el compromiso con la paridad y la perspectiva de género, véase Gómez Fernández (2017).

11 En 1996, el Comité de Derechos Humanos de las Naciones Unidas confirmó la participación en los procesos de elaboración constitucional como una manifestación del ejercicio de los derechos reconocidos por el artículo 25 del Pacto Internacional de Derechos Civiles y Políticos (derecho a participar en asuntos públicos, derecho al voto y derecho de igualdad de acceso al servicio público). Véase, al respecto, Comité de Derechos Humanos (ONU), Observación general n.° 25, 26 de agosto de 1996 (CCPR/C/21/Rev.1/Add.7).

importante, mediante iniciativas provenientes de la sociedad civil y de los movimientos de base.

Dada la prolongada exclusión de las mujeres de los procesos constituyentes, es evidente que, históricamente y por regla general, las movilizaciones feministas no han sido las principales impulsoras de las iniciativas de reforma constitucional, sino que más bien han reflejado las distintas olas de democratización, las luchas anticoloniales y el fin de los conflictos armados (Hart, 2003). De hecho, muchos movimientos de mujeres en todo el mundo se han mostrado (y siguen mostrándose) fundamentalmente escépticos frente al constitucionalismo y sus «nobles promesas de democracia, representación, responsabilidad e igualdad» (Dobrowolsky y Hart, 2004a: 2), tal vez como consecuencia de la tradicional exclusión de la mujer de la elaboración constitucional y, en gran medida, de las constituciones mismas. A pesar de ello —y aunque siempre ha habido casos en los que las mujeres han declinado la oportunidad de participar, sobre todo cuando las condiciones sugerían que la causa de la igualdad de género se adoptaba de forma netamente instrumental, cuando no cínica[12]—, la mayoría de ellas se han sumado a la ola participativa y han tratado de aprovechar las oportunidades de fraguar las constituciones de sus países, a veces incluso desde el exilio, aunque ello supusiera a menudo aceptar arduos compro-

12 En Egipto, por ejemplo, después de la caída del régimen de Mubarak, varios grupos de mujeres se unieron en torno a una plataforma común para conseguir más derechos, y volvieron a hacerlo cuando, tras la llegada al poder de los Hermanos Musulmanes, experimentaron la amenaza de una verdadera regresión. Sin embargo, tras la destitución de estos últimos, el movimiento se dividió. Para algunos colectivos, el proceso que condujo a la redacción de la Constitución de 2014 no dejaba de ser una oportunidad para impulsar las agendas feministas, pero otros vislumbraron la posibilidad, que luego se confirmaría, de que la toma del poder por parte de los militares a la que el proceso estaba conduciendo era una amenaza mucho mayor para los derechos de las mujeres, por lo que decidieron boicotear el proceso constituyente (Tadros, 2019: 330).

misos[13]. Como veremos, solo recientemente la causa feminista ha tenido una clara centralidad en los procesos constituyentes.

Entre las primeras experiencias constituyentes que contaron con una participación significativa del movimiento de mujeres cabe citar las de Canadá (1982), Nicaragua (1987), Brasil (1987-1988), Colombia (1991) y Sudáfrica (1994-1996). En cada caso, los momentos constituyentes tuvieron lugar después de que estos países hubieran ratificado la CEDAW, así como otros tratados internacionales y regionales en materia de derechos humanos. Aunque el marco normativo internacional de los derechos humanos influyó sin duda en algunos de los procesos de elaboración constitucional del momento, en otros casos su relevancia fue menor. De hecho, las demandas locales sobrepasaron ampliamente los estándares y parámetros previstos en la CEDAW.

A partir de mediados de la década de los noventa, la presencia de mujeres en los órganos constituyentes y la representación de mujeres en asambleas y comisiones constituyentes creció notablemente, superando en algunos casos el umbral del 20 %[14]. Es probable que este incremento esté relacionado con la presencia, también creciente, de mujeres en los Parlamentos y su gradual incorporación en la esfera pública —facilitada, como en el caso de Argentina, por la adopción de las primeras leyes de cuotas[15]—. Asimismo, cabe

---

13 Sobre la experiencia de mujeres en el exilio y la redacción de documentos de posición de cara a la reforma constitucional en Birmania, véase Irving (2018: 18).

14 Tres de los doce comisionados en el proceso constituyente de Ruanda de 2003-2004 (25 %) fueron mujeres; siete de los veintinueve comisionados de revisión de la Constitución en el proceso constituyente de Kenia de 2000-2005 (24 %) fueron mujeres; y la comisión designada por Marruecos para la redacción de la revisión de la Constitución en 2011 estuvo compuesta por cinco mujeres (26 %) (Hart, 2003: 10; Borrillo, 2019: 48).

15 En Argentina, 80 de los 305 representantes en la constituyente de 1994 fueron mujeres, cifra que se alcanzó gracias a una legislación pionera que impuso una cuota femenina del 30 % en el sistema electoral. La alta representación de mujeres en la Asamblea Constituyente fue la que, a su vez, ayudó a que en el texto constitucional quedara recogida la necesidad de medidas de acción positiva

destacar su movilización inquebrantable para exigir representación en procesos de elaboración constitucional apoyados por actores extranjeros e instituciones internacionales, especialmente en contextos posconflictuales[16]. En todo caso, las experiencias participativas más recientes, es decir, aquellas que buscan una intervención más directa de la ciudadanía en los procesos de redacción, han sido las que han propiciado que las mujeres se acerquen cada vez más al objetivo de la paridad[17], objetivo que solo se ha alcanzado en la experiencia chilena iniciada en 2019. Algunos de estos procesos recientes muestran, además, que la inclusión de distintos ejes de diversidad, y no solo el de género, pueden tener un claro impacto en los textos resultantes[18].

---

para garantizar la adecuada representación femenina (Beguerie y Bergallo, 2024: 296; Caminotti, 2013: 329).

16 En su movilización, las mujeres han contado progresivamente con el apoyo de organizaciones internacionales y regionales, así como de un número creciente de organismos intergubernamentales y no gubernamentales. Entre ellos, destacamos a International IDEA, Organisation Internationale de la Francophonie, Instituto de Paz de los Estados Unidos (USIP), Democracy Reporting International, Grupo de Políticas y Derecho Internacional Público, Interpeace, y Fundación Max Planck para la Paz Internacional y el Estado de Derecho (Murray y Wittke, 2017: 107 y 122-23). También se han elaborado instrumentos de recopilación de buenas prácticas para apoyar estas actuaciones internacionales (UN Women, 2012; Allen, 2016).

17 Un buen ejemplo es la Convención Constitucional de Irlanda (celebrada entre 2012 y 2014). Dicha Convención Constitucional tuvo el mandato de producir un informe sobre ocho cuestiones que se consideraba que podrían ser objeto de enmienda constitucional antes de que las propuestas de enmienda finalmente concretadas se sometieran a referéndum. La Convención Constitucional constaba de cien miembros, dos tercios de los cuales debían ser «ciudadanos regulares», seleccionados al azar de entre un grupo de voluntarios, en un intento por garantizar la representación de la sociedad irlandesa. Entre sus miembros había cuarenta y nueve mujeres, treinta y tres de las cuales fueron elegidas al azar y dieciséis designadas por partidos políticos (Suteu, 2017: 28).

18 En Nepal, el proceso de elaboración de la Constitución se articuló en torno a dos asambleas constituyentes consecutivas (CA1: 2008-2013 y CA2: 2014-2017) que condujeron a la Constitución de 2015, texto que, a pesar de algunas claras contradicciones, es en la actualidad una de las constituciones más sensibles al género tanto por lo que hace a los derechos de las mujeres como al

Más allá de la cuestión de la representación numérica en los órganos competentes que, como es bien sabido, nunca es una garantía suficiente de representación sustantiva[19], la participación de las mujeres en los procesos formales e informales de elaboración constitucional nunca ha resultado fácil y ha requerido estrategias

---

trato de las personas con diversidad sexual y de género. En ambas asambleas constituyentes, las mujeres representaron alrededor del 33 % del total y su papel fue fundamental en la promoción de sus derechos. Asimismo, el proceso contó con la presencia de Sunil Babu Pant, el primer legislador abiertamente homosexual del país. Además, en la primera asamblea constituyente se formó un caucus de mujeres que permitió superar afiliaciones partidarias y plantear propuestas a todos los comités, promoviendo de esta forma extensas discusiones sobre igualdad de género en sus deliberaciones. La segunda asamblea constituyente adoptó el borrador de la primera casi en su totalidad, lo que llevó a la inclusión de disposiciones relativas a la diversidad sexo-genérica, así como de derechos y garantías de representación de la mujer en la Constitución. Con todo, el texto resultante mantiene la discriminación de sexo en materia de nacionalidad a pesar de los muchos esfuerzos de las constituyentes por que se superara (Malagodi, 2024).

19 En este sentido, Egipto ofrece un ejemplo interesante. En el proceso de redacción de la Constitución de 2013 apenas cinco mujeres representaron el 10 % del comité de redacción. Desde un punto de vista de representación descriptiva, esto supuso una mejoría muy marginal con respecto al comité de redacción de 2012, en el que las mujeres representaron el 7 %. Sin embargo, desde un punto de vista de representación sustantiva, la diferencia fue dramática. De las cinco elegidas para formar parte de la Asamblea Constituyente, al menos cuatro contaban con un sólido historial de defensa de los derechos de las mujeres (Tadros, 2019: 331-32). La identidad religiosa también ha sido un factor determinante a la hora de articular los preceptos en torno a las cuestiones de género en países mayoritariamente católicos. Este es, por ejemplo, el caso de Filipinas, donde la Constitución de 1987 —producto de la Revolución del Poder Popular que condujo al Gobierno de Corazón Aquino, gracias, en gran parte, a la movilización de las mujeres durante la campaña— fue elaborada por una comisión compuesta por cuarenta y ocho miembros, cuarenta de ellos católicos. Solo seis comisionadas eran mujeres, tres de ellas católicas devotas. Aquino, quien nombró a los miembros de la comisión, también era una católica devota. Una de las comisionadas, Felicitas Aquino, activista legal feminista y directora del comité de justicia social, fue coautora de la resolución que determinó que hubiera una sección dedicada específicamente a los derechos de las mujeres trabajadoras (Tiojanco, 2024).

para superar el legado de privación de derechos y de silenciamiento político. Incluso en aquellos procesos con cauces formales concebidos para facilitar la participación ciudadana, las mujeres de a pie (a diferencia de aquellas que aportaron sus voces en calidad de parlamentarias o de expertas juristas) han encontrado grandes obstáculos que, con frecuencia, se han visto ulteriormente agravados por dinámicas relacionadas con la etnicidad, la religión y la clase. No sorprende, por ello, que tanto la educación cívica como la sensibilización con perspectiva de género hayan acompañado a muchos de los intentos de incluir las voces de mujeres y que, en numerosas ocasiones, los propios colectivos de mujeres hayan tomado la iniciativa de educar a las menos informadas (Morgan, 1990: 19). Los impedimentos socioeconómicos vinculados a la pobreza y al analfabetismo también han exigido estrategias de divulgación innovadoras e imaginativas (Katz, 2012: 213). Pensemos, por ejemplo, en las campañas educativas en Sudáfrica durante el proceso de redacción de la Constitución de 1994-1996, jalonado por la publicación de sucesivos borradores, o en las iniciativas concretadas en la difusión con carteles, programas de radio y otros medios de comunicación para sortear el reto del analfabetismo. En el proceso constituyente de Eritrea, país en el que la tasa de analfabetismo superaba el 80 % de la población, durante el proceso que condujo a la ratificación de la Constitución en 1997 también se llevaron a cabo estrategias de divulgación poco convencionales, entre ellas el recurso a canciones, poesía, teatro móvil, cuentos e incluso la difusión de versiones en lenguas vernáculas de los sucesivos proyectos debatidos (Suteu y Draji, 2015: 115).

En su afán por lograr sus aspiraciones constitucionales, a lo largo de la historia muchas mujeres han recurrido a sus propias organizaciones y plataformas. El caso de Sudáfrica —que firmó la CEDAW en enero de 1993 y la ratificó en 1995— es significativo y, aunque en realidad se inspiró en la experiencia ugandesa que le antecedió, es generalmente reconocido como el primer ejemplo de un proceso constituyente (que dio lugar a la aprobación de una primera constitución provisional en 1993 y a la adopción de la constitución final en 1996) en el que se tuvieron en cuenta los intereses de las mujeres a lo largo de toda la tramitación. Recordemos que, en Sudáfrica, el combate jurídico para lograr la igualdad tuvo lugar en el contexto de la lucha por la liberación nacional, lo que permitió a las mujeres sudafricanas desplegar las habilidades políticas y organizativas adquiridas durante su lucha contra el *apartheid*. Se trataba de garantizar que la nueva Constitución abordara también el eje de la subordinación de género, y no solo el factor racial (Jagwanth y Murray, 2005). En 1992, lideresas de la lucha por la liberación nacional crearon la Coalición Nacional de Mujeres (WNC, por sus siglas en inglés) con el objetivo de intervenir en un proceso hasta entonces dominado por hombres que habría de conducir a la redacción de una nueva constitución para una Sudáfrica democrática y superar el sesgo de que «lo primero era la raza». De esta manera, la WNC, una amplia coalición de más de 105 organizaciones nacionales y regionales de mujeres, se propuso «coordinar una campaña nacional para el desarrollo y la educación de las mujeres que sirva para adquirir y difundir información sobre sus necesidades y aspiraciones y logre luego unirlas en la formulación y adopción de una carta constitucional que afiance la igualdad de las mujeres en la nueva Constitución» (Murphy, 2004: 32), priorizando la realidad social, económica y cultural de sus vidas (Albertyn, 1994: 52). Con el apoyo de grupos internacionales de feministas, activistas y académicas involucradas en luchas similares, la WNC logró convencer al Congreso Nacional Africano (ANC, por sus siglas en inglés) de que un tercio de las candidaturas de las listas electorales en las elecciones de 1994 debía ser ocupado por mujeres. De esta forma, se logró asegurar también la representación sustantiva en la Asamblea Constituyente, pues muchas de las mujeres electas eran sensibles a las demandas que planteaba el movimiento de mujeres. Entre sus peticiones figuraban la inclusión del principio de igualdad de género y la eliminación del sexismo como elemento fundacional del nuevo orden estatal, el compromiso con la igualdad sustantiva (a través del reconocimiento de las acciones afirmativas), la priorización de los derechos socioeconómicos y reproductivos, la prevalencia del principio de igualdad sobre las normas culturales y el derecho consuetudinario, la protección de la mujer frente a la violencia, la aplicación horizontal de la declaración de derechos a fin de que estos vincularan también a los poderes privados y la creación de mecanismos que garantizaran la aplicación efectiva de las normas (Albertyn, 1994: 68, 70).

Con todo, las mujeres sudafricanas no fueron las únicas que desempeñaron un papel central en el proceso constituyente de su país. También en Canadá, desde principios de la década de los ochenta y durante toda la década de los noventa, el movimiento de mujeres en general (y el de mujeres aborígenes en particular) se implicó activamente en los debates constitucionales (Froc, 2015; Dobrowolsky, 2000). Antes de su consagración constitucional, las mujeres canadienses dependían de las limitadas interpretaciones del principio de igualdad y no discriminación proclamado en la Carta Canadiense de Derechos y Libertades, de rango meramente legal (Froc, 2015: 240). Cuando, en el otoño de 1980, el Gobierno canadiense decidió apostar por una nueva carta constitucional de derechos y libertades que brindara la oportunidad de consolidar constitucionalmente la igualdad, las mujeres y sus organizaciones se movilizaron. Las primeras en intervenir fueron las expertas jurídicas, que concretaron algunas de las metas, entre ellas el reconocimiento del principio de igualdad entre sexos como requisito innegociable (Baines, 2005, 50). Sus propuestas fueron posteriormente retomadas por colectivos más amplios de mujeres, muchos de los cuales se unieron para formar el Comité Ad Hoc de Mujeres Canadienses sobre la Constitución. Este comité convocó una conferencia nacional, a la que acudieron mil trescientas personas, con el objetivo de discutir los cambios constitucionales requeridos y aprobar una serie de resoluciones que serían luego respaldadas por el Comité de Acción Nacional sobre la Condición de la Mujer, grupo integrado por 160 organizaciones de todo el país (Froc, 2015: 242-43). Entre sus objetivos principales figuraban la redacción de un texto constitucional que garantizara la igualdad *de facto* o sustantiva, y no solo formal, el reconocimiento explícito de la igualdad de derechos de las mujeres respecto a los hombres y el rechazo de expresiones que pudieran traducirse en la limitación de los derechos de las mujeres o su invalidación por otras disposiciones constitucionales, como las que protegían los derechos culturales en consonancia con el compromiso expreso de la Constitución con la herencia y composición multicultural del país (*ibid.*: 242-47).

Menos conocidos son, quizás, los ejemplos de participación temprana de las mujeres en los procesos constituyentes de países de América Latina que dejaron atrás dictaduras o conflictos violentos durante las décadas de los ochenta y noventa. En algunos de ellos se articularon por primera vez movilizaciones masivas por parte de los movimientos de mujeres, como los que condujeron a la adopción de la Constitución de Nicaragua en 1987 o a la promulgación de la Constitución de Colombia en 1991. La experiencia nicaragüense constituye un caso de estudio particularmente atractivo, ya que la Constitución de 1987 fue el resultado de una revolución que durante mucho tiempo incluyó la defensa de los derechos de las mujeres entre sus principios fundamentales. Formado en 1961, el Frente Sandinista de Liberación Nacional (FSLN), que en julio de 1979 lideró con éxito el derrocamiento de la dictadura de Anastasio Somoza, prolongada durante cuarenta y tres años, se había comprometido a poner fin a la discriminación contra la mujer en su «Programa Histórico» de 1969. Poco después de la deposición de Somoza nace la Asociación de Mujeres Nicaragüenses «Luisa Amanda Espinoza» (AMNLAE) —cuyo nombre es un tributo a la primera mujer que murió luchando contra la dictadura—, y a partir de 1987 comienza a organizar un movimiento de mujeres con secretarías en distintas organizaciones de masas. La AMNLAE acabaría siendo una pieza clave en la articulación de las reivindicaciones de las mujeres durante el proceso de elaboración constitucional, incluyendo las sesiones de consulta (o cabildos), algunas de las cuales se centraron precisamente en ellas. En estas sesiones, una amplia base social de mujeres formuló sus reclamos y expectativas en relación con la nueva Constitución. Estas demandas incluían cuestiones como la igualdad en las esferas política, laboral y familiar, la lucha contra la violencia hacia las mujeres y la maternidad voluntaria (referida no solo al derecho al aborto, sino también a la promoción de la educación sexual, el acceso a los anticonceptivos, el reconocimiento constitucional del valor social de la maternidad y las garantías de protección de las mujeres embarazadas y las madres) (Morgan, 1990: 29-65).

En Brasil, el proceso participativo de 1987-1988 que condujo a la redacción de la nueva Constitución tras la caída del régimen militar también fue sensible a las movilizaciones de la sociedad civil que incluyeron un amplio espectro de voces, entre ellas las de diversas iglesias, los terratenientes, el empresariado y otras élites, pero también las de los pueblos indígenas, los activistas medioambientales, los movimientos de afrodescendientes, las mujeres y los colectivos LGBTI+. El movimiento de mujeres surgido a fines de la década de los setenta en el contexto de la transición logró articularse a nivel nacional en la década de los ochenta, contribuyendo a la consolidación de la institucionalidad estatal con la creación, en 1985, del Consejo Nacional de Derechos de la Mujer (Conselho Nacional dos Direitos da Mulher, o CNDM). Fue precisamente esta institución federal la que ese mismo año se encargó de lanzar la campaña «Mujeres y Proceso Constituyente» (Pitanguy, 2011: 22), que permitió una participación sólida y organizada de las mujeres en dicho proceso. Entre otros logros, la campaña propició la elaboración de la Carta de la Mujer a las Constituyentes (Carta das Mulheres), un texto histórico que incluía demandas en las áreas de empleo, salud, educación, cultura, familia, violencia y seguridad social. En marzo de 1987, algunas activistas feministas y miembros del CNDM se encargaron de entregar formalmente aquella Carta al diputado Ulysses Guimarães, entonces presidente del Congreso Nacional, y a todas las asambleas legislativas estatales del país. Este hito marcaría el comienzo de un progresivo proceso de influencia de las mujeres en la Asamblea Constituyente, movimiento que fue llamado el «Lobby del Pintalabios» (Lobby do Batom), denominación utilizada maliciosamente por los medios de comunicación que las feministas resignificaron para reivindicarlo con orgullo (*ibid.*: 23-24).

También en Colombia, el movimiento de mujeres organizó una red en torno a la Asamblea Constituyente formada por setenta y cinco organizaciones de todo el país, que consiguió recoger quince mil firmas en apoyo a sus propuestas constitucionales (Quintero, 2006). Esta red de mujeres logró participar en las mesas oficiales organizadas a nivel regional y sectorial, se hizo eco de propuestas ciudadanas para la reforma constitucional y, a través de sus actividades de promoción y cabildeo (desayunos con delegados y gobernantes, comunicados de prensa, publicidad en radio y boletines informativos), consiguió el apoyo generalizado a una parte significativa de su agenda (tanto de hombres como de mujeres) en la Asamblea (Lemaitre, 2019: 234, 259-60; Morgan, 2005). Ese programa reflejó muchos de los estándares de la CEDAW, pero osó ir más allá y abarcó demandas como la maternidad libre —que para muchas incluía el derecho al aborto—, la responsabilidad parental compartida en la educación y crianza de los hijos, el reconocimiento de la dimensión social del trabajo doméstico, la igualdad de hombres y mujeres en el matrimonio y la secularización del Estado (Lemaitre, 2019: 258). No todas estas propuestas quedarían, sin embargo, plasmadas en el texto final.

La tendencia a movilizarse a través de grupos y plataformas de mujeres ha continuado de forma aún más clara en el nuevo siglo a lo largo y ancho del mundo. En Tanzania, tras el anuncio del presidente Kikwete de la apertura de un nuevo proceso constituyente, las mujeres se organizaron y formaron la Coalición de Mujeres sobre la Constitución (Coalición Wanawake na Katiba) para fijar prioridades, ejercer presión y garantizar que la nueva Constitución incluyera sus derechos políticos, económicos y sociales. Entre otras cuestiones, sus demandas contemplaban la necesidad de que la nueva Constitución previera una representación equitativa de ambos sexos de cara a la participación en todos los niveles de la toma de decisiones. Sus estrategias fueron variopintas e incluyeron la traducción del borrador al suajili para que pudiera llegar a toda la ciudadanía, el lanzamiento de una campaña en todo el país a través de foros constitucionales para educar sobre el contenido del proyecto constitucional a las poblaciones más remotas —incluyendo de forma específica a las mujeres—, la campaña para que la Asamblea Constituyente, encargada de redactar el texto final, estuviera compuesta por un número casi igual de miembros de cada sexo (campaña que resultó exitosa) e insumos basados en la evidencia empírica e investigación sobre el modo de incorporar de manera transversal previsiones relativas a la equidad de género en los distintos borradores discutidos[20]. En Turquía, la Plataforma Constitucional de la Mujer, una red informal, innovadora y estratégica de alianzas establecida en 2007 en el contexto del fallido proceso de elaboración constitucional de 2012 bajo el mandato del Partido de la Justicia y el Desarrollo (AKP), fue el resultado de la colaboración de ochenta y seis organizaciones de mujeres que articularon una nueva forma de feminismo basada en la idea de construir coaliciones operativas orientadas a la consecución de objetivos específicos. La Plataforma logró reunir a múltiples facciones de colectivos de mujeres —por lo demás, fragmentados, entre ellos asociaciones urbanas, redes locales, mujeres kurdas, grupos centrados en la lucha contra la violencia, mujeres de negocios, organizaciones LGBTQI+, trabajadoras sexuales e incluso colectivos de mujeres islámicas conservadoras—, que expresaron informalmente su apoyo a algunas de las propuestas aunque no estuvieran entre las firmantes oficiales de la Plataforma (Oder, 2019: 271, 298, 300-301).

Especialmente interesantes son algunas experiencias en América Latina durante las dos últimas décadas. Así, por ejemplo, en el contexto del proceso constituyente boliviano, que comenzó en 2005 y condujo a la aprobación de la Constitución de 2009, las asociaciones de mujeres locales formaron una poderosa alianza a través del Movimiento de Mujeres Presentes en la Historia y logra-

---

20 No obstante, el proceso quedó incompleto: el plazo de 2014 expiró por falta de consenso dentro de la Asamblea Constituyente designada a tal efecto, y quedó pendiente la adopción de las modificaciones propuestas (Meena, 2014). En 2023, la actual presidenta del país, la Sra. Samia Suluhu Hassan, dio muestras de querer retomar el proceso de reforma constitucional.

ron participar en un proceso que puso tanto la despatriarcalización como la descolonización del orden político en el centro del debate y en la filosofía de un nuevo texto constitucional redactado en lenguaje no sexista (Rousseau, 2011; Oviedo y Wexler, 2005: 221-22; Attard, 2024: 127-29). En Ecuador, el proceso que condujo a la Constitución de 1998 ya había permitido a las mujeres impulsar una ambiciosa agenda en materia de derechos gracias a las estrategias conjuntas y a las acciones unificadas de los colectivos de mujeres, así como a su capacidad para establecer alianzas políticas con otras organizaciones representadas en la Asamblea Constituyente y al apoyo firme de algunos de sus miembros electos (Rosero Garcés, Vela y Reyes Ávila, 2000: 21). De manera similar, el proceso más reciente que en el mismo país derivó en la aprobación de la Constitución de 2009 se articuló en torno a una plataforma «preconstituyente» de colectivos de mujeres que se habían reunido un año antes para establecer un conjunto de demandas no negociables. Posteriormente, esta plataforma lograría que algunas de las mujeres de la Asamblea Constituyente firmaran el «Pacto por los Derechos de las Mujeres» con las prioridades negociadas (Palacios Jaramillo, 2008; Salazar Marín, 2024: 96-101).

A pesar de su fallido resultado, la experiencia chilena contó con la primicia de una primera Convención Constituyente plenamente paritaria —gracias a reglas de paridad estricta que, al final, paradójicamente, acabaron corrigiendo los resultados en beneficio de los varones[21]— y representa ya un hito, aunque el Proyecto de Constitución Política de la República de Chile (PCPR) fuera rechazado

---

[21] El logro de esta convención paritaria se debe a la alianza entre mujeres diputadas de distintas fuerzas políticas, un grupo de politólogas y algunas organizaciones feministas que lograron diseñar un sistema que garantizaba la paridad en las listas de candidaturas, pero también la paridad de salida a través de un sistema de corrección. Al final, las mujeres obtuvieron más votos que los varones, por lo que el sistema acabó corrigiéndose a favor de ellos y tuvo un efecto de techo (Zúñiga Añazco y Undurraga Valdés, 2024: 251-52).

en septiembre de 2022[22]. La convergencia entre un órgano constituyente paritario y un movimiento feminista revitalizado «impulsó la idea de que el proceso chileno originaría una auténtica constitución feminista»[23], como anticipaba el hecho, cargado de simbolismo, de que sus dos primeras presidentas fueran mujeres: Elisa Loncón Antileo —de la etnia mapuche— y María Elisa Quinteros Cáceres. Si el lenguaje y el contenido del articulado del texto resultante representan, efectivamente, la más ambiciosa expresión de un constitucionalismo feminista conocida hasta la fecha[24], no menos relevantes fueron las reglas generales de actuación y los principios éticos que guiaron la actividad de la Convención Constituyente, reflejo de la internalización de muchos de los insumos del feminismo institucional[25]. Vemos, por tanto, que a pesar de su aparición tardía,

---

22 El proceso constituyente fue intenso y difícil debido a la fragmentación, las confrontaciones, resistencias e incertidumbres del escenario político después del estallido social y los efectos de la pandemia de COVID-19. Al final, una ciudadanía insegura decidió rechazar el proyecto por amplia mayoría (61,83 % de los votos). Entre los factores que explican el fracaso se encuentra la campaña de desprestigio orquestada contra la Convención Constitucional, pero también, posiblemente, el hecho de que sus cláusulas de género fueran percibidas por una parte importante del electorado como excesivamente reformistas y partidistas (Zúñiga Añazco y Undurraga Valdés, 2024: 252).

23 *Ibid.*

24 De interés resultan, por ejemplo, los esfuerzos por constitucionalizar los derechos sociales y reconocer debidamente los derechos de los pueblos indígenas. También los preceptos del proyecto referidos al derecho al cuidado, la violencia de género, la paridad en todos los poderes del Estado, los derechos sexuales y reproductivos, la justicia con perspectiva de género y la adecuada representación y tutela de las disidencias y diversidades de género (Zúñiga Añazco y Undurraga Valdés, 2024: 252-55).

25 Así, en atención a la centralidad del cuidado, el Reglamento de la Convención Constitucional estableció que sus sesiones de trabajo debían ajustarse a los horarios establecidos en la citación para no afectar los deberes de cuidado de sus integrantes (artículo 30), mientras que su Reglamento de Ética prohibió la discriminación basada en el trabajo de cuidados y estableció también un procedimiento especial para denunciar y sancionar la violencia de género (artículo 18). La Convención Constitucional también adoptó la paridad como principio rector de su labor. Sin embargo, en vista de lo que había ocurrido en la elección de sus miembros a la hora de fijar las reglas para conformar

las mujeres cuentan hoy en día con un amplio historial de participación, tanto formal como informal, en los procesos de elaboración constitucional en todo el mundo. Este hecho nos permite tomar un poco de distancia a fin de identificar algunos de los desafíos más comunes a los que las mujeres se han enfrentado y analizar las estrategias que han desarrollado para encararlos. Una de ellas ha sido llevar sus reivindicaciones a la calle para que tuvieran un impacto inmediato. Este fue, por ejemplo, el caso de Túnez en 2011-2014, cuando la Asociación de Mujeres Democráticas de Túnez (Association Tunisienne des Femmes Démocrates, o ATFD) reaccionó enérgicamente contra la propuesta de la Asamblea Nacional Constituyente de insertar el principio de la «complementariedad» de género en el primer borrador de la Constitución (la de 8 de agosto de 2012) (Borrillo, 2019: 64). Ante el temor de lo que fuera percibido como un tremendo revés al estatus jurídico de la mujer, muchas voces se alzaron para protestar en medios nacionales e internacionales; de hecho, se recogieron veinticinco mil firmas contra aquella propuesta. La sociedad civil se organizó y logró movilizar a la población en grandes manifestaciones que culminaron con una multitudinaria concentración de miles de ciudadanos y una marcha por la igualdad de género que recorrió la avenida Habib Bourguiba en Túnez el 13 de agosto de 2012, Día de la Mujer Tunecina (*ibid.*). La manifestación masiva y el debate mediático fueron de tal magnitud que la complementariedad de género fue finalmente eliminada del proyecto constitucional.

Una de las estrategias privilegiadas por los grupos de mujeres en diversos contextos constitucionales ha sido redactar sus propias constituciones, cristalizando sus necesidades y aspiraciones en un solo documento. Esta estrategia parece haber sido un poderoso catalizador para alentar la participación y la formación de coaliciones,

---

las vicepresidencias de la misma, se acordó que el tope del 50 % asociado a la distribución paritaria solo se aplicara a hombres cisgénero, una lógica que también se extendió al resto de sus órganos internos (artículo 32 de las Reglas Generales de Procedimiento) (*Ibid.*: 252-53).

al mismo tiempo que se ha aprovechado para fomentar la capacitación. En Sudáfrica, por ejemplo, en mayo de 1990 la dirección del ANC hizo público un documento titulado *Declaración del Comité Ejecutivo Nacional del Congreso Nacional Africano sobre la emancipación de las mujeres en Sudáfrica* en el que solicitaba a su Liga de Mujeres que iniciara una campaña para elaborar una carta de derechos de la mujer con el objeto de reforzar el proceso constituyente. Esta tarea impulsó la unificación del movimiento dentro y fuera de las estructuras organizativas establecidas —unidad que no había existido antes— mediante la anteposición de la participación frente al rigor técnico y la coherencia plena. En la convención nacional celebrada por la WNC entre el 25 y el 27 de febrero de 1994, se adoptó finalmente el borrador de la Carta para la Igualdad Efectiva de la Mujer (Murphy, 2004: 30-33). En Bolivia, el movimiento Mujeres Presentes en la Historia lideró un proceso de más de cuatrocientos talleres y reuniones en todo el país y «unas 20 000 mujeres representantes de 1000 organizaciones de mujeres y mixtas fueron consultadas y participaron en la elaboración de una propuesta constitucional integral» (Rousseau, 2011: 22).

En algunos casos, las asociaciones de mujeres han organizado auténticos simulacros de asambleas constituyentes para redactar textos alternativos para incidir en el proceso constituyente oficial. En Australia, se celebró una «Convención Popular» en 1998 formada por representantes designados por el Gobierno y representantes electos (aproximadamente un 35 % eran mujeres) para debatir el reemplazo de la monarquía por un sistema republicano. Al mismo tiempo, y antes de la Convención Popular, se organizó una Convención Constitucional de Mujeres por iniciativa de varias organizaciones no gubernamentales, cuyos resultados se presentaron ante la convención oficial (Karpin y O'Connell, 2005: 31). En Túnez, en febrero de 2012, la Asociación de Mujeres Democráticas de Túnez organizó «La Constituante Fictive», un simulacro de asamblea constituyente cuyo resultado final fue *La Constitución para la igualdad y la ciudadanía a través de la mirada de la mujer,* documento que, tras una extensa campaña pública, fue entregado al presidente y a los diputados de la Asamblea Nacional Constituyente. El texto incluía «recomendaciones para la constitucionalización de la igualdad de género y los derechos de la mujer a nivel político, económico, social, cultural y medioambiental» (Borrillo, 2019: 61), así como una amplia referencia a la igualdad sustantiva. En Egipto, en contraste con la modesta representación de las mujeres en la Asamblea Constituyente de 2012, hubo una gran movilización feminista. Tanto el sector académico como el de las ONG llevaron a cabo investigaciones históricas sobre el constitucionalismo comparado, pero también sobre las demandas de las mujeres a lo largo de la historia egipcia. Se estudió la jurisprudencia islámica en busca de una interpretación progresista de la ley y se realizaron amplias consultas en comunidades urbanas y rurales para articular las aspiraciones de las mujeres y reflejarlas en la nueva Constitución egipcia. Así fue como vieron la luz dos documentos, la *Carta de la mujer* y *Las mujeres redactan su constitución*, en defensa de los derechos socioeconómicos, la seguridad humana, la dignidad e igualdad salarial, la incorporación de la CEDAW en la Constitución, la modificación de la legislación discriminatoria (en particular, el derecho de familia) y el establecimiento de un sistema de garantías orientado a la protección de los derechos de las mujeres (Tadros, 2019: 324-25).

Al igual que lo que ocurriera con el proceso de conquista del sufragio femenino, un factor determinante de la influencia de las mujeres en los procesos de elaboración constitucional ha sido su capacidad para aunar fuerzas y superar las divisiones externas e internas. De ello ha dependido su capacidad de hablar con una sola voz, a pesar de las diferencias razonables entre las distintas posiciones, divergencias condicionadas por factores de diversa índole, como el origen étnico, las sensibilidades religiosas y los antecedentes socioeconómicos. Esto es lo que ocurrió en Sudáfrica, por ejemplo, donde las mujeres contaban con un largo historial de actividad política y los colectivos en defensa de sus intereses tenían amplia experiencia en «servir de contrapeso a las arraigadas divisiones raciales y partidistas de la sociedad» (Hart, 2003: 7). Este objetivo, y el temor a ser excluidas, motivaron a que desde las primeras etapas del proceso constituyente (Albertyn, 1994: 56, n. 48) las mujeres buscaran estratégicamente la «unidad», más que la «hermandad», para articular y luchar por sus demandas (Murphy, 2004: 33). En Colombia, el movimiento de mujeres también logró superar sus históricas divisiones internas, permeadas por diferencias de clase, entre feministas de militancia simple y doble (estas últimas, en su mayoría, vinculadas a los partidos socialistas) gracias a la formación de la Red Nacional Mujer y Constituyente (Lemaitre, 2019: 242-43).

No obstante, resulta evidente que no en todas partes el proceso constituyente sirvió para sanar las divisiones internas. Es más, en algunos escenarios estas divisiones se agravaron. Este parece haber sido el caso de aquellos procesos en los que las diferentes facciones del movimiento de mujeres se alinearon en torno a visiones contrapuestas de los roles y las relaciones de género. En el mundo árabe, varios intentos recientes de reforma constitucional han topado con la división de la sociedad y las mujeres en torno al eje islamismo/secularismo. Así, en Marruecos, donde las asociaciones de mujeres participaron activamente durante el proceso que condujo a la aprobación de la Constitución de 2011, las feministas secularistas y las islamistas defendían ideologías contrapuestas respecto al Estado, el islam y las relaciones de género, a pesar de que el islam no fuera reconocido como fuente del derecho en sentido estricto. Las feministas laicas luchaban por un Estado secular en el que se respetara la igualdad de género, mientras que las activistas de partidos y asociaciones islamistas concebían su religión como referente central de la identidad individual y la ciudadanía y abogaban por una visión de las relaciones de género nucleada en torno a la noción de complementariedad (Borrillo, 2019: 45-55). Del mismo modo, en Túnez, los acontecimientos de 2011 motivaron un enconado enfrentamiento sobre los derechos de las mujeres en el que la división islamismo/secularismo fue el eje central, una controversia en la que se vieron involucradas las asociaciones de mujeres y que mermó las posibilidades de crear una plataforma de acción unificada (*ibid.*: 55-67). En Egipto también se planteó el desafío de encontrar un terreno común no tanto para superar la división religión/secularismo (ya que hubo importantes esfuerzos para identificar interpretaciones progresistas de la jurisprudencia islámica y la *sharía*), sino más bien para restañar la brecha entre quienes compartían la visión política de los islamistas y quienes la rechazaban (Tadros, 2019: 342).

Por supuesto, la influencia de la religión y la división entre mujeres basada en credos religiosos no ha sido una característica exclusiva de los procesos constituyentes desarrollados en el mundo árabe. En Colombia, la Iglesia católica resultó ser un poderoso adversario de las demandas feministas: en lugar de rechazar rotundamente el derecho al aborto, o lo que las propuestas feministas llamaban «maternidad libre», la Iglesia se movilizó para intentar que el texto constitucional incluyera una referencia a la vida desde la concepción (Lemaitre, 2019: 260; Rodriguez de Assis Machado y Alves Maciel, 2017). Las diferentes formas de entender las relaciones de género también han obstaculizado las alianzas de mujeres de distintos estratos sociales y etnias. En Bolivia, las feministas mestizas percibían con recelo la noción de la complementariedad por considerarla esencialista y conservadora, a pesar de que fuera defendida por muchas mujeres indígenas, quienes, a su vez, con frecuencia acusaban a las feministas, incluyendo a las mestizas, de etnocentrismo y de reproducir las divisiones de clase vigentes en la sociedad del país andino (Rousseau, 2011: 10-11). En Nepal, durante el proceso impulsado para reemplazar la Constitución provisional del país, las asambleístas establecieron un grupo informal de mujeres en 2009, pero las divisiones de clase y de casta acabaron frustrando muchos de los esfuerzos encaminados a promover una agenda conjunta en la Asamblea Constituyente (Tamaru y O'Reilly, 2018: 52).

Más allá del desafío de articular una agenda compartida y del limitado impacto real del discurso feminista en los textos constitucionales resultantes, es indudable que tres décadas de lucha en distintos procesos constituyentes se han traducido en logros no reversibles en términos de la consolidación del estatus de ciudadanía de las mujeres, aun en aquellos casos en los que el proceso constituyente resultó en último término fallido. Con la Constitución de 1991 proliferaron las organizaciones de mujeres en Colombia y muchas se centraron por primera vez en la reforma legislativa como campo de batalla común (Lemaitre, 2019: 263). En Kenia, durante el proceso constituyente que tuvo lugar entre 2000 y 2005, e incluso después de la derrota del proyecto de constitución en el referéndum de 2005, las mujeres no se rindieron y se reorganizaron para seguir luchando por la paridad (Kabira, 2013; Cottrell y Ghai, 2007: 20). En Irak, los activistas seculares y las mujeres no han cejado en su empeño por enmendar la Constitución de 2005 para reintroducir la Ley del estado personal de 1959 (Efrati, 2019: 153, 183-84). En Túnez, el proceso participativo que desembocó en la redacción de la Constitución de 2014 promovió el diálogo entre los diputados, la sociedad civil y las asociaciones de mujeres líderes y feministas y ayudó a estas en el desarrollo de capacidades, reforzando su papel en el proceso de transición democrática (de Silva de Alwis, Mnasri y Ward, 2017). En 2016, un grupo de activistas egipcias creó la «Institución en Defensa de la Constitución», plataforma concebida para presionar al Gobierno al objeto de que, cumpliendo con sus obligaciones según la Constitución de 2013, asignara el 3 % del presupuesto a servicios de salud y el 6 % a educación y reformara la legislación contraria a la ley fundamental (Tadros, 2019: 346). Es imposible generalizar, pero en definitiva parece que los efectos más amplios de la participación de las mujeres en los procesos constituyentes han sido a menudo positivos. Esto se debe a que la mayoría de los casos, y más allá del resultado obtenido, el esfuerzo conjunto de cabildeo constitucional ha logrado fortalecer los lazos entre las mujeres y promover su ciudadanía política.

Si bien la participación en los procesos constituyentes es una dimensión clave para valorar el rol que han jugado las mujeres en la creación de la normatividad constitucional, una comprensión completa del panorama exige analizar también su papel como juezas constitucionales, pues es la jurisprudencia la que crea doctrina y da vida a la norma, por lo común, muy genérica en su formulación. En el caso de constituciones más antiguas o difíciles de enmendar, este papel es, si cabe, aún más importante, dado que solo la interpretación teleológica suele permitir que el texto se acomode a las concepciones cambiantes de igualdad. En este sentido, y aunque hubo mujeres en tribunales constitucionales, supremos o superiores desde el constitucionalismo de la posguerra[26], la tendencia de incluir al menos a una de ellas —y desafortunadamente, muchas veces, solo a una— solo se generalizó entre los años ochenta y noventa, aunque en otros sistemas constitucionales esta inclusión se produjo mucho más tarde[27]. En la década de los noventa se aprobaron las primeras disposiciones constitucionales que hacían referencia a la necesidad

---

26 Baines (2017: 299) menciona los ejemplos de Erna Scheffler, nombrada al Tribunal Constitucional Federal de Alemania en 1951; Helga Pedersen, nombrada al Tribunal Supremo de Dinamarca en 1964; Sri Widoyati Wiratmo Soekito, nombrada al Tribunal Supremo de Indonesia en 1968; Annie Ruth Jiagge, nombrada al Tribunal de Apelación de Ghana en 1969; y Cecilia Muñoz-Palma, nombrada al Tribunal Supremo de Filipinas en 1973.

27 Israel nombró a Miriam Ben-Porat en 1977; Estados Unidos, a Sandra Day O'Connor en 1981; Canadá, a Bertha Wilson en 1982; Australia, a Mary Gaudron en 1987; India, a M. Fathima Beevi en 1989; Ghana, a Joyce Bamford-Addo en 1991; Francia, a Noëlle Lenoir en 1992; Sudáfrica, a Yvonne Mokgoro y Kate O'Regan en 1994; Perú, a Delia Revoredo en 1996; el Reino Unido, a Brenda Hale en 2004; Indonesia, a Maria Farida Indrati en 2008; e Irlanda, a Susan Denham como miembro del Tribunal Supremo en 1992, el cual llegó a presidir en 2011. Actualmente, se conocen al menos tres juezas autodeclaradas lesbianas en tribunales constitucionales, incluida la jueza Susanne Baer en Alemania, la jueza Virginia Bell de la Corte Suprema de Australia y Maite Oronoz Rodríguez, presidenta del Tribunal Supremo de Puerto Rico (Baines, 2017: 298 y 310). En España, la magistrada Gloria Begué Cantón fue incluida en el primer Tribunal Constitucional nombrado en 1981. La primera y hasta la fecha única presidencia femenina ha sido la de la magistrada María Emilia Casas (entre 2004 y 2011). La composición del Tribunal Constitucional ha estado lejos de la paridad durante sus ya más de cuarenta años de existencia. Solo con las últimas renovaciones de finales de 2022 y tras un largo período de tensiones políticas en torno a su composición, el Tribunal Constitucional ha llegado a tener el mayor número de magistradas entre sus componentes: un total de cinco (los nombramientos de María Luisa Segoviano y Laura Díez se han sumado a los de María Luisa Balaguer, Concepción Espejel e Inmaculada Montalbán) frente a los siete hombres que todavía siguen siendo mayoría.

de que los tribunales reflejaran en cierta medida la diversidad racial y de género[28].

No obstante, la paridad se ha logrado en muy pocos países y solo en el siglo XXI[29], a pesar de que varias juezas hayan respaldado la paridad de género en sus respectivos tribunales, entre ellas la que fuera presidenta de la Corte Suprema de Canadá, Beverley McLachlin, y Lady Brenda Hale, expresidenta de la Corte Suprema del Reino Unido (Baines, 2017: 291). Muchas juezas han avalado la hipótesis de que, al menos hasta cierto punto, las mujeres hablan con «una voz diferente» a la hora de dictar justicia[30], respaldando así la abundante literatura sobre el tema. La distinción parece residir no ya en sus supuestas diferencias naturales, sino tal vez en sus experiencias vitales, condicionadas por el género, que tienden a traducirse en una jurisprudencia fundamentalmente más rica, relacional y contextualizada[31]. Otras voces han ido más lejos. Tal es el caso de nuestra añorada jueza Bader Ginsburg, que sugirió, tal vez con ánimo provocador, la posibilidad de establecer una judicatura ex-

---

28 El capítulo 8, sección 174 (2) de la Constitución de Sudáfrica de 1996 dispone: «La necesidad de que el poder judicial refleje ampliamente la composición racial y de género de Sudáfrica debe tenerse en cuenta a la hora de designar funcionarios judiciales».

29 Por primera vez en la historia, hay más mujeres que hombres en el Tribunal Constitucional Federal de Alemania (9 de 16, desde julio de 2020), aunque el presidente del Tribunal sigue siendo un varón. La mayoría de las juezas han sido designadas por el Partido Verde y los socialdemócratas. También las cortes constitucionales de Ecuador y Colombia han estrenado recientemente una composición paritaria.

30 Véase Irving (2008: 143-44), donde la autora hace referencia a las juezas Claire L'Heureux-Dubé y Ruth Bader Ginsburg, entre otras. Véase también Halka (1996: 253), L'Heureux-Dubé (2001: 30) y Berns (1999: 199, n. 89, citando a Bader Ginsburg).

31 Elliot (2001) resume gran parte de esta literatura. Desde entonces han proliferado proyectos de investigación sobre «sentencias feministas» que consisten en reescribir la jurisprudencia desde una perspectiva feminista, como por ejemplo el proyecto de la Corte de Mujeres de Canadá (Réaume, 2018; Hunter, McGlynn, y Rackley, 2010; Enright, McCandless y O'Donoghue, 2017; Hodson y Lavers, 2019; Cowan, Kennedy y Munro, 2019).

clusivamente de mujeres que, según ella, no tendría por qué verse como una rareza constitucional, habida cuenta del legado histórico y de lo indiscutiblemente que se había aceptado hasta entonces la legitimidad de tribunales compuestos únicamente por varones[32].

3.3. HACIA UNA IGUALDAD DE GÉNERO DE CARÁCTER SUSTANTIVO

Como hemos visto anteriormente, uno de los logros constitucionales más importantes para las mujeres fue la redefinición del principio de igualdad en sentido sustantivo bajo algunas de las formas de constitucionalismo inclusivo que preconizaban la igualdad de derechos al mismo tiempo que la tutela de la maternidad. En efecto, a partir de la década de los ochenta, pero sobre todo a partir de la de los noventa, se observa este giro gradual hacia una concepción más sustantiva de la igualdad de género en las constituciones nacionales. Aunque el tenor de algunas constituciones anteriores, como la de la India (adoptada tras la independencia del país en 1950), apuntaba ya a formulaciones que parecían ir más allá de la concepción puramen-

---

32 Ruth Bader Ginsburg planteó la pregunta «¿Por qué no nueve mujeres?» en conversación con la jueza Sandra Day O'Connor en una Conferencia de Mujeres en 2010 (Baines, 2017: 290). En todo caso, las últimas décadas han testimoniado las primeras cláusulas constitucionales que persiguen la paridad judicial, así como otras que van más allá y sancionan la necesidad de que la justicia se imparta en todo caso con perspectiva de género. En la Constitución de Ecuador de 2008, el artículo 176 establece: «Los requisitos y procedimientos para designar servidoras y servidores judiciales deberán contemplar un concurso de oposición y méritos, impugnación y control social; se propenderá a la paridad entre mujeres y hombres». Los artículos 90 y 312 del Proyecto Constitucional chileno rechazado en referéndum contemplaban que la función jurisdiccional debía estar regida por los principios de paridad y perspectiva de género, y que el principio de paridad debía prevalecer en los nombramientos en el sistema nacional de justicia y hacerse extensivo también a las presidencias de los órganos judiciales. Algunas cortes supremas, como la de Argentina, han creado también oficinas para el estudio y la promoción de políticas y jurisprudencia de género (Beguerie y Bergallo, 2024: 300).

te formal y simétrica de la igualdad entre los sexos, lo cierto es que durante mucho tiempo estas formulaciones sirvieron para justificar la adopción de medidas basadas en el proteccionismo paternalista más que la previsión de medidas verdaderamente compensatorias y, sobre todo, emancipadoras[33]. En cualquier caso, la necesidad de redefinir la igualdad en términos sustantivos no deja de ser una expresión de los límites del constitucionalismo inclusivo que, en principio, reconoce a las mujeres la igualdad de derechos, pero no garantiza una igualdad de oportunidades que les permita ejercerlos de manera significativa. Y es que el reconocimiento formal de los derechos no bastaba para superar un legado de siglos de discriminación legal y social ni los tenaces efectos de los estereotipos de género profundamente arraigados de los que las constituciones no podían deshacerse proclamando simplemente «¡Hágase la igualdad

---

33 En la India, los redactores de la Constitución de 1950 fueron plenamente conscientes de la existencia de jerarquías profundamente arraigadas basadas tanto en la casta como en el sexo, e hicieron de su eliminación uno de sus objetivos centrales. Así pues, los artículos 14 y 15, que sancionan la igualdad ante la ley y la prohibición de la discriminación por motivos de sexo, entre otros criterios, coexisten con principios rectores que dedican considerable atención al avance de la igualdad económica. A su vez, el principio de no discriminación del artículo 15 especifica que «nada en este artículo impedirá que el Estado adopte medidas especiales a favor de mujeres y niños» (3) o «para el progreso de cualquier clase de ciudadanos social y educativamente atrasada o de las castas y tribus registradas» (4). Esta última cláusula fue añadida en la Primera Enmienda del texto constitucional en 1951. La jurisprudencia que se ha encargado de interpretar estos artículos, sin embargo, ha sido más bien ambigua. Partió de una comprensión paternalista, proteccionista y formalista de la igualdad de la mujer y avanzó gradualmente hacia una comprensión antijerárquica de la igualdad, al tiempo que esta acepción sustantiva de la igualdad era adoptada por otras jurisdicciones. Véase al respecto Nussbaum (2005: 177-80), donde se citan los casos de *Marri Chandra Shekhar Rao vs. Dean Seth G. S. M.* (1990) e *Indra Sawhney vs. Union of India* (1992) como hitos importantes en este proceso. Otros autores identifican el cambio hacia la igualdad sustantiva y el enfoque antisubordinación en una jurisprudencia mucho más reciente que otorga centralidad a la autonomía de las mujeres dejando atrás su tutela paternalista (Bhatia y Attrey, 2024).

de ahora en adelante!» ni menos aún «¡Dejad que las mujeres tengan por fin los mismos derechos que los hombres!».

En todo caso, los desarrollos nacionales de la época se vieron en cierta medida condicionados por los desarrollos normativos supranacionales. La entrada en vigor de la CEDAW reforzó la tendencia a incluir de forma explícita en las constituciones el principio de igualdad entre los sexos como algunos derechos específicos de las mujeres[34]. Además, la Convención contenía varios elementos que apuntaban a un compromiso con concepciones más sustantivas de la igualdad que pudieron operar como detonantes de reformas legales en algunos contextos nacionales (Fredman, 2003). El primero de estos elementos es la amplia definición de discriminación contra la mujer que contiene el artículo 1[35]. El segundo, la sanción que hace el artículo 4 de las medidas de discriminación positiva o de acción afirmativa, precepto que establece que las medidas especiales para avanzar en la igualdad de oportunidades *de facto* y la igualdad de trato no se considerarán discriminatorias. El artículo 3 mandata expresamente a los Estados la adopción de todas las medidas apropiadas, incluidas las previsiones legislativas, orientadas a garantizar el pleno desarrollo y progreso de la mujer. Cabe mencionar también los artículos 7 y 8, que obligan a implementar aquellas acciones necesarias para eliminar la discriminación contra las mujeres en la vida política y pública y que, de hecho, han propiciado la adopción de leyes de cuotas para mejorar su participación en las contiendas

---

34 A fin de cuentas, la propia Convención incluía la obligación de incorporar de forma explícita en las constituciones el principio de igualdad entre hombres y mujeres en su artículo 2 (a) (Cassola *et al.*, 2014).

35 La definición se refiere a «toda distinción, exclusión o restricción basada en el sexo que tenga por objeto o resultado menoscabar o anular el reconocimiento, goce o ejercicio por la mujer, independientemente de su estado civil, sobre la base de la igualdad del hombre y la mujer, de los derechos humanos y las libertades fundamentales en las esferas política, económica, social, cultural y civil o en cualquier otra esfera». Véase la Convención sobre la eliminación de todas las formas de discriminación contra la mujer (A. G. Res. 34/180) (18 de diciembre de 1979), artículo 1.

electorales o su nombramiento para el desempeño de cargos públicos. La CEDAW también plantó las semillas de una concepción no estereotipada de la igualdad de género en su artículo 5 [a] al establecer que los Estados debían adoptar medidas específicas para combatir los prejuicios de género, como los que apoyaban la idea de inferioridad o superioridad de uno de los sexos o los roles estereotipados de ambos[36]. Por último, la CEDAW también contempló algunos derechos sociales en beneficio de las mujeres[37].

Dado que más de la mitad de las constituciones actualmente vigentes en el mundo se redactaron a partir de finales de la década de los setenta, no cabe subestimar la importancia que ha tenido la CEDAW como referente en las nuevas formas de articulación de la igualdad constitucional de las mujeres, especialmente en aquellos países de Asia, América Latina y África que consolidaron sus transiciones democráticas tras la entrada en vigor de la Convención y que han interpretado su ratificación como parte de esa transición[38]. En las más antiguas democracias europeas, en cambio, parece que la influencia de estándares regionales, como los que estableció la legislación europea más o menos en la misma época, ha sido realmente decisiva a la hora de elaborar las doctrinas y las disposiciones constitucionales en materia de igualdad entre los sexos.

---

36 El enfoque de igualdad sustantiva ha sido fortalecido desde entonces por el Comité de la CEDAW en su Recomendación general n.º 25 sobre medidas especiales temporales (2004).

37 El artículo 14 de la CEDAW presta especial atención a los derechos sociales y económicos de las mujeres rurales y exige a los Estados parte que garanticen el acceso equitativo a la educación, la atención médica, la seguridad social y los derechos laborales.

38 Para una tipología de las formas de impacto de la CEDAW en el derecho constitucional nacional que distingue entre si las disposiciones de la CEDAW se toman como referente en la redacción de la Constitución, si las constituciones consagran el valor normativo (superior o igual) de los tratados de derechos humanos o su valor interpretativo o si los tribunales sancionan ese valor interpretativo en su lectura, independientemente de que lo haga o no el texto constitucional, véase Rubio Marín y Morgan (2004).

En términos doctrinales, la distinción entre igualdad formal y sustantiva debería, a mi entender, ser concebida como una cuestión de grados a lo largo de un continuo y no como una distinción categórica y estrictamente binaria. Ello permitiría tal vez clasificar los diversos sistemas constitucionales basados en los elementos de igualdad formal o sustantiva que cada uno presente. En términos generales, se espera que el compromiso con la igualdad sustantiva se exprese a través de alguna cláusula constitucional que obligue a adoptar o legitime la implementación de medidas para garantizar la igualdad de oportunidades y el disfrute efectivo e igualitario de los derechos formalmente reconocidos. Por lo tanto, también se espera que haya elementos que permitan romper con el enfoque simétrico de la igualdad para erradicar la subordinación histórica de determinados grupos y colectivos desde la preocupación por el fenómeno de la opresión grupal. Es importante recordar que la particular redacción de la cláusula de la igualdad o del principio de no discriminación del texto constitucional es solo uno de los tantos elementos a tener en cuenta, apenas un punto de partida[39]. Adicionalmente existen otros elementos importantes, como la forma en que están articulados el resto de los derechos, pero también algunos rasgos más generales del sistema constitucional, entre ellos la teoría o dogmática general de los derechos fundamentales, las características definitorias del modelo de Estado y, en general, la teoría de la interpretación constitucional. Dado que muchos de estos elementos se

---

39 Sullivan (2002: 763) enumera algunas opciones de diseño constitucional para garantizar la igualdad constitucional de las mujeres: «(1) un artículo genérico sobre la igualdad frente a uno que de forma específica se refiera a la igualdad entre los sexos, (2) una prohibición de la discriminación con base en el sexo frente a una mención de la protección explícita de las mujeres, (3) una prohibición de la discriminación que vincule únicamente a los poderes públicos o también a los particulares, (4) un sistema que solo proteja a las mujeres frente a la discriminación o uno que incluya de forma adicional la garantía de medidas positivas referidas a las condiciones materiales que posibiliten la igualdad y (5) un sistema de normas de igualdad que se limite a aquellas de naturaleza judicialmente exigible frente a otro que también incluya principios directivos de carácter aspiracional». Véase también Bryde y Ashley Stein (2013: 287).

infieren principalmente de la jurisprudencia que van construyendo los tribunales competentes —y que, como sabemos, no está exenta de contradicciones ni de cambios en el tiempo—, la adscripción de un sistema a la concepción formal o sustantiva de la igualdad no es, en realidad, una tarea fácil.

A esta dificultad hay que añadir el hecho de que muchos de los obstáculos que encuentran las mujeres y los colectivos desfavorecidos para el goce efectivo de sus derechos están relacionados con su marginación socioeconómica. Tampoco podemos olvidar que la desigualdad de género es multidimensional y está determinada por factores políticos, económicos y culturales que interactúan de manera compleja, generando situaciones de discriminación interseccional (Fredman, 2011: 233). Por ello, para evaluar el grado de compromiso de un sistema constitucional con la noción de igualdad sustantiva, material o real es necesario analizar también si el texto constitucional contiene cláusulas de derechos socioeconómicos (ya sea en forma de derechos vinculantes o, cuando menos, de principios rectores), si los tribunales han sido proclives a derivar obligaciones de tipo prestacional de otros derechos (como el derecho a la igualdad, la dignidad o incluso el derecho a la vida)[40] y si han

---

[40] Por ejemplo, los derechos socioeconómicos se enmarcan como principios rectores no exigibles en la Constitución de la India, a excepción del derecho a la educación, que se agregó como derecho fundamental en 2002 (Ley de la Octogésima Sexta Enmienda Constitucional, 2002). No obstante, la Corte Suprema ha encontrado otras formas de hacerlos exigibles a través de otros derechos, como el derecho a la vida (artículo 21). Fue en 1985, en el caso *Olga Tellis vs. Bombay Municipal Corporation* (1985), cuando la Corte Suprema afirmó que el derecho a la vida incluye el derecho a la subsistencia, ampliando gradualmente su ámbito de protección para incluir derechos de tercera generación como los referidos al medioambiente o a la equidad intergeneracional (Mody, 2013: 81-91). El derecho a la alimentación, entre otros, ilustra el papel asumido por la Corte Suprema como garante de los derechos socioeconómicos. La Corte Suprema ha declarado que el objeto del derecho a la alimentación es una necesidad básica (*M/S. Shantistar Builders vs. Narayan Khimalal Totame* [1990]) y que el derecho a la vida que debe «garantizar cualquier sociedad civilizada implica el derecho a alimentos, agua, educación, medioambiente saludable, atención médica y vivienda» (*Chameli Singh vs. State of U. P.* [1995]). La Corte también ha

sido propensos a reconocer obligaciones positivas de protección y garantía de los derechos y no solo deberes de no injerencia, independientemente de su redacción (Golblatt, 2017: 483).

El reconocimiento constitucional de los derechos sociales y económicos se remonta al siglo XVIII, y su pleno desarrollo al siglo XIX y principios del XX (como reflejan las constituciones de México de 1917 o de la URSS de 1924). Estos también adquirieron cierto protagonismo en la revolución de los derechos humanos y el constitucionalismo posterior a la Segunda Guerra Mundial (Young, 2012). No obstante, no fue sino hasta después de la Guerra Fría cuando un número creciente de países comenzó a incluirlos en sus constituciones[41]. La progresiva participación de las mujeres en la elaboración de las constituciones también ha contribuido significativamente a esta tendencia, dado que las reivindicaciones socioeconómicas han sido, y continúan siendo, de suma importancia para las mujeres no solo como colectivo necesitado de los servicios y prestaciones que garantiza el Estado social, sino también como encargadas del cuidado, es decir, como aquellas personas de quienes se espera que soporten la mayor parte de la «asistencia social» cuando el Estado y la comunidad en general no la garantizan de manera suficiente. En todo caso, Fredman (2009: 410-11) ha señalado que para articular un elenco de derechos socioeconómicos con mirada de género no es suficiente hacerlos extensivos a las mujeres. Antes bien, «los derechos socioeconómicos y la igualdad deben estar fuertemente

---

supervisado su implementación como deber del Estado (*People's Union for Civil Liberties vs. Union of India* [2001]).

41 Un estudio de las constituciones de 195 países datado en enero de 2013 halló que más del 90 % contenía al menos un derecho socioeconómico y que los derechos a la educación, a formar o afiliarse a un sindicato, a la atención médica, a la seguridad social, a la protección de la infancia y el medioambiente estaban reconocidos en la mitad de los textos constitucionales del mundo. Aproximadamente un tercio de ellos configuraban sus derechos sociales como derechos justiciables, otro tercio reconocía algunos como justiciables y otros como meramente aspiracionales, mientras que el otro tercio carecía de derechos socioeconómicos o los incluían con un carácter puramente aspiracional (Jung, Hirschl y Rosevear, 2014: 1043).

integrados» y atravesados por una lectura sustantiva de la igualdad de género. Todo ello requiere «tener en cuenta las relaciones de poder dentro de las que se ejercen los derechos, a fin de potenciar el conjunto de opciones factibles abiertas a las mujeres, sin dejar de valorar ni apoyar al mismo tiempo los roles que estas desempeñan dentro de las complejas redes de interdependencia». Esta es una tarea que sitúa el foco de atención sobre el protagonismo de las mujeres y sus oportunidades de participación y requiere «la reestructuración de las instituciones» y el abandono de la comprensión de los derechos sociales como si se tratara de un paquete de bienes que deben distribuirse entre los individuos, comprensión, esta última, que encaja bien con el enfoque proteccionista y paternalista de la arquitectura patriarcal.

Dada su complejidad, algunas de estas variables —de las que dependería la correcta categorización de los sistemas jurídicos— merecen una breve reflexión teórica antes de historizar y ejemplificar mejor su evolución y analizar su conexión con la ciudadanía de las mujeres. La distinción primordial entre los sistemas constitucionales comprometidos con una lectura formal o sustantiva de la igualdad de sexo parece basarse en la diferente interpretación del mandato de igualdad constitucional. El enfoque de la diferenciación o anticlasificación hace referencia a la abolición de diferenciaciones más o menos arbitrarias e irracionales entre individuos, basadas en características moralmente irrelevantes y típicamente no elegidas (tales como el sexo, la raza, etc.). Por su parte, el enfoque de la antisubordinación o la antidominación se centra en la superación de estructuras de subordinación que, tradicional e injustamente, han favorecido a unos grupos sobre otros[42]. En España, la doctrina ha acuñado el término «subordiscriminación» (Barrère Unzueta y Morondo Taramundi, 2011: 31-29) para designar esta última orien-

42 Véase Fiss (1976: 107-8, 157) y Tribe (1988: 1514-21). Para una descripción de ambas tradiciones en Estados Unidos, véase Balkin y Siegel (2003). Sobre el fracaso del modelo constitucional de Estados Unidos respecto a la adopción de un enfoque antisubordinación, véase MacKinnon (2011).

tación, que ciertamente se centra mucho más en las estructuras que sostienen las dinámicas de opresión por parte de algunos grupos dominantes que en las actitudes y prejuicios infundados que puedan tener las personas o en la comparación entre grupos de individuos para distinguir entre diferencias «relevantes» (objetivas, razonables) y aquellas que deberían considerarse claramente «irrelevantes»[43].

Con el paso del tiempo, la subordinación del sexo/género se convirtió en la preocupación dominante. Por ello, parece que la prohibición de discriminación por motivos de sexo sin más (previsión contenida aproximadamente en dos tercios de las constituciones del mundo) es insuficiente, al menos hasta que no se den las condiciones previas para el disfrute efectivo de los derechos reconocidos formalmente a las mujeres, quienes continúan siendo privadas de bienes básicos y oportunidades reales de participación en todos los ámbitos vitales. Además, hay que tener en cuenta que ningún país ha aceptado que todas las distinciones basadas en el sexo sean constitucionalmente inadmisibles, por lo que siempre ha sido necesario evaluar cuáles estaban justificadas y cuáles no, labor que con frecuencia ha recaído en el Poder Judicial, que ha recurrido para esta tarea a estádares de revisión más o menos estrictos. Así, las diferenciaciones biológicas —y muchas veces también las funcionales— han sido acomodadas y se ha aceptado que no todas las distinciones basadas en el sexo son injustas por naturaleza y que algunas incluso cumplen una función compensatoria. Por otro lado,

---

[43] La dinámica de la opresión, a su vez, puede expresarse de diferentes formas. Young (2011: 41) sostiene que la opresión consiste en cualquier sistema que reduzca el potencial humano de las personas, ya sea porque las trata de manera deshumanizante o bien porque les niega las oportunidades que podrían permitirles alcanzar su pleno potencial humano, tanto mental como físico. La opresión tiene, según Young, cinco caras, a saber: violencia, explotación, marginación, desempoderamiento e imperialismo cultural. En teoría, un modelo integral de igualdad sustantiva debería permitir abordar todas estas formas de opresión, pero también admitir que, al hacerlo, pueden aparecer tensiones. Asimismo, debería permitir distinguir las formas específicas y entrecruzadas en las que esta opresión se manifiesta en lo que respecta a cada uno de los grupos subordinados en una sociedad determinada.

como hemos visto, este enfoque, que se hace eco de las diferentes «funciones» que desempeñan hombres y mujeres, corre el riesgo de perpetuar los estereotipos de género y afianzar la posición subordinada de la mujer conforme a un reparto de roles tradicional. Esa es la razón por la que resulta de especial interés que el precepto referido a la igualdad de sexo y la jurisprudencia que lo interprete clarifiquen que lo realmente preocupante no son las diferenciaciones basadas en el sexo, sino más bien impedir que esas diferenciaciones contribuyan a consolidar un sistema de subordinación estructural de la mujer que socave su estatus de ciudadanía plena e igualitaria.

Además de prever la prohibición de la discriminación (ya sea en general o a través de una lista de motivos prohibidos que incluyan el sexo), una primera forma de fijar límites a las diferenciaciones basadas en el sexo consiste en incluir en la constitución un precepto que especifique, a modo de umbral mínimo, que los hombres y las mujeres deben gozar de una igualdad de derechos. Se trataría de un recordatorio de que, cualesquiera que sean las distinciones permitidas, estas no pueden traducirse en un estatus reducido de derechos para las mujeres como el que tradicionalmente han tenido[44]. En todo caso, dado que los derechos fundamentales representan umbrales mínimos y pueden, no obstante, ser legítimamente limitados, podrían buscarse ulteriores fórmulas para afianzar la comprensión sustantiva del mandato de igualdad en la constitución. Por ejemplo, el texto constitucional podría permitir o incluso conminar a los poderes estatales a que adopten acciones afirmativas y medidas positivas, al igual que otras medidas de tipo promocional orientadas a

[44] Es interesante recordar que incluso los primeros tratados de derechos humanos de la posguerra contenían tanto una prohibición de la discriminación sexual como una disposición sobre igualdad de derechos. Tanto el Pacto Internacional de Derechos Civiles y Políticos, de 19 de diciembre de 1996, como el Pacto Internacional de Derechos Económicos, Sociales y Culturales, de 16 de diciembre de 1966, contienen en el artículo 3 el requisito de que los Estados parte garanticen la igualdad de derechos de hombres y mujeres en el disfrute de los derechos contenidos en el documento como complemento a las garantías más generales contra la discriminación.

eliminar los obstáculos que impiden la igualdad material de las mujeres y las minorías. Este tipo de narrativa promocional encaja sobre todo en aquellas tradiciones constitucionales que descansan en una visión del Estado que no limita su rol a garantizar la libertad negativa y que, por tanto, adoptan una teoría de los derechos que legitima el establecimiento de obligaciones tanto positivas como negativas para los Estados. Además de aceptar explícitamente la validez de las medidas de acción positiva (que, por lo tanto, cumplirían —y no entrarían en conflicto con— el mandato de igualdad), existen otras formas de compromiso constitucional con la igualdad sustantiva. En algunas constituciones, la meta de la igualdad sustantiva se expresa de manera genérica en los preceptos que obligan a los poderes públicos a garantizar que los distintos grupos desfavorecidos puedan ejercer de forma efectiva sus derechos —tal es el caso, por ejemplo, del artículo 9.2 de la Constitución española de 1978—, mientras que, en otras, las disposiciones promocionales se refieren específicamente a las mujeres.

Dado que los sistemas constitucionales en los que se acepta la legitimidad de las medidas promocionales o compensatorias no suelen descartar algún tipo de noción de igualdad formal, hay límites respecto a los matices que el mandato de igualdad sustantiva puede imponer al principio de igualdad formal. En muchos ordenamientos jurídicos, la relación entre ambas normas está mediada por la diferente naturaleza jurídica de los preceptos en cuestión. Así, no es infrecuente que el principio de igualdad formal o la prohibición de la discriminación por razón de sexo se articule como un derecho exigible, y que el principio de igualdad sustantiva revista un carácter de «mandato de optimización» que permita u ordene a los poderes públicos —a modo de «principio rector»— emprender medidas promocionales de carácter corrector o compensatorio. En otras palabras, los sistemas constitucionales no suelen otorgar a sus ciudadanos el derecho exigible a un trato compensatorio o diferenciado que permita satisfacer el ideal de la igualdad material. De ahí que en la práctica sea hasta cierto punto incierta la medida en que dicho trato compensatorio o diferencial pueda entenderse justificado y que, con frecuencia, su determinación quede en manos de la libre configuración del legislador, sin que las teorías de discriminación por la omisión estatal sean, en general, de mucha utilidad, debido a la escasa frecuencia de su aceptación o bien a las limitaciones de su alcance (Rubio Marín y Salazar Benítez, 2024; Salazar Benítez, 2021: 45).

Sea como fuere, la articulación textual y, sobre todo, doctrinal de la norma constitucional antidiscriminatoria es otra de las variables relevantes (Baer, 2012). En relación con la consecución de los objetivos de igualdad sustantiva y del enfoque de la antisubordinación, la doctrina que reconoce las formas de discriminación indirectas y basadas en el impacto sea, quizás, la más prometedora, aunque no la adopten todos los ordenamientos y otros solo lo hagan a nivel legislativo, pero no constitucional (como es el caso de Estados Unidos). Para entenderlo, basta recordar que solo si tenemos en cuenta el impacto discriminatorio de las normas neutras podremos apreciar las diferentes posiciones de partida de hombres y mujeres y las realidades sociales que las explican, realidades que a menudo no hacen sino reproducir estereotipos de género preexistentes. El ánimo discriminatorio —y menos aún misógino— no es, por tanto, lo más determinante. Además, el hecho de que sean los demandantes quienes puedan alegar discriminación indirecta o de impacto para accionar la pretensión de tutela (cosa que no pueden hacer con los mandatos de acción positiva, salvo si estos se articulan constitucionalmente mediante medidas concretas de naturaleza obligatoria) dota a esta doctrina de un mayor potencial transformador. A pesar de ello, lo cierto es que, aun si se acepta, existe una variación significativa dependiendo de la más o menos exigente carga de la prueba y del tipo de prueba requerida para demostrar un impacto discriminatorio, así como del hecho de que las discriminaciones indirectas normalmente cuentan con un mayor margen de justificación que las discriminaciones directas[45].

---

45 En cuanto a la carga de la prueba en los casos de discriminación en el ámbito laboral, la doctrina del Tribunal Constitucional español, como la de otros tri-

Otros elementos doctrinales pueden resultar de interés, incluidas algunas características relacionadas con la teoría general de los derechos fundamentales (Esquembre Cerdá, 2010). Tal es el caso de la doctrina de la aplicación vertical u horizontal de los derechos fundamentales (o doctrina de la acción estatal, *Drittwirkung* o de efecto horizontal, como las distintas tradiciones constitucionales la han denominado)[46]. Se trata aquí de determinar si los derechos que reconoce la constitución son vinculantes para los particulares o si únicamente condicionan la acción estatal, y si, en el primer supuesto, permiten demandar a otros particulares al menos cuando pueda demostrarse que en la relación entre ellos exista, estructuralmente hablando, un gran desequilibrio de poder o que, teniendo la ocasión de hacerlo, los poderes públicos no hayan intervenido para remediar la acción particular lesiva. La relación entre el ciudadano de a pie y los medios de comunicación o la que se entabla entre empresarios y trabajadores serían ejemplos paradigmáticos, pero podría argumentarse que, en muchos sentidos, también la relación entre mujeres y hombres está con frecuencia revestida de una mayor o menor desigualdad de poder.

En este punto, la propia hermenéutica constitucional también da un cierto juego (Jackson, 2017; Barak-Erez, 2012; Cárdenas Cordón y Salazar Benítez, 2021). La teoría que mejor serviría a los objetivos del enfoque de la antisubordinación (sobre todo, cuando se trata de un texto constitucional antiguo) es aquella en virtud de la cual una constitución no debe interpretarse según el significado original de

---

bunales constitucionales, ha considerado suficiente que la mujer trabajadora pruebe que ha existido algún indicio sobre el cual pueda fundarse una sospecha razonable de que ha habido discriminación por razón de sexo. A partir de allí, la carga de la prueba pasa al empleador, que no solo debe demostrar que el trato desfavorable de la mujer no ha tenido como única justificación su sexo o alguna condición relacionada con el mismo, como el embarazo, sino que debe demostrar que no guarda relación alguna con ella (véanse, por todas, las SSTC 136/1996, 17/2003 y 98/2003).

46 Sobre el efecto horizontal de los derechos fundamentales desde una perspectiva comparada, véase O'Cinneide y Stelzer (2013: 177).

su texto en el momento en que se redactó, sino más bien de forma teleológica y de acuerdo con la comprensión renovada de los valores fundamentales que la sustentan. Esta doctrina, que en el ámbito anglosajón se conoce con el apelativo de «enfoque de árbol vivo» (*living tree approach*), se presta bien a una interpretación contextualizada de las normas que, más allá de su tenor literal, intenta dilucidar cómo operan en la vida real y en interacción con el conjunto de factores sociales. Otra posibilidad interpretativa prometedora es la que ofrece la necesidad, prevista en algunos ordenamientos, de interpretar los preceptos constitucionales a la luz de las disposiciones de los instrumentos internacionales de derechos humanos válidamente ratificados, o incluso de reconocer el mayor rango normativo de estos últimos en caso de contradicción, sobre todo si el Estado ha ratificado la CEDAW u otros instrumentos internacionales o regionales que puedan resultar especialmente relevantes para tutelar los derechos de las mujeres y brindarles una protección efectiva[47]. Más allá de cualquier regla formal de interpretación, cabe identificar los diferentes modos de razonamiento judicial que también pueden propiciar una comprensión más o menos sustantiva de la igualdad. Por ejemplo, hay tribunales que hacen un llamado a la igualdad formal para derogar normas que parecen perjudicar a los hombres sin hacer el menor esfuerzo por reflexionar sobre la eventual adscripción de esas normas a un entramado normativo patriarcal más amplio que, en conjunto, se traduce en la subordinación estructural de las mujeres. Cabe asimismo aludir a aquellos órganos jurisdiccionales que, apelando a la lógica de las acciones afirmativas o de naturaleza compensatoria, validan los beneficios otorgados a

---

47 Una de las principales demandas de los grupos de mujeres colombianas en el proceso de elaboración constitucional que condujo a la Constitución de 1991 fue que el texto incorporara el concepto de igualdad sustantiva de la CEDAW, objetivo que lograron en el artículo 13. Las activistas feministas también llevaron a cabo exitosas campañas para garantizar que las normas de la CEDAW se reflejaran en la Constitución de Brasil de 1998, la Constitución de Uganda de 1995 y la Constitución de Sudáfrica de 1996 (Rubio-Marín y Morgan, 2004: 120-21).

las mujeres bajo un razonamiento proteccionista que no hace sino afianzar estereotipos sobre su vulnerabilidad o su condición de dependencia. Por todo ello, resulta particularmente prometedora la creciente toma de conciencia por parte de los altos tribunales de la necesidad de juzgar con perspectiva de género, pues este enfoque jurisprudencial permitiría ir a la raíz del problema y desechar orientaciones interpretativas que solo en apariencia benefician a las mujeres[48].

Si volvemos la mirada hacia atrás, no puede sorprendernos el amplio margen de variación, pero tampoco que las primeras manifestaciones de las articulaciones constitucionales más ambiciosas de las disposiciones relativas a la igualdad o cláusulas antidiscriminatorias se encuentren en aquellas constituciones recientemente redactadas o reformadas ni que los ordenamientos constitucionales más antiguos hayan dependido sobre todo de la labor jurisprudencial de *aggiornamento*. Este es el caso de aquellos procesos de elaboración constitucional que se llevaron a cabo antes de la ratificación de la CEDAW o bajo la influencia de otros tratados internacionales y regionales de derechos humanos relevantes y de estrategias de movilización de los colectivos de mujeres de la sociedad civil a través de canales oficiales o informales. Cabe igualmente destacar el apoyo de las redes transnacionales de mujeres y, en las últimas décadas, la asistencia de actores internacionales gubernamentales y no gubernamentales en la redacción de constituciones sensibles a la equidad de género.

Un ejemplo temprano de experimentación e innovación constitucional fue el de Canadá, donde la elaboración e interpretación de la Carta Canadiense de Derechos y Libertades de 1982 contó primero con la participación de colectivos feministas de la sociedad

---

48 Destacan, en esta línea, los protocolos para juzgar con perspectiva de género que desde hace años se han elaborado en más del 50 % de los poderes judiciales de América Latina. La Corte Suprema de México, que publicó una completísima guía en 2013, actualizada en 2020, fue pionera en la materia (Cárdenas Cordón, 2022).

civil, colectivos que posteriormente actuaron como litigantes[49]. La Carta incluyó dos disposiciones sobre igualdad de género. En primer lugar, el precepto general de igualdad (la sección 15), que prohíbe la discriminación por los nueve motivos enumerados, incluido el sexo (la sección 15.1). En interés de una comprensión sustantiva de la igualdad, sin embargo, dicho precepto aclara que la prohibición de la discriminación basada en el sexo no excluye los programas de mejora para personas o grupos desfavorecidos. La entrada en vigor de la sección 15 se retrasó tres años a fin de que hubiera tiempo para revisar la legislación y garantizar su conformidad constitucional. El segundo precepto (la sección 28) se refiere de forma exclusiva a la igualdad entre los sexos y dispone: «No obstante lo dispuesto en esta Carta, los derechos y libertades mencionados se garantizan de igual forma a hombres y mujeres». El movimiento de mujeres albergó expectativas importantes en torno a este precepto, que inicialmente se concibió como una cláusula de interpretación teleológica que permitiría al país tener una *Equal Rights Amendment* como la que fue propuesta, aunque no aprobada, en Estados Unidos. Se pretendía que una cláusula de este tipo permitiera interpretar toda la carta de derechos a la luz del mandato de la igualdad de género y garantizar que la igualdad *de facto* y que las distinciones basadas en el sexo se tomaran tan en serio como las distinciones basadas en la raza y requirieran, por ello, estándares de control igualmente

---

49 Baines (2005: 50-54). Canadá firmó la CEDAW el 17 de julio de 1980 y la ratificó el 10 de diciembre de 1981, después de que la Ley Constitucional fuera adoptada en 1982 por una resolución del Congreso canadiense del 2 de diciembre de 1981 y por el Senado el 8 de diciembre de 1981 (Bayefsky, 1989: 924). Sin embargo, Baines (en conversación con la autora, 24 de abril de 2021) sostiene que parece poco probable que las abogadas activistas del momento prestaran atención a la CEDAW, ya que en aquel entonces los tribunales canadienses restaban importancia a los instrumentos internacionales e incluso ahora apenas los consideran vinculantes. Es más probable que las canadienses que participaron en el proceso de redacción constitucional quisieran distanciarse del modelo formal de igualdad estadounidense en vista de los desafíos que planteaba para la adopción de políticas de acción afirmativa en el país vecino.

exigentes[50]. Con el tiempo, el potencial de estas disposiciones constitucionales se vio reforzado por la interpretación teleológica de la Corte Suprema en general y por su compromiso con una lectura sustantiva de la igualdad en particular. Tal compromiso llevó a la Corte a afirmar que el propósito primordial de la sección 15 no era luchar contra las diferenciaciones irracionales, sino más bien impedir «la imposición de desventajas, estereotipos o prejuicios políticos o sociales, y promover una sociedad en la que todas las personas gocen de igual reconocimiento ante la ley como seres humanos o como miembros de la sociedad canadiense, igualmente capaces e igualmente merecedoras de atención, respeto y consideración»[51]. La igualdad sustantiva, ha reconocido la Corte Suprema de Cana-

---

50 Una tercera disposición sobre la igualdad entre los sexos (artículo 35 [4]) fue añadida por vía de enmienda constitucional en 1983 con la finalidad de que los derechos consuetudinarios y de tratados indígenas protegidos por la Constitución se garantizaran por igual a hombres y mujeres, una forma de reconocer los intereses interseccionales de las mujeres aborígenes (Froc, 2015: 243).

51 Véase *Fraser vs. Canada (Attorney General)* (2020). Véase también *Law vs. Canada (Minister of Employment and Immigration* (1999). En realidad, *Law* se apoyó en *Andrews vs. Law Society of British Columbia* (1989), conocido como el caso que sentó las bases de la igualdad sustantiva. No obstante, *Law* ha sido objeto de críticas de académicos e incluso de la propia Corte Suprema por haber articulado un «test de dignidad» —en virtud del cual, para considerarse ilegítimo, el trato diferencial debía vulnerar la dignidad de la persona—, exigencia que, se dice, puede resultar excesivamente discrecional, además de traducirse en una carga adicional para la demandante. Véase *R. vs. Kapp* (2008), párr. 22. Sea como fuere, parece que gran parte del mérito de convencer a la Corte para que adoptara un enfoque de igualdad sustantiva se debe al Fondo de Educación y Acción Legal de la Mujer (Legal Action and Education Fund, o LEAF), una organización nacional sin ánimo de lucro que, aprovechando la generosa doctrina de la legitimación activa de la Corte, ha podido personarse en muchos litigios para promover la igualdad de las mujeres y llevar a cabo una gran labor educativa destinada al público en general. En concreto, al LEAF se le atribuye el mérito de haber presentado a la Corte gran parte de la información contextual y del análisis feminista que sirve para poner en evidencia el impacto de ciertas acciones y omisiones gubernamentales sobre los derechos de las mujeres. El LEAF contó con fondos públicos gracias a un programa de litigación del Gobierno canadiense que se interrumpió entre 1992 y 1995, se cerró en 2006 y se restableció en 2017 (Irving, 2008: 159; Eberts, 2015; y Razack, 1991).

dá, exige prestar atención al «contexto global de la situación del grupo demandante, al impacto real de la ley en ese contexto y a las desventajas sistémicas persistentes que han operado para limitar las oportunidades disponibles de los miembros del grupo»[52].

Con todo, tal vez la más temprana, sofisticada y completa expresión constitucional del compromiso con la igualdad sustantiva pueda encontrarse en la Constitución de Sudáfrica de 1996[53]. Ello no debe sorprender, si tomamos en consideración que el texto final fue el resultado de un proceso en el que colectivos de mujeres activistas desplegaron de forma eficiente las habilidades políticas y organizativas que habían adquirido durante la lucha por la igualdad racial para forzar la inclusión en la Constitución de las cuestiones que les concernían de forma especial. Y ello precisamente en una época de intensa movilización feminista transnacional que condujo a la adopción de la Declaración y la Plataforma de Acción de Beijing.

---

52 Véase *Withler vs. Canada (Attorney General)* (2011). Véase también *Ontario (Attorney General) vs. Fraser* (2020) párrs. 28, 42. No obstante, ante el escaso historial de casos ganados hasta ahora con base en esta doctrina, muchos autores parecen estar de acuerdo en que la Corte Suprema concibe la igualdad sustantiva como la doctrina que debe informar la aplicación del derecho a la igualdad de la sección 15, pero al mismo tiempo no adopta realmente un enfoque sustantivo en su jurisprudencia (Watson Hamilton y Koshan, 2015; Koshan, 2014).

53 Aunque no necesariamente de forma tan completa como en la Constitución de Sudáfrica, la noción de igualdad sustantiva ha proliferado en muchas otras constituciones africanas desde la década de 1990 (Tripp, 2009: 180). Por lo general, las cláusulas relevantes contienen un mandato para que el Estado promueva el desarrollo de la mujer y garantice la igualdad de oportunidades a fin de asegurar su participación equitativa en todas las esferas de la sociedad. Véase, por ejemplo, el artículo 89.7 de la Constitución de Etiopía de 1994, el artículo 36 (6) de la Constitución de Ghana de 1992, el artículo 13 (a) de la Constitución de Malawi de 1994, el artículo 67 de la Constitución de Mozambique de 1990, el artículo 23.3 de la Constitución de Namibia de 1990 y el artículo 33 (2) de la Constitución de Uganda de 1995. A pesar de su extensión, estas cláusulas, que dependen del desarrollo ejecutivo y legislativo para cobrar verdadero sentido, acaban siendo bastante ilusorias en países con escasos recursos.

Así, en primer lugar, la sección 1 del texto constitucional sudafricano es único en su expresión de un compromiso fundamental no solo con la igualdad de género, sino también con el no sexismo, una disposición que deja bien claro que la preocupación que la anima es la de acabar con la dinámica de subordinación basada en el sexo[54]. A su vez, la sección 9 garantiza expresamente el derecho a la igualdad de género, dado que reconoce la igualdad formal ante la ley —pero también la igual protección y beneficio de la ley (artículo 9 [1])—, el compromiso con la igualdad sustantiva mediante el disfrute pleno e igualitario de los derechos y la posibilidad de adoptar medidas de acción positiva para garantizarlo (9 [2]) y una prohibición de la discriminación que establece la explícita interdicción tanto de la discriminación directa como de la discriminación indirecta e interseccional (9 [3] y 9 [5]), ya provenga de particulares (9 [4]) o del Estado. Esta sección también contiene el mandato de promulgar leyes para prevenir estas formas de perjuicio (9 [3]), especificando que la prohibición de discriminación incluye no solo la discriminación basada en el sexo, sino también en el género, la orientación sexual, el embarazo y el estado civil. Estas previsiones sugieren que la superación de la subordinación de las mujeres exige el cuestionamiento de todo el orden de género dominante y no solo de las disposiciones que establecen diferenciaciones explícitas. Hay otros elementos en la Constitución de Sudáfrica que también afirman el compromiso con la igualdad sustantiva, incluido el mandato amplio para que el Estado respete, promueva y cumpla con la declaración de derechos (sección 7 [2]), obligación consistente con el compromiso general con los derechos positivos y reflejada en la amplia incorporación de derechos sociales justiciables (entre ellos, el derecho a la salud y la vivienda, artículos 26 [1] y 26 [2]), derechos que con frecuencia

---

54 La sección 1 de la Constitución de Sudáfrica consagra los valores que sustentan todo el sistema y hace referencia al antirracismo y al antisexismo, así como a la supremacía de la Constitución, el Estado de derecho, el sufragio universal y el multipartidismo.

han hecho valer las mujeres demandantes[55]. Por todo ello, no debe extrañar que, al interpretar la sección 9, la Corte Constitucional haya subrayado que «un enfoque formal debe ser rechazado en favor de un análisis sustantivo, contextual y asimétrico» que permita interpretar el derecho a la igualdad a la luz de la discriminación pasada y presente[56]. Asimismo, la perspectiva de la igualdad basada en el impacto y el contexto ha ayudado a la Corte Constitucional a entender mejor el fenómeno de la discriminación interseccional[57].

Sería un error pensar que el compromiso constitucional con la igualdad material de género se ha limitado a países que han experimentado su principal «momento constitucional» en tiempos recientes. Lo cierto es que la tendencia se ha constatado también en países con constituciones y cartas de derechos más antiguas. En Europa, por ejemplo, bajo la influencia inicial de los estándares de la normativa europea[58], la incorporación de nociones de igualdad

---

55 Sobre el derecho a la vivienda, véase *Government of the Republic of South Africa vs. Grootboom* (2001), y sobre el derecho a la salud, véase *Minister of Health and Others vs. Treatment Action Campaign and Others (No. 2)* (2002).

56 Jagwanth (2003-2004: 727). La jurisprudencia posterior del Tribunal Constitucional de Sudáfrica ha confirmado este enfoque. Véase, al respecto, *Prinsloo vs. Van der Linde* (1997).

57 Véase *Harksen vs. Lane* (1998), párr. 49, y *Brink vs. Kitshoff* (1996), párr. 44. Los tribunales de otros países se han mostrado crecientemente sensibles a la discriminación interseccional, a pesar de que sus textos constitucionales no hagan explícita mención a ella. Este es el caso de Costa Rica, por ejemplo, con las siguientes sentencias de la Sala Constitucional de la Corte Suprema: n.° 13713-2008 (5 de septiembre de 2008) y n.° 06741-2017 (12 de mayo de 2017), sobre mujeres con discapacidad, y n.° 12095-18 (24 de julio de 2018), sobre acoso a mujeres afrodescendientes. Dicho esto, a la fecha seguimos sin disponer de una doctrina que ofrezca una construcción dogmática sólida acerca de cómo debe valorarse la discriminación interseccional de forma distinta a la discriminación por cualquiera de los factores involucrados.

58 La legitimidad de la acción positiva fue respaldada desde el principio por la legislación europea (véase el artículo 2.4 de la Directiva 76/207/CEE del Consejo, de 9 de febrero de 1976, sobre la aplicación del principio de igualdad de trato entre hombres y mujeres, y la Recomendación del Consejo 84/635/CEE, del 13 de diciembre de 1984, sobre la promoción de acciones positivas para las mujeres). No obstante, la legitimidad de las cuotas de género y, de manera más

sustantiva de género ha tenido lugar al amparo de disposiciones genéricas que reflejaban un compromiso más amplio con los objetivos de la igualdad sustantiva, aunque no hicieran referencia ni al sexo ni a las mujeres como destinatarias. Sin embargo, desde la década de los noventa se aprecia una cierta urgencia para que la referencia a las mujeres sea explícita y no descanse únicamente en la labor jurisprudencial, tendencia que ha acabado provocando una oleada de enmiendas constitucionales que han servido para respaldar medidas legislativas de acción afirmativa en favor de las mujeres tanto en la esfera laboral como en el ámbito político. En cada caso, el contexto específico ha sido decisivo a la hora de determinar el cuándo y el qué de cada reforma, pero el activismo feminista parece haber sido un factor determinante en muchas situaciones.

En Alemania, a los dos artículos de la Constitución de 1949 (el artículo 3 [2], que reconoce la igualdad entre hombres y mujeres, y

---

general, el compromiso más sólido con la igualdad sustantiva, al igual que la adopción del principio de transversalización de género (*gender mainstreaming*), solo comenzarían a aplicarse en la década de los noventa. Así, tras el clamor público que generó la decisión del Tribunal de Justicia de la Unión Europea que anuló una medida de acción afirmativa en beneficio de las mujeres (*Eckhard Kalanke vs. Freie Hansestadt Bremen*, asunto C-450/93 [1995]) por considerarla contraria a la igualdad formal, el Tratado de Ámsterdam, firmado el 2 de octubre de 1997, añadió el párrafo 119 [4] a la disposición original sobre la igualdad entre los sexos: «Con objeto de garantizar en la práctica la plena igualdad entre hombres y mujeres en la vida laboral, el principio de igualdad de trato no impedirá a ningún Estado miembro mantener o adoptar medidas que ofrezcan ventajas concretas destinadas a facilitar al sexo menos representado el ejercicio de actividades profesionales o a evitar o compensar desventajas en sus carreras profesionales». Véase también el artículo 141 (4) del Tratado constitutivo de la Comunidad Europea, convertido a partir de diciembre de 2009 en el artículo 157 (4) del que pasó a ser el Tratado de Funcionamiento de la Unión Europea. En esta nueva disposición del Tratado, las referencias a la «plena igualdad» en la práctica, a las «ventajas concretas» y a la necesidad de «evitar o compensar las desventajas» contrastan con la mera referencia a la «igualdad de oportunidades» en el derecho antidiscriminatorio anterior. Con el Tratado de Lisboa (2009), la Unión Europea continúa operando bajo este marco legal que, en esencia, reproduce la Carta Europea de Derechos Fundamentales (véanse los artículos 20, 21, 23.1 y 23.2, respectivamente).

el artículo 3 [3], que establece que nadie podrá ser perjudicado ni favorecido a causa de su sexo) se añadió el artículo 3 (2.2). La cláusula, que fue introducida después de la reforma del 27 de octubre de 1994, dispone: «El Estado promoverá la realización efectiva de la igualdad de derechos de las mujeres y los hombres e impulsará la eliminación de las desventajas existentes». Se trata, pues, de una tarea u obligación que asumen el Gobierno y el legislador, pero no de un derecho subjetivo. La inclusión de esta cláusula surgió durante el debate que suscitó la adopción de distintas clases de cuotas que habrían de beneficiar a las mujeres tanto en el sector público como en el privado y formó parte de un conjunto de reformas constitucionales aprobadas con posterioridad a la reunificación alemana, incluyendo algunas modificaciones específicamente destinadas a reforzar el compromiso de la Constitución con la justicia social. En realidad, la nueva cláusula venía a confirmar la jurisprudencia anterior del Tribunal Constitucional Federal de Alemania, que ya había interpretado que el principio de igualdad de derechos del artículo 3 (2) constituía una base legítima para la adopción de medidas de acción afirmativa encaminadas a garantizar la igualdad sustantiva o real entre los sexos (Sacksofsky, 1996: 386 ss.; 2021). Con todo, las mujeres de Alemania Occidental y Oriental unieron fuerzas para ir más allá. Para las occidentales, se trataba de reaccionar ante la evidencia estadística que mostraba persistentes desigualdades a pesar de la proclamación constitucional de la igualdad entre los sexos. Por su parte, a las mujeres orientales las movía la preocupación por convertirse en las «perdedoras de la reunificación alemana en términos socioeconómicos», dado que, en algunos aspectos, el nivel de igualdad de género alcanzado en el este del país había sido más alto que en el oeste (Vogel, 1995). Convencer a la Comisión Constitucional Mixta para que incluyera la nueva cláusula en el artículo 3.2 GG durante el proceso de reforma constitucional requirió los esfuerzos de una alianza multipartidista de mujeres compuesta por representantes de sindicatos, organizaciones de la sociedad civil y otros grupos de mujeres, de la que surgió un llamamiento a todas ellas para que enviaran cartas de apoyo a la Comisión. La convocatoria de la reunión de la alianza en la isla de Frauenchiemsee (*Frauen,* en alemán, «mujeres») tuvo un mensaje claramente simbólico: en 1948, la Convención Constitucional que sentó las bases de la Constitución de 1949 para la República Federal de Alemania tras la Segunda Guerra Mundial se había reunido en la isla y en el palacio de Herrenchiemsee (*Herren*, en alemán, «caballeros»).

Solo cuatro años después de que se aprobara la enmienda a la Ley Fundamental alemana, la Constitución Federal de Austria fue reformada en un sentido similar. Así, el 15 de mayo de 1998[59] —apenas unos meses después de que se aprobara la enmienda constitucional que permitiría a las mujeres servir en el Ejército[60]—, se introdujo el párrafo 2 en el artículo 7 de la Ley Constitucional Federal, en virtud del cual «la Federación, provincias y municipios suscriben la igualdad *de facto* entre hombres y mujeres. Son admisibles las medidas para promover la igualdad de hecho entre mujeres y hombres, sobre todo las que sirven para eliminar las desigualdades reales entre ambos». En esta enmienda subyacía, en primer lugar, el reconocimiento de que la desigualdad entre los sexos persistía en la sociedad austríaca, pero también la convicción de que las voces de los movimientos de mujeres se estaban desvaneciendo en la arena política. El contexto específico también es relevante, pues el Gobierno austríaco acababa de anunciar la adopción de una serie de medidas de austeridad que, se esperaba, perjudicarían especialmente a las mujeres (Geiger, 2013: 120). De ahí que las mujeres del ámbito político y de la sociedad civil lanzaran una petición popular solicitando once medidas legislativas para mejorar el bienestar de las mujeres[61]. La petición corrió a cargo de la ONG Foro de Muje-

---

59 Bundes-Verfassungsgesetz [B-VG], BGBl n.° 1/1930, de acuerdo con la última reforma en Bundes-Verfassungsgesetz [B-VG] BGBl n.° 68/1998.

60 Gesetz über die Ausbildung von Frauen im Bundesheer—GAFB 1998 (Ley sobre la Formación de la Mujer en las Fuerzas Armadas de 1998) Bundesgesetzblatt [BGBl] n.° 30/1998.

61 El PDF del manifiesto y más información sobre las reacciones a la petición popular están disponibles en http://zwanzigtausendfrauen.at/wp-content/uploads/2011/01/1997_Frauenvolksbegehren.pdf.

res Independientes (Unabhängiges Frauenforum) y recabó la firma del 11,17 % de los votantes austríacos (tres cuartas partes de ellos, mujeres) entre el 7 y el 14 de mayo de 1997 (Liebhart, 2013: 124). La consagración de la igualdad sustantiva entre mujeres y hombres en la Constitución austríaca y del deber positivo de las provincias y los municipios de promover la eliminación de la discriminación de género *de facto* fue el principal reclamo popular, y de él surgió la enmienda constitucional.

También en Grecia, el movimiento de mujeres tildó de insuficiente la arquitectura constitucional del país para respaldar las medidas de acción positiva que se estimaban necesarias (Rubio Marín, 2017: 337-38, y Anagnostou, 2013). La Constitución de 1975 había incluido una cláusula general de igualdad (artículo 4.1), así como una disposición sobre igualdad de sexos que afirmaba que «los hombres y las mujeres griegos tienen los mismos derechos y obligaciones» (artículo 4.2). Y aunque también se había incluido una disposición (artículo 116.2) que permitía derogaciones del principio de igualdad entre los sexos por razones imperiosas y de acuerdo con lo dispuesto por ley, aquella cláusula había servido para amparar medidas que, en lugar de ampliar, limitaban la participación de las mujeres en ciertos ámbitos (como el cuerpo militar o la Policía) sobre la base de supuestos rasgos masculinos y femeninos de carácter intrínseco (Anagnostou, 2013: 139-40). A finales de la década de 1990, una campaña de mujeres —respaldada por más de veintidós organizaciones feministas— reivindicó la derogación del artículo 116.2. La movilización se centró en el rechazo de la interpretación que de la cláusula venía haciendo la jurisprudencia del Consejo de Estado y en el reclamo de la inclusión en la Constitución de un principio claro de igualdad sustantiva avalado por la legislación europea y las normas de la CEDAW. Concretamente, la campaña apelaba a la tradición constitucional europea en formación, reflejada en el creciente número de constituciones nacionales que garantizaban la igualdad sustantiva e incorporaban disposiciones que avalaban las acciones positivas. Finalmente, en diciembre de 2000 la enmienda propuesta se incorporó a la Constitución reformada, y la antigua disposición 116.2 fue reemplazada por otra que establecía que «El Estado tomará medidas para la eliminación de las desigualdades realmente existentes, en particular aquellas en perjuicio de las mujeres». Quedaba así allanado el camino para la adopción de legislación de cuotas de género en las elecciones locales y nacionales[62].

No se agotan aquí los ejemplos de países que reformaron sus constituciones en el mismo período para agregar una dimensión sustantiva de la igualdad de género[63], países a los que habría que agregar aquellos que, en lugar de seguir la vía de las enmiendas constitucionales, contaron con tribunales que simplemente se decantaron por una lectura sustantiva de preceptos de igualdad que parecían tener un carácter netamente simétrico[64]. En definitiva, en los albores del nuevo siglo, las ciudadanas expresaron de forma cada

---

62 En Portugal, la Constitución de 1976 (artículo 13.2) se limitó a disponer que «nadie podrá ser privilegiado, favorecido, perjudicado, privado de ningún derecho ni eximido de un deber en razón de [...] sexo», precepto enmendado en septiembre de 1997 para conferir al Estado la responsabilidad de promover la igualdad entre hombres y mujeres (nuevo artículo 9). Casi dos años después, en junio de 1999, tuvo lugar la reforma de la Constitución finlandesa, que facilitó la adhesión de Finlandia a la Unión Europea. La nueva sección 6 de dicha Constitución dispone que no caben distinciones basadas en el sexo «sin una razón aceptable» y que nadie debe «ser tratado de manera diferente a otras personas», haciendo referencia explícita a las medidas para desarrollar «la igualdad de los sexos [...] en la actividad social y la vida laboral, especialmente en lo que respecta a la determinación de la remuneración y las demás condiciones de empleo». También pueden encontrarse disposiciones similares en los textos constitucionales de los países de Europa central y oriental, incluidos los de Rumanía (artículo 16.3) y Eslovenia (artículo 14).

63 Véase la Constitución de la República Popular de China (sección 6, artículo 10 de los artículos adicionales a la Constitución, reformado en 1990); la Constitución de la República Argentina (artículo 75.23, reformado en 1994) y la Constitución de Turquía (artículo 10, reformado en 2004 y en 2010).

64 Véanse, a modo de ejemplo, las sentencias del Tribunal Constitucional español: «No obstante el carácter bidireccional de la regla de parificación entre los sexos no cabe desconocer que han sido las mujeres el grupo víctima de tratos discriminatorios» (STC 229/1992). La inclusión en la Constitución del sexo como un criterio prohibido de discriminación responde a la necesidad de «poner fin a la tradicional postergación de la mujer, borrando aquellas diferencias

vez más contundente su descontento por la tímida expresión de las prohibiciones de discriminación heredadas del constitucionalismo de posguerra que debían protegerlas y manifestaron la urgencia de que la igualdad real, material o sustantiva se erigiera en el nuevo parámetro. Lo que las animaba era la realidad de su infrarrepresentación en la esfera pública —el mercado de trabajo y los cargos públicos—, que persistía a pesar de la proclamada igualdad constitucional. Desde entonces, esta tendencia no ha hecho más que consolidarse y su mejor expresión puede observarse en las constituciones más recientes[65]. Algunas de estas constituciones contienen preceptos de igualdad realmente completos y complejos[66], o detallan los deberes del Estado en relación con el cumplimiento de otros derechos constitucionales[67] y reflejan de manera más adecuada las necesidades específicas de aquellas mujeres que están sujetas a múltiples formas de discriminación o que son marginadas debido a su pobreza extrema[68]. De manera similar, las plataformas de muje-

---

que históricamente la han colocado en situación de inferioridad en la vida jurídica y social» (STC 128/1987). Véase, además, STC 241/1988.

65 Véase el artículo 46 de la Constitución tunecina de 2014.

66 La Constitución de la Ciudad de México de 2017 ofrece un ejemplo vívido. Su artículo 4 (C.1 y C.2) va más allá de la categoría de sexo (un concepto cada vez más problemático) para incluir una lista detallada de discriminaciones prohibidas relacionadas con el sexo y el género (incluyendo la preferencia sexual, la orientación sexual, la identidad de género, la expresión de género, las características sexuales y el estado civil), consagrando la igualdad sustantiva y la validez de las medidas afirmativas y, a su vez, definiendo la conducta misógina y la falta de ajustes razonables como formas de discriminación. La Constitución de Nepal de 2015 incluye el sexo, el estado civil y el embarazo en el elenco de motivos prohibidos de discriminación.

67 El artículo 1 de la Constitución mexicana fue reformado en 2011 y ahora enumera los deberes de respetar, proteger y garantizar los derechos humanos. Establece, además, la obligación del Estado de investigar, sancionar y reparar las violaciones a estos derechos.

68 El artículo 18 de la Constitución de Nepal de 2015 reclama la adopción de medidas de acción positiva para las mujeres social y culturalmente atrasadas con la intención de excluir así a la «capa cremosa», un término que el constitucionalismo de la India en materia de acción afirmativa utiliza para remitirse a los grupos relativamente acomodados y más educados dentro de la categoría

res que han participado en las iniciativas de redacción constitucional han ampliado sus aspiraciones con respecto a la justicia socioeconómica para abarcar también la lucha por la justicia medioambiental[69]. En todo caso, y más allá del horizonte de oportunidades que abren los procesos de creación o reforma constitucional, las mujeres en todo el mundo siguen probando suerte ante los tribunales constitucionales. Desde el caso de las dos jóvenes peruanas que, abanderando su derecho a la educación, lucharon por el acceso a una escuela pública regular para evitar el desplazamiento a pie durante dos horas y el viaje por otras dos horas en transporte público hasta llegar a los centros de escolarización alternativa que les brindaban como única opción[70], pasando por el de las niñas indias que reclamaron baños, agua para el saneamiento y la higiene y otras estructuras básicas dentro de sus escuelas[71], hasta el de la madre argentina de un hijo con discapacidad que exigió su derecho a ser incluida en un programa de vivienda social[72]. En muchos países, las recientes crisis

---

de «otras clases atrasadas». Además, el artículo 38, que contiene un conjunto de disposiciones completamente nuevo para proteger los derechos de la mujer, prevé la necesidad de adoptar medidas de acción afirmativa en materia de educación, salud, empleo y seguridad social. En líneas similares, el artículo 40 sobre los derechos de los dalit pone de relieve la cuestión de la interseccionalidad con respecto a la igualdad de género. La subcláusula 7 ordena la distribución equitativa de las instalaciones previstas en el artículo 7 entre hombres y mujeres dalit; el artículo 42, sobre el derecho a la justicia social, reitera el derecho de las «mujeres socialmente atrasadas» y de los «grupos de minorías sexuales y de género» al empleo en las estructuras estatales sobre la base del principio de inclusión, en consonancia con los principios de justicia redistributiva, mientras que el artículo 43 identifica a las «mujeres solteras indefensas» como uno de los grupos con derecho a la seguridad social (Malagodi, 2024).

[69] Por ejemplo, en Turquía, la Plataforma Constitucional de la Mujer de 2007 puso la idea de ciudadanía igualitaria, justicia social y justicia medioambiental en el centro de sus reclamos (Emrah Oder, 2019: 301-2).

[70] Tribunal Constitucional, Exp. N.° 00853-2015-PA/TC (*Marleni Cieza Fernández y otra*) (14 de marzo de 2017).

[71] *Environmental & Consumer Protection Foundation vs. Delhi Administration* (2012). Véase también Singh (2016: 116).

[72] CSJN, «Q. C., S. Y. c/ Gobierno de la Ciudad de Buenos Aires» (2012), *Fallos* 335:452.

económicas y las políticas de austeridad adoptadas para encarar tal coyuntura han contribuido a generar conciencia sobre la urgencia de reforzar los derechos sociales e imprimir un nuevo impulso a los principios de no regresión y no discriminación. Para que la promesa constitucional de convivencia igualitaria no sea un mero desiderátum, es cada vez más necesario abordar los persistentes problemas de la pobreza y la creciente desigualdad económica, así como visibilizar su innegable impacto de género (Thiruvengadam y Hessebon, 2012: 153).

3.4. HACIA LA DEMOCRACIA PARITARIA

En el nuevo siglo, el énfasis en la participación de las mujeres ha puesto en evidencia la necesidad de superar las desigualdades vinculadas a la construcción generizada de la ciudadanía de una forma más amplia y profunda, entre ellas, ciertas desigualdades que habían sobrevivido a los años de posguerra en muchas democracias constitucionales pese a la común proclamación de la prohibición de la discriminación sexual en las esferas política y pública[73]. Nos referimos, por ejemplo, a la desigualdad de las mujeres en el Ejército[74], en el

---

[73] Los primeros tratados regionales e internacionales que abordaron específicamente los derechos políticos de las mujeres, incluida la Convención Interamericana sobre la Concesión de Derechos Políticos a la Mujer (1948) y la Convención sobre los Derechos Políticos de la Mujer (1952), se habían ceñido a una lógica formal de la igualdad y no perseguían otro objetivo más que de afirmar el derecho de la mujer a participar en igualdad de condiciones, algo que fundamentalmente reiteró la Declaración de Naciones Unidas sobre la Eliminación de la Discriminación contra la Mujer de 1967 (A. G. Res. 2263 [XXII]) (7 de noviembre de 1967) en su artículo 4. También tuvo relevancia la Convención de las Naciones Unidas sobre la Nacionalidad de las Mujeres Casadas de 1957 (Doc. ONU E/CN.6/389), mediante la cual se declaró que la nacionalidad de la mujer no debía estar condicionada por su matrimonio ni por la nacionalidad de su marido.

[74] De hecho, las distinciones entre hombres y mujeres en este ámbito aún pueden encontrarse en muchos ordenamientos jurídicos, respaldadas o no por una mención constitucional explícita. Así, en 1956, cuando Alemania reorganizó

acceso, retención o transmisión de la nacionalidad o en el acceso a cargos hereditarios del poder estatal, de carácter más o menos simbólico, como los que se conceden en un régimen monárquico[75].

---

sus Fuerzas Armadas, la Constitución de 1949 tuvo que ser enmendada. En principio, el artículo 12 (4) eximía a las mujeres de la obligación legal de prestar servicio en cualquier unidad de las Fuerzas Armadas y les prohibía trabajar en cualquier servicio que implicara el uso de las armas. Una reforma constitucional de 1968 eliminó el artículo e insertó una nueva disposición en el 12a —la 12a (4)— mediante la cual cabría obligar a las mujeres a servir en las Fuerzas Armadas, en especial en unidades de atención médica, sin que pudiera exigírseles que prestaran servicios en ninguna unidad que implicara el uso de armas. No obstante, a partir del 1 de enero de 2004, se les permitió hacerlo. De igual manera, el artículo 13 de la Constitución sueca, que prohíbe la discriminación, dispone: «Ninguna ley o disposición de otro tipo puede implicar el trato desfavorable de una persona por motivos de género, a menos que esa disposición busque promover la igualdad entre hombres y mujeres o esté relacionada con el servicio militar obligatorio u otros deberes públicos equivalentes». Véase también la Sentencia C-511/94 (16 de noviembre de 1994) de la Corte Constitucional de Colombia mediante la cual, aludiendo a las diferencias biológicas y educativas, rechazó la inconstitucionalidad de no someter a las mujeres al servicio militar obligatorio, pero sí las autorizó a servir de manera voluntaria. En el caso de Estados Unidos, véase *National Coalition for Men vs. Selective Service System* (2021), que negó el *certiorari* contra la decisión *National Coalition for Men vs. Selective Service System* (2020), en la que se afirmó la validez del requisito de registro obligatorio a efectos del servicio militar aplicado exclusivamente a los hombres.

75 En la Constitución española, la regla de sucesión a la Corona (artículo 57.1) sigue discriminando a las mujeres. Esta diferenciación, de hecho, fue invocada para defender una discriminación similar en el orden de sucesión de títulos nobiliarios en un litigio constitucional que amparó la validez de la discriminación (STC 126/97) y que solo un cambio legislativo logró superar en 2006 (Ley 33/2006, de 30 de octubre, sobre igualdad del hombre y la mujer en el orden de sucesión de los títulos nobiliarios). Para una crítica de dicha jurisprudencia, véase Rubio Marín y Salazar Benítez (2024). Hay países en los que, en cambio, las cláusulas constitucionales y las normas de derechos humanos en materia de igualdad se han utilizado con éxito para garantizar el igual derecho de sucesión de la mujer. Véase, por ejemplo, la decisión de la Corte Constitucional de Indonesia (88/PUU-XIV/2016) de 2016, que anuló la regla de sucesión al Gobierno del sultanato de Yogyakarta por violar el principio de igualdad consagrado en el Pacto Internacional de Derechos Civiles y Políticos y la CEDAW.

Si bien las particularidades del régimen monárquico pueden interpretarse como una mera reliquia de un orden preconstitucional especialmente refractario a la modernización, la discriminación de las mujeres en el Ejército siempre estuvo directamente relacionada con una construcción de la ciudadanía basada en el género, en la que los deberes y cargos militares representaban una forma típicamente masculina de contribuir a la ciudadanía equivalente a la maternidad de la mujer. Con el paso del tiempo, sin embargo, la diferenciación se ha hecho cada vez más problemática, pues la gradual profesionalización de las Fuerzas Armadas en un número cada vez mayor de países significa que la pervivencia del sesgo de género comporta la privación de un amplio espectro de oportunidades profesionales[76].

---

[76] De hecho, la proliferación de puestos profesionales y voluntarios, así como de oportunidades de formación en el Ejército, se ha traducido en una inclusión cada vez mayor de las mujeres en el cuerpo, transformación que en muchos países se ha visto acompañada de litigación constitucional. Véase, para España, STC 216/1992, mediante la cual se deroga la exclusión de las mujeres de las fuerzas aéreas profesionales; para Israel, HCJ 4541/94 *Alice Miller vs. Minister of Defense* (1995), mediante la cual se recurre, con éxito, la política discriminatoria de admisión a la formación de pilotos de combate. Para Colombia, véase Sentencia T-624/95 (15 diciembre de 1995), que admitió el reclutamiento de mujeres en la Marina; Sentencia T-704/96 (9 de diciembre de 1996), referida a la Fuerza Aérea; y Sentencia T-463/96 (20 de septiembre de 1996), sobre la admisión a las escuelas de formación de oficiales navales. Para Estados Unidos, véase *United States vs. Virginia* (1996), un caso histórico en el que la Corte Suprema anuló la antigua política de admisión única de varones del reputado Instituto Militar de Virginia. Cabe resaltar que las mujeres también han logrado impugnar otras desventajas que, de manera indirecta, derivaban de su exclusión de los deberes militares. Véase, por ejemplo, la decisión del Tribunal Constitucional de Corea del Sur (98Hun-Ma363, 23 de diciembre de 1999), que deroga el sistema de acceso a la función pública que otorgaba puntos extra a los solicitantes varones que hubieran cumplido su deber militar porque discriminaba tanto a las mujeres como a las personas con discapacidades. También los hombres han logrado impugnar con éxito algunos deberes que los obligaban de forma exclusiva y que estaban basados en el estereotipo del varón protector y la mujer necesitada de protección. Véase, por ejemplo, la decisión del Tribunal Constitucional Federal alemán, BVerfGE 92, 91 (24 de enero de 1995), que derogó un precepto que obligaba a los hombres a pagar una contribución a las fuerzas de extinción de incendios para reemplazar el deber

De manera similar, la discriminación en el ámbito de la nacionalidad ha sido una expresión tradicional de la forma implícita de concebir la ciudadanía de la mujer en unas democracias pensadas en torno a los hogares patriarcales, donde los vínculos entre la mujer y su nación serían indirectos y dependerían de su estado civil[77]. Y aunque muchas de estas presunciones han ido desapareciendo gradualmente gracias a reformas o litigios constitucionales[78], aún son muchos

---

que previamente les era impuesto de colaborar en la extinción de incendios cuando fuera necesario.

77 La idea del hogar patriarcal como unidad en torno a la cual se articula la comunidad política es la que parece estar en la base de la prevalencia de los apellidos masculinos, lo que ha generado diversas batallas constitucionales, muchas con resultado exitoso para las mujeres. Cabe citar, a este respecto, la decisión del Tribunal Constitucional de Hungría, que declaró inconstitucional la norma que impedía a los hombres llevar el apellido de sus esposas después de contraer matrimonio, 58/2001. (XII. 7.). Véase también el caso de Corea del Sur (17-2 KCCR 544, 2003Hun-Ka5, 22 de diciembre de 2005), en el que el Tribunal Constitucional derogó la disposición del Código Civil que exigía la adopción del apellido paterno. De forma más reciente, véase la sentencia de la Suprema Corte de Justicia de México (Amparo en Revisión 208/2016), que declaró inconstitucional la prelación del marido a la hora de transmitir el apellido familiar, permitiendo que este se determine de común acuerdo, y la sentencia de la Corte Constitucional de Italia, en el mismo sentido (Sentenza 131/2022 [27 de abril de 2022]).

78 La Constitución de Costa Rica de 1949 fue reformada en 1999 para posibilitar la naturalización de personas de ambos sexos que contraigan matrimonio con ciudadanos costarricenses (artículo 14 [5]) después de que dicha regulación fuera declarada inconstitucional en 1992 por infringir normas de derechos humanos. La Constitución de Singapur de 1965 se enmendó en 2004 para permitir que las mujeres transmitan la nacionalidad a sus descendientes nacidos en el extranjero. Existen otros casos exitosos como, por ejemplo, en Botsuana, *Attorney General vs. Unity Dow* (1991), que invalida la ley de ciudadanía en virtud de la cual solo el padre podía transmitir su ciudadanía a los hijos habidos en el matrimonio; Canadá, *Benner vs. Canada* (1997), que derogó una regulación que imponía requisitos adicionales para que los hijos de madres canadienses nacidas en el extranjero, a diferencia de los de padres canadienses, obtuvieran la ciudadanía; Japón, Hei 18 (gyō-tsu) n.° 135, 62 (2008), sentencia en la que la Corte Suprema interpretó que la ley de nacionalidad permite que un niño de padre japonés y madre extranjera nacido fuera del matrimonio también obtenga la nacionalidad japonesa; y Corea del Sur (12-2KCCR 167, 97Hun-Ka12,

los contextos en los que el imperativo de la plena igualdad cede ante la influencia que ejercen las normas religiosas[79] o las tensiones etnoculturales, como muestra el sorprendente caso de Nepal[80].

---

31 de agosto de 2000), donde la Corte Suprema derogó una ley de nacionalidad que privilegiaba el linaje paterno en la transmisión de la nacionalidad. No obstante, el éxito en este tipo de litigios no está garantizado. Véase, por ejemplo, la decisión del Tribunal Superior de Lahore en Pakistán, *Sharifan vs. Pakistan* (1998), que confirmó la constitucionalidad de una ley que permite que las cónyuges extranjeras de ciudadanos paquistaníes adquieran la ciudadanía por matrimonio, aunque niega el derecho equivalente a los maridos (en este caso concreto, de nacionalidad india) de ciudadanas paquistaníes. Según el Tribunal, una esposa adquiere el domicilio de su marido en virtud de su matrimonio. A pesar de que posteriores sentencias declararon la ley discriminatoria y contraria al principio de igualdad constitucionalmente reconocido (como la Corte Federal Shariat en *Suo Moto 1/K 2006* [2007] o el propio Tribunal Superior de Lahore en *Rukhsana Bibi vs. Government of Pakistan* [2016]), la reforma legislativa sigue pendiente.

79 En los países islámicos, la lucha por la igualdad en el acceso y transmisión de la ciudadanía ha figurado entre las prioridades de las mujeres. Sobre los casos de Irak, Turquía y Somalia, véase Rubio-Marín e Irving (2019a: 22). Algunos de los logros recientes en los procesos de reforma constitucional en Oriente Medio se refieren precisamente a la superación de esta forma de desigualdad. La Constitución iraquí de 2005 fue pionera en el mundo árabe al permitir que las madres pudieran transmitir su ciudadanía, y el artículo 11 de la Constitución egipcia de 2014 también refleja esta evolución igualitaria.

80 El caso de Nepal es sorprendente porque aunque, como hemos visto, la Constitución de 2015 contiene una enorme variedad de disposiciones que sancionan los derechos de las mujeres, el capítulo sobre ciudadanía aún contiene formas explícitas de discriminación hacia las mujeres nepalesas respecto a las condiciones necesarias para transmitir la nacionalidad tanto a sus cónyuges extranjeros como a la descendencia concebida de la unión con un ciudadano extranjero. Esto se debe a que las normas de nacionalidad fueron diseñadas con el objetivo de aislar a la nación nepalí de la India, en vista de la frontera abierta con ese país en la región de Terai, en el sur de Nepal, donde vive la comunidad madhesi. Con todo, la Corte Suprema de Nepal ha mostrado un activismo cada vez mayor con respecto a los derechos de ciudadanía de las mujeres, tendencia que culminó con la histórica decisión en el caso *Sabina Damai vs. Government of Nepal et al.*, *Writ No. 067-WO-0703 of the year 2067 BS* (2010), mediante la cual se estableció que el Gobierno debía expedir documentos de nacionalidad a la peticionaria teniendo en cuenta la ciudadanía nepalí de su madre e inde-

La igualdad formal no ha servido, en todo caso, para acoger las más recientes aspiraciones de igual participación de las mujeres en el ámbito público y político. Así, junto a las batallas para superar las obstinadas discriminaciones vigentes, se ha pretendido ir más allá a través del reclamo de medidas que permitan alcanzar también una distribución equilibrada del poder entre ambos sexos. En su defensa, se han elaborado teorías que afirman la necesidad de reemplazar el modelo liberal de representación unitaria por un esquema de ciudadanía o de universalismo diferenciados (Young, 1989) necesitado de un cierto grado de política de la presencia (Phillips, 1995), así como de teorías de la democracia que señalen la necesidad de subvertir el contrato sexual fundacional y su construcción de las esferas separadas y jerarquizadas (Rubio Marín y Rodríguez Ruiz, 2008). En efecto, desde la década de los noventa un número creciente de procesos de elaboración y reformas constitucionales han buscado facilitar la adopción de disposiciones que respalden expresamente tales objetivos, que en ocasiones coexisten con otras disposiciones de igualdad sustantiva más genéricas. La necesidad del reconocimiento explícito de estos objetivos más ambiciosos de representación es fácil de entender a la luz de la mencionada Declaración de Atenas, pues lo cierto es que, a medida que el siglo XX llegaba a su fin, se observaba que las mujeres seguían ocupando muy pocos puestos representativos, a pesar de haber obtenido —en teoría— todos los derechos necesarios para acceder a los mismos, entre ellos el derecho al voto, a presentar sus candidaturas y a alcanzar cargos públicos en igualdad de condiciones. De ahí que se hiciera necesaria una nueva comprensión de la igualdad de género y un nuevo concepto de democracia para abordar frontalmente la brecha de legitimidad que seguía manifestándose en la subrepresentación sistemática de la mitad de la población. Dado que las nuevas pretensiones afectaban las nociones de democracia y representación, en muchos

---

pendientemente de que se desconociera la identidad del padre. Para un análisis más detallado sobre esta temática, véase Malagodi (2024).

contextos se consideró necesario que sus bases quedaran reflejadas de forma explícita en la constitución.

A decir verdad, la preocupación constitucional en torno a la representación política de las mujeres no es del todo una cuestión contemporánea. De hecho, la técnica de reservar escaños para las mujeres cuenta con una vieja tradición en los textos constitucionales, y podemos encontrarla en algunas constituciones posteriores a la Segunda Guerra Mundial, especialmente en la región de Asia meridional, donde a menudo estas reservas han amparado también a varios grupos marginados (como las castas inferiores y la población rural). Su existencia testimonia la lucha contra el legado de la estratificación y subordinación colonial y ha estado al servicio de programas de construcción nacional en sociedades a menudo multiétnicas y multilingüísticas. La Constitución de la República Popular de China de 1947 fue, de hecho, la primera constitución asiática que estableció cuotas electorales para las mujeres[81] (al igual que para otras minorías étnicas, ciudadanos extranjeros y grupos ocupacionales), y la efímera Constitución paquistaní de 1956 ya reservaba diez escaños para las mujeres[82]. Sin embargo, estos primeros casos de establecimiento de cuotas, poco ambiciosos y vinculados a dinámicas coloniales, parecen haber retrasado, en lugar de facilitar, la adopción de cuotas y objetivos de paridad más exigentes que solo se están dando de forma más reciente. Tal vez el caso de la India constituya el mejor ejemplo.

Durante el auge de los movimientos políticos preindependentistas en la India, la opinión que de las cuotas de género —con-

---

81 Véanse los artículos 64, 134 y 135 de la Constitución china (Rubio Marín y Chang, 2013: 308).

82 El número de asientos reservados evolucionó gradualmente hasta 60 en la actual distribución por provincias fijada en 2018 mediante la Vigésimoquinta Enmienda a la Constitución de 1973, que alienta al Gobierno a tomar acciones afirmativas «para aumentar la participación de las mujeres en todas las esferas de la vida nacional» (artículo 34) (Aurat Foundation, 2012: 28-35; Krook, 2009: 58-83).

templadas ya en la Ley del Gobierno de la India de 1935— tenían las principales organizaciones de mujeres de la época —como la Conferencia de Mujeres de Toda la India, la Asociación de Mujeres Indias y el Consejo Nacional de Mujeres Indias— apuntaba a que acabarían teniendo un carácter regresivo y que, contradiciendo el principio de igualdad formal, favorecerían una estrategia similar a la británica: «divide y vencerás» (John, 2000). Recién en la década de los noventa la India comenzó a superar esta reserva histórica y acabó adoptando sendas enmiendas constitucionales (Septuagésima Tercera y Septuagésima Cuarta) en materia de gobernanza local; por un lado, se agregó una cuota femenina de un tercio dentro de los asientos reservados en favor de castas y tribus registradas en los *panchayats* locales y en los municipios —reservas que ya contemplaba la Constitución de 1950 en el ámbito nacional y estatal— y, por otro, se asignó a las mujeres un tercio del número total de asientos que debían cubrirse mediante elección directa (incluido el número de asientos reservados para aquellas pertenecientes a las castas y tribus registradas)[83].

La evolución descrita es coherente con el hecho de que el movimiento de adopción de cuotas, catalogado como la «vía rápida» hacia la representación equitativa (Dahlerup y Freidenvall, 2005),

---

83 Véase el artículo 243 D (2) - (3) y T (2) - (3) de la Constitución de la India. A nivel parlamentario, en 2008 se presentó un proyecto de enmienda constitucional para reservar un tercio de todos los escaños en la Lok Sabha (Cámara Baja) y en las asambleas legislativas estatales a mujeres, asignadas por rotación a diferentes distritos electorales, incluyendo también los escaños para castas y tribus registradas, pero la propuesta nunca fue votada por la Cámara Baja. Una reforma constitucional similar fue finalmente aprobada en 2023 (Centésima Sexta Enmienda), pero solo será de aplicación efectiva después de un proceso de renovación del censo y delimitación de los distritos electorales, el cual puede demorarse aún muchos años. En todo caso, aunque contara con el apoyo de asociaciones de mujeres, es importante señalar que los intentos previos de reformas fueron objeto de crítica dentro de los movimientos feministas por alentar la «guetización» de las mujeres representantes y propiciar una batalla electoral de mujeres contra mujeres en los distritos reservados (Randall, 2006).

comenzara a florecer en todo el mundo precisamente en la década de los noventa y siga vivo en la actualidad, respaldado por disposiciones constitucionales de diversa naturaleza. El movimiento se ha visto, además, fortalecido a nivel internacional y regional por la Declaración y Plataforma de Acción de Beijing (1995) y por el pronunciamiento a su favor tanto del Comité de la CEDAW[84] como de las instituciones de integración regional y otros organismos de derechos humanos[85]. De hecho, en la década de los noventa las cuotas dejaron de ser concebidas como medidas temporales que perseguían un umbral mínimo o masa crítica (a menudo cifrado en torno al objetivo del 30 %) para alcanzar resultados más ambiciosos en el siglo XXI. La «participación equilibrada» (expresada normalmente como una disparidad máxima de 60/40 entre ambos sexos), la «representación igualitaria» o la «paridad» (50/50 de cada sexo) se convirtieron en las nuevas metas, y las correcciones pasaron a tener una naturaleza permanente y no solo temporal y a ampliarse a un número cada vez mayor de cargos de poder tanto en la esfera pública como en la privada.

---

84 Rubio Marín (2018). Conviene observar que, aunque sin referirse a las cuotas ni a la paridad, el artículo 7 de la CEDAW ya conminaba a los Estados parte a tomar «todas las medidas apropiadas para eliminar la discriminación contra la mujer en la vida política y pública».

85 Los instrumentos de derechos humanos han ido apoyando cada vez más la agenda de la paridad. El Protocolo de 2003 de la Carta Africana de Derechos Humanos y de los Pueblos, relativo a los derechos de las mujeres en África (Protocolo de Maputo), es el instrumento de derechos humanos que, hasta la fecha, consagra de manera más adecuada el objetivo de la participación y representación equitativa de las mujeres, así como la obligación de adoptar medidas de acción afirmativa para alcanzarlo. La jurisprudencia del Tribunal Europeo de Derechos Humanos también ha subrayado el vínculo entre la incorporación política de la mujer y las credenciales democráticas de los países miembros y ha avalado la legitimidad de las medidas de acción positiva y de las cuotas. Véase *Méndez Pérez vs. Spain*, demanda n.° 35473/08 (2011) (inadmisibilidad); *Staatkundig Gereformeerde Partij vs. the Netherlands*, demanda n.° 58369/10 (2012) (inadmisibilidad); y *Metka Zevnik and Others vs. Slovenia*, demanda n.° 54893/18 (2019) (inadmisibilidad).

Sin duda, desde la década de los noventa los procesos de democratización facilitaron la promoción de la agenda del empoderamiento de las mujeres en varias partes del mundo. Este fue el caso de América Latina, donde la atención internacional que concitó la Conferencia de Beijing de 1995, la movilización nacional y regional de las defensoras de las cuotas y las oportunidades de innovación política vinculadas a la ola regional de democratización acabaron favoreciendo la aceptación de los estándares de paridad (Piscopo, 2015: 47). Algunas expresiones previas del compromiso con el empoderamiento político de las mujeres sirvieron también de precedente[86]. De hecho, América Latina se convirtió en la región pionera en la adopción de cuotas legislativas de género que, en algunos casos, como el de Argentina, incluso precedieron a la Conferencia de Beijing. El hecho de que varios países de la región estuvieran en ese momento redactando o enmendando sus constituciones de transición —coincidiendo con la tendencia más amplia hacia un nuevo constitucionalismo participativo apoyado en movimientos nacionales y transnacionales de mujeres cada vez más activos— explica que algunos de sus textos constitucionales fueran los primeros en hacer referencia explícita al objetivo de la igualdad de las mujeres en la toma de decisiones y el acceso a cargos públicos[87]. Esta tendencia

86 El artículo 48 de la Constitución de Nicaragua de 1987 ya disponía lo siguiente: «Se establece la igualdad incondicional de todos los nicaragüenses en el goce de sus derechos políticos, en el ejercicio de los mismos y en el cumplimiento de sus deberes y responsabilidades, existe igualdad absoluta entre el hombre y la mujer. Es obligación del Estado eliminar los obstáculos que impidan de hecho la igualdad entre los nicaragüenses y su participación efectiva en la vida política, económica y social del país».

87 Véase el artículo 40 de la Constitución de Colombia de 1991, el artículo 117 de la Constitución de Paraguay de 1992, y el artículo 37 de la Constitución de Argentina de 1994. Este último establece: «Esta Constitución garantiza el pleno ejercicio de los derechos políticos, con arreglo al principio de la soberanía popular y de las leyes que se dicten en consecuencia. El sufragio es universal, igual, secreto y obligatorio. La igualdad real de oportunidades entre varones y mujeres para el acceso a cargos electivos y partidarios se garantizará por acciones positivas en la regulación de los partidos políticos y en el régimen electoral».

no ha hecho sino consolidarse en tiempos más recientes. Así, encontramos disposiciones que subrayan explícitamente la igualdad política y la representación equitativa entre mujeres y hombres tanto en las leyes como en las constituciones de muchos países de la región (Argentina, Bolivia, Colombia, Ecuador, Nicaragua, Paraguay y México)[88].

Por lo que respecta al continente africano —donde ya se habían establecido cuotas en forma de escaños reservados tras la independencia de algunos países (aunque con un umbral muy bajo), la gran mayoría de las cuotas se introdujeron también después de 1995, a menudo en contextos de posconflicto, con el apoyo de donantes y la participación de organizaciones feministas transnacionales y actores externos[89]. De hecho, se ha dicho que la región subsahariana ha experimentado «la tasa más rápida y alta de cambio en la representación política de las mujeres» debido, en gran medida, a la implementación de las cuotas (Barnes y Buchard, 2013). Entre los factores determinantes de las reformas constitucionales llevadas a cabo en el África subsahariana cabe hacer referencia a los procesos de democratización de la región, el surgimiento de movimientos autónomos de mujeres, la evolución de los estándares de las normas internacionales, la influencia de movimientos feministas internacionales y regionales, las agendas y estrategias de los donantes y el horizonte de oportunidades en contextos de posconflicto (Tripp, 2009: 174-75). Con respecto a las cuotas de género, el éxito de

88 En otros países, como Costa Rica, el mandato se ha extraído de la Constitución a través de una interpretación creativa del principio genérico de igualdad (artículo 33) a la luz del artículo 7 de la CEDAW (que requiere que las autoridades estatales tomen las medidas adecuadas para eliminar la discriminación y promover la participación de la mujer en cargos públicos) y la aceptación de que el derecho internacional de los derechos humanos prima sobre el derecho constitucional nacional (artículo 7 de la Constitución). Véase Facio, Jiménez Sandoval y Morgan (2005:106 ss.).

89 En la década de 1990 se reescribieron veintiocho constituciones del África subsahariana. Después del año 2000, otras diez fueron reescritas y seis de ellas fueron sometidas a importantes revisiones.

los movimientos sociales a la hora de articular, primero, umbrales mínimos de representación y establecer, después, metas de paridad se ha debido a una ingeniosa combinación de normas y marcos de referencia de ámbito internacional con tradiciones autóctonas de empoderamiento de instituciones históricas precoloniales a las que se apeló durante las campañas nacionales (Camara, 2015: 86-7). En cuanto a la forma, algunas disposiciones de las constituciones africanas simplemente contienen mandatos de optimización que, en la lógica de la acción afirmativa, permiten o respaldan la adopción de medidas para garantizar la participación igualitaria de las mujeres[90]. Sin embargo, la mayoría de los preceptos constitucionales prevén sistemas de reserva de escaños que solo garantizan un número mínimo de representación femenina en los Parlamentos. De esta forma, las cuotas voluntarias de los partidos se han convertido en el mecanismo preferente, y más efectivo, en los regímenes más democráticos de la región[91], donde solo en los últimos tiempos se observa también un ligero aumento en el porcentaje de escaños reservados.

En resumen, el nuevo constitucionalismo ha sido un motor de cambio a favor de la paridad de las mujeres no solo porque muchas

---

90 La más expresiva es, quizás, la Constitución de Etiopía de 2005: «Teniendo en cuenta el legado histórico de desigualdad y discriminación sufridas por las mujeres en Etiopía y a fin de remediar este legado, las mujeres tienen derecho a medidas afirmativas. Estas medidas tendrán por objeto prestar especial atención a la mujer para que pueda competir y participar en igualdad de condiciones con el hombre en la vida política, social y económica, así como en las instituciones públicas y privadas» (artículo 35 [3]). A pesar de ello, muchas disposiciones reservan un número específico de escaños para mujeres. El artículo 49.4 de la Constitución de Irak de 2005, por ejemplo, establece «un porcentaje de representación de mujeres de no menos de una cuarta parte de los miembros del Consejo de Representantes». A su vez, el artículo 75 de la Constitución de Ruanda (modificada en 2015) reserva 24 de los 80 escaños de la Cámara de Diputados a mujeres, y el artículo 80 especifica que las mujeres deben representar al menos el 30 % de los 26 miembros del Senado.

91 Tripp (2009: 176-77). Para otros ejemplos de disposiciones constitucionales sobre cuotas en África, consúltense las constituciones de Burundi (artículo 169), Ruanda (artículos 75 y 80), Sudán (artículo 24.2), Suazilandia/Esuatini (artículo 86) y Uganda (artículo 180.2 [b]).

de las constituciones recién redactadas o enmendadas han incorporado disposiciones que garantizan cierto umbral de representación femenina (o, al menos, que legitiman u obligan a las autoridades estatales a emprender acciones para lograrlo), sino también porque los tribunales de justicia han interpretado que tales compromisos constitucionales forman parte de una visión renovada y más inclusiva del sistema democrático constitucional resultante de los procesos de democratización[92]. Por ello, solo en raras excepciones las altas cortes han expresado reservas en términos constitucionales y limitado la expansión de medidas positivas para garantizar la participación pública de las mujeres[93].

---

92 En México, por ejemplo, la Suprema Corte de Justicia reconoció en dos ocasiones la validez de la legislación estatal que imponía cuotas de género, a las que consideró compatibles con el principio de igualdad de género (artículo 4 de la Constitución) o el derecho general a la igualdad y a la no discriminación (artículo 1). Véase Acción de inconstitucionalidad 2/2002 y Acciones de inconstitucionalidad acumuladas 7/2009, 8/2009 y 9/2009. Cabe mencionar también la contribución del Tribunal Electoral del Poder Judicial de la Federación, competente para emitir interpretaciones constitucionales sobre determinadas materias electorales, cuya jurisprudencia ha favorecido las medidas afirmativas a fin de garantizar la representación equilibrada en materia de género.

93 La Corte Constitucional de Colombia, en su Sentencia C-371/00 (29 de marzo de 2000), derogó la legislación sobre cuotas de género argumentando que afectaba a cargos electos y no a nombramientos ejecutivos. De hecho, la legislación impugnada había sido aprobada precisamente para implementar la exigencia del artículo 40 de la Constitución colombiana de 1991, que dispone: «Las autoridades garantizarán la adecuada y efectiva participación de la mujer en los niveles decisorios de la Administración Pública». En cumplimiento de este precepto, el legislador había establecido una cuota del 30 % para mujeres en puestos de alto nivel de toma de decisiones en el sector público. Las disposiciones fueron examinadas y, tras un escrutinio de proporcionalidad, fueron en su mayor parte validadas y conceptualizadas como medidas temporales de acción afirmativa compatibles con la noción de igualdad sustantiva sancionada genéricamente en el artículo 13.2 de la Constitución. Sin embargo, la Corte acabó distinguiendo los nombramientos ejecutivos y los cargos electos y descartó la posibilidad de establecer cuotas electorales obligatorias para estos últimos, invocando la autonomía de los partidos políticos y el principio de soberanía popular que rige en el campo electoral. Para un análisis de la decisión

No podemos, sin embargo, decir lo mismo de las viejas democracias constitucionales. La agenda de las cuotas electorales de género no ha despegado políticamente en Estados Unidos, donde la representación política de las mujeres ha sido crónicamente baja, a pesar de que en los procesos electorales recientes se haya producido un aumento significativo de la presencia de mujeres en el Congreso (Manning y Brudnick, 2020). Aunque no imposible, tal desarrollo resulta, cuando menos, improbable en un país cuya tradición legal desprecia en cierta medida los estándares que marca la evolución de las normas de derechos humanos —muchas de las cuales, como las de la CEDAW, ni siquiera ha firmado— y que tampoco tiene al derecho comparado como punto de referencia. Son varios los elementos de la cultura política y constitucional del país que hacen extremadamente improbable que esta situación cambie. Entre ellos, cabe destacar la interpretación predominante de la igualdad formal de la cláusula de protección igualitaria, centrada en combatir los estereotipos; la tradición fuertemente individualista del país y su arraigada fe tanto en la autonomía individual como en la meritocracia, ambas supuestamente articuladas a través del libre funcionamiento del mercado y de las fuerzas de la sociedad civil (incluidos los partidos políticos, cuyos derechos están celosamente protegidos por la Primera Enmienda a la Constitución); el problemático pasado y presente del país en términos raciales (que dificultaría la implementación de una agenda de paridad de género si al mismo tiempo no se avanza en la «paridad racial» igualmente apremiante); y las narrativas que apuntan al riesgo de esencializar a las mujeres (como con frecuencia se imputa a las cuotas de género). Dado que algunos de estos argumentos expresan reservas y temores compartidos también por algunos sectores progresistas de la sociedad, incluidos aquellos que tradicionalmente se han opuesto a la corriente del «feminismo de la diferencia», es poco probable que la agenda de la democracia paritaria prospere de manera significativa, lo que

---

colombiana, véase Rodríguez Ruiz y Rubio Marín (2009: 1184-89) y Jaramillo Sierra (2024: 73-76).

sin duda obligará a las mujeres a seguir explorando otras formas de aumentar sus niveles de participación política distinta a las cuotas de género (Rubio Marín, 2012: 121-24).

En Europa occidental, la mayoría de las constituciones también han resultado irrelevantes e incluso han obstaculizado el avance hacia las nuevas concepciones de la igualdad de género y la democracia que han alimentado el movimiento a favor de las cuotas y el giro participativo en la igualdad de género. Este hecho no deja de ser llamativo, puesto que la ola de adopción de cuotas de género (primero, de carácter voluntario y luego, obligatorio) empezó ya en la década de los ochenta y ha cobrado especial vigor entre la década de los noventa y la actualidad, momento en el que se observa una expansión de los ámbitos de participación y una mayor ambición respecto a los objetivos numéricos deseados[94]. Sin duda, el país europeo en el que se han desencadenado las batallas constitucionales más vivas en la materia ha sido Francia[95]. En 1982, la Asamblea Nacional aprobó una ley que obligaba a que en las elecciones municipales las papeletas contaran con al menos un 25 % de candidatos de cada género. La ley fue impugnada con éxito ante el Consejo Constitucional, que tachó la medida de inconstitucional apelando al principio de igualdad ante la ley, pero también a los principios de soberanía nacional y de indivisibilidad del cuerpo electoral, dado que era plenamente consciente de que el cambio afectaba la natu-

---

94 Lépinard y Rubio Marín (2018). En cuanto a Europa del Este, las cuotas de género ya existían en países comunistas como la antigua Yugoslavia, Polonia, Rumanía o Hungría, aunque dados los poderes muy limitados del Parlamento, la presencia de mujeres no dejaba de tener un carácter meramente simbólico y el poder real residía en cambio en el aparato del Partido Comunista. Por esta razón, tras la caída del comunismo, las cuotas de género se vincularon inicialmente con el régimen comunista y despertaron ciertas suspicacias. A pesar de ello, han ido arraigando gradualmente en la región (Antić y Lokar, 2006: 138-68).

95 Sobre el debate en torno a la paridad en Francia, véase Wallach Scott (2005), Lépinard (2007) y Bereni (2015).

raleza de la representación[96]. Y aunque el Consejo Constitucional francés no dejó de percibir las cuotas de género con recelo durante bastante tiempo[97], desde luego no ha sido el único entre sus homólogos europeos. En ocasiones, han prevalecido las concepciones formales de la igualdad[98]. Otras veces, este no ha sido el obstáculo principal, y ni siquiera el compromiso con la igualdad sustantiva ha sido un aval suficiente. Así, en 1995 la Corte Constitucional italiana[99] y en 1997 el Tribunal Constitucional suizo[100] anularon medidas de cuotas de género, con lo que quedó de manifiesto que, incluso cuando el mandato de igualdad material aparece consagrado constitucionalmente, como en los casos de Italia y Suiza[101], la resisten-

96 Véase Décision n.º 82-146 DC (18 de noviembre de 1982). Sobre el debate francés, véase Rodríguez Ruiz y Rubio Marín (2008: 290-293) y Urbinati (2012: 470).

97 En 2001, el Consejo Constitucional declaró inconstitucional la ley que introdujo la paridad en la lista de candidatos para el Consejo Superior de la Magistratura (Décision n.º 2001-445 DC [19 de junio de 2001]). Véase Lépinard (2018) y Wallach Scott (2004: 32, 47).

98 En el Reino Unido, un tribunal laboral dictaminó que el uso de listas de candidatas mujeres únicamente por parte de los laboristas constituía una discriminación basada en el sexo. Véase *Jepson y Dyas-Elliott vs. The Labour Party* (1996). El Parlamento respondió con la Ley de Discriminación Sexual (Candidatos Electorales) de 2002, que permite —aunque no exige— a los partidos políticos utilizar listas de candidatas mujeres. La ley estaba sujeta a una cláusula que preveía su expiración en 2015, pero el mandato se extendió hasta 2030. En realidad, solo el Partido Laborista ha recurrido a ella de manera frecuente. En 2021, la Cámara de los Comunes alcanzó su máximo histórico con un 34 % de mujeres, cifra récord.

99 Véase Sentenza 422/1995 (6 de septiembre de 1995). Sobre el debate italiano, véase Rodríguez Ruiz y Rubio Marín (2008: 294-96).

100 Sobre Suiza, véase BGE 123 I, 152 (19 de marzo de 1997). Véase también Rodríguez Ruiz y Rubio Marín (2012b).

101 El artículo 3 de la Constitución italiana dispone: «Corresponde a la República suprimir los obstáculos de orden económico y social que, limitando de hecho la libertad y la igualdad entre los ciudadanos, impiden el pleno desarrollo de la persona humana y la participación efectiva de todos los trabajadores en la organización política, económica y social del país». Además, la decisión diferenciaba entre la igualdad de oportunidades y la igualdad de resultados y argumentaba que las cuotas impugnadas iban de hecho más allá de lo legítima-

cia a las cuotas puede prevalecer si se interpreta que su adopción comporta la afectación del derecho al sufragio universal, igual y libre, piedra angular de un sistema de representación democrática que no puede sacrificar ni la igualdad formal del sufragio pasivo (de los hombres potencialmente afectados) ni la autonomía de los partidos políticos. En este sentido, el caso español constituye un interesante contraejemplo europeo, pues su Tribunal Constitucional entendió que el mandato genérico de igualdad sustantiva legitimaba las cuotas electorales establecidas por el legislador, aunque justificó su decisión basándose en un razonamiento jurídico que subrayaba el valor del pluralismo para la democracia[102]. Una argumentación análoga se encuentra en una sentencia de la Corte Constitucional de Indonesia que avaló la constitucionalidad de las cuotas de género con base en la igualdad sustantiva[103]. En cualquier caso, el debate

---

mente aceptable porque trataban de garantizar la igualdad de resultados y no solo de oportunidades.

102 Véase STC 12/2008, en la que el Tribunal Constitucional español confirmó la validez de un sistema de cuotas que obligaba a que las listas electorales incluyeran no menos del 40 % de candidatos de cada género en general, computados en tramos de cada cinco (de acuerdo con lo previsto en el artículo 44 bis de la Ley Orgánica 5/1985 del Régimen Electoral General, reformada a tales efectos en 2007). El Tribunal se apoyó principalmente en el principio de igualdad sustantiva, aunque hizo también referencia al hecho de que la representación equilibrada entre los sexos contribuye al pluralismo democrático, pero sin llegar a dar el paso de reconocer la exigencia *ex constitutione* de la paridad como requisito de una lectura renovada e igualitaria de la democracia. En el mismo sentido, también la STC 13/2009 resolvió el recurso de inconstitucionalidad planteado contra la Ley vasca 4/2005, de 18 de febrero, que apostaba por la exigencia de paridad en las listas electorales.

103 En su decisión n.° 22-24/PUU-VI/2008, la Corte Constitucional de Indonesia también convalidó una ley que imponía al menos una candidata por cada tres posibles candidatos en las listas de los partidos, apoyando su argumentación en el mandato genérico de igualdad sustantiva contenido en la Segunda Enmienda (2000) de la Constitución de la República de Indonesia de 1945 (a saber, el artículo 28H [2]: «Toda persona tiene derecho a facilidades y un trato especial para obtener las mismas oportunidades y ventajas a fin de alcanzar la igualdad y la justicia»). La Corte también apeló a instrumentos internacionales de derechos humanos válidamente ratificados, incluida la CEDAW, y defi-

está lejos de resolverse en Europa occidental, donde continúa librándose una disputa constitucional al respecto[104].

---

nió la medida como una acción afirmativa o una medida especial de carácter temporal. La lógica de la igualdad sustantiva también ha sido determinante en los litigios en torno a las cuotas legislativas en México, aunque en este caso la labor jurisprudencial ha ido acompañada por una serie de reformas. En todo caso, resulta interesante la diversidad de razonamientos jurídicos que han servido para validar la legislación sobre la paridad: desde aquellos que consideran que las leyes de paridad constituyen medidas temporales de acción afirmativa que persiguen igualdad de resultados (véase Acción de inconstitucionalidad 45/2014 y sus acumuladas 46/2014, 66/2014, 67/2014, 68/2014, 69/2014 y 75/2014) hasta los que aluden a su naturaleza permanente aunque solo busquen una igualdad de oportunidades (véase Tribunal Electoral del Poder Judicial de la Federación, decisión n.° SUP-JDC-1236/2015, 26 de agosto de 2015), pasando por los que se refieren a su carácter permanente y a la finalidad de la igualdad de resultados (véase SCJN, Contradicción de tesis 275/2015, 4 de junio de 2019). Véase también Alterio (2021). También en Chile el Tribunal Constitucional dictó una sentencia que validó una cuota de género a favor de un mínimo del 40 % para el sexo infrarrepresentado sobre la base del argumento de la igualdad de oportunidades y el carácter temporal de la medida (Rol 2777-15 [30 de marzo de 2015]) (Zúñiga Añazco y Undurraga Valdés, 2024: 250).

104 El debate sigue en curso en Europa. En Alemania, las leyes de paridad se están debatiendo tanto a nivel estatal como federal debido al hecho de que, en los últimos años, el número de representantes femeninas en los Parlamentos ha disminuido o se ha estancado en niveles bajos. El 15 de julio de 2020, el Tribunal Constitucional de Turingia declaró inconstitucional —básicamente por tratarse de una injerencia indebida en la autonomía de los partidos políticos— la ley federal de paridad que requería que los partidos políticos que compiten en las elecciones a los Parlamentos estatales y locales cuenten con un sistema de listas cremallera que alterne entre hombres y mujeres para mejorar la representación parlamentaria de las mujeres. Véase ThürVerfGHG 2/20 (30 de julio de 2019). Un resultado similar se logró en el Tribunal Constitucional de Brandeburgo. Véanse VfgBbg 9/19 y VfgBbg 55/19 (23 de octubre de 2020). Más recientemente, una decisión del Tribunal Federal Constitucional alemán ha considerado inadmisible la solicitud de que el Tribunal declarara que el Gobierno había violado su deber constitucional de garantizar la igualdad entre hombres y mujeres al no establecer leyes de paridad (inconstitucionalidad por omisión). Véase BVerfG, 2 BvC 46/19 (15 de diciembre de 2020). Con todo, este dictamen remite al juicio del legislador la decisión sobre cómo lograr el necesario equilibrio entre el principio de igualdad de género, la autonomía

Por fortuna, en muchos países los obstáculos constitucionales no han sido insuperables, y una serie de reformas han servido para salvarlos. Curiosamente, en algunos ordenamientos, entre ellos el de Portugal (en 1997)[105] o el de Eslovenia (en 2004)[106], las reformas constitucionales precedieron a la aprobación de la legislación o llegaron poco tiempo después en forma de respaldo constitucional. En otras, sin embargo, las reformas fueron estrictamente necesarias para superar las objeciones expresadas con anterioridad por los tribunales. Este fue el caso de Francia (1999) pero también de Italia (2001 y 2003)[107]. Y, si bien es cierto que el texto insertado en algunas de estas constituciones hace referencia a la «igualdad sustantiva» o «de oportunidades», otras reformas aprobadas en países europeos, como la de Portugal, aluden de forma más directa a la democracia[108], justificación que refleja de una manera más adecuada que el empoderamiento de las mujeres es una condición necesa-

---

de los partidos políticos y los principios de libertad e igualdad de voto (párr. 113). De ahí que la literatura feminista defienda que el legislador debería introducir una ley de paridad para compensar la desigualdad a la que se enfrentan las mujeres en el proceso político. Sobre el tema en general, véase Davidson-Schmich (2016) y Röhner (2021a).

105 En Portugal tuvo lugar una revisión constitucional en 1997 que modificó la redacción de los artículos 109 y 9 (h) de la Constitución.

106 Se añadió un nuevo párrafo al artículo 43 de la Constitución eslovena que reconoce el derecho universal e igualitario al voto y permite la adopción de medidas legales para fomentar la igualdad de oportunidades entre mujeres y hombres en las elecciones estatales y locales.

107 Véase, en el caso de Italia, Ley Constitucional 2/2001 y Ley Constitucional 3/2001. En Francia, la Ley Constitucional 99-959 de 8 de julio de 1999, relativa a la igualdad entre mujeres y hombres (Loi constitutionnelle 99-569 du 8 juillet 1999 relative à l'égalité entre les femmes et les hommes) introdujo un cuarto párrafo en el artículo 1 de la Constitución francesa, por el cual «la ley favorecerá la igualdad entre mujeres y hombres en el acceso a cargos públicos y electivos». También modificó el artículo 4, que dispone que los partidos políticos «contribuirán a la aplicación del principio enunciado en el último apartado del artículo 1 de conformidad con las disposiciones legales». Sobre esta ola de enmiendas constitucionales en Europa, véase Rubio Marín (2017).

108 Por ejemplo, la reforma constitucional de Portugal de 1997 modificó la redacción del artículo 109, que ahora establece: «La participación directa y activa

ria para abordar el déficit democrático vinculado al contrato sexual afianzado en el origen del constitucionalismo moderno.

Cabe destacar que una de las evoluciones tal vez más interesantes de los últimos tiempos ha sido la toma de conciencia de que el empoderamiento femenino debe producirse no solo a través de un mayor acceso de la mujer a los cargos políticos, sino también a todas las esferas de poder y autoridad hasta ahora monopolizadas por hombres, incluidas las cúpulas de las empresas. De hecho, varios países europeos —Bélgica, Francia, Alemania, Islandia, Italia, Países Bajos, Noruega y España— ya han aprobado leyes orientadas a alcanzar este objetivo. Como era de esperar, esta medida también ha desencadenado una serie de batallas constitucionales[109] y, en algunos casos, como en Francia, ha requerido una segunda reforma constitucional[110].

Aunque muchas de las disposiciones constitucionales que se están incorporando en las cartas magnas para facilitar la representación equitativa de las mujeres son principios rectores y no derechos subjetivos exigibles, algunos tribunales han sido receptivos a la posibilidad de impugnar omisiones inconstitucionales[111]. Por otra

---

en la política de hombres y mujeres es un instrumento fundamental en la consolidación del sistema democrático».

109 Véase, para Francia, Décision n.° 2006-533 DC (16 de marzo de 2006), que derogó una ley que exigía cuotas de género en el sector corporativo/empresarial (Loi relative a l'égalité salariale entre les femmes et les hommes).

110 Después de esta reforma, el artículo 1 de la Constitución francesa pasa a reconocer, entre los grandes principios de la República Francesa (por lo tanto, entre los rasgos definitorios del Estado francés), una disposición que establece que la República Francesa debe promover la igualdad de acceso de mujeres y hombres a cargos públicos y electivos, así como a cargos de responsabilidad profesional y social (Ley 2008-724 de 23 de julio de 2008, relativa a la modernización de las instituciones de la Quinta República [Loi 2008-724 du 23 juillet 2008 de modernisation des institutions de la Ve République]).

111 Véase Sala Constitucional de la Corte Suprema de Costa Rica, decisión n.° 00716-1998 (6 de febrero de 1998), que declaró inconstitucional la omisión por parte del presidente de la república y del presidente de la asamblea legislativa de proponer y aceptar una lista de candidatos que incluyera mujeres para

parte, determinados tribunales se han prestado a brindar instrucciones bastante precisas sobre el modo en que deben interpretarse correctamente las normas electorales relevantes a fin de optimizar la efectividad de las reglas de paridad. Por ejemplo, han aclarado que las cuotas de mujeres constituyen solo umbrales mínimos y no topes máximos, y han respaldado el uso de regulaciones para asegurar que las candidatas se incluyan en los puestos elegibles[112].

Recientemente, estas preocupaciones en torno a la efectividad de las cuotas también han motivado enmiendas constitucionales. Algunas de ellas reflejan una mayor conciencia de que la paridad electoral debe ser permanente y de que, en muchas ocasiones, las normas de cuotas electorales no se traducen necesariamente en la elección de mujeres en la misma proporción en que aparecen en las listas electorales. Entre las causas que lo explican cabe mencionar las persistentes dinámicas patriarcales al interior de los partidos políticos, pero también, con frecuencia, el propio diseño del sistema electoral. Es bien sabido que los sistemas de representación proporcional son más favorables a las cuotas de género. Además, los factores que suelen jugar un papel decisivo son, también, el tamaño de los distritos electorales, el diseño de listas de partidos, la imposición o no de arreglos ordinales que impiden que las mujeres aparezcan en candidaturas con pocas posibilidades reales (como cuando se imponen las listas cremallera) y la eventual previsión de la imposición de sanciones por incumplimiento a los partidos[113]. Reciente-

los nombramientos políticos a la junta directiva del organismo regulador de un servicio público. En contraste, véase, para Francia, Décision n.° 2015-465 QPC (24 de abril de 2015), que aclaró que el principio de paridad no constituye un derecho subjetivo ni una libertad directamente exigible protegida por la Constitución. En el mismo sentido, para Alemania, véase BVerfG, 2 BvC 46/19 (15 de diciembre de 2020).

112 Sobre la necesidad de asegurar que las mujeres ocupen puestos elegibles, véase Tribunal Supremo de Elecciones, Resoluciones n.os 1863-1999 y 2837-1999 (Costa Rica).

113 En Perú, las cuotas electorales de género aparecieron en la legislación como medidas temporales, pero fueron constitucionalizadas como permanentes en 2002. En Taiwán, donde se implementó la Constittución de la República Popu-

mente, también se observa que la preocupacón sobre la legitimidad y la insuficiente representatividad de las instituciones democráticas se han ampliado para incluir a otros colectivos marginados (como el colectivo LGTBI+[114]) y para reflejar más adecuadamente las dinámicas de la discriminación interseccional[115].

En todo caso, la noción de democracia paritaria y el requisito de representación equilibrada de género (o participación igualitaria) parece estar ganando terreno en la elaboración del constitucionalismo contemporáneo a través de expresiones que reflejan mejor su centralidad en la definición de las características generales del sistema político y, por lo tanto, la necesidad de que no se circunscriban a un solo ámbito de poder. La Constitución de Bolivia de 2009, al definir la forma de democracia del país, contiene una referencia explícita a la igualdad entre hombres y mujeres[116]. Asimismo, el man-

---

lar de China, una reforma constitucional en 2005 cambió el sistema electoral del Parlamento nacional para mejorar la representación de las mujeres. Las nuevas reglas especifican que el número de mujeres elegidas en la lista de cada partido no debe ser inferior a la mitad del número total (sección 2, artículo 4 de los artículos adicionales a la Constitución de la República Popular de China) (Chang, 2011: 539 ss.). La Constitución de México ha experimentado tres reformas relevantes (en 2014, 2019 y 2021) y en la actualidad conmina al legislador a aprobar medidas que garanticen la paridad en los cargos ejecutivos y legislativos (artículo 41), al igual que en el Poder Judicial (artículo 100).

[114] La Constitución de Filipinas de 1987 reserva la mitad de los escaños asignados a los representantes de las listas de partidos a diversas minorías, incluidas las mujeres, los trabajadores, los campesinos, los pobres de las zonas urbanas, las comunidades culturales indígenas y los jóvenes (véase el artículo 4, sección 5 [2] de la Constitución). Esta lista ha sido ampliada recientemente por la Corte Suprema para incluir a gays y lesbianas. Véase *Ang Ladlad LGBT Party vs. Commission on Elections* (2010).

[115] La Constitución de Nepal de 2015 contiene disposiciones especiales para garantizar la representación de las mujeres, así como de otros grupos históricamente marginados como los dalit, los adivasi janajati, los khas arya, los madhesi, los tharu, los musulmanes y los de las regiones atrasadas (artículo 84 [2]). Son aún poco comunes, aunque cada vez más frecuentes, las cuotas anidadas (*nested quotas*), que combinan cuotas de género y étnicas (Hughes, 2018).

[116] Véanse los artículos 8. II («El Estado se sustenta en los valores de [...] la equidad social y de género en la participación») y 11.I («La República de Bolivia

dato constitucional de representación de las mujeres se está expandiendo gradualmente a otros ámbitos de creación de normas y toma de decisiones, como los diferentes niveles del Poder Legislativo[117], el Poder Ejecutivo, incluyendo a sus más altas jerarquías[118], y el Poder Judicial[119]. Mientras, sigue recurriéndose a los tribunales de

---

adopta para su gobierno la forma democrática participativa, representativa y comunitaria, con equivalencia de condiciones entre hombres y mujeres»). La idea se retomó luego en el artículo 26.I (sobre derechos políticos), que establece que: «Todas las ciudadanas y los ciudadanos tienen derecho a participar libremente en la formación, ejercicio y control del poder político, directamente o por medio de sus representantes, y de manera individual o colectiva. La participación será equitativa y en igualdad de condiciones entre hombres y mujeres», y en el artículo 147.I (sobre la Asamblea Legislativa), según el cual «En la elección de asambleístas se garantizará la igual participación de hombres y mujeres». El Proyecto de Constitución rechazado en el primer referéndum en Chile también definía la democracia chilena como una democracia inclusiva y con representación paritaria (artículo 1.2), principio que luego desarrollaba en el resto del articulado. También hacía referencia a la representación efectiva y bajo condiciones de igualdad sustantiva de las disidencias y diversidades sexuales (artículo 6.1).

117 La Constitución de Nepal de 2015 incluyó cuotas para el Parlamento federal (artículo 84), la Asamblea Provincial (artículo 176) y las asambleas de pueblos y municipios (artículos 222 y 223, respectivamente).

118 La Constitución de Nepal de 2015 (artículo 70) establece que el presidente y el vicepresidente deben pertenecer a diferentes géneros y comunidades. También dispone que el presidente o vicepresidente de la Cámara de Representantes debe ser una mujer (artículo 91), al igual que el presidente o vicepresidente de la Asamblea Nacional (artículo 92).

119 Seguramente Ecuador ofrezca uno de los mejores ejemplos. En su Constitución de 2008, además del mencionado artículo 176 referido al Poder Judicial, el artículo 65 establece: «El Estado promoverá la representación paritaria de mujeres y hombres en los cargos de nominación o designación de la función pública, en sus instancias de dirección y decisión, y en los partidos y movimientos políticos». Existen, además, precedentes anteriores. Los «Principios Fundamentales» de la Constitución de Ruanda (capítulo III, artículo 10) incluyen un compromiso con la «igualdad de todos los ruandeses y entre hombres y mujeres sustentada en la ocupación por parte de las mujeres de al menos el treinta por ciento (30 %) de los puestos en los órganos decisorios». El artículo 174 (2) de la Constitución de Sudáfrica establece la necesidad de que el Poder Judicial refleje ampliamente la composición racial y de género del país.

justicia para validar la compatibilidad constitucional de la expansión del sistema de cuotas a otras esferas, incluidas las universidades[120], los sindicatos y las asociaciones[121]. Por otra parte, las instituciones se han ido adaptando a los nuevos avances constitucionales con el mandato explícito de asegurar el debido respeto de las reglas para la inclusión de las mujeres y de otros grupos subrepresentados[122]. Para concluir, conviene recordar que, aunque todo lo dicho puede tener una utilidad innegable, nada resta importancia a una auténtica labor de auditoría de género de toda la arquitectura institucional y de la configuración de todos los poderes estatales y modelos de gobernanza, pues solo así estaremos en condiciones de valorar cuáles, de entre todas las opciones posibles, tienen mayor probabilidad de traducirse en una adecuada representación numérica y sustantiva de las mujeres (Monopoli, 2006).

---

120 Véase, para Francia, Décision n.º 2015-465 QPC (24 de abril de 2015), que validó una regla que obligaba a los consejos académicos de las universidades públicas a implementar la paridad.

121 Véase Sala Constitucional de la Corte Suprema de Costa Rica, decisión n.º 04630-2014 (2 de abril de 2014).

122 La Constitución de 2018 de la República de Burundi exige que la Comisión Electoral Nacional Independiente «garantice el respeto de las disposiciones de la presente Constitución en lo que respecta a la multietnicidad y el género, y se ocupe de las controversias relativas a estas (categorías)» (artículo 92.h). Esta disposición ya estaba presente en el texto de 2005, aunque en una sección diferente y con una redacción similar (artículo 91.g). Además, la Constitución de Marruecos de 2011 (artículo 19) ordena al Estado garantizar la paridad entre hombres y mujeres, y a tal efecto creó una «autoridad para la paridad» encargada de luchar contra todas las formas de discriminación. Entre los precedentes se incluye también la Comisión de Igualdad de Género de Sudáfrica, que tiene el mandato de «promover el respeto de la igualdad de género y la protección, el desarrollo y la realización de la igualdad de género» (capítulo 9).

3.5. HACIA LA IGUALDAD PLURINACIONAL Y MULTICULTURAL DE LAS MUJERES

En términos históricos, el giro participativo en la igualdad de género se desarrolló de modo paralelo a un giro pluralista que puso sobre la mesa la necesidad de superar el legado de los procesos de dominación blanca en las sociedades marcadas por pasados coloniales[123]. En efecto, las teorías multiculturales que surgieron de este contexto comenzaron a reivindicar no solo el respeto a la diversidad religiosa, cultural, étnica y lingüística en las sociedades contemporáneas, sino también la necesidad de abordar los problemas subyacentes de legitimidad política asociados a un pasado de conquista y dominación a través de diversas formas de autonomía, bien de carácter territorial, bien de carácter jurisdiccional y competencial (Rubio Marín y Kymlicka, 2018: 23).

Desde la perspectiva constitucional, este giro pluralista supuso que la concepción clásica de acuerdo con la cual los Estados debían preservar una visión unitaria de la soberanía nacional comenzara a verse desafiada y reemplazada por nuevos modelos de «constitucionalismo multicultural» que han aparecido bajo diversas denominaciones (Lee Van Cott, 2010) para explorar la posibilidad de otorgar cierto grado de autonomía a minorías y pueblos autóctonos que les permita gobernar sus asuntos internos mediante su propio sistema de normas y cultura. Los cambios en la concepción del Estado han sido particularmente profundos en América Latina, región en la que, antes de las reformas aprobadas en la década de los noventa,

---

123 Pateman (2007c) advierte que, si bien «el proceso de descolonización y autodeterminación nacional que comenzó después de la Segunda Guerra Mundial ha acabado con casi todas las colonias de las potencias europeas, los pueblos nativos de los dos nuevos mundos, que viven dentro de las fronteras de los Estados construidos a partir de las plantaciones de colonos, nunca han sido considerados como verdaderos candidatos a una soberanía plena», algo que inevitablemente pone en duda la legitimidad política fundamental de los arreglos políticos resultantes.

las constituciones incluían una retórica oficial que proclamaba la naturaleza homogénea de las estructuras institucionales y, a partir de ese decenio, algunos textos constitucionales empezaron a redefinir la composición de sus Estados reconociendo su carácter multiétnico y multicultural. Los procesos constituyentes iniciados en Bolivia y Ecuador en el presente siglo dieron un paso hacia la teorización de la existencia de una nación de pueblos o un Estado plurinacional y la constitucionalización de concepciones y elementos de la cosmovisión indígena, abriendo camino a un sistema alternativo al constitucionalismo liberal que ha dado en llamarse constitucionalismo plurinacional, intercultural o experimental (Uprimny, 2011: 1590-91; Hernández Velázquez y Pérez de la Rosa, 2021; Clavero, 2016; Aparicio Wilhelmi, 2002; y Cabedo Mallol, 2012)[124]. Concretamente, la opción del autogobierno territorial ha sido más viable en aquellos casos en los que la creación de subunidades políticas dotadas de autonomía política permite a aquellas que hasta ahora han sido minorías a escala estatal formar una mayoría local, como cuando se reconoce la jurisdicción indígena en determinado territorio. Pero la opción de demarcación territorial no es la única. A veces, el instrumento para articular el pluralismo no ha sido el autogobierno territorial, sino la organización de divisiones competenciales basadas en áreas temáticas, permitiendo de este modo la coexistencia del derecho estatal y diversas formas de derecho consuetudinario, personal o tribal en sistemas caracterizados por el pluralismo jurídico (Rubio Marín y Kymlicka, 2018: 23).

Al igual que el giro participativo en la igualdad de género, el giro multicultural también comenzó en la década de los ochenta y se ha desarrollado desde la década de los noventa gracias a una mezcla de «movilizaciones locales y la difusión de modelos y discursos glo-

---

124 En estos momentos son muchos los sistemas constitucionales de la región que han incorporado, bien por vía textual, bien por vía interpretativa, regímenes especiales y el expreso reconocimiento de las naciones indígenas y, en algunos casos también, de las comunidades afrodescendientes históricamente invisibilizadas (por ejemplo, México, Costa Rica y Colombia).

bales» (*ibid.*: 24) que ha dado lugar a un creciente reconocimiento constitucional en ordenamientos normativos e institucionales complejos y superpuestos (Tully, 1995; de Sousa Santos, 2010). Para muchas mujeres pertenecientes a minorías religiosas, el giro multicultural ha tenido, sin embargo, una vida demasiado breve o superficial. Es el caso en las democracias europeas occidentales, donde esta inflexión no ha tenido necesariamente reflejo constitucional y donde la cultura y la religión dominantes parecen encontrar con facilidad formas de autoafirmación en términos aparentemente seculares que, en realidad, perpetúan viejas jerarquías y dinámicas de opresión[125]. Aunque aún incipiente, este proceso podría tener

---

125 Elver (2012a). El debate en torno al uso del *hiyab* y otras vestimentas de las mujeres musulmanas se ha convertido en un campo de batalla para la defensa de la cultura europea. La cuestión ha dividido al feminismo, y frente a ciertas posturas extremas, parece razonable adoptar posiciones más intermedias como las que defienden la prohibición del velo integral —*burka*/*nikab*— únicamente en el espacio público, en atención no solo a cuestiones de orden público, sino también de igualdad democrática que aconsejan tutelar la libertad deambulatoria y las capacidades de socialización básica de las mujeres en una esfera pública de la que quedarían prácticamente excluidas cuando van enteramente veladas (Salazar Benítez, 2019: 94, 165-86). En todo caso, el debate ha ido mucho más allá de estos usos extremos, y gran parte de la preocupación que ha suscitado parece tener menos que ver con las mujeres en sí que con el interés por representar a la comunidad musulmana como foránea e inferior a través de un proceso de «racialización». El uso del velo, en el entorno universitario, escolar, laboral y de la función pública, pero también de forma general en el espacio público, ha suscitado animados debates no solo en Turquía —donde el debate está vinculado a la constitucionalización de la laicidad como principio fundacional del Estado moderno turco—, sino también en varios países europeos, y ha sido objeto de varias sentencias de tribunales y cortes nacionales y europeas. Frente a la expresión obvia de libertad religiosa en su dimensión externa, que ampararía a las mujeres que deseen velarse y lo hagan libremente, se han alzado toda una serie de argumentos constitucionales que avalarían las distintas prohibiciones del velo islámico y que incluyen la igualdad de género (cuando el velo islámico se interpreta como símbolo objetivo de subordinación femenina, bien en general, bien con respecto a determinados velos y usos, como sería el caso del uso del velo integral en el espacio público), la necesidad de garantizar el carácter laico o aconfesional del Estado, la libertad de empresa, la libertad religiosa (de estudiantes/usuarios/clientes atendidos por

más recorrido en el caso de las mujeres indígenas, cuyas pretensiones difícilmente han podido prosperar dentro de la arquitectura del orden constitucional moderno (Davis, 2017; Green, 2007). De hecho, muchas de ellas se han involucrado activamente y con relativo éxito en procesos constituyentes recientes, como en los casos de Bolivia (Attard Bellido, 2024: 127) y Ecuador (Salazar Marín, 2024: 96-101). Estos avances permiten contemplar la posibilidad de que las nuevas premisas de un constitucionalismo plurinacional o intercultural sirvan para articular un feminismo poscolonial[126] que

---

mujeres veladas), el derecho de los padres a elegir la educación de sus hijos y la necesidad de asegurar el orden público o la paz social.

Especialmente intensa ha sido la controversia en países como Francia y Turquía, dado el carácter laico y la centralidad de la laicidad en la identidad constitucional de ambos Estados. Tanto en Francia (Décision n.° 2010-613 DC [7 de octubre de 2010]) como en Bélgica (Sentencia n.° 145/2012), la Justicia constitucional ha avalado la prohibición absoluta del uso del velo integral en el espacio público. También el Tribunal Europeo de Derechos Humanos ha avalado la prohibición absoluta del velo integral (véase *S.A.S vs. France*, demanda n.° 43835/11 [2014]). Véase, sin embargo, la decisión del Tribunal Constitucional Federal alemán en BVerfGE 108, 288 (24 de septiembre de 2003), donde se defiende el derecho de una maestra de un centro público a llevar el *hiyab* basándose en el principio de pluralismo. En cuanto a la Justicia europea, cabe decir que, en conjunto, ha sido muy deferente con respecto a las prohibiciones nacionales del uso del velo. Véase *Leyla Sahin vs. Turkey*, demanda n.° 44774/98 (2005), una decisión del Tribunal Europeo de Derechos Humanos que, recurriendo a la doctrina del margen de apreciación, confirma la posición prohibitiva de los tribunales turcos del uso del velo en el espacio universitario. Avalando la prohibición del uso de símbolos religiosos «ostentosos» en el ámbito escolar y en los espacios públicos, incluido el *hijab,* véase *Dogru vs. France*, demanda n.° 27058/05 (2009), *Kervanci vs. France*, demanda n.° 31645/04 (2008) y *Ebrahimian vs. France*, demanda n.° 64846/11 (2015). El Tribunal de Justicia de la Unión Europea ha avalado también la restricción del uso del velo en el sector empresarial privado (*Achbita*, asunto C-157/15; *Wabe*, asunto C-804/18; *LF v. SCRL*, asunto C-344/20) cuando el empresario pretende establecer una política de neutralidad religiosa. Sobre el debate en Turquía y Europa, véase Elver (2012b).

126 Según Reyes Gil (2024: 265) un enfoque de constitucionalismo decolonial feminista debe ayudar a «desvelar las formas en que el análisis constitucional tradicional silencia a mujeres negras, indígenas y mestizas y cómo ese silenciamiento está relacionado con el colonialismo; partir del sur global para huma-

incluya elementos de la cosmovisión indígena, entre ellos el principio del «buen vivir»[127]. Esta tendencia tal vez requeriría previamente un giro decolonial más profundo en la teoría constitucional (Médici, 2010) que contribuyera a desenmascarar las intersecciones entre género, raza y sexualidad que anidan en el orden hegemónico heredado y las formas en las que tales intersecciones acaban afectando a las mujeres y sus cuerpos racializados bajo distintos ejes de dominación (Lugones, 2010; Millán, 2014; Vergès, 2019).

Por otro lado, a pesar de compartir horizontes emancipatorios arraigados en la lucha contra toda forma de opresión, incluida la cultural, desde el principio se planteó también la posibilidad de un potencial conflicto entre el giro participativo de género y el giro pluralista. El principal temor que suscitó la convergencia de ambos fue la posibilidad de que el reconocimiento multicultural amparara los intereses de la mujer que atañen a su pertenencia cultural o

---

nizar e incluir a estas otras mujeres y cuerpos feminizados, no solo en términos de participación en los procesos constitucionales de análisis o interpretación, sino también para plantear nuevas formas de pensar el poder, los derechos y la igualdad; ser epistémicamente desobedientes y centrarse en formas de conocimiento y nociones de justicia alternativas; permitir un constitucionalismo desde abajo que permita a las mujeres y personas feminizadas interactuar con la Constitución para exigir cambios que logren descolonizar el pensamiento constitucional».

127 La Constitución de Bolivia, por ejemplo, reconoce el principio del buen vivir (*suma qamaña*), bajo el cual los derechos de los distintos grupos de mujeres deben coexistir pacíficamente con los derechos colectivos de los pueblos indígenas, los derechos de la Madre Tierra y de todos los seres sintientes, y constituye un principio que reclama un enfoque de igualdad sustantiva en términos de descolonización y despatriarcalización (Attard Bellido, 2024: 127-28). El mismo principio del buen vivir (*sumak kawsay*), también consagrado en la Constitución de Ecuador (artículo 275), sirve para reclamar la igual relevancia del ejercicio de los derechos y el cumplimiento de responsabilidades, el interculturalismo, el respeto de la diversidad y la coexistencia armoniosa con la naturaleza. En cuanto a su potencial feminista, conviene recordar que este principio ha sido utilizado por parte de la jurisprudencia constitucional para sentar las bases del reconocimiento del derecho al cuidado, precisamente por su dimensión relacional (Sentencia 3-19-JP/20; Salazar Marín, 2024: 116-17).

religiosa (y hasta ahí bien), pero que lo hiciera solo a expensas de su condición de igualdad ciudadana. El temor no es infundado, dado que en muchas sociedades que han adoptado los esquemas del constitucionalismo democrático liberal y han reconocido, al mismo tiempo, esferas jurisdiccionales propias a determinados grupos se han producido fricciones entre la afirmación de la igualdad de derechos de la mujer, en cuanto ciudadanas del Estado, y las normas religiosas, consuetudinarias o tribales de aquellos colectivos. Estas tensiones son especialmente difíciles de resolver cuando el eje de diversidad es el religioso y se trata de sociedades que rechazan la posibilidad de una opción plenamente secular y que, más bien, abordan el pluralismo articulando una compleja coexistencia entre normas seculares y religiosas como fuentes de autoridad, en particular cuando estas últimas contienen expresiones que niegan de manera frontal la igualdad de derechos entre hombres y mujeres.

Estamos ante el fenómeno de la llamada «paradoja de la vulnerabilidad multicultural», que ha sido objeto de amplia controversia. Se trata, en definitiva, de sopesar en qué medida el reconocimiento del multiculturalismo a través del pluralismo jurídico podría perjudicar a las mujeres, sobre todo si estas quedan sujetas a normas en cuya creación, interpretación o impugnación no participan y que, sin embargo, podrían socavar los derechos que les reconoce la constitución (Rubio Marín y Kymlicka, 2018: 25; Shachar, 2001). Dado que, con frecuencia, lo que se dirime es quién tiene jurisdicción sobre cuestiones relacionadas con la condición de las mujeres dentro de sus familias y comunidades, existe el temor de que no solo los regímenes teocráticos, sino también otras formas de arreglos multiculturales dentro de las democracias liberales puedan perpetuar indirectamente el «excepcionalismo familiar», es decir, el blindaje de tales relaciones familiares frente a la lógica constitucional igualitaria y, por ende, el sacrificio de la igual ciudadanía de la mujer (Moller Okin, 1999: 13). En este debate, preocupan particularmente las normas culturales o religiosas que tratan a la mujer como una propiedad del varón y las normas en materia de matrimonio, divorcio, transmisión de la propiedad y custodia de los hijos que imponen su total dependencia de los hombres. En el continente africano, por ejemplo, se ha observado que las reformas constitucionales menos cuestionadas desde la perspectiva de los derechos de las mujeres han sido las disposiciones relacionadas con los términos y condiciones del empleo fuera del hogar, las cuotas legislativas, la nacionalidad y los derechos prestacionales, mientras que las normas relacionadas con la familia, el clan y las costumbres han suscitado mayor controversia, incluso en países donde las constituciones afirman la primacía de los derechos y la igualdad de la mujer (Tripp, 2009: 179). Esta dualidad sugiere la posibilidad de la aparición de un escenario en el que se vacíen de contenido las garantías del constitucionalismo inclusivo y participativo mediante una escisión de áreas del derecho que, en nombre de la religión o la cultura, permita que las normas que se adscriban al derecho «de las personas» o al «derecho privado» queden exentas de escrutinio constitucional (Bond, 2017: 97), lo cual implicaría la pervivencia *de facto* del constitucionalismo excluyente y el afianzamiento de la familia como ámbito natural de la desigualdad sexual[128].

Desde la perspectiva constitucional, el punto de partida sería, entonces, la determinación del grado de reconocimiento del derecho consuetudinario o religioso como fuente del derecho y de su rango específico dentro de la pirámide normativa, así como la especificación del grado de autonomía de las autoridades encargadas de interpretarlo y aplicarlo, una cuestión íntimamente conectada con la división competencial entre las autoridades estatales/seculares y las autoridades indígenas, tribales o religiosas, y una atribución jurisdiccional que, es de esperar, impactará sobre los derechos de las

128 Sobre la India, véase MacKinnon (2006). No obstante, hay que tener en cuenta que el racismo y el eurocentrismo (y no solo el sexismo) jugaron un papel importante a la hora de proteger el derecho de las personas frente al influjo de la norma constitucional. Se ha dicho que la mujer africana se ubicó en la «intersección de prejuicios coloniales que se refuerzan mutuamente: la creencia de que el sujeto colonizado africano es indigno de ser sujeto en la esfera del derecho público y la creencia de que las mujeres deben ocupar la esfera privada libre de intervención estatal» (Bond, 2017: 97).

mujeres, en especial en lo que respecta al derecho de las personas y al derecho de familia. Después de todo, como afirma Vickers (2017: 166), «el mecanismo del pluralismo legal, territorial y no territorial no deja de ser el "arreglo federal" con la mayor capacidad para obstruir la reforma del derecho de familia». Todo ello explica que en varios países de tradición islámica (como Egipto, Túnez, Irak y Marruecos) muchas mujeres, incluidas las religiosas[129], se hayan implicado en procesos constituyentes para librar una lucha orientada, en primer lugar, a lograr un orden secular, y, en su defecto, a que se reconozca un estatus limitado o subordinado, y no jerárquicamente superior, a la *sharía* entre las fuentes del derecho autorizadas[130]. También permite entender que, donde no se ha logrado garantizar la opción secular, la reforma del derecho del estatus personal, y no la de la constitución, se haya convertido en el campo de batalla más común de las mujeres reformistas[131].

---

129 Sobra decir que ni el feminismo ni el islam pueden concebirse como corrientes o categorías homogéneas. En cada proceso existe una pluralidad de actores individuales y colectivos que surgen de diferentes enfoques de la interpretación del feminismo y del islam, así como de la influencia de diferentes experiencias históricas, políticas, sociales y culturales que tienen que ser debidamente reconocidas (Ahmed, 1992; Abu-Lughod, 1988).

130 Muchas constituciones modernas del mundo islámico tratan de resolver la tensión entre los principios constitucionales y la ley islámica, o *sharía*, mediante lo que Ahmed y Ginsburg (2014) llaman «cláusulas de supremacía islámica» («Islamic supremacy clauses»). En realidad, este tipo de cláusulas pueden adoptar tres formas ligeramente distintas. La primera reconoce al islam como «una fuente» del derecho. La segunda se refiere al islam como «la» fuente del derecho. La tercera reconoce la existencia de otras fuentes del derecho siempre que no contraríen la norma islámica. Este tipo de cláusulas pueden propiciar, *de facto*, un vaciado del potencial emancipador de los derechos y libertades reconocidos en la constitución. En la Constitución saudí, por ejemplo, se incluye una tabla de derechos humanos y, a su vez, se reconoce que el Sagrado Corán y la Sunna (tradiciones) del Profeta forman la Constitución del reino y prevalecen sobre cualquier otra norma de la Constitución y el resto del ordenamiento jurídico (Ley Fundamental de Arabia Saudí, 1992, artículos 1 y 7).

131 Sobre la lucha de las mujeres para que la Constitución iraquí de 2005 reconociera al islam como «*una* fuente básica del derecho» en lugar de «*la* fuente bá-

Solo después de que se haya definido la naturaleza secular/religiosa de un país y de que la división jurisdiccional haya determinado las áreas regulatorias que pertenecen al derecho estatal —y aquellas que quedan bajo la competencia, opcional u obligatoria, de las autoridades indígenas, tribales o religiosas— estaremos en condiciones de cuestionarnos si el reconocimiento de los derechos constitucionales de las mujeres debe prevalecer sobre las demás fuentes del derecho y los dispositivos jurisdiccionales fundados en las tradiciones culturales. Hay una amplia gama de opciones. Las constituciones pueden, por ejemplo, incluir cláusulas explícitas de exclusión que eximan al derecho consuetudinario o religioso del escrutinio constitucional en general, o que, de forma más específica, exoneren los asuntos relacionados con el derecho de las personas o de familia del mandato constitucional de la no discriminación[132]. De hecho, estas cláusulas fueron frecuentes en las constituciones que surgieron del independentismo en la región del África subsahariana en la década de los setenta, cuando, una vez superado el régimen colonial, la lealtad a las costumbres se constituyó como la expresión paradig-

---

sica del derecho» y para mantener la opción de un régimen secular del estatus personal, véase Efrati (2019).

132 La sección 27 de la Constitución de Sierra Leona de 1991 dispone que «Ninguna ley establecerá disposición alguna que sea discriminatoria en sí misma o en sus efectos», pero la sección 27 (4) detalla excepciones en materia de «adopción, matrimonio, divorcio, entierro, reparto y devolución de bienes en caso de muerte u otros intereses de la ley personal». La sección 18, subsección 4, de la Constitución de Lesoto de 1993 contiene un precepto que consagra la prohibición de discriminación (subsección 1) en los siguientes términos: «La subsección (1) no se aplicará a ninguna ley en la medida en que esa ley se refiera a [...] (b) [...] la adopción, el matrimonio, el divorcio, los entierros, la devolución de bienes en caso de muerte u otros asuntos similares que atañen a la ley personal [...]; o a (c) la aplicación del derecho consuetudinario de Lesoto con respecto a cualquier asunto en el caso de personas que, en virtud de ese derecho, estén sujetas al mismo». Muchas otras constituciones en todo el mundo también blindan el derecho personal musulmán respecto al escrutinio constitucional de la igualdad. Véase, por ejemplo, el artículo 12 (3) (a) de la Constitución de Singapur de 1965 y el artículo 8 (5) (a) de la Constitución de Malasia de 1957.

mática de la identidad nacional, tal y como lo reflejan aún hoy algunas disposiciones[133]. Estos preceptos han servido para limitar la eficacia de la garantía constitucional de la igualdad y para proteger al derecho consuetudinario frente a la impugnación constitucional, frustrando acaso la evolución natural de este derecho que habría sido esperable con el paso del tiempo[134]. Por esta razón, se los ha comparado con las reservas que muchos países han formulado a la hora de ratificar la CEDAW, alegando su no aplicabilidad en materia familiar y de estatus personal (Lacey, 2017: 143-44). No obstante, en la década de los noventa, la primera ola de democratización que finalmente llegó a la África poscolonial estuvo acompañada de grandes reformas constitucionales que pretendieron revisar algunos de los estándares del constitucionalismo posindependentista (Kwasi Prempeh, 2007: 469). En este contexto, y coincidiendo con el giro participativo de género al que antes nos hemos referido, desde en-

---

133 En las luchas anticoloniales y en los movimientos de liberación nacional del siglo XX, la potencia colonizadora blanca y la población de colonos europeos eran los principales enemigos, y las feministas de color «rechazaban la idea de que las relaciones con los hombres de sus comunidades fueran, o tuvieran que ser, equivalentes a las que existían entre mujeres blancas y hombres blancos» (Roth, 2004: 43, 70).

134 Bond (2017: 81-84, 86-87) describe cómo la historia del colonialismo en la región creó un sistema legal plural en el que múltiples sistemas de derecho —legal, consuetudinario y religioso— operaban simultáneamente en un esfuerzo por preservar las costumbres indígenas y apaciguar a los líderes tradicionales, a quienes se les otorgó control sobre la esfera privada, en especial sobre leyes familiares o personales. La autora también explica que, cuando los administradores coloniales llevaron el derecho consuetudinario al sistema judicial colonial, «lo filtraron a través de la óptica de los planteamientos británicos», estableciendo una versión del derecho consuetudinario que reproducía aquellas ideas británicas sobre la familia que discriminaban a las mujeres, aplicando solo un «test de repugnancia» para filtrar lo que consideraban «prácticas tradicionales opresivas». La lealtad a la costumbre, como expresión de la identidad nacional, se convirtió así en una fuente de un orgullo cultural renovado durante el período independentista, fenómeno que continúa hasta el día de hoy revestido de una retórica radicalmente nacionalista. Bond cita como ejemplos a Botsuana, Gambia, Lesoto, Mauricio, Sierra Leona y Zambia entre los países que mantienen cláusulas de exclusión en sus constituciones (89).

tonces se observa un proceso de rechazo gradual (aunque no unánime) de las cláusulas excluyentes en las constituciones de varios países que continúan reconociendo el pluralismo jurídico, aunque también explicitan que tal pluralismo no puede amparar una limitación de los derechos de las mujeres en la medida en que estos sean jerárquicamente superiores. Expresiones de este cambio, que ha venido de la mano de procesos cada vez más participativos de elaboración constitucional, pueden encontrarse en constituciones como la de Uganda de 1995, que hace referencia directa a las mujeres y a otros grupos marginados[135], y la de Sudáfrica de 1996, que afirma en términos genéricos la prevalencia de la declaración de derechos de la Constitución sobre el derecho consuetudinario[136]. Entre las expresiones más recientes de esta tendencia cabe citar las disposiciones de las constituciones de Kenia (2010) y Zimbabue (2013), ambas adoptadas bajo la vigorosa influencia del activismo feminista y con el apoyo de actores internacionales y, hasta cierto punto, como reacción al clamor público que previamente había generado una

---

135 La Constitución de Uganda de 1995 establece en sus Objetivos y Directivas Nacionales de Política Estatal (XXIV, Objetivos Culturales) que «los valores culturales y consuetudinarios que son consistentes con los derechos y libertades fundamentales, la dignidad humana, la democracia y la Constitución pueden desarrollarse e incorporarse a aspectos de la vida en Uganda». El artículo 33 (6) también especifica que «las leyes, culturas, costumbres o tradiciones que atenten contra la dignidad, el bienestar o los intereses de la mujer, o que atenten contra su condición, quedan prohibidas por esta Constitución». Sin embargo, nada de esto evitó la contundente reacción en defensa del clan y las prácticas consuetudinarias cuando se aprobó la Ley de Tierras en 1998, que reconoció la propiedad en común en la herencia de tierras a favor de las mujeres. Véase también Tripp (2009: 187-88).

136 La sección 15 de la Constitución de Sudáfrica reconoce los matrimonios tradicionales o religiosos y aquellos celebrados bajo la ley personal o familiar. No obstante, requiere que todo sistema matrimonial sea compatible con la Constitución. De manera similar, los derechos culturales y religiosos están reconocidos en la sección 31, aunque la Constitución afirma que tales derechos «no pueden ejercerse de manera que resulte incompatible con alguno de los preceptos de la Declaración de Derechos».

jurisprudencia discriminatoria por la aplicación de las cláusulas de exclusión ahora desechadas[137].

Más allá de la literalidad de los textos, lo cierto es que, de una forma u otra, el litigio ha sido con frecuencia inevitable en muchos de los contextos en los que las constituciones reconocen explícitamente tanto los derechos de las mujeres como el derecho consuetudinario. Y ello no solo porque muchas veces el texto constitucional no especifica cómo se debe actuar en caso de conflicto, sino también porque es inevitable que las autoridades competentes propongan diferentes interpretaciones de las normas que, a su juicio, vulneran el principio de igualdad, dado que tal decisión implica emitir un juicio sobre las diferenciaciones que puedan entenderse justificadas, es decir, sobre las limitaciones o excepciones al principio de igualdad que puedan considerarse legítimas. Por ello, en muchas ocasiones estas disputas han tenido que ser dirimidas ante los tribunales de justicia, lo cual no deja de ser preocupante si tenemos en cuenta la dificultad de gran parte de la población —y de las mujeres en particular— para acceder a la justicia (Lehnert, 2005: 241; Ndulo, 2011: 87). Incluso en los países que han tratado de abordar de forma explícita esas posibles tensiones, como es el caso de Uganda, el conflicto ha sido inevitable. Lo mismo cabe decir de la experiencia sudafricana, donde los esfuerzos de las autoridades tradicionales por incluir una cláusula de exclusión durante el proceso constituyente tras el fin del *apartheid* fueron derrotados gracias a las campañas feministas que defendían la sujeción del derecho personal y consuetudinario al principio de igualdad constitucional (Kaganas y Murray, 1994). Aun así, el legislador y los tribunales del país —incluido el Tribunal Constitucional— han tenido que jugar un papel central en la resolución de los conflictos vinculados a esta

---

137 Véase Bond (2017: 89-92) sobre la decisión tomada en el caso *Magaya* en Zimbabue, en la que se aplicó la cláusula de exclusión para negarle a una mujer el derecho a la herencia de su padre, un caso que fue muy controvertido en el país.

cuestión[138]. En ocasiones, las propias organizaciones de mujeres han liderado litigios de carácter general e interés público en la materia[139]. En todo caso, con frecuencia se trata de un difícil equilibrio a la hora de encontrar una solución que haga justicia a las mujeres sin desmerecer el derecho y el pensamiento jurídico africano, que, como de forma explícita ha reconocido el Tribunal Supremo de Sudáfrica, constituyen «una fuente de ideas, valores y prácticas jurídicas [...] que durante mucho tiempo han sido reprimidos o marginados»[140].

Con todo, se ha observado que, sin ser desdeñable, la vía consistente en reclamar derechos —frente a normas comunitarias y tribunales que rara vez tienen una composición suficientemente plural— tiene un potencial limitado para las mujeres, dado que en la vida real las sitúa en la tesitura de elegir entre sus derechos y su cultura, a pesar de que a menudo esta elección pueda resultar no solo injusta, sino también inviable. Y es que, al igual que los hombres, las mujeres tienen derecho a su cultura y a un trato igual, de modo que el desafío estriba en garantizar ambos. Además, la «opción de salida» sobre la que descansaría la proposición («tus

138 Himonga (2012: 321 y 325). En general, el Tribunal Constitucional ha mantenido la postura adoptada en 2005 en la decisión *Bhe*, contraria al derecho consuetudinario discriminatorio. En *Bhe and Others vs. Khayelitsha Magistrate and Others* (2005), tanto la sección 23 de la Ley de Administración Negra de 1927 como la regla de primogenitura del derecho consuetudinario fueron declaradas inconstitucionales, con lo cual se permitió que la viuda de Bhe heredara de su cónyuge fallecido en medio de una fuerte controversia. En los años que siguieron a *Bhe*, el Tribunal Constitucional tuvo oportunidad de anular otros dos elementos del derecho consuetudinario en materia de matrimonio y sucesión de estatus. Véase *Gumede vs. President of the Republic of South Africa and Others (Women's Legal Center Trust as Amicus Curiae)* (2009) y *Shilubana vs. Nwamitwa (National Movement of Rural Women and Commission for Gender Equality as Amici Curiae)* (2007).

139 Este fue el caso en *South African Human Rights Commission and Another vs. President of the Republic of South Africa and Another* (2005), un caso complementario a *Bhe* (Bond, 2017: 93).

140 Véase la decisión del juez Albie Sachs en *S. vs. Makwanyane* (1995).

derechos o tu cultura») parece ignorar el hecho de que abandonar la propia comunidad cultural no suele resultar factible teniendo en cuenta la realidad económica y social de las mujeres dentro de sus comunidades y la dimensión emocional de lo que está en juego (Song, 2007: 161-62; Shachar, 2001: 70-71). En realidad, debemos considerar que, cuando la batalla judicial en defensa de los derechos que reconoce el Estado se plantea como la única alternativa frente a prácticas patriarcales locales, es posible que las mujeres que opten por este camino acaben siendo tachadas de desleales y sufran ostracismo, al mismo tiempo que se genera una reacción defensiva en el interior del grupo que lo lleva a reafirmar, en lugar de cuestionar, los aspectos de su cultura objeto de crítica o de reproche constitucional. Se trata de lo que Shachar (2001: 35-37) ha denominado «culturalismo reactivo», es decir, un fenómeno en virtud del cual, en respuesta a la presión externa, los miembros del grupo y, sobre todo, sus autoridades se vuelven más intransigentes a la hora de defender lo que tildan de expresiones «genuinas» e incluso «sagradas» de su cultura. Lamentablemente, dada la frecuente infrarrepresentación de las mujeres en todos los ámbitos de toma de decisiones, estos conflictos acaban a menudo escenificando la lucha entre distintos grupos de hombres disputándose el rol de «legítimos protectores» de mujeres pretendidamente indefensas o carentes de voluntad propia.

En la historia del constitucionalismo existe un ejemplo paradigmático que ilustra esta dinámica. Se trata del caso *Shah Bano*, resuelto por la Corte Suprema de la India, que versó sobre la aplicación de normas religiosas que estaban potencialmente en conflicto con los derechos constitucionales de las mujeres (Nussbaum, 2005: 174-204; Mody, 2013: 49-73; Galanter y Krishnan, 2001: 272-80). Para entenderlo, hay que partir de la base de que, aunque la Constitución de la India consagra la igualdad entre los sexos, la libre elección de religión e incluso un cierto compromiso con el orden secular (que no ha sido muy respetado en los últimos tiempos)[141], el país cuenta con un sistema de pluralismo jurídico heredado de la época colonial que ha conservado una variedad de sistemas de derecho personal que regulan el derecho de familia y algunos asuntos relacionados con el derecho de propiedad, entre ellos la herencia[142]. Esta descentralización normativa se remonta al Raj británico, y aunque la idea de un Código Civil uniforme (que el artículo 44 de la Constitución consagra en términos aspiracionales) triunfó en el momento posterior a la independencia —en parte, dicho sea de paso, gracias al activismo feminista (Arya, 2006;

141 De acuerdo con su preámbulo reformado en 1976 (Cuadragésima Segunda Enmienda) y reafirmado por la Corte Suprema en *S. R. Bommai vs. Union of India* (1994).

142 Agnes (2016: 903-5, 911-15). El artículo 13 (1) de la Constitución india declara nulas y sin efecto todas las leyes en vigor que contradigan los derechos fundamentales. La doctrina de los tribunales sobre si esta previsión incluye las leyes personales ha sido oscilante, y ello ha obligado a los colectivos feministas a abordar, con distintos grados de éxito, los problemas de desigualdad dentro de cada uno de los sistemas religiosos. En *Narasu Appa Mali* (*State of Bombay vs. Narasu Appa Mali* [1952]), el Tribunal consideró que las leyes personales no codificadas no podían considerarse «leyes en vigor» de acuerdo con el artículo 13 y que, en consecuencia, quedaban exentas de escrutinio constitucional. A pesar de la doctrina de *Narasu*, los distintos tribunales han sido cada vez más proclives a confrontar el derecho personal con los estándares de derechos fundamentales. No obstante, en lugar de declarar la inconstitucionalidad de la ley en juego, la tendencia ha sido buscar vías más indirectas, como las sentencias interpretativas. Con todo, la doctrina de *Narasu* podría verse superada o matizada por el caso *Sabarimala* (*Indian Young Lawyers Association vs. State of Kerala* [2018]), en el que el Tribunal Superior reconoce que la decisión *Narasu* desvirtúa la visión transformadora de la Constitución cuando restringe indebidamente la definición del término «leyes en vigor» (véase la opinión concurrente del juez Dhananjaya Yeshwant Chandrachud). La decisión *Sabarimala* se encuentra ahora bajo revisión de un panel más amplio de magistrados. Este panel tendrá que decidir, además, sobre otros casos que conciernen a prácticas religiosas que afectan de forma específica a las mujeres, entre ellas la prohibición de entrar en algunas mezquitas (*Yasmeen Zuber Ahmad Peerzade vs. Union of India*), la pérdida de la identidad parsi de mujeres que contraigan matrimonio con personas que no lo sean (*Goolrokh Gupta vs. Burjor Pardiwala*) y la práctica de ablación genital femenina ejercida por una secta musulmana en la India (*Sunita Tiwari vs. Union of India*).

Parashar, 1992)—, esta idea ha contado con la oposición cada vez más férrea de musulmanes y otras minorías por temor a que, en realidad, el Código Civil acabe favoreciendo a la mayoría hinduista y los convierta en ciudadanos de segunda clase. En el marco de este debate, la sentencia *Shah Bano* constituyó un punto de inflexión al que siguió una reacción violenta y el ascenso al poder del Partido Popular Indio, o Bharatiya Janata Party (BJP), de corte nacionalista (Nussbaum, 2005: 190-91). En *Mohamed Ahmed Khan vs. Shah Bano Begum & Others* (1985), la Corte Suprema de la India ordenó el pago de una pensión de alimentos a un ciudadano musulmán en beneficio de su exesposa, una mujer anciana de la que se había divorciado unilateralmente, más allá del período de *iddah* (unos tres meses) al que obliga la ley islámica, bajo el argumento de que la mujer no tenía a nadie más en quien apoyarse y con base en una disposición contra el desvalimiento contenida en el Código Procesal Penal laico de la India[143]. En una decisión redactada por el presidente de la Corte Suprema, el juez Chandrachud —un juez hindú a la cabeza de otros cinco, también de mayoría hindú—, no solo se confirmaron las pretensiones de Shah Bano, sino que también se criticaron las prácticas islámicas y se propusieron incluso interpretaciones alternativas de los textos coránicos para demostrar que la concesión de la pensión de alimentos que la viuda reclamaba era, en realidad, consistente con el derecho islámico. El caso tuvo una enorme repercusión y la reacción que le siguió fue virulenta, dado que la defensa de la norma del *iddah* logró cohesionar y movilizar a la comunidad musulmana hasta el punto de que la propia Shah Bano se sintió obligada a disculparse públicamente y a renunciar a la pensión que había obtenido ante los tribunales. En este contexto, los líderes de la comunidad musulmana acabaron persuadiendo al Gobierno para que aprobara

---

143 El artículo 125 del Código Procesal Penal de la India contempla una pensión alimenticia vitalicia a favor de las esposas, los hijos y los progenitores. En el caso *Shah Bano*, la Corte Suprema de la India confirmó que las mujeres musulmanas divorciadas tenían derecho a una pensión alimenticia vitalicia y afirmó que, en caso de conflicto, la neutralidad religiosa del artículo 125 del Código Procesal Penal debía prevalecer sobre la ley personal de corte religioso.

la Ley de Mujeres Musulmanas (Protección de los Derechos en el Divorcio) de 1986, que impedía a las mujeres musulmanas reclamar una pensión alimenticia con base en el Código Procesal Penal indio. La impugnación de esta nueva ley ante los tribunales dio lugar a una sentencia que, en vez de anularla, condujo a una interpretación conforme a la Constitución a modo de solución intermedia, aunque se afirmó que las decisiones que afectan a «los derechos humanos básicos, la cultura, la vida en dignidad y decencia y los imperativos de necesidad que ordena la justicia social deben invariablemente ser entendidos conforme a consideraciones distintas a las de la religión, fe o creencias religiosas, o a las de carácter nacionalista, sectario, racial o comunitario»[144].

En 2017, una nueva sentencia volvió a poner el punto de mira en el encaje de la ley islámica dentro del marco constitucional indio. El caso *Shayara Bano* sirvió para impugnar la institución del triple *talaq* (*talaq-e-biddat*) islámico —es decir, el divorcio instantáneo, unilateral e irrevocable a instancias exclusivamente del marido, a quien le bastaba pronunciar tres veces la palabra *talaq* (divorcio, en árabe)—[145]. El Tribunal Constitucional que resolvió el caso estuvo integrado en esta ocasión por cinco magistrados de cinco religiones diferentes (islam, sijismo, hinduismo, zoroastrismo y cristianismo) con el fin de evitar que, como había ocurrido en el caso *Shah Bano*, un tribunal compuesto mayoritariamente por magistrados hindúes decidiera sobre un precepto de la *sharía*. En una sentencia histórica, la Corte Suprema consideró por mayoría que el triple *talaq* y el divorcio instantáneo eran contrarios al artículo 14 de la Constitución, leído junto con el artículo 13 (1)[146]. Esta vez, la sentencia fue segui-

144 Véase *Danial Latifi & Another vs. Union of India* (2001).

145 Véase *Shayara Bano vs. Union of India* (2017).

146 El voto de la mayoría consideró que el triple *talaq* constituía una vulneración arbitraria del principio de igualdad. Dado que el procedimiento aparecía contemplado en la Ley de Aplicación de la Ley Personal Musulmana (Shariat) de 1937, la sentencia concluyó que se trataba de una norma que estaba ya en vigor antes de promulgar la Constitución y que era incompatible con los derechos fundamentales (artículo 13 [1]). Basándose en precedentes relevantes de la

da de la aprobación de la Ley de Mujeres Musulmanas (Protección de los Derechos en el Matrimonio) de 2019 que, siguiendo la línea marcada por la sentencia, declaró nula e ilegal cualquier forma de triple *talaq* o divorcio instantáneo y reconoció a la esposa divorciada el derecho a una pensión alimenticia y a solicitar la custodia de sus hijos menores.

En vista de este tipo de dinámicas tan perniciosas como previsibles, una corriente del feminismo —el feminismo multicultural— ha enfatizado de manera progresiva la necesidad de reforzar el protagonismo y la participación de las mujeres en la definición de sus propias culturas en lugar de hacerlas depender exclusivamente de un sistema de derechos supeditado al Estado y a sus tribunales de justicia[147]. Se trataría de afrontar la paradoja de la vulnerabilidad multicultural sin rechazar las tesis del multiculturalismo ni apoyarse principalmente en leyes o tribunales externos, sino más bien facilitando procesos de debate y reforma que surjan en el seno de los propios colectivos afectados. Se reclama, en definitiva, lo que

---

propia *sharía* y de la doctrina islámica, la sentencia también dictaminó que, aunque la ley personal está protegida por el artículo 25 de la Constitución —libertad de religión—, el triple *talaq* no representaba una práctica que pudiera considerarse esencial en el islam.

147 Parte de la doctrina entiende que el sistema basado en el reconocimiento estatal de derechos tiene que complementarse con otros mecanismos que, en lugar de aislar a las mujeres de sus contextos, permita que se fortalezcan internamente (Maboreke, 2000: 112). Más allá del problema de acceso a la justicia, Himonga (2012: 326) identifica otras razones por las que pone en duda que un modelo centrado en el reconocimiento estatal de derechos (de articulación tanto legislativa como judicial) pueda beneficiar a muchas mujeres en el contexto africano. Entre estas razones señala: «1) la negativa de muchos Estados a ejecutar las sentencias judiciales a favor de las mujeres; 2) el hecho de que las intervenciones judiciales se centren en el derecho consuetudinario oficial, en contraposición al derecho consuetudinario vivo; 3) la inaccesibilidad, complejidad y extrañeza del derecho estatal; y 4) el conflicto que genera recurrir a soluciones que la comunidad percibe como eurocéntricas». Véase también Williams (2017), autora que explora posibles estrategias para promover internamente formas de desarrollo cultural que avancen hacia la igualdad de género.

podríamos denominar un ulterior «giro participativo», esta vez relacionado con los procesos internos de toma de decisiones por los grupos minoritarios[148]. Las propuestas concretas para fortalecer la voz de las mujeres son diversas, y algunas de ellas son coherentes con los modelos reforzados de democracia deliberativa, que prestan especial atención a las condiciones necesarias para que los diálogos interculturales tengan lugar en un ámbito libre de dinámicas de dominación[149]. A menudo, lo que subyace a estas propuestas es un enfoque constructivista de la cultura que, reconociendo su naturaleza fluida y cambiante, presta especial atención a las «políticas de construcción, cambio y defensa de la cultura» para combatir esencialismos culturales (Song, 2007: 32; Williams, 2012: 402-10; Phillips, 2007: 161-62).

Lo cierto es que, efectivamente, encontramos manifestaciones crecientes y prometedoras del giro participativo dentro de los grupos minoritarios[150]. Ello implica que, cuando las mujeres pertenecientes a minorías se sienten perjudicadas por las normas de sus comunidades, no se limitan a recurrir a tribunales estatales externos que garanticen sus derechos o propicien opciones fuera de tales comunidades. En su lugar, se decantan progresivamente por reclamar su reconocimiento como actoras que luchan por su derecho a participar en la creación, interpretación, evolución y ejecución de las normas comunitarias. Este giro participativo en el seno de las comunidades minoritarias no se ha traducido, por lo general, en una batalla cifrada en términos de cuotas de género o de paridad,

---

148 Contamos con importantes contribuciones dentro de esta literatura del feminismo multicultural, entre ellas Devaux (2006), Phillips (2007), Shachar (2001), Song (2007) y Volpp (2001).

149 Benhabib (2002). Por lo que respecta al énfasis en los mecanismos para fortalecer el reconocimiento, la voz y los recursos de las minorías internas, véase Williams (2012).

150 Kymlicka y Rubio Marín (2018) exploran las formas que las mujeres pertenecientes a culturas minoritarias han ido identificando para fortalecer su protagonismo en la creación de normas —y no solo en la reivindicación de sus derechos— para no depender exclusivamente de los tribunales estatales.

aunque hay casos —por ejemplo, Bolivia y Ecuador— en los que las mujeres indígenas han participado activamente en coaliciones más amplias para lograr cuotas de género y paridad a nivel estatal (Sieder y Barrera Vivero, 2018). A mi juicio, ello no es solo una concesión a un realismo político que recomienda un enfoque gradualista y asume que, cuando la discriminación por razón de sexo está profundamente arraigada, la paridad o la participación equilibrada de género pueden ser objetivos demasiado alejados del punto de partida que marca el derecho religioso o la costumbre como para ser una opción viable. También pueden estar en juego sistemas normativos y visiones de la justicia que aconsejen perseguir otros fines y adoptar otras estrategias. Sea como fuere, conviene destacar que cualquier forma de evaluar la participación pública de las mujeres, real o aspirada, debe tener en cuenta no solo los sistemas formales, sino también los sistemas informales de gobernanza y justicia, dado que en muchos contextos son estos últimos los espacios donde las mujeres acaban teniendo un mayor protagonismo (Bond, 2018).

En el ámbito del derecho constitucional, lo dicho hasta aquí sugiere que lo ideal sería que todas las autoridades reconocidas en los sistemas de pluralismo jurídico —y no solo los tribunales o instituciones del Estado— internalizaran los derechos y el sistema de valores constitucionales. A falta de ello, el Estado no puede abandonar a las minorías internas sin más, no solo porque sus derechos de ciudadanía no pueden ignorarse, sino porque también hay que reconocer a esas minorías internas como fuentes legítimas de interpretación de las normas culturales y religiosas. De hecho, algunas constituciones reconocen de manera explícita el derecho fundamental de toda persona a participar en su propia cultura[151]. Además, es precisamente la existencia de normas constitucionales y de tribunales estatales lo que, lejos de facilitar vías de salida, ha permitido a las mujeres —con éxito desigual— reaccionar frente a normas discriminatorias que atañen precisamente a la

151 Véase, por ejemplo, la sección 30 de la Constitución de Sudáfrica.

membresía en sus comunidades[152], a su derecho a estar presentes en todos los espacios[153], a la participación igualitaria en prácticas y rituales comunitarios[154], al igual que en la autoridad y toma de

152 Véase *A. G. Canada vs. Lavell* (1974) (Canadá), donde la recurrente intentó sin éxito impugnar la pérdida de la condición de aborigen por contraer matrimonio fuera de la tribu, una lucha que finalmente planteó de forma exitosa ante el Comité de Derechos Humanos de la ONU. Véase, además, *Sandra Lovelace vs. Canada* (1981).

153 Un ejemplo de litigio favorable ante la Corte Suprema de la India contra una norma legal que prohibía la entrada de mujeres en edad de menstruación en el famoso Templo Sabarimala en el sur de la India lo ofrece la ya citada sentencia *Indian Young Lawyers Association vs. The State of Kerala* (2019). Merece especial atención la opinión concurrente del juez D. Y. Chandrachud, quien refutó las críticas de quienes vieron en el fallo una interferencia indebida en la autonomía interna del grupo religioso. El juez se explayó sobre «el papel social y estructural de la menstruación en la subordinación de las mujeres, y en el modo en que su integración en un universo simbólico de pureza y contaminación había sido utilizada históricamente para excluir a las mujeres del acceso igualitario a los espacios públicos, así como para justificar la discriminación (e incluso la violencia)» contra ellas (Bhatia y Attrey, 2024). En Nepal también encontramos una sentencia que invalida las prácticas que consideran que las mujeres menstruantes contaminan el espacio. Se trata de la decisión de la Corte Suprema de Nepal en *Dil Bahadur Bishwakarma vs. Office of the Prime Minister, Writ No. 3303 of the year 2061 BS* (2004). En este caso, decidido en 2062 BS (2005), la Corte Suprema sostuvo que la práctica del *chhaupadi* era contraria a la igualdad de la mujer bajo la Constitución. Se trata de una costumbre en virtud de la cual tanto después del parto como durante la menstruación las mujeres son obligadas por los miembros de la familia a abandonar el hogar familiar y a pernoctar en un establo o choza, lo cual las expone a un grave riesgo de violencia sexual y a los ataques de animales.

154 En Israel, las mujeres han librado varias batallas legales para alcanzar roles más equitativos en las funciones y rituales religiosos. El caso que mejor resume este tipo de luchas es el conocido como «Mujeres del Muro». En la década de 1980, un grupo de mujeres comenzaron a orar en grupo, vistiendo *tallits* (chales de oración) y leyendo en voz alta rollos de la Torá. Una práctica que, antes de esa fecha, solo había sido realizada por hombres en una sección destinada a ello de forma exclusiva en la plaza del Muro. La distinción se justificaba sobre la base de normas religiosas referidas al papel de la mujer como esposa y cuidadora que, como tal, debía estar confinada a la esfera privada y rezar en silencio y de forma individual. Al final, lo que está en juego en este tipo de disputas es la interpretación de los tipos de prácticas que se adecúan a la «costumbre» y

decisiones dentro de sus comunidades[155] y a representar la «voz de la comunidad» ante el mundo exterior[156]. Todos estos mecanismos son formas distintas de cuestionar interpretaciones estáticas de su cultura y el privilegio hermenéutico de las autoridades tradicionales, mayoritariamente masculinas. Este es, por ejemplo, el caso de Israel, donde las mujeres han logrado convencer al Tribunal Superior de Justicia para que apoye una interpretación restrictiva del término «religioso» (con referencia a la sección 7 [c] de la Ley de Igualdad de Derechos de la Mujer, que permite la exclusión de las mujeres de la esfera judicial «religiosa») para que puedan incrementar su participación en diversos puestos y funciones dentro de la comunidad religiosa[157].

---

si esta noción debe interpretarse con un enfoque pluralista y secular que reconozca por igual a todas las denominaciones judías, respete la igualdad de los sexos y la libertad de culto. Así lo entendió el Tribunal de Distrito de Jerusalén en 2013. Véase *State of Israel vs. Bonnie Riva Ras et al.* (2013), que impugnó indirectamente la jurisprudencia previa del Tribunal Supremo de Justicia, mucho menos sensible a la equidad de género, en *Hoffman vs. Commissioner of the Western Wall* (1994), *Hoffman vs. Director General of Prime Minister Office* (2000) y *Director General of Prime Minister's Office vs. Hoffman* (2003) (Pinto, 2018: 141-45; Raday, 2022).

155 Véase, por ejemplo, *Shilubana vs. Nwamitwa* (2007), donde el Tribunal Supremo de Sudáfrica se enfrentó al rechazó que experimentó la demandante frente a su pretensión de acceder a una forma de autoridad tradicional (el *hosi*) tras la muerte de su padre por ser mujer. El Tribunal argumentó que los valoyi (el grupo étnico de la Sra. Shilubana) estaban facultados para desarrollar su derecho consuetudinario de conformidad con la Constitución, tal como habían hecho a través de la decisión de su familia real de otorgar a una mujer el rol de líder tradicional.

156 Véase, por ejemplo, *Native Women's Association of Canada vs. Canada* (1994), donde se dirimió la disputa planteada por la Asociación de Mujeres Nativas de Canadá (NWAC), que solicitó financiación para participar en las negociaciones constitucionales de 1992 sobre la base de que las mujeres no se sentían representadas por las cuatro organizaciones indígenas tradicionales lideradas por hombres que el Gobierno canadiense había reconocido y financiado para participar en el proceso.

157 Entre ellos, su participación en los comités que eligen a los jueces de los tribunales rabínicos. Véase *Emuna—the National Religious Women's Movement vs. the Committee for Appointing Rabbinic Court Judges* (2012) y *The Center for Women's*

Por todo ello, es posible que en muchos contextos la mejor opción sea promover los cauces de reforma interna en combinación con un tipo de presión judicial que pueda facilitarla. Debemos celebrar, en este sentido, la reciente preocupación por que los tribunales del Estado que han de resolver las disputas planteadas tengan una composición plural y unas directrices para proceder desde el respeto a la interculturalidad. Es el caso de Bolivia, cuya Constitución de 2009 reconoce el carácter plurinacional del Estado y los principios de pluralismo e interculturalidad, e incluye entre sus garantías una composición plural de su Tribunal Constitucional —que debe incluir autoridades de la justicia ordinaria e indígena—, así como reglas de interpretación intercultural que deben guiar su actuación (artículo 202)[158]. También resulta prometedora la reciente inclusión constitucional de normas o mecanismos para introducir las voces de las mujeres en todos los ámbitos de toma de decisiones, ya que esta inclusión posibilita una construcción liberal y no esencialista de la «voz del grupo» en contextos de pluralismo jurídico y reconocimiento de autogobierno. Podríamos mencionar las normas constitucionales de Perú que, tras la reforma de 2002, obligan a tomar en consideración, a efectos de la representación territorial y

---

Justice vs. The Committee for Appointing Rabbinic Court Judges (2013). Sobre la disputa en torno a la posibilidad de que actúen como defensoras y representantes de sus clientes (principalmente en los procedimientos de divorcio) ante los tribunales rabínicos, véase *The Institution for Rabbinical Advocates Training vs. The Minister of Religion* (1994), y de que sean nombradas en los consejos de servicios religiosos locales, *Leah Shakdiel vs. Minister of Religious Affairs et al.* (1988) y *Poraz vs. Lahat, Mayor of Tel Aviv-Jaffa* (1990), o directoras de los servicios de gestión administrativa de los sistemas judiciales rabínicos, *Dror vs. Minister of Religious Services* (2017). Véase también Pinto (2018: 136-41).

158 En la Sentencia 0323/2014 (19 de febrero de 2014), el Tribunal Constitucional Plurinacional de Bolivia hizo valer el derecho al debido proceso de una mujer indígena a la que, tras la muerte del esposo, sus cuñados querían desposeer de sus tierras y expulsar de la comunidad valiéndose de una interpretación intercultural de la Constitución que, de acuerdo con el Tribunal, obligaba a prestar atención reforzada a los derechos de la víctima en vista de la discriminación múltiple a la que se veía sometida en calidad de mujer indígena (Attard Bellido, 2024: 140-41).

local, tanto el género como la condición indígena o la pertenencia a comunidades campesinas a través de unos mínimos legalmente establecidos (artículo 191). O las recientes disposiciones de las constituciones de Ecuador y México que tratan de garantizar no solo el respeto a los derechos fundamentales de las mujeres, sino también su participación en la toma de decisiones en el ejercicio de la jurisdicción indígena[159].

Son evoluciones como estas las que parecen sugerir que, de una forma u otra, el giro participativo en la igualdad de género es imparable y que, de distintas maneras y a distintos ritmos, abarca progresivamente a todas las mujeres y al ámbito de definición de las normas culturales y religiosas que afectan sus vidas.

---

[159] El creciente reconocimiento del derecho indígena en América Latina también ha ido acompañado del reconocimiento explícito de la prevalencia de la norma de la igualdad de género. De este modo, nuevas disposiciones han sido adoptadas recientemente para dar un paso más e incluir las voces de las mujeres en los sistemas legales indígenas. La Constitución de Ecuador reconoce la necesidad de asegurar la participación de las mujeres en la toma de decisiones en el ejercicio de la jurisdicción indígena (artículo 171), y la Constitución de México (modificada en 2015) se refiere a la participación de las mujeres en condiciones equitativas con los hombres en la elección de autoridades indígenas (artículo 2.A.III). Lamentablemente, el derecho a la autodeterminación de los pueblos indígenas en el derecho internacional no ha contemplado la posición de las mujeres dentro de este proceso (Davis, 2017: 359). La Declaración de los Derechos de los Pueblos Indígenas solo habla de forma genérica de la igualdad entre hombres y mujeres (artículo 22), como también lo hace la Declaración Americana de los Derechos de los Pueblos Indígenas (artículo VII).

Capítulo 4

El constitucionalismo transformador de género: hacia una estructura familiar y un orden sexual y reproductivo igualitarios

Ya el movimiento por la templanza, expresión temprana de la capacidad de las mujeres de organizarse y movilizarse colectivamente, estuvo estrechamente vinculado a la lucha por erradicar la violencia doméstica. Asimismo, y aunque no fuera su principal reivindicación, desde la época del sufragismo las feministas problematizaron la injusticia que suponía no solo la violencia intrafamiliar, sino también la insuficiente participación de los hombres en las tareas de cuidado y del hogar. Desafiar los roles sexuales de forma efectiva y liberar a las mujeres trabajadoras de su doble jornada laboral requería de «una verdadera revolución en la formación y educación temprana de niños y niñas», afirmó Eastman (1920: 23-24), «ganarse la vida, valerse por uno mismo, debe ser algo tanto femenino como masculino. Y debe ser también tan masculino como femenino saber cocinar, coser, limpiar y desenvolverse en los quehaceres ordinarios de la vida». Más allá de su clase social, «las esposas trabajadoras no han sido capaces de producir maridos cuidadores», y por ello no nos queda más remedio que «criar hijos feministas».

Como tuvimos ocasión de ver, también las feministas de la segunda ola fueron conscientes de las limitaciones que conllevaba la desproporcionada participación de las mujeres en las tareas domésticas. Y es que la división desigual del trabajo en el mercado y en el ámbito de la reproducción, junto con la infravaloración de este último, no han sido sino expresiones de una relación desequilibrada de poder que ha estado en la raíz de las barreras de las mujeres para participar tanto en la política como en el resto de los ámbitos públicos. Si bien es cierto que el «confinamiento forzoso» de las mujeres en la esfera privada se ha podido predicar siempre más de unas que de otras, la sobrecarga de cuidados no reconocidos ni valorados ha sido, en cierta medida, una realidad común de la condición femenina. Cuestión distinta es que los privilegios asociados a la raza y a la clase social hayan permitido y sigan permitiendo que algunas mujeres descarguen gran parte del peso en otras menos privilegiadas. Lo mismo ocurre con los enfoques heteronormativos, biopolíticos y eugenistas sobre la reproducción, que también han tenido un impacto dispar en las trayectorias reproductivas de algunos colectivos de mujeres y hombres (como los gays y las lesbianas, las personas trans, las personas con diversidad funcional o las personas racializadas), por lo que una aproximación interseccional parece ser la más indicada para abordar la cuestión.

Las primeras expresiones explícitas de disconformidad con la injusta distribución de las labores del hogar entre los géneros en contextos constituyentes son, en realidad, bastante antiguas. Así, por ejemplo, durante el proceso de consulta nacional que precedió a la redacción de la Constitución de Nicaragua de 1987, y que contó con la participación del movimiento asociativo de mujeres, pudo escucharse la queja de la activista María Zúñiga: «Los hombres están acostumbrados a que los sirvan. A las mujeres que trabajamos fuera del hogar, la sociedad nos ha impuesto una doble jornada laboral. El trabajo doméstico debería ser reconocido como socialmente útil y, por tanto, debería ser compartido por todos los miembros de la familia»[1]. Sin embargo, no fue sino hasta fines del siglo pasado e inicios del presente que el derecho constitucional se convirtió en un campo de batalla propicio para reivindicar el reconocimiento del derecho a una vida libre de violencia, incluida la que tiene origen

1 Intercontinental Press (1986: 465). En el proceso constituyente del que surgió la Constitución de Colombia de 1991, las mujeres expresaron reclamos similares y reivindicaron la necesidad de garantizar que el trabajo doméstico familiar fuera compartido, así como también la responsabilidad parental de la educación y la crianza de los hijos (Lemaitre, 2019: 252).

en el ámbito familiar, y para articular demandas redistributivas en torno al cuidado y la reproducción social.

Los tiempos encajan. Por lo que hemos visto hasta el momento, sabemos que en las postrimerías del siglo pasado el constitucionalismo tuvo que enfrentarse a una creciente expresión de demandas participativas que reclamaban una mayor presencia de las mujeres en el espacio público y en los procesos de adopción de decisiones. Y aunque aún hoy estemos lejos de lograr la plena paridad participativa, sea cual sea la forma en que esta se mida, el aumento general y gradual de la presencia de mujeres en diferentes instituciones como los Parlamentos, los tribunales de justicia, los órganos ejecutivos y los de creación constitucional apunta en la dirección correcta. También hemos visto que, en parte gracias a la mayor participación de las mujeres (activistas, juristas-constitucionalistas, juezas o litigantes) tanto a nivel nacional como internacional, el fin de siglo también vio la creciente superación de un modelo de igualdad basado en la igualdad formal. Un modelo que se consideraba inadecuado para asegurar la igualdad real de oportunidades de la mujer en el mercado laboral y en las estructuras de gobernanza y que, por ello, empezó a dar paso a un modelo basado en la igualdad sustantiva. Sin embargo, solo con el tiempo se ha admitido de forma generalizada que ni la igualdad sustantiva ni la igualdad participativa en la esfera pública son metas alcanzables si no se abordan también las desigualdades arraigadas en la esfera privada, empezando por la erradicación de la violencia. Seguramente sea este reconocimiento el que está sirviendo para ampliar la agenda constitucional en la actualidad.

La «constitucionalización de la esfera privada» se está llevando a cabo de manera gradual. Desde la década de los noventa, vemos florecer múltiples agendas que desafían el papel estructural que la familia tradicional —entendida esencialmente como dominio de la autoridad masculina, matrimonial, procreadora y heteronormativa— desempeñó desde el nacimiento de las democracias modernas. Estas agendas preconizan una comprensión más igualitaria de las relaciones familiares, al igual que la superación de los viejos estereotipos y roles de género. Tomados en conjunto, los distintos elementos que componen la agenda orientada a democratizar la familia mediante la incorporación de los valores constitucionales en su seno representan los mimbres de una nueva modalidad de constitucionalismo de género a la que llamaremos «constitucionalismo transformador de género»[2]. Este constitucionalismo pretende transformar —y no simplemente acomodar— las viejas concepciones de las relaciones y los roles de género y las estructuras y prácticas institucionales en las que aquellas se asentaban. En este sentido, y ahí radica su carácter profundamente transformador, incorpora la promesa de superar de una vez por todas los vestigios del «excepcionalismo familiar» que caracterizó al proyecto político moderno.

Entre las primeras expresiones de este constitucionalismo transformador, paralelas al giro participativo en el movimiento de mujeres de la década de los noventa, se encuentra la reivindicación del derecho de las mujeres a una vida libre de violencia, empezando por aquella que tiene lugar en la esfera privada. Se trata de una demanda

---

2 El término «constitucionalismo transformador» se ha utilizado durante mucho tiempo para describir la Constitución de Sudáfrica o, al menos, algunas de sus metas de justicia social y racial (Klare, 1998; Jagwanth 2004). La visión transformadora de la Constitución de la India también se ha proclamado con respecto al constitucionalismo del país. Aunque la Corte Suprema de la India mencionara dicha noción ya en un caso sobre discriminación por razón de sexo, *Anuj Garg vs. Hotel Association of India* (2007), en los últimos años se ha iniciado una nueva era del constitucionalismo transformador (Bhatia, 2019). Siguiendo los pasos de la jurisprudencia constitucional de Sudáfrica, la Corte Suprema de la India ha asociado el constitucionalismo transformador a «la capacidad de la Constitución para adaptarse y transformarse de acuerdo a las necesidades cambiantes de los tiempos», defendiendo que la Constitución se aplique a través de una «interpretación progresiva y pragmática para combatir los males de la desigualdad y la injusticia que intentan infiltrarse en la sociedad» (*Navtej Singh Johar vs. Union of India* [2018]) y para «desafiar las estructuras hegemónicas de poder y garantizar los valores de la dignidad e igualdad para sus ciudadanos» (*Joseph Shine vs. Union of India* [2018]). En este libro, el uso de la expresión se refiere específicamente al eje de desigualdad e identidad con base en el género, al igual que el resto de las formas de constitucionalismo que se identifican y en torno a las que el volumen está estructurado.

radical, en la medida en que aboga por la aplicación de los derechos fundamentales en las relaciones domésticas e íntimas partiendo del reconocimiento de que estas relaciones suelen estar mediadas por dinámicas de poder basadas en el género. Otra expresión de esta modalidad de constitucionalismo y del desafío al confinamiento, siempre selectivo, de la mujer en la esfera doméstica y a la maternidad normativa ha sido la afirmación gradual —aunque todavía imperfecta— del fundamento constitucional de la autonomía sexual y reproductiva de las mujeres, reclamo que, como hemos visto, hunde sus raíces en algunos precedentes tempranos, si bien excepcionales y de alcance bastante limitado. Se trata, en definitiva, de reconocer que el destino reproductivo de las mujeres no debe asumirse ni normalizarse, que su rol de ciudadanas no se define por —ni se limita a— la maternidad y que las mujeres deben ser liberadas de una maternidad no deseada, pero también que es necesario tutelar sus capacidades y deseos reproductivos sin discriminación alguna. Junto a estas dos reivindicaciones —la garantía de una vida libre de violencia y de una maternidad no impuesta ni impedida—, otra de las expresiones nucleares del constitucionalismo transformador de género es la demanda de una vida libre de explotación. En las últimas décadas, el constitucionalismo ha comenzado a articular la idea de que, si el objetivo es que la vida privada y familiar de las mujeres no obstaculice su plena participación en la esfera pública y que la reproducción social se reconozca como una responsabilidad colectiva e intrínsecamente valiosa, también resulta necesario abordar el grado en que se permite, incentiva y espera que contribuyan a ella los hombres y la comunidad en su conjunto. De ahí que la expresión más reciente del constitucionalismo transformador apunte a disposiciones constitucionales que han empezado a influir en el reconocimiento y superación de la división sexuada del trabajo doméstico y de los cuidados esenciales para la reproducción social, así como a su necesario reparto entre la unidad familiar y la sociedad (Nedelsky, 2012). Se trata, por tanto, de una agenda que no está únicamente relacionada con la «deconstrucción» de los roles de género, sino también con la adecuada identificación y priorización de aquellos bienes públicos y capacidades humanas que merecen ser objeto de reconocimiento constitucional, entre ellos el derecho a cuidar y a ser cuidado. Como veremos, se trata asimismo de desafiar las construcciones tradicionales y hegemónicas de la masculinidad que también formaban parte del esquema original.

4.1. LA DESESTABILIZACIÓN DE LA DIVISIÓN ENTRE LO PÚBLICO Y LO PRIVADO: LA VIOLENCIA INTRAFAMILIAR Y LA VIOLENCIA DE GÉNERO COMO PREOCUPACIONES CONSTITUCIONALES

Además de luchar por la igualdad sustantiva —principalmente, en el ámbito laboral— y por la consecución de una representación equitativa en la esfera política, desde fines del siglo pasado e inicios del actual los movimientos de mujeres también empezaron a cuestionar el carácter limitado de las esferas en las que, hasta entonces, se habían aplicado los derechos fundamentales y los valores constitucionales. Concretamente, empezó a construirse el discurso de la necesidad de que las vulneraciones más graves de los derechos más básicos de las mujeres fueran consideradas como tales en lugar de ser tratadas como asuntos privados o de orden menor, y ello sin importar si provenían de funcionarios estatales o de particulares o si se manifestaban en el ámbito doméstico o en el espacio público. A esta evolución teórica contribuyó, sin duda, la agenda internacional y la Declaración de Viena de 1993, que reconoció que los derechos humanos de las mujeres y las niñas eran «parte inalienable, integrante e indivisible de los derechos humanos universales» (ONU, 1993). Aunque ahora nos parezca algo obvio, en su momento la afirmación fue tan radical como sencilla: la transgresión de los derechos de las mujeres no era más que eso, una flagrante violación de sus derechos humanos. Implícitamente, dejaba de ser aceptable el uso de etiquetas como las de «excepción cultural» o «asunto doméstico/familiar» para evitar el cuestionamiento de tales infracciones en los ámbitos de dominación masculina. El impacto de esta reconceptualización no tardaría en hacerse sentir en el constitucionalismo, en especial, en aquellos países que redactaron sus constituciones a partir de la década de los noventa.

Fue precisamente en la década de los noventa cuando la comunidad internacional comenzó a tomar en consideración de manera más decidida la violencia contra las mujeres como un problema de derechos humanos. Sorprendentemente, la más importante convención internacional de derechos humanos de las mujeres, la CEDAW, no había concedido una importancia central a la cuestión, a pesar de que desde 1989 el comité encargado de su interpretación empezó a caracterizar la violencia de género como una forma de discriminación y a solicitar a los Estados parte que tomaran medidas para su erradicación (ONU, 1989). La Declaración sobre la Eliminación de la Violencia contra la Mujer, adoptada por la Asamblea General de las Naciones Unidas en 1994, fue el instrumento que de forma más nítida reconoció la relevancia de la violencia contra las mujeres como una manifestación de las relaciones de poder históricamente desiguales entre los sexos, así como un medio para subordinar a las mujeres en el marco del esquema patriarcal. Ese mismo año, a nivel regional, la Organización de los Estados Americanos adoptó la Convención Interamericana para Prevenir, Sancionar y Erradicar la Violencia contra la Mujer (OEA, 1994), la primera en su tipología, que refrendaba los estándares estatales de diligencia debida en la materia[3]. Si, hasta entonces, la teoría liberal se había preocupado

3 Unos años más tarde, en 2003, se produjo el primer hito regional clave en el continente africano: el Protocolo de la Carta Africana de Derechos Humanos y de los Pueblos sobre los Derechos de las Mujeres en África (Protocolo de Maputo). En cuanto a Europa, el Convenio del Consejo de Europa sobre la Prevención y Lucha contra la Violencia contra las Mujeres y la Violencia Doméstica (Convenio de Estambul) no fue adoptado sino hasta 2011, y recién entró en vigor en 2014. Antes, el Tribunal Europeo de Derechos Humanos, que tardó mucho tiempo en abordar la violencia de género, se valdría de la doctrina de las obligaciones de carácter positivo para exigir a los Estados la adopción de medidas de protección frente a la violencia de particulares. Así,

principalmente de los abusos y violaciones de derechos por parte de actores estatales, había llegado el momento de que las feministas levantaran el velo de la ignorancia sobre lo que ocurría fuera de la esfera estatal para proponer una noción amplia de responsabilidad que obligara a los Estados a rendir cuentas por no actuar con la debida diligencia en la prevención, investigación o sanción de las vulneraciones de los derechos humanos de las mujeres por parte de particulares.

Nada de esto implica, sin embargo, que las mujeres no hubieran incluido antes las distintas formas de violencia que experimentaban entre sus inquietudes constitucionales. Antes bien, parecería como si, a la hora de articular sus visiones de justicia, las mujeres siempre se hubieran resistido a trazar divisiones rígidas entre lo «privado» y lo «público», sobre todo porque este tipo de divisiones rara vez reflejan sus experiencias de vida y la naturaleza compleja e interrelacionada de las distintas formas de opresión a las que se han visto sometidas. Durante el primer constitucionalismo del siglo XIX, el movimiento por la templanza ya había luchado para que las mujeres tuvieran igual poder de decisión en las políticas de consumo de alcohol, vinculando dicho consumo a la violencia doméstica y al abuso sexual, y asociando su lucha a la necesidad de empoderar a las mujeres tanto en el hogar como en la esfera pública (Masson, 1997: 173). Lo mismo cabe decir del movimiento abolicionista, que tampoco fue indiferente a las formas específicas de violencia de género, incluida la violencia sexual, que padecían las mujeres y los hombres negros.

---

en la famosa sentencia *Opuz vs. Turkey*, demanda n.° 33401/02 (2010), se entendió vulnerado el derecho a la vida por la insuficiencia de los esfuerzos de las autoridades turcas a la hora de combatir la violencia doméstica, violencia que el Tribunal catalogó como discriminación de género. Véase también McQuigg (2011). Lógicamente, las convenciones regionales han desarrollado estándares que han acabado impactando en mayor o menor medida en las culturas y textos constitucionales nacionales.

Previamente, y en ausencia de normas más específicas, se había considerado que la prohibición constitucional de la violencia contra la mujer debía quedar amparada bajo otros preceptos más genéricos, entre ellos los referidos al derecho a la vida, la dignidad o la integridad física, psicológica y moral[4]. Sin embargo, en la década de los noventa las demandas de un reconocimiento más explícito empezaron a dar sus frutos y lograron ir más allá. La Constitución de Sudáfrica de 1996, por ejemplo, representa una de las primeras y más completas expresiones de lo que significa identificar de forma explícita la violencia contra las mujeres como una cuestión de relevancia constitucional. Así, el capítulo 2, sección 7, de ese texto constitucional obliga al Estado no solo a respetar, sino también a proteger y a hacer que se cumplan los derechos reconocidos en la Constitución. Más relevante aún es la sección 12 (1), que consagra el derecho a una vida libre de «todo tipo de violencia, ya sea de procedencia pública o privada»; el artículo 12 (2), que reconoce a todos «el derecho a la integridad física y psicológica»; y la sección 16 (2) (c), que excluye del ámbito de la libertad de expresión válidamente protegida toda «apología del odio basada en la raza, etnia, género o religión, y que constituya una incitación a causar daño». Cabe destacar también la tradición de los tribunales del país, liderados por la Corte Constitucional, de interpretar el derecho a la igualdad de la sección 9 sin formalismos y desde un análisis contextual, sustantivo y asimétrico (Jagwanth, 2004: 727). En razón de todos estos elementos, la Corte Constitucional de Sudáfrica ha

---

4 En Nicaragua, por ejemplo, durante el proceso que condujo a la promulgación de la Constitución de 1987, las mujeres que participaron activamente en la elaboración del texto expresaron su preocupación por la violencia doméstica, aunque revistieron sus argumentos con el lenguaje de la «dignidad» (Morgan, 1990). No obstante, la Constitución acabó incluyendo una disposición, el artículo 40, que establecía que «[n]adie será sometido a servidumbre. La esclavitud y la trata de cualquier naturaleza están prohibidas en todas sus formas», sin mencionar explícitamente la trata de mujeres o la prostitución, que, sin embargo, quedaron abarcadas en el precepto, pues habían sido los principales temas de discusión.

interpretado que la Constitución reconoce a las mujeres el derecho a una vida libre de violencia interpersonal y que el Estado tiene la obligación positiva de prevenirla y eliminarla. Desde un análisis contextualizado de la violencia contra las mujeres, la Corte ha identificado en ella una forma de subordinación de género anclada en el patriarcado que restringe la igualdad, la libertad y el resto de sus derechos fundamentales. Además, también ha considerado oportunamente la interrelación entre el derecho a la igualdad y el resto de los derechos constitucionales, entre ellos la seguridad personal y la dignidad, señalando que la violencia de género afecta a todos ellos[5].

La referencia explícita a que las disposiciones constitucionales deben vincular también a los particulares ha sido, por supuesto, un elemento clave de la agenda de la que hablamos (aunque es importante resaltar que los preceptos constitucionales con vinculación *inter pares* también pueden interpretarse de forma que limiten los

---

5 VOJDIK (2007: 516). Para una selección de jurisprudencia, véase *Carmichele vs. Minister of Safety and Security and Another* (2001), que impuso obligaciones positivas al Estado para que tomara medidas preventivas a fin de proteger a las personas cuyas vidas corrían peligro por los actos delictivos de terceros; *State vs. Baloyi (Minister of Justice and Another Intervening)* (2000), donde se reconoce que el rasgo distintivo de la violencia doméstica es el «carácter oculto, reiterativo y sus inconmensurables efectos dominó en nuestra sociedad y, en particular, en la vida familiar» (en 11). A su vez, se afirma que la violencia doméstica tiene devastadores costos sociales y económicos y afecta al derecho constitucional a la igualdad de género por ser «sistémica, generalizada y abrumadoramente específica en cuanto al género» (en 12) y porque las nociones de patriarcado, autonomía e intimidad se han utilizado para justificar la no injerencia del Estado en lo que tradicionalmente se ha percibido como un asunto personal o íntimo (en 16). Como consecuencia, el compromiso fundamental con el antisexismo y el derecho a la igualdad de género de la Constitución se verían afectados (en 12). Véase también *Omar vs. The Government of the Republic of South Africa and Others* (2006), que sostuvo que la violencia doméstica contraría varios derechos protegidos por la Constitución como «el derecho a la libertad y seguridad personales, e incluye el derecho a estar libre de toda forma de violencia proveniente de fuentes públicas o privadas» en relación con los derechos de dignidad, vida, igualdad e intimidad (en 17) y afirma el deber positivo del Estado de prevenir y eliminar la violencia contra las mujeres (en 11).

derechos de las mujeres en lugar de ampliarlos). En todo caso, en aquellos ordenamientos jurídicos más fieles a la concepción tradicional de los derechos constitucionales —que los consideran vinculantes solo para los actores estatales—, la doctrina de la acción estatal (*state action doctrine*) ha supuesto un obstáculo insuperable para que las mujeres reclamen directamente una protección constitucional en el ámbito privado. En estos casos, aun después de que la noción de intimidad familiar dejara de ser un subterfugio para justificar las conductas violentas[6], las constituciones han servido para poco. La tradición constitucional estadounidense es un buen ejemplo de ello, pues la aplicación de los derechos fundamentales se limita (con la única excepción de la prohibición de la esclavitud) a la acción del Estado y excluye la acción de los sujetos particulares, circunstancia que, a efectos de lo que nos atañe, se ve agravada por otras características del sistema constitucional (MacKinnon, 2000: 170; Resnik, 2001 y 2002). Entre estas características destacan el hecho de que prevalezca una concepción negativa de los derechos, que se entienda que la Constitución solo prohíbe la discriminación cuando esta tiene carácter intencional y que la cláusula de la igualdad se haya interpretado —por lo general, y a pesar de las persistentes objeciones de un sector crítico de la academia— mediante una hermenéutica formalista más preocupada por la eliminación de todo tipo de diferencias de trato que por la superación de dinámicas de subordinación intergrupal[7].

---

6 Siegel (1996) explica que, hasta finales del siglo XIX, el *Common Law* angloamericano estructuró el matrimonio en torno a la superioridad del esposo frente a su mujer, otorgándole el derecho al castigo corporal, o al «escarmiento», si osaba desafiar su autoridad. También explica que, incluso cuando se abandonó la doctrina del castigo, la violencia en el matrimonio se toleraba habitualmente en nombre de la intimidad del hogar, excepto cuando era perpetrada por minorías oprimidas como los inmigrantes o los afroamericanos.

7 Vojdik (2007: 499-500). Así, en *DeShaney vs. Winnebago County Department of Social Services* (1989), la Corte Suprema de Estados Unidos sostuvo que la cláusula del debido proceso de la Decimocuarta Enmienda no impone un deber positivo sobre el Estado de proteger la vida, la libertad y la propiedad de los ciudadanos ante la invasión de otros ciudadanos. Los peticionarios, Joshua

Considerando el tradicional silencio de los textos constitucionales sobre la temática, no sorprende que en muchas jurisdicciones las mujeres hayan apelado a las garantías constitucionales en busca de protección con menor frecuencia de lo que lo han hecho los varones acusados de delitos violentos mediante la invocación de las garantías del debido proceso. De hecho, algunas autoras han llegado a afirmar que, en general, las garantías y derechos fundamentales han tenido hasta la fecha un efecto perjudicial en la lucha contra la violencia de género. Baines (2005: 56-60), por ejemplo, considera que, durante mucho tiempo, este ha sido el caso en Canadá en relación con los delitos sexuales[8]. La autora canadiense sostiene que la regulación

---

DeShaney y su madre, presentaron una demanda para obtener una indemnización por los daños sufridos por Joshua, quien a los cuatro años fue víctima de daño cerebral severo a manos de su padre, a quien una agencia estatal de servicios sociales había investigado por sospecha de abuso infantil sin adoptar medida alguna. Véase también *Town of Castle Rock vs. Gonzales* (2005), donde, una vez más, la Corte sostuvo que el Estado carece de un deber positivo asentado en la noción del debido proceso de carácter sustantivo de proteger a las mujeres frente a la violencia de particulares. Véase *United States vs. Morrison* (2000), donde la Corte Suprema de Estados Unidos derogó la sección 13981 de la Ley de Violencia contra la Mujer, que preveía una vía de recurso civil federal para que las víctimas de violencia doméstica pudieran reclamar daños compensatorios y punitivos, al igual que medidas cautelares y declaratorias. La Corte Suprema entendió, sin embargo, que el Congreso carecía de autoridad para crear una causa de acción federal al amparo de la cláusula de comercio y del poder remedial del Congreso bajo la sección 5 de la Decimocuarta Enmienda porque tales poderes no abarcan la conducta de actores privados.

8 Existe una amplia jurisprudencia constitucional en Canadá sobre normas legislativas o estándares judiciales, como la impugnación de la ley de estupro (*R. vs. Hess*; *R. vs. Nguyen* [1990]), la limitación de la admisibilidad de ciertas reglas probatorias, como la divulgación del historial sexual de las víctimas de agresión sexual (*R. vs. Seaboyer* [1991]; *R vs. O'Connor* [1995]) o sus registros personales (*A. L. L. vs. Beharriell* [1995]; *R. vs. Carosella* [1997]; *R. vs. Mills* [1999]), la embriaguez como estrategia de defensa (*R. vs. Daviault* [1994]) y las reglas de consentimiento (*R. vs. M. [M. L.]* [1994]; *R. vs. Ewanchuk* [1999]). En la aplicación de la Ley de Derechos Humanos del Reino Unido, un panel de varones de la Cámara de los Lores puso cortapisas frente a las medidas contenidas en una «ley escudo» o «ley de protección de víctimas de violación» (*rape shield provision*). Véase, para Inglaterra, *Regina vs. A.* (2001). En 2006, el

de tales delitos —entre los que incluye la violación, la agresión sexual, la prostitución, la pornografía, los discursos de odio sexistas y el acoso sexual— han sido el campo de batalla constitucional de la defensa penal. De esta forma, «al amparo de derechos como la presunción de inocencia, el derecho a un juicio justo y el derecho a no ser objeto de penas crueles e inhumanas, así como la libertad de expresión, el derecho a la igualdad, el derecho a la vida y a la libertad y seguridad personales, los varones imputados no han dudado a la hora de impugnar la constitucionalidad de la regulación de diversos delitos sexuales y de las correspondientes normas probatorias o procesales», cada vez que estas se adoptaban en beneficio del avance de la causa feminista (Baines y Rubio Marín, 2017: 968).

Conviene, con todo, aclarar que muchos de los recursos planteados por los varones imputados en Canadá no prosperaron[9] y que, ante la misma tesitura, otros muchos tribunales han validado normas y reglas procesales adoptadas para evitar la victimización secundaria y garantizar el acceso de las víctimas a la justicia[10]. En

---

Tribunal Supremo de Irlanda invalidó una ley sobre estupro de niñas menores de quince años, ya que no preveía una excepción para el caso de que el acusado hubiera creído razonablemente que la víctima era mayor de edad, lo cual dio pie a una amplia protesta pública. Véase *C. C. vs. Ireland* (2006).

9 Véase, por ejemplo, *R. vs. Butler* (1992), que consideró conforme a la Constitución una disposición del Código Penal que prohíbe la fabricación, distribución y posesión de pornografía (definida no solo como sexo explícito, sino como sexo con violencia o sexo explícito sin violencia que resulta degradante o deshumanizante). La Corte Suprema entendió que el precepto limitaba la libertad de expresión, pero que tal limitación estaba justificaba por la necesidad de evitar daños contra la sociedad en general y las mujeres en particular, teniendo en cuenta que los materiales que retratan a las mujeres como objetos de explotación y abuso sexual tienen un impacto negativo en la autoestima y la consideración social de las mujeres.

10 Véase, para Argentina, CSJN, «Ortega, Daniel Héctor» (2015), *Fallos* 338: 1021, donde se afirma el valor probatorio preliminar del testimonio de las víctimas en casos de violencia contra la mujer; para Colombia, Sentencia T-878/14 (18 de noviembre de 2014), mediante la cual se otorga amparo a la demandante (empleada universitaria), a quien habían despedido tras denunciar a su pareja (un estudiante de universidad) a la policía por golpearla; y para Ne-

efecto, han sido muchos los tribunales que, especialmente en los últimos años, han rechazado objeciones constitucionales planteadas por la parte acusada contra interpretaciones judiciales progresistas o legislaciones ambiciosas[11]. Y es que la incansable militancia de los movimientos de mujeres a nivel nacional y transnacional de las últimas décadas ha contribuido a que los tribunales sean cada vez más conscientes de la dimensión estructural de la violencia de género, de la impunidad y la falta de denuncias frente a estos delitos, de los obstáculos que pueden generar los estándares probatorios tradicionales y de los terribles daños vinculados a la victimización secundaria en el transcurso del proceso. Por lo tanto, los tribunales se muestran también más propensos a aceptar la validez de respuestas asimétricas frente a un fenómeno que es, de hecho, de naturaleza asimétrica[12]. Esta mayor concienciación se ha traducido igualmen-

---

pal, *Jyoti Poudel vs. Office of the Prime Minister* (2010), donde la Corte Suprema emitió una orden de *mandamus* al Gobierno para establecer un tribunal de vía rápida presidido exclusivamente por juezas con el objeto de conocer los casos de violencia contra las mujeres, en especial aquellos casos de violencia doméstica, con garantías suficientes para salvaguardar la intimidad de las víctimas. Véase también *Meera Dhungana vs. Ministry of Law and Justice, Writ No. 2068-WS-0046 of the year 2068 BS* (2011). Resuelta en 2012, la sentencia declara la invalidez de una disposición que penalizaba la no cooperación de las víctimas de trata de personas, en su mayoría mujeres, en los procesos contra los traficantes.

11 Véase, para Sudáfrica, *State vs. Baloyi (Minister of Justice and Another Intervening)* (2000), sentencia que confirma la constitucionalidad de un precepto de la ley de prevención de la violencia intrafamiliar que había sido impugnado por revertir presuntamente la carga de la prueba, vulnerando por ello el derecho del imputado a la presunción de inocencia. Para Perú, véase la decisión del Tribunal Constitucional, Exp. n.° 03378-2019-PA/TC (5 de marzo de 2020), que avaló la validez de imponer órdenes de protección sin necesidad de escuchar siempre el testimonio del infractor frente al argumento de que esta práctica vulneraría su derecho a la defensa.

12 Véase la Resolución n.° 03441-2004 (31 de marzo de 2004) de la Sala Constitucional de la Corte Suprema de Costa Rica, mediante la cual se reconoce la validez de disposiciones legales que penalizan la violencia física, psicológica, sexual y económica ejercida contra mujeres adultas únicamente, entendiendo que, dada su naturaleza estructural, dicha violencia equivale a una forma de

te en un creciente número de tribunales, en especial en América Latina, que subrayan la importancia de adoptar una perspectiva de género en el ejercicio de la función jurisdiccional[13] al abordar la violencia contra las mujeres, vinculando esta obligación al principio constitucional de la igualdad[14].

---

discriminación contra la mujer, que es la que la ley trata de abordar, razón por la cual no se estaría discriminando al varón. Véase también la decisión del Tribunal Constitucional español STC 59/2008, que reconoció la validez de la distinción introducida en una norma penal que sanciona con mayor severidad aquellos actos de maltrato psicológico o violencia física que no resulten en lesión en los casos en los que la afectada sea o haya sido la esposa del perpetrador, o bien una mujer que esté o haya estado vinculada a él por una análoga relación afectiva, sobre la base de que dicha conducta es más grave porque corresponde a un tipo de violencia profundamente arraigada que no es sino «una manifestación de la discriminación, de la situación de desigualdad y las relaciones de poder de los hombres sobre las mujeres». A esta sentencia le siguieron muchas otras que versan sobre aplicaciones concretas de la doctrina en ella contenida, como por ejemplo las SSTC 76/2008, 80/2008, 81/2008, 82/2008, 83/2008, 95/2008, 96/2008, 97/2008, 99/2008, 100/2008, 45/2009, 166/2009 y 80/2010; la decisión del Tribunal Supremo de Filipinas, *Garcia vs. Drilon* (2013), que defiende la constitucionalidad de una ley de 2004, fruto del esfuerzo de varios colectivos de mujeres, que contemplaba órdenes de protección para proteger a mujeres y niños de la violencia frente a acusaciones de que dicha ley vulneraba el debido proceso; la Sentencia C-297 (8 de noviembre de 2016) de la Corte Constitucional de Colombia, sobre la impugnación infructuosa de la tipificación del delito de feminicidio como delito autónomo en Colombia por vulnerar supuestamente el principio de legalidad y el derecho al debido proceso; y las dos decisiones del Supremo Tribunal Federal de Brasil que confirman la validez constitucional de la famosa Ley Maria da Penha, ley que refuerza la respuesta criminal frente a la violencia doméstica y la violencia contra las mujeres (STF, ADC 19 [2012] y ADI 4.424 [2012]).

13 Conviene destacar la elaboración de protocolos para juzgar con perspectiva de género, tal y como desde hace años se contemplan en más del 50 % de los Poderes Judiciales de América Latina (Cárdenas Cordon, 2022). La pionera fue la Corte Suprema de México, que elaboró una completísima guía en 2013, actualizada en 2020.

14 Véase, para Perú, la decisión del Tribunal Constitucional, Exp. n.° 01479/2018-PA/TC (5 de marzo de 2019), que argumenta que, si los tribunales no adoptan una perspectiva de género en la administración de justicia, se vuelven cómplices de la violencia social que padecen las víctimas. Para Argentina, véase

Observamos, sin embargo, que la dependencia excesiva del sistema penal para combatir la violencia contra las mujeres ha sido criticada por parte de un sector de la comunidad feminista que, con razón, ha expresado su preocupación por las limitaciones del derecho penal para abordar este fenómeno, sobre todo frente a las necesidades y preocupaciones de las supervivientes y las alternativas consistentes en la adopción de medidas de carácter preventivo y socializador[15]. En concreto, preocupa la peligrosa deriva punitivista en la que acaban coincidiendo diversas políticas relacionadas con la igualdad de derechos en detrimento de enfoques centrados en las políticas de carácter preventivo y socializador[16]. También han

---

CSJN, «R., C. E. s/ recurso extraordinario de inaplicabilidad de ley» (2019), *Fallos* 342:1827, sentencia que se apoya en estándares desarrollados en el Sistema Interamericano para afirmar la necesidad de superar los estereotipos de género e incorporar la perspectiva de género en la valoración de los hechos y en la interpretación de los requisitos de la legítima defensa en un contexto de violencia de género. En el caso de México, véase el Amparo directo en revisión 2655/2013 de la Suprema Corte de Justicia (6 de noviembre de 2013), sobre violencia doméstica y disputas en torno a la custodia, y el Amparo en revisión 554/2013 (25 de marzo de 2015), sobre el delito de feminicidio, que establece que, al investigar la muerte violenta de una mujer, los órganos de instrucción deben analizar si existieron razones de género detrás del delito, buscar pruebas específicas para determinar si la violencia sexual había precedido al homicidio e investigar si la víctima estuvo inmersa en un contexto de violencia generalizada.

15 En Corea del Sur, por ejemplo, Jin Shin (2024) explica que la ley penal ha aumentado la severidad del castigo de la violencia sexual y también ha impuesto «medidas de seguridad adicionales contra los condenados, incluida la conexión de un dispositivo GPS a los delincuentes, la divulgación de sus datos personales y la imposición de tratamientos farmacológicos». En diversas decisiones, el Tribunal Constitucional de Corea del Sur confirmó que la mayoría de estas medidas especiales, incluido el castigo agravado, eran proporcionales, considerando el interés público en la supresión de la violencia sexual (2015Hun-Ba196, 29 de diciembre de 2016; 2013Hun-Ma423, 24 de julio de 2014; 2012Hun-Ba144, 26 de julio de 2012; y 2010Hun-Ba401, 31 de mayo de 2012).

16 Se afirma, con razón, que el excesivo punitivismo puede resultar poco eficaz desde el punto de vista socializador y que corre el riesgo de subrayar el estatus de víctima tanto de las mujeres, a quienes resta capacidad de agencia (Macaya,

generado polémica ciertas medidas consideradas excesivamente paternalistas, de las que se ha dicho que contribuyen a robustecer el paradigma de cuidado/control al que tradicionalmente han estado sometidas las mujeres[17].

En cualquier caso, conviene subrayar que no solo los imputados se han valido de las constituciones a la hora de articular su defensa. Aunque en menor medida, las constituciones y la jurisdicción constitucional también han servido para abrir nuevos canales en la articulación proactiva de los daños que experimentan las mujeres. A menudo, las pretensiones se han fundado en textos antiguos o preceptos genéricos que no hacían referencia alguna a la violencia contra la mujer. En la India, por ejemplo, la Constitución ha sido clave en la larga lucha contra la violencia de género, a pesar de que el texto de 1950 no menciona la violencia contra las mujeres. Así, a pesar de la controversia que suscitaron algunas de sus primeras decisiones[18], la Corte Suprema llegó a reconocer que las violaciones constituían una vulneración del derecho de las mujeres a la vida y a la libertad personal en virtud del artículo 21[19] y a invalidar pro-

---

2021: 119), como de los varones, que se consideran injustamente agraviados por este tipo de normas (Kimmel, 2019) y reaccionan atacando el feminismo (Rubio Marín y Salazar Benítez, 2024).

17 Véase, por ejemplo, la decisión del Tribunal Constitucional español, STC 60/2010, en la que mantuvo la constitucionalidad de una ley que imponía la sanción de órdenes de alejamiento en casos de violencia intrafamiliar, eliminando cualquier discrecionalidad judicial para considerar factores como la voluntad de las víctimas, la gravedad del delito o el potencial peligro del perpetrador. Esta decisión se examina y se critica en Rodríguez Ruiz (2017: 120).

18 En particular, las protestas surgidas en respuesta a la decisión de la Corte Suprema en *Tukaram vs. State of Maharashtra* (1979), que absolvió a oficiales de policía acusados de violar a una menor bajo custodia y a la que siguió la redacción de una influyente carta abierta de destacados juristas académicos. Este hecho constituyó un hito en la lucha contra la violencia de género en el país. Véase Bhatia y Attrey (2024).

19 Véase *Bodhisattwa Gautam vs. Chakraborthy* (1996) y *Chairman, Railway Board vs. Mrs. Chandrima Das* (2000).

cedimientos que no protegían suficientemente sus derechos[20]. En Nepal, la legislación que protegía a los maridos al excluir la posibilidad de violación marital fue declarada inconstitucional por su incompatibilidad con los derechos a la igualdad, dignidad, autodeterminación e intimidad contenidos en la Constitución de 1990 del Reino de Nepal, así como con varias disposiciones de la CEDAW[21]. En Canadá, las víctimas de agresión sexual han utilizado la Carta Canadiense de Derechos y Libertades de manera innovadora para demandar a las fuerzas policiales municipales por daños y perjuicios relacionados con lesiones sufridas cuando estas no hicieron público que estaban investigando a un violador en serie en un determinado barrio, infrigiendo las secciones 7, relativa a la vida, la libertad y la seguridad de la persona, y 15, relativa a la igualdad de derechos[22]. Recientemente, la Carta Canadiense también se ha utilizado para combatir formas de violencia sexual relacionadas con el uso de nuevas tecnologías[23].

En varios ordenamientos jurídicos, más allá de atender a reclamos individuales, la justicia constitucional ha acabado siendo una fuerza catalizadora de la acción legislativa y ejecutiva ante omisiones flagrantes. La Constitución colombiana de 1991 fue uno de los textos pioneros en establecer, en su artículo 42, la siguiente disposición: «Cualquier forma de violencia en la familia se considera destructiva de su armonía y unidad, y será sancionada conforme a la ley». La Corte Constitucional ha aceptado autos de tutela de

---

20 Véase *Bharwada Bhoginbhai Hirjibhai vs. State of Gujarat* (1983), que argumenta que, a falta de corroboración, la negativa a actuar con base en el testimonio de una víctima de agresión sexual agrava el daño sufrido.

21 Véase *Advocate Meera Dhungana vs. Government of Nepal, Ministry of Law, Justice and Parliamentary Affairs*, *Writ No. 55 of the year 2058 BS* (2001).

22 Véase *Jane Doe vs. Board of Commissioners of Police for the Municipality of Metropolitan Toronto et al.* (1998).

23 Véase *R. vs. Jarvis* (2019), el caso de un maestro de escuela que utilizó un bolígrafo con cámara para filmar en secreto el escote de sus alumnas y sobre el cual la Corte Suprema afirmó la constitucionalidad de un precepto del Código Penal que condena el voyerismo como vulneración a la integridad sexual.

víctimas de violencia doméstica sufrida a manos de sus maridos o compañeros, y les ha brindado amparo[24]. Más recientemente, el mismo tribunal ha ordenado al Poder Ejecutivo la implementación de programas para suplir las carencias de las políticas públicas y garantizar, de este modo, el tratamiento con perspectiva de género de la población forzosamente desplazada que sufre elevados niveles de violencia, incluida la de género[25]. Por otra parte, en la India y Nepal los tribunales han obligado al Gobierno a promulgar leyes para colmar determinados vacíos legislativos relacionados con la protección de la mujer, e incluso han proporcionado pautas provisionales de regulación basadas en normas y estándares internacionales ante la inacción legislativa[26].

---

24 Esto podía incluir tanto órdenes directas a los abusadores de que se abstuvieran de perpetuar la violencia contra sus parejas como órdenes a los funcionarios locales de proporcionar la protección adecuada basándose en los derechos a la integridad personal (artículo 12), a la vida (artículo 11) y a la familia (artículo 42). Véase Sentencia T-523/92 (18 de septiembre de 1992), Sentencia T-382/94 (31 de agosto de 1994), Sentencia T-487/94 (2 de noviembre de 1994) y Sentencia T-552/94 (2 de diciembre de 1994). Después de que en 1992 el Congreso colombiano promulgara una ley que proporciona un medio de amparo judicial inmediata para las víctimas de violencia doméstica, la Corte Constitucional comenzó a rechazar tutelas por considerar que este procedimiento judicial alternativo ya estaba disponible. Véase Sentencia T-420/96 (9 de septiembre de 1996). El criterio utilizado para ampliar el alcance de los efectos horizontales de los derechos fundamentales al ámbito de las relaciones familiares se ha basado en la posibilidad de una clara asimetría en las relaciones de poder entre individuos que niegue, restrinja o elimine la autonomía personal y que justifique la intervención estatal con el fin de evitar la instrumentalización o degradación absoluta del ser humano (Morgan, 2005: 80). Sobre la materia, véase también Jaramillo Sierra (1998).

25 Véase Sentencia T-025/04 (22 de enero de 2004), que entre los impactos dispares del desplazamiento forzado incluye el riesgo de violencia sexual, la explotación o el abuso sexual en el contexto del conflicto armado, al igual que el riesgo de explotación o esclavitud por parte de actores armados ilegales para obligar a realizar tareas domésticas y ejercer roles considerados femeninos en una sociedad con rasgos patriarcales.

26 Véase, para el primer supuesto, la sentencia de la Corte Suprema de Nepal, *Prakash Mani Sharma vs. Office of the Prime Minister* (2010), sobre salud reproduc-

En cuanto a las formas de razonamiento jurídico, muchas de las recientes decisiones constitucionales que respaldan las demandas de las mujeres muestran una mayor conciencia de que la violencia las afecta a todas y vulnera todos sus derechos fundamentales; de ahí que el fenómeno equivalga, en realidad, a una especie de «régimen disciplinario de género» sobre el que se asentaría la dominación masculina. Así, se ha reconocido que, más allá de afectar a víctimas individuales, la violencia contra las mujeres erosiona la estructura familiar que también consagran las constituciones[27] y daña el sentido de valía, la autoestima y la consideración social de todas las mujeres[28]. De manera similar, y por lo que respecta a la violencia sexual, puede identificarse una evolución positiva, aunque no siempre consistente[29], en el cuestionamiento de los términos en los que se entiende que las mujeres —individual o colectivamente— prestan su consentimiento para las prácticas sexuales no solo en general,

---

tiva y, para el segundo supuesto, la sentencia histórica de la Corte Suprema de la India, *Vishaka vs. State of Rajasthan* (1997), sobre acoso sexual en el lugar de trabajo.

27 Véase la decisión de la Corte Constitucional de Colombia, Sentencia T-552/94 (2 de diciembre de 1994), donde se considera que la violencia contra la mujer afecta el interés público en la protección de la familia como base constitucionalmente reconocida de la organización social.

28 En *Meera Dhungana*, la Corte Suprema de Nepal decidió que la violación, «no solo [...] causa un impacto adverso en la vida física, mental, familiar y espiritual de la mujer víctima, sino que también afecta negativamente a su autoestima y existencia. Este delito se perpetra no solo contra las mujeres víctimas, sino también contra la sociedad en su conjunto. El asesinato destruye el ser físico de una persona, pero el delito de violación destruye la condición física, mental y espiritual de la mujer víctima [...] vulnerando por ello el conjunto de sus derechos» (*Advocate Meera Dhungana vs. Government of Nepal, Ministry of Law, Justice and Parliamentary Affairs*, *Writ No. 55 of the year 2058 BS* [2001]).

29 Esta evolución positiva no es, sin embargo, unánime. El Tribunal Supremo de Filipinas, por ejemplo, sigue fundando absoluciones del delito de violación sobre el mito de que la no resistencia de la víctima implica consentimiento (véase *People vs. Tionloc* [2017]) y se ha valido de este razonamiento para anular una condena por violación sobre la base de que «la mera presencia de abrasiones y contusiones en su cuerpo» no «implica que no hubiera dado su consentimiento para la relación sexual» (*People vs. Mahinay* [2017]; Tiojanco, 2024).

sino también en el ámbito familiar/interpersonal —un ámbito que tradicionalmente ha sido amparado por preceptos constitucionales sobre intimidad— o en el mercado laboral —una esfera que ha contado con la protección de la libertad de empresa, de expresión y de elección profesional—. De esta manera, muchos tribunales han manifestado legítimas preocupaciones en sus sentencias sobre las condiciones de base que deben darse para que se pueda hablar de una conducta sexual verdaderamente libre, así como sobre la forma en que incluso las conductas individuales, aun consentidas, pueden contribuir a la problemática subordinación estructural de la mujer. Son precisamente estas estructuras de subordinación las que generan un entorno propicio para la violencia, contraviniendo el espíritu igualitario que las constituciones pretenden garantizar. En varios países, los litigios constitucionales en torno a la violación conyugal[30], la restitu-

---

[30] Véase, en el caso de Nepal, *Advocate Meera Dhungana vs. Government of Nepal, Ministry of Law, Justice and Parliamentary Affairs, Writ No. 55 of the year 2058 BS* (2001), que invalidó la norma que excluía a las «esposas» de la categoría de mujeres como posibles víctimas de violación por quebrantar el derecho constitucional a la igualdad y varios instrumentos internacionales de derechos humanos. Esta sentencia también rechazó el argumento de los abogados del Gobierno según el cual «de acuerdo con nuestras tradiciones hindúes y valores, que un marido tenga relaciones sexuales con su esposa nunca puede considerarse una violación». Del mismo tribunal, véase también *Jit Kumari Pageni vs. Office of the Prime Minister* (2008), sentencia que deroga las disposiciones legales que, a efectos de la duración de las penas privativas de libertad, distingue entre los delitos de violación conyugal y no conyugal. Véase *Sapana Pradhan Malla vs. Ministry of Law, Justice and Parliamentary Affairs, Writ No. 56 of the year 2058 BS* (2001), mediante la cual se eliminó la discriminación contra las prostitutas en la regulación de la violación. Estos casos se citan en Malagodi (2024) y, en su conjunto, vienen a cuestionar la suposición de que, al consentir en el matrimonio o la prostitución, se consienten también en encuentros y conductas sexuales no deseados. En Turquía se impugnó una decisión que defendía la rebaja de penas por agresión sexual y secuestro si se perpetraba contra trabajadoras sexuales, lo que contribuyó a movilizar a grupos de mujeres en la década de 1990 en torno a una agenda común. Véase la decisión de la Corte Constitucional en E.1988/4, K. 1989/3 (10 de enero de 1990). Véase también Emrah Oder (2019: 287).

ción de derechos conyugales[31], la prostitución[32] o la pornografía[33] han sido algunas temáticas esenciales de los debates en los que los colectivos feministas han reformulado la comprensión tradicional

[31] El derecho a la restitución de los derechos conyugales, que asegura el regreso forzoso del cónyuge (normalmente la esposa) al hogar abandonado, había sido defendido por algunos tribunales sobre la base de que la naturaleza íntima del matrimonio hace inapropiada la aplicación de los principios constitucionales en el seno del matrimonio, pues ello sería equivalente a «introducir un toro en una tienda de porcelana.... [algo que] acabará por destruir de forma despiadada la institución del matrimonio y todo lo que representa» (*Harvinder Kaur vs. Harmander Singh Choudhry* [1984], en 67). En 1984, en un caso diferente, la Corte Suprema de la India apoyó la postura del tribunal de Delhi y sostuvo que los derechos conyugales son inherentes a la propia institución del matrimonio (*Saroj Rani vs. Sudarshan Kumar* [1984]). Ambos casos son citados por Nussbaum (2005: 196). En 2017, esta comprensión de la intimidad familiar fue abandonada explícitamente en el caso *Justice K. S. Puttaswamy vs. Union of India* (2017), una decisión unánime que defendió una noción de privacidad más matizada, respetuosa con la autonomía individual, que además vino acompañada de una opinión concurrente de cuatro jueces que citan la teoría feminista (en concreto, *Toward a Feminist Theory of the State*, la obra clásica de Catharine A. MacKinnon [1989], quien ya advertía contra el uso de una noción de privacidad que sirviera para encubrir el daño físico causado a las mujeres). Véase la opinión concurrente redactada por el juez D. Y. Chandrachud. Esta sentencia allanó el camino para nuevas decisiones progresistas sobre la autonomía individual y la autodeterminación, como aquellas que versan sobre el adulterio (*Joseph Shine sv. Union of India* [2018]) o los derechos LGBT (*Navtej Singh Johar vs. Union of India* [2018]), sin que, como veremos, haya conducido a sancionar el matrimonio del mismo sexo.

[32] En el caso de Taiwán, véase la decisión de la Corte Constitucional en Interpretation No. 666 (6 de noviembre de 2009), sentencia que consideró inconstitucional una ley que multaba solo a quienes realizaban transacciones sexuales con fines de lucro, pero no a quienes compraban sexo; para Corea del Sur, véase la sentencia de la Corte Constitucional, 2013Hun-Ka2 (31 de marzo de 2016), la cual valida una ley penal que sanciona a los compradores de sexo, así como a las mujeres que «voluntariamente» se involucran en actos sexuales comerciales, al tiempo que protege a aquellas personas «obligadas» a prostituirse. A pesar de admitir que la ley restringió la autodeterminación sexual, el derecho a la intimidad de las personas involucradas en la prostitución

de la intimidad, las libertades del mercado y la libertad de expresión.

(tanto vendedores como compradores) y el derecho de las trabajadoras sexuales a elegir su ocupación profesional, la Corte, aplicando un test de proporcionalidad, acabó validando la cuestionada ley. Al hacerlo, consideró además el efecto dañino de la prostitución en la sociedad y subrayó «que incluso el trabajo sexual voluntario puede socavar la autonomía personal de las trabajadoras sexuales al comercializar el sexo; que la industria del sexo puede distorsionar el flujo regular de dinero y de la fuerza laboral en la sociedad; que el trabajo sexual es explotador por naturaleza, dada la desigualdad inherente entre compradores y trabajadores sexuales, la mayoría de los cuales se encuentran en situaciones de desventaja económica; que la comercialización del sexo daña la educación sexual y la moral sexual en la sociedad y es probable que contribuya a aumentar los delitos de violencia sexual; y que castigar a las mujeres que ejercen la prostitución es necesario para contener la expansión de la industria del sexo comercial y los incentivos que encuentran mujeres jóvenes o mujeres migrantes de países menos desarrollados para acceder a ella» (Jin Shin, 2024). Dicho esto, en la sociedad coreana todavía se debate si el castigo a las trabajadoras sexuales (pues en su mayoría son mujeres) y no solo a los compradores de sexo, tiene sentido. Muchas voces, incluidas las de dos jueces disidentes en la sentencia citada, señalan que es difícil y normativamente inadecuado distinguir entre aquellas mujeres obligadas a prostituirse (que merecerían protección) y aquellas trabajadoras sexuales que lo hacen voluntariamente (y merecerían castigo) (*ibid.*). Más allá de sus posibles insuficiencias, el razonamiento de la Corte de Corea del Sur contrasta con el enfoque formalista de otros tribunales al abordar la penalización de la prostitución. Véase, por ejemplo, el caso *S. vs. Jordan* (2002), párr. 9, de la Corte Constitucional de Sudáfrica, que validó una disposición que criminalizaba solo la actividad de quien ejercía la prostitución y no la del cliente bajo el argumento de que, al estar redactada en términos neutrales en cuanto al género, el precepto era intachable pues abarcaba tanto a hombres como a mujeres prostitutas.

33 Véase, por ejemplo, *R. vs. Butler* (1992), decisión de la Corte Suprema de Canadá que validó una disposición del Código Penal que prohibía la fabricación, distribución y posesión de pornografía (definida no como sexo explícito, sino como sexo con violencia o sexo explícito sin violencia, que, sin embargo, resulte degradante o deshumanizante). La sentencia reconoció que la regulación coartaba la libertad de expresión, pero el tribunal aceptó que la limitación estaba justificada para evitar daños sociales, dado que los materiales que retratan a las mujeres como objetos de explotación y abuso sexual tienen un impacto negativo en la autoestima y consideración social de las mujeres. Sobre la legiti-

Algunas decisiones recientes han sido pioneras a la hora de visibilizar las necesidades más amplias de las víctimas y de incorporar estándares de derechos humanos que amplían el abanico de soluciones legales disponibles (como las medidas de compensación, satisfacción y garantías de no repetición, entre otras), logrando así vincular los casos individuales de violencia que llegan a los tribunales con el fenómeno estructural más amplio de la violencia de género[34]. Este enfoque, centrado en la víctima y la capacidad de ir perfilando de forma más adecuada el tipo de remedios necesarios, se ha visto favorecido por la creciente inclinación de algunos tribunales de justicia a reconocer ciertos fenómenos como expresiones específicas de violencia de género, incluidas las instancias de violencia económica, reproductiva y obstétrica[35].

---

midad de restringir las formas de expresión que erotizan la coerción, la violencia y la subordinación de las mujeres, véase el influyente y ya clásico trabajo de MacKinnon y Dworkin (1997), al igual que Sunstein (1995: 209). Una extensa bibliografía feminista apoya la existencia de un vínculo entre el consumo de pornografía violenta y la normalización de la violencia, en especial la violencia sexual, por ejemplo, Brison (2005). Otras académicas, incluidas algunas de orientación feminista, temen que este tipo de argumentos refuercen los estereotipos sexistas y conservadores del comportamiento sexual, en particular el comportamiento sexual femenino. Con referencia amplia a diversas fuentes, véase Gelber y Stone (20017: 467).

34 Véase, en el caso de México, Amparo directo en revisión 5490/2016 (7 de marzo de 2018). Sobre el derecho a la compensación económica, más allá de las consideraciones de necesidad económica, véanse las decisiones de la Corte Constitucional de Colombia en las Sentencias SU080/2020 (25 de febrero de 2020) y SU599/19 (11 de diciembre de 2019), donde se reconoce que las mujeres y las niñas que fueron víctimas de procedimientos de esterilización forzada y abortos forzados por parte de sus propios grupos armados deben ser reconocidas como «víctimas del conflicto armado», de tal manera que se garantice su derecho a una reparación integral, incluida una adecuada atención sanitaria, sensible al género y especializada. Para otra decisión relacionada con la violencia contra las mujeres en los conflictos armados, véase Sentencia T-004/20 (15 de enero de 2020).

35 Véase, en el caso de México, Amparo directo en revisión 7134/2018 (21 de agosto de 2019), donde se afirma que, de acuerdo con el principio de igualdad y el derecho de la mujer a vivir una vida libre de violencia, los efectos de la sociedad conyugal (incluida la distribución de ingresos) deben cesar desde

Por último, si en la década de los noventa las mujeres de todo el mundo comenzaron a apoyarse en instrumentos de derechos humanos y constituciones para reivindicar sus legítimos derechos a una vida libre de violencia, estos reclamos no han hecho sino intensificarse a lo largo de las últimas décadas a medida que los movimientos feministas de todo el mundo han presionado para que se ampliara la preocupación en torno a la violencia de género más allá de la violencia doméstica e intrafamiliar, tendencia que se ha reflejado en los procesos de elaboración de textos constitucionales. Si las primeras constituciones que se hicieron eco del fenómeno y abordaron la violencia de género a través de disposiciones que conminaban a los Estados a que implementaran acciones para combatir la violencia contra las mujeres en el ámbito familiar[36], las más recientes se refieren a formas adicionales de violencia de género, mostrando una comprensión más profunda de sus múltiples expre-

el momento en que el esposo, sin justificación alguna, no contribuya a la economía familiar ni a las tareas del hogar. Respecto a la violencia obstétrica, véanse las sentencias del Tribunal Constitucional español SSTC 66/2022 y 22/2023, sobre todo por lo que hace a los votos particulares de las magistradas Montalbán y Balaguer, quienes califican dicha violencia como tal, adoptando de forma explícita una perspectiva feminista en en una interpretación de los hechos que, de otro modo, hubiera conducido a resultados bien distintos en la resolución de los asuntos. Véase también, con un loable análisis desde la perspectiva de la discriminación interseccional, la sentencia de la Corte Suprema de Chile en el caso *Lorenza Beatriz c Cayuhán Llebul contra Gendarmería de Chile*, Rol 92795-16 (1 de diciembre de 2016), sobre una mujer de la etnia mapuche que fue obligada a dar a luz atada con grilletes a la cama de un hospital y en presencia de fuerzas policiales.

36 Véase, por ejemplo, el artículo 60 de la Constitución de Paraguay de 1992, que obliga al Estado a promover «políticas que tengan como objeto evitar la violencia en el ámbito familiar». Véase también el artículo 226.8 de la Constitución de Brasil de 1988, referido a la supresión de la violencia en las relaciones familiares. Tanto Egipto como Túnez han incluido en sus constituciones más recientes referencias a la necesidad de proteger a las mujeres de todas las formas de violencia. Véase, por ejemplo, el artículo 46 de la Constitución de Túnez de 2014 y el artículo 11 de la Constitución de Egipto de 2014.

siones[37]. Algunas de estas disposiciones subrayan la irrelevancia del ámbito en el que se perpetra la violencia (la esfera pública o privada) o hacen referencia explícita a los entornos de victimización más frecuentes al margen de la familia, entre ellos el lugar de trabajo[38] o los medios de comunicación[39]. Otras también explicitan

---

37 Véase también el artículo 35 de la Constitución de Costa de Marfil de 2016, que respalda la necesidad de que el Estado adopte las medidas necesarias para eliminar «todas las formas de violencia contra mujeres y niñas», pero también el artículo 5, que prohíbe «la esclavitud, la trata de personas, el trabajo forzoso, la tortura física o moral, los tratos crueles, inhumanos, degradantes y humillantes, la violencia física, la mutilación genital femenina así como todas las demás formas de degradación del ser humano»; el artículo 7 de la Constitución de la República Centroafricana de 2016 hace referencia a la necesidad de proteger a la mujer y a los menores contra la «violencia e inseguridad, la explotación y el abandono moral, intelectual y físico»; y los artículos 43 y 85 de la Constitución de Cuba de 2019, que mencionan la necesidad del Estado de proteger a las mujeres contra la violencia de género y condena la violencia intrafamiliar como destructiva de personas, familias y sociedades.

38 Véase el artículo 15 (II) de la Constitución de Bolivia de 2009, según el cual las mujeres tienen derecho a no ser sometidas a la violencia física, sexual o psicológica tanto en la familia como en la sociedad; el artículo 331 de la Constitución de Ecuador de 2008, que sanciona el acoso y la violencia, «directa o indirecta», que afectan a las mujeres en el trabajo; el artículo 25.b de la Constitución de Zimbabue de 2013, que respalda la necesidad de que el Estado prevenga la violencia doméstica, así como el artículo 52.a: «Toda persona tiene derecho a la integridad física y psicológica, la cual incluye el derecho a la libertad de toda forma de violencia proveniente de fuentes públicas o privadas»; y una disposición similar en el artículo 29.c de la Constitución de Kenia de 2010.

39 La Constitución de Sudáfrica de 1996 protege la libertad de expresión, pero la sección 16 (2) (c) excluye expresamente «la apología del odio basada en el [...] género [...] que constituya una incitación a causar daño». El artículo 46.7 de la Constitución de Ecuador de 2008 obliga al Estado a proteger a la ciudadanía frente a la influencia de los medios de comunicación que promueven la violencia o la discriminación racial y de género. Algunos tribunales también han subrayado el impacto que los medios de comunicación pueden tener en la promoción de la discriminación, el odio y la violencia contra las mujeres. Véase, por ejemplo, la decisión de la Corte Suprema de Nepal en *Raju Chapagai vs. Office of the Prime Minister* (2008), mediante la cual se emite una orden de *mandamus* al Ministerio de Información y Comunicación para que implemente

las formas de responsabilidad estatal (incluida la responsabilidad por omisión o por falta de diligencia debida)[40]. Algunas reflejan mejor las inquietudes interseccionales, dado que hacen referencia a la variedad de grupos vulnerables que a menudo son víctimas de violencia y mencionan la «doble vulnerabilidad» a la que están sometidas muchas mujeres[41], mientras que otras apelan a la ne-

---

una política publicitaria sensible al género en respuesta al argumento de la peticionaria de que la violencia contra las mujeres está estrechamente relacionada con los anuncios que las cosifican (véase Chang, Malagodi y Rubio Marín, 2024). Algunos académicos han argumentado que, habiéndose centrado en los graves daños causados por la pornografía (entre ellos, el silenciamiento de las mujeres y la perpetuación de su desigualdad), las feministas han prestado mucha menos atención a otras formas de discurso de odio basadas en el género, ahora que parecen estar ganando mayor influencia a través de las redes sociales digitales y proliferan las páginas web, blogs y foros misóginos (la llamada «machoesfera») donde es común la difamación de las mujeres en general (y de las feministas en particular) y se defiende la violación y otros tipos de violencias (Gelber y Stone, 2017: 476-77). Estas autoras también observan la escasez de casos hasta la fecha, con algunas excepciones entre las que incluyen *Sonke Gender Justice Network vs. Malema* (2010) (Sudáfrica) y *Human Rights Commission (Sask.) vs. Engineering Students' Society, University of Saskatchewan* (1989) (Canadá). Sobre la teoría feminista y la libertad de expresión, véase Williams (2009b) y Queralt Jiménez (2023).

40 Véase el artículo 15 (III) de la Constitución de Bolivia de 2009, que especifica que el Estado adoptará las medidas necesarias «para prevenir, eliminar y sancionar la violencia de género y generacional, así como toda acción u omisión que tenga por objeto degradar la condición humana, causar muerte, dolor y sufrimiento físico, sexual o psicológico tanto en el ámbito público como privado», y el artículo 46.4 de la Constitución de Ecuador de 2008, que asegura la «protección y atención contra todo tipo de violencia, maltrato, explotación sexual o de cualquier otra índole, o contra la negligencia que provoque tales situaciones».

41 Véase el artículo 66.3 (b) de la Constitución de Ecuador de 2008, que reconoce el derecho a «una vida libre de violencia en el ámbito público y privado» y establece la obligación del Estado de adoptar las medidas necesarias para «prevenir, eliminar y sancionar toda forma de violencia, en especial la ejercida contra las mujeres, niñas, niños y adolescentes, personas adultas mayores, personas con discapacidad y contra toda persona en situación de desventaja o vulnerabilidad», y el artículo 35 de la misma Constitución, que hace referencia a la condición de «doble vulnerabilidad». Véase también la sección 71 de la

cesidad de articular procedimientos y modalidades específicos de reparación para las supervivientes[42], o bien denuncian la inadmisibilidad de los argumentos que, basados en la religión o en prácticas culturales tradicionales, justifican la violencia[43]. Aunque estas expresiones no son todavía tendencias generalizadas en ninguno de los frentes señalados, constituyen, sin duda, indicios prometedores del nuevo constitucionalismo transformador[44].

Constitución de Tailandia de 2017, que dispone que el Estado debe proteger a «los niños, los jóvenes, las mujeres, los ancianos, las personas con discapacidades, las personas indigentes y las personas desfavorecidas [...] de la violencia o el trato injusto».

42 Véase la sección 71 de la Constitución de Tailandia de 2017, que hace referencia a la necesidad de brindar tratamiento, rehabilitación y reparaciones a las personas lesionadas, y el artículo 81 de la Constitución de Ecuador de 2008, que dispone que «la ley establecerá procedimientos especiales y expeditos para el juzgamiento y sanción de los delitos de violencia intrafamiliar, sexual [...]».

43 Véase el artículo 24.2.a de la Constitución de Malawi de 1994, que prevé la aprobación de una legislación orientada a «eliminar las costumbres y prácticas que discriminan a la mujer, en particular prácticas como el abuso, el acoso y la violencia sexual»; el artículo 35.4 de la Constitución de Etiopía de 1995, que establece la prohibición de «leyes, costumbres y prácticas que opriman o causen daños físicos o mentales a las mujeres»; y el artículo 38 (3) de la Constitución de Nepal de 2015, que condena «cualquier tipo de violencia física, mental, sexual o psicológica o de cualquier otro tipo contra las mujeres, o cualquier tipo de opresión basada en la tradición religiosa, social y cultural, y otras prácticas». Para un ejemplo de jurisprudencia que respalda opiniones cautelares similares, véase la decisión del Tribunal Constitucional de Chile, Rol 8792-20 (29 de enero de 2021), decisión que declaró inaplicable una ley para la protección de la comunidad étnica Rapa Nui en un caso de violación perpetrado en la Isla de Pascua, delito que comportaría la aplicación de un castigo menor al previsto en el Código Penal chileno para ese tipo de conductas.

44 El texto definitivo de propuesta de una nueva Constitución Política de la República de Chile de 2022, elaborado por la primera Convención Constitucional, hito del constitucionalismo feminista —a pesar de que fuera rechazado en referéndum—, se refería a la materia en estos términos: «Artículo 27: 1. Todas las mujeres, las niñas, las adolescentes y las personas de las diversidades y disidencias sexuales y de género tienen derecho a una vida libre de violencia de género en todas sus manifestaciones, tanto en el ámbito público como en el privado, sea que provenga de particulares, instituciones o agentes del Estado. 2. El Estado deberá adoptar las medidas necesarias para erradicar todo tipo de

4.2. EL NUEVO CONSTITUCIONALISMO RELATIVO AL ABORTO: HACIA EL PLENO RECONOCIMIENTO DE LA AUTONOMÍA SEXUAL Y REPRODUCTIVA DE LAS MUJERES

Desde la década de los noventa, un número creciente de constituciones ha incluido referencias explícitas al ámbito de la reproducción que van más allá de la tradicional protección de la maternidad, el matrimonio y la familia (heterosexual y reproductiva) como parte esencial de la estructura de la sociedad. Se trata de una evolución que debemos celebrar, también por su potencial para resignificar la protección de la maternidad, concebida ahora como una opción y no como un destino ineluctable para la mujer. Como hemos visto, la protección de la maternidad tuvo una prematura aparición en el derecho constitucional y, como veremos, ha mantenido su centralidad en el constitucionalismo contemporáneo, que especifica y amplía cada vez más la protección debida a las mujeres embarazadas y a las madres trabajadoras. Aunque también las mujeres persiguieron la protección constitucional del embarazo y la maternidad desde el inicio de sus luchas emancipadoras, desde un punto de vista constitucional resulta difícil disociar aquella tutela de un esquema que sanciona la maternidad normativa (es decir, la normalización de la expectativa de que las mujeres sean madres). Por ello, solo podemos celebrar la protección constitucional de la maternidad si esta va acompañada del reconocimiento de la autonomía reproductiva y de una distribución equitativa de los costes asociados a la reproducción humana que también incluya a los hombres y a la comunidad en su conjunto. Mientras no se cumplan estas dos condiciones, no nos debe sorprender que un sector del feminismo académico ca-

violencia de género y los patrones socioculturales que la posibilitan, actuando con la debida diligencia para prevenirla, investigarla y sancionarla, así como brindar atención, protección y reparación integral a las víctimas, considerando especialmente las situaciones de vulnerabilidad en que puedan hallarse».

racterice las cláusulas de protección de la maternidad como una desafortunada expresión de «maternalismo».

Algunas disposiciones constitucionales que se han adoptado en el ámbito reproductivo aluden, en efecto, a la libertad de decisión de tener hijos y a la planificación familiar[45]. Otras hacen referencia a la noción de autonomía corporal y reproductiva[46], mientras que aun otras enfatizan la noción de salud reproductiva, remitiendo de forma explícita a la obligación del Estado de proporcionar los servicios relevantes[47]. Aunque algunas constituciones mencionen genéricamente los derechos sexuales y reproductivos (e incluyan la

45 Este es el caso de varias constituciones de los países de la antigua Yugoslavia que han reproducido el modelo de la Constitución yugoslava de 1974, que reconocía la planificación familiar como un derecho humano (artículo 191). Véase el artículo 55 de la Constitución de Eslovenia (aprobada el 23 de diciembre de 1991), la cual dispone que «Todas las personas son libres para decidir si tienen hijos», y añade que «El Estado garantizará las oportunidades para ejercer esta libertad y creará las condiciones adecuadas que permitan a los padres decidir tener hijos». Véase también el artículo 41 de la Constitución de la República de Macedonia del Norte de 1991 (modificada en 2019) y el artículo 63 de la Constitución de Serbia de 2006 (que reproduce el artículo 27 de la Constitución de Serbia de 1990).

46 La sección 12 (2) de la Constitución de Sudáfrica de 1996 establece: «Toda persona tiene derecho a la integridad física y psicológica, lo que incluye el derecho a) a tomar decisiones relativas a la reproducción y b) a la seguridad y el control sobre su propio cuerpo». La sección 27 (1) (a) también se refiere al derecho a tener acceso a la salud reproductiva (como derecho de realización progresiva). Sin embargo, ha sido objeto de debate la cuestión de si estas disposiciones abarcan el derecho de la mujer a interrumpir su embarazo (Albertyn, 1994: 71).

47 El artículo 38 de la Constitución de Nepal de 2015 es una disposición completa dedicada a los derechos de la mujer, y en su segundo apartado reconoce a toda mujer «el derecho a una maternidad segura y a la salud reproductiva». El artículo 66.10 de la Constitución de Ecuador de 2008 reconoce el derecho a tomar decisiones libres, responsables e informadas sobre la salud y la vida reproductiva y a decidir cuándo concebir y cuántos hijos tener, y el artículo 363.6 reconoce que el Estado es responsable de garantizar los servicios de salud sexual y reproductiva para proteger la salud y la vida de las mujeres, «en especial durante el embarazo, parto y posparto».

sexualidad humana por primera vez en el catálogo de derechos)[48], solo Francia ha reformado su Constitución para reconocer expresamente la libertad garantizada de interrumpir un embarazo[49]. Es obvio que todas estas disposiciones, que se refieren de forma genérica a la autonomía reproductiva, se prestan a interpretaciones más o menos expansivas. No obstante, solo excepcionalmente han interpretado los tribunales que algunos de estos nuevos preceptos amparan el derecho a abortar, como sucedió en 1998 en Sudáfrica[50]. No es el caso común, ni tampoco el de muchas constituciones

---

48 La Constitución de Bolivia de 2009 garantiza los derechos sexuales y reproductivos de hombres y mujeres (artículo 66), al igual que el artículo 43 de la Constitución de Cuba de 2019. El artículo 66.9 de la Constitución de Ecuador de 2008 reconoce el derecho a tomar decisiones libres, informadas y responsables sobre la sexualidad y la orientación sexual (estando el Estado obligado a garantizar que estas decisiones se tomen en condiciones de seguridad). A esto hay que añadir la incorporación explícita de la prohibición de la discriminación por orientación sexual en algunas constituciones. Cabe mencionar, igualmente, la jurisprudencia reciente que problematiza la penalización de formas y expresiones de la sexualidad y enfatiza la sexualidad femenina y el carácter patriarcal del antiguo derecho penal, que protegía la sexualidad de la mujer apelando a la «castidad» y al «honor masculino». Véase, por ejemplo, la sentencia de la Corte Constitucional de Corea del Sur, 2008Hun-Ba58 (26 de noviembre de 2009), decisión que anuló un precepto del Código Penal que castigaba a quien inducía a una mujer que no era «propensa a actos obscenos» a tener relaciones sexuales con el pretexto de matrimonio, apartándose de su propio precedente de 2002. Véase también 2009Hun-Ba17 (26 de febrero de 2015), del mismo tribunal, que invalidó el delito de adulterio.

49 La reforma constitucional fue aprobada por la Asamblea Nacional y el Senado de Francia por amplia mayoría y ratificada por el presidente de la República en un simbólico 8 de marzo de 2024, con ocasión del Día de la Mujer. Su inclusión como libertad y no como derecho responde a las demandas de los diputados conservadores de preservar la objeción de conciencia de los profesionales sanitarios que, no obstante, queda neutralizada como potencial instrumento obstruccionista al reconocer el aborto como libertad «garantizada». El nuevo artículo 34 de la Constitución francesa dispone: «La ley determina las condiciones en las cuales se ejerce la libertad garantizada a la mujer de recurrir a la interrupción voluntaria del embarazo».

50 En *Christian Lawyers' Association of South Africa vs. Minister of Health (Reproductive Health Alliance as Amicus Curiae)* (1998), el Tribunal Supremo de Sudáfrica confirmó la validez de la Ley de Elección de la Interrupción del Embarazo de

latinoamericanas que, si bien hacen mención a la libertad de decidir si tener hijos y cuántos, fueron redactadas con intereses distintos a la plena autonomía reproductiva de la mujer en mente[51].

Además, la existencia de este tipo de disposiciones no ha sido el factor determinante a la hora de abordar la cuestión del aborto. De hecho, en la mayoría de los países los derechos reproductivos se han canalizado a través de la legislación ordinaria, sin mediación constitucional. Asimismo, en algunos regímenes constitucionales la autonomía reproductiva se ha anclado en preceptos genéricos (como los que se refieren a la libertad, la intimidad, la integridad corporal o la dignidad humana), aunque conviene aclarar que también se ha apelado a esas normas para limitar dicha autonomía (Dixon y Bond, 2017: 439). Por último, no es únicamente la posición constitucional de la mujer lo que resulta relevante, pues de las constituciones se ha derivado además la necesaria protección a la vida humana intrauterina, y no solo cuando esta se menciona de forma explícita[52], sino también en ordenamientos en los que el texto constitucional no

---

1996 (Ley n.° 92 de 1996), que permite el aborto voluntario en las primeras 12 semanas de embarazo y afirma que las secciones 12.2.a y 12.2.b de la Constitución protegen tal derecho a abortar.

51 En lugar de reconocer la autonomía reproductiva de las mujeres de tal manera que incluya el derecho al aborto, estas disposiciones reflejan las reticencias frente a la planificación familiar, dado que responden a una historia regional de sujeción a programas de control de población que contaron con patrocinio internacional y que fueron diseñados no solo para reducir la población, sino también para frenar los movimientos revolucionarios en países en vías de desarrollo. Véase, por ejemplo, el caso de Nicaragua al que se refiere Morgan (1990: 52).

52 Las referencias constitucionales a la vida humana antes del nacimiento, al feto o a la vida desde el momento de la concepción pueden encontrarse en varias constituciones de todo el mundo. Algunas de ellas fueron reformadas a partir de la década de 1990 con este propósito. Un ejemplo de ello en la Europa del Este es la Constitución de Eslovaquia de 1993, que contiene una disposición (artículo 15 [1]) cuyo tenor literal es el siguiente: «Todas las personas tienen derecho a la vida. La vida humana es digna de protección incluso antes del nacimiento». De igual manera, la nueva Constitución de Hungría de 2011 dispone en su artículo II que «la vida fetal estará sujeta a protección desde el

hace referencia ni al feto ni a la vida humana desde su concepción, limitándose en su lugar a reconocer el derecho a la vida. Por todo ello, en este ámbito del derecho la interpretación jurisprudencial ha sido tan decisiva como los propios textos constitucionales, si no más. Sobre todo porque en esta cuestión la hermenéutica constitucional se ha configurado frecuentemente a partir de consideraciones metajurídicas relacionadas con el valor de la vida humana, la comprensión de la relación entre la mujer embarazada y el feto, el papel de la maternidad en la vida de las mujeres y la conveniencia de que el coste de la reproducción social sea asumido colectivamente y no solo de manera individual o familiar.

Por regla general, a lo largo de las últimas décadas se ha venido reconociendo un mayor grado de autonomía reproductiva a las mujeres embarazadas, incluso en aquellos países que han derivado el deber de protección del feto de la propia constitución, con algunas expresiones preocupantes de estancamiento o regresión a partir de 2010 (a las que volveremos al final del libro). En muchos países de Europa occidental, por ejemplo, se observa una tendencia a ampliar y flexibilizar el modelo de excepciones (con supuestos de exención de responsabilidad penal cada vez más amplios), que en muchas ocasiones se completa con un modelo de plazos que permite a las mujeres decidir libremente en la etapa más temprana del embarazo si quieren continuar o no con el mismo, con o sin un período previo y obligatorio de reflexión, y con o sin un proceso obligatorio de asesoramiento previo —asesoramiento que solo a veces se establece como una forma de disuadir a las mujeres embarazadas de su intención abortiva—.

En el capítulo 2 vimos que los primeros intentos de apartarse de la primacía otorgada a la protección al feto en aquellos países europeos donde se constitucionalizó la controversia en torno al aborto obedecieron a una lógica puramente instrumental. Tal vez el mejor

---

momento de la concepción». Véase también la referencia a pie de página (n. 67) de este capítulo.

ejemplo de ello sea la sentencia del Tribunal Constitucional Federal alemán de 1992, que reconoció que las formas punitivas de protección de la vida no nacida (y, en definitiva, las previsiones legales basadas en la coerción ejercida sobre las mujeres) resultaban ineficaces, por lo que el derecho penal, que debe ser siempre la *ultima ratio*, no podía ser el protagonista del proceso. Lo que se observa en el nuevo siglo es un cambio de paradigma más profundo que plantea que el reconocimiento constitucional de la necesaria tutela del feto no implica su automática priorización en términos constitucionales, dado que la autonomía reproductiva de las mujeres (que incluye el derecho a decidir si desean continuar o no con un embarazo) también debe ser tenida en cuenta. Ello resulta aún más claro si se parte del derecho a la sexualidad de las mujeres y se acepta que no todos los actos sexuales consentidos tienen que traducirse en embarazos deseados. En definitiva, se reconoce que tanto la autonomía reproductiva de las mujeres como la preocupación por la vida del feto pueden merecer alguna forma de protección constitucional. Este planteamiento invita a la ponderación, y esta, a su vez, a prestar atención a la fase de desarrollo fetal. Este enfoque también sugiere la conveniencia de priorizar formas de reducir los abortos que no se conviertan en obligaciones de maternidad no deseada para evitar que el peso de la reproducción humana recaiga exclusivamente sobre los hombros de las mujeres, y no sobre la comunidad en su conjunto, y que, en lugar de castigarlas, amenazarlas o coaccionarlas, las ayude a tomar libremente decisiones reproductivas contando con los medios necesarios.

En los últimos años, esta nueva visión ha permitido a algunos tribunales constitucionales europeos respaldar el modelo de plazos, aun reconociendo la obligación constitucional de brindar cierta protección a la vida humana no nacida. Un ejemplo claro de este cambio de paradigma lo encontramos en una sentencia de 2010 del Tribunal Constitucional de Portugal[53]. En este caso, el Tribunal confirmó la

[53] No obstante, hay que reconocer que las semillas de este nuevo enfoque pueden encontrarse ya en el voto disidente de los magistrados Mahrenholz y Sommer

validez de una ley que permitía a las mujeres abortar durante las primeras diez semanas de embarazo después de recibir asesoramiento de carácter no disuasorio y con el único fin de proporcionarles toda la información necesaria para tomar una decisión libre, consciente y responsable. Concretamente, la legislación preveía un período de reflexión de tres días y el acceso a información sobre educación sexual y asistencia estatal a la maternidad[54]. En la decisión, el Tribunal

---

en una sentencia alemana de 1993. En ella se reconoció que la regulación del aborto debía tener en cuenta no solo el deber del Estado de proteger la vida del feto, sino también los derechos de la mujer y, en concreto, su dignidad (artículo 1 [1] GG), su integridad física (artículo 2 [2] GG) y el libre desarrollo de su personalidad (artículo 2 [1] GG). Se imponía un juicio de proporcionalidad porque la afirmación de un interés constitucional en la vida intrauterina no podía implicar el sacrificio total del resto de los derechos constitucionales en juego. En su razonamiento, el voto partía de la premisa de que, en la condición humana, la sexualidad y el deseo de tener hijos no coinciden necesariamente y de que las consecuencias de tal divergencia siempre han recaído fundamentalmente sobre las mujeres. Esto no significa que el Estado no tenga el deber constitucional (y no solo la prerrogativa) de proteger la vida humana desde el comienzo; por el contrario, se trata esencialmente de un deber que recae sobre el Estado y que no puede desplazar sin más a las mujeres porque estas son titulares de derechos reconocidos en los artículos 1 y 2 GG.

54 Véase Acórdão n.° 75/2010. Ya se había dado un paso definitivo en esta dirección en la decisión de 2007 del Tribunal Constitucional de Eslovaquia, PL. ÚS 12/01 (4 de diciembre de 2007), que validó su antiguo sistema de aborto a demanda, haciendo referencia al deber del Estado de proteger tanto la vida humana por nacer —un valor objetivo que merece una protección constitucional de menor intensidad, a pesar de que la Constitución sancione el principio de que la vida humana es digna de protección, incluso antes del nacimiento (artículo 15.1)— como el derecho de la mujer a la libre determinación reproductiva, tal como lo disponen sus derechos a la dignidad y los principios de libertad y privacidad (refiriéndose explícitamente a *Roe vs. Wade*). Para el Tribunal, el *Wesensgehalt* (contenido esencial) de ambos derechos abarca el derecho de una mujer durante una determinada fase de su embarazo a decidir por sí misma llevarlo a término o interrumpirlo. Por otro lado, la protección constitucional del feto se considera satisfecha por el límite de gestación de 12 semanas para los abortos libres, además de requisitos procesales que incluyen una consulta a un médico, quien debe informar de las posibles consecuencias para la salud que puede acarrear un aborto, y el desincentivo que supone la tasa que hay abonar. Los opositores al aborto han usado la lógica de la desin-

Constitucional rechazó la pretensión de los recurrentes, para quienes el asesoramiento de tipo disuasorio en la etapa inicial debía representar un mínimo de protección constitucional del feto (tal y como había decidido su homólogo alemán en la sentencia de 1992). De hecho, consideró el Tribunal que un asesoramiento de carácter disuasorio atentaba contra la autonomía de las mujeres. La autonomía y la dignidad reconocidas a la mujer gestante debían traducirse tanto en la validación constitucional del modelo periódico como en la naturaleza y las características del procedimiento de acompañamiento, que no podría ser infantilizante ni paternalista, ni situar a las mujeres en una situación de vulnerabilidad emocional o psicológica[55]. Es decir, el Tribunal aceptó que la mejor forma de amparar al feto en las primeras semanas de embarazo era ofrecer protección a la mujer embarazada, brindarle opciones y facilitar un proceso de toma de decisiones informado[56]. Un *soft law* de naturaleza más promocional que represiva resultaría más adecuado a la hora de influir en su decisión y permitiría su eventual reconsideración en las escasas ocasiones en las que tal decisión no fuera aún firme, es decir, en los únicos casos en los que, siendo realistas, cabría aún evitar el aborto[57]. De esta forma, el Tribunal reconoció que la responsabilidad principal de actuar en pro del respeto a la vida no nacida (y de transmitir el mensaje de que el aborto no debe banalizarse y considerarse una forma más de anticoncepción) recae principalmente sobre el Estado y no sobre las mujeres. Compete al Estado, por tanto, adoptar medidas destinadas a evitar embarazos no deseados (como la planificación familiar u otras medidas preventivas) que protejan el embarazo y la maternidad[58].

---

centivación para defender una reforma del procedimiento de asesoramiento orientada a incrementar su fuerza disuasoria.

55 Véase Acórdão n.º 75/2010, § 11.4.16-18.

56 Véase *ibid.* § 11.9.9. Cfr., no obstante, el voto disidente del magistrado Rui Manuel Moura Ramos (§§ 2-3), para quien la protección de la vida no nacida requiere de la protección de la realidad existencial de cada uno de los fetos concebidos.

57 Véase *ibid.* § 11.4.10.

58 *Ibid.*

Dentro de estas últimas, el Tribunal hizo hincapié en las políticas sociales orientadas a proteger la maternidad y la vida familiar, al igual que aquellas que garantizan condiciones adecuadas de vida y de trabajo para las mujeres embarazadas y las madres[59].

En Europa, un paso en la misma dirección —que, no obstante, supone un salto cualitativo significativo— ha sido la reciente sentencia del Tribunal Constitucional español[60] que ha confirmado la validez de la Ley Orgánica 2/2010 de Salud Sexual y Reproductiva y de Interrupción Voluntaria del Embarazo, que estableció un sistema de plazos[61]. La sentencia valida también el hecho de que la tutela objetiva que merece la vida humana en formación como valor constitucional tenga un carácter asistencial y preventivo (y no penal ni coercitivo), pero además constitucionaliza el derecho a abortar de la mujer sobre la base del derecho fundamental a la integridad física y moral (artículo 15 de la Constitución) en conexión con la dignidad de la persona y el libre desarrollo de la personalidad (artículo 10.1 de la Constitución). La mujer, declara la sentencia, debe «te-

---

59 Esta ponderación implica tomar en consideración, por un lado, el derecho de las mujeres a la intimidad, la libertad y el libre desarrollo de la personalidad, y por otro, el valor constitucional y el interés público en la protección de la vida por nacer derivado del derecho a la vida. El Tribunal Constitucional de Croacia adoptó un enfoque similar en una decisión de 2017 (n.° U-I/60/1991), que validó un sistema de plazos establecido ya bajo el socialismo y destacó la posibilidad que tenía el legislador futuro de reforzar la protección de la vida del feto a través de medidas no coercitivas similares a aquellas adoptadas en otros países occidentales.

60 STC 44/2023.

61 Según la citada ley, la mujer puede abortar libremente dentro de las primeras 14 semanas (con un plazo ampliado de 22 semanas para algunos supuestos e incluso sin límite temporal en casos extremos). Los únicos condicionantes que contemplaba la ley eran que las mujeres que desearan abortar recibieran, de forma personalizada, un sobre cerrado con, entre otras, información sobre los beneficios sociales y fiscales y las prerrogativas laborales relacionadas con el embarazo y la maternidad, y que existiera un período de espera de tres días —requisitos, dicho sea de paso, que han sido abolidos de forma reciente mediante la Ley Orgánica 1/2023, actualmente recurrida ante el Tribunal Constitucional por el partido de extrema derecha VOX—.

ner un ámbito de libertad razonable en que poder adoptar, de forma autónoma y sin coerción de ningún tipo, la decisión que considere más adecuada en cuanto a la continuación o no de la gestación, asumiendo las consecuencias derivadas de una u otra decisión de forma consciente y meditada» (FJ 7B). Apartándose de su propia jurisprudencia (STC 53/1985, construida en torno a la figura del feto), esta vez el Tribunal coloca a la mujer en el centro de su razonamiento. Basándose en una interpretación evolutiva, reconoce que «[e]l embarazo y la continuación o interrupción, son acontecimientos que afectan en primer término al cuerpo de la mujer embarazada, a su proyecto de vida, a su forma de estar en el mundo y de establecer relaciones de todo tipo en él (personales, laborales, educativas, culturales, incluso de ocio y esparcimiento). Ningún aspecto de la vida de la mujer resulta ajeno a los efectos del embarazo y el parto» (FJ 2, C, d). La sentencia reconoce también que las mujeres no pueden ser tratadas como meros instrumentos y que debe respetarse su autonomía a la hora de definir sus proyectos de vida, subrayando la importancia de la intimidad en la adopción de decisiones profundamente personales, sumado al hecho de que, en última instancia, no puede obligarse a las mujeres a soportar las consecuencias físicas y los riesgos psicológicos del embarazo y el parto, y mucho menos los riesgos asociados con el aborto clandestino (FJ 3). Lejos de reconducir el aborto a una cuestión de intimidad o libertad negativa, la sentencia también reconoce que, dado el impacto dispar de la regulación del aborto en las mujeres, el principio de igualdad (artículo 14 de la Constitución), interpretado necesariamente a la luz del mandato de igualdad sustantiva o material (artículo 9.2 de la Constitución), obliga al Estado a garantizar el acceso real a los servicios de aborto (FJ 8). Es decir, no estamos hablando solo de libertad negativa de la mujer a abortar sin interferencias (à la *Roe vs. Wade*), sino también de un derecho de carácter prestacional.

Detrás de esta evolución jurisprudencial peninsular puede identificarse una transformación de la percepción de las mujeres que abortan que refleja la toma de conciencia de que, por lo común, la mujer no suele tomar esta decisión a la ligera, por razones egoístas o hedonistas, sino en función de la disponibilidad de los medios necesarios para sustentar la nueva vida y del bienestar del resto de las personas que dependen de ella o con las que se relaciona. Además, la jurisprudencia comentada reconoce que lo que suele estar en juego para las mujeres cuando se enfrentan a la decisión de abortar no es solo el proceso biológico del embarazo y el parto, sino también la tarea que de por vida entraña la maternidad y las cargas a largo plazo que esta conlleva. En resumen, este nuevo enfoque constitucional sobre el aborto posibilita la adopción de un modelo periódico, por principios y no solo por razones estratégicas vinculadas a la ineficacia del derecho penal a la hora de prevenir abortos. Este modelo brinda a las mujeres la posibilidad de decidir libremente durante las primeras semanas de embarazo y, al mismo tiempo, otorga alguna forma de protección a la vida fetal que va aumentando con el desarrollo de la gestación. Para ello, en la etapa inicial del embarazo se priorizan formas de protección objetivas —más que subjetivas— en coherencia con la concepción de la vida prenatal como un bien que merece tutela constitucional a pesar de la ausencia de subjetividad jurídica. Este tipo de protección, concebida como protección con y a través de la gestante —y no «frente» a ella—, se centra en la evitación de embarazos no deseados y el establecimiento de las bases de una sociedad que favorezca la reproducción, y no en tratar de «rescatar» a todos y cada uno de los fetos concebidos del riesgo de ser abortados. Este enfoque, por tanto, viene a desafiar la maternidad normativa de una forma que el constitucionalismo europeo que hasta entonces se había ocupado de la cuestión no ha logrado aún. Al mismo tiempo, y a diferencia del modelo constitucional estadounidense consolidado entre los años setenta y noventa y con base en la intimidad, no convierte el aborto en una decisión puramente privada de las mujeres que no concierne al resto de la sociedad —perspectiva que, por otra parte, ignora las dificultades prácticas que las mujeres con menos recursos y las minorías racializadas suelen tener a la hora de acceder a servicios abortivos—. En contraste, este modelo obliga al Estado a tomar medidas preventivas y asistenciales para acompañar a las mujeres en sus elecciones reproductivas, entendiendo la maternidad y el cuidado como un servicio que se presta en beneficio de toda la comunidad. En el caso español, se asume además que, una vez «fundamentalizado» el derecho al aborto, el acceso al servicio debe quedar igualmente garantizado, dado que el principio de igualdad sustantiva consagrado en el texto constitucional obliga a proveer la prestación.

Es de esperar que, una vez consolidado, este enfoque constitucional del aborto influya en las regulaciones de otras regiones del mundo en las que la protección constitucional del feto cuenta con una larga trayectoria y las propuestas legislativas para liberalizar el aborto han fracasado de manera sistemática, obligando al activismo a volver la mirada hacia los tribunales para tratar de superar la prohibición penal. Debido a la fuerte tradición católica de los países latinoamericanos, así como a la creciente resistencia por parte de sectores vinculados a la Iglesia evangélica, es probable que el derecho a la vida y el valor atribuido al feto continúen jugando un papel crucial en los debates constitucionales sobre el aborto en la región. Por ello, esta «tercera vía» puede resultar prometedora, y así lo confirman algunas sentencias recientes que, si bien reconocen la necesaria protección del feto, aceptan que en las primeras etapas del embarazo esta debe articularse en términos de protección de la mujer embarazada y no desde un punto de vista punitivo, teniendo en cuenta que la autonomía reproductiva de la mujer también tiene una base constitucional y que el derecho penal debe ser siempre la *ultima ratio*. Desde luego, esta vía puede allanar el camino para la aceptación de supuestos de exención de responsabilidad penal en aquellos países en los que la norma sigue siendo la prohibición total, pero también puede abrir la posibilidad del modelo periódico o de plazos. Algo similar podría suceder en otros países tanto del continente africano como del asiático, donde los tribunales o las constituciones también protegen la vida del feto, siempre que se asegure que esta protección no anule por completo la autonomía reproductiva de la mujer. Cabría pensar en un sistema de amplias excepciones o incluso de plazos que parta de la protección gradual que merece el feto a medida que se va desarrollando y se acerca al momento de la viabilidad[62]. Solo la prohibición o regulación explícita del aborto que contienen algunas constituciones africanas[63] podría dificultar esta evolución sin una reforma previa. Y aunque los nuevos hitos regionales en el campo de los derechos humanos podrían facilitar este tipo de reformas en la región, los movimientos contemporáneos de resistencia a los avances en igualdad de género y en derechos humanos no permiten augurar que esto vaya a ocurrir de forma pacífica[64].

---

62 Véase la decisión de la Corte Constitucional de Corea del Sur, 2017Hun-Ba 127 (11 de abril de 2019), que anuló un precedente de 2012 que afirmaba que el interés del Estado en la protección de la vida del feto prevalecía frente a cualquiera de los derechos de las mujeres embarazadas que pudieran entenderse restringidos. Frente a esta doctrina, la sentencia de 2019 afirma que un sistema de prohibición general del aborto, especialmente antes del momento de la viabilidad (y con las únicas excepciones de embarazo a resultas de violación o incesto), atenta contra el derecho a la libre determinación de las mujeres por no respetar el principio de proporcionalidad (Jin Shin, 2024).

63 Varias constituciones africanas no solo protegen la vida desde la concepción, sino que, además, prohíben explícitamente el aborto, aunque en algunos supuestos prevén ciertas excepciones o someten a discreción legislativa para fijar las circunstancias bajo las cuales el aborto puede considerarse legal. Así, el artículo 22 de la Constitución de Uganda de 1994 establece: «Ninguna persona tiene derecho a poner fin a la vida de un niño no nacido, a menos que lo autorice la ley», disposición que se reproduce en el artículo 12 de la Constitución de Zambia de 1991. El artículo 26 de la Constitución de Kenia de 2010 dispone: «Toda persona tiene derecho a la vida. La vida de una persona comienza en el momento de la concepción [...]. El aborto no está permitido a menos que, en opinión de un profesional de la salud competente, sea necesario un tratamiento de emergencia, o la vida o la salud de la madre corran peligro, o esté avalado por otra ley escrita». Por el contrario, otros textos, además de prohibir el aborto, enumeran de forma taxativa las únicas causales por las que el aborto puede quedar impune, regulación que impediría enfoques interpretativos más amplios basados en juicios de ponderación o *tests* de proporcionalidad. Este es, por ejemplo, el caso del artículo 15 (5) de la Constitución Provisional de Somalia de 2012, en virtud del cual «el aborto es contrario a la *sharía* y está prohibido excepto en casos de necesidad, en especial para salvar la vida de la madre».

64 La Comisión Africana de Derechos Humanos y de los Pueblos solicitó en enero de 2016, y nuevamente en enero de 2017, la despenalización del aborto en África, de conformidad con el Protocolo de Maputo que vincula a los cuaren-

Especial atención merece la marea verde de América Latina, sobre todo por la sorprendente transformación verificada en un período de tiempo relativamente breve. Es verdad que, en general, la tendencia desde el cambio de siglo ha sido la adopción, expansión e implementación de un modelo de indicaciones o supuestos que se aparte gradualmente de la criminalización total antes que el establecimiento de un modelo de plazos por vía legislativa, si bien hay alguna notable excepción, como es el caso de Argentina[65]. Se trata de una estrategia gradualista deliberadamente escogida, y a veces incluso judicialmente buscada[66], que, como hemos señalado, puede resultar de especial interés allí donde la vida no nacida haya recibido protección constitucional (bien de manera textual o a través de la jurisprudencia)[67]. Y es que, lejos de zanjar el debate, esta protección

---

ta y nueve Estados que lo han ratificado. El protocolo exige que los Estados autoricen el aborto seguro en casos de «agresión sexual, violación, incesto y cuando la continuación del embarazo ponga en peligro la salud mental y física de la madre o la vida de la madre o del feto» (artículo 14.2.c).

65 La Ley n.° 27610 (30 de diciembre de 2020) reconoció el derecho al aborto durante las primeras catorce semanas de gestación.

66 En este sentido, la famosa sentencia de la Corte Constitucional de Colombia, Sentencia C-355/06 (10 de mayo de 2006), fue pionera. Surgió de un ejercicio de litigación de interés público y afirmó tanto la necesidad de proteger la vida intrauterina —en calidad de interés constitucional de tipo objetivo— como los diversos derechos de las mujeres que se ven afectados, y estableció que determinadas excepciones a la prohibición penal eran constitucionalmente obligatorias (como aquellas orientadas a proteger la salud física y mental y la vida de la mujer, o en casos de violación o de graves malformaciones del feto). Con todo, esta jurisprudencia ha sido ahora superada por la sentencia dictada en febrero del 2022, que despenaliza el aborto practicado durante las primeras 24 semanas de embarazo y fundamenta su decisión en el derecho a la salud, la libertad de conciencia y el principio de igualdad (Sentencia C-055/22 [21 de febrero 2022]).

67 Varias constituciones de la región incluyen preceptos que protegen la vida desde la concepción, pero no prohíben explícitamente el aborto, por lo que podría darse una ponderación de derechos que tomara en consideración los de la mujer. Véase, por ejemplo, el artículo 37 de la Constitución de la República Dominicana de 2015 («El derecho a la vida es inviolable desde la concepción hasta la muerte), el artículo 3 de la Constitución de Guatemala de 1985 («El Estado garantiza y protege la vida humana desde su concepción, así como la

constitucional debida al feto (ya como titular de derechos, como han defendido los tribunales de Costa Rica[68] y El Salvador[69], ya en calidad de bien constitucional que merece amparo legal, como han defendido los tribunales de Colombia[70], Brasil[71] y México[72]) no

integridad y la seguridad de la persona»), el artículo 4 de la Constitución de Paraguay de 1992 («El derecho a la vida es inherente a la persona humana. Se garantiza su protección, en general, desde la concepción»), el artículo 67 de la Constitución de Honduras de 1982 («Al que está por nacer se le considerará nacido para todo lo que le favorezca dentro de los límites establecidos por la Ley») y el artículo 1 de la Constitución de El Salvador de 1983 («El Salvador [...] reconoce como persona humana a todo ser humano desde el instante de la concepción»). Nótese, sin embargo, que la Suprema Corte de Justicia de México declaró inconstitucional el reconocimiento del derecho a la vida desde la concepción en los estados de Sinaloa y Nuevo León (Acción de inconstitucionalidad 106/2018 y su acumulada 107/2018 [9 de septiembre de 2021], y Acción de inconstitucionalidad 41/2019 y su acumulada 42/2019 [26 de mayo de 2022], respectivamente). Véase, además, la Acción de inconstitucionalidad 148/2017 (2021). Sobre el constitucionalismo relativo al aborto en América Latina, véase Bergallo y Ramón Michel (2016).

68 Sala Constitucional de la Corte Suprema de Justicia, Resolución n.° 02792-2004 (17 de marzo de 2004).

69 Sala Constitucional de la Corte Suprema de Justicia, Sentencia 18/98 (20 de noviembre de 2007).

70 Corte Constitucional, Sentencia C-355/06 (10 de mayo de 2006) y Sentencia C-055/22 (21 de febrero de 2022).

71 Véase Supremo Tribunal Federal (STF), ADPF 54 (2012). Esta sentencia respondió a una demanda promovida por la organización feminista ANIS-Instituto de Bioética e invalidó una interpretación del Código Penal en virtud de la cual la interrupción del embarazo en casos de anencefalia quedaba incluida dentro de los delitos tipificados como aborto, estableciendo de forma adicional la obligación estatal de proveer los medios necesarios para su realización sin autorización judicial previa.

72 Véase Amparo en revisión 267/2023, en el que la Suprema Corte de Justicia defiende que corresponde al Congreso regular la materia, otorgando una protección gradual a la vida en gestación considerada un bien constitucional (párr. 122) cuyo valor aumenta progresivamente (párr. 127) —extremo que ya reconoció en su Acción de inconstitucionalidad 148/2017—.

puede anular por completo el disfrute de derechos fundamentales de las mujeres embarazadas[73].

Aun así, lo cierto es que, en el pasado reciente, varios tribunales habían invocado, explícita o implícitamente, el derecho a la vida del feto con base en sus respectivas constituciones, el artículo 4 de la Convención Americana de Derechos Humanos ¡y hasta las encíclicas papales! para amparar la penalización total del aborto[74]. Solo a partir de 2004 varios tribunales de la región comienzan a apartarse de sus precedentes para aceptar que la protección del feto debe ponderarse frente a los derechos de las mujeres. Este giro se tradujo en diversas líneas jurisprudenciales. Encontramos así: a) tribunales que han empezado a validar un sistema de excepciones cuando este es adoptado legislativamente frente a quienes defienden la penalización total (entre ellos, cabe citar la Sala Constitucional de la Corte Suprema de Costa Rica[75] y el Tribunal Constitucio-

---

73 La sentencia de la Corte Constitucional de Colombia (C-355/06), por ejemplo, comienza su razonamiento aludiendo a la necesaria protección de la vida por nacer para argumentar posteriormente que la prohibición total del aborto es inconstitucional porque niega los derechos fundamentales de la mujer al reducirla a la condición de receptáculo del feto. En la Sentencia C-055/222, la Corte vuelve a afirmar que la vida prenatal tiene un valor constitucional, pero también que el derecho penal debe actuar como *ultima ratio* y que, al final, habida cuenta de los derechos de la mujer que también están en juego, no queda más remedio que proteger la vida fetal de forma gradual y progresiva, limitando la sanción penal a las conductas más graves que atenten contra la vida en gestación (párr. 445). Sobre la proporcionalidad, véase Undurraga Valdés (2014).

74 Véase, por ejemplo, la decisión de la Corte Constitucional de Colombia (Sentencia C-013/97 [23 de enero de 1997]), que defendió la validez constitucional del Código Penal de la época —que incluía sanciones penales para abortos en casos de embarazos resultantes de violación o inseminación involuntaria— citando secciones de encíclicas del Papa Pablo VI y el Papa Juan Pablo II.

75 Sentencia n.° 02792-2004 (17 de marzo de 2004), que amparó la excepción de salud que contempla la ley sobre la base de que la protección jurídica del derecho a la vida debe ser gradual y reflejar las distintas etapas de desarrollo de la vida humana.

nal de Chile[76]), b) tribunales que han rechazado una interpretación restrictiva de las excepciones ya incluidas en la legislación (como la Corte Suprema de Argentina[77]), c) tribunales que han interpretado la constitución para exigir, ante la inactividad legislativa, que, cuando menos, se reconozca un modelo de supuestos frente a la prohibición total (como la Corte Constitucional de Colombia en la famosa sentencia de 2006[78]) y d) tribunales que han intervenido para ratificar un modelo periódico o de plazos cuando este ha sido adoptado legislativamente, (como en México[79]).

En los últimos años, algunos tribunales han dado un paso más y, en la misma línea de la reciente sentencia del Tribunal Constitucional español[80], han reconocido el derecho fundamental de

---

76 Véase Rol 3729-17 (28 de agosto de 2017) y Rol 3751-17 (10 de agosto de 2017), que declaró la constitucionalidad de una ley que despenaliza la interrupción voluntaria del embarazo en tres supuestos (riesgo para la vida de la mujer, inviabilidad fetal y violación). También la Suprema Corte de Justicia de México invalidó la criminalización total del aborto en el estado de Coahuila (Acción de Inconstitucionalidad 148/2017).

77 Véase CSJN, «F., A. L. s/medida autosatisfactiva» (2012), *Fallos* 335:197, que interpretó que la excepción de violación se ha de aplicar a todas las mujeres y no solo a las afectadas por una discapacidad mental. La sentencia, además, establece criterios detallados para garantizar el acceso al servicio. También la Suprema Corte de Justicia de México avaló la constitucionalidad de la norma federal que permite acceder al aborto criminológico sin denuncia previa y sin que, en el caso de menores mayores de 12 años, deba mediar consentimiento de representante legal (Controversia constitucional 53/2016, sentencia de 24 de mayo de 2022).

78 Sentencia C-355/06 (10 de mayo de 2006), que derogó la ley que penalizaba el aborto de forma total y dispuso que no debe considerarse delito en al menos tres circunstancias: cuando la vida o la salud (física o mental) de la mujer están en peligro; cuando el embarazo sea resultado de violación, incesto o inseminación artificial no consentida; o cuando graves malformaciones fetales hagan inviable la vida fuera del útero.

79 Acción de inconstitucionalidad 146/2007 y su acumulada 147/2007 (2008), que validó una ley aprobada por la Ciudad de México que permite el aborto a demanda, dentro de un sistema de plazos, como expresión de una legítima discrecionalidad legislativa.

80 STC 43/2008.

la mujer a abortar en las primeras etapas del embarazo desde la comprensión de que la autonomía constitucional de la mujer en el ámbito reproductivo impide sin más (y más allá de los supuestos típicos del modelo de indicaciones) imponerle el deber de maternidad. Es el caso de la sentencia de la Corte Constitucional de Colombia de febrero de 2022 que, con la mira puesta en el momento de la viabilidad fetal, despenalizó el aborto practicado durante las primeras 24 semanas de embarazo[81]. También es el caso de la Suprema Corte de Justicia de México, que en su sentencia de septiembre de 2023 también conminó al legislador federal a la despenalización del aborto voluntario en la primera etapa del embarazo, aunque delegando en el Congreso la concreción del plazo exacto[82]. En esta sentencia, que afirma explícitamente la

---

81 Véase Sentencia C-055/22 (21 de febrero 2022). Entre los parámetros normativos sobre los que la Corte construye el derecho destacan el derecho a la salud (artículo 49 de la Constitución) y los derechos reproductivos, entendidos como autodeterminación reproductiva y acceso a los servicios de salud reproductiva (artículos 42 y 16 de la Constitución); el derecho a la igualdad (artículos 13 y 93 de la Constitución, 1 de la Convención Americana sobre Derechos Humanos y 9 de la Convención de Belém do Pará), referido sobre todo a las mujeres en situación de vulnerabilidad y en situación migratoria irregular; y la libertad de conciencia (artículo 18 de la Constitución), con base en el hecho de que la asunción de la maternidad o la paternidad es un asunto personalísimo, individual e intransferible. Para la Corte, la sanción penal constituye la *ultima ratio* y existen soluciones menos lesivas de los derechos de las mujeres para evitar abortos que requieren la adopción de políticas que garanticen la divulgación de las opciones disponibles para la mujer gestante durante y después del embarazo, la articulación de instrumentos de planificación y prevención del embarazo y el desarrollo de programas de educación sexual y reproductiva o de medidas de acompañamiento a las madres gestantes que incluyan opciones de adopción. Sobre la reforma judicial del aborto y el litigio que la motivó, véase Jaramillo Sierra y Alfonso Sierra (2008).

82 Amparo en revisión 267/2023. En realidad, esta sentencia reproduce en gran parte la doctrina sentada por la Suprema Corte de Justicia en su sentencia de 2017 que invalidó la criminalización total del aborto en el estado de Coahuila (Acción de inconstitucionalidad 148/2017). En esa sentencia, a diferencia de lo que sucede en el Amparo en revisión 267/2023, la Corte había especificado un límite temporal que consideraba razonable (12 semanas) (párrs. 237 y

necesidad de adoptar una perspectiva de género[83], la Corte mexicana declara que la criminalización del aborto voluntario constituye en realidad un «acto de violencia y de discriminación en razón de género en contra de las mujeres y personas gestantes, ya que anula su dignidad y su autonomía, al considerarlas como objetos de regulación y no como auténticas sujetas de derechos, capaces de tomar decisiones sobre su cuerpo y su plan de vida»[84], un acto que no haría sino perpetuar el estereotipo que vincula la salud reproductiva de la mujer a una finalidad necesariamente procreativa, imponiéndole, por tanto, la maternidad como destino obligatorio[85]. Tanto la autonomía como el libre desarrollo de la personalidad obligan a reconocer el derecho que tiene la mujer a «elegir el propio plan y proyecto de vida conforme a sus íntimas convicciones». Por ello, las normas que penalizan el aborto vulnerarían la igualdad jurídica y lesionarían la salud mental y emocional de las mujeres y de las personas gestantes[86], sin que puedan ser relevantes las consideraciones sobre su moralidad o inmoralidad —pues este debate «debe reservarse al ámbito íntimo de cada persona, pero de ninguna manera debe dar contenido a la política criminal»[87]— ni quepa tampoco justificar posturas

239), mientras que en 2023, la Corte determinó que era función del legislador fijar ese plazo «dentro de un breve periodo cercano a la concepción» (párrs. 131).

83 Perspectiva que la Corte define como «una categoría analítica que acoge las metodologías y mecanismos que permiten detectar y eliminar las situaciones de desequilibrio de poder entre las partes como consecuencia de su género, y que parten de la construcción que socioculturalmente se ha desarrollado en torno a la posición y al rol que deberían asumir por su sexo» (Amparo en revisión 267/2023, párr. 24).

84 *Ibid.*, párr. 155.

85 *Ibid.*, párr. 156.

86 *Ibid.*, párr. 169.

87 *Ibid.*, párr. 143. Para la Corte, el derecho a decidir de las mujeres y de las personas con capacidad de gestar «es el resultado de una combinación particular de diferentes derechos y principios asociados a la intrínseca libertad de la persona a autodeterminarse y a escoger libremente las opciones y cir-

paternalistas como las que sugieren que las mujeres «necesitan ser "protegidas" de tomar ciertas decisiones sobre su plan de vida o de su salud sexual y reproductiva, pues ese acercamiento conlleva una desconsideración de que son seres racionales, individuales y autónomos, plenamente conscientes de las decisiones que —conforme a su proyecto de vida— son las que consideran más convenientes»[88].

Merece la pena destacar que, en la mayoría de los países latinoamericanos en los que se han producido importantes avances en la

cunstancias que le dan sentido a su existencia, conforme a sus propias convicciones» (párr. 29). En concreto, la Corte reconoce que tal derecho derivaría de la dignidad humana, la autonomía, el libre desarrollo de la personalidad, la igualdad jurídica, el derecho a la salud (psicológica y física) y la libertad reproductiva (párr. 30).

88 *Ibid.,* párr. 49 (con referencia a la Acción de inconstitucionalidad 148/2017, párr. 75). Nótese que, para la Corte, el derecho a decidir, lejos de constituir únicamente una libertad en sentido negativo, «comprende dos ámbitos de protección de igual relevancia, claramente diferenciados, que encuentran su detonante en la elección de la mujer o persona gestante. Este derecho revela que su ejercicio puede operar en un sentido o en otro, es decir, la persona tiene la posibilidad de optar libremente tanto por la opción de continuar como de interrumpir el proceso de gestación. En cualquiera de las dos esferas de decisión, el Estado debe brindar el acompañamiento especializado que a esa elección corresponde, desde la atención médica y psicológica hasta la aplicación de los diversos tratamientos que supone la continuación o la interrupción del embarazo», de manera que «las mujeres o personas gestantes que así lo decidan puedan interrumpir su embarazo en las instituciones de salud pública de forma accesible, gratuita, confidencial, segura, expedita y no discriminatoria» (párrs. 115 e y f). En cuanto a la protección del feto, al que considera un bien de valor constitucional por tratarse de la «expectativa de un ser» (párr. 119), la Corte afirma que «solo protegiéndolas a ellas [las mujeres y personas con capacidad de gestar] y a través de ellas es que el Estado puede proteger, a su vez, ese bien constitucionalmente relevante» (párr. 128) y que, en la ponderación el legislador deber «considerar el incremento paulatino del valor del proceso de gestación» (párr. 132).

materia (Colombia[89], Brasil[90], El Salvador[91], Bolivia[92] o México[93]), el dictado de estas sentencias ha sido el resultado del planteamiento de litigaciones estratégicas por parte de colectivos de mujeres que, cansadas de la inacción legislativa y temerosas ante la fuerte reacción del conservadurismo religioso contra el avance de unos derechos por los que llevan luchando desde el inicio de los procesos de democratización en sus países, decidieron plantear directamente sus reclamos ante la jurisdicción (Diniz y González Vélez, 2008; Jaramillo Sierra y Alfonso Sierra, 2008; Ruibal, 2021). Además, hay que subrayar que algunos de estos litigios han propiciado debates públicos sin precedentes y han logrado abrir nuevos canales institucionales de participación de actores sociales en los procedimientos deliberativos o decisorios ante los tribunales[94]. Estas tendencias

---

89 La Sentencia C-355/06 del Tribunal Constitucional de Colombia fue el resultado del litigio estratégico liderado por la abogada feminista Mónica Roa, directora de Women's Link Worldwide Colombia, entre otras. A su vez, la Sentencia C-055/22 respondió a la demanda del movimiento Causa Justa, que incluye organizaciones como La Mesa por la Vida y la Salud de las Mujeres, Católicas por el Derecho a Decidir, Centro de Derechos Reproductivos, Women's Link Worldwide y Grupo Médico por el Derecho a Decidir.

90 STF, ADPF 54 (2012).

91 Sentencia 18/98 (20 de noviembre de 2007) de la Sala Constitucional de la Corte Suprema de Justicia de El Salvador, que desestima el recurso interpuesto por dos estudiantes universitarias que solicitaron al Tribunal que declarara que la ausencia de excepciones a la penalización del aborto según el Código Penal de 1997 constituía un supuesto de inconstitucionalidad por omisión.

92 Sentencia 0206/2014 (5 de febrero de 2014) del Tribunal Constitucional Plurinacional de Bolivia, en respuesta a un recurso interpuesto por Patricia Mancilla Martínez, diputada progresista de la Asamblea Legislativa Plurinacional y miembro del partido MAS de Evo Morales, en el que se solicitaba la inconstitucionalidad de varios artículos del Código Penal boliviano relacionados con la criminalización del aborto.

93 En México, el Amparo en revisión 267/2023 fue presentado por la asociación feminista GIRE, cuyo fin social es la promoción y defensa de los derechos humanos de las mujeres, con particular atención a los derechos sexuales y reproductivos.

94 En 2008, durante su deliberación sobre la legalización del aborto en la Ciudad de México, la Suprema Corte de México llevó a cabo una serie de iniciativas innovadoras orientadas a interaccionar con la sociedad civil. Entre ellas, se

contrastan con las controversias constitucionales relativas al aborto en Europa, de naturaleza más reactiva que proactiva, donde por lo general el avance ha tenido lugar por vía legislativa y han sido las fuerzas políticas reaccionarias las que han recurrido a los tribunales constitucionales para tratar de frenar los cambios legislativos progresistas.

Hasta el momento, la batalla constitucional en América Latina ha servido sobre todo para superar la criminalización total del aborto, y, por lo tanto, para forzar, expandir o al menos validar algunas excepciones a la penalización o el castigo. También ha propiciado el abordaje de los obstáculos prácticos que impiden a las mujeres abortar en los supuestos legamente reconocidos. Todavía son pocos los tribunales que, como en Colombia o México, han prestado suficiente atención a los derechos de las mujeres embarazadas a decidir libremente, y por mandato constitucional, si continúan con el embarazo o si lo interrumpen en las primeras etapas. En todo caso, la discusión constitucional en torno al aborto en la región se erige en un referente a la hora de ejemplificar la importancia de anclar la interrupción voluntaria del embarazo tanto en una noción de autonomía como en el principio de la igualdad de género[95].

---

creó un foro especial en línea dentro de su sitio web para la publicación de documentos y comentarios sobre el aborto y, por primera vez en su historia institucional, se convocaron audiencias públicas que fueron transmitidas por el canal judicial Justicia TV. En Brasil, al abordar el caso ADPF 54, sobre el aborto en casos de anencefalia, el Supremo Tribunal Federal convocó cuatro audiencias públicas que tuvieron lugar en 2008. Y en 2018, durante el proceso del ADPF 442 sobre la despenalización del aborto en el primer trimestre, el Tribunal convocó dos audiencias públicas. Sobre la materia, véase Rodriguez de Assis Machado y Cook (2018).

95 Por lo que respecta a la noción misma de «género», destacan algunas sentencias recientes de las cortes mexicana y colombiana que se refieren no solo a las mujeres, sino también, por ejemplo, a «aquellas personas que, perteneciendo a diversas identidades de género distintas del concepto tradicional de mujer, sus cuerpos sí tienen la capacidad de gestar (por ejemplo *hombres transgénero*, *personas no binarias*, entre otras)» (Suprema Corte de Justicia de la Nación de México, Acción de Inconstitucionalidad 148/2017, párr. 47).

En el pasado, pero también en la actualidad, no ha sido infrecuente que el derecho a la igualdad se haya traído a colación en el debate del aborto tanto para defender como para refutar el argumento de que los hombres/cónyuges deberían tener la misma voz que las mujeres en la decisión sobre el aborto[96]. Interesa destacar que, curiosamente, el argumento de los tribunales para rechazar la igualdad de los hombres (que implicaría su igual participación en la decisión sobre el aborto) se ha basado no solo en la existencia de diferencias fisiológicas entre hombres y mujeres —tanto por lo que hace al embarazo como al parto, incluyendo las exigencias y riesgos específicos que este conlleva—, sino también en los deberes y responsabilidades sobre la crianza de los hijos, cuya desigual atribución no estaría justificada biológicamente. Diversos tribunales han reconocido que estos últimos suelen recaer de manera desproporcionada sobre las mujeres y que estamos ante un problema que, por regla general, y como veremos en el próximo capítulo, los ordenamientos jurídicos aún no han conseguido abordar adecuadamente[97].

---

96 Los tribunales de varios países han rechazado el argumento de que la autorización del cónyuge sea un requisito previo para que una mujer pueda abortar. Los ejemplos incluyen Francia, Décision n.° 13028 (31 de octubre de 1980) (Consejo de Estado); Estados Unidos, *Planned Parenthood of Southeastern Pennsylvania vs. Casey* (1992); México, Acción de inconstitucionalidad 146/2007 y su acumulada 147/2007 (2008); y Nepal, *Achyut Prasad Kharel vs. Office of the Prime Minister and Council of Ministers and Others, Writ No. 3352 of the year 2061 BS* (2004), sentencia del 4 de agosto de 2008 (2065 BS).

97 Véase, en el caso México, Acción de inconstitucionalidad 146/2007 y su acumulada 147/2007 (2008). Curiosamente, en la decisión del Tribunal Constitucional español, STC 44/2023, el voto de la magistrada Espejel critica la contradicción entre la ausencia de participación del varón en la decisión del aborto y las reformas legislativas que en los últimos años se han adoptado para lograr la implicación de este en la crianza y el cuidado de los hijos. Sin embargo, hay que reconocer que la corresponsabilidad y la igualdad en la organización y el reparto de trabajos en el ámbito familiar siguen siendo objetivos inalcanzados y que, en todo caso, la conquista de la corresponsabilidad entre mujeres y hombres tampoco anularía la importancia del proceso fisiológico y psicológico que suponen la gestación y el parto de forma singular para la mujer. En claro contraste con el voto disidente de la magistrada Espejel se sitúa el voto concurrente del magistrado Julio Andrés Ossa en la Sentencia de la Corte

Dejando de lado la lógica comparativa, la última jurisprudencia de la Suprema Corte mexicana argumenta, además, que la libre maternidad es el resultado de la superación de «estereotipos de género que se asignan a la mujer o a la persona con capacidad de gestar en relación con el disfrute de su sexualidad», de modo que es necesario «disociar el constructo social tradicional creado en torno al binomio mujer-madre [pues] la maternidad no es destino, sino una acción que debe ejercerse a plenitud, por lo que requiere ser producto de una decisión voluntaria»[98]. Por ello, el derecho a decidir «en su componente de igualdad y no discriminación» comporta «eliminar supuestos de hecho o jurídicos basados en una jerarquización social de supuesto orden biológico, es decir, busca incorporar una visión de no sometimiento o no dominación entre géneros»[99].

Desde la perspectiva de la igualdad de género y el enfoque interseccional resulta también muy relevante la dimensión socioeconómica del aborto. Aunque el constitucionalismo europeo ya había expresado la importancia de asumir colectivamente las cargas relacionadas con la reproducción de la especie, la jurisprudencia latinoamericana ha sido la que ha enfatizado con mayor intensidad la dimensión prestacional (que ha vinculado al derecho a la salud) y la que mejor ejemplifica una toma de conciencia de los desafíos

---

Constitucional de Colombia, Sentencia C-055/22, donde dicho magistrado, fundamentando el argumento de que los hombres no pueden tomar parte en la decisión del aborto, afirmó: «Mi voto de respeto, que se fundamenta en el principio democrático de la Constitución, es una limitante al poder de decisión del Estado, al tiempo que una renuncia a la soberbia legislativa que juzga el comportamiento de la mujer desde los privilegios de quienes nunca —entre ellos los hombres— estarían en condiciones o se verían empujados a cometer el delito. El fallo es el reconocimiento de que nadie más que la mujer embarazada entiende a plenitud su realidad, la dimensión de su responsabilidad y el alcance de su libertad, y que el Estado solo puede reservar su injerencia cuando el *nasciturus* ha adquirido un desarrollo específico que gradualmente lo ha contrapuesto con el derecho de la madre» (385).

98 Amparo en revisión 267/2023, párr. 61, citando la Acción de inconstitucionalidad 148/2017, párr. 90.

99 *Ibid.*, párr. 62, citando la Acción de inconstitucionalidad 148/2017, párr. 92.

reales para acceder al aborto en aquellos casos en los que, aunque en teoría es legal, en la práctica se torna inaccesible debido a obstáculos actitudinales e institucionales. Sobra decir que esta preocupación por el acceso real al servicio, o por el impacto diferencial de la falta de reconocimiento del derecho o de sus garantías de acceso, no se ha expresado solo en América Latina, sino también en muchas otras partes del mundo, imbuida de un claro trasfondo de clase y, a menudo, expresas connotaciones raciales e incluso migratorias[100].

---

100 Tanto Argentina como Colombia tienen una rica jurisprudencia sobre el modo en que se debe interpretar el modelo de indicaciones para que las mujeres puedan acceder efectivamente al aborto. La jurisprudencia argentina se ha referido a consideraciones como la necesidad de evitar trámites burocráticos prolongados e innecesarios, de realizar campañas de información para superar la desinformación sobre los requisitos legales para acceder al aborto (incluido el error común de exigir autorizaciones judiciales cuando la ley no las exige) o de abordar la práctica ilegal de los profesionales de la salud cuando se niegan a practicar abortos (aun cuando la ley los permite), todas, en realidad, formas de violencia institucional contra las mujeres (Bergallo, 2014). La jurisprudencia colombiana también ha precisado las condiciones en las que se puede alegar la objeción de conciencia y ha aclarado que, en todo caso, ha de considerarse un derecho individual que solo puede ejercer el personal de salud directamente involucrado en el procedimiento y no, de forma colectiva, una institución, el Poder Judicial o los servidores públicos. Véanse las decisiones de la Corte Constitucional de Colombia, Sentencia C-355/06 (10 de mayo de 2006), Sentencia T-209/08 (28 de febrero de 2008) y Sentencia T-388/09 (28 de mayo de 2009). Véase también la decisión del Tribunal Constitucional Plurinacional de Bolivia, Sentencia 0206/2014 (5 de febrero de 2014), que deroga o interpreta de manera restrictiva varios de los requisitos legales problemáticos para acceder al aborto de acuerdo con el sistema de supuestos en Bolivia. La Sentencia C-055/22 de la Corte Constitucional de Colombia pone énfasis en el impacto que la criminalización del aborto tiene sobre determinados colectivos de mujeres, como son las niñas y las adolescentes. En las decisiones más recientes de las cortes mexicana (Amparo en revisión 267/2023) y colombiana (Sentencia C-055/22), que reconocen el derecho fundamental al aborto, se enfatiza claramente que, en ausencia de tal derecho y de la garantía de su prestación a través de los servicios de salud pública, se estaría perjudicando particularmente a las niñas, las adolescentes y las mujeres en situación de vulnerabilidad, sin recursos o en situación migratoria irregular.

En los últimos tiempos, los avances en torno a las previsiones constitucionales y la conciencia social sobre la igualdad en la región han permitido, además, la articulación de cuestiones relacionadas con la diversidad cultural. Así, a pesar del modesto alcance de sus logros, uno de los ejemplos más interesantes, basado en una narrativa constitucional que pone en primer plano la igualdad interseccional de género al hablar sobre el aborto, es una decisión de 2009 del Tribunal Constitucional Plurinacional de Bolivia[101]. La sentencia atribuye ciertas formas de regulación del aborto al efecto combinado del patriarcado y el colonialismo, y ofrece una mirada cultural alternativa para entender la relación entre la mujer y el feto.

Hay buenas razones para pensar que la preocupación por garantizar el acceso real a los servicios debería abordarse mejor en los pocos supuestos en los que la propia constitución sanciona de forma explícita los derechos reproductivos. Para ejemplificar este punto debemos volver la mirada a otra región, Asia, y, en concreto, a Nepal. Con su horrendo pasado de criminalización del aborto y sus altas tasas de mortandad, Nepal ofrece una temprana e interesante experiencia constitucional que evidencia la importancia de la adopción de un enfoque interseccional en la materia. En 1997,

---

101 Sentencia 0206/2014 (5 de febrero de 2014). La Constitución de Bolivia de 2009 dispone: «Se garantiza a las mujeres y a los hombres el ejercicio de sus derechos sexuales y sus derechos reproductivos» (artículo 66). La recurrente, la congresista Patricia Mancilla Martínez, impugnó la penalización del aborto en Bolivia (según un modelo de supuestos) con base en dicho artículo y exigió un modelo periódico que reconociera el aborto libre. De igual manera, pretendió que se eliminaran algunos de los requisitos para acceder al aborto según el sistema de supuestos ya previsto en el Código Penal (como el requisito de una autorización judicial o la necesidad de iniciar un proceso penal contra el perpetrador en caso de aborto por violación). El Tribunal desestimó la petición relativa al aborto a demanda, entendiendo que era necesario otorgar protección al feto e interpretando el artículo 66 de la Constitución de manera restrictiva. Sin embargo, anuló o interpretó de forma restrictiva varios de los requisitos legales problemáticos para acceder al aborto de acuerdo con las excepciones que ya contenía la ley.

el país aprobó una constitución provisional que estableció una sección específica dedicada a los derechos de las mujeres que incluía el artículo 20 [2], precepto cuyo tenor literal era el siguiente: «Toda mujer tiene derecho a la salud reproductiva y otros derechos reproductivos», precepto que, renumerado, se ha mantenido en la Constitución de 2015 (en el nuevo artículo 38 [2]). En 2009, la Corte Suprema de Nepal decidió el histórico caso *Lakshmi Dhikta vs. Nepal*. La recurrente, una mujer pobre y madre de seis hijos, no había podido abonar la tarifa de 15 dólares estadounidenses para abortar. En la sentencia, la Corte declaró que el párrafo 2 del artículo 20 reconoce todo un conjunto de derechos reproductivos, entre ellos el derecho de información y acceso a la planificación familiar para prevenir embarazos, el derecho a decidir si tener hijos o no, así como el derecho de las mujeres embarazadas a interrumpir su embarazo en caso de no desear la maternidad. En relación con este último punto, la Corte concluyó que el Estado no solo debe reconocer formalmente, sino también garantizar el acceso al aborto a todas las mujeres, sin dejar de lado a aquellas mujeres pobres de áreas rurales y marginadas que, tradicionalmente, han sido las que más han arriesgado sus vidas en prácticas abortivas informales y clandestinas en un país que hasta 2002 contaba con una de las legislaciones sobre el aborto más restrictivas del mundo. La Corte fundó su decisión en la dignidad, la integridad física, la autonomía, la libre determinación y la igualdad de las mujeres. A su vez, apelando al concepto de igualdad transformadora, la Corte defendió la necesidad de reconocer y «liberar a las mujeres como actoras morales iguales a los hombres y permitirles decidir por sí mismas sobre el manejo de su sexualidad y vida familiar». Para la Corte, «el hecho de que las mujeres puedan por naturaleza quedarse embarazadas no significa que deban hacerlo». De hecho, obligarlas a continuar con embarazos no deseados significa «convertirlas en meros instrumentos» e imponerles una «forma de esclavitud»[102].

---

102 Upreti (2014). También expresa preocupación por los derechos reproductivos de los colectivos marginados la sentencia *Manju and Others vs. Government of*

La invocación del principio de igualdad que el tribunal de Nepal incluyó en su sentencia para poner de relieve las necesidades particulares de las mujeres pobres y la especificidad de la biología reproductiva de la mujer —todo ello con el fin de respaldar un derecho positivo al aborto, es decir, financiado con fondos públicos— sigue siendo excepcional en el derecho constitucional, aunque, como hemos señalado, la jurisprudencia más reciente tanto en Europa como en América Latina está avanzando en la misma línea a través de la invocación del compromiso con la igualdad real para aclarar que se trata de un derecho prestacional y vinculando el aborto a la salud reproductiva[103].

Nepal, Writ No. 070-WO-0194 (2013). En ella, la Corte Suprema de Nepal dictaminó que el Gobierno estaba obligado a brindar acceso a la información y servicios anticonceptivos en todo el país, especialmente en áreas remotas y a colectivos marginados.

103 El texto de la propuesta de una nueva Constitución Política de la República de Chile del año 2022, elaborado por la Convención Constitucional, iba más allá en su articulación de los derechos sexuales y reproductivos de las mujeres y en la necesidad de abordarlos desde la interseccionalidad e inclusividad. El artículo 61 disponía: «1. Toda persona es titular de derechos sexuales y reproductivos. Estos comprenden, entre otros, el derecho a decidir de forma libre, autónoma e informada sobre el propio cuerpo, sobre el ejercicio de la sexualidad, la reproducción, el placer y la anticoncepción. 2. El Estado garantiza su ejercicio sin discriminación, con enfoque de género, inclusión y pertinencia cultural; así como el acceso a la información, educación, salud, y a los servicios y prestaciones requeridos para ello, asegurando a todas las mujeres y personas con capacidad de gestar las condiciones para un embarazo, una interrupción voluntaria del embarazo, un parto y una maternidad voluntarios y protegidos. Asimismo, garantiza su ejercicio libre de violencias y de interferencias por parte de terceros, ya sean individuos o instituciones. 3. La ley regulará el ejercicio de estos derechos. 4. El Estado reconoce y garantiza el derecho de las personas a beneficiarse del progreso científico para ejercer de manera libre, autónoma y no discriminatoria estos derechos».

4.3. EL DERECHO POSITIVO A LA MATERNIDAD Y LA CIUDADANÍA CUIDADORA

Durante mucho tiempo, la normalización del deber de la maternidad como destino de la mujer que el nuevo constitucionalismo del aborto ha empezado apenas a desafiar ha sido avalada por varias expresiones constitucionales. De hecho, en muchos países, las primeras —y, a veces, las únicas— disposiciones constitucionales que mencionan explícitamente a las mujeres son las que hacen referencia a la protección de la maternidad o el embarazo[104]. Es más, como tuvimos ocasión de ver, en muchos ordenamientos jurídicos los preceptos constitucionales relativos a la igualdad de las mujeres y la prohibición de los privilegios basados en el sexo hicieron su primera aparición precisamente de la mano de estas otras garantías de carácter «maternalista».

El hecho de que las cláusulas de protección de la maternidad y, en general, de la familia aparecieran tan pronto en la historia constitucional muestra hasta qué punto se esperaba que la familia fuera la unidad fundamental del orden político moderno y que las mujeres se encargaran de la crianza de los hijos como su principal contribución a la sociedad en el seno de la unidad familiar. Al mismo tiempo, se consideró que —en cuanto cónyuges dependientes encargadas del cuidado— las mujeres debían ser objeto de tutela a través de medidas de carácter proteccionista que en realidad con frecuencia limitaban, en lugar de ampliar, sus opciones en el mercado de trabajo. Incluso cuando fueron superándose progresivamente las exclusiones más flagrantes de la esfera laboral, las mujeres permanecieron ubicadas del lado de la asistencia social (y no de la seguridad social) en el sistema de bienestar de «dos niveles» y de

---

[104] La Constitución de México de 1917, por ejemplo, no otorgó el derecho al voto a la mujer en condiciones de igualdad ni prohibió la discriminación por razón de sexo. Su única mención de la mujer fue un mandato de protección a las mujeres embarazadas en el lugar de trabajo.

corte patriarcal establecido durante el período de formación del estado de bienestar, un sistema que seguía asumiendo que el rol central de la mujer era el de ser madre y cuidadora. En este diseño institucional, la mujer seguía siendo dependiente del hombre cabeza de familia y su empleo, en el mejor de los casos, estaba siempre subordinado a su rol maternal (Orloff, 1993: 315). Por otro lado, hasta finales de las décadas de los ochenta y noventa, las garantías constitucionales protectoras de la maternidad a menudo tomaron la forma de mandatos genéricos o principios directivos dirigidos a los poderes estatales, es decir, se plasmaron en preceptos que no reconocían a las mujeres auténticos derechos exigibles ni siquiera cuando, por su tenor literal, pudiera parecer lo contrario[105].

Como hemos visto, es exactamente esta falta de derechos directamente exigibles en relación con la maternidad la que ha provocado que, en ciertas jurisdicciones, la prohibición de la discriminación sexual haya servido de base para inferir garantías a favor de las mujeres embarazadas y las madres trabajadoras mediante la lectura

---

[105] Quizás, el mejor ejemplo sea el artículo 41.2.2 de la Constitución de Irlanda de 1937, que hace referencia a la obligación del Estado de garantizar que «las madres no se vean obligadas por necesidad económica a trabajar descuidando sus deberes en el hogar». A lo largo de la historia constitucional irlandesa ha habido infructuosos intentos de litigio por parte de algunas mujeres que han pretendido utilizar este precepto para exigir algún tipo de prestación concreta en calidad de cuidadoras del hogar. Un ejemplo paradigmático es el caso *L. vs. L.* (1992), en el que Tribunal Supremo de Irlanda rechazó el recurso de una mujer casada que, en función del artículo 41.2, pretendía lograr el reconocimiento de una participación del 50 % en el patrimonio familiar alegando que durante todo el matrimonio había trabajado exclusivamente dentro del hogar. Esto, por supuesto, no implica que en algunas ocasiones no se hayan utilizado preceptos constitucionales (aunque no se refirieran de forma explícita a la maternidad) para reconocer algún tipo de protección a las madres. Por ejemplo, en Canadá, el derecho a la seguridad personal a la que se refiere la Carta Canadiense de Derechos y Libertades en su artículo 7 se ha utilizado con éxito para conseguir asistencia legal gratuita para progenitores indigentes (con frecuencia, madres solteras) en procesos de tutela de menores iniciados por el Estado. Véase *New Brunswick (Minister of Health and Community Services) vs. G. (J.)* (1999).

«maternalista acomodaticia» del constitucionalismo inclusivo. No obstante, como se señaló en el capítulo 2, esta estrategia —que ha tenido un éxito desigual en las diferentes tradiciones constitucionales— se ha basado en la posibilidad de adoptar una noción amplia de «sexo» que abarcara tanto las diferencias biológicas como las funcionales, un enfoque que ha comportado inevitablemente la normativización de la maternidad de las mujeres y la profundización de los correspondientes estereotipos de género. Además, esta estrategia antidiscriminatoria se ha enfrentado a limitaciones intrínsecas al desplegar sus efectos en la esfera pública, principalmente en el ámbito del empleo, sobre la base explícita o implícita de un término de comparación masculino. Por ello, ha sido poco útil para permitir a las mujeres articular en lenguaje constitucional sus reclamos respecto a las necesidades y desventajas que experimentan en función de su capacidad o preferencias reproductivas. Sirva como ejemplo la común dificultad de derivar derechos prestacionales relativos al aborto al amparo del principio antidiscriminatorio.

En el fondo, la necesidad de depender de un término de comparación masculino para articular constitucionalmente los derechos vinculados a la maternidad refleja que las mujeres no han sido protagonistas en los procesos constituyentes. En efecto, su presencia exigua o nula hasta fechas muy recientes se ha traducido en la postergación de la esfera sexual y reproductiva en las constituciones y en la imposibilidad de poner en primer plano la maternidad, la paternidad y, en general, el cuidado como formas inherentes y significativas de desarrollo de las capacidades humanas y de la contribución ciudadana al bienestar general de la sociedad. Por ello, cuando analizamos de cerca la historia, fundamentalmente informal y fallida, de la participación constituyente de las mujeres, encontramos razones para pensar que, de haber podido liderar los procesos de elaboración constitucional, las primeras constituciones y, por supuesto, las que se redactaron después de que el feminismo de la segunda ola problematizara las dinámicas familiares, probablemente habrían reconocido el derecho a la parentalidad en términos fecundos y complejos, es decir, con dimensiones tanto positivas como negativas en torno a los cuidados. A título ilustrativo, pensemos en los colectivos de mujeres en Nicaragua, muy activos durante la lucha revolucionaria contra la dictadura de Somoza, que siguieron al pie del cañón el proceso de elaboración constitucional conducente a la adopción de la Constitución de 1987, aún en vigor. En su petición a la Comisión Constitucional Especial, la Asociación de Mujeres Nicaragüenses Luisa Amanda Espinoza (AMNLAE) dedicó una sección entera al «derecho a la maternidad», con una visión holística que incluía:

> a) el ejercicio real del derecho de la mujer a decidir con responsabilidad y libertad los hijos que quiere y el momento de su vida en que quiere tenerlos;
>
> b) la eliminación de toda forma de discriminación contra la mujer embarazada o madre en el acceso, la conservación y la promoción laboral;
>
> c) garantizar una atención especial a la salud reproductiva de las mujeres;
>
> d) asegurar el complemento del derecho a subsidios y beneficios a todas las trabajadoras embarazadas, poniendo énfasis en aquellas mujeres que históricamente han quedado al margen de los beneficios sociales; y
>
> e) ayudar en la organización de formas colectivas de cuidado de los hijos de la familia trabajadora para permitir la plena integración tanto de hombres como de mujeres en las tareas productivas[106].

Finalmente, solo una fracción de estas demandas fue acogida por el texto constitucional[107]. Así, en un apartado dedicado a los «de-

---

106 Asimismo, conscientes de los peligros de una legislación de tipo «proteccionista», advirtieron que «esta protección necesaria para la maternidad no debe implicar a) discriminación contra la mujer embarazada en el acceso al empleo o a determinados trabajos, ni b) una generalización que extienda a todas las mujeres restricciones de tipo proteccionista, como si todas las mujeres estuvieran siempre embarazadas o amamantando» (Morgan, 1990: 66).

107 La demanda de un reconocimiento explícito del derecho al aborto, que de otra forma habría que entender subsumido dentro del derecho a decidir de forma responsable y libre la cantidad de hijos y el momento en el que concebirlos, se abandonó debido a la vigorosa oposición protagonizada principalmente por grupos religiosos.

rechos de la familia», la Constitución proclama que la familia es el «núcleo fundamental de la sociedad» y reconoce su «derecho a la protección de esta y del Estado» (artículo 70). El texto constitucional también incluye una disposición que establece que el Estado debe otorgar una protección especial al proceso de reproducción humana (artículo 74.1), que las mujeres deben estar particularmente protegidas durante el embarazo y gozarán de licencias remuneradas y prestaciones de seguridad social (artículo 74.2) y que nadie podrá negar empleo a las mujeres por razones de embarazo ni despedirlas durante o después del mismo, de conformidad con la ley (artículo 74.3).

En muchos sentidos, el texto nicaragüense no constituye una rareza del constitucionalismo contemporáneo. En él perviven cláusulas de tipo tradicional que hacen referencia a la salvaguarda de la maternidad en el contexto de la protección de la familia y el matrimonio[108] y otras que, fundadas en un enfoque paternalista, conceptualizan la maternidad como una condición de vulnerabilidad (a veces asimilada a la de otros grupos o condiciones como los niños, los jóvenes, los enfermos, las personas mayores o con discapacidad)[109].

---

108 Véase el artículo 6 de la Constitución de Alemania de 1949, «1. El matrimonio y la familia gozarán de la protección especial del Estado» y «4. Toda madre tendrá derecho a la protección y asistencia de la comunidad»; el artículo 21.1 de la Constitución de Grecia de 1975, «La familia, la piedra angular de la preservación y el progreso de la nación, así como el matrimonio, la maternidad y la infancia, quedarán bajo la protección del Estado»; el artículo 18 de la Constitución de Polonia de 1997, «El matrimonio, unión de un hombre y una mujer, así como la familia, la maternidad y la paternidad, quedarán bajo la protección y el cuidado de la República de Polonia»; el artículo 21 de la Constitución de Nigeria de 2010, «El matrimonio y la familia constituyen la base natural y moral de la comunidad humana. Quedan bajo la protección del Estado. El Estado y las entidades públicas tienen el deber de velar por la integridad física, mental y moral de la familia, especialmente de la madre y del niño».

109 Véase el artículo 51 de la Constitución de Costa Rica de 1949, «La familia, como elemento natural y fundamento de la sociedad, tiene derecho a la protección especial del Estado. Igualmente tendrán derecho a esa protección la madre, el niño, el anciano y el enfermo desvalido»; el artículo 203 de la Constitución de Brasil de 1988, «Se prestará asistencia social a quienes la ne-

Pero en el texto también hay otro tipo de preceptos que han proliferado desde finales de los años ochenta y que, desde una perspectiva diferente, hacen referencia a las prestaciones sociales relacionadas con la maternidad, la seguridad social durante el embarazo y el empleo, así como a las medidas acomodaticias orientadas a proteger la salud y las perspectivas laborales de las madres embarazadas o trabajadoras y el bienestar del niño[110]. Podría pensarse que este

---

cesiten, independientemente de su contribución a la seguridad social», siendo uno de sus principales objetivos la «protección a la familia, a la maternidad, a la infancia, a la adolescencia y a la vejez»; el artículo 65.3 de la Constitución de Croacia de 1990, «Los jóvenes, las madres y las personas con discapacidades tienen derecho a una protección especial en el trabajo»; el artículo 41.2 de la Constitución de Suiza de 2000, «La Confederación y los cantones se esforzarán por garantizar que toda persona esté protegida contra las consecuencias económicas de la vejez, la invalidez, la enfermedad, los accidentes, el desempleo, la maternidad, la orfandad y la viudedad».

110 Un precepto precursor al respecto es el artículo 72 de la Constitución de Panamá de 1972, «Se protege la maternidad de la mujer trabajadora. La que esté en estado de gravidez no podrá ser separada de su empleo público o particular por esta causa. Durante un mínimo de seis semanas precedentes al parto y las ocho que le siguen, gozará de descanso forzoso retribuido del mismo modo que su trabajo y conservará el empleo y todos los derechos correspondientes a su contrato. Al reincorporarse la madre trabajadora a su empleo no podrá ser despedida por el término de un año, salvo en casos especiales previstos en la Ley, la cual regulará, además, las condiciones especiales de trabajo de la mujer en estado de preñez». Cláusulas similares han proliferado desde la década de 1990 en todo el mundo, en especial en los países de tradición socialista y en América Latina, donde este tipo de derechos a menudo están reconocidos de forma bastante detallada. Véase el artículo 14 de la Constitución de Bulgaria de 1991, que reconoce que «la familia, la maternidad y la infancia gozarán de la protección del Estado y la sociedad», y el artículo 47.2, según el cual «las madres serán objeto de especial protección por parte del Estado y se les garantizará una licencia prenatal y posnatal, atención obstétrica gratuita, mejores condiciones laborales y otras ayudas sociales»; el artículo 43 de la Constitución de Colombia de 1991, «La mujer y el hombre tienen iguales derechos y oportunidades. La mujer no podrá ser sometida a ninguna clase de discriminación. Durante el embarazo y después del parto gozará de especial asistencia y protección del Estado, y recibirá de este subsidio alimentario si entonces estuviere desempleada o desamparada»; el artículo 35.5 de la Constitución de Etiopía de 1994, «a. Las mujeres tienen derecho a licencia de maternidad con sueldo

tipo de preceptos servirían para fundamentar derechos subjetivos de naturaleza positiva a favor de las madres, pero en realidad, lo más probable es que esto dependa de varios factores, entre ellos la ubicación sistemática de tales artículos en el texto constitucional (que determina si de verdad se trata de derechos fundamentales o solo principios rectores no directamente exigibles) o incluso, en términos más generales, la fuerza normativa que se atribuya a cada texto constitucional, que no es la misma en cada sistema jurídico. A menudo, acaba siendo la legislación laboral, y no la constitución, la

---

completo. La duración de la licencia de maternidad se determinará por ley teniendo en cuenta la naturaleza del trabajo, la salud de la madre y el bienestar del niño y de la familia» y «b. La licencia de maternidad puede, de conformidad con las disposiciones de la ley, incluir la licencia prenatal con sueldo completo»; el artículo 41.2 de la Constitución de Eslovaquia de 1992, «Se garantizará a la mujer embarazada un trato especial, protección en el empleo y condiciones de trabajo adecuadas»; el artículo 75.23 de la Constitución argentina de 1994 que dice que el Congreso está facultado para «[d]ictar un régimen de seguridad social especial e integral en protección del niño en situación de desamparo, desde el embarazo hasta la finalización del período de enseñanza elemental, y de la madre durante el embarazo y el tiempo de lactancia»; el artículo 7.18 de la Constitución de Brasil de 1988, que garantiza una «licencia para mujeres embarazadas, sin pérdida de empleo y salario, de ciento veinte días de duración»; el artículo 32.2 de la Constitución la República Checa de 1993, «Se les garantiza a las mujeres embarazadas cuidados especiales, protección en las relaciones laborales y condiciones de trabajo adecuadas»; el artículo 43 de la Constitución Política de Ecuador de 2008, «El Estado garantizará a las mujeres embarazadas y en periodo de lactancia los derechos a: 1. No ser discriminadas por su embarazo en los ámbitos educativo, social y laboral; 2. La gratuidad de los servicios de salud materna; 3. La protección prioritaria y cuidado de su salud integral y de su vida durante el embarazo, parto y posparto; 4. Disponer de las facilidades necesarias para su recuperación después del embarazo y durante el periodo de lactancia»; el artículo 45.V de la Constitución de Bolivia de 2009, «Las mujeres tienen derecho a la maternidad segura, con una visión y práctica intercultural; gozarán de especial asistencia y protección del Estado durante el embarazo, parto y en los periodos prenatal y posnatal», y el artículo 48.VI, «Las mujeres no podrán ser discriminadas o despedidas por su estado civil, situación de embarazo, edad, rasgos físicos o número de hijas o hijos. Se garantiza la inamovilidad laboral de las mujeres en estado de embarazo, y de los progenitores, hasta que la hija o el hijo cumpla un año de edad».

que regula tales garantías al referirse a las mujeres en su doble papel de madres y trabajadoras.

En principio, no hay nada que objetar a la proliferación de preceptos constitucionales —como los que hacen referencia a las licencias remuneradas— que tratan de proteger a las mujeres embarazadas y a las madres trabajadoras, un fenómeno que ha venido de la mano de la incorporación paulatina de las mujeres al mercado laboral. Ciertamente, son muchos los tribunales que en todo el mundo continúan apoyándose en los textos constitucionales —algunos de los cuales ya incorporan una prohibición explícita de la discriminación por motivos de embarazo[111]— para enriquecer el cuerpo normativo que tutela los derechos de las mujeres embarazadas y las madres recientes a fin de contrarrestar la discriminación y la falta de ajustes razonables con los que tropiezan en el mercado laboral[112] y en

---

111 Véase, por ejemplo, la sección 9.3 de la Constitución de Sudáfrica y el artículo 18 de la Constitución de Nepal. En otros casos, como hemos visto, este derecho es derivado de la prohibición de la discriminación por razón de sexo.

112 De hecho, varios ordenamientos han replicado viejas herramientas para garantizar la seguridad laboral de los activistas sindicales a la hora de dar con fórmulas de protección frente a la pérdida de empleo por motivos relacionados con el embarazo u otras formas de discriminación vinculadas al disfrute de derechos y prestaciones asociados a la maternidad. También se observa la elaboración de una noción amplia de discriminación sexual con el objeto de aumentar la protección de las trabajadoras embarazadas y de las madres. Véanse, por ejemplo, las decisiones del Tribunal Constitucional español, SSTC 2/2017 y 161/2004, sobre el derecho a ajustes razonables para mujeres embarazadas y mujeres con licencia de maternidad o embarazo de riesgo. Hay jurisprudencia similar en las decisiones de la Corte Constitucional de Colombia, Sentencia C-470/97 (25 de septiembre de 1997), Sentencia T-568/96 (28 de octubre de 1996), Sentencia C-710/96 (9 de diciembre de 1996), Sentencia T-126/12 (23 de febrero de 2012), Sentencia SU070/13 (13 de febrero de 2013); Perú, decisión del Tribunal Constitucional, Exp. n.° 05652-2007-PA/TC (6 de noviembre de 2008); y México, decisión de la Segunda Sala de la Suprema Corte de Justicia de la Nación, Amparo directo 29/2018 (2018). Véase la Sentencia n.° 13502-2018 (17 de agosto de 2018) de la Sala Constitucional de la Corte Suprema de Costa Rica, que declaró la inconstitucionalidad de una norma que impedía que las mujeres electas en licencia de maternidad tomaran posesión

el ámbito educativo[113] mediante el refuerzo de su derecho a la seguridad social y a las protecciones parentales[114], la eliminación de los elementos discriminatorios que estas puedan contener[115] y la integración de las lagunas legislativas que puedan subsistir. Con todo,

---

de su cargo, limitando inadecuadamente su derecho al empleo y al ejercicio de cargos políticos e impidiéndoles compaginar su rol como madres y como profesionales. En materia de ajustes razonables de mujeres embarazadas en el ámbito laboral, véase también el caso de Argentina, CSJN, «Visone Gloria Beatriz c/ Hospital Vicente López y Planes —Unidad Hospitalaria de General Rodríguez—» (2013), *V. 206. XLV. RHE*, en el que se impugnó con éxito una indemnización insuficiente por daño moral debido a la muerte de un niño por un parto prematuro y las malas condiciones laborales de la mujer embarazada.

113 Entre los ejemplos de litigio constitucional relacionados con la discriminación por embarazo y maternidad en el ámbito educativo encontramos las decisiones de la Corte Constitucional de Colombia, Sentencia T-420/92 (17 de junio de 1992), Sentencia T-292/94 (22 de junio de 1994) y Sentencia T-656/98 (11 de noviembre de 1998); la Corte Constitucional de Malasia, *Noorfadilla binti Ahmad Saikin vs. Chayed Basirun and Ors* (2012), sobre el despido de una maestra de escuela embarazada; el Tribunal Constitucional de Perú, Exp. n.° 01423-2013-PA/TC (9 de diciembre de 2015), sobre la destitución de una mujer cadete porque ingresó a la escuela militar mientras estaba embarazada; y la Corte Superior de Islamabad (Pakistán), *Dr. Aamna Saleem Khan vs. National University of Sciences and Technology (NUST)* (2021), sobre la reincorporación de una profesora despedida durante su baja de maternidad.

114 Véase, en el caso de Brasil, STF, ADI 1946 (2003), que excluyó el monto de la licencia de maternidad del cómputo del tope constitucional, introducido en 1998, respecto a las prestaciones a los trabajadores que debe cubrir el sistema general de seguridad social (los empleadores deben cubrir el resto) a fin de no desincentivar la contratación de mujeres. En los Países Bajos, véase la decisión del Tribunal Central de Apelaciones, *F. M. M. C., W. P. M. B. and A. J . C. A. vs. Regional Health Insurance Foundation* (1996), que declaró la inconstitucionalidad de un precepto que exige que las mujeres contribuyan económicamente a su atención posnatal basándose, en gran medida, en normas internacionales como las convenciones de la Organización Internacional del Trabajo sobre protección de la maternidad (n.° 103) y seguridad social (estándares mínimos) (n.° 102), consideradas de efecto directo.

115 Véase, para Alemania, BVerfG, 1 BvL 2/10, 1-61 (10 de julio de 2012), que declaró la inconstitucionalidad de la exclusión de extranjeros con permisos de residencia expedidos por motivos humanitarios del subsidio federal para la crianza de hijos y del subsidio parental federal.

resulta cuestionable el tono paternalista que se detecta en el enunciado de algunas de estas garantías (que a veces apuntan a la debilidad o fragilidad de las mujeres), así como su coexistencia con otras normas que parecen glorificar la familia y el matrimonio (este último definido, a menudo, en términos explícitamente heterosexuales y procreativos). A todo ello hay que añadir las insuficiencias en el reconocimiento de la «libertad negativa de las mujeres respecto a la maternidad no deseada» (que ampararía los derechos a la anticoncepción, la planificación familiar y el aborto) y de la centralidad de otras formas de cuidado que van más allá del cuidado materno. Esta conjugación de factores resulta problemática en la medida en que, lejos de poner en primer plano la autonomía plena e igual de las mujeres, expresa una insuficiente ruptura con un modelo de maternidad normativa y el paradigma de «control/cuidado» característico del estado de bienestar tradicional.

Por todas estas razones, estimamos que una agenda verdaderamente emancipadora e interseccional —de la que encontramos expresiones puntuales, aunque crecientes, en la jurisprudencia constitucional— requeriría varios elementos adicionales. Entre ellos, cabe destacar la inclusión de mayores salvaguardas para la salud reproductiva de las mujeres (concebidas de manera amplia y más allá de las referidas al contexto laboral)[116], así como la debi-

---

116 Irving (2008: 196-97) celebra el concepto amplio de salud reproductiva adoptado en la Conferencia Mundial Internacional sobre Población y Desarrollo de El Cairo en 1994 y en la Conferencia Mundial sobre la Mujer de Beijing en 1995, una definición que destaca la necesidad de tener una vida sexual satisfactoria y segura; la capacidad de reproducirse y la libertad de decidir hacerlo y cuándo (teniendo para ello acceso a métodos seguros, efectivos, asequibles y aceptables de planificación familiar, así como a servicios de atención de salud adecuados que permitan a las mujeres tener partos seguros). Al mismo tiempo, la autora advierte que dicha definición debería ampliarse para cubrir «las necesidades de las mujeres antes del embarazo, incluso durante la menstruación y después del parto, tanto en lo que respecta a las lesiones físicas producidas por el mismo como en su condición de cuidadoras». También debe cubrir las necesidades de «mujeres no reproductivas, aquellas que no pueden tener hijos, ya sea antes o después de la menopausia». En esencia, afirma acertadamente que

da protección de la capacidad reproductiva, de la que las mujeres racializadas y pertenecientes a minorías se han visto histórica e indebidamente privadas[117]. La agenda también debería incorporar un reconocimiento más enfático de las formas de cuidado más allá de la maternidad/paternidad, entre ellas el cuidado de las personas enfermas, con discapacidades y ancianas, el autocuidado y el cuidado de la maternidad/paternidad fuera del contexto de la familia conyugal tradicional (donde se incluyan uniones no matrimoniales o *de facto*[118] y la maternidad/paternidad monoparental[119], homo-

---

«las mujeres no deberían ser objeto de un trato discriminatorio, social, legal o médico por ser infértiles o posfértiles. De forma inversa, tampoco debería exigirse la infertilidad como criterio para acceder a derechos».

117 De acuerdo, nuevamente, con Irving (*ibid.*: 212), «las mujeres y niñas necesitan protección contra la esterilización forzada o coaccionada, contra los contaminantes ambientales que comprometen su fertilidad, las prácticas tradicionales que dificultan o hacen que las relaciones sexuales sean difíciles o dolorosas o que dañan los órganos reproductivos, y las ideologías que promueven o desalientan de manera coercitiva su reproducción».

118 Ilustra la importancia de tal protección *Québec (Attorney General) vs. A.* (2013), sentencia en la que la Corte Suprema de Canadá negó tutela constitucional a una madre inmigrante soltera de tres hijos después de la ruptura de su relación con el padre, un multimillonario quebequense, que se había negado a casarse con ella. Al hacerlo, la Corte validó el Código Civil de Quebec que restringe la aplicación de los preceptos sobre manutención y división de la propiedad a las parejas casadas, dejando a las parejas no casadas en una zona de penumbra legal claramente perjudicial para las madres.

119 Sobre litigios constitucionales sobre monoparentalidad, véanse las decisiones del Tribunal Constitucional de Eslovenia, U-I-242/12 (1 de octubre de 2013) y U-I-249/14-8 (12 de enero de 2016), y de la Corte Suprema de Australia, *Re McBain; Ex parte Australian Catholic Bishops Conference* (2002), sobre el derecho de las mujeres solteras a acceder a técnicas de reproducción médicamente asistida; la Corte Suprema de Canadá, *New Brunswick (Minister of Health and Community Services) vs. G. (J.)* (1999), sobre el derecho de progenitores indigentes —a menudo, madres en familias monoparentales— a recibir asistencia jurídica gratuita para su defensa en procedimientos de tutela infantil iniciados por el Estado; el Tribunal Supremo de Filipinas, *Capin-Cadiz vs. Brent Hospital and Colleges* (2016) y *Cheryll Santos Leus vs. St. Scholastica's College Westgrove et al.* (2015), sobre el derecho a no sufrir discriminación laboral por un embarazo fuera del matrimonio; la Corte Constitucional de Colombia, Sentencia T-084/2018 (5 de marzo de 2018), sobre el derecho a una protección reforza-

sexual[120], transexual o fuera del contexto del hogar familiar[121]). También sería necesario un mayor reconocimiento o una mayor dignificación del cuidado como trabajo productivo[122] —con sus costes de oportunidad— tanto cuando se realiza en la familia de manera no retribuida como cuando se realiza como forma de empleo remunerado[123], sin reducirlo, sin embargo, a formas posibles

---

da de la estabilidad en el empleo en beneficio de mujeres cabeza de hogar; y la Corte Constitucional de Sudáfrica, *Bannatyne vs. Bannatyne* (2003).

120 Sperti (2017: 171-92) ofrece ejemplos de varias jurisdicciones en materia de custodia de hijos, de adopción monoparental y secundaria, así como de adopción conjunta.

121 Véase, para Argentina, CSJN, «Internas de la Unidad N° 31 SPF y Otros» (2020), *Fallos* 343:15, sobre prestaciones para embarazadas y madres en prisión. Véase también el artículo 5 L de la Constitución de Brasil referido al derecho de las reclusas a tener acceso a sus hijos mientras amamantan.

122 Véase, para Canadá, *Moge vs. Moge* (1992), que, a fin de determinar la duración de la manutención conyugal, reconoce los efectos laborales negativos que provocó en la actora el rol de cuidadora del hogar durante el primer matrimonio, rol que continuó incluso después del inicio de otra relación. Véase también, para el caso de México, Amparo directo en revisión 2764/2013 (6 de noviembre de 2013), que validó una norma que obliga a compartir los bienes adquiridos durante el matrimonio con la pareja que se ocupó del hogar como medida para garantizar la igualdad de la mujer, y Amparo directo en revisión 1754/2015 (14 de octubre de 2015), que confirma el derecho a la pensión alimenticia de una esposa divorciada y enferma que había sido la principal cuidadora del hogar durante el matrimonio, a pesar de contar con su propia pensión de jubilación, teniendo en cuenta la doble jornada a la que había estado sometida y su estado de salud.

123 A menudo, el cuidado de las personas y la limpieza de los espacios domésticos se agrupan bajo la etiqueta de trabajo «doméstico», reflejando de esta forma el trabajo no remunerado que las mujeres suelen realizar dentro del hogar, que de esta forma queda indiferenciado y devaluado en su conjunto como modalidad de empleo. Véase, para el caso de Colombia, la Sentencia C-372/98 (21 de julio de 1998) de la Corte Constitucional, que invalidó disposiciones del Código de Trabajo que contemplaban menores prestaciones por desempleo para el trabajo doméstico, aunque la misma sentencia consideró que ciertas diferencias, como el máximo de horas de trabajo, eran razonables en función de la naturaleza del trabajo. Para el caso de Costa Rica, véase la Sentencia n.° 03150-1994 (28 de junio de 1994) de la Sala Constitucional de la Corte Suprema, que reconoció la validez de un precepto del Código de Trabajo que

de mercantilización[124]. De manera similar, habría que redefinir y reevaluar la paternidad en relación con las labores de cuidado (un punto sobre el que volveremos más adelante), así como la adopción de una amplia gama de medidas de «desfamilización» del cuidado que puedan reflejar mejor la necesidad de una asunción colectiva de los costes de la reproducción social y de una respuesta comunitaria a la interdependencia humana conforme a lo que algunos han llamado «ciudadanía cuidadosa»[125].

En contraste, lo que encontramos es que la familia conyugal sigue considerándose el repositorio natural de los deberes y disposi-

---

establecía una jornada de doce horas, con solo medio día de descanso para el empleo doméstico —frente al horario ordinario de trabajo diario de ocho horas, cuarenta y ocho horas semanales y un día de descanso tras seis días consecutivos del trabajo—, según lo previsto en los artículos 58 y 59 de la Constitución, así como en el Convenio 111 de la Organización Internacional del Trabajo, en el entendido de que el servicio doméstico constituye una situación excepcional que no puede equipararse a otras formas de empleo. Sin embargo, véase, para México, Amparo directo 9/2018 (5 de diciembre de 2018), que declara la inconstitucionalidad del precepto legal que eximía a los empleadores de inscribir a los trabajadores domésticos en el registro de la seguridad social por ser discriminatoria y violar el derecho humano a la seguridad social, teniendo en cuenta el impacto dispar de la norma sobre las mujeres. Además, la conexión entre las tareas de limpieza y las mujeres ha implicado con frecuencia una discriminación salarial de esta categoría laboral tan feminizada y «racializada», quedando con frecuencia en manos de colectivos marginalizados y mujeres migrantes. Véanse, al respecto, las decisiones del Tribunal Constitucional español, SSTC 145/1991 y 147/1995, en las que el Tribunal revocó esta forma de discriminación invocando la noción de discriminación indirecta.

124 Véase, para Colombia, la Sentencia T-968/09 (18 de diciembre de 2009) de la Corte Constitucional, donde se argumenta, en función de la protección debida a la infancia del artículo 44 de la Constitución, que el hecho de que una madre sea subrogada no implica que tenga menos derechos sobre los hijos a los que dio a luz. En especial en el caso de que —a pesar de su mala situación económica, aprovechada por el padre, quien de forma deliberada buscó a una mujer indigente como subrogada— los niños estuvieran debidamente atendidos.

125 Varios autores defienden una concepción relacional de la ciudadanía centrada en el cuidado, entre ellos, Toronto (1993 y 2005: 131) y Marrades Puig (2019: 17-39). Sobre la noción de «ciudadanía cuidadosa», véase Lister (2003: 180); sobre «cuidadanía», véase Rodríguez Ruiz (2010).

ciones de cuidado y que la falta general de políticas de conciliación orientadas a compatibilizar el empleo a tiempo completo y el cuidado acaba generando nuevas formas de privilegio. Así, a menudo observamos la aparición de auténticas «cadenas globales de cuidados» que convierten a las mujeres migrantes o racializadas en las principales responsables de las labores reproductivas (es decir, las tareas necesarias para mantener la fuerza laboral productiva, incluida la limpieza y el cuidado de ancianos, niños y otros dependientes[126]). También constatamos que el trabajo doméstico y el cuidado de los niños (en el hogar y el mercado laboral) continúan realizándose de manera gratuita en el hogar y están seriamente infravalorados como trabajos remunerados. Estas carencias provocan que las personas y las familias con más medios económicos acaben contratando formas privadas de asistencia, generalmente provistas por mujeres más pobres, migrantes y/o racializadas. La alternativa suele ser también la renuncia a la procreación y el subsiguiente envejecimiento demográfico, o la sumisión de las parejas a una racionalidad del mercado que obliga a uno de los progenitores, con frecuencia la mujer, a aceptar empleos peor remunerados, a tiempo parcial, más flexibles y precarios para poder combinarlos con las obligaciones familiares. Lo cierto es que ninguno de estos escenarios resulta particularmente atractivo desde un punto de vista igualitario.

Uno de los principales desafíos a la hora de abordar la situación consiste en identificar un modo de avanzar de manera coordinada en todos los frentes para que la valorización del cuidado no se traduzca en la ulterior consolidación de estereotipos de género, como sucedería en el caso de que dicha valorización fuera acompañada de la necesaria subversión de los roles de género y cierto grado de

---

[126] Desde el feminismo descolonial se ha reclamado la necesidad de que la reproducción social ampliamente concebida se ponga en el centro del análisis y se ha propuesto que la perspectiva de quienes están avocadas a limpiar al prójimo y la suciedad y los desperdicios que genera el sistema de producción capitalista sea la perspectiva desde la que se conciban las bases de un nuevo sistema que verdaderamente contenga la promesa de la emancipación femenina (Vergès, 2019).

«desfamilización» del cuidado. Por otro lado, cualquier intervención que persiga la transformación de roles actuales sin tener en cuenta los patrones de género existentes y su impacto real en la vida de las personas corre el riesgo de tratar injustamente a la «generación intermedia». Un ejemplo puede servirnos para ilustrar la complejidad del reto de atribuir un valor económico al trabajo del cuidado en la familia sin que ello implique afianzar los estereotipos y los roles de género tradicionales. En algunas decisiones relativas a la manutención del cónyuge o la pensión alimenticia después del divorcio, el Tribunal Constitucional Federal de Alemania (TCFA) anuló un sistema de cálculo que no otorgaba valor monetario alguno al trabajo de cuidados desarrollado durante el matrimonio. En 2002, el TCFA abolió el método utilizado para determinar el monto de la manutención del cónyuge porque, a la hora de calcular el nivel de vida alcanzado, solo se tenían en cuenta los ingresos del cónyuge que sostenía económicamente a la familia, que luego pasaban a ser divididos entre dos. El método de cálculo alternativo —el que finalmente avaló el Tribunal— utilizaba, sin embargo, el salario que podría obtener el cónyuge cuidador al reincorporarse al mercado laboral después del divorcio como equivalente para monetizar el valor del cuidado familiar prestado durante el matrimonio. Luego, agregaba esta cantidad a los ingresos de quien sostenía económicamente a la familia y la dividía entre dos[127]. Por lo general, el nuevo método obligaba al cónyuge sustentador a pagar una cantidad más elevada de manutención conyugal después del divorcio, pero también tenía el efecto de desincentivar la reinserción laboral de quien había ejercido el rol de cuidador principal (casi siempre, la esposa). Hubo que esperar hasta 2008 para que una reforma legislativa adoptara el principio de responsabilidad individual de los cónyuges después del divorcio. Afortunadamente, la nueva ley tuvo la precaución de mantener la pensión de manutención del cónyuge,

---

127 Véase BVerfGE 105, 1 (5 de febrero de 2002), que se basa en la protección constitucional de la vida familiar (artículo 6 [1] GG) y el principio de igualdad entre los sexos (artículo 3 [2] GG).

aunque solo por motivos estrictamente tasados, entre ellos, contrarrestar la labor prestada para la crianza de los hijos y contribuir al sostenimiento del cónyuge dependiente que no encontrara un empleo adecuado inmediatamente después del divorcio o que obtuviera unos ingresos laborales insuficientes para cubrir los costes de su subsistencia. Aun así, no han dejado de resonar voces críticas que, con razón, cuestionan si una reforma de esta naturaleza tiene plenamente en cuenta las múltiples formas en las que el modelo de familia tradicional continúa siendo el privilegiado y el impacto que ello tiene en las mujeres tras el divorcio, por mucho que se pretenda que el nuevo principio sea el de la responsabilidad individual[128].

Por todo ello, tal vez haya llegado el momento de plantear una nueva agenda constitucional —de la que, de momento, solo encontramos expresiones dispersas aunque prometedoras— que incluya opciones tan variadas como la articulación de una protección constitucional sólida de la maternidad y de la salud reproductiva mediante la previsión de principios rectores que obliguen a los poderes estatales a asumir la responsabilidad colectiva para la gestión de la dependencia y el cuidado[129], así como a través del necesario reconocimiento y protección de las múltiples formas afectivas y solidarias de familias y cuidados que existen, incluidas las uniones de

---

128 De hecho, todavía existen incentivos legales para el modelo del varón sostén de familia (por ejemplo, el sistema de renta conjunta o la asistencia médica gratuita para el cónyuge). Si además tenemos en cuenta que a menudo los «minijobs» o trabajos a tiempo parcial y precarios no generan prestaciones de seguridad social y que esta forma de empleo está altamente feminizada —por ser los trabajos que escogen las mujeres que sienten que necesitan conciliar la maternidad, el cuidado y el empleo remunerado—, podemos entender que la mayoría de las amas de casa sigan arrostrando dificultades al divorciarse y no estén en condiciones de mantener el nivel de vida anterior al divorcio.

129 En la sección dedicada a los principios rectores, políticas y obligaciones del Estado, la Constitución de Nepal, en su artículo 51 (j), reconoce la importancia de: 1) el empleo de mujeres solteras, 2) su autosuficiencia, 3) la necesidad de asegurarles servicios e instalaciones reproductivos, y 4) el valor económico de su trabajo y contribución en forma de cuidado de los hijos y de la familia.

hecho y/o las familias monoparentales[130]. También cabe plantear la posibilidad de articular un nuevo derecho fundamental al cuidado (Garrido Criado, 2019; Marrades Puig, 2019; Bosh, 2023; Pautassi, 2018), reflejo de esta dimensión esencial del desarrollo humano, o de un derecho al trabajo en condiciones dignas que incluya ajustes razonables para la conciliación de la vida laboral y familiar[131]. A estas previsiones podría agregarse la opción de que aquellas constituciones que hacen referencia a los deberes de los ciudadanos incorporen explícitamente el deber de cuidar para resaltar su dimensión pública y política, así sea de forma simbólica, a semejanza de lo que

130 Muchas constituciones latinoamericanas brindan de manera explícita a las uniones no matrimoniales un grado de protección igual al de los matrimonios formalizados, en parte en reconocimiento del alto grado de incidencia de tales uniones en la región (véase el artículo 68 de la Constitución de Ecuador de 2008 y el artículo 64 (1) de la Constitución de Bolivia de 2009). Otras se refieren a las estructuras familiares de manera abierta y fluida (véase artículo 6.D.2 de la Constitución Política de la Ciudad de México de 2017: «Todas las estructuras, manifestaciones y formas de comunidad familiar son reconocidas en igualdad de derechos, protegidas integralmente por la ley y apoyadas en sus tareas de cuidado»). Algunas constituciones también hacen referencia explícita a la necesidad de proteger un hogar familiar sano y seguro independientemente de las condiciones sociales y económicas, así como a sus responsables (véase, por ejemplo, el artículo 40 de la Constitución de Ecuador de 2008 y el artículo 64 [II] de la Constitución de Bolivia de 2009). La protección de las mujeres jefas de familia está contemplada de forma explícita en el artículo 43 de la Constitución de Colombia de 1991.

131 En efecto, más allá de que el derecho se reconozca o no de forma autónoma, existen incipientes aportes doctrinales en esta dirección. Cabe mencionar un caso en España en el que, en respuesta a una demanda formulada por un varón, el Tribunal Constitucional avaló la necesidad de interpretar la legislación en materia de conciliación de vida familiar y laboral de manera rigurosa y expansiva. De acuerdo con el Tribunal, dicha legislación debía entenderse como una expresión del deber de realizar ajustes razonables que se deriva de la prohibición de la discriminación por motivos de responsabilidades familiares (amparada por la prohibición de la discriminación del artículo 14, que contiene una cláusula de cierre abierta) en relación con el deber de los padres de ayudar a sus hijos (contemplado en el artículo 39.3, que, en teoría, sería únicamente un principio rector no directamente exigible). Véase STC 26/2011.

hacen las constituciones que establecen los deberes ciudadanos que luego las leyes se encargan de concretar[132].

Es el nuevo constitucionalismo el que, una vez más, ofrece ejemplos sobre el modo de avanzar en esa dirección (Grandoli, 2021). En el capítulo 9, dedicado a las responsabilidades, la Constitución de Ecuador de 2008 contiene una disposición (artículo 83) que enumera los deberes y obligaciones de todos sus ciudadanos. Junto a deberes ciudadanos clásicos —acatar y hacer cumplir la Constitución y la ley (83.1) o defender la integridad territorial de Ecuador y sus recursos naturales (83.3)—, el artículo 83.16 consagra el deber de «asistir, alimentar, educar y cuidar a las hijas e hijos», señalando que es «corresponsabilidad de madres y padres en igual proporción»[133]. En el artículo 333, el mismo texto constitucional reconoce como «labor productiva» «el trabajo no remunerado de autosustento y cuidado humano que se realiza en los hogares». La Constitución también afirma la necesidad de que el Estado articule un sistema laboral que funcione en armonía con las necesidades del «cuidado humano, que, a tal fin, facilite servicios, infraestructura y horarios de trabajo adecuados; que provea servicios de cuidado infantil, de atención a las personas con discapacidad y otros necesarios para que las personas trabajadoras puedan desempeñar sus actividades laborales; y que impulse la corresponsabilidad y reciprocidad de hombres y mujeres en el trabajo doméstico y en las obligaciones

---

132 En cierto modo, esto comportaría la ampliación de los preceptos y la jurisprudencia constitucional que ya afirman la prerrogativa de mujeres y niños para que se proceda al reconocimiento de la paternidad aun en contra de la voluntad del presunto padre, pues el énfasis se pone en el cuidado, más allá de las responsabilidades que derivan de la paternidad biológica. Para un ejemplo de lo primero, véase la sentencia del Tribunal Constitucional español STC 7/1994, una sentencia histórica sobre el reconocimiento de la paternidad contra la voluntad del padre. En ella se afirmó que, en aquellos casos en los que no exista otra prueba concluyente de paternidad, es legítimo otorgar un alto valor probatorio a la negativa injustificada de un hombre a que le sea realizada una prueba de ADN para dilucidar su posible paternidad.

133 Véase también el artículo 18 de la Constitución de Ruanda de 2015, en virtud del cual «ambos progenitores tienen el derecho y el deber de criar a sus hijos».

familiares». Asimismo, dispone que en este sistema la protección de la seguridad social se extienda «de manera progresiva a las personas que tengan a su cargo el trabajo familiar no remunerado en el hogar»[134].

Evidentemente, estas disposiciones están articuladas en términos programáticos, pero no hay duda de que reflejan un cambio cultural que apunta a la necesidad de revalorizar y «desgenerizar» el cuidado. Al hacerlo, cuestionan los tradicionales contornos de las esferas pública y privada, y de los géneros asociados a cada una de ellas. La deconstrucción del género pasa a ser así una tarea constitucional (Rubio Marín, 2015: 817). Precisamente, la «desgenerización» del cuidado y del nuevo modelo de masculinidad paterna que aquella reclama exige una reflexión demorada. Las páginas siguientes están dedicadas a esta cuestión.

---

134 El texto de la propuesta de una nueva Constitución Política de la República de Chile (rechazado en referéndum), elaborado por la Convención Constitucional en 2022, también otorgaba una importante centralidad al cuidado. En concreto, reconocía el valor social y económico del cuidado y del trabajo doméstico (artículo 49); sancionaba el derecho fundamental al cuidado, incluyendo el derecho a cuidar, a ser cuidada y a cuidarse desde el nacimiento hasta la muerte (artículo 50.1); y conminaba al Estado «a proveer los medios para garantizar que el cuidado sea digno y realizado en condiciones de igualdad y corresponsabilidad» (artículo 50.1) y a garantizar «este derecho a través de un Sistema Integral de Cuidados, normas y políticas públicas que promuevan la autonomía personal y que incorporen los enfoques de derechos humanos, de género e interseccional» con un sistema de «carácter estatal, paritario, solidario y universal, con pertinencia cultural" y un financiamiento «progresivo, suficiente y permanente» (artículo 50.2).

4.4. ¿HACIA UN NUEVO MODELO CONSTITUCIONAL DE MASCULINIDAD PATERNA?

Se ha celebrado que algunas constituciones recientes hagan referencia explícita a los derechos asociados no solo a las madres, sino también a los padres en calidad de cuidadores. En realidad, encontramos ejemplos de preceptos constitucionales más antiguos que también aluden a los progenitores y a sus deberes de cuidado de forma indiferenciada en cuanto al género[135]. La novedad, por tanto, reside más bien en el hecho de que las constituciones recientes no solo recurren a la utilización de términos genéricos (o a un universal masculino), sino que especifican la participación que se espera de los varones en el cuidado, haciendo mención expresa a la paternidad e incluso previendo los términos igualitarios de la estructura interna de la familia[136]. También resulta novedoso el lenguaje que se

---

135 Véase, por ejemplo, el párrafo 2 del artículo 6 de la Constitución de Alemania de 1949 («El cuidado y la educación de los hijos son el derecho natural de los progenitores y es un deber que les corresponde prioritariamente. El Estado velará por su cumplimiento») y el artículo 47.1 de la Constitución de Bulgaria de 1991 («La crianza y educación de los hijos hasta que alcancen la mayoría de edad será un derecho y una obligación de sus padres y contará con la asistencia del Estado»).

136 Véase en la Constitución de Venezuela de 1999 los artículos 75 («El Estado protegerá a las familias como asociación natural de la sociedad y como el espacio fundamental para el desarrollo integral de las personas. Las relaciones familiares se basan en la igualdad de derechos y deberes, la solidaridad, el esfuerzo común, la comprensión mutua y el respeto recíproco entre sus integrantes. El Estado garantizará protección a la madre, al padre o a quienes ejerzan la jefatura de la familia.») y 76 («La maternidad y la paternidad son protegidas integralmente, sea cual fuere el estado civil de la madre o del padre. Las parejas tienen derecho a decidir libre y responsablemente el número de hijos o hijas que deseen concebir y a disponer de la información y de los medios que les aseguren el ejercicio de este derecho. El Estado garantizará asistencia y protección integral a la maternidad, en general a partir del momento de la concepción, durante el embarazo, el parto y el puerperio, y asegurará servicios de planificación familiar integral basados en valores éticos y científicos»). Véase también el artículo 69 de la Constitución de Ecuador de 2008 («1. Se

refiere no ya a la igualdad de derechos, sino a la corresponsabilidad y a la igualdad de oportunidades dentro del matrimonio, discurso que refrenda la incorporación de la lógica de la igualdad sustantiva en el ámbito familiar[137].

Ciertamente, los debates constitucionales en torno al cuidado y a la nueva paternidad no son exclusivos de los contextos en los que se aprueban las nuevas constituciones. El cambio de siglo también los ha visto pasar a un primer plano en las viejas democracias constitucionales de la mano del auge de demandas de medidas para garantizar una distribución más equitativa de las obligaciones de cuidado y también, en general, un equilibrio más adecuado entre

promoverá *la maternidad y paternidad responsables*; la madre y el padre estarán obligados al cuidado, crianza, educación, alimentación, desarrollo integral y protección de los derechos de sus hijas e hijos, en particular cuando se encuentren separados de ellos por cualquier motivo. [...] 5. El Estado promoverá *la corresponsabilidad materna y paterna* y vigilará el cumplimiento de *los deberes y derechos recíprocos* entre madres, padres, hijas e hijos» —las cursivas son mías—) y el artículo 64.1 de la Constitución de Bolivia de 2009 («Los cónyuges o convivientes tienen el deber de atender, en igualdad de condiciones y mediante el esfuerzo común, el mantenimiento y responsabilidad del hogar, la educación y formación integral de las hijas e hijos mientras sean menores o tengan alguna discapacidad»). Véase también el artículo 68 de la Constitución de Portugal revisada en 1992 («1. Los padres y las madres tienen derecho a la protección de la sociedad y el Estado en el desempeño de su papel insustituible en relación con sus hijos, particularmente en lo que respecta a su educación, junto con la garantía de su propia realización profesional y participación en la vida cívica. 2. La maternidad y la paternidad constituyen valores sociales eminentes. 3. Las mujeres tienen derecho a una protección especial durante el embarazo y después del parto, y las trabajadoras también tienen derecho a un período adecuado de licencia de trabajo, sin pérdida de su remuneración ni de cualquier privilegio. 4. La ley regulará la atribución del derecho de madres y padres a un período de licencia de trabajo por un período adecuado, de acuerdo con los intereses del niño y las necesidades del hogar»).

137 Véase el artículo 62 de la Constitución de Bolivia de 2009 («El Estado reconoce y protege a las *familias* como núcleo fundamental de la sociedad, y garantizará las condiciones sociales y económicas necesarias para su desarrollo integral. Todos sus integrantes tienen *igualdad de derechos, obligaciones y oportunidades*» —las cursivas son mías—).

el trabajo y la vida familiar. Entre estas medidas —de carácter predominantemente legislativo— se incluyen las licencias parentales y familiares remuneradas (cada vez más extensas y neutras en lo que respecta al género), las licencias específicas de paternidad, los mecanismos para alentar a los hombres a tomar dichas licencias y la determinación de su carácter intransferible. En general, el progreso es lento. Si tomamos las licencias de paternidad y de maternidad como ejemplo, observamos que las primeras son, en su mayoría, de naturaleza voluntaria y mucho más breves que las segundas. Parece que predomina la idea de que, si bien es cada vez más importante, el papel del hombre en el cuidado y la crianza de los hijos aún sigue teniendo un carácter subsidiario. Se diría que la tradición de incluir el embarazo, el parto, la lactancia y la crianza en un concepto único y global de maternidad ha acabado dificultando la diferenciación entre las distintas tareas y funciones. Y ello a pesar de que tal diferenciación se torna cada vez más necesaria ante la proliferación de diversas formas de paternidad y maternidad —pensemos en las que aportan la adopción y las técnicas de reproducción asistida—, así como la superación gradual de los roles tradicionales de género. En todo caso, sobra decir que las políticas que se están adoptando para materializar esa superación han sido aprobadas en muchos países por el legislador y sin mayor injerencia constitucional. Este es, desde luego, el caso de muchos de los países del norte de Europa que han liderado el impulso de la asunción colectiva y masculina de las cargas vinculadas a los cuidados, muchos de los cuales carecen de una sólida tradición de derechos fundamentales[138]. No obstante, en otras latitudes el avance de esta agenda ha ido de la mano de litigios constitucionales en los que, de nuevo, se han esgrimido argumentos tanto para apoyar el cambio como para frenar la transformación.

---

[138] Por lo que respecta a las licencias parentales, Noruega fue el primer país del mundo en adoptar una «cuota paterna» en 1993, e Islandia fue pionera en la adopción de un permiso parental que, de forma obligatoria, se atribuye al padre en igual proporción (Gíslason y Eydal, 2011).

En efecto, en algunas democracias constitucionales avanzadas hay debates en curso acerca de la conveniencia de adoptar reformas constitucionales que permitan reconocer debidamente la centralidad del cuidado y la relevancia social del trabajo reproductivo, así como superar anticuados constructos sobre la ciudadanía de las mujeres. Tal es el caso de Irlanda, por ejemplo, que ha experimentado una auténtica «revolución constitucional de género» en los últimos años de la mano de dos referéndums, uno celebrado en 2015 y otro en 2018, que condujeron a sendas enmiendas constitucionales de la antigua Constitución de 1937 y que permitieron el reconocimiento legal tanto del matrimonio entre personas del mismo sexo como del aborto. Fascinantes, aunque menos conocidas, son las discusiones —aún vivas— sobre el futuro del artículo 41 de la Constitución, seguramente una de las expresiones más explícitas del antiguo modelo tradicional de familia en el constitucionalismo occidental. Este precepto dispone: «El Estado reconoce que, a través de su vida dentro del hogar, la mujer le presta al Estado una contribución sin la cual no se puede alcanzar el bien común» y que, por lo tanto, este «debe esforzarse por garantizar que las madres no se vean obligadas por necesidad económica a trabajar descuidando sus deberes en el hogar»[139]. El debate se ha centrado en si esta disposición debe eliminarse por completo o mantenerse en términos neutrales en cuanto al género y hacer referencia al cuidado más allá del que se presta en el hogar, de modo que se ponga de manifiesto su importancia para la reproducción social y la comunidad[140]. Interesa subrayar que esta última opción fue la que contó con el apoyo de una

---

139 En otros países hay disposiciones similares. Véase, por ejemplo, el artículo XIII. 14 de la Constitución de Filipinas de 1987, referido a la necesidad de «proteger a las mujeres trabajadoras proporcionándoles condiciones de trabajo seguras y saludables, teniendo en cuenta sus funciones maternas, y las instalaciones y oportunidades que mejoren su bienestar y les permitan desarrollar todo su potencial al servicio de la nación».

140 Suteu (2017: 31). Véase también Doyle (2018: 205), para quien esta disposición sencillamente ha caído en desuso y ha perdido su fuerza normativa.

abrumadora mayoría en una convención constitucional participativa que tuvo lugar en 2013.

Las posibilidades que ofrece la reforma constitucional en las viejas democracias son, en todo caso, limitadas, sobre todo si tenemos en cuenta que en los sistemas federales la regulación del marco normativo de la familia con frecuencia es competencia del legislador infraestatal[141]. Más conducente puede ser la interpretación constitucional a la hora de abrir vías que permitan afrontar tanto las diferenciaciones explícitas (basadas en el sexo y relativas al cuidado) que aún persisten en muchos ordenamientos jurídicos, como el abanico de normas legales formalmente neutras que, no obstante, continúan configurando las relaciones interpersonales y las expectativas en torno al cuidado, contribuyendo así a perpetuar los tradicionales roles de género.

A) La eliminación de las diferencias de sexo relativas al cuidado en el ordenamiento jurídico

La inmensa mayoría de los sistemas legales siguen trazando enormes diferencias entre las licencias y permisos de cuidados que se otorgan a ambos progenitores. Sin embargo, resulta cada vez menos claro que tales diferenciaciones puedan considerarse siempre «objetivamente justificadas», sobre todo en la medida en que no se refieran únicamente al tiempo estrictamente necesario para la recuperación física de la madre después del parto o a las necesidades vinculadas a la lactancia natural. No debe extrañar, por tanto, que los permisos se hayan convertido en un fecundo campo de batalla.

---

141 Así, aunque en algunos países como Australia (véanse las secciones 51 [xxi] y [xxii] de la Constitución) es el legislador federal el encargado de regular el derecho de familia, los sistemas federales con frecuencia delegan las competencias de bienestar, salud y familia en los entes infraestatales. Se ha argumentado que esta división competencial a menudo deja a las mujeres «fuera de la esfera discursiva de la comunidad constitucional», confinando sus intereses y necesidades al ámbito local. Véase, al respecto, Irving (2008: 69, 74). Véase también Resnik (2002: 393) y Vickers (2017: 188).

A título de ejemplo, en Italia encontramos una serie de casos que hacen extensibles los permisos de maternidad a los padres, a pesar de que la Constitución de 1947 sanciona explícitamente la importancia de los deberes de maternidad, y no de paternidad, dentro de la familia. Estos casos se han venido sucediendo desde finales de la década de los ochenta y principios de los noventa mediante el recurso a una lectura conjunta del principio de igualdad entre los sexos del artículo 3 de la Constitución y el reconocimiento de la igualdad entre los cónyuges en el matrimonio del artículo 29, y han comportado el abandono de la distinción entre los campos de aplicación de ambos artículos sostenida previamente por la Corte Constitucional italiana, que había argumentando que, en materia de familia, el precepto pertinente era el artículo 29 y no el artículo 3. El artículo 29 haría referencia a la igualdad de la mujer dentro de la entidad familiar y tendría una lógica propia y específica —una lógica que, en ocasiones, justificaba la prevalencia de «intereses familiares» como la unidad familiar—, mientras que el artículo 3 sería relevante para el logro de la igualdad de las mujeres como individuos dentro de la sociedad[142].

En los últimos años, este giro hermenéutico ha propiciado que la Corte Constitucional haya abandonado el «excepcionalismo familiar» y la atención exclusiva en la maternidad para considerar la relación entre padres e hijos más allá de los tradicionales roles de género[143], lo cual ha permitido a los padres beneficiarse en

---

142 Véase Sentenza 126/1968 (16 de diciembre de 1968) y Sentenza 147/1969 (27 de noviembre de 1969). Ambas versan sobre el trato diferencial que la norma otorga a la esposa adúltera. Esta separación entre lo público y lo privado, que oculta la interrelación entre la esfera social y familiar, persistió hasta que la Corte comenzó a abordar el tema de las necesidades de conciliación de los padres trabajadores. Es en este punto donde vemos que los límites entre lo público y lo privado comienzan a difuminarse y que la Corte empieza a resolver los casos desde una lectura conjunta de los artículos 3 y 29. Véase, por ejemplo, Sentenza 341/1991 (11 de julio de 1991), Sentenza 179/1993 (2 de abril de 1993) y Sentenza 385/2005 (11 de octubre de 2005).

143 Véase Sentenza 1/1987 (14 de enero de 1987), que establece un derecho a la licencia de paternidad remunerada y al descanso diario remunerado para

cierta medida de los derechos y obligaciones que la Constitución reconoce a los progenitores en general[144]. A pesar de ello, la consecución de la plena igualdad entre madres y padres aún parece lejana: ni el legislador la ha previsto ni la Corte Constitucional italiana ha considerado que esta desigualdad sea intrínsecamente problemática[145]. Así, a pesar de que en casi todos los casos que se han planteado ante la Corte, esta ha optado por extender licencias de maternidad a aquellos padres demandantes que así lo hubieran solicitado (en ocasiones, aludiendo incluso de forma explícita a los cambios en las percepciones de los roles de género[146]), lo cierto

---

los padres biológicos empleados como trabajadores por cuenta ajena en caso de muerte o enfermedad grave de la madre trabajadora por cuenta ajena. La Corte argumentó que no hacerlo sería discriminar a los padres trabajadores y a los menores que solo pueden ser cuidados por sus padres.

144 En la línea jurisprudencial de la Sentenza 1/1987, véase también Sentenza 341/1991, que incluyó a los padres adoptivos entre los trabajadores por cuenta ajena a quienes les era permitido acceder a la licencia de paternidad remunerada; Sentenza 179/1993, que amplió el alcance del derecho al descanso diario remunerado de los padres biológicos empleados por cuenta ajena, más allá de los casos de viudedad o enfermedad grave de la madre a los que se refería la Sentenza 1/1987, para abarcar todas las situaciones en las que la madre hubiera renunciado a su derecho al descanso diario remunerado; y Sentenza 385/2005, donde se reconoce a los padres trabajadores autónomos el derecho a la licencia de paternidad retribuida como alternativa a la de las madres autónomas, siempre que estas últimas hayan renunciado a su derecho. Véase también Sentenza 105/2018 (11 de abril de 2018), que confirmó esta doctrina.

145 De hecho, una lectura atenta de la jurisprudencia de la Corte Constitucional italiana muestra una narrativa que pone en primer plano el principio del interés superior del menor mucho más que la igualdad de género y que además interpreta que el acceso preferencial de la madre a los permisos en los primeros meses de vida está justificado por dicho interés. Esto resulta particularmente visible en las sentencias 341/1991, 179/1993 y 385/2005.

146 Véase, por ejemplo, Sentenza 179/1993, donde se afirma literalmente que «sin pasar por alto la función social de la maternidad, el interés superior del menor ha adquirido cada vez más importancia y —una vez superada la visión rígida sobre los diferentes roles de los progenitores y la prioridad absoluta de la madre— se reconoce la igualdad de derechos y obligaciones a ambos cónyuges, junto con su mutua implicación en el cuidado y la crianza psicofísica del menor» (§ 3).

es que, por regla general, a los padres se les ha permitido obtener prestaciones relacionadas con el cuidado de los hijos sobre todo en casos de paternidad adoptiva o de forma subsidiaria, es decir, cuando las madres naturales trabajadoras renunciaban a esos beneficios o no podían disfrutar de ellos. A la hora de justificar las diferencias que todavía hoy perviven, la Corte Constitucional ha esgrimido la necesidad de proteger la salud de la madre y su presencia durante el primer año de vida del niño, apelando literalmente a «la llamada de la naturaleza» y también al interés superior del menor[147]. La Corte, en definitiva, ha admitido que la función del padre se considera subsidiaria y ha desestimado, por tanto, la pretensión de que sean las parejas las que libre y conjuntamente decidan cuál de los dos ha de disfrutar la mayor parte de la licencia, ignorando también los argumentos basados en la igualdad de género[148].

Son muchos los países que actualmente están reformando su sistema de licencias para que los hombres puedan acceder a ellas con mayor frecuencia y a través de diversas vías: avanzando en la igualación, incrementando los niveles de cobertura salarial, estableciendo licencias de paternidad obligatorias o licencias parentales con períodos parcial o plenamente intransferibles. Con todo, aún estamos lejos de que la plena equiparación entre las licencias de paternidad y maternidad se convierta en la regla general (con la salvedad, tal vez, de las diferencias que puedan justificarse en términos estrictamente biológicos). Desde luego, no puede afirmarse que, hasta el momento, esta batalla se haya ganado en el ágora constitucional, ni siquiera en aquellos países en los que la

147 Véase Sentenza 150/1994 (14 de abril de 1994).

148 Véase Sentenza 285/2010 (20 de julio de 2010). Esta sentencia, no obstante, reconoce la importancia de incluir a los padres en el disfrute de las licencias en aras del interés del menor —al menos cuando sean ellos quienes, en su condición de viudos, se encarguen de cuidar—, aunque al mismo tiempo les otorgue un rol subsidiario con respecto al de las madres, lo cual hace difícil abandonar viejos estereotipos. Véanse las sentencias de la Corte Suprema de Justicia de Costa Rica n.° 15127-2016 (14 octubre de 2016) y n.° 12546-2018 (3 de agosto de 2018). Véase, además, Facio (2024: 62).

jurisprudencia ha construido una sofisticada narrativa argumental sobre los nuevos modelos de paternidad. Basta mencionar el caso de Colombia, donde la Corte Constitucional, en una sentencia que invalidó los términos de un nuevo permiso de paternidad (que la ley condicionaba a que el padre estuviera casado o pudiera demostrar dos años de convivencia con la madre), se refirió sin ambages a la «revolución masculina» del fin del milenio y a «una nueva generación de padres [que] ha descubierto que pueden involucrarse en la crianza de sus hijos de la misma forma en que lo hace la madre y sin afectar su virilidad», así como a un modelo emergente de «"paternidad comprometida", caracterizada por la existencia de sentimientos y conductas responsables respecto del hijo, compromiso emocional, accesibilidad física, apoyo material»[149]. Cierto es que, en todo caso, las demandas de los padres cuidadores se están impulsando en cada vez más sistemas constitucionales. En países como España, donde, en coherencia con la interpretación maternalista acomodaticia de la cláusula de la igualdad, existe una larga tradición de justificar las prestaciones reservadas a mujeres como medidas positivas para favorecer su integración en el mercado laboral[150], se ha verificado un aumento de litigios —y algunos votos particulares formulados en sentencias constitucionales— en los

---

149 Sentencia C-273-03 (1 de abril de 2003). La jurisprudencia relacionada con el caso anterior abarca otras decisiones posteriores, como Sentencia C-174/09 (18 de marzo de 2009), Sentencia C-663/09 (22 de septiembre de 2009) y Sentencia C-383/12 (24 de mayo de 2012).

150 Véanse, por ejemplo, las decisiones del Tribunal Constitucional español SSTC 109/1993 y 187/1993. En ambos casos, los trabajadores varones alegaron discriminación por razón de sexo porque el Estatuto de los Trabajadores (reformado posteriormente para incluir a los hombres, atendiendo a la jurisprudencia del Tribunal de Justicia de la Unión Europea) solo permitía a las mujeres ajustar su horario de trabajo para alimentar a un recién nacido, ya fuera de manera natural o artificial. En ambos casos, el Tribunal argumentó que la norma se había adoptado para compensar la situación desfavorable de la mujer en el mercado laboral en vista de las estadísticas que mostraban que las mujeres tienen más dificultades que los hombres para trabajar después del nacimiento de los niños. La decisión mayoritaria no fue completamente ajena a esta realidad, pero afirmó que la ley se ocupaba de las relaciones laborales

que por fin se defiende la tesis de que solo las diferencias estrictamente biológicas, y no las que reflejan estereotipos de género en torno al cuidado, son dignas de ser acomodadas, por lo que en principio habría que proceder a la plena equiparación de las licencias de cuidado parental por imperativo constitucional[151].

---

y no de la organización familiar ni del reparto de responsabilidades entre los progenitores.

151 Véase el voto particular de la jueza María Luisa Balaguer Callejón en la sentencia del Tribunal Constitucional español STC 117/2018. Entre los recurrentes figuraba una organización dedicada explícitamente a la defensa de los derechos de los padres. En la decisión, Balaguer Callejón, una académica de trayectoria consolidada en el campo del constitucionalismo feminista, argumentó que el sistema de permiso de 16 semanas para la madre y 13 días para el padre vigente en aquel momento tenía un impacto discriminatorio, dado que incidía negativamente en las oportunidades laborales de las mujeres, así como en la necesidad de proteger el vínculo entre los padres y sus descendientes. Véase también la STC 75/2011, que distingue entre licencias de maternidad —consideradas por el Tribunal como medidas de acción afirmativa para proteger a las trabajadoras que dan a luz, permitiéndoles conciliar su vida familiar y laboral sin riesgo para su salud ni de ser objeto de discriminación (amparadas por el principio de igualdad del artículo 14 de la Constitución)—, y la licencia parental en caso de adopción, que no diferencia entre los sexos y que el Tribunal vincula al deber que tienen los poderes estatales de proteger la familia (artículo 39.1). La sentencia no reconoce, sin embargo, los derechos parentales del padre, dado que entiende que no están vinculados al artículo 14 ni al 39, a pesar de que la norma cuestionada preveía la posibilidad de que la madre delegara el permiso a favor del padre, salvo en el preceptivo período de licencia de maternidad (posiblemente la única distinción que pueda justificarse en atención a la necesaria recuperación biológica de la madre). En la misma línea, véanse las SSTC 11/2018, 117/2018, 138/2018 y 2/2019, en las que se desestiman los recursos planteados por madres y padres y por la Plataforma por Permisos Iguales e Intransferibles de Nacimiento y Adopción (PPiiNA). El Tribunal volvió a esgrimir la distinta finalidad que en teoría persiguen la licencia de maternidad —protección de la mujer trabajadora durante el embarazo, parto y puerperio— y la de paternidad —favorecer la conciliación de la vida personal, familiar y laboral—. En Ecuador, la Corte Constitucional también ha ordenado al legislador que corrija la desigualdad de los permisos (12 semanas para la mujer frente a 10 días para el varón), aludiendo al riesgo de perpetuar estereotipos de género y a las dificultades que encuentran las mujeres para su reinserción y para garantizar la permanencia laboral (Sentencia 3-19-JP/20,

En todo caso, este tipo de litigio constitucional plantea la cuestión de quiénes son verdaderamente los titulares de derechos afectados. En ocasiones, los tribunales se prestan a apelar rápidamente a los intereses del menor como objeto de tutela preferente, aunque, a la hora de la verdad, con frecuencia acaban suscribiendo de forma más o menos explícita, una u otra visión de las relaciones de género cuando concretan las exigencias asociadas al «interés superior del menor»[152]. En aquellos regímenes que han optado por una lectura simétrica de la prohibición de la discriminación sexual, y solo en ellos, cabe pensar que las distinciones que perjudican al padre y que no están biológicamente justificadas constituirán necesariamente discriminaciones por motivos de sexo. En cambio, en aquellos regímenes que han optado por un enfoque asimétrico y que han puesto el énfasis en la antisubordinación, las dificultades para aceptar las demandas de discriminación sexual que plantean los varones son mayores porque no son reconocidos como colectivo históricamente discriminado. Por ello, en estos regímenes se

---

n35 y acumulados, párr. 6). La misma Corte también ha dictado una sentencia —que ha sido objeto de crítica por parte de un sector feminista— en la que anula los preceptos del Código de la Niñez y Adolescencia que otorgan preferencia a la madre en la custodia de los hijos en los casos de separación, aludiendo al principio de corresponsabilidad parental y a la necesidad de superar estereotipos de género y de decidir caso a caso en atención a los intereses del menor (Sentencia 28-15-IN/21; Salazar Marín, 2024: 116-17).

152 Resulta especialmente importante tener en cuenta esa visión relacional en los supuestos en los que el ejercicio de las potestades vinculadas a la paternidad pueda instrumentalizarse como forma de subordinar o herir a la madre, como sucede en los llamados casos de violencia vicaria, no solo porque no es justo sacrificar los intereses de las madres, sino tambien porque cabe genuinamente dudar de que un padre violento pueda efectivamente ser un «buen padre» para sus hijos. Desafortunadamente, el Tribunal Constitucional español no hila fino en la materia cuando, en su sentencia STC 106/2022, vuelve a abrir un margen de discrecionalidad para los jueces que el legislador quiso reducir (Rubio Marín y Salazar Benítez, 2024). Frente a este modo de proceder, reacciona de manera contundente el voto concurrente de Balaguer, Xiol y Montalbán, quienes avalan la necesidad de incorporar una perspectiva feminista en la interpretación.

validan con frecuencia las diferenciaciones que aún existen como forma de compensar legítimamente a las mujeres por la discriminación social que sufren y en atención a una realidad estadística que evidencia que ellas siguen dedicando más tiempo al cuidado y son las que con mayor frecuencia disfrutan de los permisos disponibles. Con todo, no hay que descartar que, de forma progresiva, tanto la preocupación por evitar que se perpetúen los estereotipos de género sobre el cuidado como el genuino interés en la garantía de la igualdad de oportunidades de las mujeres acaben limitando el ámbito de diferenciaciones válidas. Del mismo modo, resulta posible sostener que una lógica de antisubordinación o de igualdad sustantiva no tiene por qué ser incompatible con el reconocimiento de que, posiblemente, privar a los hombres de las mismas oportunidades de cuidado representa uno de los pocos casos reales de discriminación por razón de sexo contra ellos. Ello requeriría, claro está, una revaloración previa del cuidado y la crianza como actividades que los modelos tradicionales de masculinidad no pensaban para los hombres y que no deben ser ni ignoradas ni conceptualizadas únicamente como cargas que dificultan el desarrollo profesional. Por el contrario, habría que valorarlas como una dimensión importante de las capacidades del ser humano que tanto hombres como mujeres deberían poder desarrollar. Esta inflexión interpretativa se vería facilitada si la discriminación basada en las responsabilidades familiares o el cuidado fuera concebida como una forma de discriminación prohibida constitucionalmente que amparara a la persona cuidadora, independientemente de su sexo o género.

B) Desvelar el código de género implícito de las normas jurídicas que rigen las relaciones interpersonales

La eliminación de las distinciones sobre los roles de cuidado, que aún encontramos de forma expresa en los ordenamientos jurídicos a partir de la nueva dogmática constitucional de la igualdad, sería fundamental para comenzar a desmontar los roles de género. El cometido permanecerá incompleto a menos que vaya acompañado del reconocimiento de que un ordenamiento jurídico formalmente neutral (que, por tanto, no diferencie entre hombres y mujeres como madres y padres) no es suficiente para superar las múltiples formas a través de las que nuestros sistemas legales articulan el tejido de las relaciones interpersonales y las preconcepciones sobre los roles de cuidado en los que se asientan. Por ello, es imperativo ir más allá de la igualdad formal en las normas que rigen la esfera privada. Es necesario, también, abandonar la quimera de la neutralidad estatal y levantar el velo de la intimidad familiar para configurar un ordenamiento verdaderamente libre de estereotipos y expectativas de género sobre el cuidado y la maternidad/paternidad. También resulta pertinente, si no perentorio, otorgar mayor consideración al trabajo reproductivo y superar la rígida separación entre trabajo productivo y reproductivo.

Sin embargo, observamos que en los litigios constitucionales los tribunales se han mostrado recurrentemente reacios a interpretar el mandato de igualdad teniendo en cuenta el impacto que tienen las normas formalmente neutras en la valoración y distribución del trabajo de cuidados. Dichas normas se encuentran en los ámbitos más variados, ente ellos el derecho laboral y de la seguridad social, el derecho tributario o el derecho de familia (pensemos, por ejemplo, en la normativa sobre el divorcio y las pensiones alimenticias). El problema es que no podemos seguir ignorando el efecto cumulativo de toda esta normativa en el afianzamiento de los patrones tradicionales de género. Y aunque el principio de la transversalidad de género, con el que muchas democracias contemporáneas están comprometidas en la actualidad, debería hacer visibles tales efectos y generar una revisión integral del ordenamiento jurídico, lo cierto es que no está claro que los sistemas constitucionales doten a la ciudadanía de instrumentos suficientes para impulsar dicha reforma en caso de inacción legislativa. Ha habido incluso ocasiones en las que, cuando el legislador ha tomado por fin la iniciativa, se ha recurrido a razonamientos constitucionales para frenar los cambios y defender las reglas tradicionales con el argumento de que no correspondía al Estado intervenir en los arreglos familiares «libremente acordados», sin tener en cuenta que, lejos de ser neutras, aquellas normas acababan en realidad favoreciendo algunos modelos familiares y de cuidados frente a otros. Solo más recientemente encontramos ejemplos de tribunales constitucionales que se apartan de su doctrina precedente, no tanto para permitir recursos de litigantes que deseen promover los cambios necesarios, pero sí al menos para frenar a quienes pretenden obstaculizar que las reformas legislativas avancen hacia la igualdad de género.

A este respecto, la evolución de la jurisprudencia del Tribunal Constitucional Federal de Alemania (TCFA) es reveladora. Desde el principio de su andadura, el Tribunal había defendido la necesidad de garantizar la neutralidad estatal en los asuntos familiares, una «neutralidad» que en realidad favorecía abiertamente el modelo de familia basado en el sustento masculino como opción preferente. Tomemos el ejemplo de la legislación fiscal (Wersig, 2011). Tradicionalmente, en Alemania existía un sistema impositivo cumulativo para las parejas casadas que sumaban los ingresos de ambos cónyuges a efectos fiscales. Dado el carácter progresivo del sistema impositivo, dicho sistema perjudicaba tanto a las parejas casadas como a las familias con dos ingresos, lo que llevó al Tribunal Constitucional Federal a anularlo[153]. En su lugar, se adoptó un sistema que permitía dividir en dos las ganancias totales de la pareja y calcular el total del impuesto adeudado multiplicando por dos la cantidad calculada sobre la base de la mitad de los ingresos conjuntos. Este método hacía que no fuera rentable para ambos cónyuges seguir trabajando a menos que tuvieran ingresos igualmente altos y, por lo tanto,

---

[153] Véase BVerfGE 6, 55 (17 de enero de 1957). De hecho, el propósito explícito de la tributación conjunta, que se remonta a la época del nacionalsocialismo, había sido disuadir a las esposas de ingresar en el mercado laboral (Rodríguez Ruiz y Sacksofsky, 2005: 163). Un sistema tributario similar también fue recurrido con éxito en España (véase STC 45/1989).

fomentaba arreglos familiares de corte tradicional, por lo que su «neutralidad» era ilusoria[154].

A pesar de que el TCFA aún no haya abandonado retóricamente su compromiso con la neutralidad estatal y con la autonomía de la pareja en la organización interna de la familia, su jurisprudencia del nuevo milenio ha reconocido por fin que, en realidad, es imposible mantener una neutralidad estricta y muestra una mayor disposición a priorizar el mandato constitucional de igualdad de género en el seno de la familia. Al igual que en Italia, este cambio jurisprudencial ha ido acompañado de nuevas construcciones dogmáticas centradas en el derecho a la igualdad (artículos 3 [2] y 3 [3]) y la doctrina antidiscriminatoria construida en torno al mismo en lugar de basarse, como antes, en el artículo sobre la familia (artículo 6)[155].

---

154 Otras reglas fiscales formalmente neutras, pero con un impacto de género dispar, también han sido objeto de litigio tanto en Alemania como en muchas otras jurisdicciones, aunque con un éxito bastante limitado. Véase, por ejemplo, BVerfGE 41, 1 (11 de octubre de 1977), que denegó a las madres con ingresos propios el derecho a la deducción fiscal por los gastos derivados del cuidado de sus hijos. En el caso de Canadá, véase *Symes vs. Canada* (1993), donde una mujer de negocios impugnó sin éxito la imposibilidad de deducir los gastos de cuidado infantil según la tarifa más alta que la ley preveía para los gastos de la actividad empresarial, y *Thibaudeau vs. Canada* (1995), otra impugnación fallida de la norma del reparto de ingresos que exigía a la madre que tenía la custodia de sus hijos agregar los pagos de manutención a su ingreso tributable, permitiendo al padre divorciado computarlos como deducción.

155 Esta nueva jurisprudencia se basa sobre todo en casos de discriminación de género en el ámbito laboral, como los relacionados con el impacto que tienen los tiempos destinados a la crianza de los hijos y el trabajo a tiempo parcial sobre los planes de pensiones. Véase, por ejemplo, BVerfGE 113, 1 (5 de abril de 2005), sobre pensiones y período legal de crianza de los hijos; BVerfGE 121, 241 (18 de junio de 2008), sobre pensiones de funcionarios públicos a tiempo parcial; BVerfG, 1 BvR 1409/10 (28 de abril de 2011), sobre pensiones de profesionales y la omisión de la protección de la maternidad. En todos estos casos, el Tribunal alemán analiza las raíces de la desigualdad de género y, con base en una interpretación contextual y de carácter sustantivo, pone de manifiesto que la división sexuada del trabajo y la falta de guarderías, entre otros, explican por qué las mujeres suelen interrumpir su vida laboral para cuidar a sus hijos, por qué optan con más frecuencia por el trabajo a tiempo parcial y por qué las

Parte de esta nueva jurisprudencia tiene su origen en los recursos interpuestos frente a medidas legislativas adoptadas con el propósito explícito de subvertir los roles familiares tradicionales y alentar una paternidad enfocada en la crianza de los hijos y el cuidado, y no solo en la generación de ingresos. En este sentido, resultan ilustrativos varios asuntos relacionados con la reforma legislativa en materia de permisos parentales adoptada en 2006, que buscaba modificar el método de cálculo de los subsidios parentales precisamente para incentivar la rotación entre los cónyuges a la hora de tomar dichos permisos. El nuevo sistema fue atacado por aquellos progenitores que pretendían defender los roles tradicionales amparándose en las nociones de intimidad familiar y neutralidad estatal que el TCFA había perfilado con anterioridad y que habían servido para defender el modelo de familia basado en el sustento masculino. Sin embargo, en este caso, el Tribunal validó la legislación e interpretó que la superación de los roles tradicionales en torno al cuidado constituía el mejor modo de materializar el principio de igualdad de género consagrado en la ley fundamental[156].

No debe extrañar que esta evolución doctrinal, que desafía la hegemonía del modelo de familia basada en el sustento del varón, haya venido acompañada de un renovado compromiso con la igualdad de género, con vocación de aplicación en las relaciones familiares, y de una reevaluación de la figura paterna en términos de expectativas de cuidado. Hasta la década de los ochenta, el TCFA había avalado la visión del rol secundario de los padres frente a las madres en la crianza de los hijos en una serie de decisiones relativas a los derechos de los padres respecto a sus hijos naturales. Estas decisiones

---

normas que no tienen en cuenta estas circunstancias acaban perjudicándolas directa o indirectamente. Véase Röhner (2019), sobre la igualdad de género en el constitucionalismo alemán (161 ss.) y, en especial, sobre discriminación indirecta por razón de sexo con relación a los planes de pensiones y el trabajo familiar (210 ss.).

156 Véase BVerfGE, 1 BvR 2712/09 (6 de junio de 2011). Véase también BVerfGE, 1 BvR 1853/11 (9 de noviembre de 2011), y BVerfGE, 1 BvL 15/11 (19 de agosto de 2011).

parecían basarse en la idea de la conexión indirecta entre padres e hijos, una conexión mediada necesariamente por la relación entre aquellos y la madre de los hijos[157]. Sin embargo, esta orientación comenzó a cambiar paulatinamente a partir de la década de los noventa[158], cuando por fin se reconoció el papel central de la paternidad en beneficio del padre y del bienestar del niño[159].

---

157 Véase BVerfGE 56, 363 (24 de marzo de 1981). En estos casos, el TCFA declaró la constitucionalidad de la legislación vigente que concedía a las madres la custodia exclusiva de los hijos nacidos fuera del matrimonio, incluso cuando los progenitores vivían juntos y deseaban compartir la custodia. Al hacerlo, el Tribunal destacó la importancia del vínculo que desde el nacimiento se establece entre madre e hijo y la necesidad de evitar la discordia que puede darse cuando se otorga a los padres derechos que pueden ejercer frente a las madres. Por aquel entonces, nada de esto se consideraba contrario al precepto de igualdad de género (artículo 3 [2] GG), a pesar de que la jurisprudencia partiera del sobreentendido de que el vínculo entre el padre y sus hijos se construía solo indirectamente a través de la relación con la madre. El TCFA reiteraría esta línea jurisprudencial en 2003 (véase BVerfGE 107, 150 y BVerfG, 1 BvL 20/99 [29 de enero de 2003]), invalidada, sin embargo, por el Tribunal Europeo de Derecho Humanos en *Zaunegger v. Germany*, demanda n.° 22028/04 (2010).

158 Véase, por ejemplo, BVerfGE 84, 168 (7 de mayo de 1991), en la que el Tribunal confirmó que, como regla general, se les debe otorgar a las madres solteras la custodia exclusiva de sus hijos, pero que debe permitirse la custodia compartida entre madre y padre cuando ambos opten por ella de común acuerdo.

159 Véase, por ejemplo, BVerfGE 114, 357 (25 de octubre de 2005). Véase también, para Sudáfrica, *Fraser vs. Children's Court, Pretoria North and Others* (1997), que declara la constitucionalidad de una disposición legal que no requería el consentimiento del padre para dar en adopción a un menor nacido fuera de una relación matrimonial sin tener en cuenta ninguna otra circunstancia, como la edad del menor o la relación entre el padre y el menor. También cabe resaltar que una responsabilidad parental limitada respecto a los hijos nacidos fuera del matrimonio puede traducirse en una sobrecarga de responsabilidades para la madre en términos financieros y de cuidados. Véase, por ejemplo, la decisión de la Corte Constitucional de Indonesia (46/PUU-VIII/2010, párr. 3.13), que proporciona una interpretación conforme a la Constitución del artículo 43 (1) de la Ley de matrimonio de Indonesia de 1974 —en función de la cual los hijos nacidos fuera del matrimonio solo tendrían una relación legal civil con la madre y su familia—, de forma que se incluya también al padre y a su familia, al considerar que ambos progenitores son responsables del cuidado del menor y que no debe negarse el apoyo de ambos padres biológicos

En general, si bien hay que celebrar esta evolución por su claro potencial emancipatorio para mujeres y hombres por igual, también es preciso formular algunas cautelas al respecto. Nos referimos concretamente a la cuestión que ya se apuntó en la sección 2.2 del capítulo 2, es decir, a la necesidad de distribuir adecuadamente los costes intrínsecos a las transiciones hacia órdenes de género más igualitarios. Hacerlo es conveniente para no coartar aún más el proyecto de vida de aquellas generaciones que ya se vieron desfavorecidas bajo el régimen discriminatorio que se intenta reemplazar. La verdadera transformación depende de una labor de reevaluación del cuidar y ser cuidado como bienes primarios de interés universal, al igual que de la asunción colectiva de las necesidades de cuidados de nuestra especie de la mano de una reconsideración del vínculo entre el cuidado, la masculinidad y la ciudadanía (Salazar Benítez, 2013). Sin embargo, considerando los actuales sesgos de género presentes en los patrones de cuidado y la insuficiente participación pública en la reproducción social —así como las consiguientes desventajas socioeconómicas que de ello se derivan para las mujeres cuidadoras—, es importante que se introduzcan los cambios de manera tal que los hombres que hasta ahora no habían optado por una paternidad enfocada en el cuidado no se vean privilegiados por normas que, mirando hacia el futuro, fomentan una nueva paternidad frente a aquellas mujeres que han volcado sus vidas en el cuidado, a menudo a expensas de la renuncia o la grave limitación de sus oportunidades profesionales.

---

a los hijos que nacen fuera del matrimonio. Véase también *Trociuk vs. British Columbia (Attorney General)* (2003), un caso en el que un hombre invocó con éxito el principio de igualdad de la Carta Canadiense de Derechos y Libertades (sección 15, derecho a la no discriminación) para impugnar una legislación que permitía que la madre biológica se negara a reconocer al padre biológico en la partida de nacimiento y a incluir su apellido en el apellido del menor. Esta decisión se basó en la discriminación de los hombres por razón de sexo y fue ampliamente controvertida, pues se entendió que perjudicaba a muchas madres (y futuras madres) que habían escogido deliberadamente ser madres solteras. Es necesario ubicar todas estas sentencias dentro de su correspondiente contexto sociocultural para poder valorarlas debidamente.

Como hemos visto, las transformaciones culturales generan dilemas transicionales e invitan a reflexionar sobre el papel de los actores constitucionales y las condiciones sociales que deben darse para que estos puedan reflejar, e incluso impulsar, el cambio emancipatorio a través de procesos que respeten un principio de justicia material. Seguramente, la cuestión también invita a establecer un diálogo entre tribunales y legisladores sobre quién debe proponer lecturas actualizadas de las normas relativas a la igualdad de género y cómo hacerlo, al igual que a estimular a los tribunales para que reflexionen sobre los riesgos que conlleva la posibilidad de una igualación a la baja, sobre todo mientras las nociones idealizadas de paternidad no se vean suficientemente respaldadas por evoluciones sociales empíricamente contrastadas[160]. Cabría plantear la posibilidad de que tanto los tribunales como los legisladores consideren la adopción de mecanismos compensatorios de carácter transitorio que sirvan para garantizar las exigencias de justicia material en el proceso de transformación. Desde luego, lo que parece indiscutible es la necesidad de que el nuevo concepto de paternidad que adopten los tribunales y los legisladores no haga hincapié únicamente en los aspectos biológicos de la misma, sino también en un concepto funcional centra-

---

160 Sobre la temática, véase, por ejemplo, para Argentina, CSJN, «Puig. Fernando Rodolfo c/ Minera Santa Cruz S.A.» (2020), *Fallos* 343:1037, en virtud de la cual la presunción legal de despido injustificado a favor de la mujer dentro de los primeros seis meses de matrimonio debe hacerse extensiva a los hombres recién casados. La sentencia reconoce que, aunque históricamente esta especial protección se limitó a las mujeres —porque de ellas se esperaba una mayor dedicación a los hijos y al hogar—, los tiempos han cambiado. Ahora, los nuevos paradigmas socioculturales empujan en la dirección de la igual asunción de responsabilidades familiares por parte del esposo y la esposa, por lo que el precepto legal debe interpretarse de manera tal que también abarque a los hombres a fin de prestar la debida protección a las instituciones de la familia y el matrimonio. Téngase en cuenta, no obstante, que si el énfasis se hubiera puesto únicamente en la discriminación del hombre, en lugar de proceder a una lectura actualizada de lo que requiere la protección de las familias y los matrimonios modernos, la Corte también habría podido igualar a la baja simplemente anulando por completo el controvertido precepto.

do en el cuidado[161]. Este concepto debería ser lo suficientemente flexible como para adaptarse al variado abanico de formas familiares modernas y a los patrones de cuidado más fragmentados y fluidos que se observan en la actualidad como consecuencia de las altas tasas de divorcio, las tecnologías de reproducción asistida y las demandas planteadas por la ciudadanía homosexual y transgénero en el ámbito reproductivo[162]. No hay escenario más adecuado que el que vivimos en la pandemia de COVID-19 para poner de manifiesto la urgencia de visibilizar la importancia del cuidado en las sociedades contemporáneas, pero también para apreciar la forma en que este sigue recayendo mayoritariamente en las mujeres y otros grupos marginados —y, con frecuencia, racializados— tanto dentro como fuera del hogar.

---

161 Véase para México, Amparo directo en revisión 2252/2013 (4 de diciembre de 2013), donde la Corte refrenda la necesidad de interpretar las normas del Código Civil en materia de custodia, superando los viejos estereotipos de género y, por ende, otorgando la custodia al padre que había sido el cuidador principal. Del mismo modo, sobre el carácter discriminatorio de la concesión por defecto de la custodia a la madre, véase Amparo en revisión 331/2019 (21 de noviembre de 2019). En el caso de Colombia, véase Sentencia SU389/05 (13 de abril de 2005) y Sentencia C-1039/03 (5 de noviembre de 2003), que derogó la norma legal que protege frente al despido a las madres, pero no a los padres, de hogares monoparentales que carezcan de otras fuentes de ingresos.

162 Collier y Sheldon (2008); Dowd (2000); Margaria (2019). Para una decisión que destaca la figura del «padre social» frente a concepciones estrechas de paternidad biológica, véase la decisión del Tribunal Constitucional de Perú, Exp. n.° 09332-2006-PA/TC (30 de noviembre de 2007). En ella prosperaron las pretensiones de un hombre al que se le había denegado la tarjeta de socio de un club que había solicitado para «su hija» (en realidad, se trataba de la hija biológica de su esposa) al considerar el club que no era una verdadera hija por no ser hija consanguínea. Frente a ello, el Tribunal peruano reconoce que las familias son instituciones que están sujetas a nuevos contextos sociales y, por lo tanto, pueden adoptar diferentes formas cuyas diferencias deben ser respetadas.

Capítulo 5

Hacia la supresión de la familia heterosexual y el binarismo de género como presupuestos constitucionales

5.1. EL CONSTITUCIONALISMO DE GÉNERO EN EL NUEVO MILENIO

Durante la última década hemos sido testigos de una verdadera «guerra de sexos». En todo el mundo, millares de ciudadanos han salido a las calles para celebrar o rechazar las nuevas conquistas de derechos por parte de las mujeres y las minorías sexuales. Los ejemplos abundan y se ubican en distintas latitudes. Así, el 30 de diciembre de 2020, las mujeres inundaron las calles de Buenos Aires para celebrar la legalización del aborto. Esta manifestación tuvo lugar apenas unas semanas antes de que el 27 de enero de 2021 se aprobara en Honduras una reforma constitucional que enmendó su carta magna para prohibir el aborto y el matrimonio entre personas del mismo sexo. A partir de octubre de 2020, en Polonia se sucedieron manifestaciones y paros inspirados en la histórica huelga de mujeres islandesa de 1975 —que las alentó a dejar de cocinar, limpiar y cuidar durante un día entero— para protestar contra la decisión del Tribunal Constitucional que suprimió la causal del aborto en caso de malformación grave del feto (en realidad, el supuesto bajo el que se practican la inmensa mayoría de los abortos en un país que continúa siendo abrumadoramente católico), protestas a las que se sumaron grupos de trabajadores tan heterogéneos como taxistas, agricultores y mineros del carbón. La decisión del Tribunal generó una enorme frustración en muchas mujeres polacas, incluidas aquellas que previamente se habían movilizado con éxito durante lo que se conoció como el Lunes Negro (3 de octubre de 2016) para frenar la intención del partido conservador del Gobierno (Ley y Justicia) de prohibir el aborto al ver que la prohibición se consumaba *de facto* gracias a un tribunal de dudosa independencia[1]. No han sido estas las únicas batallas de género que se han librado ferozmente en las calles. Casi tres años antes del Lunes Negro polaco, el 13 de enero de 2013, cientos de miles de personas se movilizaron en París contra la legalización del matrimonio igualitario siguiendo el llamamiento del colectivo La Manif pour tous ("Manifestación para todos", en respuesta al *mariage pour tous*, "matrimonio para todos"). La manifestación no logró evitar la legalización: el 18 de mayo de 2013 Francia se convertía en el decimotercer país del mundo en reconocer el derecho de las parejas homosexuales a contraer matrimonio. Dos años más tarde, el 22 de marzo de 2015, la República de Irlanda votó abrumadoramente a favor de la legalización del matrimonio entre personas del mismo sexo en un histórico referéndum de reforma constitucional. Más del 62 % de la población (con mayorías en todos los distritos electorales menos en uno) votó a favor de la modificación de la Constitución para permitir que las parejas homosexuales pudieran casarse. Esta votación presagió otro referéndum que tuvo lugar el 25 de mayo de 2018 y en el que el 66,4 % de la población irlandesa —una mayoría aún más abrumadora— votó a favor de la derogación de la prohibición del aborto contenida en la Octava Enmienda de la Constitución, que reconocía a madre y feto el mismo derecho a la vida. Ambos procesos fueron precedidos por interesantes ejercicios de democracia deliberativa en el seno de una asamblea de ciudadanos.

La expansión de los derechos reproductivos de las mujeres y de las formas familiares y matrimoniales en el cambio de siglo parecen

---

1 Antes del pronunciamiento del Tribunal Constitucional polaco de 2020, el país ya tenía una de las legislaciones sobre el aborto más restrictivas de Europa, que permitía interrumpir un embarazo de manera voluntaria tan solo en tres supuestos: violación o incesto, riesgo para la salud física o psíquica de la gestante y malformación del feto (este último supuesto representó el 96 % de las interrupciones de embarazo llevadas a cabo legalmente en Polonia en 2019).

estar, efectivamente, en el corazón de la creciente politización y polarización social en torno a las políticas de género. Son numerosas las fuerzas reaccionarias y las facciones religiosas que rechazan estos cambios, en los que ven la expresión suprema de la temida disolución de la familia «tradicional», mientras que otros celebran lo que interpretan como la ansiada democratización de la familia y la emancipación femenina. Desde el punto de vista de nuestra tipología constitucional, no hay duda de que la expansión de los derechos al matrimonio y a la paternidad de las personas homosexuales podría describirse como un hito de un constitucionalismo inclusivo que apuntala la igualdad ciudadana de las personas homosexuales. No obstante, esta conquista también está indiscutiblemente ligada a la transformación del orden de género en torno a la familia tradicional y, por lo tanto, constituye un elemento esencial del constitucionalismo transformador.

En términos históricos, los primeros reclamos de igualdad del colectivo LGTBI+ coincidieron en el tiempo con el feminismo de la segunda ola y su batalla por un constitucionalismo inclusivo. Después de todo, ambos movimientos se nutrieron de los referentes de la revolución sexual de la década de los sesenta. El movimiento LGTBI+ contemporáneo nació a raíz de los disturbios acaecidos en Stonewall en junio de 1969 como una iniciativa espontánea y un movimiento de base que, además de reapropiarse de la imagen de las personas LGTBI+, abogaba por la tolerancia, la despenalización y la protección en una pluralidad de áreas: desde la tutela frente a la discriminación hasta la despatologización de la homosexualidad (que no fue eliminada de la lista de enfermedades mentales por la Asociación Estadounidense de Psiquiatría sino hasta 1973). A partir de la década de los ochenta, las reivindicaciones más radicales de liberación sexual, el núcleo de la primera fase del movimiento, comienzan a atenuarse para dar paso a la priorización de la integración y la participación en la sociedad en general (Encarnación, 2016: 18-28). Este enfoque más asimilacionista pronto dio lugar a la demanda del matrimonio igualitario, que se remonta a finales de la década de los ochenta y principios de la de los noventa. Desde el norte de Europa, la reivindicación se extendió rápidamente al resto del continente y a América del Norte, y, desde allí, a áreas del sur global. El reclamo no empezaría a dar resultados claros y concretos sino hasta el siglo XXI.

La demanda del matrimonio igualitario está indisolublemente ligada a la revolución que previamente trastocó la comprensión del matrimonio heterosexual y del orden de género que este contribuía a consolidar. Coontz (2006: 255) enumera los factores que subyacen a dicha demanda, algunos de los cuales no son precisamente recientes. Por un lado, la disponibilidad de mecanismos de control de la natalidad que, desde finales de la década de los sesenta, se tradujo en un incremento progresivo de las parejas casadas sin hijos. El debilitamiento del vínculo entre matrimonio y reproducción permitió desafiar algunas de las viejas justificaciones para atribuir a la unión matrimonial una suerte de estatus superior al de las demás relaciones y reservarla a las parejas heterosexuales. Cabe también hacer referencia a la expansión de los derechos de los hijos concebidos fuera del matrimonio durante las décadas de los sesenta y setenta, tendencia que «despojó al matrimonio del papel que había desempeñado durante miles de años, debilitando su influencia sobre los derechos y obligaciones de carácter político y económico de las personas» (*ibid.*: 257). A finales de la década de los setenta, todas estas tendencias, así como la creciente presencia de las mujeres en el mercado laboral y el aumento del número de matrimonios con ingresos duales, se tradujeron en una transformación fundamental de la concepción de las relaciones personales. El amor, la realización personal, la intimidad, la colaboración y la gratificación emocional pasaron a ocupar un lugar preponderante en las asociaciones estables y duraderas en detrimento de los roles sociales predeterminados. En este contexto de incremento de la autonomía personal proliferaron la opción y aceptación de la soltería, la convivencia de parejas no casadas o sin hijos, el divorcio y la maternidad fuera del matrimonio tanto en el mundo occidental como en otras regiones del planeta (*ibid.*: 258). El matrimonio fue, en definitiva, perdiendo «su poder para organizar el comportamiento sexual, los proyectos de vida y la crianza de los hijos» (*ibid.*: 262).

El estrecho vínculo entre la transformación radical de la institución del matrimonio heterosexual y la demanda del matrimonio homosexual explica que no sean solo los sectores religiosos los que actualmente se opongan al matrimonio entre personas del mismo sexo. También lo rechazan muchos sectores tradicionalistas que, en clave cultural, lamentan la desaparición de la familia tradicional, es decir, la familia nuclear, heterosexual, procreativa y conyugal. Después de todo, fueron las parejas y las personas heterosexuales las que, en su diversificación de las estructuras para organizar la intimidad, la sexualidad y la crianza de los hijos, acabaron erosionando la hegemonía cultural del modelo de familia basado en el sustento masculino y la estricta división del trabajo entre hombres y mujeres sobre la que descansaba dicho modelo (*ibid.*: 274). Si el divorcio, la monoparentalidad y la convivencia entre personas del mismo sexo ya se habían encargado de remover los cimientos de la institución conyugal, la revolución reproductiva ligada a la tecnología de reproducción asistida acabó con el vínculo que antes se daba por sentado entre el sexo, el matrimonio, la concepción, el parto y la crianza (*ibid.*: 275). Las personas que antes no podían ser progenitores pueden serlo hoy «en combinaciones tan desconcertantes que una criatura puede tener potencialmente cinco progenitores distintos: un donante de esperma, una donante de óvulos, una madre biológica y el padre y la madre sociales que se encargan de la crianza» (*ibid.*: 277). A estas transformaciones hay que sumar la existencia de nuevas tecnologías para las personas casadas que no desean tener hijos y la eclosión de la opción de la vida en solitario en todos los países industrializados (*ibid.*). Este es, en definitiva, el contexto en el que ha tenido lugar la tendencia global hacia la adopción de leyes que reconocen las uniones civiles entre personas del mismo sexo en forma de matrimonios y/o parejas de hecho, que ha permitido que las parejas homosexuales accedan a muchos de los derechos legales que hasta hace bien poco se reservaban a las personas heterosexuales casadas, entre ellos las prestaciones de seguros, las herencias y otros privilegios legales.

De modo paralelo a la erosión gradual de la construcción heteronormativa de las instituciones del matrimonio y la familia, el cambio de siglo también ha sido testigo de la proliferación y diversificación de las demandas de las personas trans e intersex. Los reclamos más antiguos de l@s activistas trans datan de las décadas de los cincuenta y sesenta y se concretaron en el cambio legal del sexo/género asignado al nacer para que coincidiera con aquel con el que ell@s se identificaban. Adicionalmente, a finales del siglo XX empezaron a cuestionarse los diferentes requisitos comúnmente establecidos para permitir esa transición allí donde la legislación la permitía. Entre estas condiciones cabe mencionar el divorcio previo de forma automática, la esterilización, la cirugía de los órganos sexuales primarios, el tratamiento hormonal o la certificación de la disforia de género. A partir de la década de los noventa, se extendió igualmente el rechazo a las cirugías de normalización sexual de menores intersexuales (Carpenter, 2016: 74 y 79; Bauer, Truffer y Crocetti, 2019).

El nuevo milenio ha visto aflorar nuevas demandas, entre ellas la aspiración a la protección frente a toda forma de discriminación por razón de la identidad de género, que algunos textos constitucionales recientes han consagrado por primera vez de manera explícita[2]. Otras reivindicaciones incluyen el derecho a que la autodeterminación sea el único principio rector legítimo para la adscripción de sexo/género, así como el cuestionamiento de categorías sexuales binarias y rígidas. Según algunas predicciones, esta evolución sienta las bases para transitar hacia un punto en que deba rechazarse toda forma de categorización sexo-genérica de las personas (Osella y Rubio Marín, 2021; Osella, 2020), es decir, para la total impugna-

---

2 Véase, por ejemplo, el artículo 42 de la Constitución de Cuba de 2019, el artículo 4.C.2 de la Constitución Política de la Ciudad de México de 2017, el artículo 11.2 de la Constitución de Ecuador de 2008 y el artículo 14.2 de la Constitución de Bolivia de 2009.

ción del sexo/género como categorías legales relevantes. En definitiva, el nuevo milenio es testigo del inicio de una nueva revolución sexual y de género que está expandiendo de manera significativa una agenda que hasta el momento se había centrado mayormente en desafiar los roles tradicionales y las esferas separadas.

Como tendremos ocasión de analizar con mayor detalle en el siguiente capítulo, el hecho de que los derechos sexuales y reproductivos de las mujeres, el matrimonio homosexual y la afirmación del derecho a definir la propia identidad de género hayan sido percibidos como un desafío al orden de género tradicional explica el auge de las reacciones neoconservadoras protagonizadas por los «movimientos antigénero». Tales movimientos se están cebando precisamente con los derechos de las personas LGBTI+ y los derechos reproductivos, como la anticoncepción, el aborto y las tecnologías reproductivas. Asimismo, estos movimientos se oponen frontalmente a la educación sexual y de género en las escuelas, a los estudios de género como disciplina académica y al propio concepto de género cuando se usa para explicar la dinámica de poder que subyace a la violencia contra las mujeres. Más recientemente, los derechos del colectivo trans también se han convertido en objeto de ataques, a veces en un contexto de oposición a otras agendas, pues lo cierto es que todas ellas se perciben como estrechamente interrelacionadas[3].

Los movimientos antigénero forman parte de un fenómeno transnacional organizado de alcance cada vez más global (Paternotte y Kuhar, 2017: 253). Sus orígenes se remontan a fines de la década

---

[3] Así, la campaña de referéndum esloveno de 2015 destinada a anclar el matrimonio heterosexual en la Constitución acabó centrando su objetivo en las personas transgénero, a las que se representaba como los beneficiarios últimos de la ideología de género (Osella y Rubio Marín, 2021; Paternotte y Kuhar, 2017: 256). En Polonia, la Iglesia católica también afirmó que las normas de protección de la igualdad de género, en aumento tras la ratificación de la Convención de Estambul, habían provocado un incremento de la homosexualidad y la transexualidad (Krizsán y Popa, 2018: 98).

de los noventa en varios países europeos y, sobre todo, en América Latina. Estos grupos adoptaron la infraestructura que previamente había articulado el movimiento antiabortista, en especial en Estados Unidos. Sin embargo, su penetración en la sociedad civil es un fenómeno que se ha verificado a lo largo de los últimos quince años. Los colectivos antigénero conforman alianzas transnacionales entre actores religiosos y de extrema derecha que aúnan fuerzas y se movilizan de forma creciente y cada vez más sofisticada contra lo que denominan —y denuncian como— «ideología de género», una locución vaga y de tenor despectivo que ha aglutinado la oposición a todos los cambios sociales y legislativos que, desde la década de los noventa, son percibidos como un desafío a la familia tradicional, promoviendo una ola de pánico moral populista en torno al lema «¡Salvemos a nuestros hijos!». Veámoslo paso a paso.

5.2. DESAFÍOS CONSTITUCIONALES A LA HEGEMONÍA DE LA FAMILIA MATRIMONIAL HETEROSEXUAL

En 1993, la Corte Suprema de Hawái dictó una sentencia pionera: *Baehr vs. Lewin* (1993). Por vez primera en la historia del constitucionalismo, un tribunal sostenía que denegar una licencia matrimonial a una pareja homosexual violaba el mandato constitucional de la igualdad. Lo cierto es que el caso fue el resultado de una batalla legal, política y cultural contra la discriminación por razón de la orientación sexual que había comenzado en Estados Unidos ya en la década de los cincuenta y que se nutrió de las victorias parciales de los movimientos LGTBI+ hasta *Baehr*, entre ellas la despenalización de las conductas homosexuales, los derechos del colectivo en el ámbito familiar y parental, y la regulación de las relaciones de pareja y de las consiguientes prestaciones sociales y laborales (Sperti, 2017: 1). Aun así, la sentencia provocó una reacción violenta que se tradujo en una auténtica «tormenta de legislación antigay» en el resto de los estados y a nivel nacional

(Eskridge, Jr., 2003: 284; 2012). Tendría que pasar más de una década hasta que otros tribunales siguieran los pasos de la Corte Suprema de Hawái y reconocieran el matrimonio homosexual como un imperativo constitucional.

Dado que la mayoría de las constituciones del mundo contienen disposiciones que hacen referencia al matrimonio y a la familia —ya sea en forma de derecho fundamental o reconociéndolos como instituciones que el Estado debe proteger—, no debe sorprendernos que tanto la proliferación de formas familiares no matrimoniales como la pretensión de acceso a los derechos vinculados al matrimonio por parte de gays y lesbianas hayan generado importantes litigios constitucionales en todo el mundo. Con todo, una vez más, no fueron los tribunales constitucionales ni las cortes supremas los que, por regla general, se encargaron de allanar el camino hacia el reconocimiento del matrimonio igualitario[4]. De hecho, a estas al-

---

4 Sperti (2017: 1). Más ambivalente ha sido la contribución de los tribunales de derechos humanos. La jurisprudencia del Tribunal Europeo de Derechos Humanos ha sido relativamente proactiva y ha liderado el camino en el campo de los derechos de las personas trans. Sin embargo, nunca ha llegado a subvertir el marco heteronormativo de los derechos humanos bajo el que se opera. Basta mencionar su persistente negativa a considerar que la imposibilidad legal del matrimonio entre personas del mismo sexo equivalga a una violación de la Convención Europea de Derechos Humanos (Ruiz-Risueño Montoya, 2019). Mucho más impacto ha tenido la labor de la Corte Interamericana, cuya Opinión Consultiva OC-24/17 sobre identidad de género, e igualdad y no discriminación a parejas del mismo sexo (24 de noviembre de 2017) ha tenido una clara influencia en la región. En ella, la Corte afirmó que el artículo 1.1 de la Convención Americana de Derechos Humanos, que prohíbe la discriminación por «cualquier otra condición social», debe interpretarse como inclusiva de la orientación sexual, identidad o expresión de género y que, por tanto, la Convención obliga a los Estados a garantizar el derecho a la alteración de registros públicos (incluyendo el nombre, la imagen y el indicador de sexo/género) para reflejar la identidad de género autopercibida por el individuo. Respecto a las parejas del mismo sexo, la Corte consideró que están protegidas por los artículos 11.2 (protección de la vida privada y familiar), 17 (protección de la familia) y 1.1 y 24 (igualdad y no discriminación) de la Convención y estimó que, por lo tanto, el Estado debe reconocer y asegurar que todos los derechos

turas no ha de resultar llamativo que, en un principio, también en esta batalla se recurriera a las altas instancias judiciales con ánimo de combatir las agendas legislativas de fuerzas sociales y políticas de corte progresista, agendas que en un principio se centraron en el reconocimiento de las parejas del mismo sexo y que en el nuevo siglo focalizaron su acción en la batalla por el matrimonio igualitario[5].

En efecto, en la lucha por el reconocimiento legal del matrimonio igualitario, las constituciones se han utilizado a menudo con intenciones reaccionarias, estrategia ideológica facilitada precisamente por el papel central que desde sus comienzos ha desempeñado el orden tradicional de género dentro del constitucionalismo. Y, aunque los tribunales constitucionales y supremos de los distintos países no se hayan pronunciado de manera uniforme sobre la cuestión, conviene resaltar desde ya que muchos de ellos no han considerado que el texto constitucional fuera necesariamente el factor decisivo[6]. En todo caso, la gama de posicionamientos no ha podido ser más

---

se apliquen a las relaciones del mismo sexo de la misma manera en que se aplican a las parejas heterosexuales, incluyendo el derecho a contraer matrimonio.

5 Estos incluyen, en la actualidad, Andorra, Argentina, Australia, Austria, Bélgica, Brasil, Canadá, Chile, Colombia, Costa Rica, Cuba, Dinamarca, Ecuador, Finlandia, Francia, Alemania, Islandia, Irlanda, Luxemburgo, Malta, México, Países Bajos, Nueva Zelanda, Noruega, Portugal, Eslovenia, Sudáfrica, España, Suecia, Suiza, Taiwán, el Reino Unido, Estados Unidos, Uruguay y Grecia (Pew Research Center, 2015).

6 A fin de cuentas, la mayoría de las constituciones no definen explícitamente el matrimonio ni mencionan la diferencia de sexo de los contrayentes como requisito. Es en los códigos civiles, la legislación y los precedentes judiciales donde normalmente encontramos la definición de matrimonio. Algunas constituciones solo se refieren a la institución del matrimonio para hacer hincapié en su estrecha relación con el concepto de familia y otorgan protección constitucional a ambos. Otros textos constitucionales no incluyen de forma explícita el derecho al matrimonio, de modo que han sido los tribunales de justicia los que han reconocido tal derecho basándose en otras disposiciones, como las relacionadas con la intimidad o la autonomía. Hay, sin embargo, constituciones que, siguiendo el tenor de los tratados y documentos internacionales de la época, establecieron que tanto los hombres como las mujeres tienen derecho

amplia. Solo unos pocos órganos adscritos a la jurisdicción constitucional han considerado que el matrimonio entre personas del mismo sexo es una exigencia constitucional. Con mayor frecuencia, los tribunales han exigido, o cuando menos aceptado, que, al amparo de principios o derechos constitucionales de perfiles más o menos amplios (incluido el derecho al libre desarrollo de la personalidad o a la vida familiar), las uniones homosexuales se integraran en el concepto de familia para brindarles algún tipo de reconocimiento legal y, en la práctica, reconocerles un conjunto de derechos similares a los de las distintas formas de uniones heterosexuales (Sperti, 2017: 49-76). Al hacerlo, sin embargo, algunos tribunales constitucionales han sido deferentes, admitiendo la opción de considerar que las parejas heterosexuales y homosexuales constituyen dos clases diferentes de unión y especificando que el mandato de igualdad constitucional no obliga, por tanto, a su igual acceso a la institución matrimonial.

Habría de pasar una década hasta que otros tribunales dictaran sentencias similares a *Baehr vs. Lewin*[7]. A nivel internacional, destaca la decisión de la Corte Suprema de Canadá de 2004 (*Reference re Same-Sex Marriage* [2004]), que, sin embargo, solo reconoció la potestad legislativa (pero no el deber constitucional) del Parlamento de Canadá para regular el matrimonio homosexual[8]. Recién en 2005 encontramos el primer caso que, a nivel nacional, reconoce el derecho constitucional al matrimonio a las parejas homosexuales.

---

a casarse y fundar una familia (aunque tampoco especifican necesariamente —porque se da por supuesto— que sea entre sí).

7 En Estados Unidos, varios tribunales estatales han defendido el derecho constitucional del matrimonio entre personas del mismo sexo, entre ellos, los de Massachusetts (*Goodridge vs. Department of Public Health* [2003]), Iowa (*Varnum vs. Brien* [2009]), Connecticut (*Kerrigan vs. Commissioner of Public Health* [2008]) y California (*In re Marriage Cases* [2008]).

8 Aunque la Corte no llegó a afirmar que la sección 15 (1) de la Carta Canadiense de Derechos y Libertades obligara a reconocer el matrimonio igualitario, no cabe duda de que la decisión contribuyó a generar el impulso que condujo al legislador nacional a legalizar el matrimonio entre personas del mismo sexo (Yoshino y Kavey, 2012: 1091).

Se trata del caso *Fourie* (2006), resuelto por la Corte Constitucional de Sudáfrica. Esta sentencia declaró que la exclusión de la institución del matrimonio de las relaciones estables entre personas del mismo sexo constituía una discriminación basada en la orientación sexual explícitamente prohibida en la sección 9 (3) de la Constitución, así como una violación del derecho a la dignidad (sección 10). La Corte apeló fundamentalmente a la multitud de formaciones familiares existentes en el país, así como a su evolución en el tiempo y en el conjunto de la sociedad, circunstancia que tornaría inapropiado privilegiar una modalidad en particular como la única social y legalmente aceptable o recurrir a la doctrina religiosa como fuente válida para interpretar la Constitución. Asimismo, la Corte subrayó la necesidad de reconocer la larga historia de marginación y persecución de gays y lesbianas, al igual que el compromiso constitucional del país a acabar de forma radical con un pasado de intolerancia y exclusión. El matrimonio, afirmó la Corte, es una institución social compleja que conlleva un conjunto único de derechos y responsabilidades con repercusiones materiales, pero también beneficios intangibles estrechamente relacionados con el derecho a la autodefinición[9].

Una década más tarde, el 26 de junio de 2015, la Corte Suprema de Estados Unidos emitiría su histórica decisión sobre el matrimonio entre personas del mismo sexo en el caso *Obergefell*[10]. El caso resolvió las demandas de aquellos estados que se negaban a reconocer los matrimonios homosexuales celebrados fuera de su jurisdicción. Aunque la decisión finalmente incluyó a las parejas del mismo sexo en el ámbito del matrimonio, el litigio tuvo lugar en medio de una gran controversia en el seno de la propia comunidad LGBT, pues se debatía si había llegado el momento de emprender un litigio estratégico para dar la batalla por el matrimonio homosexual o si, por el contrario, dicha estrategia podía ser

---

9 *Minister of Home Affairs and Another vs. Fourie and Another* (2006), párrs. 59, 65, 67, 68, 71, 72 y 98.

10 *Obergefell vs. Hodges* (2015).

contraproducente y más arriesgada que proceder de forma paulatina a la conquista de los mismos derechos y prerrogativas que las parejas heterosexuales. La argumentación de la sentencia del caso *Obergefell* se basó en una pluralidad de principios constitucionales y, en esencia, combinó elementos asociados a la libertad y la igualdad en una decisión enmarcada en el concepto de dignidad, construido en torno a las cláusulas relativas al debido proceso (en su vertiente sustantiva) y la igualdad de la Decimocuarta Enmienda a la Constitución de Estados Unidos. El voto de la mayoría, redactado por el juez Kennedy, definió el matrimonio como una institución profundamente ligada a la autonomía individual que dignifica de manera singular a las personas, sirve para proteger a los menores y representa una piedra angular del ordenamiento jurídico nacional[11]. El matrimonio constituye «la base de la familia y de la sociedad, sin la cual no habría ni civilización ni progreso»[12]. De acuerdo con el texto de la sentencia, «la estabilidad que brinda el matrimonio es beneficiosa para la sociedad en su conjunto, dicha estabilidad no conoce la diferencia entre parejas del mismo sexo y parejas de diferente sexo»[13]. Como era previsible, el discurso de la resolución judicial provocó reacciones encontradas, incluso entre muchos de los que, aunque celebraron el carácter igualitario del fallo, lamentaron la imagen romántica y, a fin de cuentas, conservadora del matrimonio que ofrecía la Corte. En definitiva, se pasó a cuestionar si cabía interpretar la concepción del matrimonio plasmada en el fallo como un repudio simbólico de las familias no matrimoniales, así como de los arreglos alternativos de cuidados y de puesta en común de recursos que no tratan de replicar el esquema matrimonial/sexual tradicional[14].

---

11 *Ibid.*

12 *Ibid.*, 669.

13 *Ibid.*

14 Murray (2016). Mejor recepción tuvo en este sentido la sentencia de la Corte Constitucional de Sudáfrica, dado que reconoció la constitucionalidad del matrimonio homosexual sin glorificar la institución matrimonial (Lau, 2017).

En la última década, la tendencia al reconocimiento del matrimonio igualitario ha ido consolidándose también en América Latina, inicialmente a través de la legislación, pero poco después también por vía jurisprudencial[15]. Así, en 2011, el Supremo Tribunal Federal de Brasil dictaminó —sobre la base, entre otras disposiciones, de la prohibición de discriminación basada en el sexo y la orientación sexual, el pluralismo (como valor socio-político-cultural de la sociedad brasileña), la libertad de disponer de la propia sexualidad y el derecho a la intimidad y la vida privada— que las uniones y los matrimonios homosexuales debían considerarse reconocidos y amparados por el texto constitucional, a pesar de que este se refiriera únicamente a la «unión entre un hombre y una mujer»[16]. Por otra parte, en 2015 se consolidaría en México suficiente jurisprudencia para afirmar que cualquier definición que los estados hicieran del matrimonio y de la familia —pues su definición es competencia de las entidades federativas— que excluyera a las parejas homosexuales y no amparara una concepción plural de la unidad familiar debería considerarse contraria al libre desarrollo de la personalidad y al mandato de no discriminación basado en la orientación sexual[17]. En 2016 sería el turno de la Corte Constitucional de Colombia, que reconocería el derecho a contraer matrimonio con la persona elegida, independientemente del sexo, apelando a la dignidad, la libertad y la igualdad[18]. El fenómeno se ha extendido a otras latitu-

---

[15] El camino se emprendió por vía legislativa. Argentina fue el primer país en la región en reconocer el matrimonio igualitario en 2010. Le siguió Uruguay en 2013. También Chile (en 2021) y Cuba (en 2022) han optado por la vía legislativa.

[16] STF, Sala Plenaria, ADI 4.277 (2011); Sala Plenaria, ADPF 132 (2011). Véase también Cesario Alvim Gomes y Rodriguez de Asis Machado (2024).

[17] Véase la jurisprudencia de la Primera Sala (T/J 43/2015, 45/2015, 47/2015 y 48/2015) construida sobre la base de los precedentes AR 581/2012, 457/2012, 567/2012 y 152/2013; Sala Plenaria AI 28/2015, sobre la inconstitucionalidad de la definición de matrimonio en Oaxaca y Jalisco (Pou Giménez y Treviño Fernández, 2024: 188; Pou Giménez, 2022).

[18] Sentencia SU-214/16 (28 de abril de 2016); Tamayo Nieto (2020). Un rol parecido ha correspondido a otros altos tribunales de la región desde enton-

des y, posteriormente, al continente asiático, donde gran parte del litigio constitucional sigue girando en torno a las leyes de sodomía. En 2017, el Tribunal Constitucional de Taiwán concedió al legislador un plazo de dos años para proporcionar una base legal que reconociera el matrimonio homosexual, lo que finalmente ocurrió en 2019[19]. Aun así, una sentencia reciente de la Corte Suprema de la India (*Supriyo @ Supriya Chakraborty vs. Union of India*) ha defraudado la expectativa de que esta tendencia judicial se generalice en la región, al menos a corto plazo[20].

---

ces: Costa Rica en 2018 (Sala Constitucional de la Corte Suprema de Justicia, Resolución n.° 12782-2018 [8 de agosto de 2018]), Ecuador en 2019 (Corte Constitucional, Sentencia n.° 11-18-CN/19) y Bolivia en 2022 (Tribunal Constitucional Plurinacional, Sentencia 0577/2022-S2 [22 de junio de 2022]). Sin embargo, el matrimonio igualitario no es unánimemente aceptado ni todo litigio se traduce en una victoria. El Tribunal Constitucional de Perú —Exp. n.° 01739-2018-PA/TC (3 de noviembre de 2020), Exp. n.° 02743-2021-PA/TC (5 de abril de 2022) y Exp. n.° 02653-2021-PA/TC (19 de abril de 2022)— no solo no ha reconocido el derecho al matrimonio igualitario, sino que ha denegado incluso su reconocimiento cuando se celebra en el extranjero (Valega Chipoco y Benavides Reverditto, 2024: 223 24). Asimismo, en febre ro de 2023, la Corte Suprema de Panamá rechazó la validez del matrimonio igualitario por entender que no tenía encaje constitucional.

19 Interpretation No. 748 (24 de mayo de 2017), decidida sobre la base del principio de autonomía (artículo 22 de la Constitución) y de igualdad (artículo 7 de la Constitución).

20 En *Supriyo* (*Supriyo @ Supriya Chakraborty & Anr. vs. Union of India* [2023]) se cuestionó la constitucionalidad de diversas leyes y normas que restringen los derechos de las personas LGBTQIA+ a contraer matrimonio y adoptar. Basándose en decisiones anteriores de la Corte Suprema que reconocen y protegen el derecho a elegir pareja, a entrar libremente en una relación y a convivir sin injerencias externas —derechos también reconocidos para parejas del mismo sexo en *Navtej Johar* (*Navtej Singh Johar vs. Union of India* [2018])—, los peticionarios sostuvieron principalmente que el no reconocimiento del derecho al matrimonio a las minorías sexuales y de género violaba varios de sus derechos fundamentales y solicitaron una interpretación inclusiva de la legislación matrimonial existente fuera del ámbito de la ley personal (la Ley de Matrimonio Especial de 1954 y la Ley de Matrimonio Extranjero de 1969). La Corte Suprema emitió un fallo unánime en algunos aspectos y dividido en otros. Los jueces coincidieron en que no existía un derecho fundamental a contraer matrimonio y que interpretar las normas matrimoniales de forma neutral en

En todo caso, el reconocimiento del derecho al matrimonio igualitario por parte de los tribunales, que a nivel global no se ha hecho efectiva sino a partir de la segunda década del siglo XXI, no ha sido la forma más frecuente de validación constitucional de las parejas homosexuales. Los altos tribunales han cumplido, no obstante, otras funciones importantes durante un período más largo de tiempo. Así, a menudo se han apoyado en el texto constitucional para defender la idea de que las parejas del mismo sexo merecían (o, al menos, que era legítimo otorgarles) un estatus legal equivalente en derechos al del matrimonio, como fue el caso de Brasil, Hungría, Alemania y Eslovenia[21]. En otras ocasiones

---

cuanto al género supondría una inadmisible interferencia del Poder Judicial en la actividad legislativa. Los jueces además señalaron por unanimidad que la comunidad LGBTQIA+ enfrenta discriminación y acoso, pero argumentaron que la Corte no era el foro apropiado para proporcionar remedios adecuados y ordenaron al Gobierno a que estableciera un comité con amplios poderes para examinar cómo debía abordarse la cuestión. Sin embargo, la Corte se dividió 3 en contra y 2 a favor del reconocimiento del derecho fundamental a una unión civil. Mientras la minoría, formada por el presidente de la Corte Suprema Chandrachud y el juez Kaul, sostuvo que existía un derecho fundamental a una unión civil derivado del derecho al desarrollo personal y una obligación positiva del Estado a establecer un régimen separado que lo regulara, la mayoría, representada por el juez Bhat, no solo no reconoció la existencia de dicho derecho fundamental, sino que entendió que su implementación requeriría el establecimiento de un régimen paralelo de derechos y obligaciones para un tipo de institución social cuyo estatus jurídico solo puede provenir de la legislación o de la ley personal. Aunque la sentencia refleja bien los graves problemas que plantea la falta de reconocimiento de las relaciones homosexuales por parte del Estado, se ha criticado su plena deferencia hacia el legislador, una vez reconocida abiertamente la discriminación a la que se ve sometida dicho colectivo (*The Hindu*, 2023).

21 Véanse las decisiones del Supremo Tribunal Federal de Brasil, ADI 4.277 (2011), que reconoció que las uniones estables entre homosexuales y heterosexuales merecen el mismo trato, abriendo, por tanto, la puerta al matrimonio entre personas del mismo sexo, ya que el ordenamiento legal permitía que las uniones estables se transformaran en matrimonio; Tribunal Constitucional de Hungría, Decisión 32/2010. (III. 25.), donde se sostiene que la introducción de una institución similar al matrimonio para parejas del mismo sexo es un deber del Estado impuesto por la Constitución; Tribunal Constitucional Federal

han intervenido para legitimar judicialmente la opción legislativa a favor del matrimonio del mismo sexo *ex post*, es decir, después de que fuera sancionado legislativamente, como en los casos de Bélgica, Portugal, México, España y Francia[22]. En algunos países, como Portugal[23] y Francia[24], los tribunales lo hicieron después de haber rechazado el reconocimiento por vía judicial de tal derecho antes de que interviniera el legislador. Otros tribunales, como la Corte Constitucional italiana, han defendido la discrecionalidad del legislador incluso en ausencia de legislación[25]. Y solo en casos

---

de Alemania, BVerfGE 105, 313-65 (17 de julio de 2002), donde se argumenta que la protección específica debida al matrimonio en virtud del artículo 6.1 de la Ley Fundamental alemana no impide que el legislador reconozca derechos y deberes iguales o similares a los del matrimonio heterosexual para uniones civiles del mismo sexo, doctrina posteriormente modificada por BVerfGE 124, 199 (7 de julio de 2009), que requiere el mismo tratamiento; y la decisión U-I-425/06-10 del Tribunal Constitucional de Eslovenia del 2 de julio de 2009 (*Blažič and Kern vs. Slovenia*), que deroga la discriminación en la ley de sucesiones en detrimento de las parejas del mismo sexo.

22 Los tribunales constitucionales belga, portugués, mexicano, español y francés se pronunciaron sobre la materia para rechazar los recursos de inconstitucionalidad contra el matrimonio homosexual después de que este fuera promulgado por vía legislativa. Véase, para Bélgica, Sentencia n.° 159/2004 (20 de octubre de 2004); Portugal, Acórdão n.° 121/2010 (2010); México, Acción de inconstitucionalidad 2/2010 (diciembre de 2010); España, STC 198/2012; y Francia, Décision n.° 2013-669 DC (17 mayo de 2013).

23 Acórdão n.° 359/2009 (2009).

24 Décision n.° 2010-92 QPC (28 de enero de 2011), que sostiene que el legislador dispone de un margen de discrecionalidad para distinguir entre parejas heterosexuales y homosexuales y abrir así la institución del matrimonio a parejas del mismo sexo, dado que la Constitución no prohíbe el matrimonio igualitario. No corresponde al tribunal, sin embargo, suplantar al legislador a la hora de introducir el matrimonio homosexual.

25 Véase Sentenza 138/2010 (4 de abril de 2010), que reconoció el derecho de las personas a vivir libremente en uniones estables homosexuales, pero permite al legislador decidir el momento, modalidad y límites de la forma de reconocimiento legal, desechando la tesis de que la única forma de reconocimiento posible sea la del matrimonio entre personas del mismo sexo. Dicho esto, y especialmente a la luz de una decisión posterior (Sentenza 170/2014 [11 de junio de 2014]), algunos autores han argumentado que, mediante una interpretación originalista de la Constitución, la Corte ha vinculado matrimonio y

excepcionales, como en Alemania[26], Irlanda (antes de que se enmendara la Constitución tras el famoso referéndum de 2015)[27],

---

heterosexualidad y, de esta forma, excluido *ab constitutione* el reconocimiento del matrimonio homosexual, dejando la reforma constitucional como único recurso para legalizar el matrimonio igualitario. Véase, al respecto, Pugiotto, (2011) o Cartabia (2012). Véase también, en contraposición, Pezzini (2010). En el caso de Costa Rica, véase la decisión de la Sala Constitucional de la Corte Suprema de Justicia, Resolución n.° 12782-2018 (8 de agosto de 2018), la cual declara la validez constitucional de la opción legislativa que limita el matrimonio a parejas de sexo contrario, argumentando que solo el legislador tiene la legitimidad democrática requerida para introducir el matrimonio entre personas del mismo sexo.

26 Véase BVerfGE 10, 59 (66) (29 de julio de 1959), BVerfGE 105, 313 (342-43) (17 de julio de 2002) y BVerfGE 137, 273 (342) (22 de octubre de 2014). Todos los pronunciamientos confirman la «heterosexualidad» como rasgo inherente y constitutivo del matrimonio en virtud de la capacidad procreadora de la pareja heterosexual. Ante esta jurisprudencia, Alemania optó por la opción de vías paralelas y se estableció la posibilidad de uniones civiles registradas, aunque solo para parejas del mismo sexo. De acuerdo con la sentencia BVerfGE 105, 313-65, la opción de la unión civil para parejas homosexuales expresa la lectura que el legislador hace de los principios constitucionales de libre desarrollo de la personalidad (artículo 2 GG) e igualdad (artículo 3 GG), pero no implica que de estos preceptos se pueda derivar un derecho subjetivo en tal sentido (Rn. 88). En todo caso, la protección que la Constitución reserva de forma especial al matrimonio (en virtud del artículo 6 [1] GG) prohíbe un tratamiento peor al matrimonio que el que se le da a cualquier otra forma de vida (Rn. 92), pero ese no es el caso si simplemente se reconocen las parejas del mismo sexo (Rn. 93), a las que el legislador tampoco está obligado a poner en desventaja frente al matrimonio (Rn. 98). En otras palabras, la sanción constitucional de la institución del matrimonio (necesariamente heterosexual) no prohíbe que el legislador ofrezca formas legales de convivencia permanente distintas a las que se reconoce a favor de la unión entre hombre y mujer (Rn. 103).

27 Véase *Zappone and Gilligan vs. Revenue Commissioners & Ors* (2006), que interpreta que el artículo 41 de la Constitución de 1937 limita el matrimonio a favor de las personas del sexo opuesto. El referéndum del 22 de mayo de 2015 condujo a la reforma de la Constitución irlandesa, cuya nueva redacción (artículo 41.4) dispone que «El matrimonio se contraerá entre dos personas de acuerdo con la ley, sin distinción de sexo», dando paso a la aprobación de leyes que permitan el matrimonio homosexual (Trigésima Cuarta Enmienda de la Constitución, Ley de Igualdad Matrimonial, 26 de agosto de 2015).

Polonia[28] o Hungría[29], se han dictado sentencias constitucionales que reconocen el matrimonio heterosexual como única opción legítima, descartando, por tanto, la opción del matrimonio homosexual. En Alemania, sin embargo, esta jurisprudencia no ha impedido que finalmente el matrimonio homosexual fuera aprobado por el legislador incluso sin requerir una reforma constitucional. En otros casos, los tribunales han sido aún más restrictivos. Tal es el caso del Tribunal Constitucional polaco, que ha interpretado que la consagración constitucional del matrimonio heterosexual limita también los derechos y las formas de reconocimiento que, más allá del matrimonio, cabe otorgar a las uniones homosexuales a fin de no vaciar la institución conyugal de contenido y devaluarla indebidamente. En contraste, otros tribunales han interpretado que el monopolio constitucional del matrimonio heterosexual no es incompatible con la posibilidad de exigir (como en el caso de Hungría)[30] o, cuando menos, permitir (como en Alemania) que el legislador abra otros canales para reconocer las uniones entre personas del mismo sexo e incluso conceder, si así lo estima pertinente, los mismos derechos que a las parejas casadas[31].

---

28 Sentencia del Tribunal Constitucional de Polonia, K 18/04 (11 de mayo de 2005) (Tratado de Atenas).

29 Véase Decisión 14/1995. (III. 13), donde se sostiene que la exclusión de las parejas homosexuales de las uniones civiles de hecho contraviene el principio de igualdad de trato y dignidad humana.

30 *Ibid*. Véase, además, Decisión 154/2008. (XII. 17.), que sostiene que las parejas del mismo sexo deberían ser reconocidas por el legislador, aunque a su vez deroga una ley que permite a las parejas heterosexuales formar una pareja registrada. Según la Corte, era necesario proteger el valor del matrimonio y, por lo tanto, diferenciar suficientemente el matrimonio de la unión civil.

31 De hecho, en Alemania, antes de que el legislador reconociera el matrimonio del mismo sexo, el Tribunal Constitucional Federal prácticamente llegó a igualar jurisprudencial y gradualmente los derechos y prerrogativas vinculados al matrimonio y las parejas del mismo sexo, siguiendo una línea de razonamiento que afirma que no hay ninguna razón convincente para establecer un trato que diferencie entre uniones homosexuales y parejas casadas. De hecho, recalcó que un trato diferente puede constituir una discriminación por orientación sexual (artículo 3 [1] GG). Sobre el tema, véase Mangold (2015: 111-20). La

Resulta interesante que, a pesar del claro vínculo entre el matrimonio tradicional heterosexual y el patriarcado, prácticamente en ninguna sentencia los tribunales hayan subrayado como parámetro relevante —o, cuando menos, aludido en sus razonamientos— el compromiso constitucional con la igualdad de sexos. Tampoco los recurrentes han solido apelar a este argumento y, típicamente, han renunciado tanto a la argumentación basada en una lectura formal de la igualdad, que habría podido operar en su favor —después de todo, prohibir a una persona contraer matrimonio con otra del mismo sexo es discriminar por razón de sexo—, como a una lectura más sustantiva focalizada en la necesidad de combatir los estereotipos de género en torno a la institución matrimonial necesariamente heterosexual. Sin embargo, no tendría por qué haber sido así. De hecho, la primera pareja homosexual que reclamó una licencia marital ante la Corte Suprema de Estados Unidos en 1971 sí incluyó, entre otras, la pretensión de discriminación sexual[32]. Y, como ya se ha señalado, en 1993 la Corte Suprema de Hawái resolvió el caso *Baehr vs. Lewin* al amparo de la cláusula de la igualdad, interpretando que esta prohibía la discriminación basada en el sexo. Lo cierto es que las sentencias que han reconocido el derecho constitucional

---

jurisprudencia incluye las decisiones BVerfGE 124, 199 (7 de julio de 2009), sobre pensiones de supervivientes; BVerfGE 126, 400 (21 de julio de 2010), sobre impuestos de herencia; BVerfGE 133, 377 (7 de mayo de 2013), sobre sistemas tributarios; y BVerfGE 133, 59 (19 de febrero de 2013), sobre la adopción sucesiva por parte de parejas civiles registradas, razonando no solo sobre la base de los derechos del menor, sino también de la protección debida a las familias *queer* en virtud del artículo 6 (1) GG. Cuando en 2017 se introdujo por vía legislativa el matrimonio homosexual, se argumentó que se estaba ante un caso de *Verfassungswandel*, segun el cual una alteración de las convicciones sociales fundamentales justificaría una mutación constitucional sin la necesidad de enmendar formalmente el artículo 6 (1) GG.

32 Véase *Baker vs. Nelson* (1971/1972), según la cual el rechazo de una licencia matrimonial a una pareja de varones no viola la Constitución de Estados Unidos. Téngase en cuenta que, cuando la Corte Suprema desestimó el recurso, no había aún incluido el sexo entre los factores de discriminación sospechosa. Véase también *Baehr vs. Lewin* (1993), caso en el que la Corte Suprema de Hawái decidió sobre la base de la igualdad de sexos.

al matrimonio homosexual se han basado en la necesidad de una lectura igualitaria y actualizada de la institución matrimonial que obliga a apartarse de la concepción tradicional. Esta postura se ha asociado, además, a una interpretación expansiva del principio de no discriminación para incluir la orientación sexual entre los motivos prohibidos —cuestión sobre la que los textos constitucionales más antiguos guardan silencio[33]—, apelando a veces también al principio de la dignidad, entendido como una síntesis de los valores de igualdad y libertad (Sperti, 2017: 115 ss., 140-70).

Sin duda, muchos de los textos constitucionales más antiguos, así como la mayoría de los instrumentos internacionales y regionales de derechos humanos posteriores a la Segunda Guerra Mundial, reconocen explícitamente el derecho al matrimonio de «hombres» y «mujeres», reflejando los cánones de la época[34]. En principio, esta podría ser una de las razones más obvias por las cuales resulta difícil interpretar que la prohibición de discriminación basada en el sexo proclamada en esas mismas constituciones e instrumentos internacionales de derechos humanos se presten fácilmente a respaldar el

---

33 La mención explícita a la discriminación por motivos de orientación sexual ha sido introducida solo en constituciones más recientes. Véase, por ejemplo, el artículo 1 de la Constitución de México de 1917 (enmendada en 2015); los artículos 27, 45 y 59 de la Ley de Derechos Humanos de Nueva Zelanda de 1993; el artículo 13.2 de la Constitución de Portugal de 1976 (enmendada en 2005); la sección 9 (3) de la Constitución de Sudáfrica de 1996; y el artículo 12 (cap. 2, pte. 4) de la Constitución de Suecia de 1974 (enmendada en 2012). En otros casos, la prohibición de la discriminación por orientación sexual se ha derivado judicialmente. Véase, por ejemplo, *Egan vs. Canada* (1995), donde se considera la orientación sexual como un motivo ilegítimo de discriminación, amparado por la sección 15 de la Carta Canadiense de Derechos y Libertades de 1982.

34 Véase, por ejemplo, el artículo 16 de la Declaración Universal de los Derechos Humanos de 1948, el artículo 23 del Pacto Internacional de Derechos Civiles y Políticos, el artículo 10 del Pacto Internacional de Derechos Económicos, Sociales y Culturales y el artículo 12 del Convenio Europeo de Derechos Humanos.

matrimonio homosexual[35]. En todo caso, no deja de resultar curioso que este tipo de litigios haya proliferado globalmente con o sin sanción constitucional explícita o implícita del matrimonio —de hecho, hay países, como Estados Unidos, en los que el derecho a contraer matrimonio ha sido derivado de la jurisprudencia[36]— e independientemente de que el precepto constitucional relativo al derecho y/o a la institución matrimonial hiciera o no mención explícita a su naturaleza heterosexual. En realidad, estos aspectos no han sido los más decisivos en muchas de las contiendas judiciales, puesto que, a menudo, se ha partido del hecho indiscutido de que el orden de género heterosexual constituía la norma en el momento de redacción de las constituciones y los instrumentos internacionales y regionales de derechos humanos. Los puntos que, más bien, parecen haber sido determinantes en muchos casos han sido, por un lado, la visión de la función esencial que debe cumplir la institución conyugal y, por otro, la cuestión de si competía a los tribunales o al legislador democráticamente elegido renovar el significado del matrimonio. Así, en países como España, Colombia o Ecuador, en los que los preceptos constitucionales sobre la materia aluden a la naturaleza heterosexual del matrimonio, los tribunales han sido, sin embargo, capaces de abandonar el concepto tradicional de la institución para dar acomodo constitucional a concepciones más modernas, a pesar de que ello exigiera forzar más de una regla hermenéutica[37]. De manera similar, hay ejemplos de países cuyas

---

35 Por esta razón, el Tribunal Europeo de Derechos Humanos se ha negado hasta ahora a reconocer el derecho al matrimonio entre personas del mismo sexo apelando al margen de apreciación de los Estados. Véase *Schalk and Kopf vs. Austria*, demanda. n.º 30141/04 (2010). La Carta de los Derechos Fundamentales de la Unión Europea se expresa en términos neutros en cuanto al género al reconocer el derecho a contraer matrimonio (artículo 9).

36 El derecho a contraer matrimonio ha sido protegido por la Corte Suprema de Estados Unidos durante más de cuarenta años, con una línea jurisprudencial que comenzó en *Loving vs. Virginia* (1967). Véase también *Zablocki vs. Redhail* (1978) y *Turner vs. Safley* (1987).

37 En España, donde el artículo 32 reconoce al «hombre» y a la «mujer» el derecho al matrimonio, el Tribunal Constitucional se prestó a una interpreta-

constituciones guardan silencio sobre esta cuestión y en los que, a pesar de ello, los tribunales han declarado que la heterosexualidad constituye un elemento intrínseco, esencial o inherente a la institución matrimonial. Como hemos visto, ese fue el caso de Italia, pero también de Alemania.

En cambio, los tribunales que han apoyado el reconocimiento del matrimonio homosexual (así como los que, en su defecto, han defendido la necesidad de garantizar derechos y obligaciones similares a otro tipo de uniones civiles) han subrayado la necesidad de reflejar la nueva esencia tanto del matrimonio como de las uniones, abandonando su concepción tradicional. Por ello, sus sentencias hacen referencia a la importancia del compromiso duradero, así como del apoyo, el amor, el afecto, la confianza, el respeto y responsabilidad recíprocos, y destacan la importancia que estas uniones tienen para la estabilidad de los individuos y de la sociedad en general. Así, en una sentencia de 2009 que anuló la diferencia de los derechos en materia de herencia reconocidos a las uniones registradas de parejas del mismo sexo frente a los de las parejas casadas, el Tribunal

---

ción evolutiva del precepto a la luz del concepto contemporáneo de matrimonio para validar la reforma del Código Civil que introdujo el matrimonio entre personas del mismo sexo. Entre otras cosas, argumentó que, aunque la Constitución hace referencia a un «hombre» y a una «mujer», no especifica con quién tienen derecho a contraer matrimonio (véase STC 198/2012). Lo mismo puede decirse del artículo 42 de la Constitución de Colombia, que también establece expresamente que el matrimonio puede celebrarse entre un hombre y una mujer. La Corte Constitucional colombiana entendió que, aunque la disposición consagrara el derecho de las personas heterosexuales, ello no permitía deducir la exclusión de otras formas matrimoniales y, apelando al cambio de concepciones sociales, derivó no solo la posibilidad de reconocer el matrimonio entre personas del mismo sexo —como en España—, sino también la obligación de hacerlo (Sentencia SU214/2016 [28 de abril de 2016]). La Corte de Ecuador dio un paso más y también reconoció el mismo derecho a pesar de los términos heterosexuales en los que está redactada la Constitución. Para hacerlo se basó en la citada opinión consultiva de la Corte Interamericana de Derechos Humanos (Identidad de género, e igualdad y no discriminación a parejas del mismo sexo, Opinión Consultiva OC-24/17, 24 de noviembre de 2017).

Constitucional de Eslovenia (primer país de Europa del Este en reconocer el matrimonio igualitario) se refirió a las uniones legales en estos términos: «La pareja registrada constituye una relación que tiene un contenido similar al matrimonio o la unión civil. La conexión estable entre dos personas, cercanas entre sí, que se ayudan y apoyan mutuamente es el elemento clave de ambas. La esencia ética y emocional de una unión legal [...] en virtud de la cual las partes deben respetarse, confiar y ayudarse mutuamente es similar a la de la unión entre un hombre y una mujer»[38]. De manera similar, estas decisiones judiciales han subrayado el progresivo abandono de la idea del matrimonio meramente reproductivo, e incluso de aquel

[38] Véase la decisión del Tribunal Constitucional de Eslovenia U-I-425/06-10 (*Blažič y Kern vs. Slovenia*). Por su parte, el Tribunal Consitucional español, al defender el matrimonio entre personas del mismo sexo (STC 198/2012), argumentó en su FJ 9 que, tras las reformas introducidas en el Código Civil que permitían el matrimonio homosexual, la institución «se mantiene en términos perfectamente reconocibles para la imagen que, tras una evidente evolución, tenemos en la sociedad española actual del matrimonio, como comunidad de afecto que genera un vínculo, o sociedad de ayuda mutua entre dos personas que poseen idéntica posición en el seno de esta institución, y que voluntariamente deciden unirse en un proyecto de vida familiar común, prestando su consentimiento respecto de los derechos y deberes que conforman la institución y manifestándolo expresamente mediante las formalidades establecidas en el ordenamiento. Así, la igualdad de los cónyuges, la libre voluntad de contraer matrimonio con la persona de la propia elección y la manifestación de esa voluntad son las notas esenciales del matrimonio». Encontramos referencias similares al cuidado recíproco, la ayuda, la lealtad y la estabilidad personal y comunitaria en el resto de las decisiones que validan o exigen la legalización del matrimonio entre personas del mismo sexo. Por ejemplo, en *Obergefell vs. Hodges* (2015: 667) la Corte Suprema de Estados Unidos declaró (citando a *Griswold*) que «el matrimonio es una unión de destinos para bien o para mal, con expectativas de ser duradera, íntima hasta lo sagrado. Es una asociación que promueve una forma de vida, no determinadas causas; una armonía vital, no creencias políticas; una lealtad recíproca, no proyectos mercantiles o sociales. Sin embargo, es una asociación con un propósito tan noble como cualquiera de las que hemos considerado en nuestras decisiones anteriores». Asimismo, argumentó que el matrimonio «ofrece la esperanza de compañía, comprensión y seguridad de que mientras ambos vivan, habrá alguien que se preocupe por el otro».

centrado en la sexualidad[39], señalando que, de hecho, ni la capacidad, ni el deseo, ni la promesa de procrear han sido tradicionalmente requisitos para la validez del matrimonio[40]. Se ha resaltado, además, que la aptitud de cuidar y de criar adecuadamente a los hijos no depende de ningún modo de la orientación sexual de los padres[41]. En contraste, aquellos tribunales que han defendido de

---

39 Véase, explícitamente, para México, Acción de inconstitucionalidad 2/2010 (diciembre de 2010), que reconoció que el concepto de matrimonio ha evolucionado y se ha superado su concepción tradicional. La función reproductora ha dejado de ser el elemento más importante y, dada la protección general que el artículo 4 de la Constitución otorga a la familia, es deber del legislador adecuar la normatividad a la realidad social a fin de brindar la debida salvaguarda a todo tipo de familias, siendo la orientación sexual solo una forma de expresión de la naturaleza humana y no algo que necesariamente afecte la calidad de una persona y, por ende, su capacidad de ser progenitor. Véase también la sentencia SU214/2016, § 7, donde la Corte Constitucional de Colombia argumentó que «los fines del matrimonio no son exclusivamente el desarrollo de la sexualidad o la procreación, sino en esencia la consolidación de lazos de voluntad o convivencia, que permiten conformar una familia. De lo contrario, a las parejas heterosexuales, que de manera libre deciden no procrear o aquellas personas con alguna limitación física para la reproducción, les estaría vedado contraer matrimonio. Del mismo modo, [a] las personas que no se encuentran en capacidad de desarrollar una vida sexual plena se les impediría casarse». Y la decisión *Fourie* (§ 70) del Tribunal Constitucional de Sudáfrica, que señaló que «el derecho matrimonial ha superado su propósito bajo el derecho común tradicional, que no era sino el de legitimar las relaciones sexuales y asegurar la sucesión de la propiedad familiar a favor de los herederos legítimos».

40 Véase *Obergefell vs. Hodges* (2015: 15-16): «A la vista del precedente que protege el derecho de un matrimonio a no procrear, no cabe afirmar que la Corte o los estados hayan condicionado el derecho al matrimonio a la capacidad o compromiso de procrear. El derecho constitucional al matrimonio tiene muchos aspectos, de los cuales la maternidad/paternidad es tan solo uno de ellos».

41 Véase la decisión del Tribunal Constitucional de Sudáfrica en *Fourie* (§ 67), que señala que ambos «progenitores tienen el deber ineludible de mantener a sus hijos y que este deber de mantener a los hijos surge tanto si los hijos nacen de padres casados como si no». Véase también la decisión de la Corte Suprema de Estados Unidos en *Obergefell vs. Hodges* (2015: 15): «Las partes concuerdan en que muchas parejas del mismo sexo brindan hogares llenos de amor y cariño a sus hijos, ya sean estos biológicos o adoptados. Y cientos de miles de niños están siendo criados actualmente por esas parejas».

forma explícita o implícita el concepto tradicional del matrimonio como institución heterosexual, o que han validado la posibilidad de establecer diferencias relevantes entre el tratamiento jurídico de los matrimonios y el de otras uniones legales, han enfatizado la diferencia entre matrimonios homo- y heterosexuales con base en su capacidad reproductiva. Es decir, estas diferencias se han justificado en términos estrictamente biológicos y funcionales, aludiendo a la mayor capacidad de las uniones heterosexuales de procrear, pero también de criar, y subrayando en todo caso la necesidad de que el matrimonio siga estando centrado en la reproducción antes que en la búsqueda de la felicidad, la compañía o la gratificación emocional[42].

Por lo que respecta al orden de género, estos hitos constitucionales apuntan a la disolución gradual del matrimonio heterosexual como base de la familia y la sociedad al permitir que el matrimonio heterosexual coexista con nuevas formas familiares legalmente reconocidas que, además, no están lastradas por la historia y las connotaciones de diferenciación y subordinación de género del matrimonio heterosexual. Ello, a su vez, puede contribuir a la ruptura de los roles de género tradicionales y a la victoria definitiva del

---

42 Con respecto a Alemania, véase BVerfGE 105, 313 (17 de julio de 2002), sentencia que avala la doble vía, en vigor en ese momento, sobre la base de que los hijos de ambos progenitores pueden nacer de una relación permanente entre hombre y mujer, pero no de una pareja del mismo sexo. También reflejan una comprensión del matrimonio centrada en la procreación las opiniones de los votos disidentes de los jueces Roberts y Alito en la decisión *Obergefell* (2015) de la Corte Suprema de Estados Unidos. En concreto, el juez Roberts (5) arguye que «por el bien de la infancia y de la sociedad, las relaciones sexuales que puedan conducir a la procreación deberían darse entre un hombre y una mujer comprometidos por un vínculo duradero. La sociedad ha reconocido que ese vínculo lo constituye el matrimonio». A su vez, el juez Alito (4) afirma que una «noción del matrimonio, que se centra casi por completo en la felicidad de las personas que eligen casarse, es compartida por muchas personas hoy en día, pero no es la tradicional. Durante milenios, el matrimonio ha estado indisolublemente ligado a lo único que solo una pareja del sexo opuesto puede hacer: procrear».

constructo moderno del matrimonio por amor, compañía o cuidado recíproco en detrimento del que generalmente se ha articulado en torno a la idea de complementariedad y distribución de los roles de género de cara a la finalidad de la procreación.

Para conformar este nuevo orden igualitario, fueron necesarios tanto la apertura de la institución matrimonial a las parejas homosexuales como el reconocimiento de formas alternativas y no matrimoniales de convivencia accesibles a todos e inspiradas en la solidaridad, el apoyo y el cuidado recíproco[43]. La alternativa de mantener vías «separadas pero iguales», que representa la opción de reservar las uniones civiles o de derecho para las parejas del mismo sexo reconociéndoles beneficios, tutelas y responsabilidades equivalentes o similares, no cumpliría con las exigencias del principio de igualdad. Mediante esa opción se estaría enviando un mensaje de subordinación dirigido a gays y lesbianas, así como a mujeres heterosexuales. En palabras de Case (2010: 1223), «privar a las parejas del mismo sexo de la oportunidad de casarse devalúa sus uniones tanto de forma simbólica como práctica, mientras que restringir el matrimonio a las parejas de hombre-mujer y [obligar] a las parejas de hombre-mujer a optar por el matrimonio obliga a las mujeres que desean uniones con hombres reconocidas por la ley a alcanzarlas a través

---

43 En el Reino Unido, el Tribunal Supremo ha dictaminado que la imposibilidad de la unión civil para parejas heterosexuales contraviene la Convención Europea de Derechos Humanos. Véase *R (Steinfeld and Keidan) vs. Secretary of State for International Development* (2018). Desde 2013, tanto las parejas del mismo sexo como las del sexo opuesto podían casarse, pero solo las parejas homosexuales podían optar por la unión de hecho. A partir de 2019, a resultas del litigio, se abrió la posibilidad de que las parejas heterosexuales formen legalmente uniones de hecho. El caso *Steinfeld* lo presentó una pareja que se oponía a la naturaleza patriarcal del matrimonio tradicional y quería establecer una unión de corte más moderno y con mayores connotaciones de igualdad. Sin embargo, el razonamiento del Tribunal Supremo antepuso la lectura tradicional de la igualdad formal a cualquier crítica de la institución del matrimonio. Sea como fuere, lo cierto es que la sentencia del Tribunal Supremo va más allá de lo que ha marcado el Tribunal Europeo de Derechos Humanos en esta cuestión. Véase *Ratzenböck and Seydl vs. Austria*, demanda n.° 28475/12 (2017).

de una institución cuya historia legal reciente se ha traducido en la subordinación tanto práctica como simbólica de la esposa, una institución reservada solo a ellas precisamente por, y no a pesar de, su significado "tradicional" (entiéndase, patriarcal)»[44].

Actualmente, el matrimonio homosexual sigue siendo objeto de disputa. A pesar de su innegable dimensión simbólica, muchas mujeres progresistas han celebrado tímidamente la apertura de la institución matrimonial a gays y lesbianas. Ciertamente, algunas habrían preferido la extinción total de una institución que tiene una connotación patriarcal y su reemplazo por nuevos arreglos afectivos y de convivencia libres del historial de sexismo que ha acompañado a la institución matrimonial. Una solución de esta naturaleza tendría implicaciones más radicales y transformadoras, y no solo efectos meramente inclusivos o asimilacionistas[45]. Es más, muchas voces alertan sobre el riesgo de que el matrimonio igualitario se traduzca en una suerte de supremacía matrimonial, con lo que la apertura del matrimonio a parejas del mismo sexo podría acabar perpetuando la familia conyugal/sexual en detrimento de otras formas no sexuales de convivencia y solidaridad, o incluso de otras formas de vida —pensemos, por ejemplo, en los hogares monoparentales o en la opción de la vida en solitario—, a pesar de que estas deberían ser opciones abiertas para todos, pero sobre todo para quienes tradicionalmente se han sentido oprimidos bajo la institución del matrimonio[46]. Otras voces han puesto el acento en el hecho de que

---

44 Véase también NUSSBAUM (2010: 129), que defiende que las parejas del mismo sexo deben poder casarse en las mismas condiciones que las parejas del sexo contrario, teniendo en cuenta el valor social y expresivo de la institución matrimonial.

45 HALBERSTAM (2012). Para una lectura de las tesis que, desde el ala progresista, se oponen al matrimonio entre personas del mismo sexo, véase POLIKOFF (2009) y FRANKE (2016).

46 Véase STRAUSS (2018), JOSLIN (2018: 1-54) y CHEN (2020). De acuerdo con esta última autora, la desigualdad que sufren las mujeres solteras también es producto del patriarcado, por lo que, más allá del matrimonio igualitario, una agenda feminista de la igualdad para las mujeres solteras debería garantizar

la defensa de la igualdad matrimonial puede «denigrar o reducir la libertad sexoafectiva fuera del matrimonio», encorsetando las relaciones entre personas del mismo sexo en los estrechos confines de las relaciones heterosexuales y marginando aún más nociones de intimidad y deseo ajenas al matrimonio (Franke, 2008: 2685, 2688-89).

Considerando la ubicua presencia del matrimonio en los textos constitucionales, el abandono total de la institución parece menos probable que su reinterpretación de la mano de una renovada lectura del concepto de familia en términos cada vez más inclusivos y plurales. En realidad, cabría argumentar que, mientras se permitan diferentes modelos abiertos a todos y se establezca una prohibición contra la discriminación por motivos de estado civil que proteja también a las personas solteras, en realidad no solo sería inconstitucional (en la mayoría de los países), sino aun imprudente exigir la abolición de la institución pública del matrimonio y su reducción, en el mejor de los casos, a la condición de mero contrato civil de carácter privado desde la convicción de que este escenario garantizaría mejor la igualdad de las mujeres o representaría una mayor libertad para todas las personas[47]. Antes bien, un constitucionalismo feminista centrado en el cuidado defendería el sentido de preservar la solidaridad interpersonal, el afecto, el cuidado y la intimidad y abogaría por la protección de las instituciones que han servido para fomentarlos, instituciones que, si son concebidas de forma suficientemente inclusiva y actualizada, quizás sirvan para reforzar la autonomía personal y los intereses individuales y sociales, dada nuestra común naturaleza interdependiente. Por supuesto, nada de ello implica negar los riesgos que conlleva una excesiva «familización» del cuidado o de la dependencia (Barker, 2012: 158-62), tal y como hemos señalado en el capítulo 4.

---

la igual ciudadanía de las mujeres sin perjuicio del matrimonio, la pareja o la maternidad.

47 En defensa de la abolición del matrimonio como categoría jurídica privilegiada, véase Albertson Fineman (1995: 228-30).

Con todo, y como veremos más abajo, la disputa más enconada en torno al matrimonio homosexual es la que plantea el frente conservador que está haciendo un uso prolijo y belicoso de diversos instrumentos constitucionales. Estas fuerzas conservadoras consideran que el matrimonio igualitario amenaza la familia tradicional como institución heterosexual y procreadora, e incluso sostienen que constituye una amenaza existencial vinculada a preocupaciones de carácter demográfico (Garbagnoli y Prearo, 2017; Kuhar y Paternotte, 2017; Paternotte, 2015). En conexión íntima con el fundamentalismo religioso, este sector reaccionario ha aprendido a utilizar el lenguaje de los derechos para construir una narrativa de victimización frente a la innovación social orientada a preservar aquellos valores tradicionales que han subordinado desde siempre a las minorías sexuales y de género. Es precisamente este giro narrativo y estratégico el que ha hecho que el ámbito constitucional se haya convertido en uno de los preferidos para plantear la batalla jurídica en muchos países[48].

5.3. EL SISTEMA DE CATEGORIZACIÓN SEXO-GENÉRICO BAJO ESCRUTINIO CONSTITUCIONAL: HACIA LA AFIRMACIÓN DEL DERECHO A LA IDENTIDAD DE GÉNERO[49]

En los últimos años han proliferado las batallas legales contra la creciente afirmación de los derechos de las personas trans, derechos que están desafiando la estrechez o incluso la relevancia de las nociones de los conceptos de sexo y género, en torno a las que los ordenamientos jurídicos se han articulado tradicionalmente y, en gran medida, continúan haciéndolo. Lo cierto es que, a pesar de la tormenta que está provocando la irrupción del matrimonio homosexual en la agenda política y constitucional, el matrimonio

---

48 Para un análisis feminista, véase NeJaime y Siegel (2013).

49 Gran parte de esta sección se basa en Rubio Marín y Osella (2020).

sigue siendo una institución organizativa clave reconocida en la mayoría de las constituciones de todo el mundo, a veces en términos explícitamente heterosexuales. Además, la mayoría de los sistemas legales continúan utilizando el criterio sexo-genérico en múltiples ámbitos. Pensemos, por ejemplo, en la organización de algunas instalaciones públicas (como las cárceles o los baños públicos), la identificación a través de datos personales, la organización de prácticas y competiciones deportivas, las distintas facetas de la seguridad social y algunos programas de acción afirmativa. A pesar de ello y, sin duda, gracias a la erosión gradual de los roles tradicionales de género, la aceptación del matrimonio homosexual y los movimientos sociales de colectivos de personas trans e intersexuales —cada vez más elocuentes y mejor organizados a escala global—, se han multiplicado las formas de problematizar la categoría legal del sexo/género.

Al igual que el resto de las transformaciones en el orden de género que hemos comentado, el activismo transnacional ha jugado un rol protagónico a la hora de impulsar muchas de las batallas que finalmente se han ganado en el campo de las políticas nacionales. Así, aunque todavía se trate de una excepción y no de una regla, desde que de forma pionera Argentina diera el pistoletazo de salida con la ley de 2012 sobre identidad de género (Beguerie y Bergallo, 2024: 298)[50], un número cada vez mayor de países han aprobado por ley o por otras vías la autodeterminación de la identidad de género sin necesidad de evaluaciones o validaciones externas[51]. Se

---

50 Ley n.° 26743 (9 de mayo de 2012), sobre el derecho a la identidad de género de las personas.

51 Entre los países que en la actualidad contemplan la autodeterminación se encuentran Argentina (2012), Dinamarca (2014), Colombia (2015), Irlanda (2015), Malta (2015), Noruega (2016), Ecuador (2016), Bélgica (2017), Bolivia (2017), Nueva Zelanda (2017), Pakistán (2018), Chile (2018), Portugal (2018), Uruguay (2018), Brasil (2018), Islandia (2019), Suiza (2022) y España (2023). En el caso de Pakistán, primer país islámico con legislación trans, aunque la Ley para la Protección de Derechos de las Personas Transgénero de 2018 reconoce el derecho a la autodeterminación de género (artículo 3.1), así como la existencia de una diversidad de géneros más allá del marco binario —incluido el tercer género sociocultural de los khawaja sira (artículo 2 [1],

trata de una demanda central de las reivindicaciones que, al menos desde mediados de la década de los noventa, ha formulado el colectivo trans (Randolph Frye, 2006; Clarke, 2015) y que, en la actualidad, encontramos en la versión de 2017 de los Principios de Yogyakarta, es decir, en los Principios de Yogyakarta Más 10[52], tal vez el instrumento internacional más relevante sobre los derechos LGBTI+.

Si bien el desarrollo de gran parte de la agenda se está llevando a cabo a nivel legislativo, observamos también un constitucionalismo emergente en torno a las demandas de las personas trans e intersexuales que recurre a los principios constitucionales tanto para combatir como para promover cambios progresistas[53]. Así, son ya varios los tribunales que en distintos países han cuestionado los procedimientos de normalización de género basándose en una amplia

---

[n] [iii]; véase también n. 70)—, la operabilidad de la ley se ha visto reducida a la identificación de las personas transgénero como género «X» (Reglas para la Protección de Derechos de las Personas Transgénero de 2020).

52 En 2006, en respuesta a patrones de abuso bien documentados, un distinguido grupo de expertos internacionales en derechos humanos se reunió en Yogyakarta, Indonesia, para esbozar un conjunto de principios internacionales relacionados con la orientación sexual y la identidad de género. El principio 31 de los Principios de Yogyakarta Más 10 exige el derecho de toda persona a «cambiar la información respecto de su género en tales documentos cuando dicha información se consigne en los mismos». Los principios hacen un rotundo llamado a los Estados a «garantizar el acceso a un mecanismo rápido, transparente y accesible que reconozca legalmente y afirme la identidad de género con la que cada persona se identifica».

53 En España, el libre desarrollo de la personalidad y el derecho a la intimidad (artículos 10.1 y 18 de la Constitución española) han sido invocados por el Tribunal Constitucional para afirmar el derecho a la reclasificación de los menores bajo una legislación que, hasta fecha reciente, requería el diagnóstico de disforia de género y dos años de tratamiento hormonal (siempre que los menores fueran lo suficientemente maduros y estables en la afirmación de su identidad). Véase STC 99/2019. El proceso de avance encuentra su última conquista en la reciente Ley 4/2023, de 28 de febrero de 2023, para la igualdad real y efectiva de las personas trans y para la garantía de los derechos de las personas LGTBI+, donde se reconoce el derecho a la autodeterminación de género sin más requisitos que la voluntad personal.

variedad de disposiciones —entre otras, el derecho a la dignidad, la salud, el libre desarrollo de la propia personalidad, la intimidad, la igualdad y la libertad de expresión— y que respaldan un derecho de carácter cada vez más incondicional a la autodefinición de la identidad de género, llegando eventualmente a exigir la autodeterminación plena e incluso a defender un concepto fluido y no binario del género (Osella y Rubio Marín, 2023). En este itinerario, como en tantos otros, la incorporación de estándares regionales de derechos humanos de carácter más o menos vinculantes también ha tenido cierta importancia[54].

La primera batalla que se libró tuvo por objeto el derecho a la reclasificación de género. Se inició en la década de los sesenta y cosechó victorias iniciales en la década de los setenta en países como Suecia y Alemania[55], donde hasta entonces el procedimiento sencillamente no estaba contemplado, a menudo bajo el argumento de

---

54 Parlamento Europeo, Resolución sobre los derechos de las personas intersexuales (2018/2878 [RSP]), 14 de febrero de 2019; Corte Interamericana de Derechos Humanos, Opinión Consultiva OC-24/17 sobre identidad de género e igualdad y no discriminación a parejas del mismo sexo (24 de noviembre de 2017); Consejo de Europa, Asamblea Parlamentaria, Resolución 2048 (2015) sobre la discriminación contra las personas transgénero en Europa (22 de abril de 2015). Con respecto a la jurisprudencia del Tribunal Europeo de Derechos Humanos, véase *Christine Goodwin vs. United Kingdom*, demanda n.° 28957/95 (2002); *I. vs. United Kingdom*, demanda n.° 25680/94 (2002); *Y. Y. vs. Turkey*, demanda n.° 14793/08 (2015); y *Garçon et Nicot vs. France*, demandas n.° 79885/12, 52471/13 y 56596/13 (2017). Véase también Gonzalez-Salzburg (2019).

55 En Alemania, un primer asunto constitucional sobre personas trans —BVerfGE 49, 286 (11 de octubre de 1978)— condujo a que el legislador alemán aprobara una ley sobre transexualidad en 1980. Desde entonces, contamos con una jurisprudencia rica y de carácter más bien progresista. Veáse BVerfGE 60, 123 (16 de marzo de 1982), sobre los requisitos de edad; BVerfGE 88, 87 (16 de enero de 1993), sobre los requisitos de edad; BVerfGE 115, 1 (6 de diciembre de 2005), sobre el cambio de nombre; BVerfGE 116, 243 (18 de julio de 2006), sobre los derechos de las personas transexuales de nacionalidad extranjera; BVerfGE 121, 175 (27 de mayo de 2008), sobre el divorcio obligatorio; y BVerfGE 128, 109 (11 de enero de 2011), sobre los requisitos de cirugía/esterilización. Véase, al respecto, Adamietz (2011). Por

que el derecho al cambio de sexo afectaría la seguridad jurídica de las uniones matrimoniales, por aquel entonces casi exclusivamente heterosexuales. Italia ofrece un buen ejemplo de ello. Se trata de un país que, aún hoy, limita el matrimonio a las parejas heterosexuales y en el que la Corte Constitucional dirimió el conflicto en torno a una primera legislación que permitía transiciones de género bajo condiciones más bien ambiguas[56]. Finalmente, aunque la Corte validó dicha legislación invocando el derecho al libre desarrollo de la personalidad y el derecho fundamental a la salud (artículos 2 y 32 de la Constitución italiana), lo hizo de una forma más bien restrictiva, dado que condicionó la transición a la transformación previa de las características sexuales primarias y secundarias (es decir, exigiendo la esterilización y alteración de la forma corporal) bajo el argumento de que, en realidad, tales requisitos coincidían con los deseos de las personas trans[57].

La última década ha sido testigo de un desafío gradual, tanto legal como jurisprudencial, a algunos de los requisitos jurídicos más comunes, así como a los efectos legales y los obstáculos procesales que suelen imponerse a la transición de género. Así, por ejemplo, tanto la Corte Constitucional italiana[58] como el Tribunal Constitucional Federal alemán acabaron jugando un papel protagónico en el cambio[59], ya que ambos estimaron que el divorcio automático e impuesto a las personas reclasificadas transexuales vulneraba sus derechos fundamentales, a pesar de que el matrimonio homosexual no estuviera permitido en Alemania en ese momento y continúe prohibido en Italia. Asimismo, y bajo la clara influencia de la jurisprudencia del Tribunal Europeo de Derechos Humanos, la Corte Constitucional italiana acabó aceptando que la cirugía de los órga-

---

su parte, Röhner (2021b) ofrece una descripción general de los derechos de las personas transexuales e intersexuales en Alemania.

56 Legge 14 aprile 1982, n. 164, art. 1.

57 Véase Sentenza 161/2015 (6 de mayo de 1985), que defiende la constitucionalidad de la Ley n.° 164 de 1982.

58 Sentenza 170/2014 (11 de junio de 2014).

59 Véase BVerfGE 121, 175 (27 de mayo de 2008).

nos sexuales primarios no podría exigirse como condición previa para la reclasificación de género[60], aunque al mismo tiempo validó un sistema que sigue exigiendo una transformación completa y judicialmente certificada de las características conductuales, psicológicas y físicas, en el entendido de que el «género corporal» debe corresponder al «género legal»[61].

En los últimos años, algunos tribunales se han alejado aún más de la concepción del sexo como hecho objetivo y medible y, en especial, como característica que está —y debe permanecer— fuera del alcance de la voluntad individual. Por ejemplo, en una decisión de 2015[62], la Corte Constitucional de Colombia abandonó su precedente respecto a la reclasificación de género y abrazó sin ambages la autoadscripción individual sin necesidad de intervención judicial[63]. Curiosamente, esta evolución ha descansado sobre la comprensión que la Corte Constitucional ha asumido sobre el sexo/género como categoría construida socialmente —haciendo referencia explícita a

---

60 Sentenza 221/2015 (21 de octubre de 2015), que rechaza la necesidad de una cirugía de las características sexuales primarias como condición previa para cambiar el sexo y el nombre en el registro civil. Véase también, para Brasil, STF, ADI 4.275 (2018).

61 Esta línea jurisprudencial queda confirmada en decisiones más recientes en las que la Corte Constitucional de italia ha vuelto a descartar la autodefinición y ha avalado las exigencias médicas y de intervención judicial. Véase Sentenza 221/2015, sentencia a su vez confirmada por las siguientes: Sentenza 180/2017 (20 de junio de 2017) 5.1. y 5.2., fundamentos legales, Ordinanza 185/2017 (21 de junio de 2017). Véase, al respecto, Osella (2022).

62 Sentencia T-504/94 (3 de agosto de 1994).

63 Sentencia T-063/15 (13 de febrero de 2015). Aunque no llega a abrazar ni total ni explícitamente el principio de autodeterminación, en la jurisprudencia del Tribunal Constitucional de Perú encontramos una evolución similar: desde una comprensión biologicista del sexo que destaca su inmutabilidad hasta una concepción que pone el énfasis en la dimensión dinámica, mutable y socialmente contingente de la identidad de género de las personas. En este sentido, resulta interesante contrastar la sentencia en Exp. n.° 139-2013-PA/TC (18 de marzo de 2014), caso *Pamela Estela Mendoza Moreno*, con la del Exp. n.° 6040-2015-PA/TC (21 de octubre de 2016), caso *Ana Romero Saldarriaga*. Véase Valega Chipoco y Benavides Reverditto (2024: 222-24).

la teoría feminista y *queer*—, interpretación basada en precedentes que han rechazado los tratamientos tempranos de reasignación de género y normalización de niños intersexuales[64]. La decisión histórica de 2015 destaca los inconvenientes del procedimiento judicial para la reclasificación de género, incluida la duración, los costes y la indeterminación del proceso. Se basa, además, en el hecho de que cualquier evaluación externa del género de una persona requeriría un examen físico o psicológico, así como la evaluación de las características que de forma estereotipada se asocian a un género u otro mediante procedimientos que implican la restricción innecesaria de la identidad individual[65]. Como señaló la Corte: «De esta manera, [la construcción binaria del género] obliga a la persona transgénero a ubicarse en algún extremo heteronormativo con el fin de lograr un diagnóstico favorable al cambio de sexo en el registro. Ello en muchas ocasiones supone que deban mentir e incluso negar su propia vida, sus gustos, preferencias y en general todo lo que integra su personalidad»[66]. La jurisprudencia posterior ha confirmado, además, que la Corte no pretende que el derecho a la identidad de género sea un privilegio de unos pocos, y ha afirmado el derecho a la financiación pública de los tratamientos de reasignación de género[67].

---

64 En 1995, la Corte Constitucional de Colombia decidió el primer caso en materia de intersexualidad y rechazó los tratamientos tempranos de reasignación de sexo practicados a niños intersexuales para cumplir con las expectativas físicas de uno de los sexos. Véase Sentencia T-477/95 (23 de octubre de 1995). En 1999 —Sentencia SU337/99 (12 de mayo de 1999)—, la Corte volvió a subrayar la necesidad de proteger a los niños intersexuales de tratamientos de normalización que podrían ser extremadamente peligrosos para su salud física y psicológica. Celebrando la diversidad de género, y con referencia a literatura del feminismo jurídico, la Corte insistió en el origen cultural del género y denunció que el fundamento de los tratamientos intersexuales está en la «idea» de que solo pueden existir dos géneros. Véase Rubio Marín y Osella (2018).

65 Sentencia T-063/15, II.7.2.3. (13 de febrero de 2015). Véase también Osella y Rubio Marín (2021).

66 Sentencia T-063/15, II.7.2.3. (13 de febrero de 2015).

67 Sentencia T-918/12 (8 de noviembre de 2012). Sobre la materia, véase Jaramillo (2021).

Si bien es probable que el modelo de la autoadscripción continúe expandiéndose en la región de América Latina[68] —especialmente desde que la Corte Interamericana de Derechos Humanos expidiera la mencionada Opinión Consultiva OC-24/17, de 24 de noviembre de 2017, que respaldó dicho modelo—, no cabe esperar que los avances constitucionales en la materia se limiten a esta región[69]. En otras latitudes también vemos emerger el cuestionamiento y debate jurídico constitucional del sistema tradicional de clasificación sexo-genérica. Entre las batallas que seguramente proliferarán en los años venideros figura la del desafío al binarismo de género, cuestión que en la actualidad se encuentra en el punto de mira de los defen-

---

68 Entre la jurisprudencia progresista de la región destacan en Ecuador la Sentencia n.° 133-17-SEP-CC (10 de mayo de 2017) de la Corte Constitucional, que considera la identidad de género como expresión legítima de la personalidad humana y reconoce el derecho al cambio de sexo en el certificado de nacimiento (Salazar Marín, 2024: 118), y la sentencia del Supremo Tribunal Federal del Brasil, que reconoce el derecho a la rectificación legal del sexo sin necesidad de intervención quirúrgica previa ni sentencia judicial con base en el derecho a la identidad personal y al nombre, a la libertad individual, al honor y a la dignidad (RE 670.422 [20 de agosto de 2018]; ADI 4.275 [9 de marzo de 2018]; Cesario Alvim Gomes y Rodriguez de Assis Machado, 2024: 166).

69 Nótese que las constituciones de la región también van asumiendo los insumos no solo de la teoría y el activismo feminista, sino también *queer*. La Constitución de Bolivia de 2009 ya incluye de forma expresa (artículo 14.II) la prohibición de discriminación con base en el sexo, en la orientación sexual y en la identidad de género. Con todo, seguramente la expresión más ambiciosa en este sentido la encontramos en la rechazada propuesta de una nueva Constitución Política de la República de Chile del año 2022, elaborada por la Convención Constitucional, pues en dicho texto se reconocía a las «disidencias y diversidades de género» una subjetividad jurídico-constitucional sin precedentes. El texto incluía el derecho a la no discriminación por razón de sexo, características sexuales, orientación sexual o afectiva, identidad y expresión de género o diversidad corporal (artículo 25.4); hacía mención expresa a la necesidad de garantizar una vida libre de violencia a las disidencias de género (artículo 27); expresaba la necesidad de que diversidades y disidencias sexuales y de género participaran en condiciones de igualdad sustantiva para alcanzar una representación efectiva; y, en su reconocimiento de derechos sexuales y reproductivos, se refería al derecho a tomar decisiones libres e informadas sobre el propio cuerpo y hablaba de «personas con capacidad de gestar» (artículo 61).

sores de los derechos de las personas trans e intersexuales, quienes sostienen que el binarismo de género es una construcción cultural y que existen identidades y cuerpos no binarios. Esta observación queda reflejada en el principio 31 de los Principios de Yogyakarta Más 10, que conmina a los legisladores estatales a que pongan a disposición «múltiples opciones de marcadores de género».

El derecho a una identidad no binaria en relación con las disidencias de género fue reconocido por primera vez en el sur de Asia (Hamzić, 2016). Las personas trans, comúnmente conocidas como hijras[70], han estado presentes en el subcontinente indio durante siglos y han contado con la legitimidad histórica de las figuras de género fluido descritas en los antiguos libros hindúes y budistas (Vanita, 2001: 17-19), del mismo modo que sus predecesores, de alta posición social, durante el Gobierno islámico (Hinchy, 2014: 414-19). L@s hijras han desempeñado tradicionalmente un papel sagrado en la sociedad subcontinental vinculado a la diosa hindú de la fertilidad (Reddy, 2005: 96-100) y a las prácticas sufíes islámicas (Jaffer, 2017). Su condición sagrada y su estatus religioso han favorecido su pervivencia histórica y su aceptación social. El Gobierno británico, sin embargo, impulsó una campaña hostil contra l@s hijras, quienes fueron criminalizad@s y marginad@s en virtud de la Ley de Tribus Criminales de 1871, normativa que ordenó su

---

70 Las personas transgénero en el subcontinente indio son generalmente conocid@s como hijras, aunque existe una amplia variedad de denominaciones de acuerdo con múltiples singularidades lingüísticas, territoriales y religiosas. Por ejemplo, l@s kinnar, en el norte de la India; l@s aravani, en el sur de la India; y l@s khawaja sira, en el contexto islámico de Pakistán. L@s hijras son personas transgénero que nacen por lo general hombres fenotípicos, aunque una minoría nacen intersexuales. Sin embargo, no se identifican dentro del marco binario, sino en un tercer género de carácter sociocultural. Según las creencias históricas del subcontinente indio, l@s hijras tienen poderes de fertilidad extraordinarios y, de hecho, tradicionalmente se han ganado la vida dando bendiciones en las ceremonias de nacimiento y bodas, aunque también como trabajador@s sexuales o ejerciendo la mendicidad, sobre todo a partir de la estigmatización colonial y poscolonial que han sufrido (Nanda, 1999; Reddy, 2005: 56; Khan, 2016).

registro y control e impuso graves limitaciones a su capacidad legal (Hinchy, 2019: 93-109). Con la llegada de la independencia, l@s hijras han resurgido en el subcontinente indio en el marco de una narrativa poscolonial que desafía los valores y las normas coloniales, mientras la «indigeneidad» de otras identidades sexuales sigue siendo cuestionada por su «influencia occidental» (Dutta, 2012: 825-26). De hecho, la construcción de la identidad tradicional hijra se ha desarrollado en oposición a la uniformidad del reciente movimiento occidental LGBTQI+, circunstancia que tal vez ayude a entender por qué la jurisprudencia vanguardista sobre la identidad de género en la región coexiste con prácticas opresivas dirigidas a otras minorías sexuales, entre ellas la criminalización de la sodomía o el no reconocimiento del matrimonio homosexual[71].

A nivel constitucional, la Corte Suprema de Nepal allanó el camino en 2007 con su histórico caso *Sunil Babu Pant*[72]. La sentencia citó normas internacionales de derechos humanos y, al mismo tiempo, invocó la cultura autóctona del sur de Asia y la aceptación de l@s hijras en el subcontinente indio. La Corte reconoció que las personas con diversidad sexo-genérica han sido históricamente discriminadas y ordenó al Gobierno que promulgara una legislación que respetara los derechos fundamentales de las personas pertenecientes al tercer género[73]. Poco después, en 2009, la Corte Suprema de Pakistán adoptó una serie de decisiones para brindar reco-

---

71 Después de la derogación de la Ley de Tribus Criminales en 1949, l@s activistas hijra destacaron que la persecución no cesó por completo, en parte por la persistente criminalización de las relaciones sexuales anales en virtud del artículo 377 del Código Penal de la India (Semmalar, 2014). La Corte Suprema india declaró inconstitucional el artículo 377 en *Navtej Singh Johar vs. Union of India* (2018), estimando que las relaciones sexuales consentidas entre adultos eran legales. Este artículo fue heredado del sistema penal colonial y, en contraposición, continúa vigente en el Código Penal de Pakistán.

72 *Sunil Babu Pant vs. Government of Nepal, Writ No.917 of the year 2064 BS* (2007).

73 En 2017, Sunil Babu Pant obtuvo otra decisión favorable en la que la Corte ordenó al Gobierno que desarrollara una política que permitiera a las personas transgénero el cambio de nombre (UNDP y APTN, 2017: 32, 39). En un caso posterior, la Corte Suprema ordenó que se le entregara a una persona transgé-

nocimiento constitucional a l@s khawaja sira[74]. Con todo, quizás la decisión más célebre sea el fallo de la Corte Suprema de la India en el caso *NALSA*, de 2014, que otorgó a las personas pertenecientes al «tercer género» el derecho a ser reconocid@s bajo la Constitución (derecho que debía incluir la autodeterminación personal de la identidad dentro de la categoría masculina, femenina o de tercer género)[75]. Más allá del conjunto de principios constitucionales relacionados con la salud y la autonomía en los que otros tribunales también se han apoyado hasta el momento, la Corte Suprema

---

nero un pasaporte que coincidiera con su certificado de ciudadanía (*ibid.*, 34). Véase también Moscati y Phuyal (2009) y Knight (2014).

74 Véanse las diversas decisiones de la Corte Suprema de Pakistán sobre el caso *Muhammad Aslam Khaki vs. S. S. P. (Operations) Rawalpindi* (2012), que tuvo su primera orden declarativa de derechos trans el 16 de junio de 2009 y se resolvió con éxito el 25 de septiembre de 2012, reconociendo un amplio abanico de derechos en favor del colectivo trans (desde la correcta identificación de género y la prohibición de discriminación hasta la protección de su vida, dignidad, propiedades o derechos hereditarios) y ordenó al Gobierno que se garantice su participación laboral y social. Sin embargo, los estereotipos y malentendidos sobre su identidad son continuos en estas decisiones, en las primeras órdenes como «unix» o «she-males», posteriormente como eunucos y solo en la última sentencia como «khwaja sraa», sin que en ningún momento se utilice el término transgénero. La autodeterminación como persona transgénero y la definición de persona transgénero reconocidas en la ley trans pakistaní de 2018 (véase n. 51) han sido recientemente declaradas contrarias a los principios islámicos por la Corte Federal Shariat, que se ha valido de la ambivalencia terminológica de la jurisprudencia constitucional para restarle importancia y ha argumentado que el sexo biológico y el género son equivalentes en el islam y corresponden con los asignados al nacer (*Hammad Hussain vs. Federation of Pakistan* [2023]). La sentencia ha sido recurrida ante la Sala de Apelación de la Sharía de la Corte Suprema (*Farhatullah Babar vs. Hammad Hussain* [2023]). Véase Redding (2020) y Aziz, Mirza y Alvear-Garijo (2023).

75 Véase *NALSA* (*National Legal Service Authority vs. Union of India* [2014]). Finalmente, la Ley para la Protección de Derechos de las Personas Transgénero de 2018 permite la autodeterminación como persona trans, previa solicitud ante un magistrado de distrito, y un cambio de género binario solo mediante una operación quirúrgica para el cambio de sexo, hechos que posiblemente limitan el derecho a la autodeterminación de género reconocido en *NALSA* y que han sido recurridos ante la Corte Suprema (*Swati Bidhan Baruah vs. Union of India*). Véase Lokur (2020).

de la India incluyó consideraciones relativas a la igualdad, hizo una referencia explícita a la marginación que sufren estas minorías de género y atribuyó gran parte de la responsabilidad al legado del colonialismo inglés.

Aunque los tribunales del sur asiático hayan sido pioneros en la materia (mediante el dictado de sentencias que, en sus razonamientos, combinan los derechos fundamentales y una narrativa de orgullo nacional/regional), algunos tribunales europeos también han empezado a afrontar el desafío constitucional al binarismo de género de forma inclusiva, mientras que otros, de momento, se resisten a ello[76]. Los tribunales más receptivos lo han hecho inicialmente en respuesta a los reclamos de las personas intersexuales, algunas de las cuales —no todas—, han hecho del cuestionamiento del binarismo una parte importante de su lucha. De este modo, el derecho constitucional al reconocimiento de una identidad de género no binaria ha sido protegido por los tribunales constitucionales de Alemania y Austria, precisamente en respuesta a demandas de personas intersexuales. En Alemania, una sentencia del año 2017 consideró que la ley sobre el estado civil de la persona, que permitía dejar el marcador de género en blanco en el registro de niños intersexuales, pero no admitía una «tercera opción», violaba el derecho general al libre desarrollo de la personalidad (artículo 2 [1] GG) y a la dignidad humana (artículo 1 [1] GG)[77]. De manera similar, y por primera vez, la misma sentencia reconoció que la prohibición constitucional de la discriminación sexual era también aplicable a aquellas personas que no se identifican como hombres ni como mujeres, entendiendo que el artículo 3 (3) GG debe proteger a todos los grupos vulnerables por razón de género. En 2018, el Tribunal Constitucional de Aus-

---

[76] Véase, por ejemplo, la decisión de la Corte de Casación de Francia, 1e. civ., 4 de mayo de 2017, 16-17.189, donde afirma aún el binarismo sexual como fundamento de la ley y el orden social. Aunque la Corte reconoció la existencia de un derecho a la identidad de género en virtud del artículo 8 del Convenio Europeo de Derechos Humanos, rechazó la posibilidad de reconocer la existencia de un tercer género.

[77] BVerfGE 147, 1 (10 de octubre de 2017).

tria consideró que la ausencia de una opción de tercer género para personas intersexuales constituía una violación injustificable del derecho al libre desarrollo de la personalidad en virtud del artículo 8 del Convenio Europeo de Derechos Humanos (CEDH)[78].

El Tribunal Constitucional belga dio un ulterior paso en 2019 al dictar una sentencia que aceptó la superación del binarismo como consecuencia natural del derecho a la identidad de género, declarando que esta no podía quedar restringida en favor de las personas intersexuales[79]. El fallo derogó una ley de 2017 sobre el reconocimiento de género que permitía la autodeterminación —pero solo dentro del binarismo—, al entender que la exclusión injustificada de la opción de un género no binario violaba el principio de igualdad (artículos 10 y 11 de la Constitución belga) en conexión con el de libre determinación (artículo 22), leídos a la luz del artículo 8 del CEDH. Para el Tribunal Constitucional belga, una vez que se admitía que la identidad de género podía autodeterminarse, el derecho a hacerlo en términos no binarios solo sería la consecuencia natural de aquella facultad. Si bien el Tribunal reconoció que la Constitución hacía referencia a las categorías de «hombres» y «mujeres» —por ejemplo, cuando sanciona la igualdad entre ellos (artículos 10.3 y 11 bis)—, no quiso derivar de la literalidad del texto la imposibilidad de reconocer identidades de género no binarias. Además, la decisión reconoció que el derecho a la autodeterminación implicaba también el derecho a una identidad de género fluida[80]. Las personas que no se identifican permanentemente con un género son la máxima autoridad en su propia autodefinición, razonó el Tribunal, y, en principio, deberían poder redefinir su identidad jurídica cuando fuera necesario. Esta posición del Tribunal belga vino a

---

78 VfGH G77/2018 (19 de junio de 2018). Véase Holzleithner (2019).

79 Sentencia 99/2019 (19 de junio de 2019), p. 2338, que sostiene que el legislador podría proteger el derecho de identidad de las personas no binarias, bien creando nuevas categorías identitarias a través de la ley, bien abandonando totalmente el registro del sexo o identidad de género.

80 *Ibid.*, ¶ B.8.8.

desafiar la postura dominante incluso en aquellos ordenamientos en los que el género se decide a través de la autodeterminación y, sin embargo, limitan la fluidez del sistema mediante restricciones en forma de controles externos particularmente estrictos, como los lapsos de tiempo necesarios entre un cambio y otro o los límites al número total de cambios de identidad permitidos.

Lo que ningún tribunal ha hecho hasta ahora es reconocer el derecho de las personas a no ser categorizadas sobre la base de una supuesta libertad negativa, por así decirlo, derivada del derecho a la identidad. En ninguna jurisdicción se ha abolido por completo el registro sexo-genérico de las personas[81]. Hasta ahora, la «exclusión de la categorización de género» se ha centrado principalmente en los reclamos de aquellas personas que al nacer no son fácilmente clasificables en una de las categorías reconocidas. La reforma legal de 2013 en Alemania, por ejemplo, permitió que los progenitores de niñ@s intersexuales —con una certificación médica adecuada— no registraran el sexo/género de sus descendientes hasta un momento posterior, dejando a est@s niñ@s efectivamente «sin género» (Gössl y Völzmann, 2019; Helms, 2018). Ese mismo año, la Corte Constitucional de Colombia reconoció que l@s niñ@s intersexuales tienen derecho a ser inscrit@s temporalmente en los registros civiles dejando el marcador de género en blanco a fin de que puedan acceder a todos los servicios públicos[82]. Más allá de estas excepciones, motivadas por las condiciones médicas de l@s niñ@s intersexuales, de momento los tribunales constitucionales

---

81 Osella (2020). Sin embargo, actualmente existe un litigio constitucional pendiente a instancias del académico alemán Lann Hornscheidt contra la obligación legal de registrar el género.

82 Sentencia T- 450A/13 (16 de julio de 2013).

de Austria[83], Alemania[84] y Bélgica[85] solo han cuestionado en *obiter dicta* la obligatoriedad de que el género se incorpore como una característica definitoria en el estado civil de una persona, remitiendo la decisión al legislador. Mientras tanto, algunos académicos han tratado de explorar vías para establecer un camino intermedio entre la eliminación total de la categoría legal del sexo (lo que podría comportar el sacrificio de algunos objetivos legítimos) y la aplicación generalizada de las tradicionales categorías de género en perjuicio de las personas trans e intersexuales, así como de las no binarias (Cooper y Emerton, 2020).

En resumen, la creciente, aunque de ningún modo inequívoca o consolidada, erosión de las estructuras patriarcales de la sociedad que ha llevado aparejado el desafío a los roles tradicionales y el cuestionamiento del matrimonio heterosexual, así como, en algunos contextos, la mirada poscolonial, plantea un reto al sistema de categorización sexo-genérica y a la supuesta consistencia entre la corporeidad individual —en particular, la genital—, la apariencia social y la identidad legal (Currah y Moore, 2009: 113-18). Una vez problematizadas las estructuras del sistema, parece inevitable que, mientras la identidad de género siga reconociéndose como una fuente válida de afirmación de la identidad personal para muchos, otros consideren que la mera presencia de categorías (cualquiera que sea su definición) podría limitar los derechos de las disidencias sexo-genéricas. Por ello, la impugnación de las categorías de género figura en los Principios de Yogyakarta Más 10 de 2017[86]. Si bien el

---

83 Verfassungsgerichtshof [VfGH], 19 de junio de 2018, G-77/2018, ¶ 6.2.

84 Véase BVerfGE 147, 1 (24) (10 de octubre de 2017), en virtud de la cual, para dar acomodo a la identidad de género de las personas no binarias, el legislador debe tener la opción de agregar categorías de género al estado civil o, alternativamente, eliminar el género por completo.

85 Sentencia n.° 99/2019 (19 de enero de 2019), p. 2348. En líneas similares, véase la resolución del Parlamento Europeo del 14 de febrero de 2019 sobre los derechos de las personas intersex (2018/2878 [RSP]).

86 El principio 31 exige a los Estados «garantizar que los documentos de identidad oficiales incluyan únicamente información personal que sea pertinente,

uso de estas categorías legales puede servir a otros propósitos válidos relacionados con la seguridad, la equidad o la eficiencia administrativa, una vez que se pone en tela de juicio la legalidad de la categorización sexo-genérica, el principio de proporcionalidad invita a que al menos nos planteemos si tales fines no deberían alcanzarse por medios menos lesivos del derecho a la identidad[87]. Después de todo, cabe formular la siguiente pregunta: «¿Qué quedará de la justificación de un sistema de categorías de género cuando lleguemos a un punto en el que se disponga de una multiplicidad de categorías de género, se cuestione cada vez más el binario sexual y el sexo pase a ser definido como un continuo, siendo los individuos [libres] para determinar su propio género sin necesidad de evaluaciones y validaciones externas?» (Osella, 2020: 474). Por ello, ahora, tal vez más que nunca, resuenan con fuerza las palabras de Butler (2014: 42), cuando afirma que el género es «el mecanismo por el cual se producen y naturalizan las nociones de masculino y femenino».

Al igual que en el caso del matrimonio homosexual, estos cambios legislativos han generado controversias tanto en el sector progresista como en el conservador. Particularmente intensa ha sido la oposición de las feministas críticas del género, autoidentificadas —o llamadas por otras feministas radicales— como *transexcluyentes* o TERF (Hines, 2019). Las *radfems* hacen una llamada a la necesidad

---

razonable y necesaria de conformidad con la ley para cumplir un propósito legítimo» y, por lo tanto, «poner fin al registro del sexo y el género de las personas en documentos de identidad tales como certificados de nacimiento, cartas de identidad, pasaportes y permisos de conducir; y como parte de su personalidad jurídica».

87 Fogg Davis (2017). El Congreso de Estados Unidos está considerando la Ley de Equidad para las Personas Trabajadoras Embarazadas (2019), que exige adaptaciones específicas para el embarazo en un texto redactado en términos neutrales en cuanto al género. Por ello, podría acomodar tanto a hombres transgénero embarazados como a mujeres cisgénero. Clarke (2019: 179) observa que «no solo las mujeres, sino también los hombres transgénero y las personas no binarias, se quedan embarazadas. Si bien algunos hombres transgénero y personas no binarias pueden recurrir a tratamientos quirúrgicos que los/as incapaciten para quedarse embarazados, no todos/as lo hacen».

de resituar el foco en el «sexo», referido a la dimensión física, como la principal causa y espacio de manifestación de la opresión de las mujeres. Algunas feministas transexcluyentes niegan explícitamente que las mujeres trans sean «mujeres» y vaticinan que los hombres que cambian de género acabarán comportándose «como personas masculinas» y, por tanto, que los espacios que dejen de diferenciar por sexo propiciarán todo tipo de abusos[88]. Una versión aparentemente más «moderada», aunque también —a mi juicio— problemática, afirma que la autodeterminación de género puede provocar lagunas legales y problemas de inteligibilidad jurídica en torno a los estándares de género, circunstancia que podría acabar incentivando a varones oportunistas (Asteriti y Bull, 2020). Por último, otras feministas críticas temen que se ponga en peligro la igualdad sustantiva a favor de las mujeres y alegan el riesgo genérico del abuso de las medidas de acción positiva concebidas para beneficiarlas[89]. De hecho, varias sentencias constitucionales se han hecho ya eco de esta preocupación, como una del Tribunal Plurinacional de Bolivia del año 2017[90].

---

88 Jeffreys (2004: 42, 46). Con respecto al uso de baños públicos por personas trans, véase, por ejemplo, para Brasil, RE 845.779 (litigio en curso). Sobre el uso de criterios de género en el contexto de los centros de crisis por violación, véase, para Canadá, *Kimberley Nixon vs. Vancouver Rape Relief Society and British Columbia Human Rights Tribunal* (2007), que deniega el permiso para apelar ante la Corte Suprema de Canadá al no encontrar los tribunales inferiores que haya mediado discriminación por razón de sexo de acuerdo con la Ley de Derechos Humanos de la Columbia Británica.

89 Véase el artículo de la BBC (2018), donde se informa sobre las trescientas mujeres que supuestamente abandonaron el Partido Laborista británico en protesta contra la inclusión de mujeres trans en las listas electorales exclusivas de mujeres.

90 TCP, Sentencia 0076/2017 (6 de noviembre de 2017), que acepta en parte un control de constitucionalidad abstracto contra la Ley n.° 807 de Identidad de Género de mayo de 2016, presentada por algunos parlamentarios. La decisión defiende el criterio de la autodeterminación de género sobre la base de la dignidad y el libre desarrollo de la personalidad frente a los supuestos daños que se derivarían de la «ideología de género» de acuerdo con los recurrentes. No obstante, limita su alcance a la identidad individual o a la esfera íntima y anula

Los académicos y las feministas alineados con la defensa de los derechos del colectivo trans han cuestionado la validez de los argumentos señalados, remarcando sus falencias conceptuales y empíricas (MacKinnon, 2023; Zanghellini, 2020; Sharpe, 2020). Algunas hemos argumentado que negar la autodeterminación de género para preservar algunos de los objetivos legítimos a los que apunta el sector crítico, entre ellos la seguridad y la igualdad de las mujeres, sería valerse de una medida desproporcionada, e incluso irracional, por muy válidos que sean tales fines, pues no se observarían las exigencias de un juicio de proporcionalidad. Y ello porque casi siempre hay medios más adecuados y menos invasivos de los derechos de la ciudadanía trans para velar por la consecución de aquellos fines, aunque lo cierto es que muchas de estas alternativas apenas hayan comenzado a explorarse (Rubio Marín y Osella, 2021).

Con todo, la oposición más vigorosa a la fluidez de género proviene de espacios de pensamiento y formaciones políticas de carácter conservador. Un ejemplo revelador es el caso del Gobierno de Hungría, que ha redefinido el sexo legal limitándolo al sexo asignado al nacer según las características físicas, anulando, por tanto, la posibilidad del reconocimiento de un «género» distinto[91]. Otro

---

una disposición legal referida al disfrute por parte de las personas trans de «todos los derechos fundamentales, políticos, laborales, civiles, económicos y sociales», disposición que permitiría a las personas trans casarse, adoptar hijos o acceder a las cuotas de género. Para el Tribunal, dado que los derechos de terceros pueden verse potencialmente afectados en estos supuestos, se trata de aspectos que merecen ser objeto de un debate democrático en el que participen todos los actores de la sociedad, incluidos el Parlamento y las organizaciones de la sociedad civil. Véase, no obstante, la decisión del Tribunal Supremo de Elecciones de Costa Rica, Resolución n.º 8764-E3-2019, que valida la autodefinición de género a la hora de interpretar un mandato de emplazamiento alterno en listas de candidatos que perseguía la paridad de género con referencia a la Opinión Consultiva OC-24/17 de la Corte Interamericana de Derechos Humanos.

91 Véase el artículo 3 de la ley ómnibus de Hungría T/9943 (19 de mayo de 2020, aprobada el 28 de mayo de 2020). La conocida ley del «sexo de nacimiento» implica que los ciudadanos húngaros transgénero e intersexuales han visto cerradas todas las vías de su reconocimiento legal. La ley define el «sexo

ejemplo es la difusión de proyectos de ley y propuestas de regulaciones sobre el uso de los baños públicos a fin de prohibir que las mujeres trans puedan ingresar en los espacios reservados para mujeres cisgénero, supuestamente en aras de una mejor tutela de la integridad y seguridad de estas (Portuondo, 2018). Estas tensiones comienzan a reflejarse también en las batallas constitucionales y, como veremos, algunos tribunales de distintas latitudes ya han reaccionado contra el proceso que ha dado en llamarse «borrado de género» y que ven representado en la causa del movimiento trans e intersex, criticando la teoría de la construcción social del género (o lo que algunos llaman «ideología de género»), incluso cuando (o quizás porque) con esta forma de actuar sacrifican los derechos de las mujeres.

Personalmente, entiendo que, a estas alturas, las feministas deberíamos haber cobrado conciencia del riesgo que conlleva una virulenta división interna como la que vivimos dentro del propio movimiento, sobre todo cuando la oposición contra lo que defendemos y representamos de forma compartida nos amenaza mucho más que aquellas cuestiones específicas sobre las que no estamos de acuerdo, y más aún cuando esta disputa entre feminismos, una vez sacada de contexto, acaba debilitándonos colectivamente para regocijo de quienes desdeñan el feminismo en su conjunto.

---

de nacimiento» como el «sexo biológico determinado por las características sexuales primarias y los cromosomas». El «sexo de nacimiento», según la legislación, solo puede determinarse médicamente y no puede ser alterado. A su vez, se prevé que una persona solo puede tener un nombre legal de entre los que figuran en el correspondiente registro de nombres masculinos o femeninos.

Capítulo 6
El constitucionalismo del movimiento global antigénero

Con la entrada del nuevo siglo y, especialmente, durante los últimos quince años, hemos sido testigos de una «batalla de género» de dimensiones constitucionales liderada a escala global por un movimiento neoconservador que aúna populismos de orientación tanto neoliberal como nacionalista y fuerzas religiosas de distinta índole. En gran medida, este movimiento constituye una reacción frente a la verdadera revolución de género que ha tenido lugar durante los últimos diez lustros, revolución cifrada en conquistas como las de los derechos sexuales y reproductivos de las mujeres, el matrimonio igualitario, la concepción fluida y compleja de la identidad de género o la toma de conciencia del género como sistema de poder y categoría de análisis. Asistimos al resquebrajamiento del orden de género sobre el que se construyó el Estado moderno y vemos cómo se tambalea el modelo de la familia tradicional y patriarcal sobre el que se asentó: familia matrimonial, binaria, heterosexual y reproductiva. Por ello, la resistencia de movimientos que representan al patriarcado como sistema político no debería sorprendernos. Basta pensar en lo que costó derrocar el absolutismo monárquico o afirmar el orden secular para entender que, históricamente, los desafíos a las normas básicas de legitimación del poder nunca se plantean sin resistencia.

Las reacciones neoconservadoras a las que nos referimos constituyen un fenómeno transnacional bien organizado y nutrido de una intricada red de financiación que conecta a actores de distinto tipo y procedencia[1]. Su principal objeto de ataque son los derechos de las

1 Además de políticos con tendencias populistas, nacionalistas y autocráticas, esta nueva derecha global se apoya en representantes de distintas confesiones

personas del colectivo LGBTI+ y los derechos reproductivos de las mujeres, como la anticoncepción o el aborto. Asimismo, se oponen a la educación sexual y de género, a los estudios de género como disciplina académica y al propio concepto de género utilizado para explicar la dinámica de poder que representa la violencia machista. Valiéndose del «pegamento simbólico» (Petö, 2021: 318) que constituye la identificación del enemigo a combatir, es decir, lo que han dado en llamar «ideología de género», estos actores comparten estrategias y argumentos, a menudo contradictorios, para atacar todo aquello que de alguna forma pueda percibirse como un desafío a la familia tradicional y al orden natural de la creación, así como para desautorizar las corrientes académicas que cuestionan los esencialismos y el sistema y los roles tradicionales de género[2].

Aunque aquí nos centraremos en las expresiones más recientes de este fenómeno, conviene recordar que este hunde sus raíces en la última década del siglo XX. Fue entonces cuando en varios países de Europa y América Latina —sobre la base de la infraestructura creada anteriormente por grupos antiabortistas en Estados Unidos— se fraguó el convencimiento de que era necesario proteger a la familia tradicional frente a los envites provenientes de ciertos desarrollos normativos internacionales que siguieron a la Conferencia Internacional sobre la Población y el Desarrollo (El Cairo, 1994) o a la Conferencia Mundial sobre la Mujer (Beijing, 1995). Entre estos desarrollos normativos cabe citar el empoderamiento de las mujeres, sus derechos sexuales y reproductivos y la comprensión del propio género como constructo social y como categoría de análisis. Así, entre mediados de los años noventa y los primeros años del siglo XXI se forjó este discurso antigénero con la contribución

religiosas, asociaciones de familias, grupos antiabortistas y actores del mundo del derecho (Paternotte y Kuhar, 2017: 259).

2 Entre las teóricas que han recibido el mayor número de críticas se encuentran autoras tan dispares como Simone de Beauvoir, Shulamith Firestone, Adrienne Rich, Monique Wittig y, sobre todo, Judith Butler (Garbagnoli, 2018: 54, donde cita el sermón de Benedicto XVI a los miembros de la Curia Romana pronunciado el 22 de diciembre de 2008).

significativa del Vaticano (Case, 2011)[3], un discurso popularizado a partir de la década de 2010 que acabó movilizando a una base más amplia para combatir toda política —presente o futura— percibida como un atentado contra la familia tradicional.

Desde sus inicios, el movimiento antigénero se ha manifestado a través de una amplia gama de tácticas comunes, entre ellas los mítines y la organización de eventos, las sentadas y las protestas caracterizadas por un variado despliegue de narrativas de «autovictimización» que presentan a «la disidencia» de la «ideología de género» como una minoría amenazada y a los menores como sus potenciales víctimas más vulnerables (Paternotte y Kuhar, 2018: 9-10). Estas batallas reaccionarias se han trasladado al campo del derecho, donde prosperan la movilización legal, el litigio estratégico e incluso la construcción cada vez más sofisticada de una dogmática jurídica alternativa con centros educativos propios y de leyes tipo elaboradas en despachos de abogados y otras organizaciones.

Uno de los escenarios jurídicos preferentes de estas batallas legales ha sido, con todo, el ámbito constitucional. Analizar y categorizar las estrategias constitucionales que han servido de munición al movimiento global antigénero es precisamente el objeto de este capítulo. Vaya por delante que entendemos que, en muchos casos, el tipo de constitucionalismo movilizado al servicio de la lucha antigénero es, desde el punto de vista dogmático, un mal constitucionalismo o lo que también podríamos denominar un «constitucionalismo abusivo»[4]. En otros términos, este constitucionalismo es vehiculado

---

3 El proceso de construcción de la contranarrativa culminó con la publicación en 2003 del *Lexicón: términos ambiguos y discutidos sobre familia, vida y cuestiones éticas*, que contiene aproximadamente un centenar de artículos sobre sexualidad y bioética de más de setenta autores (Paternotte y Kuhar, 2017: 253).

4 Landau (2013) y Landau y Dixon (2021) utilizan el término «constitucionalismo abusivo» para referirse al despliegue de mecanismos constitucionales por parte de actores que pretenden perpetuarse en el poder y para ello recurren a la limitación de facultades o a la privación de la independencia de los tribunales de justicia y de otros mecanismos de control. También Scheppele (2019) describe en su obra la forma en que las garantías constitucionales pueden ser

a través de lo que tradicionalmente ha sido calificado como el abuso del derecho, es decir, el uso de reglas o instituciones jurídicas para perseguir fines que en realidad no solo son distintos, sino a menudo también contrarios a los que el orden constitucional supuestamente persigue. No debe extrañar, por lo tanto, que con frecuencia estas dinámicas se estén planteando en países en los que se detectan procesos más amplios de involución democrática y de erosión de los principios y reglas del Estado de derecho, sin perjuicio de que las estrategias desplegadas puedan ser a veces sutiles y moverse dentro de parámetros que, en principio, pueden enmarcarse en el juego constitucional legítimo. Por ello, con frecuencia, solo el contexto, la suma, el contenido y la unidireccionalidad de las acciones emprendidas —y, sobre todo, su naturaleza excluyente— permiten detectar «el fraude» constitucional.

Contamos con abundante literatura que conecta las tendencias antiliberales y la involución democrática que se observan en un número creciente de países con las políticas de género de corte regresivo que en esta última década las acompañan (Grabowska, 2014; Graff, 2014). Se trata aquí de identificar el tipo de munición constitucional a través de la que tales tendencias se manifiestan. En lo que sigue, diferenciaremos cuatro tácticas constitucionales que despliegan los movimientos antigénero. En la práctica, estas estrategias están estrechamente interrelacionadas y pueden plantearse de forma conjunta o alternativa. En primer lugar, nos referiremos a la estrategia de la *erosión constitucional regresiva*, que consiste en recurrir a la vía del litigio constitucional para anular o limitar seria-

---

manipuladas para lograr una concentración del poder político a través de mecanismos que cooptan el lenguaje de los derechos y los controles propios de un orden democrático liberal. Por lo que respecta a los derechos, DE BÚRCA y YOUNG (2023) hacen referencia al fenómeno de su «apropiación indebida», que tiene lugar cuando el lenguaje de los «derechos humanos se pone al servicio de fines de carácter excluyente, represivo o antipluralista, altamente regresivos, o contrarios a compromisos previos o elusivos del control externo o la rendición de cuentas». Por su parte, BOB (2019) habla de los «derechos como munición».

mente derechos previamente reconocidos a las mujeres y las minorías sexuales, ya sea por vía legislativa o jurisprudencial. Junto a la erosión regresiva identificamos una táctica más directa que consiste en reformar directamente la constitución para asegurar que quede explícitamente consagrado el orden de género y de familia que se pretende proteger: llamaremos a esta estrategia *reforma constitucional regresiva*. En tercer lugar, abordaremos la estrategia de *cooptación constitucional*. Al igual que en el caso de la erosión, se trata de recurrir a nuevas interpretaciones del texto constitucional, concretamente de su catálogo de derechos. Sin embargo, en lugar de buscar la erosión progresiva de derechos previamente reconocidos, lo que se persigue con esta táctica es un «cambio de *gestalt*» más profundo y, en realidad, una subversión de la lógica iusfundamental que permita que los derechos pasen a estar al servicio de aquellos valores mayoritarios que tradicionalmente han servido para limitar indebidamente la ciudadanía de las mujeres y de las disidencias de género. Por último, analizaremos la táctica del *prevalimiento de la soberanía constitucional nacional*, que consiste en convertir la salvaguarda de la familia tradicional en una cuestión de supremacía constitucional cifrada, por lo general, en términos identitarios —es decir, de identidad constitucional— con el fin de burlar los estándares que impone la normatividad supranacional en materia de derechos de las mujeres y de los colectivos LGTBI.

En lo que resta de este capítulo, ilustraré brevemente el modo en que cada una de estas estrategias están siendo utilizadas como munición en la batalla librada por los movimientos antigénero, con ejemplos extraídos de la práctica comparada de diversos países. Centraré la atención en algunas de las áreas temáticas más polémicas y priorizadas por tales movimientos, entre ellas los derechos reproductivos, la violencia de género, la educación con perspectiva de género y las uniones o los matrimonios homosexuales. Concluiré sintetizando los rasgos del uso indebido de la munición constitucional al servicio de la batalla antigénero y propondré algunas reflexiones sobre las causas más profundas que eventualmente subyacen a los fenómenos de involución constitucional a los que nos enfrentamos.

6.1. LA EROSIÓN CONSTITUCIONAL REGRESIVA: EL PROGRESIVO RESCATE DEL ORDEN DE GÉNERO TRADICIONAL

Probablemente una de las expresiones más tempranas de la táctica de erosión constitucional regresiva sea la batalla que lleva librándose durante más de cincuenta años en Estados Unidos en torno al derecho al aborto. Aunque la contienda legal comenzó mucho antes, 1973 fue el año del pistoletazo constitucional: la Corte Suprema de Estados Unidos dictó la famosa sentencia *Roe vs. Wade*, sentencia que, como vimos, reconocía por vez primera el derecho constitucional de las mujeres a abortar hasta el momento de la viabilidad del feto. Abandonado el empeño que en los años setenta y principios de los ochenta del siglo pasado pusieron los defensores provida para combatir la sentencia a través de la introducción de una enmienda constitucional que, de forma explícita, tutelara la vida humana desde el momento de la concepción, el nuevo siglo ha sido testigo del despliegue de una estrategia incremental. Más que la prohibición del derecho al aborto reconocido por vía jurisprudencial, esta estrategia trató de erosionarlo poco a poco, promoviendo la aprobación de regulaciones que restringieran paulatinamente el derecho al aborto, hasta que por fin se dieron las condiciones para apartarse por completo del precedente, tal como hizo la Corte Suprema en la muy polémica sentencia *Dobbs vs. Jackson Women's Health Organization* (2022).

A la hora de explicar este proceso, Franklin (2019: 223-28) hace referencia al modo en que, en Estados Unidos, esta tendencia al endurecimiento de la regulación del aborto se aceleró drásticamente a raíz de las elecciones de 2010, que llevaron al Tea Party y a otros candidatos conservadores al poder. En solo un año (2011), señala la autora, los distintos estados de la federación aprobaron más leyes restrictivas en la materia que en cualquier otro año de la historia del país, incluyendo leyes que, sin rubor alguno, contradecían el precedente constitucional[5] —como las que prohíben la interrupción del embarazo a partir de que el latido fetal sea médicamente detectable, es decir, por regla general, a partir de unas seis semanas desde la concepción—. Este frenesí legislativo recibió el apoyo entusiasta de la influyente organización provida Americans United for Life (AUL), fundada en 1971 para combatir la liberalización del aborto en la legislación estatal e influir en las luchas antiabortistas que se libraban en otras partes del mundo[6].

Durante mucho tiempo, la Corte Suprema fue aceptando progresivamente algunos recortes[7], pero en otras ocasiones resistió el envite y, en todo caso, preservó el núcleo del derecho fundamental a abortar[8]. Ha sido únicamente el giro conservador de la Corte —tras el nombramiento, de dudosa legitimidad, de los jueces con-

---

5 Es decir, el precedente de *Roe vs. Wade*, matizado pero confirmado en lo esencial en la sentencia *Planned Parenthood vs. Casey* (1992) que, aun apartándose del sistema de trimestres de *Roe*, reconoce el derecho de las mujeres a abortar sin injerencias indebidas.

6 Entre las actividades de esta organización figura la redacción de «leyes tipo», como las conocidas leyes TRAP (Targeted Restrictions on Abortion Providers), claramente diseñadas para perjudicar a los proveedores de servicios abortivos, a quienes imponen gravámenes específicos y condiciones mucho más estrictas que las que enfrentan el resto de los proveedores de servicios médicos de riesgo comparable. El objetivo es claro: expulsarlos del mercado bajo el pretexto de «proteger a las mujeres», sin considerar otras opciones para protegerlas de forma mucho más eficaz, por ejemplo, a través del aumento de la tasa de cobertura médica, la atención a las necesidades anticonceptivas y el refuerzo de los servicios de planificación familiar y de los programas de educación sexual (Franklin, 2019: 234).

7 Es, por ejemplo, el caso de *Alberto R. Gonzales, Attorney General, Petitioner vs. Leroy Carhart et al.* (2007), que validó la prohibición por ley federal del método de «aborto de parto parcial» de fetos no viables.

8 Por ejemplo, en *Whole Woman's Health vs. Hellerstedt* (2016), la Corte Suprema derogó una ley de Texas conocida como HB2, que exigía, entre otras cosas, que los proveedores de servicios obtuvieran derechos de admisión en hospitales cercanos y que las clínicas en las que se practicara el aborto se equiparan como centros quirúrgicos ambulatorios, requisitos que habrían implicado el cierre de casi todas las clínicas abortivas del estado de Texas. En el caso *Medical Services, L.L.C. vs. Russo* (2020), la Corte Suprema de Estados Unidos derogó

servadores Neil Gorsuch, Brett Kavanaugh y Amy Coney Barrett en la era Trump— lo que ha permitido, en medio de contundentes expresiones de rechazo popular, dar el golpe final con la sentencia *Dobbs*. Esta sentencia validó la constitucionalidad de una ley de Mississippi que prohíbe la mayoría de los abortos después de las quince semanas de embarazo, es decir, mucho antes del momento de la viabilidad. En ella, la Corte Suprema argumenta que *Roe* fue un mal precedente porque sencillamente se inventó un derecho (el derecho a abortar) que no estaba contemplado en la Constitución ni tenía el amparo de la tradición constitucional del país. Dado que tal derecho fundamental no estaba reconocido en la Constitución Federal de Estados Unidos, adujo la Corte, el asunto quedaba en manos de la regulación estatal y por lo tanto no había nada que objetar a la regulación de Mississippi. Para justificar el asombroso apartamiento del precedente, la Corte Suprema aludió al hecho de que, en realidad, no era la primera vez que ello ocurría: otros casos icónicos de la historia constitucional del país también habían sido desechados. Entre otros, la Corte hizo referencia a la sentencia *Brown vs. Board of Education* (1954) que invalidó el precedente de *Plessy vs. Ferguson* (1896) y declaró la inconstitucionalidad de la segregación racial educativa. Además, la Corte aludió a la tradición constitucional de la nación para argumentar que no existía nada parecido al derecho de las mujeres a abortar en 1868, cuando se adoptó la Decimocuarta Enmienda, y que por aquel entonces la mayoría de los estados tipificaban el aborto como delito, por lo que difícilmente podría entenderse que el derecho a abortar, que tampoco había sido aceptado en el derecho común, quedara implícitamente amparado por aquella enmienda[9]. Sin embargo, la sentencia

---

una ley estatal de Louisiana que, en esencia, reproducía la regulación de la ley HB2.

9 Para la Corte, la cláusula del debido proceso (Due Process Clause) tiene efectivamente un contenido sustantivo que permite la garantía de derechos no enumerados en la Constitución frente a los estados, pero, siguiendo su propio precedente, solo si estos están «profundamente enraizados en la historia y la tradición de la Nación» e «implícitos en el concepto de libertad ordena-

no hizo referencia alguna al hecho de que, en el momento histórico en el que ubicó la definición de los contornos de la «tradición» constitucional relevante, las mujeres ni siquiera tenían reconocido el derecho al sufragio ni a que, irónicamente, un argumento similar fue precisamente el que alegaron quienes habían defendido la validez de *Plessy* frente al giro de *Brown* (Siegel, 2023). Recurriendo a un formalismo que roza el cinismo y a una selectiva política de la memoria revestida de técnica hermenéutica, la sentencia procedió a recortar el derecho a la autonomía reproductiva de las mujeres, esencial para su afirmación como ciudadanas de pleno derecho. Y lo hizo citando un precedente (*Brown*) que no sirvió para reforzar, sino para superar el racismo estructural sobre el que se fundó la nación, aludiendo a una «tradición constitucional» que no es sino el resultado de «congelar» la historia y fotografiarla en un momento en el que las mujeres estaban lejos de ser ciudadanas de pleno derecho e ignorando de forma expresa que la criminalización del aborto estaba en aquel entonces íntimamente vinculada a la imposición de una maternidad normativa y, por lo tanto, a la negación de la autonomía plena de las mujeres[10].

---

da». *Dobbs* (9-11) también desecha el argumento de que el derecho a abortar pueda fundarse sobre la base de la cláusula de protección igualitaria (Equal Protection Clause) de la Decimocuarta Enmienda, teniendo en cuenta que la regulación del aborto carece de intención discriminatoria y debe, por tanto, someterse a un nivel más riguroso de control —como el que supone el test de *heightened scrunity*— que el resto de las normas relativas a la seguridad y a la salud.

10 Ignoramos, a la fecha, el alcance real que pueda llegar a tener *Dobbs*. Tan solo seis meses después de la sentencia, se calcula que 24 estados habían prohibido o limitado de forma muy severa el derecho al aborto (Nashy Guarneri, 2023). Tampoco se descarta que sus consecuencias alcancen extremos insospechados. Así, con base en *Dobbs* y el valor que supuestamente le otorga a la vida concebida, en febrero de 2024 la Corte Suprema de Alabama decidió que los embriones congelados deben considerarse seres humanos y que cabe reclamar responsabilidad a quienes los destruyan, una decisión que ha causado estupor entre la población y que, sin duda, puede acabar desincentivando el recurso a tratamientos de fertilidad in vitro (Callahan, 2024).

Por supuesto, Estados Unidos no es el único país en el que se observan preocupantes dinámicas orientadas a erosionar y limitar los derechos reproductivos de las mujeres. En Polonia, ha sido la coalición de la derecha y la llegada al poder del partido Ley y Justicia en octubre de 2015 la que ha contribuido a reforzar la agenda antigénero de la región (Roggeband y Krizsán, 2018). Ley y Justicia es una formación que, como otras de la región, recurrió a estrategias populistas para consolidar mayorías parlamentarias de las que posteriormente se sirvió para concentrar el poder y erosionar la legitimidad democrática de las instituciones del país (Vachudova, 2020; Sadurski, 2019; Skąpska, 2017). El Tribunal Constitucional ha sido una de las instituciones vaciadas de legitimidad por la acción de un Ejecutivo que, en primer lugar, logró paralizar su actividad y, posteriormente, atentó contra su independencia e imparcialidad mediante la aprobación de reformas legislativas y el establecimiento de un sistema irregular de designación de sus miembros que se hizo acreedor de una sentencia condenatoria del Tribunal Europeo de Derechos Humanos (TEDH)[11].

En efecto, las interpretaciones que ha venido ofreciendo progresivamente el Tribunal Constitucional polaco han servido para afianzar constitucionalmente la identidad y tradición católica de la nación tanto frente a su pasado comunista como a las tendencias emergentes en Occidente. Esta jurisprudencia ha incidido en el debate en torno a las uniones y matrimonios homosexuales y el aborto, y no precisamente de forma positiva. Por lo que respecta al aborto, para estudiar el fenómeno de erosión conviene recordar que el punto de partida es anterior al de la emergencia del populismo, dado que el momento álgido en el reconocimiento de la libertad reproductiva de las mujeres polacas fue la época en la que estuvo vigente el régimen socialista, con un sistema de aborto libre[12]. Este sistema fue

---

[11] *Xero Flor w Polsce sp. z.o.o. vs. Poland*, demanda n.° 4907/18 (2021).

[12] En realidad la ley de 1956 de permisibilidad del aborto requería que la mujer alegara la dificultad de sus circunstancias vitales, pero a partir de 1959 el procedimiento se relaja de tal manera que viene a equivaler al del aborto

desarticulado durante la transición democrática del país, cuando el sindicato Solidarność (Solidaridad) cedió a las presiones de la Iglesia católica en señal de agradecimiento por su colaboración en el derrocamiento del régimen socialista. Haciendo caso omiso a los reclamos y protestas de las mujeres, cuyas primeras manifestaciones datan de 1989, aquella alianza propició lo que vendría a conocerse como el «compromiso sobre el aborto», que inspiraría la nueva Ley de protección del feto de 1993. Esta ley introdujo un sistema de excepciones penales con tres causales: la médica, la embriopática y la criminológica. Cierto es que las organizaciones de mujeres intentaron utilizar la ventana de oportunidad abierta por el proceso constituyente para reemplazar la «pequeña» Constitución de 1992 por la de 1997 y así lograr que esta reconociera, entre otros, su derecho a decidir y lo salvaguardara frente a los posibles ataques de las futuras mayorías parlamentarias. El poder de la Iglesia católica, no obstante, volvió a impedir que este objetivo se hiciera realidad, y finalmente se aprobó un texto que incluye referencias a la inalienable dignidad humana, la protección jurídica de la vida humana, la definición del matrimonio como la unión de un hombre y una mujer, el principio de subsidiariedad y la referencia al Concordato de 1993 entre la Santa Sede y la República de Polonia. A pesar de ello, el ala conservadora no consiguió la inclusión en el texto constitucional de la protección de la vida humana desde el momento de la concepción al de la muerte natural (Śledzińska Simon, en revisión).

Desde entonces, y durante la etapa que podríamos considerar de consolidación democrática del país (1997-2015), han fracasado varias iniciativas de reforma constitucional para limitar aún más, e incluso de forma absoluta, el aborto. Pero tampoco ha sido fácil avanzar en la dirección opuesta. En todo caso, el Tribunal Constitucional se erigió ya en esa primera etapa de consolidación en un

---

libre, aunque la percepción general es que, más que reflejar una determinada concepción de la libertad de la mujer, la ley respondía a las necesidades de mujeres con sobrecarga de trabajo y en permanente lucha contra la pobreza y el alcoholismo de sus esposos (Śledzińska-Simon, en revisión).

actor importante para frenar los intentos de las mujeres de superar los estrechos márgenes del compromiso arriba citado[13]. A partir de 2015, iniciada la etapa populista bajo el gobierno nacionalista y de extrema derecha del partido Ley y Justicia, un Tribunal Constitucional cada vez menos independiente ha acabado secundando no ya el freno de los avances, sino la desviación del viejo compromiso en sentido restrictivo frente al clamor de una sociedad civil cada vez más polarizada. En efecto, el giro populista del país se ha visto acompañado de una potente movilización ciudadana que ha recurrido al mecanismo de la iniciativa legislativa popular (que requiere 100 000 firmas para activar la tramitación de la ley promovida por los solicitantes), así como de una sólida organización de los movimientos feministas, entre los que destaca el movimiento de la Strajk Kobiet (Huelga Nacional de Mujeres), una iniciativa de carácter intergeneracional que cuenta con un amplio apoyo masculino.

---

13 Así, en 1997, el Tribunal Constitucional declaró inconstitucional la reforma legal de 1996 que introducía la excepción por circunstancias personales y socioeconómicas (Decisión K 26/96, 28 de mayo de 1997). Asimismo, la Iglesia accedió a apoyar la integración de Polonia en la Unión Europea a cambio de que no se reformara la ley del aborto, lo cual llevó al Gobierno de izquierda del primer ministro Leszek Miller a adoptar una declaración oficial sobre moralidad pública como anexo al Tratado de Adhesión en 2003, que en 2005 validaría el Tribunal Constitucional en una sentencia interpretativa que confirmaba la validez del mismo, siempre que se interpretara que no quedaba mermada la protección de la vida humana reconocida en el artículo 38 de la Constitución (Decisión K 18/04, 11 de mayo de 2005). Posteriormente, el Gobierno conservador de Donald Tusk se encargaría de suscribir el Protocolo n.º 30 sobre la Aplicación de la Carta de Derechos Fundamentales de la Unión Europea para garantizar la primacía del derecho nacional en aquellas áreas en las que se temía que los estándares occidentales de derechos fundamentales pudieran conducir a la legalización del aborto, la eutanasia o el matrimonio igualitario. Esto resultó, a su vez, decisivo para que el Tribunal Constitucional confirmara la constitucionalidad del Tratado de Lisboa (Decisión SK 54/13, 6 de octubre de 2015). Ese mismo año, el Tribunal dictaría también una sentencia que validó una concepción muy amplia del derecho a la objeción de conciencia que avala a los médicos contrarios al aborto, excepción hecha de aquellas circunstancias en las que la vida o la salud de una paciente estén en riesgo (Decisión K 12/14, 7 de octubre de 2015).

Este movimiento surgió para protestar por el rechazo parlamentario de la iniciativa legislativa «Salvemos a las mujeres», que pretendía liberalizar el régimen del aborto, y en defensa de la tramitación parlamentaria de la iniciativa legislativa «Detengamos el aborto», que prácticamente abogaba por la prohibición total del aborto y que contaba, de entrada, con el apoyo del partido Ley y Justicia, así como del obispado y de los grupos católicos laicos (Śledzińska-Simon, en revisión).

El 3 de octubre de 2016, conocido como el Lunes Negro, una huelga masiva inundó las calles de 147 ciudades de Polonia y el Gobierno se vio obligado a retirar su apoyo a la propuesta (Mishtal, 2019). Con todo, después de esta derrota se presentó una nueva iniciativa legislativa popular para prohibir el aborto embriopático, que fue rechazada en primera lectura en 2020. En ese contexto, el partido del Gobierno decidió transferir el asunto al Tribunal Constitucional y varios diputados plantearon un control abstracto. En su resolución, el Tribunal determinó que la interrupción por patología fetal —definida como la alta probabilidad de discapacidad fetal grave e irreversible o de una enfermedad incurable que ponga en peligro la vida del no nacido— era inconstitucional[14]. Para justificar su decisión, a pesar de que la Constitución no reconoce la subjetividad jurídica del embrión o del feto, sino únicamente la protección jurídica de la vida humana, el Tribunal declaró la prevalencia de los derechos constitucionales del feto y, basándose en las garantías del Estado de derecho y en un razonamiento sumamente formalista, determinó que la ley no incorporaba criterios lo suficientemente claros y mensurables con respecto a la violación del bienestar materno como para justificar la interrupción del embarazo en tales circunstancias. Con ello, las mujeres polacas dejaron de poder abortar en el único supuesto en el que prácticamente lo hacían, de modo que la sentencia acabó erosionando hasta el estrangulamiento el derecho al aborto que disfrutaban bajo el régimen socialista y

---

14 Decisión K 1/20, 10 de octubre de 2020. Al respecto, véase Gliszczyńska-Grabias y Sadurski (2021).

que las fuerzas religiosas y conservadoras pretendieron desterrar por completo del marco constitucional desde que se inició la transición política (Śledzińska-Simon, en revisión). Aun así, la lucha de las mujeres no ha cesado. En las últimas elecciones, las restricciones de sus derechos movilizaron a gran parte del electorado, lo que motivó a que el partido Ley y Justicia, a pesar de haber sido el más votado, sufriera una perdida de votos respecto a 2019 que le impidió formar gobierno. Hay esperanzas de que el nuevo Gobierno de coalición liderado por Donald Tusk (Coalición Cívica) revierta la situación, teniendo en cuenta que el programa de Tusk contenía el compromiso de aprobar una ley de plazos que posibilitara el ejercicio del derecho a abortar durante las doce primeras semanas de gestación[15].

6.2. LA REFORMA CONSTITUCIONAL REGRESIVA: HACIA LA EXPLICITUD DEL ORDEN DE GÉNERO TRADICIONAL

La vía constitucional más expeditiva para los movimientos que desean reforzar el orden tradicional de género valiéndose de la munición constitucional es, con todo, la reforma de la constituciuón. Por razones obvias, se trata de una vía especialmente prometedora en aquellos países en los que los procedimientos de reforma constitucional no son excesivamente gravosos y las fuerzas reaccionarias cuentan con mayorías parlamentarias suficientes para activarlos.

15 El Tribunal Europeo de Derechos Humanos también ha servido de espaldarazo para las mujeres polacas. En su sentencia *M. L. vs. Poland*, demanda n.° 40119/21 (2023), los jueces de Estrasburgo concluyeron que el país vulneró el derecho al respeto a la vida privada (artículo 8 del Convenio Europeo de Derechos Humanos) de una ciudadana polaca que se vio obligada (como consecuencia de la decisión del Tribunal Constitucional de Polonia de 2020) a viajar al extranjero para abortar por motivos de una anomalía fetal, cuando ese aborto había sido decidido por razones de salud y bienestar. La sentencia del TEDH también hizo referencia a la composición irregular del Tribunal polaco.

Los movimientos y formaciones antigénero llevan tiempo intentando poner en práctica la táctica de la reforma constitucional, aunque, como hemos visto en los casos de Estados Unidos y Polonia respecto al aborto, no siempre de forma exitosa. En los últimos años, sin embargo, esta táctica ha logrado importantes avances en la batalla contra el matrimonio y las uniones afectivas homosexuales. Europa del Este se ha convertido, sin duda, en un campo de batalla paradigmático al respecto (Roggeband y Krizsán, 2018)[16].

Para comprender las raíces de este fenómeno en la región, hay que tener en cuenta que en algunos de los regímenes postsocialistas (como el de Polonia) la Iglesia fue siempre considerada una víctima del régimen anterior y que, en otros casos (como Croacia), sigue siendo caracterizada como la institución depositaria de la identidad nacional. Esta atribución ha permitido que, desde principios de la década de los noventa, la Iglesia haya tratado de restaurar su

---

16 Entre las constituciones que han sido reformadas para impedir el matrimonio igualitario en Europa central y oriental se encuentran la Constitución de Bulgaria de 1992 (modificada en 2007), la de Hungría de 2011, la de Letonia de 1922 (modificada en 2006), la de Moldavia de 1994 (reformada en 2006), la de Polonia de 1997 (modificada en 2009), la de Ucrania de 1996 (modificada en 2014), la de la República de Montenegro de 2007, la de Serbia de 2006 (aunque establece que «la comunidad extramarital es igual al matrimonio, de conformidad con la ley»), la de Croacia de 1991 (modificada en 2013), la de la República de Macedonia del Norte de 1991 (modificada en 2019) y la de Eslovaquia de 1992 (modificada en 2014). La tipología de las nuevas cláusulas constitucionales abarca desde aquellas que prohíben el matrimonio homosexual, pasando por aquellas que simplemente definen el matrimonio en términos explícitamente heterosexuales hasta las que permiten al legislador restringir el matrimonio a parejas de distinto sexo. Sin embargo, la vía de la reforma constitucional para reafirmar la naturaleza heterosexual del matrimonio no se ha limitado a los países de Europa central y oriental. En 2004 se modificó en el mismo sentido la Constitución de Honduras de 1982 y, en general, muchas de las constituciones redactadas en América Latina y África durante las dos últimas décadas especifican que el matrimonio debe ser entre un hombre y una mujer. Conviene también recordar que en Estados Unidos, desde finales de siglo, se había sucedido una ola de enmiendas constitucionales estatales en respuesta a las primeras leyes y sentencias que reconocieron el matrimonio homosexual en el país (Hume, 2013).

papel como autoridad moral, ya sea a través de la sociedad civil o a través de la colaboración con el Gobierno de turno, en un proyecto de «retradicionalización de la sociedad». Además, tanto en la Europa postsocialista como en Rusia se ha llegado a afirmar que la «ideología de género» representa una nueva forma de totalitarismo, una forma de «neomarxismo». El argumento esgrimido desde esta perspectiva es que estamos ante una nueva modalidad de imperialismo axiológico que expande la cristianofobia y fuerza la voluntad de la mayoría democrática de la nación, una suerte de despotismo globalista promovido por organizaciones internacionales, élites académicas y burócratas de las potencias occidentales (Paternotte y Kuhar, 2017: 259, 266).

En Polonia —donde, como vimos, este tipo de dinámicas constitucionales son de más vieja data que en otros países de la región—, la reforma constitucional de 2009 enmendó la Constitución de 1997 y afianzó el matrimonio heterosexual. Lo cierto es que el Tribunal Constitucional ya había interpretado la institución en sentido restrictivo en una famosa sentencia de 2005[17] dictada con ocasión de la firma del tratado de adhesión de Polonia a la Unión Europea, en la que el Tribunal declaró que el matrimonio heterosexual disfrutaba de un «estatus constitucional específico» que solo podría ser modificado mediante una reforma constitucional[18]. En los últimos

---

17 Tribunal Constitucional de Polonia, Decisión K 18/04, 11 de mayo de 2005 (Tratado de Adhesión).

18 Otras decisiones del Tribunal Constitucional polaco han afirmado igualmente la obligación del Estado de «fortalecer los lazos entre las personas que componen la familia y, en particular, entre padres e hijos y entre cónyuges». Véase Decisión K 16/04, 18 de mayo de 2005. Y aun otras expresan en términos más contundentes que «la visión de la familia adoptada por la Constitución es la de una "unión duradera entre un hombre y una mujer orientada hacia la maternidad y la paternidad responsables"». Véase Decisión SK 62/08, 12 de abril de 2011. Esta jurisprudencia socavó la posibilidad de brindar una protección igualitaria a otro tipo de relaciones familiares y contribuyó al fracaso de varios proyectos de ley sobre uniones de hecho —que habrían servido para legalizar las uniones homosexuales—, proyectos presentados ante el Parlamento polaco entre 2003 y 2015, el año de la victoria electoral de la derecha (Bod-

años, el fenómeno se ha generalizado y se ha extendido en países en los que no existe un nacionalismo religioso equiparable al de Polonia. Más allá de toda retórica oficial, este es el caso de Hungría, país en el que, si bien la transición de principios de los noventa fue acompañada de algunas manifestaciones de resurgimiento religioso, este dio pronto paso a un progresivo declive en una sociedad que hoy en día está bastante secularizada. A pesar de ello, el recurso a la reforma constitucional por parte de un Gobierno respaldado por un amplio apoyo parlamentario ha resultado particularmente útil allí donde, además, la doctrina del Tribunal Constitucional ha dejado de operar como contrapeso, pues aunque en un primer momento la jurisdicción constitucional contribuyó a la afirmación de los valores liberales e igualitarios del nuevo régimen democrático, su gradual politización, motivada por las interferencias de un Ejecutivo que ha amañado su composición, ha acabado convirtiéndolo en un rehén de la agenda antiliberal del Gobierno (Drinóczi, 2021).

Efectivamente, la llegada al poder del movimiento populista de Viktor Orbán en 2010 vino acompañada del rechazo de una agenda cultural liberal por aquel entonces asumida por gran parte de la sociedad civil húngara. El nuevo Gobierno de coalición de derecha Fidesz-KDNO (en el poder desde 2010, con la salvedad de un breve lapso) no dudó en aprovechar su amplia mayoría parlamentaria (se requerían dos tercios) para aprobar primero una nueva constitución a través de un procedimiento no inclusivo ni deliberativo y someterla después a una multiplicidad de reformas (nada menos que once en once años). Estas reformas parecen haber tenido un carácter meramente profiláctico o simbólico, aunque otras veces se han traducido directamente en la aprobación de leyes restrictivas de derechos avaladas por un Tribunal Constitucional cada vez menos independiente (Drinóczi y Bień-Kacała, 2022). La nueva ley fundamental húngara (adoptada en 2011) proclama la protección de

---

nar y Śledzińska-Simon, 2013: 227-30; Fiala-Butora, Pap y Śledzińska-Simon, 2018: 52-53).

la vida humana desde el momento de la concepción (artículo II)[19], define la familia como «la base de la supervivencia de la nación» y el matrimonio como la unión entre un hombre y una mujer (artículo L.1)[20] y establece que «Hungría fomentará el compromiso de tener hijos» (artículo L.2).

De poco sirvió la moderación que intentó introducir el Tribunal Constitucional en el sistema cuando aún era independiente del Ejecutivo. Así, en 2012 —aplicando jurisprudencia del TEDH— el Tribunal Constitucional derogó una ley que había impulsado el Gobierno y que contemplaba un concepto muy restrictivo de familia, definida exclusivamente y a todos los efectos como el matrimonio entre un hombre y una mujer (más los descendientes directos e hijos adoptados de ambos)[21], una definición, por tanto, que excluía a las familias de parejas registradas o de hecho y a las uniones homo-

---

19 El artículo 2 dispone: «La dignidad humana es inviolable. Todo ser humano tendrá derecho a la vida y a la dignidad humana; la vida embrionaria y fetal estará sujeta a protección desde el momento de la concepción».

20 En 1995, ante un texto que nada decía al respecto, el Tribunal Constitucional reconoció que el matrimonio era una institución que debía reservarse a las relaciones heterosexuales, pero que excluir a las parejas homosexuales de un reconocimiento legal (vía uniones de hecho) contravenía el principio de igualdad de trato y dignidad humana (véase la Decisión 14/1995. [III. 13]). Sin embargo, en 2008, el Tribunal Constitucional validó un recurso presentado por partidos de derechas que se tradujo en la derogación de la Ley 184/2007 sobre uniones de hecho porque abría la opción de este tipo de unión a parejas heterosexuales y porque, desde el punto de vista jurídico, no diferenciaba de forma suficiente entre matrimonio y parejas de hecho, con lo que se estaría mermando el valor que la Constitución atribuía al matrimonio. A pesar de ello, el Tribunal siguió reconociendo que las parejas del mismo sexo merecían alguna forma de reconocimiento legal (véase la Decisión 154/2008. [XII. 17.]). De hecho, el Parlamento húngaro adoptó posteriormente la Ley 184/2007, que otorga a las parejas casadas y a las registradas casi los mismos derechos, excepción hecha respecto a la adopción de los hijos del otro y la transmisión de los nombres a la pareja.

21 Decisión 43/2012. (XII. 20.). De acuerdo con el Tribunal, la definición no podía excluir a quienes crían hijos conjuntamente, a las parejas sin descendencia ni a otras muchas formas duraderas de cohabitación con estrechos lazos económicos y emocionales.

sexuales de cualquier índole. El Ejecutivo de Orbán respondió en 2013 con una enmienda constitucional que se encargó de afianzar aún más la posición privilegiada de las familias heterosexuales, limitando, de paso, los poderes de control del propio Tribunal[22]. Esta reforma sirvió para legitimar ante la opinión pública otras medidas del Ejecutivo en la misma línea, entre ellas la oposición abierta frente a las normas y directrices europeas sobre derechos sexuales y reproductivos de la mujer y contra la homofobia, el llamamiento explícito a las mujeres húngaras a tener más hijos o la adopción de políticas «familiaristas» (Bodnar y Śledzińska-Simon, 2013: 227-30; Fiala-Butora, Pap y Śledzińska-Simon, 2018: 52-53).

Recientemente, el Gobierno ha convertido a las personas trans en blanco de sus ataques, recurriendo nuevamente a la reforma constitucional como estrategia y avalando, una vez más, la deriva conservadora del Tribunal Constitucional. Así, en diciembre de 2020 y, una vez más, en ausencia de un debate político o social, se introdujo la Novena Enmienda de la Constitución húngara, texto que especifica que en la familia «la madre es una mujer y el padre un hombre» (artículos 15 y L.1 de la ley fundamental) y que la ley fundamental protege «el derecho de los hijos a identificarse con su sexo al nacer y a una educación basada en la identidad constitucional y la cultura cristiana de nuestro país» (artículo XVI.1). El impacto de la reforma no tardó en hacerse notar tanto a nivel legislativo[23] como jurisprudencial y trascendió las fronteras de Hungría[24]. Así, en

---

22 La Cuarta Enmienda (promulgada en 2013) de la Constitución de Hungría modifica el artículo L de la Constitución de 2011 para añadir esta previsión: «Los lazos familiares se basarán en el matrimonio o en la relación entre padres e hijos».

23 En junio de 2021, el Parlamento húngaro aprobó, con base en la Novena Enmienda de la Constitución, la «Ley de endurecimiento de medidas contra los delincuentes pedófilos» que, entre otras cosas, establece que los menores no deben estar expuestos a ningún anuncio o contenido mediático que «promueva o represente» la homosexualidad, la transición de género o la desviación de la identidad del sexo de nacimiento.

24 Así, en 2021, inspirándose en Hungría, un grupo de parlamentarios de Eslovaquia redactó una propuesta de reforma constitucional (n.° 429, 12 de febrero

febrero de 2023 el Tribunal Constitucional dictó una sentencia que validó una ley de 2020 que, bajo la noción de «sexo de nacimiento», prohíbe el cambio legal de sexo a las personas trans e intersexuales, apartándose de la doctrina contenida en una sentencia de 2018 en la que el Tribunal había afirmado (así fuera en *obiter dictum*) el derecho de las personas trans a autoidentificarse y a llevar un nombre en consonancia con su género con base en el derecho constitucional a la dignidad humana[25], alejándose incluso de otra más reciente (2021) en la que el Tribunal especificó que, cuando menos, la legislación de marras no podía tener efectos retroactivos[26].

Más allá del caso húngaro, conviene observar que las fuerzas reaccionarias de la región que han recurrido al ámbito constitucional para mermar los derechos de las minorías sexuales no han vehiculado sus propuestas únicamente a través de la acción de Gobiernos populistas secundados por tribunales serviles, sino también mediante un creciente número de iniciativas impulsadas por colectivos de la sociedad civil —secundadas a veces por los propios Gobiernos afines— y por entidades religiosas y redes conservadoras transnacionales, incluyendo los movimientos provida y antigay de Estados Unidos. Muchas de estas iniciativas han adoptado la forma de campañas de referéndums constitucionales, estrategias que, más allá de sus objetivos excluyentes y su naturaleza abiertamente antipluralista, están revestidas de una apariencia de legitimidad democrática reforzada. Algunas de estas iniciativas orientadas a consolidar la hegemonía del matrimonio heterosexual se han traducido en reformas constitucionales. Tal es el caso de Croacia, donde el éxito del movimiento antigénero se debió a la estrategia de relegar el discurso moral a un segundo plano para disfrazar los argumentos desplegados de cientificismo y proceder a una apropiación indebida y pro-Unión Europea de la narrativa de los derechos y la

---

de 2021) sobre la inmutabilidad de la identidad de género a fin preservar el sexo adscrito al nacer, iniciativa que no prosperó.

25 Decisión 6/2018. (VI. 27.).

26 Decisión 11/2021. (IV. 7.).

democracia. En efecto, el referéndum croata de 2013 se presentó como un verdadero «festival de la democracia», a pesar de su naturaleza homófoba, y fue defendido mediante un discurso en el que la lógica de los derechos individuales quedó suplantada por la de los derechos de «la familia y los niños» y en el que el nacionalismo conservador religioso se equiparó a una minoría perseguida cuyos derechos a la libertad religiosa y a la libre expresión estarían siendo restringidos[27]. Otros intentos de reforma constitucional a través de referéndums populares han resultado fallidos, como su-

[27] Hovart Vuković y Samobor (en revisión) narran cómo el Tribunal Constitucional de Croacia intentó mitigar las consecuencias de este uso populista de la democracia directa sin restringir desproporcionadamente la vía del referéndum. El Comunicado de 2013 del Tribunal exploró —y respondió negativamente— al interrogante de si el referéndum invadía la identidad constitucional de Croacia (y, en concreto, la garantía de igualdad), el único límite que la Constitución pone a los referéndums. A pesar de ello, aclaró que una definición heteronormativa del matrimonio no impedía «el desarrollo futuro de un marco legal para las parejas del mismo sexo en relación con las garantías constitucionales de la dignidad humana», invitación a la que luego se acogería el legislador mediante la regulación de las parejas de hecho y registradas en 2014 (Comunicado SuS-1/2013, 14 de noviembre de 2013, punto 12). Posteriormente, frente a la presión de los grupos conservadores, la jurisprudencia también avalaría el derecho de las parejas del mismo sexo a acoger a menores (Sentencia n.° U-I/144/2019, 29 de enero de 2020). También cabe destacar la sentencia del Tribunal Constitucional de Eslovaquia de 2017 que confirmó el derecho al aborto reconocido bajo el régimen socialista, vinculándolo al derecho a la dignidad y a la autonomía como parte nada menos que de la identidad constitucional del país y, por ende, no sujeta a reforma por vía de referéndum popular (Decisión PL. ÚS 12/01 [4 de diciembre de 2007]).

cedió en Eslovaquia (2014)[28] y Rumanía (2018)[29], donde no se alcanzaron niveles suficientes de participación como para que los resultados fueran vinculantes, y los tribunales constitucionales de marras no lograron impedir su celebración, o en Eslovenia, país en el que no prosperaron otras iniciativas legislativas populares de carácter igualmente regresivo[30]. Más allá del resultado, lo que po-

---

28 En Eslovaquia, a pesar del fracaso por falta de quorum de un referéndum sobre la protección de la familia promovido por el activismo de base católica (que incluía, entre otras, la definición del matrimonio como la cohabitación entre un hombre y una mujer y la imposibilidad de la adopción por parte de parejas homosexuales), se negoció en paralelo un pacto constitucional entre el partido en el poder y los demócratas cristianos que acabó introduciendo la definición del matrimonio heterosexual a través de la reforma constitucional de 2014, por lo que el fracaso del referéndum fue irrelevante (HAVELKOVÁ, BOKOVÁ y BERDISOVÁ, en revisión).

29 En 2015 en Rumanía, una alianza de organizaciones conservadoras («Coalición por la Familia») reunió el número necesario de firmas para lanzar una iniciativa ciudadana con el fin de revisar la Constitución y definir el matrimonio como una institución heterosexual (pues el artículo 44 de la Constitución de Rumanía de 1991 —que pasaría a ser el artículo 48 después de la reforma constitucional de 2003—, al referirse al matrimonio, habla indistintamente de los «esposos»). La iniciativa fue sancionada por una mayoría cualificada en el Parlamento y dos sentencias de la Corte Constitucional que avalaron la legitimidad de la consulta, aunque al final no prosperó al no alcanzar el quorum de participación del 30 %. No obstante, parte de la doctrina ha criticado las sentencias de la Corte Constitucional porque entiende que pueden tener una importante influencia en la definición de familia en el futuro. En concreto, se argumenta que la Sentencia 580/2016 hubiera podido dictaminar que la exclusión de las personas homosexuales de la opción matrimonial suponía un atentado contra los derechos fundamentales de una parte de la ciudadanía y que, por tanto, en virtud de la «cláusula de eternidad», la cuestión no podía ser sometida a referéndum. Lejos de eso, en una interpretación originalista, la Corte dio por sentado que el artículo 44 se refería al matrimonio heterosexual al ser la procreación su finalidad fundamental (BRODEALA, en revisión).

30 En Eslovenia, el Tribunal Constitucional desperdició la oportunidad de frenar dos referéndums legislativos abrogatorios (celebrados en 2012 y 2015) que pretendían derogar reformas legislativas orientadas a ampliar los derechos de las parejas homosexuales, lo que hubiera requerido que el Tribunal entendiera que se trataba de referéndums que atentaban contra reformas legislativas para

ne de manifiesto el populismo nacionalista que inspira este tipo de iniciativas es que muchas de ellas se formulan de forma preventiva e instrumental. Se trataría de evitar el «contagio» de la tendencia europea a reconocer el matrimonio homosexual y proteger, de este modo, a la familia tradicional de la perversa influencia extranjera (Mos, 2020: 397-98) apelando explícitamente, en muchos casos, a la necesidad de preservar los valores o la identidad cristiana de la nación. No deja de ser paradójico, dicho sea de paso, que a pesar de la narrativa desplegada en contra de las influencias extranjeras, muchas de estas campañas de referéndums e iniciativas legislativas populares de la región hayan contado con el apoyo directo de organizaciones transnacionales como ADF International o Liberty Council. Aunque aquí nos hemos centrado en esta región y en el debate en torno a los derechos de las parejas del mismo sexo, basta abrir la mirada para contemplar que la vía del referéndum se está proponiendo también en otros países con el objeto de mermar los derechos reproductivos de las mujeres y las disidencias de género[31].

---

superar «inconstitucionalidades en materia de derechos y libertades fundamentales». Sin embargo, en ambas ocasiones el Tribunal Constitucional falló a favor de la validez de los referéndums (decisiones U-II-3/11, 27 de diciembre de 2011, y U-II-1/1, 28 de septiembre de 2015) interpretando, de forma restrictiva, que la inconstitucionalidad de marras tenía que ser una reconocida previamente por su propia doctrina o la del TEDH, evitando así entrar en el fondo de asunto, que no era sino el de decidir si el derecho al matrimonio podía limitarse a las parejas heterosexuales. Con todo, entre 2016 y 2017 el legislador aprobaría un nuevo código de familia y de uniones civiles que reconocía prácticamente los mismos derechos al matrimonio y a las uniones civiles salvo en lo que respecta a la adopción conjunta y la reproducción asistida. Por consiguiente, el propio Tribunal Constitucional dictó sendas sentencias en 2022, en las que declaró que la prohibición del matrimonio homosexual y la imposibilidad de adopción conjunta por parte de parejas homosexuales eran contrarias a la Constitución (decisiones U-I-486/20-14, Up-572/18-36, y U-I-91/21-19, Up-675/19-32, ambas del 16 de junio de 2022). Véase Hovart Vukovic y Samobor (en revisión).

31 Valga el ejemplo de Uruguay, donde las iglesias neopentecostales y otros colectivos de la sociedad civil han impulsado campañas para proponer referén-

6.3. COOPTACIÓN CONSTITUCIONAL: LOS DERECHOS FUNDAMENTALES —UNOS MÁS QUE OTROS— Y LAS OBJECIONES DE CONCIENCIA AL SERVICIO DEL ORDEN TRADICIONAL DE GÉNERO

Las narrativas de victimización en alusión a una supuesta «mayoría oprimida» por el yugo y el adoctrinamiento de la «ideología de género» de carácter totalitario han propiciado el florecimiento de otra táctica constitucional. Se trata de la estrategia de *cooptación constitucional*, que suele descansar en dos elementos. Por un lado, bajo la apariencia de ofrecer interpretaciones alternativas de los derechos —propuesta de entrada legítima, dada la naturaleza siempre abierta y evolutiva de su enunciación, así como los posibles conflictos entre los derechos—, lo que en realidad se busca es la subversión de la lógica constitucional de los derechos fundamentales. Así, los derechos dejarían de ser mecanismos de protección de las minorías y los grupos oprimidos para convertirse en instrumentos de defensa de los valores y la identidad de la mayoría. Por otro lado, se procede a la «supraordenación» de algunos derechos, sobre todo, del supuesto derecho a la vida de la vida humana en gestación y la libertad religiosa e ideológica y, en relación con estas últimas, el derecho a la libertad educativa de los padres y a la no injerencia estatal en el ámbito familiar. De esta forma, se sugiere la existencia de una jerarquía natural que permitiría afirmar que algunos derechos son más fundamentales que otros (NeJaime y Siegel, 2020: 2-3)[32]. En

---

dums abrogatorios para derogar la ley trans y la ley del aborto, pero ninguna de estas iniciativas ha alcanzado hasta la fecha el apoyo popular suficiente para que se convoque un referéndum a escala nacional (Giudice Graña y Berro Pizzarossa, 2024: 325-26).

32 De Búrca y Young (2023) apuntan a una serie de indicadores para identificar cuándo la nueva derecha global utiliza el lenguaje de los derechos de forma indebida. Entre estos indicadores se encontrarían el ordenamiento de los derechos de manera jerárquica; la interpretación de los derechos con carácter excluyente, represivo o con un propósito o efecto antipluralista o que se cebe

la práctica, esta estrategia se traduce en la deslegitimación e incluso el vaciamiento *de facto* de otros derechos y libertades constitucionales reconocidos a favor de colectivos históricamente oprimidos, tal como sucede cuando, por ejemplo, en nombre de la religión, de la libertad ideológica o de conciencia se reclaman «ajustes razonables» y se conceden exenciones a lo que de otra forma deberían ser deberes legales, precisamente los deberes de los que depende la satisfacción de los derechos que las mujeres y las minorías sexuales han conquistado durante las últimas décadas.

En la actualidad, observamos cómo esta táctica ha empezado a utilizarse con un éxito cada vez mayor para frenar los avances del colectivo trans[33], así como para tratar de prohibir la enseñanza de la teoría de género, la educación sexual o la educación con perspectiva de género en los planes de estudio en los niveles básico y universitario. La base legitimadora de esta oposición es el supuesto adoctrinamiento ideológico que vendría aparejado a tales enseñanzas y que menoscabaría no solo el derecho a la igualdad, sino también otros derechos y libertades constitucionales como la libertad de cátedra, el derecho a la educación o la libertad de expresión y de pensa-

---

en determinados colectivos a modo de chivos expiatorios o ponga el punto de mira de forma específica en ciertos grupos de personas; el alejamiento de la doctrina consolidada del derecho internacional de los derechos humanos; la restricción del campo de acción de la sociedad civil; y la evasión de mecanismos externos e independientes de control y monitoreo de la acción estatal.

33 Eyer (en revisión) señala que desde 2016 se ha producido en Estados Unidos un aumento de litigios constitucionales antitrans para frenar todo tipo de avances, desde la ley que prohíbe la discriminación laboral contra las personas transgénero hasta los esfuerzos que hacen los maestros de escuelas públicas para apoyar a adolescentes transgénero. En su artículo, el autor señala que este tipo de litigio está experimentando un éxito cada vez mayor con pretensiones que se centran en la libertad de expresión y en la libertad religiosa y de conciencia en detrimento del derecho a la igualdad del colectivo discriminado. Si bien hasta la fecha estos argumentos solo han sido adoptados por apenas un puñado de tribunales, de admitirse de manera más amplia, tendríamos la limitación constitucional o invalidación de gran parte del derecho antidiscriminatorio moderno.

miento. Los litigios constitucionales de este tenor han proliferado en distintas latitudes.

En América Latina, cabe citar el ejemplo de Brasil (Cesario Alvim Gomes y Rodriguez de Assis Machado, 2024: 167-68), donde la normativa municipal contraria a la enseñanza y la distribución de materiales educativos relacionados con la teoría de género y la educación sexual se ha multiplicado desde 2014 de la mano del autodenominado movimiento Escola Sem Partido (Escuela sin Partido), expresión que hace referencia a la resistencia frente al supuesto adoctrinamiento que estaría teniendo lugar en los centros educativos. Este movimiento ha generado, a su vez, un contramovimiento, la Escola Sem Mordaza (Escuela sin Mordaza), para designar la censura que promueve el movimiento anterior. A este respecto, varios recursos han llegado al Supremo Tribunal Federal. En abril de 2020, este tribunal invalidó cuatro ordenanzas al entender que vulneraban la libertad de cátedra, la libertad de expresión, la libertad artística, el principio de igualdad y no discriminación, así como otros preceptos sobre la separación de poderes y la naturaleza secular del Estado[34]. Hay muchos otros ejemplos en la región[35].

---

34 Véase Supremo Tribunal Federal (STF), ADPF 457 (27 de abril de 2020), 460 (29 de junio de 2020), 467 (29 de mayo de 2020) y 526 (11 de mayo de 2020). Hay otros recursos pendientes de sentencia, entre ellos, el ADPF 462 (Relator: Min. Edson Fachin), el 466 (Relator: Min. Rosa Weber) y el 578 (Relator: Min. Luiz Fux).

35 A título ilustrativo, en diciembre de 2016 surgió en Perú el movimiento conservador «Con mis hijos no te metas», que aboga por la eliminación de la incorporación de la perspectiva de género en el currículo nacional de educación básica aprobado bajo el recién nombrado Gobierno de Pedro Pablo Kuczynski. Desde entonces, el movimiento ha tenido una presencia pública masiva y ha organizado dos grandes marchas en Lima y otras ciudades importantes con el fin de ejercer presión para que fueran destituidos dos ministros de Educación. También ha presentado un litigio para denunciar la inconstitucionalidad de un plan de estudios que incluye teoría de género en las escuelas primarias (Valega Chipoco y Benavides Reverditto, 2024: 205-7; Gallego y Romero, 2019). En Argentina, el nuevo presidente Milei también ha empezado a arremeter contra el supuesto adoctrinamiento de la «ideología de género» en las escuelas públicas (Alconada Mon, 2024).

En Europa del Este han proliferado contiendas constitucionales de índole similar. Así, en diciembre de 2020, con el trasfondo de una intensa polémica pública, la Corte Constitucional de Rumanía rechazó una reforma de la ley de educación nacional que prohibía la enseñanza de actividades destinadas a difundir la teoría o doctrina de la identidad de género, «entendida como la teoría u opinión en virtud de la cual el género es un concepto distinto del sexo biológico». Contra la aprobación de esta ley se formuló una petición dirigida al presidente que recabó más de 50 000 firmas. La Corte Constitucional fue la encargada de frenar la iniciativa. Al revocar la ley, la Corte entendió que la prohibición de discutir cuestiones de género en los entornos educativos limitaría injustificadamente los derechos de estudiantes y profesores a la libertad de expresión, así como el derecho a la salud de l@s niñ@s trans, no binari@s e intersexuales, cuya salud podría verse perjudicada por la falta de acceso a este tipo de educación[36].

En otros países de la región, como Hungría, la jurisdicción constitucional no ha logrado poner freno a leyes similares[37]. En todo caso, para entender el alcance real del movimiento, conviene tener en cuenta que los populismos de extrema derecha y los regímenes autoritarios de la región no solo pretenden desmantelar las instituciones actuales de generación de conocimiento —como ilustran los ataques a la libertad académica—, sino también promover una nueva política de la verdad capaz de difundir una teoría sobre el

---

36 Véase Corte Constitucional de Rumanía, Sentencia 907/2020, y Brodeala y Epure (2021).

37 En Hungría, la batalla comenzó en 2008 cuando un diputado tildó de agentes de la «cultura de la muerte» a ciertos libros de texto que incluían la historia del género (Kovats y Petö, 2017: 117). Ese fue solo el inicio. En agosto de 2018, el Gobierno tomó medidas para eliminar los estudios de género de la lista de campos de estudio universitarios acreditados, y en junio de 2021, el Parlamento votó abrumadoramente a favor de la eliminación de toda enseñanza relacionada con la «homosexualidad y el cambio de género» en las escuelas públicas, asociando esa enseñanza con la pedofilia y tachándola de política cultural totalitaria (Petö, 2021: 320).

«marxismo cultural» de la que se estaría valiendo la izquierda para dominar la cultura y el mundo académico (Patternote y Verloo, 2021). Estas tendencias antiliberales tratan de articular una cosmovisión y una oferta docente alternativas (Petö, 2021: 317; Korolczuk y Graff, 2018; Verloo, 2018) y constituyen, por tanto, un intento de socialización o de normalización en el sentido gramsciano de la palabra, es decir, un intento de alterar de manera fundamental la percepción de la realidad.

Sea como fuere, esta tendencia no se ha limitado a Europa oriental (ni a los asuntos relacionados con el género)[38]. En España, la cuestión también ha suscitado polémica, y las fuerzas conservadoras han tratado de recurrir a la munición constitucional, aunque hasta ahora su estrategia ha sido relativamente infructuosa. Cincuenta y dos diputados del partido de extrema derecha VOX presentaron recientemente un recurso de inconstitucionalidad contra la Ley Orgánica 3/2020, de 29 de diciembre de 2020, por la que se modifica la Ley Orgánica 2/2006, de 3 de mayo de 2006, referida a la educación, en el que, entre otros extremos, cuestionaban la opción por un sistema coeducativo en el que no sería posible, al menos con el sostén de fondos públicos, segregar por razón de sexo. Pero también impugnaron la Ley Orgánica 3/2020, porque introdujo la «educación en valores cívicos y éticos», materia que incluye el trabajo en «igualdad de género» y «educación afectivo-sexual». A pesar de la desestimación del recurso, los recurrentes de VOX han seguido interpretando aquellos objetivos como manifestaciones de

---

[38] A finales de mayo de 2021, el Parlamento danés aprobó una resolución contra el «activismo excesivo» en el entorno de la investigación académica e incluyó los estudios de género, la teoría racial, los estudios poscoloniales y de inmigración en el elenco de materias objeto de reproche. Nótese que la libertad académica, tanto a nivel escolar como universitario, también está siendo atacada, y los estudios poscoloniales y la teoría crítica de la raza están siendo cuestionados en países como Francia y Estados Unidos. En estos países proliferan acusaciones de adoctrinamiento y división frente a los intentos de revisar los planes de estudio para hacerlos más inclusivos a las experiencias y contribuciones de los pueblos racializados y colonizados.

una «ideología de género» con la que se pretendería adoctrinar al alumnado y que atentaría contra la libertad de los padres y las madres para elegir la educación moral de sus hijos e hijas (artículo 27.3 de la Constitución española), así como contra la libertad de no exteriorizar las creencias contra la propia voluntad (artículo 16.2)[39].

Aunque el debate en torno a la enseñanza está siendo sumamente ilustrativo, posiblemente la mejor ejemplificación del uso de la estrategia de cooptación de los derechos fundamentales sea la proliferación de la objeción de conciencia con base constitucional. Y, aunque no sea el único ámbito en el que se ha alegado, merece

[39] En su sentencia STC 34/2023, el Tribunal Constitucional español desecha estas últimas pretensiones, y en el FJ7 recuerda que «la educación, tanto pública como privada, que la Constitución sitúa bajo el control de los poderes públicos (art. 27.8) no es mera transmisión de conocimientos, es también formación humana (art. 27.2)». Además, insiste en que la Constitución no es axiológicamente neutra, sino que «toma partido por ciertos valores, que son precisamente los de respeto a los "principios democráticos de convivencia" (art. 27.2), "pluralismo" (art. 1.1) y "diversidad y dignidad humana" (art. 10.1), principios que deben ser objeto de trasmisión conforme al art. 27.2». De forma que «el respeto a las creencias morales y religiosas de los padres (art. 27.3) no puede conducir a excluir toda información o conocimiento» sobre estos valores. Algo similar ha declarado el Tribunal Constitucional en su reciente sentencia sobre el aborto (STC 44/2023), en la que también tuvo que responder a la tacha de inconstitucionalidad (por supuesta inseguridad jurídica y vulneración de la libertad de cátedra) vertida frente a los preceptos de la Ley Orgánica 2/2010 que contemplan la formación desde la perspectiva de género de profesionales en políticas sanitarias, educativas y sociales en materia de salud sexual y reproductiva, así como la formación del profesorado de la salud. Al respecto, razona el Tribunal Constitucional en la STC 44/2023 (FJ 10) que la perspectiva de género, necesaria para garantizar la igualdad efectiva entre hombres y mujeres, no constituye adoctrinamiento, sino que es «un enfoque metodológico y un criterio hermenéutico transversal orientado a promover la igualdad entre mujeres y hombres como parte esencial de una cultura de respeto y promoción de los derechos humanos», que la enseñanza debe promover la formación humana en principios democráticos de convivencia y valores como la igualdad (artículo 27.2 de la Constitución) y que no cabe afirmar que pretender el respeto a los valores constitucionales constituya una imposición ideológica capaz de vulnerar la libertad de cátedra (artículo 20.1) (Rubio Marín y Salazar Benítez, 2024).

particular atención la objeción de conciencia frente al derecho al aborto, que trata de proteger de forma creciente y expansiva no solo al personal médico y de enfermería directamente involucrado en el procedimiento médico, sino también a los implicados indirecta y remotamente en la prestación de servicios abortivos bajo el alegato de complicidad (pensemos, por ejemplo, en el personal de enfermería que asiste a los pacientes después de la intervención o en los médicos que se limitan a derivar a los pacientes). Estas objeciones descansan sobre la supraordenación constitucional tanto del supuesto derecho a la vida del *nasciturus* como de la libertad ideológica/religiosa de las personas directa o indirectamente involucradas en la prestación del servicio. La proliferación de este tipo de argumentos —y, singularmente, la objeción de conciencia— en un contexto de reconocimiento de una mayor autonomía reproductiva en clave de derechos puede interpretarse también como estrategia de erosión.

En Europa, varios tribunales constitucionales y supremos se han enfrentado ya a casos en los que se ha esgrimido la objeción de conciencia frente al aborto[40]. En Polonia, el Tribunal Constitucional atribuyó un valor prácticamente exclusivo a la vida humana desde el momento de la concepción y validó el derecho de los médicos a rechazar la prestación de determinados servicios de salud siempre que no tuvieran carácter urgente, así como a negarse a suministrar información sobre la posibilidad de obtener tales servicios en otro centro médico, reconociéndoles, en la práctica, la libertad de rechazar abortos salvo en los casos en los que el embarazo amenace la vida o la salud de la mujer[41]. En España contamos con un infame

---

40 Con respecto al Reino Unido, véase, por ejemplo, *Greater Glasgow & Clyde Health Board vs. Doogan and Another* (2014), donde se abordan las objeciones de los profesionales y empleados de la salud a las leyes que les exigen ofrecer atención posoperatoria a los pacientes.

41 Decisión K 12/14, 7 de octubre de 2015. En otra sentencia dictada prácticamente en la misma fecha (Decisión SK 54/13, 6 de octubre de 2015), el Tribunal Constitucional de Polonia confirmó que la libertad religiosa y de conciencia tienen un rango superior al de otros derechos, aunque nada diga al respecto el texto constitucional (Śledzińska-Simon, en revisión).

precedente que reconoce la validez constitucional de la objeción de conciencia de un farmacéutico respecto a la venta, autorizada por ley, de anticonceptivos de emergencia sobre la base de un razonamiento en virtud del cual, pese a la «falta de unanimidad científica respecto a los efectos abortivos», la mera existencia de dudas habría de amparar el conflicto de conciencia[42]. Afortunadamente, no parece que esta amplia concepción de la objeción de conciencia sea la que haya prevalecido en la reciente sentencia sobre el aborto[43]. El ámbito de protección de la objeción de conciencia fue, en efecto, una de las cuestiones en torno a las que giró el recurso interpuesto por los diputados del arriba citado partido conservador, dado que la legislación recurrida reconoce únicamente el derecho a la objeción de conciencia a los profesionales sanitarios «directamente implicados en la interrupción voluntaria del embarazo», con el añadido de que deben hacer constar su reserva «anticipadamente y por escrito», quedando excluido el personal encargado de funciones administrativas, auxiliares y de apoyo instrumental. En su sentencia, el Tribunal validó la ley, confirmó la libertad de configuración del legislador para fijar los contornos de la libertad de conciencia y recordó que, en todo caso, tratándose de una excepción a un deber legal, debe ser interpretada de forma restrictiva (FJ 9), una interpretación que los votos particulares del sector conservador del Tribunal censuraron con rotundidad (Rubio Marín y Salazar Benítez, 2024).

---

42 Véase la sentencia del Tribunal Constitucional STC 145/2015 y los votos particulares de los magistrados Adela Asúa y Fernando Valdés. En concreto, el voto particular de Adela Asúa recuerda que la objeción de conciencia no forma parte del contenido del derecho a la libertad ideológica del artículo 16.1 de la Constitución española, por lo que, sin un reconocimiento a nivel legal, no es posible ejercer tal derecho. También se encarga de recordar que el argumento de la falta de unanimidad científica respecto a los efectos abortivos de la píldora poscoital es una apreciación subjetiva de la sentencia desmentida por organizaciones como la Agencia Española de Medicamentos y Productos Sanitarios e inconsistente con la jurisprudencia del mismo Tribunal en materia de reproducción asistida.

43 STC 44/2023.

El debate constitucional en torno a la objeción de conciencia también ha sido muy acalorado en América Latina, donde estas pretensiones se aducen con la finalidad explícita de limitar el alcance de los derechos reproductivos recién conquistados en la marea verde que, como vimos, está recorriendo la región. Tal es el caso de Chile. En 2017, el Congreso legalizó el aborto y estableció un sistema de causales[44]. No obstante, en respuesta a un recurso del sector conservador, el Tribunal Constitucional validó el sistema de causales, pero declaró la inconstitucionalidad de los límites tanto a la objeción de conciencia individual —que, según el Tribunal, debía amparar también a quienes no lo realicen directamente, pero intervengan de alguna u otra forma en el procedimiento— como a la objeción institucional[45]. En Colombia se intentó una estrategia similar que, sin embargo, fracasó. Así, después de que en 2006 la Corte Constitucional derogara la prohibición total del aborto y declarara obligatorias una serie de excepciones a su criminalización[46], no tardaría en verse obligada a decidir sobre la pretensión de objeción de conciencia de médicos y jueces. Contrariamente a su homóloga chilena, la Corte Constitucional de Colombia impuso claros límites y argumentó que el acomodo de creencias religiosas no podía socavar los derechos fundamentales de colectivos históricamente discriminados y, en particular, los derechos fundamentales que «han sido el resultado de luchas libradas por sectores de la sociedad históricamente discriminados cuyos logros suelen no ser bien recibidos por amplios sectores sociales quienes escudados en el ejercicio de la objeción de conciencia pretenden proyectar en la esfera pública sus convicciones privadas»[47].

---

44 Véase Ley n.º 21.030, 27 de septiembre de 2017.

45 Véase Rol 3729-17 (28 de agosto de 2017), párr. 135. El mismo tribunal ha mantenido la línea de la interpretación amplia de la objeción de conciencia en una sentencia posterior (Rol 5572-18 [18 de enero de 2019]).

46 Sentencia C-355/06 (10 de mayo de 2006).

47 Sentencia T-388/09 (28 de mayo de 2009). También la Suprema Corte de Justicia de México tuvo ocasión de pronunciarse en 2021 sobre el tema, y lo hizo para recordar que la objeción de conciencia no puede ser incompatible con

El aborto no ha sido la única cuestión que ha generado un debate de dimensiones constitucionales en torno a la objeción de conciencia. Observamos con preocupación cómo surgen pretensiones similares con respecto a la venta de anticonceptivos, incluida la anticoncepción de emergencia[48], y a la cobertura por parte de las aseguradoras de los métodos anticonceptivos del personal empleado[49]. Y, más allá de los derechos reproductivos, resulta inquietante que en muchos países, entre ellos el Reino Unido o Estados Unidos, se esté levantando también el escudo de la objeción de conciencia frente a los derechos del colectivo LGTBI+, principalmente en relación con el matrimonio homosexual y la legislación antidiscriminatoria[50]. En otros, como Costa Rica, el reconocimiento de

---

el acceso legal y seguro al aborto (Acción de inconstitucionalidad 54/2018, implementada en septiembre de 2021).

48 La comentada sentencia del Tribunal Constitucional español (STC 145/2015) confirma la constitucionalidad de la negativa de un farmacéutico a vender anticonceptivos de emergencia, aunque no su negativa a vender otro tipo de anticonceptivos. Asimismo, refrenda el derecho a la objeción de conciencia frente a la venta de píldoras anticonceptivas la sentencia de la Corte Suprema de Justicia argentina en el caso *Portal de Belén vs. Ministerio de Salud y Acción Social* (2002) (Beguerie y Bergallo 2024: 296).

49 Véase *Burwell, Secretary of Health and Human Services, et al. vs. Hobby Lobby Stores, Inc., et al.* (2014), que respalda las demandas presentadas por los empleadores privados de Estados Unidos que cuestionaron la obligación federal de brindar cobertura de métodos anticonceptivos a sus empleados para no ser «cómplices». Después de la sentencia de *Hobby Lobby*, la Corte Suprema abordó recursos similares, esta vez planteados por organizaciones religiosas sin ánimo de lucro, que cuestionaban la obligación de solicitar una exención religiosa para no ofrecer la cobertura anticonceptiva —para la cual bastaba rellenar un formulario de notificación al Gobierno— porque, según tales organizaciones, hacerlo las convertiría en cómplices de que los trabajadores pudieran disfrutar de un sistema de cobertura alternativo. Véase *Zubik vs. Burwell* (2016).

50 Véase *Bull vs. Hall* (2013), en el que unos hosteleros del Reino Unido reclamaron una exención frente a la obligación legal de no discriminar por orientación sexual al negarse a alquilar una habitación con cama doble a una pareja homosexual para no facilitar lo que, en conciencia, consideraban pecado. Véase también *Masterpiece Cakeshop, Ltd., et al. vs. Colorado Civil Rights Commission et al.* (2018), caso en el que la Corte Suprema de Estados Unidos aceptó el recurso presentado por Jack Phillips, propietario de una panadería que se negó

determinadas pretensiones generales de objeción de funcionarios públicos está teniendo ramificaciones preocupantes más amplias e indeterminadas[51].

6.4. EL ARGUMENTO DE LA SUPREMACÍA CONSTITUCIONAL: EL ORDEN DE GÉNERO TRADICIONAL COMO CUESTIÓN DE SOBERANÍA E IDENTIDAD NACIONAL

Otra estrategia constitucional desplegada por los movimientos antigénero consiste en afirmar, bien *ex ante*, bien *ex post*, la incompatibilidad entre la normativa supranacional y la constitución nacional con el fin de cuestionar la validez de la norma supranacional en nombre de la supremacía de la constitución, sacrificando en el proceso los intereses y derechos de las mujeres y las minorías sexuales amparados por la normativa supranacional[52]. Aunque nada tiene de

---

a vender tartas de boda a parejas del mismo sexo, aunque dejó sin resolver la cuestión de fondo sobre si las exenciones frente al derecho antidiscriminatorio quedaban constitucionalmente amparadas por la cláusula de libre ejercicio (Free Exercise Clause, sobre la libertad de culto).

51 En efecto, en la Ley de la Función Pública se ha introducido el controvertido artículo 23 —cuya validez ha sido respaldada constitucionalmente—, que permite a los funcionarios públicos objetar por motivos religiosos, éticos o morales. Bajo este precepto se amparan funcionarios que no han querido seguir cursos sobre teorías de género, derechos de las mujeres o del colectivo LGTBQIA+ o de otros colectivos vulnerables, así como personal médico que se niega a participar en procedimientos de esterilización de mujeres y varones (Facio, Jiménez y Morgan, 2024: 56).

52 En ocasiones, la táctica es más sutil y no consiste tanto en cuestionar la validez constitucional de la normatividad internacional, sino en recurrir de forma sistemática a doctrinas que los propios organismos internacionales encargados de interpretar dicha normativa han articulado para dar acomodo a la diversidad de prácticas y estándares nacionales. Es, por ejemplo, el caso del uso recurrente del margen de apreciación o del principio de subsidiariedad por parte del Gobierno turco. En Turquía, el régimen de Erdoğan lleva desde 2010 —gracias a la consolidación del partido AKP en el poder con su segunda victoria electoral en 2007 y luego de nuevo en 2011— minando los derechos

sorprendente en la tradicional concepción del sistema de fuentes que la constitución nacional se erija en límite a las obligaciones internacionales que pueda contraer el Estado (ni que, desde luego, en materia de derechos fundamentales la protección constitucional de los derechos no pueda ser desatendida en nombre de obligaciones internacionalmente contraídas), lo que resulta intranquilizador es el tipo de argumentos que se aducen y la forma de proceder que trata de justificarse. Entre estos argumentos, encontramos algunos como el que afirma que la aparente contradicción entre la norma internacional y la constitución deriva no tanto del tenor claro de la norma internacional y su contradicción con la norma constitucional, sino de la supuesta contradicción entre aquella y una suerte de «esencia constitucional» articulada en términos de identidad constitucional nacional que, se dice, debe prevalecer. Desde el punto de vista procesal, constatamos cómo se pervierten reglas básicas cuando se procede a sustituir la interpretación auténtica o, cuando menos, autorizada de la norma internacional por órganos distintos a los legitimados para proponer y defender una interpretación no solo alternativa, sino a veces descabellada de la norma internacional, o cuando, ignorando el sistema de jerarquía de fuentes, se ignora la vinculación o la primacía de una norma supranacional o se incumple el sistema de denuncia de un tratado ya ratificado. De ahí que, con frecuencia, lo que se propongan sean dudosas lecturas de la validez jurídica del principio de la supremacía de la constitución, una estrategia que, cuando se vincula a la concepción de que la constitución constituye un repositorio de la identidad nacional, resulta tan preocupante para la protección de los derechos de las mujeres y las minorías sexuales como atractiva para los Gobiernos de signo populista.

---

de las mujeres y minorías sexuales en nombre de la protección de la familia y sociedad musulmanas como parte integral de su identidad constitucional. En lugar de rechazar la fuerza vinculante del Convenio Europeo de Derechos Humanos, lo que hace es apelar a la naturaleza abierta de su interpretación y a principios como el de subsidiariedad y el margen de apreciación nacional para justificar su actuación (Çali y Demir-Gürsel, 2023).

En las batallas antigénero, el mejor ejemplo del uso de esta munición constitucional lo ofrece, sin duda, el vehemente debate desarrollado en torno al Convenio de Estambul —el Convenio del Consejo de Europa sobre Prevención y Lucha contra la Violencia contra las Mujeres y la Violencia Doméstica— en varios países de Europa del Este y Eurasia. Lo curioso del caso es que el rechazo al Convenio se ha popularizado alrededor de la idea, más bien abstracta, de que este instrumento sería el responsable de importar u oficializar «la ideología de género» en detrimento de la familia tradicional constitucionalmente consagrada. El Convenio se presenta así como una suerte de caballo de Troya que importaría males como el matrimonio homosexual o la autodeterminación de género (Drinóczi y Balogh, 2023). En este sentido, gran parte de las críticas se han centrado en la definición de «género» como constructo social del artículo 3.c del Convenio[53]. Se cuestiona también el propio concepto de «violencia de género» como manifestación de desigualdades de poder y se reclama la necesidad de reemplazarlo por el de violencia doméstica o intrafamiliar, fenómeno que afectaría por igual a los distintos miembros de la familia. Al mismo tiempo —y cuando no se niega o minimiza absurdamente su incidencia—, se reclama en tono paternalista la soberanía nacional para combatir la violencia que sufren las mujeres o se plantea la posibilidad de adoptar mecanismos supranacionales alternativos que sean respetuosos de las tradiciones familiares y la identidad constitucional de los países disconformes (Krizsán y Roggeband, 2021)[54].

---

53 Según el artículo 3.c de la Convención, el término «género» hace referencia a «los papeles, comportamientos, actividades y atribuciones socialmente construidos que una sociedad concreta considera propios de mujeres o de hombres».

54 Así, en Polonia, los mismos sectores que denuncian el Convenio emprendieron una iniciativa legislativa popular (que requiere 150 000 firmas) para proponer la adopción de un convenio europeo para la protección de los derechos de la familia con el que pretenden salvar las credenciales internacionalistas del movimiento.

En términos constitucionales, ya son varios los tribunales que han tenido que pronunciarse sobre la constitucionalidad del Convenio de Estambul para dar respuesta al argumento central de que este viola bien la palabra, bien el espíritu, de unas constituciones nacionales que, por contraste, articularían una comprensión binaria y biológica de los sexos[55]. En Bulgaria, la polémica fue tan feroz que, en febrero de 2018, el primer ministro del país y líder del partido GERB, que encabezaba la coalición tripartita de extrema derecha, retiró una moción de ratificación pendiente en el Parlamento cuando setenta y cinco diputados del partido recurrieron ante el Tribunal Constitucional para que determinara si el Convenio de Estambul (firmado por el país en 2016) contravenía la Constitución de Bulgaria. En su sentencia el 27 de julio de 2018, el Tribunal —con una mayoría de ocho magistrados concurrentes frente a cuatro disidentes— sostuvo que, efectivamente, el Convenio contravenía la Constitución nacional. El Tribunal utilizó la expresión «ideología de género», a la que definió como un «conjunto de ideas, convicciones y creencias, según las cuales las características biológicamente determinadas del sexo son irrelevantes y solo importa la autoidentificación del propio género», y concluyó que el uso de términos tan polémicos por parte del Convenio acabaría erradicando la distinción en lugar de lograr la igualdad entre hombres y mujeres. En su opinión, este hecho imposibilitaría el cumplimiento del compromiso del Convenio de combatir la violencia contra la mujer, por lo que existiría una «contradicción interna» entre los objetivos declarados del Convenio de Estambul y su finalidad implícita de promover la ideología de género. Además, la comprensión social

---

55 Entre los argumentos de índole constitucional que se han esgrimido contra el Convenio encontramos la presunta injerencia de sus normas en la intimidad familiar; la discriminación sexual contra los hombres que, se afirma, también son víctimas de violencia intrafamiliar; los diversos derechos procesales de los hombres acusados que podrían verse vulnerados; y la libertad religiosa. Algunos de estos argumentos parecen tener especial eco en los países con pasado comunista, por las conocidas injerencias de estos regímenes en la intimidad familiar y los sentimientos religiosos de la población (Krizsán y Popa, 2018).

del concepto de «género» del artículo 3.c sería incompatible con el sistema binario y la concepción biológica del sexo que el Tribunal entiende sancionada por la Constitución tanto en su artículo 6 (2) (que prohíbe la discriminación por razón de sexo) como en sus artículos 47 (2) (que respalda la protección estatal a las madres antes, durante y después del parto) y 46 (1) (que define el matrimonio como la unión entre un hombre y una mujer). El Tribunal interpretó que estos artículos evidenciaban la existencia de un vínculo constitucional exclusivo entre el sexo biológico femenino y el rol social tradicional de las mujeres como madres[56]. Argumentos similares contra la ratificación del Convenio —vertidos en nombre de la identidad constitucional de la nación— se han desplegado en otros países como Hungría[57], Eslovaquia y la República Checa (Guasti, 2021). También en Lituania, el Parlamento solicitó al Tribunal Constitucional en septiembre de 2023 que despejara sus dudas sobre la constitucionalidad del Convenio antes de acceder a la ratificación que impulsaba el Gobierno[58].

---

56 En 2021, el Tribunal Constitucional de Bulgaria (sentencia interpretativa 15/2021, caso 6/2021) volvió a secundar la agenda del Gobierno y a afirmar que la interpretación constitucionalmente conforme del «sexo» se refiere a aquella basada en la división binaria y biológica de los sexos en una sentencia que, a los argumentos de la decisión de 2018, añadió el de la «etnopsicología» e identidad constitucional cristiano-ortodoxa de la nación (identidad que la Unión Europea tendría que respetar), a pesar de que constitucionalmente lo que está consagrado es el carácter secular del Estado (artículo 13.2) (Vassileva, 2022; Gruev, en revisión).

57 En mayo de 2020, el Parlamento húngaro adoptó una declaración política «sobre la importancia de proteger a los niños y a las mujeres, y del rechazo de la ratificación del Convenio de Estambul» gracias a la mayoría de dos tercios de la coalición gubernamental, la cual previamente había alegado la supuesta incompatibilidad entre la ley fundamental y el Convenio de Estambul (Drinóczi y Balogh, 2022).

58 Afortunadamente, esta tendencia negativa se ha roto recientemente en Letonia, que firmó el Convenio en 2011 pero que hasta la fecha no ha logrado el apoyo parlamentario suficiente para su ratificación. Todas estas dinámicas nacionales también han retrasado la ratificación del Convenio por parte de la Unión Europea. Este proceso culminó en junio de 2023 después de que el Tribunal de Justicia de la Unión Europea despejara el camino con un dictamen

Resulta llamativo que en otros países la polémica se haya suscitado después de la ratificación del Convenio. Este es el caso de Polonia, que firmó el Convenio en diciembre de 2012 y lo ratificó el 27 de abril de 2015, y cuyo Gobierno anunció su plan de retirarse del Convenio en 2021 para, seguidamente, elevar una consulta —pendiente aún de resolución— ante el Tribunal Constitucional en la que argumentaba que el Convenio importaba una cierta visión del mundo y atentaba contra el derecho de las familias a educar a sus hijos de acuerdo con sus convicciones morales y religiosas, además de que vulneraba el principio de seguridad jurídica (al no existir un término equivalente al de «género» en las lenguas eslavas) (Śledzińska-Simon, en revisión). Queda, pues, abierta la cuestión de cuáles serían las consecuencias legales si el Convenio se declarara inconstitucional *ex post*[59]. Asimismo, en Croacia, que también ratificó el Convenio, el Gobierno ha tenido que responder a la presión conservadora mediante la emisión de una «declaración interpretativa» *ex post* que afirma que en ningún caso la ratificación del Convenio podría interpretarse como una aceptación por parte de Croacia de la «ideología de género», una suerte de descargo de responsabilidad que, sin embargo, no resta valor jurídico a las obli-

---

(1/19 de 6 de octubre de 2021, Gran Sala) en el que afirmó la compatibilidad de la propuesta de adhesión con los Tratados, así como el procedimiento a seguir, y el Parlamento Europeo diera su visto bueno para su ratificación dos años más tarde.

59 En diciembre de 2020, el Gobierno polaco presentó un proyecto de ley que supuestamente alteraría la naturaleza vinculante del Convenio de Estambul. Poco antes, en julio de 2020, el primer ministro había presentado una petición al Tribunal Constitucional para que revisara la compatibilidad del Convenio con la Constitución polaca. La petición del Gobierno polaco se centraba en el «trasfondo ideológico» del Convenio y su «visión del mundo». Según el texto del recurso, la implementación del Convenio podría «socavar una tradición jurídica europea que, desde el principio, ha sido consciente de la distinción entre hombres y mujeres». Además, el recurso caracterizaba la noción de género del Convenio, contraria a una comprensión biológica, como «incompatible con la axiología de la Constitución». Según la demanda, con la aplicación del Convenio de Estambul, «la sociedad [podría] perder la capacidad de distinguir entre mujeres y hombres» (Kapelańska-Pręgowska, 2021).

gaciones internacionales contraídas con la firma y ratificación del Convenio. Con todo, tal vez el mayor desafío ha sido el que ha planteado Turquía, que en 2011 fue uno de los primeros países en firmar el Convenio. En marzo del 2021, el presidente Erdoğan procedió a la denuncia del Convenio mediante un decreto (procedimiento de más que dudosa constitucionalidad) pendiente aún de resolución de recurso. En defensa de su postura, el Gobierno hizo referencia explícita a las posiciones igualmente vacilantes de otros países europeos (concretamente, la no ratificación por parte de Bulgaria, Hungría, República Checa, Letonia, Lituania y Eslovaquia) y al consabido argumento del caballo de Troya, en virtud del cual el Convenio traería consigo la normalización de la homosexualidad y atentaría contra la familia y la sociedad musulmanas, auténticos repositorios de la identidad constitucional turca (Çali y Demir-Gürsel, 2023: 267-68, 274; Altan-Olcay y Emrah Oder, 2021).

6.5. CONCLUSIONES

Llegados a este punto, toca preguntarse por las razones que explican un recurso tan generalizado al lenguaje y a los mecanismos constitucionales por parte de los actores antigénero para salvaguardar el esquema de la familia tradicional y los roles de género que le son propios. Aunque la respuesta seguramente reclame la adecuación a cada uno de los contextos, del análisis realizado hasta aquí resulta ya posible extraer algunas conclusiones. En primer lugar, vemos que el lenguaje jurídico-constitucional está ofreciendo una narrativa que permite esquivar la tradicional oposición entre lo religioso y lo secular a la hora de articular propuestas conservadoras en sociedades cada vez menos creyentes y, por lo tanto, también propicia el establecimiento de alianzas entre sectores religiosos y fuerzas políticas de corte populista que no necesariamente tienen un perfil religioso. Para los nacionalismos de corte populista, resulta además de especial interés el hecho de que el ámbito constitucional siempre se haya prestado no solo al debate sobre los derechos fundamentales y las reglas del juego democrático, sino también a la controversia sobre la identidad constitucional de la nación, pues ello permite desplegar un discurso con apariencia de legitimidad que, al mismo tiempo, justifica la desviación de estándares de legitimidad previamente asumidos a nivel nacional o supranacional mediante una lectura sectaria y excluyente de la constitución y la identidad nacional.

Desde luego, no ayuda a combatir el envite ni a contrarrestar la munición constitucional el hecho de que, como hemos visto a lo largo de esta obra, los estándares constitucionales propios del paradigma de la democracia liberal hayan sido tan modestos en términos de género y que, durante mucho tiempo, se hayan utilizado para dar acomodo y no para subvertir el orden de género tradicional sobre el que se construyó la modernidad, permitiendo, pues, que lo que ahora se está reivindicando en nombre del constitucionalismo, la democracia y los derechos fundamentales sea el restablecimiento explícito de esa modernidad y su contrato sexual fundacional, y no su negación. Lo cierto es que, desafortunadamente, más allá del principio de igualdad y no discriminación por razón de sexo y algunas otras menciones esporádicas a la igualdad, la mayoría de las constituciones de las democracias liberales no expresan hasta la fecha un compromiso claro y articulado con un orden de género igualitario como elemento esencial que, por ejemplo, ancle definitivamente los derechos reproductivos de las mujeres, el derecho a la identidad de género y al libre desarrollo sexoafectivo de las personas o el derecho a una vida libre de toda forma de violencia. Los avances en materia de derechos de mujeres y minorías sexuales y de género se han reconocido tímida y progresivamente, en especial gracias a una interpretación cada vez más inclusiva del concepto de democracia y de los derechos fundamentales, una interpretación que quienes ahora la cuestionan no consideran necesaria en términos constitucionales. De ahí que propongan interpretaciones alternativas y regresivas que menoscaban la evolución universalista y emancipadora de los derechos.

La posibilidad de promover la agenda antigénero a través de mecanismos en apariencia legítimos —entre ellos, la interpretación constitucional, la reforma constitucional, la afirmación de la constitución como norma suprema o el referéndum como instrumento constitucional de expresión de democracia directa— obliga a recurrir a criterios sustantivos que pongan límite al rango de intepretaciones plausibles de los derechos y al uso ilegítimo y torticero del sistema de fuentes, así como a los mecanismos de reforma constitucional y plebiscitarios. El respeto a la igual dignidad, libertad y bienestar de todas las personas sujetas al ordenamiento jurídico debería simplemente formar parte de la definición del concepto de ciudadanía en las democracias liberales avanzadas. En todo caso, a la hora de valorar el verdadero propósito y alcance de la munición constitucional que despliegan los actores antigénero, es necesario interpretar las acciones e iniciativas no de forma aislada, sino en función de los patrones de conducta emergentes, a la vista de la praxis de otros países, las tendencias regionales y las circunstancias específicas del contexto político y social. Solo así estaremos en condiciones de detectar la apropiación indebida de los instrumentos constitucionales por parte de las fuerzas ultraconservadoras y antiliberales con el fin de subvertir el orden constitucional liberal democrático.

Especial atención merecen las batallas que se libran en el campo de los derechos fundamentales, derechos de cuya ambigüedad resulta fácil aprovecharse. A fin de cuentas, los derechos se han prestado fácilmente a distintas interpretaciones por su carácter abierto, así como a la posibilidad de tensiones y conflictos porque, desde siempre, ha habido quienes han puesto el énfasis en su carácter global y universal y quienes han reclamado la necesidad de anteponer en su concreción los valores locales y autóctonos (de Búrca y Young, 2023). Hay, en todo caso, muchas razones para sospechar que estamos ante una subversión —y no una afirmación— del orden constitucional democrático cuando las interpretaciones del texto constitucional provienen de tribunales que no son independientes y que han sido cooptados por Gobiernos que abanderan la agenda antigénero; cuando tales interpretaciones priorizan de forma sistemática o selectiva un «originalismo» hermenéutico que se remonta a aquellas etapas de la historia constitucional del país en las que las mujeres y minorías sexuales no gozaban de igualdad de derechos; o cuando proponen una jerarquía entre los derechos carente de base constitucional alguna para, en nombre de la libertad religiosa e ideológica o de la vida desde la concepción, blanquear en términos seculares las convicciones religiosas de una mayoría social como parte de una agenda de retradicionalización de la sociedad —convicciones que, en todo caso, y esto es lo relevante, niegan la igualdad ciudadana a las mujeres y las disidencias de género—. Frente a esto, es preciso reafirmar que la democracia liberal no es una opción axiológicamente neutra, dado que se basa en la importancia de la autonomía individual y en la igualdad de derechos de todas las personas, independientemente de su condición. Y, aunque la libertad religiosa haya sido desde los orígenes del constitucionalismo uno de los elementos propulsores del proyecto liberal —de ahí que su ejercicio tanto individual como colectivo haya quedado constitucionalmente consagrado en la práctica totalidad de declaraciones de derechos y constituciones—, atribuirle un valor jerárquicamente superior y dejar en manos de cada individuo o confesión definir cuándo deben cumplirse las obligaciones jurídico-constitucionales necesarias para garantizar el respeto de los derechos ajenos supone, en realidad, un vaciamiento de la normatividad constitucional y una subversión de la lógica iusfundamental. Del mismo modo que no permitimos que las minorías religiosas o etnoculturales reclamen excepciones «culturales» ni «religiosas» que nieguen los derechos y libertades del resto de la ciudadanía, tampoco podemos permitir que la mayoría haga lo propio.

Similar atención merece el recurso de los movimientos y actores antigénero a la reforma constitucional. Lógicamente, las constituciones pueden y aún deben reformarse para adaptarse a la evolución de las sociedades, y existen procedimientos para ello. No obstante, debemos estar atentos cuando, aun sin infringir tales procedimientos, la suma de las acciones y la dirección excluyente de las mismas revela que, detrás de una fachada de legalidad constitucional vestida con los ropajes de una reforma del texto fundamental, se procede a minar las bases de la democracia liberal y de su vocación de proteger a las minorías y los colectivos históricamente discriminados que solo de forma reciente han logrado la consolidación de un concepto más igualitario, plural e inclusivo de ciudadanía. Las alarmas deben activarse cuando el sentido de las reformas propuestas sea claramente excluyente y refleje agendas sexistas, homofóbicas, transfóbicas o xenófobas; cuando la reforma constitucional se plantee sin un debate social y político previo; cuando esta sea utilizada una y otra vez por las mayorías de gobierno para lograr que la constitución refleje de forma cada vez más fiel la ideología del partido gobernante y una definición cada vez más estrecha y sectaria de la identidad nacional; o cuando la reforma persiga limitar los poderes de los tribunales constitucionales para puentear doctrinas y precedentes garantistas o escapar de la normatividad y el control de los mecanismos supranacionales. Ni siquiera el recurso a los instrumentos de democracia directa constitucionalmente previstos, entre ellos los referéndums o las iniciativas legislativas populares, debe permitirnos bajar la guardia. Sabemos demasiado bien que las mayorías pueden pretender el logro de objetivos moral y éticamente reprochables, pero no podemos estar seguros de su libre voluntad cuando, en el contexto en el que se desempeñan los actores de la sociedad civil, un Gobierno se encarga de amplificar y silenciar de forma selectiva voces y opciones de participación política y social, como sucede cuando los poderes ejecutivos reducen o suprimen la financiación de las organizaciones de mujeres y del colectivo LGBTI+, o de quienes, desde la academia y los organismos oficiales, se dedican a la defensa de sus intereses y derechos —por no hablar de aquellos supuestos en los que, además, median dinámicas de represión de la disidencia política, campañas de desinformación o hay un insuficiente pluralismo mediático o una concentración de poderes y eliminación de controles (de Búrca y Young, 2023)—.

Por último, debemos subrayar también que los actores antigénero pueden hacer un uso desviado del argumento de la soberanía constitucional y nacional a la hora de cuestionar las normas de derecho regional e internacional que han ido avanzando tímidamente en materia de protección de los derechos de las mujeres y las minorías sexuales. De nuevo, no se trata de ignorar que el sistema supranacional de protección de los derechos humanos deja un margen de apreciación a los Estados en defensa de consideraciones que incluyen la identidad constitucional o el pluralismo cultural o religioso, como tampoco esperar que, a la hora de asumir obligaciones internacionales, los Estados lo hagan sin vulnerar los parámetros constitucionales y, sobre todo, el umbral mínimo de protección de derechos fundamentales que marcan las constituciones nacionales. Pero debemos estar atentos cuando constatamos que un Gobierno fuerza en sentido excluyente el ámbito de libertad que el sistema supranacional otorga a los Estados para discriminar o marginar a una parte de su población; cuando se ignora el carácter vinculante de las normas supranacionales, aunque hayan sido válidamente ratificadas, sin respetar los procedimientos legales y sin procesos deliberativos previos a la denuncia y, especialmente, sin tomar en consideración las voces de las personas y colectivos que presumiblemente se verán más afectados por el cambio de postura; o cuando se interpretan las normas supranacionales en unos términos que se apartan claramente de su tenor literal o, en todo caso, de las apreciaciones que ofrecen los órganos a los que el sistema asigna la labor interpretativa. Hemos visto que en las dinámicas y debates de los últimos años en torno a la constitucionalidad del Convenio de Estambul se dan numerosos ejemplos de estas estrategias de cuestionable constitucionalidad y que estas son implementadas en nombre de la supremacía de la constitución y de una identidad nacional constitucional que hay que proteger frente a influencias internacionales y élites cosmopolitas globales, cuando, paradójicamente, los mismos que defienden estas tesis no dudan en recabar el apoyo de alianzas transnacionales para alcanzar sus propósitos.

Nada de esto nos exime de preguntarnos cuáles pueden ser las causas profundas que subyacen al apoyo popular del que se alimentan la ola neoconservadora, los movimientos de ultraderecha y su agenda antigénero. Si en algunos escenarios es posible que las guerras culturales y su elevación al nivel de la política de primer orden —la constitucional— permitan crear cortinas de humo para hacer avanzar con bajo perfil otras agendas en el terreno de la política ordinaria, en otros casos parece que es precisamente la adopción de medidas en la política ordinaria lo que sigue proporcionando apoyo popular a ciertos Gobiernos antiliberales y su agenda antigénero. Concretamente, en muchos de los contextos que hemos analizado (como Turquía, Hungría o Polonia) los líderes antigénero parecen nutrir su populismo nacionalista de promesas y acciones de asistencia social de corte «familiarista», brindando la asistencia necesaria —así sea de forma selectiva— a las madres y a las familias que así lo necesitan (Petö, 2021: 314).

Por ello, si queremos abordar el fenómeno desde su raíz, es hora de reconocer que el constitucionalismo moderno no completó la tarea de armar un orden de género igualitario, sino que se asentó subrepticiamente en la función económica y reproductiva de la familia y, basándose en ella, en una escisión sexuada y jerarquizada de esferas que permitió despolitizar la reproducción de la especie y los cuidados de los que depende. Esta incompletud está facilitando el surgimiento de una agenda que pretende explicitar lo que en su momento histórico se dejó implícito, ignorando los avances arduamente conquistados por quienes, como las mujeres y las minorías sexuales, quedaron fuera del contrato social originario, a manera de antídoto frente a un sentimiento cada vez más generalizado de descontento y desorientación.

En este sentido, también es hora de reconocer el efecto y el ansia que acompañan la dislocación humana provocada por la globalización y la lógica económica y financiera neoliberal, que no contempla límites a las formas de mercantilización humana, que socava o impide el desarrollo de estados de bienestar fuertes y que genera niveles crecientes y racializados de desigualdad. Cabe destacar, además, la sensación de vulnerabilidad que provoca la vertiginosa revolución digital, que inevitablemente deja a muchos atrás, y las amenazas existenciales de una degradación ambiental irreversible, así como las crisis sanitarias como la pandemia que hemos vivido recientemente. Son precisamente estas realidades las que conforman el escenario político en el que prospera la quimera de unas estructuras sociales fundacionales que habría que recuperar con la mirada puesta en el pasado, a fin de rescatar a la humanidad desnuda y cobijarla bajo la protección que supuestamente ofrecen la familia tradicional y la identidad nacional. Lástima que de una quimera se trate.

Conclusión y reflexiones finales

Desde sus albores, el constitucionalismo moderno se superpuso a una estructura familiar construida alrededor de una concepción naturalizada y paulatinamente romantizada de la institución matrimonial. Este orden familiar contribuyó a consolidar una forma específica de entender la ciudadanía de la mujer centrada en su papel de madre y cuidadora y el incipiente derecho de familia se convirtió en la fuente normativa más relevante en la configuración del estatus cívico de las mujeres. Los grados y las formas en que este esquema familiar y los roles de género que lo sustentaban se concretaron en las constituciones han variado en el tiempo y el espacio, y distinto ha sido también el efecto que este orden de género ha tenido sobre las mujeres, sobre todo si tenemos en cuenta que, por diversas razones (incluidas las relacionadas con la clase social, la etnia, la raza o la orientación sexual), muchas de ellas nunca han estado en condiciones de alcanzar los estándares idealizados del modelo de familia «tradicional».

Sea como fuere, la aceptación general de la familia conyugal como «unidad fundamental/célula fundacional» de la sociedad y el orden político, expresiones que todavía hoy encontramos en muchos textos constitucionales, explica las resistencias que han enfrentado las mujeres a la hora de reivindicar una ciudadanía igualitaria. Sus esfuerzos han sido siempre percibidos como desafíos a la estructura del orden de género constitucional fundacional, y no como pasos lógicos y graduales en la conquista del orden político entre seres humanos naturalmente libres e iguales en derechos al que se referían las teorías ilustradas y liberales de las que se nutrió el constitucionalismo moderno.

Los intentos tan tempranos como infructuosos de aquellas mujeres que quisieron valerse de unas constituciones (que, simplemente, no decían nada explícito sobre ellas) para luchar por causas como el derecho al sufragio activo y pasivo, la libre elección de una profesión o el derecho a una nacionalidad que no dependiera de su estado civil demuestran que, desde un principio y durante mucho tiempo, lejos de ser instrumentos habilitadores en el camino hacia la emancipación, las constituciones —por lo general, y hasta hace bien poco, obra exclusiva de varones— no solo resultaban inútiles, sino que a menudo suponían obstáculos adicionales. Esta situación no cambió de forma fundamental cuando, superados los rasgos más distintivos del originario constitucionalismo excluyente, se reconoció por fin el derecho de sufragio femenino y se incorporaron a los textos constitucionales las primeras disposiciones sobre la abolición de privilegios basados en el sexo. No era inusual que estos preceptos incluyeran matices y salvedades y que, en todo caso, con frecuencia estuvieran acompañados de otras disposiciones constitucionales referidas a la protección de la maternidad y la familia. Ello invitaba a una lectura del articulado en su conjunto que, en vez de ayudar a subvertir la tradición de las esferas separadas, sexuadas y jerarquizadas, más bien propiciaba la afirmación de un «excepcionalismo familiar» en virtud del cual el mandato de la igualdad de género debía ser matizado en el ámbito familiar. Se explica así la facilidad con la que los tribunales de justicia siguieron validando las distinciones que marcaba el ordenamiento jurídico entre los sexos para acomodar las «diferencias funcionales» que dictaban los roles de género de cada época.

Por todo ello, para la ciudadanía de las mujeres (por no hablar de la de las minorías y los géneros disidentes, que permanecieron silenciados y oprimidos durante mucho más tiempo) la consolidación del constitucionalismo democrático en el mundo occidental después de la Segunda Guerra Mundial supuso solo un triunfo parcial. Ciertamente, algunos avances se convirtieron en características definitorias de dicho constitucionalismo, entre ellos la inclusión de la prohibición de la discriminación por razón de sexo, la afirmación del derecho a contraer matrimonio en libertad e igualdad, o la igualdad de las madres e hijos nacidos fuera del matrimonio. Por lo demás, la estructura básica del orden dominante de género permaneció básicamente inalterada hasta que, a partir la década de los setenta, en el marco del feminismo de la segunda ola, los altos tribunales comenzaron a fraguar un constitucionalismo de género de carácter inclusivo que empezó a cuestionar de forma más incisiva los roles de género y a favorecer la neutralidad de género en unos ordenamientos jurídicos que hasta entonces habían sancionado como naturales todo tipo de distinciones entre los sexos. Solo entonces, y en principio únicamente en unos pocos países, quedaron sentadas las bases para la lucha constitucional por la plena igualdad matrimonial de la mujer, igualdad sin la cual todas las otras igualdades resultaban ilusorias.

El logro no fue menor, si tenemos en cuenta que hasta ese momento se había justificado a través de una panoplia de doctrinas constitucionales la negación de la plena igualdad jurídica en el seno del matrimonio a las mujeres casadas. Entre estas doctrinas se cuentan la que sostenía que, dentro de la familia, la noción de «unidad familiar» tenía que prevalecer sobre la de la estricta igualdad; las doctrinas de la intimidad familiar y la neutralidad estatal con respecto a las relaciones domésticas; o la de la acción estatal como única merecedora de escrutinio constitucional —doctrinas, todas ellas, esgrimidas para avalar una mínima interferencia en los «asuntos familiares» que dejaba intactas las frecuentes relaciones de subordinación en la institución matrimonial—. El potencial emancipatorio de los nuevos principios igualitarios sería aún mayor (y, por ello, están tardando en consolidarse) en aquellos ordenamientos jurídicos en los que el derecho estatal ha coexistido con otros sistemas jurídicos como el derecho religioso, el derecho consuetudinario o el derecho indígena, manifestaciones de una realidad multicultural/plurinacional/multirreligiosa, en la medida en que los arreglos federales o de división competencial han podido traducirse en la preeminencia del llamado «derecho personal» sobre los mandatos constitucionales de igualdad, generando así, en realidad, otra modalidad de «excepcionalismo familiar» y, en definitiva, de postergación de la plena igualdad jurídica de la mujer, esta vez en nombre de la cultura, religión, tradición o costumbre.

En todo caso, conviene subrayar que, como hemos visto, ni el hecho de garantizar a las mujeres los mismos derechos que a los hombres ni la superación de los estereotipos de género de la mano del nuevo constitucionalismo inclusivo —el tipo de constitucionalismo que en la actualidad sigue siendo dominante— sirvieron para superar de manera satisfactoria el legado discriminatorio y dar respuesta a las persistentes expectativas socioculturales en torno al papel de la mujer en el cuidado y la reproducción. Por ello, el objetivo de la igualdad ciudadana, los reclamos de una igualdad real en el mercado laboral y las más amplias ambiciones emancipatorias han seguido resultando ilusorias, y la respuesta a la pregunta sobre qué debe hacerse con las normas que garantizan «prerrogativas y beneficios» especiales para las mujeres se ha tornado tan perentoria como compleja. En realidad, las exclusiones y limitaciones de carácter paternalista, pero también las prestaciones compensatorias y protectoras (pensadas especialmente para las madres con responsabilidades familiares y mujeres cónyuges dependientes), han sido frecuentes en los ordenamientos jurídicos, aunque desde el principio, gran parte de estas protecciones tuvieron un alcance bastante limitado, dado que, en el mejor de los casos, beneficiaron solo a un subconjunto de mujeres —básicamente, a aquellas consideradas «merecedoras» de acuerdo con prejuicios racistas y de clase—. Es más, fue precisamente la necesidad de proteger la pervivencia de este tipo de beneficios frente a una norma de igualdad de sexos que pudiera llevarse por delante estos «privilegios» y dejar a las mujeres desamparadas lo que impidió la incorporación constitucional de una cláusula de igualdad entre los sexos en países como Estados Unidos. Y aunque, a su debido tiempo, el principio constitucional de igualdad entre los sexos y la evolución de la mentalidad sobre los roles de género contribuyó a expulsar del orden legal las «prestaciones y privilegios» de carácter netamente paternalista y aquellas previsiones legales que en realidad suponían una clara limitación de la autonomía de la mujer, la cuestión de cómo dar respuesta a otras formas de tutela y prestaciones vinculadas a la maternidad y a los persistentes roles de las mujeres como cuidadoras primarias no ha dejado de suscitar polémica. De hecho, como hemos tenido ocasión de ver, esta polémica se ha traducido en dos formas diferentes de constitucionalismo de género, ambas de carácter pretendidamente inclusivo, que han persistido hasta el presente, aunque ninguna ha sido plenamente satisfactoria.

Por una parte, el modelo asimilacionista de igualdad constitucional de sexos, coherente con los principios de las democracias liberales de corte clásico y la prevalencia de una concepción negativa de los derechos como la de Estados Unidos. Aunque este modelo no se opone necesariamente a la implementación de determinados beneficios para compensar la histórica discriminación de la mujer, en realidad percibe con suspicacia cualquier forma deliberada de redefinición de los roles tradicionales de cuidado y de reflejo de la carga desproporcionada del trabajo reproductivo de las mujeres. El modelo insiste en la necesidad de brindar un trato totalmente igualitario a hombres y mujeres y antepone la necesidad de combatir los estereotipos de género frente a la conveniencia de acomodar el hecho de que, en la vida real, la igualdad será inalcanzable mientras las mujeres continúen dedicando una cantidad excesiva y abiertamente asimétrica de tiempo y energía respecto a los hombres a tareas infravaloradas y no remuneradas vinculadas a la reproducción social bajo el influjo de una cultura androcéntrica.

Por otra parte, el modelo maternalista de igualdad constitucional, vigente en los sistemas constitucionales surgidos de la síntesis que supuso el estado de bienestar en la Europa continental, ha combinado las cláusulas de protección de la igualdad sexual, la familia y la maternidad con alguna forma de compromiso con la igualdad sustantiva o material —en lugar de la igualdad puramente formal— y ha insistido en que el rol de la mujer como madre merece acomodo y no desatención en el mercado laboral. Por lo tanto, este modelo permite e incluso exige adaptaciones que faciliten a las mujeres conciliar el trabajo remunerado y el no remunerado. Sin embargo, se ignora que, para muchas mujeres (madres solteras o solas, mujeres racializadas, mujeres migrantes o, sencillamente, mujeres sin recursos), este modelo no deja de ser una quimera emancipatoria.

Asimismo, el modelo maternalista de igualdad subestima el daño de perpetuar roles de género al mismo tiempo que minusvalora el hecho de que incluso aquellas mujeres que en teoría podrían beneficiarse del mismo ven cómo sus opciones profesionales quedan seriamente limitadas por unas exigencias de tiempo, cultura institucional, expectativas y patrones de desarrollo profesional que todavía no se han alejado lo suficiente del paradigma de la familia basada en el sostén masculino. Este paradigma asume que el actor de la esfera pública es capaz de adecuarse a unas demandas del mercado laboral que exigen amplia flexibilidad y que está libre de obligaciones de cuidado, cuando en realidad cuenta con —y depende de— los cuidados de terceras personas.

A pesar de su indudable mérito a la hora de cuestionar las distinciones de sexo y avanzar en la creación de ordenamientos jurídicos cada vez menos sexuados, las limitaciones de un constitucionalismo inclusivo sustentado en la igualdad de derechos y en cualquiera de sus modalidades se han hecho más evidentes con el paso del tiempo. Así, ni su capacidad de eliminar las discriminaciones abiertas y directas ni, en el mejor de los casos, de proteger —con base en la doctrina de la igualdad sustantiva— a la mujer embarazada para que el trabajo productivo y el trabajo reproductivo sean mínimamente compatibles han permitido hasta la fecha subvertir los estereotipos de género de los que todavía están imbuidas muchas de las normas de nuestro ordenamiento jurídico, entre ellas las normas fiscales, las relativas al divorcio, a la custodia y la pensión alimenticia, a las pensiones de viudedad y a la jubilación, así como las normas migratorias, por mencionar solo algunas. Muchas de estas normas fueron diseñadas partiendo de los roles tradicionales de género e incluso, una vez depuradas de las distinciones explícitas entre hombre y mujer, han demostrado ser bastante resistentes frente a los reclamos constitucionales de la igualdad.

El constitucionalismo inclusivo, al que las visiones de igualdad y autonomía de los hombres han dado forma, y por ende, de naturaleza asimilacionista, tampoco ha servido para reconocer a las mujeres y a las diversidades y disidencias de género una protección en ciertos ámbitos en los que, sin embargo, se concentran algunos de sus intereses y preocupaciones específicos, entre ellos el ámbito sexoafectivo o el reproductivo. Con respecto a este último, aunque la mayoría de los textos constitucionales se refieran con frecuencia a la maternidad o a la familia, estos han guardado silencio hasta la fecha. Por ello, no debe sorprender que con frecuencia las constituciones hayan servido para frenar el avance de la autonomía reproductiva de las mujeres —particularmente en la tradición maternalista— en la medida en que esta normalizó «los deberes de la maternidad» de las mujeres, a pesar de que también logró visibilizar la responsabilidad social de apoyar la maternidad. Si las tradiciones que, como la estadounidense, priorizaron la superación de los estereotipos de género parecían en principio más adecuadas para confrontar esa maternidad normativa atribuida a las mujeres y de hecho proporcionaron los primeros ejemplos de un constitucionalismo que, utilizado de forma proactiva, podía servir para fundamentar el derecho de la mujer a abortar, la opción de una arquitectura constitucional reproductiva construida en torno a la intimidad, y no sobre la igualdad, resultó claramente insuficiente desde el principio (por no hablar de su reciente descarte con la «muerte» del icónico precedente *Roe vs. Wade* de la mano del fallo *Dobbs*). A fin de cuentas, la intimidad (en el sentido de privacidad familiar) no es sino el concepto constitucional que históricamente sirvió para dar cobertura al abuso y la violencia conyugal. Y aunque su despliegue en aras de una noción de intimidad individual —en lugar de familiar— que debe empezar por el propio cuerpo de la persona, como la que observamos recientemente en la jurisprudencia de la India, incorpora la valiosa promesa del reconocimiento de un núcleo de autonomía individual también con respecto a la sexualidad, la anticoncepción y la reproducción, de momento el concepto de intimidad no ha permitido visibilizar debidamente las violencias reproductivas que, de forma sistémica, han sufrido sobre todo las mujeres racializadas y sus «poco deseados» cuerpos reproductivos. La intimidad también ha sido insuficiente para satisfacer las necesidades de aquellas mujeres que, por falta de medios, no han podido acceder a las prestaciones de salud reproductiva y planificación familiar, entre las que están sobrerrepresentadas las mujeres con escasos recursos, migrantes o racializadas. En definitiva, observamos que, por regla general, ni la acepción constitucional liberal clásica de la igualdad entre los sexos —con su priorización de la libertad negativa— ni su forma atenuada en el constitucionalismo del estado de bienestar —hegemónico desde la posguerra mundial— han proporcionado una base suficiente para establecer un elenco más completo de obligaciones positivas por parte del Estado que permita tanto «desfamiliarizar» como «desgenerizar» el trabajo reproductivo y de cuidados, trabajo sobre el que descansa la supervivencia de la especie, conduciendo así a mejores formas de justicia reproductiva. A ello se suma el hecho de que, incluso allí donde existen, los preceptos constitucionales en materia de derechos socioeconómicos no son debidamente satisfechos y, por lo general, no se centran en el cuidado y la dependencia. Antes bien, no es infrecuente que en su tenor literal o en su interpretación jurisprudencial se reproduzca el esquema del sustento familiar masculino, así sea para minimizar sus fallas, aunque sin lograr transformarlo de raíz.

Por último, ni el «ámbito de la reproducción familiar» ni el «ámbito de la producción del mercado» agotan los dominios de la hegemonía masculina que, en mayor o menor medida, han sido secularmente protegidos por el orden constitucional, limitando las opciones de participación en el espacio público de las mujeres y, por supuesto, la visibilización y participación de las disidencias de género. Así, a pesar del reconocimiento del derecho al sufragio, las mujeres han seguido estando claramente infrarrepresentadas en los cargos públicos, al igual que en los órganos directivos en el sector privado. El constitucionalismo inclusivo de la igualdad de derechos no ha servido para combatir esta deficiencia y, de hecho, con frecuencia ha supuesto, una vez más, un obstáculo. Como hemos tenido ocasión de ver, en varias democracias constitucionales las cuotas de género y las medidas de paridad orientadas a garantizar una mayor participación y representación de las mujeres en puestos de toma de decisiones y autoridad han enfrentado resistencias constitucionales, articuladas, esta vez, sobre la base de la autonomía de los partidos políticos —otro bastión del dominio patriarcal—, la igualdad formal o, simplemente, las características del sistema de «representación general» hegemónico en los sistemas democráticos. Y ello sin perjuicio de que el muy limitado éxito de dicho sistema a la hora de garantizar la igual participación de la mujer sea precisamente la mejor expresión de su sesgo estructural. No puede sorprendernos, por ello, que en la actualidad proliferen alegatos similares de autonomía institucional para frenar los intentos de alcanzar la igualdad y la paridad aún ausentes en otros ámbitos de poder como el corporativo, el académico o el religioso.

Moldeado en su origen sobre la base de la exclusión política de las mujeres, el constitucionalismo ha sido cada vez más receptivo a los reclamos de las mujeres. Sobre todo desde finales de la década de los ochenta y principios de la de los noventa, cuando los virajes participativos tanto en el discurso de la igualdad de género como en los procesos constituyentes coincidieron con un giro pluralista que incrementó la visibilidad de las demandas multiculturales y de los intereses y preocupaciones de las mujeres sujetas a situaciones de pluralismo jurídico. Un constitucionalismo participativo cobra forma en la creciente organización transnacional de mujeres y disidencias de género que se van sumando progresivamente a los procesos de concreción de estándares de derechos humanos y de elaboración constitucional en cifras más que simbólicas y en distintos cometidos: como litigantes, como miembros de asambleas constituyentes y de la judicatura constitucional y, sobre todo, como sociedad civil. A partir de esta evolución proliferan nuevos reclamos en los pactos constituyentes que incluyen, entre otros, manifestaciones más claras de un compromiso con la igualdad sustantiva y mandatos de paridad que faciliten la participación de las mujeres tanto en la sociedad mayoritaria como, paulatinamente, en las estructuras de gobierno de sus culturas minoritarias y en las estructuras de poder descentralizadas. De esta forma, algunos de los países que experimentaron sus transiciones a la democracia a partir de la tercera ola de democratización en la década de los noventa ofrecen los mejores ejemplos del incipiente desarrollo de esta forma de constitucionalismo participativo que incorpora estándares de derechos humanos en evolución y se beneficia de procesos de difusión y contagio normativo regional. Este incremento de la participación ha propiciado, a su vez, la creciente incorporación constitucional de agendas transformadoras que las mujeres y las minorías sexuales han impulsado en el cambio de siglo. Se trata de agendas que promueven la democracia paritaria sobre la base de estructuras familiares y estándares de carácter igualitario cuya consolidación reclama perentoriamente no solo la proclamación de una igualdad de derechos, sino también la participación igualitaria en todos los ámbitos y funciones socialmente relevantes, incluyendo el postergado ámbito de la reproducción social. Las democracias constitucionales más antiguas se están enfrentando también a reivindicaciones similares de participación y transformación del orden de género originario, y en ellas observamos con frecuencia que son aquellos que intentan preservar el antiguo sistema quienes suelen recurrir al discurso y a la arquitectura constitucional. A pesar de ello, quienes persiguen la transformación no abandonan el campo de batalla constitucional, sino que exploran las oportunidades que ofrecen tanto la reforma constitucional como la evolución doctrinal por vía jurisprudencial, siendo los movimientos de mujeres y el litigio estratégico los que con frecuencia se encuentran a la cabeza en este sentido.

El constitucionalismo contemporáneo contiene numerosas expresiones de esta agenda transformadora que pretende subvertir por completo el orden de género fundacional construido en torno a la familia procreadora hetero- y cisnormativa como unidad fundamental de la sociedad, que deparaba un destino ineluctable a las mujeres y marginaba como patologías o aberraciones a las disidencias y diversidades de género. El impulso creciente —aunque todavía insuficiente— orientado a reclamar la valorización del trabajo reproductivo, doméstico y de cuidados como formas de contribución ciudadana, y la atribución de relevancia constitucional a la «esfera privada», empezando por el propio cuerpo, se torna cada vez más legítimo y necesario. Una ingeniería constitucional nutrida de la aprobación de nuevas normas y la interpretación de normas existentes por parte de tribunales constitucionales y supremos, en los que se ha incrementado la presencia de mujeres y de minorías tradicionalmente excluidas, ofrece renovados mecanismos y posibilidades para combatir la violencia doméstica y la violencia contra la mujer, apela a interpretaciones menos extensivas de la intimidad familiar y a lecturas más realistas del derecho al debido proceso. Se denuncian la exclusión de las sexualidades e identidades de género disidentes y el deficiente reconocimiento de una amplia gama de formas familiares, afectivas, maritales y procreativas que podrían ser reconocidas mediante reformas constitucionales, pero también, más sutilmente, a través de interpretaciones doctrinales y jurisprudenciales alternativas de conceptos tales como la dignidad, la autonomía, el libre desarrollo de la personalidad, la intimidad personal y familiar, y la igualdad y no discriminación. Este nuevo horizonte incorpora una noción enriquecida de la autonomía sexual y reproductiva —respetuosa tanto del deseo de no procrear como de las necesidades procreativas en sociedades que deberían posibilitar la reproducción humana sin imponérsela a nadie—, al igual que expresiones de una nueva masculinidad y paternidad centradas en el cuidado, de una mayor valorización del aporte de los cuidados de las mujeres y de la necesaria asunción colectiva y la «desfamiliarización» de los costos de la reproducción social.

A pesar de las limitaciones y condicionantes estructurales y del comprensible escepticismo respecto a las nobles promesas del constitucionalismo, muchas mujeres han contribuido de manera decisiva a este nuevo constitucionalismo a lo largo de la historia, involucrándose en múltiples batallas constitucionales, apoyándose en interpretaciones de textos que las ignoraban y proponiendo nuevas normas incluso antes de disfrutar de plenos derechos políticos —y, ciertamente, también después de su reconocimiento—. Como no podía ser de otra manera, en sus diversas luchas las mujeres han debido afrontar el desafío de expresarse en contextos y situaciones que no garantizaban las condiciones para ser debidamente escuchadas, pero también el reto de hablar con una sola voz. Ha sido y continúa siendo difícil la tarea de converger en una visión compartida de la emancipación, la autonomía y la igualdad y, en consecuencia, tampoco resulta fácil establecer un orden de prioridades capaz de trascender los múltiples ejes de opresión que conforman las experiencias de los distintos colectivos de mujeres.

Además, las mujeres también se han mostrado prudentes y han temido, con razón, los costos y las trampas que podrían conllevar para ellas el desmantelamiento de los roles de género tradicionales. A fin de cuentas, el orden de género primigenio se basaba en un delicado equilibrio que incluía perjuicios (en términos participativos, identitarios y distributivos) para las mujeres —y, desde luego, en diferentes formas y grados para diferentes grupos de mujeres—, pero también en la adopción de medidas compensatorias y tutelares asociadas a su situación de dependencia forzada. De ahí que, ante las posibilidades de cambio, algunas mujeres manifestaran sus cautelas por el desmantelamiento de aquella red de protección, sobre todo si se trataba de mujeres para las que el cambio suponía un mayor riesgo o de mujeres afectadas por unas condiciones de vida más precarias. Este escenario complejo y dilemático ha implicado enormes desafíos, a comenzar por la articulación de una acción conjunta de las diversas sensibilidades feministas. En este sentido, es plausible sostener que las estrategias más exitosas han sido aquellos procesos que han aglutinado coaliciones de distintos grupos de mujeres orientadas al logro de objetivos concretos y comunes y no a forjar una identidad compartida. Se trata de dinámicas que han sabido priorizar la unidad y la inclusividad del proceso como estrategia dominante en lugar de aspirar a una suerte de sororidad perfecta de un sujeto colectivo y universal llamado «mujer» o a una agenda plenamente coherente. Lo que sí se ha puesto de manifiesto en cualquier caso es que, al formular sus pretensiones constitucionales, las mujeres se han negado a asumir acríticamente la separación imaginaria entre el ámbito público —entendido como espacio de la justicia— y la esfera privada —concebida como espacio del amor y el orden natural—. Antes bien, las mujeres han sabido identificar y nombrar, también en términos constitucionales, la coacción, el abuso y la explotación cuando y dondequiera que los hayan experimentado en sus propias vidas, incluyendo —y a menudo empezando por— la esfera doméstica, ya fuera la suya propia o la de otras personas, y han aprovechado también las oportunidades que se les han brindado para subrayar la relevancia constitucional de las interrelaciones entre ambas esferas. De hecho, es el énfasis en la deconstrucción de aquella concepción de la «esfera privada» lo que ha animado el constitucionalismo transformador de género, que es el que hoy presenta un mayor potencial.

Este constitucionalismo transformador ha puesto en cuestión las limitaciones emancipadoras de las modalidades excluyente e inclusiva del constitucionalismo que le ha precedido. Desde luego, no desconoce que este último promete igualdad en lugar de exclusión, pero también que, en el mejor de los casos, no puede aspirar más que a la «universalización», con más o menos matices, de un paradigma masculino, en lugar de lograr su reemplazo por un paradigma alternativo capaz de arrojar luz sobre la relevancia política de los arreglos, a menudo coercitivos y abusivos, en torno a los cuales se han construido la «esfera privada» y el orden reproductivo, así como la propia ontología del sujeto de derechos. De esta forma, la idea de persona o sujeto de derecho jurídico basada en nociones de autonomía y autosuficiencia ha empezado a ser gradualmente desplazada por otras que reconocen la naturaleza interdependiente de los seres humanos. El aumento de la desigualdad en las sociedades contemporáneas pone en evidencia que esta comprensión relacional de la autonomía reclama también un cuestionamiento más fundamental de los pilares de los sistemas sociopolíticos y económicos sobre los que se ha sostenido hasta ahora el constitucionalismo democrático liberal, si lo que pretendemos es evitar que la premisa central que lo anima —la convivencia política en condiciones de igualdad— se convierta, como lo está haciendo, en una quimera que justifique nuevas formas de autoritarismo. Urge igualmente abordar de manera radical y conjunta las deficiencias de los contratos sexual y racial sobre los que se fundó originalmente el contrato social —asentado en una estructura racializada y de clase— a fin de allanar el camino hacia una nueva visión emancipadora que permita plantear la batalla contra las nuevas formas de explotación humana.

Nada de esto será fácil. Como con todos los desafíos importantes a las formas hegemónicas de legitimación de las estructuras de poder en la historia —baste pensar en la derrota del absolutismo monárquico o en la secularización del poder político—, cabe esperar una fuerte resistencia contra la disolución del patriarcado y su orden de género subyacente y el nuevo proyecto de democracia paritaria, ciudadanía cuidadora y reconocimiento de una multiplicidad de formas legítimas de asociación sexoafectiva y de la fluidez de la identidad género. De hecho, ya la estamos viviendo. En efecto, en los últimos años hemos sido testigos de una reacción política y social violenta, acompañada de una verdadera ola de iniciativas de enmienda constitucional (algunas de tipo preventivo, otras de tipo reactivo; algunas exitosas, otras no tanto) que, en conjunto, representan el intento de preservar o restaurar el «viejo orden de género». Facciones religiosas y fuerzas neoconservadoras radicales se alían para tratar de contrarrestar los hitos de las conquistas de derechos de las mujeres y las minorías sexuales de las últimas décadas, defendiendo al mismo tiempo la hegemonía del sistema neoliberal de capitalismo avanzado y obviando la falta de legitimidad de las brechas en el que se sustenta y se nutre.

Resulta apremiante comprender las causas que explican el apoyo popular a estos movimientos reaccionarios y la desafección ciudadana frente a la democracia y el sistema de partidos políticos. Entre estas causas posiblemente figuren la desorientación provocada por la globalización, la alienación y atomización de la lógica neoliberal y su extrema mercantilización del ser humano —incluida la creciente banalización de la cosificación y sexualización de las mujeres—, el socavamiento del proyecto del estado de bienestar, la revolución digital vertiginosa, amenazas existenciales de la magnitud de la pandemia que vivimos recientemente y la degradación ambiental irreversible que experimentamos ya en nuestra vida cotidiana y que compromete cada vez más nuestra supervivencia en el planeta. En medio de la ansiedad que puede generar la interacción de todos estos factores, no debe sorprender que la evocación de estructuras sociales fundacionales, como la «familia tradicional», pueda resultar atractiva y dar consuelo o reconfortar a una ciudadanía expuesta, precaria y fungible, y ofrecer, como tabla de salvación, la salvaguarda de la identidad nacional y de la supervivencia demográfica de la especie, así como el antídoto contra la emasculación que supone la crisis del modelo del varón proveedor. En este escenario, los Gobiernos populistas y las fuerzas religiosas sectarias establecen coaliciones a lo largo y ancho del planeta y prometen rescatar a la familia heteronormativa, el binarismo sexual y la complementariedad de los sexos —y, con ellos, a la propia humanidad— y salvarlos de su autodestrucción.

En lugar de apelar únicamente a argumentos religiosos, estas alianzas han optado por hacer de la esfera constitucional uno de sus campos de batalla privilegiados para contrarrestar las diversas formas de subversión que en dicha esfera experimenta el contrato sexual originario en unas sociedades cada vez más secularizadas. Constatamos el recurso a argumentos centrados en las inquietudes sobre la reproducción social y cultural de la nación y a discursos de tinte racista, homófobo, tránsfobo y xenófobo, pero también a diversas tácticas constitucionales y a nociones de justicia y legitimidad que, una vez trasladados a la «esfera constitucional», adquieren la solemnidad propia de la alta política. Enfrentadas a un enemigo invisible, narrativamente construido bajo el apelativo de la «ideología de género», estas fuerzas opositoras amenazan con mermar muchos de los derechos que las mujeres y las minorías sexuales han alcanzado de forma reciente en un intento por contrarrestar las agendas de organismos e instituciones de derechos humanos, que también han contribuido a subvertir el orden de género desde el cambio de siglo a través de su impacto en el nuevo constitucionalismo.

No es posible ignorar las razones subyacentes a un sentimiento cada vez más generalizado de ansiedad, y por ello es preciso repensar las sociedades con el fin de brindar suficiente seguridad y esperanza para que las personas dejen de renunciar a la perspectiva de reproducirse. La pauperización de la maternidad, la dimensión extractivista y colonial de las cadenas globales de cuidados y, de manera más general, las condiciones precarias en las que vive la clase trabajadora en todo el mundo son, todos ellos —junto con la protección del medioambiente—, fenómenos que debemos abordar si queremos situar la supervivencia de la especie en el centro de nuestro sistema de organización política y económica. Ha llegado el momento de visibilizar debidamente las masculinidades no hegemónicas y centradas en el cuidado y desafiar los prejuicios homo- y transfóbicos que, entre otras cosas, atañen a la necesidad y a la capacidad de amar y cuidar. Lo que, desde luego, carece de sentido es esperar que el retorno a nacionalismos rancios y caducos, al patriarcado, a viejos modelos de masculinidad (ni siquiera en sus «amables» vertientes paternalistas o proteccionistas) y a la persistente explotación del trabajo productivo y reproductivo de las mujeres sean los remedios que necesitamos. En muchas sociedades, las mujeres se han puesto en huelga y están dejando de reproducirse. La solución tampoco se logrará haciendo que un número cada vez mayor de hombres engrosen las filas de quienes luchan por sobrevivir en trabajos precarios o hacen malabares para compatibilizar, sin éxito, la vida laboral y familiar. Es necesario cuestionar de forma más radical las instituciones, los *modus operandi* y las agendas pre- y redistributivas si queremos que el cuidado, la reproducción social y la preservación del medioambiente se sitúen en el centro de la agenda. El constitucionalismo puede desempeñar un importante papel en todo ello mediante la redefinición simbólica de nuestro orden de prioridades, pero ello solo será posible si estamos dispuestos a cuestionar de raíz las bases económicas, sociales, raciales y culturales sobre las que ha sido construido. Mientras tanto, cabe esperar que los mecanismos constitucionales continúen teniendo un poder limitado y que se ensanchen, en lugar de estrecharse, las desigualdades que merman las posibilidades de los más desposeídos en perjuicio de muchos y, sobre todo, de muchas mujeres.

¿Quedan razones para ser optimista? Bailamos en su día al ritmo de *Un violador en tu camino*, la canción chilena de protesta ya convertida en himno feminista[1]. Entre octubre de 2019 y marzo de 2020, durante las protestas que exigían una nueva constitución se escucharon consignas como «La revolución será feminista o no será», «Nunca más sin nosotras» y «Sin mujeres no hay constitución», y el país ofreció al mundo el ejemplo de la primera asamblea constituyente plenamente paritaria —con una primera presidenta, Elisa Loncón, académica lingüista, representante de la Nación Mapuche—, solo para ver cómo el proceso descarrilaba y la extrema derecha se nutría y aprovechaba del desleimiento de un proceso de resultado aún incierto. Mientras, en Estados Unidos las mujeres están viviendo en sus propias carnes la pérdida de un precedente constitucional de hace cincuenta años que vinculaba su condición de ciudadanas a su libertad reproductiva. Lejos de que la cuestión del aborto deje de ser materia judicial y regrese al terreno de la política —como promete hacer *Dobbs*—, proliferan los litigios en los que se intenta trazar, sobre la base de los argumentos de la sentencia *Dobbs*, nuevos límites a la autonomía reproductiva de las mujeres[2]. Una cosa, sin embargo, queda clara, y es que las mujeres no vamos a limitarnos a contemplar sin más el menoscabo de nuestros logros emancipatorios, es decir, el resultado de una larga lucha. Los movimientos como «Me Too» se han hecho virales en todo el mundo. Caen los muros de los arraigados silencios cómplices en torno a

---

1 En 2018 se inició una movilización estudiantil contra el acoso sexual bajo el lema «Derecho a una educación no sexista», y en este contexto se fraguó la pieza reivindicativa *Un violador en tu camino*, del colectivo feminista Las Tesis, que se convirtió en himno feminista en la histórica marcha en conmemoración del Día de la Mujer Trabajadora del 8 de marzo de 2020. La movilización feminista ha sido desde entonces uno de los fundamentos del «estallido social» (Zúñiga Añazco y Undurraga Valdés, 2024: 237).

2 *Food and Drug Administration vs. Alliance for Hippocratic Medicine* es un caso pendiente de resolución en la Corte Suprema, que debe decidir sobre la legalidad de la aprobación de la mifepristona —uno de los dos medicamentos de la píldora abortiva— por parte de la Administración de Alimentos y Medicamentos (FDA). Otros litigios están tratando de resucitar viejas leyes contra el envío de material pornográfico para prohibir la llegada desde el exterior de medicamentos abortivos a los estados en los que el aborto está prohibido.

diferentes formas de explotación, violencia y abuso. Las mujeres sabemos que ya no estamos solas y recurrimos a diversos medios para resistir ante las reacciones violentas y las amenazas de regresión y, al mismo tiempo, contraatacamos y ejercemos presión para que las reformas que aún son necesarias no queden estancadas. Sencillamente, no queremos volver a una forma subordinada de ciudadanía que nunca glorificamos ni tampoco ser de nuevo silenciadas.

En la India, en noviembre de 2015, las mujeres se movilizaron en una campaña contra los tabúes menstruales bajo el *hashtag* #HappyToBleed en protesta contra las reglas que les prohíben la entrada a templos y lugares sagrados. En enero de 2017, las voces de las mujeres se hicieron oír en la Marcha de las Mujeres en Washington D.C. tras la toma de posesión de Donald Trump, de la misma forma que estas tomaron las calles en protesta por la filtración y luego por la sentencia del caso *Dobbs*, solo para continuar organizándose vigorosamente en los distintos estados a fin de paliar sus efectos, promoviendo también la vía de la reforma constitucional a nivel estatal[3] y haciendo sentir sus voces en las urnas en las elecciones de mitad de mandato de noviembre de 2022. La huelga feminista de marzo de 2019 en Madrid ya es un hito en la historia del feminismo español. En octubre de 2020 comenzaron las protestas en muchas localidades de Polonia contra las restricciones al derecho al aborto establecidas finalmente a través de una sentencia constitucional que enfureció e incitó a las mujeres a participar masivamente en la contienda electoral, lo que contribuyó a provocar un cambio de gobierno en las últimas elecciones generales del país. En abril de 2021, las mujeres turcas salieron a la calle para manifestarse contra la decisión del presidente Erdoğan de retirarse de la Convención de Estambul mediante un decreto de cuestionable constitucionalidad. Mientras, en México, las mujeres han logrado la aprobación de nuevas leyes para contrarrestar la violencia que sufren las polí-

---

3 Meses después del fallo *Dobbs*, California, Vermont y Michigan implementaron enmiendas constitucionales para reforzar el derecho al aborto y a la contracepción en las constituciones estatales (Whitehurst, 2022).

ticas y las activistas, a rebufo de la reforma constitucional de 2014, que por fin impone y celebra el triunfo electoral de la que será la primera presidenta del país. En África, a pesar de los riesgos y los niveles de homofobia que no parecen remitir, la juventud homosexual se defiende con coraje y se organiza a través de la Iniciativa Juvenil Queer Africana, una red de activistas que abarca ya todo el continente. Y en Francia, el 4 de marzo de 2024, en un espacio tan cargado de simbolismo histórico como el Palacio de Versalles, las mujeres han logrado por fin el hito histórico de que su libertad de abortar quede constitucionalmente garantizada.

Quiero pensar que, a pesar de las resistencias, un nuevo orden constitucional se atisba en el horizonte, un sistema que ya no puede ignorar los derechos de las mujeres y las minorías silenciadas, y que colocará la vida digna en el corazón mismo del orden político, situando en el centro a quienes se encargan de cuidar y también de limpiar, pues sobre ellas descansa su sustento. Un orden de respeto, cuidado y solidaridad en el que las mujeres serán protagonistas y podrán no solo evitar la pérdida del territorio conquistado con dolor por sus antepasadas, sino también concluir la labor que estas comenzaron para alcanzar la ciudadanía plena de la que han disfrutado los hombres y redefinirla en sus propios términos a fin de perfeccionar la democracia y convertirla en la única que hoy es digna de tal nombre: la democracia paritaria.

Como nos enseñó a todos nuestra querida y añorada jueza Ruth Bader Ginsburg, ningún país que se considere a sí mismo una verdadera democracia puede en realidad serlo si no garantiza a las mujeres su «estatus de ciudadanas iguales». Y, como nos recuerda Amanda Gorman (2021) en su hermoso poema «La colina que ascendemos», «la democracia podrá ser periódicamente postergada, mas no será nunca eternamente vencida».

Referencias

ABU-LUGHOD, L. (ed.), 1988: *Remaking Women: Feminism and Modernity in the Middle East*. Princeton, NJ: Princeton University Press.

ADAMIETZ, L. 2011: *Geschlecht als Erwartung. Das Geschlechtsdiskriminierungsverbot als Recht gegen Diskriminierung wegen der sexuellen Orientierung und der Geschlechtsidentität*. Baden-Baden: Nomos.

AGNES, F., 2016: «Personal Laws», en CHOUDHRY, S., KHOSLA, M. y MEHTA, P. B. (eds.), *The Oxford Handbook of the Indian Constitution*. (Oxford: Oxford University Press, pp. 903-20.

AGUADO, A., 2012: «Constructing Women's Citizenship: The Conquest of Suffrage and Women's Political Right in Spain», en RODRÍGUEZ-RUIZ, B. y RUBIO MARÍN, R., (eds.), *The Struggle for Female Suffrage in Europe: Voting to Become* Citizens. Leiden-Boston: Brill, pp. 289-303.

AHMED, D. I y GINSBURG, T., 2014: «Constitutional Islamization and Human Rights: The Surprising Origin and Spread of Islamic Supremacy in Constitutions», en *Virgina Journal of International Law* 54 (3): 1-82.

AHMED, L., 1992: *Women and Gender in Islam: Historical Roots for a Modern Debate*. New Haven: Yale University Press.

ALBERTSON FINEMAN, M. 1995: *The Neutered Mother, the Sexual Family and Other Twentieth Century Tragedies*. New York: Routledge.

ALBERTYN, C., 1994: «Women and the Transition to Democracy in South Africa», en KAGANAS, F. y MURRAY, C. (eds.), *Gender and the New South African Legal Order*. Cape Town: Juta & Co., Ltd., pp. 39-63.

ALCONADA MON, H., 2024: «Milei, 100 de populismo de derecha en Argentina», en *El País*, 19 de marzo de 2024. https://elpais.com/argentina/2024-03-19/milei-100-dias-de-populismo-de-derecha-en-argentina.html.

ALLEN, M., 2016: *Constitution Assessment for Women's Equality*. Stockholm: International Institute for Democracy and Electoral Assistance.

ALLEN, M., 2017: «A Practitioner's Account: The Constitution Assessment for Women's Equality», en IRVING H. (ed.), *Constitutions and Gender*. Cheltenham, UK: Edward Edgar, pp. 195-220.

ALTAN-OLCAY, Ö y EMRAH ODER, B., 2021: «Why Turkey's Withdrawal from the Istanbul Convention Is a Global Problem», en *OpenDemocracy*, 2 de junio de 2021. https://www.opendemocracy.net/en/can-europe-make-it/why-turkeys-withdrawal-from-the-istanbul-convention-is-a-global-problem/.

ALTERIO, A. M., 2021: «Paridad de género y representación: el caso mexicano», en *International Journal of Constitutional Law* 19 (4): 1417-44.

AMOS, V. y PARMAR, P., 2001: «Challenging Imperial Feminism», en BHAVNANI, K-K. (ed.), *Feminism and «Race»*. New York-Oxford: Oxford University Press.

ANAGNOSTOU, D., 2013: «Gender Constitutional Reform and Feminist Mobilization in Greece and the EU: From Formal to Substantive Equality?», en *Canadian Journal of Law and Society* 28 (2): 133-50.

ANDREWS, P. E., 2000: «From Gender Apartheid to Non-Sexism: The Pursuit of Women's Rights in South Africa», *North Carolina Journal of International Law* 26 (3): 693-722.

ANTIĆ GABER, M. y LOKAR, S., 2006: «The Balkans: From Total Rejection to Gradual Acceptance of Gender Quotas», en DAHLERUP, D. (ed.), *Women, Quotas and Politics*. London: Routledge, pp. 138-67.

APARICIO WILHELMI, M., 2002: *Los pueblos indígenas y el estado: el reconocimiento constitucional de los derechos indígenas en América Latina*. Barcelona, Cedecs.

ARYA, L., 2006: «The Uniform Civil Code: The Politics of the Universal in Postcolonial India», *Feminist Legal Studies* 14 (3): 293-328

ASTERITI, A. y BULL, R., 2020: «Gender Self-Declaration and Women's Rights: How Self Identification Undermines Women's Rights and Will Lead to an Increase in Harms: A Reply to Alex Sharpe, "Will Gender Self-Declaration Undermine Women's Rights and Lead to an Increase in Harms?" (2020) 83(3) *MLR* 539», *The Modern Law Review Forum*. https://www.modernlawreview.co.uk/asteriti-bull-sharpe/.

ATTARD BELLIDO, M. E., 2024: «Bolivian Constitutionalism from the Perspective of Gender and Intersectionality», en POU GIMÉNEZ, F., RUBIO MARÍN, R. y UNDURRAGA VALDÉS, V., (eds.), *Women, Gender, and Constitutionalism in Latin America*. London: Routledge, pp. 121-42.

AURAT FOUNDATION, 2012: *Legislative Quotas for Women: A Global & South Asian Overview of Types and Numbers*. Islamabad: Aurat Publication and Information Service Foundation.

AZIZ, S., MIRZA, A. A. y ALVEAR-GARIJO, C., 2023: «Constitutionalism and Gender in Pakistan: A Counter-Patriarchal Struggle», en CHANG, W-C, LOPER, K., MALAGODI, M. y RUBIO-MARÍN, R., (eds.), *Gender, Sexuality and Constitutionalism in Asia*. Oxford: Hart Publishing, pp. 311-38.

AZKÁRATE-ASKASUA ALBÉNIZ, A. C., 1998: *Mujer y discriminación: del Tribunal de justicia de las Comunidades al Tribunal Constitucional*. Vitoria: Instituto Vasco de la Administración Pública.

BADER GINSBURG, R. y JONES MERRITT, D., 1999-2000: «Affirmative Action: An International Human Rights Dialogue», en *Cardozo Law Review* 21: 253-82.

BAER, J. A., 1991: «Women's Rights and the Limits of Constitutional Doctrine», en *Western Political Quarterly* 44 (4): 821-52, tabla 1.

BAER, S., 2010: «The Basic Law at 60-Equality and Difference: A Proposal for the Guest List to the Birthday Party», en BAER, S. *et al.* (eds.), «The Basic Law at 60», special issue, *German Law Journal* 11 (1): 67-87.

BAER, S., 2012: «Equality», en ROSENFELD, M. y SAJÓ, A. (eds.), *The Oxford Handbook of Comparative Constitutional Law*. Oxford: Oxford University Press, pp. 982-1001.

BAGENSTOS, S. R., 2019: «Nevada Department of Human Resources v. Hibbs: Universalism and Reproductive Justice», en MURRAY, M., SHAW, K. y SIEGEL, R. (eds.), *Reproductive Rights and Justice Stories*. St. Paul, MN: West Academic-Foundation Press, pp. 183-204.

BAINES, B., 2005: «Using the Canadian Charter of Rights and Freedoms», en BAINES, B. y RUBIO-MARÍN, R. (eds.), *The Gender of Constitutional Jurisprudence*. Cambridge: Cambridge University Press, pp. 48-74.

BAINES, B., 2017: «Women Judges on Constitutional Courts: Why Not Nine Women?», en IRVING H. (ed.), *Constitutions and Gender*. Cheltenham, UK: Edward Edgar, pp. 290-320.

BAINES, B., 2021: Conversación con la autora, 24 de abril de 2021.

BAINES, B., BARAK-EREZ, D. y KAHANA, T. (eds.), 2012: *Feminist Constitutionalism: Global Perspectives*. Cambridge: Cambridge University Press.

BAINES, B. y RUBIO-MARÍN, R. (eds.), 2005: *The Gender of Constitutional Jurisprudence*. Cambridge: Cambridge University Press.

BAINES, B. y RUBIO-MARÍN, R., 2017: «Feminist Constitutionalism in Canada», en OLIVER, P., MACKLEM, P. y DES ROSIERS, N. (eds.), *The Oxford Handbook of the Canadian Constitution*. Oxford: Oxford University Press, pp. 965-88.

BALKIN, J. M. y SIEGEL, R. B., 2003: «The American Civil Rights Tradition: Anticlassification or Antisubordination?», en *University of Miami Law Review* 58 (1): 9-33.

BARAK-EREZ, D., 2012: «Her-meneutics: Feminism and Interpretation», en BAINES, B., BARAK-EREZ, D. y KAHANA, T. (eds.), *Feminist Constitutionalism: Global Perspectives*. Cambridge: Cambridge University Press, pp. 85-97.

BARKER, N., 2012: *Not the Marrying Kind: A Feminist Critique of Same-Sex Marriage*. London: Palgrave Macmillan.

BARNES, T. D. y BUCHARD, S. M., 2013: «"Engendering Politics": The Impact of Descriptive Representation on Women's Political Engagement in Sub-Saharan Africa», en *Comparative Political Studies* 46 (7): 767-90.

BARRÈRE UNZUETA, M. Á. y MORONDO TARAMUNDI, M. D., 2011: «Subordiscriminación y discriminación estructural: elementos para una teoría del derecho antidiscriminatorio», en *Anales de la Cátedra Francisco Suárez* 45: 15-42.

BARRÈRE UNZUETA, M. Á., 2018: «Iusfeminismo y derecho antidiscriminatorio: hacia la igualdad por la discriminación», en MESTRE I MESTRE, R. (ed.), *Mujeres, derechos y ciudadanía*. Valencia: Tirant lo Blanch, pp. 45-72.

BAUER, M., TRUFFER, D. y CROCETTI, D., 2019: «Intersex Human Rights», en *International Journal of Human Rights* 24 (6): 724-49.

BAYEFSKY, A. F., 1989: *Canada's Constitution Act 1982 & Amendments: A Documentary History*. Toronto, ON: MacGraw-Hill Ryerson.

BBC, 2018: «Labour: Row Over Inclusion of Trans Women in All-Women Shortlists», 1 de mayo de 2018. https://www.bbc.com/news/uk-politics-43962349.

Beal, F., 2005: Entrevista realizada por Ross, L. J. para Voices of Feminism Oral History Project, 18 de marzo de 2005, 40, Sophia Smith Collection of Women's History, Smith College Special Collections, Neilson Library, Northampton, MA, United States.

Beguerie, D. y Bergallo, P., 2024: «Constitutionalizing Gender: A View from Argentina», en Pou Giménez, F., Rubio Marín, R. y Undurraga Valdés, V., (eds.), *Women, Gender, and Constitutionalism in Latin America*. London: Routledge, pp. 144-70.

Benhabib, S., 2002: *The Claims of Culture: Equality and Diversity in the Global Era*. Princeton, NJ: Princeton University Press.

Bereni, L., 2015: *La bataille pour la parité. Mobilisations pour la féminisation du pouvoir*. Paris: Economica.

Bergallo, P., 2014: «The Struggle Against Informal Rules on Abortion», en Cook, R. J., Erdman, J. N. y Dickens, B. M. (eds.), *Abortion Law in Transnational Perspective: Cases and Controversies*. Philadelphia: University of Pennsylvania Press, pp. 143-65.

Bergallo, P. y Ramón Michel, A. R, 2016: «Constitutional Developments in Latin American Abortion Law», en *International Journal of Gynecology and Obstetrics* 135 (2): 228-31.

Berkin, C., 2005: *Revolutionary Mothers: Women in the Struggle for America's Independence*. New York, NY: Alfred A. Knopf.

Berns, S., 1999: *To Speak as a Judge: Difference, Voice and Power*. Aldershot, UK: Ashgate Publishing.

Bhatia, G., 2019: *The Transformative Constitution: A Radical Biography in Nine Acts*. Noida, Delhi: Harper Collins Publishers India.

Bhatia, G. y Attrey, S., 2024: «In Search of Principle: 70 Years of Gender Jurisprudence in India», en Chang, W-C, Loper, K., Malagodi, M. y Rubio-Marín, R., (eds.), *Gender, Sexuality and Constitutionalism in Asia*. Oxford: Hart Publishing, pp. 259-80.

Blackstone, W., 2001: «Of Husband and Wife», en Morrison, W. (ed.), *Commentaries on the Laws of England*, vol. 1, cap. 15. London: Routledge-Cavendish.

Blokker, P., 2016: «Constitutional Reform in Europe and Recourse to the People», en Contiades, X. y Fotiadou, A. (eds.), *Participatory Constitutional Change: The People as Amenders of the Constitution*. London: Routledge, pp. 31-51.

Blount, J., 2011: «Participation in Constitutional Design», en Ginsburg, T. y Dixon, R. (eds.), *Comparative Constitutional Law in Asia*. Cheltenham, UK: Edward Elgar, pp. 23-46.

BOB, C., 2019: *Rights as Weapons: Instruments of Conflict, Tools of Power*. Princeton: Princeton University Press.

BODNAR, A. y ŚLEDZIŃSKA-SIMON, A., 2013: «Between Recognition and Homophobia: Same-Sex Couples in Eastern Europe», en GALLO, D., PALADINI, L. y PUSTORINO, P. (eds.), *Same-Sex Couples before National, Supranational and International Jurisdictions*. Berlin-Heidelberg: Springer-Verlag, pp. 211-47.

BOND, J., 2017: «Gender and Post-Colonial Constitutions in Sub-Saharan Africa», en IRVING H. (ed.), *Constitutions and Gender*. Cheltenham, UK: Edward Edgar, pp. 81-106.

BOND, J., 2018: «The Challenges of Parity: Increasing Women's Participation in Informal Justice Systems within Sub-Saharan Africa», en RUBIO-MARÍN, R. y KYMLICKA, W. (eds.), *Gender Parity and Multicultural Feminism: Towards a New Synthesis*. Oxford: Oxford University Press, pp. 175-98.

BORIS, E., 1989: «The Power of Motherhood: Black and White Activist Women Redefine the "Political"» en *Yale Journal of Law & Feminism* 2 (1): 25-49.

BORRILLO, S., 2019: «Women's Movements and the Recognition of Gender Equality in the Constitution-Making Process in Morocco and Tunisia (2011-2014)», en RUBIO-MARÍN, R. y IRVING, H. (eds.), *Women as Constitution-Makers: Case Studies from the New Democratic Era*. Cambridge: Cambridge University Press, pp. 31-80.

BOSH, B., 2023: «Derecho a cuidar titularidad y ejercicio», en MARRADES, A. I. (ed.), *El reconocimiento de los derechos del cuidado*, 1.ª edición. Valencia: Tirant Humanidades, pp., 126-49.

BRISON, S., 2005: «The Price We Pay? Pornography and Harm», en COHEN, A. I. y HEATH WELLMAN, A. (eds.), *Contemporary Debates in Applied Ethics*. Malden, MA: Wiley Blackwell.

BRODEALA, E., (en revision): «Gender Roles and the Family under Romania's Post-socialist Constitution: Between Progress and Conservative Resistance».

BRODEALA, E. y EPURE, G., 2021: «Going Against the Tide: The Romanian Constitutional Court Rejects a Ban on Gender Studies», en *I·CONnect* (blog), 21 de marzo de 2021. https://www.iconnectblog.com/going-against-the-tide-the-romanian-constitutional-court-rejects-a-ban-on-gender-studies/.

BRODSKY, G. y DAY, S., 1989: *Canadian Charter Equality Rights for Women: One Step Forward or Two Steps Back?* Ottawa, ON: Canadian Advisory Council on the Status of Women.

BRONWYN WINTER, B., 2008: *Hijab & the Republic: Uncovering the French Scarf Debate*. Syracuse, NY: Syracuse University Press.

BROWN, J. K., 1993: «The Nineteenth Amendment and Women's Equality», en *Yale Law Journal* 102 (8): 2194-2201.

BRYDE, B-O. y ASHLEY STEIN, M., 2013: «General Provisions Dealing with Equality», en TUSHNET, M., FLEINER T. y SAUNDERS C. (eds.), *Routledge Handbook of Constitutional Law*. London: Routledge, pp. 287-300.

BUTLER, J., 2014: *Undoing Gender*. New York: Routledge.

BUTTERFIELD, L. H. *et al.* (eds.), 1975: *The Book of Abigail and John: Selected Letters of the Adams Family, 1762-1784*. Cambridge, MA: Harvard University Press).

CABEDO MALLOL, V., 2012: *Pluralismo jurídico y pueblos indígenas*. Barcelona: Icaria Editorial.

ÇALI, B. y DEMIR-GÜRSEL, E., 2023: «Continuity and Change in Human Rights Appropriation: The Case of Turkey», en *International Journal of Constitutional Law* 21 (1): 266-84.

CALLAHAN, M., 2024: «Alabama Court Ruling That Frozen Embryos Are Children and Its Impact on the Future of IVF Treatment», en *BU Today*, 22 de febrero de 2024. https://www.bu.edu/articles/2024/alabama-court-ruling-impact-on-future-ivf-treatment/

CAMARA, F. K., 2015: «African Women and the Gender Equality Regime in Africa: From Patriarchy to Parity», en LEVITT, J. I. (ed.), *Black Women and International Law: Deliberate Interaction, Movements and Action*. Cambridge: Cambridge University Press, pp. 61-87.

CAMINOTTI, M., 2013: «La representaciónpolítica de las mujeres en el período democrático», en *Revista SAAP* 7 (2): 329-37.

CÁRDENAS CORDÓN, A., 2022: «Protocolo mexicano para juzgar con perspectiva de género: reflexiones y aprendizajes para España», en DE LAMO, I. (ed.), *Lo personal es jurídico: apuntes para pensar el Derecho desde la teoría feminista*. Barcelona: Atelier, pp. 101-20.

CÁRDENAS CORDÓN, A. y SALAZAR BENÍTEZ, O. (eds.), 2021: *La interpretación y aplicación del Derecho en clave de igualdad de género*. Valencia: Tirant lo Blanch.

CARPENTER, M., 2016: «The Human Rights of Intersex People: Addressing Harmful Practices and Rhetoric of Change», en *Reproductive Health Matters* 24 (47): 74-84.

CARTABIA, M., 2012: «Avventure giuridiche della differenza sessuale», en D'AGOSTINO, F. (ed.), *Identità sessuale e identità di genere*. Palermo, It.: Giuffré Editore, pp. 43-64.

CASE, M. A., 1995: «Disaggregating Gender from Sex and Sexual Orientation: The Effeminate Man in the Law and Feminist Jurisprudence», en *Yale Law Journal* 105 (1): 1-105.

CASE, M. A., 2000: «The Very Stereotype the Law Condemns: Constitutional Sex Discrimination Law as a Quest for Perfect Proxies», en *Cornell Law Review* 85 (5): 1447-91.

CASE, M. A., 2010: «What Feminists Have to Lose in Same-Sex Marriage Litigation», en *UCLA Law Review* 57 (5): 1199-236.

Case, M. A., 2011: «After Gender the Destruction of Man-The Vatican's Nightmare Vision of the "Gender Agenda" for Law», en *Pace Law Review* 31 (3): 802-17.

Cassola, A. *et al.*, 2014: «Where Do Women Stand? New Evidence on the Presence and Absence of Gender Equality in the World's Constitutions», en *Politics & Gender* 10 (2): 200-235.

Cesario Alvim Gomes, J. y Rodriguez de Assis Machado, M., 2024: «Gender and Sexuality in the Brazilian Supreme Court: Expansion of Rights, Ambivalent Reasoning and Telling Omissions», en Pou Giménez, F., Rubio Marín, R. y Undurraga Valdés, V., (eds.), *Women, Gender, and Constitutionalism in Latin America*. London: Routledge, pp. 144-70.

Chang, W-C., 2011: «The Convergence of Constitutions and International Human Rights: Taiwan and South Korea in Comparison», en *North Carolina Journal of International Law and Commercial Regulations* 36 (3): 593-624.

Chang, W-C, Loper, K., Malagodi, M. y Rubio-Marín, R., (eds.), 2024: *Gender, Sexuality and Constitutionalism in Asia*. Oxford: Hart Publishing.

Chaperon, S, 2012: «The Difficult Struggle for Women's Political Rights in France», en Rodríguez-Ruiz, B. y Rubio Marín, R., (eds.), *The Struggle for Female Suffrage in Europe: Voting to Become Citizens*. Leiden-Boston: Brill, pp. 305-20.

Chen, C-j., 2020: «Single Equality in the Age of Marriage Equality», en *International Journal of Constitutional Law* 18 (2): 461-65.

Choudhry, S. (ed.), 2006: *The Migration of Constitutional Ideas*. Cambridge: Cambridge University Press.

Clarke, J. A., 2015: «Identity and Form», en *California Law Review* 103 (4): 747-839.

Clarke, J. A., 2019: «Pregnant People?», en *Columbia Law Review* 119 (6): 173-99.

Clavero, B., 2016: *Constitucionalismo latinoamericano: estados criollos entre pueblos indígenas y Derechos Humanos*. Santiago de Chile: Ediciones Jurídicas Olejnik.

Collier, R. y Sheldon, S., 2008: *Fragmenting Fatherhood: A Socio-Legal Study*. Oxford: Hart Publishing.

Coontz, S., 2006: *Marriage, a History: How Love Conquered Marriage*. New York: Penguin Books. Existe una versión castellana de Bixio, A., *Historia del matrimonio: cómo el amor conquistó el matrimonio*. CDMX: Gedisa México.

Cooper, D. y Emerton, R., 2020: «Pulling the Thread of Decertification: What Challenges are Raised by the Proposal to Reform Legal Gender Status?», feminists@law 10 (2). https://journals.kent.ac.uk/index.php/feministsatlaw/issue/view/45.

Cott, N. F., 2000: *Public Vows: A History of Marriage and the Nation*. Cambridge: Harvard University Press.

Cottrell, J. y Ghai, Y., 2007: «Constitution Making and Democratization in Kenya (2000-2005)», *Democratization* 14 (1): 1-25.

Cowan, S., Kennedy, C. y Munro, V. E., 2019: *Scottish Feminist Judgments: (Re) Creating Law from the Outside In*. Oxford: Hart Publishing.

Cowman, K., 2012: «Female Suffrage in Great Britain», en Rodríguez-Ruiz, B. y Rubio Marín, R., (eds.), *The Struggle for Female Suffrage in Europe: Voting to Become* Citizens. Leiden-Boston: Brill, pp. 273-89.

Currah, R. y Moore, L. J., 2009: «"We Won't Know Who You Are": Contesting Sex Designations in New York City Birth Certificates», en Bettcher, T. y Garry, A. (eds.), «Transgender Studies and Feminism: Theory, Politics, and Gendered Realities», special issue, *Hypatia* 24 (3): 113-35.

Dahlerup, D. y Freidenvall, L., 2005: «Quotas as a "Fast Track" to Equal Representation for Women: Why Scandinavia is No Longer the Model», en *International Feminist Journal of Politics* 7 (1): 26-48.

Davidson-Schmich, L. K., 2016: *Gender Quotas and Democratic Participation: Recruiting Candidates for Elective Offices in Germany*. Ann Arbor: University of Michigan Press.

Davis, M., 2017: «Indigenous Women and Constitutional Recognition», en Irving H. (ed.), *Constitutions and Gender*. Cheltenham, UK: Edward Edgar, pp. 357-86.

de Búrca, G. y Young, K. G., 2023: «The (Mis)appropriation of Human Rights by the New Global Right: An Introduction to the Symposium», en *International Journal of Constitutional Law* 21 (1): 205-23.

de Silva de Alwis, R., Mnasri, A. y Ward, E., 2017: «Women and the Making of the Tunisian Constitution», en *Berkeley Journal of International Law* 35: 90-149.

de Sousa Santos, B., 2010: *Refundación del Estado en América Latina: perspectivas desde una epistemología del sur*. Bogotá: Plural.

Desan, S., 2006: *The Family on Trial in Revolutionary France*. Berkeley: University of California Press.

Devaux, M., 2006: *Gender and Justice in Multicultural Liberal States*. Oxford: Oxford University Press.

Diniz, D. y González Vélez, A., 2008: «Aborto na Suprema Corte: o caso da anencefalia no Brasil», en *Revista Estudos Feministas* 16 (2): 647-52.

Dinner, D., 2019: «Sex Equality and the U.S. Welfare Regime: The Story of Geduldig v. Aiello», en Murray, M., Shaw, K. y Siegel, R. (eds.), *Reproductive Rights and Justice Stories*. St. Paul, MN: West Academic-Foundation Press, pp. 77-95.

Dinner, D., 2011: «The Costs of Reproduction: History and the Legal Construction of Sex Equality», en *Harvard Civil Rights-Civil Liberties Law Review* 46 (2): 415-95.

DIXON, R. y BOND, J., 2017: «Constitutions and Reproductive Rights: Convergence and Non-Convergence», en IRVING H. (ed.), *Constitutions and Gender*. Cheltenham, UK: Edward Edgar, pp. 438-62.

DOBROWOLSKY, A., 2000: *The Politics of Pragmatism: Women, Representation and Constitutionalism in Canada*. Ontario: Oxford University Press.

DOBROWOLSKY, A. y HART, V., 2004a: «Introduction: Women, New Politics and Constitutional Change», en DOBROWOLSKY, A. y HART, V. (eds.), *Women Making Constitutions: New Politics and Comparative Perspectives*. Basingstoke: Palgrave Macmillan.

DOBROWOLSKY, A. y HART, V. (eds.), 2004b: *Women Making Constitutions: New Politics and Comparative Perspectives*. Basingstoke: Palgrave Macmillan.

DOHM, H., [1876]: *Der Frauen Natur und Recht: Zur Frauenfrage zwei Abhandlungen über Eigenschaften und Stimmrecht der Frauen*. Berlin: Wedekind & Schwieger.

DOWD, N. E., 2000: *Redefining Fatherhood*. New York: New York University Press.

DOYLE, O., 2018: *The Constitution of Ireland: A Contextual Analysis*. Oxford: Hart Publishing.

DRINÓCZI, T. y BALOGH, L., 2022: «The (Non)-Ratification of the Istanbul Convention by Hungary: Lessons to be Learned», en *Osteuropa-Recht* 68 (1): 42-60.

DRINÓCZI, T. y BIEŃ-KACAŁA, A., 2022: *Illiberal Constitutionalism in Poland and Hungary: The Deterioration of Democracy, Misuse of Human Rights and Abuse of the Rule of Law*. Abingdon-Oxon: Routledge.

DRINÓCZI, T., 2021: «How We Can Detect Illiberal Constitutional Courts and Why We Should be Alarmed - Hungarian and Polish Examples», en *I·CONnect* (blog), 21 de julio de 2021. https://www.iconnectblog.com/how-we-can-detect-illiberal-constitutional-courts-and-why-we-should-be-alarmed-hungarian-and-polish-examples/.

DUBOIS, E. C., 1994: «Women Suffrage around the World: Three Phases of Suffragist Internationalism», en DALEY, C. y NOLAN, M. (eds.), *Suffrage and Beyond: International Feminist Perspectives*. New York: New York University Press, pp. 252-76.

DUBOIS, E. C., 1999: *Feminism and Suffrage: The Emergence of an Independent Women's Movement in America, 1848-1860*. Ithaca: Cornell University Press.

DUTTA, A., 2012: «An Epistemology of Collusion: *Hijras*, *Kothis* and the Historical (Dis)continuity of Gender/Sexual Identities in Eastern India», en GABACCIA, D. R. y MAYNES, M. J. (eds.), «Gender History Across Epistemologies», special issue, *Gender & History* 24 (3): 825-49.

EASTMAN, C., 1920: «Now We Can Begin», en *The Liberator* 3 (12): 23-24.

EBERTS, M., 2015: «The Fight for Substantive Equality: Women's Activism and Section 15 of the Canadian Charter of Rights and Freedoms», en *Atlantis: Critical Studies in Gender, Culture & Social Justice* 37 (2): 100-111.

Efrati, N., 2019: «Re-Living Yesterday's Battles: Women and Constitution-Making in Post-Saddam Iraq», en Rubio-Marín, R. y Irving, H. (eds.), *Women as Constitution-Makers: Case Studies from the New Democratic Era*. Cambridge: Cambridge University Press, pp. 153-89.

Einhorn, B., 1993: *Cinderella Goes to Market: Citizenship, Gender, and Women's Movements in East Central Europe*. London: Verso.

Elliot, H., 2001: «The Difference Women Judges Make: Stare Decisis, Norms of Collegiality, and "Feminine Jurisprudence"– A Research Proposal», en *Wisconsin Women's Law Journal* 16 (1): 41-52.

Elson Roessler, S., 1996: *Out of the Shadows: Women and Politics in the French Revolution*. New York: P. Lang.

Elver, H., 2012a: «Secular Constitutionalism and Muslim Women's Rights: The Turkish Headscarf Controversy and Its Impact on the European Court of Human Rights», en Baines, B., Barak-Erez, D. y Kahana, T. (eds.), *Feminist Constitutionalism: Global Perspectives*. Cambridge: Cambridge University Press, pp. 413-32.

Elver, H., 2012b: *The Headscarf Controversy: Secularism and Freedom of Religion*. Oxford: Oxford University Press.

Emrah Oder, B., 2019: «Women and Constitution-Making in Turkey: From Ottoman Modernism to a Constitutionalism of Women's Platform», en Rubio-Marín, R. y Irving, H. (eds.), *Women as Constitution-Makers: Case Studies from the New Democratic Era*. Cambridge: Cambridge University Press, pp. 270-313.

Encarnación, O., 2016: *Out in the Periphery: Latin America's Gay Rights Revolution*. Oxford: Oxford University Press.

Engels, F., 2010: *On the Origin of Family, Private Property and the State*. London: Penguin Books.

Enright, M., McCandless, J. y O'Donoghue, A. (eds.), 2017: *Northern/Irish Feminist Judgments: Judges' Troubles and the Gendered Politics of Identity*. Oxford: Hart Publishing.

Eskridge, Jr., W. N., 2003: «Backlash Politics: How Constitutional Litigation Has Advanced Marriage Equality in the United States», en *Boston University Law Review* 93 (2): 275-323.

Esping-Andersen, G., 1990: *Three Worlds of Welfare Capitalism*. Princeton, NJ: Princeton University Press.

Esquembre Cerdá, M. del Mar, 2010: «Ciudadanía y género: una reconstrucción de la tríada de derechos fundamentales», en Monereo Atienza, C. y Monereo Pérez, J. L. (eds.), *Género y derechos fundamentales.* Granada: Comares, pp. 135-74.

Esquirol, J. L., 2001: «René David: At the Head of the Legal Family», en Riles, A. (ed.), *Rethinking the Masters of Comparative Law*. Oxford: Hart Publishing, pp. 212-37.

EYER, K. R. (en revision): «Anti-transgender Constitutional Law», *Vanderbilt Law Review* 77 (4): 1113-1209.

FACIO, A., JIMÉNEZ SANDOVAL, R. y MORGAN, M. I., 2005: «Gender Equality and International Human Rights in Costa Rican Constitutional Jurisprudence», en BAINES, B. y RUBIO-MARÍN, R. (eds.), *The Gender of Constitutional Jurisprudence*. Cambridge: Cambridge University Press, pp. 99-121.

FACIO, A., JIMÉNEZ, R. y MORGAN, M., 2024: «Women, Gender, Human Rights, and Constitutionalism in Costa Rica», en POU GIMÉNEZ, F., RUBIO MARÍN, R. y UNDURRAGA VALDÉS, V., (eds.), *Women, Gender, and Constitutionalism in Latin America*. London: Routledge, pp. 37-66.

FIALA-BUTORA, J., PAP, A. L. y ŚLEDZIŃSKA-SIMON, A., 2018: «"Intimate Citizenship" and Illiberalism: Lessons from Hungary, Poland, and Slovakia», en *Anti-Discrimination Law Review* 1: 40-68.

FISS, O. W., 1976: «Groups and the Equal Protection Clause», *Philosophy and Public Affairs* 5 (2): 107-77.

FOGG DAVIS, H., 2017: *Beyond Trans: Does Gender Matter?* New York: New York University Press.

FRANKE, K. M., 1995: «The Central Mistake of Sex Discrimination Law: The Disaggregation of Sex from Gender», en *University of Pennsylvania Law Review* 144 (1): 1-99.

FRANKE, K. M., 2008: «Longing for Loving», en *Fordham Law Review* 76 (6): 2685-708.

FRANKE, K., 2016: *Wedlocked: The Perils of Marriage Equality*. New York: New York University Press.

FRANKENBERG, G. (ed.), 2013: *Order from Transfer: Comparative Constitutional Design and Legal Culture*. Cheltenham, UK: Edward Elgar.

FRANKLIN, C., 2019: «The Story of *Whole Woman's Health v. Hellerstedt* and What it Means to Protect Women», en MURRAY, M., SHAW, K. y SIEGEL, R. (eds.), *Reproductive Rights and Justice Stories*. St. Paul, MN: West Academic-Foundation Press, pp. 223-45.

FRANZIUS, C., 2005: *Bonner Grundgesetz und Familienrecht Die Diskussion um die Gleichberechtigung von Mann und Frau in der westdeutschen Zivilrechtslehre der Nachkriegszeit (1945-1957)*. Frankfurt: Klostermann.

FRASER, N., 1996: «After the Family Wage», en *Justice Interruptus: Critical Reflections on the «Postsocialist» Condition*. New York: Routledge.

FREDMAN, S., 2003: «Beyond the Dichotomy of Formal and Substantive Equality: Towards a New Definition of Equality Rights», en BOEREFIJN, I. *et. al.* (eds.), *Temporary Special Measures: Accelerating* De Facto *Equality of Women under Article 4(1) UN Convention on the Elimination of All Forms of Discrimination against Women*. Leiden: Intersentia, pp. 111-18.

FREDMAN, S., 2009: «Engendering Socio-Economic Rights», en *South African Journal on Human Rights* 25 (3): 410-41.

FREDMAN, S., 2011: *«Engendering Social and Economic Rights», en* GOLDBLATT, B. y MCLEAN, K. S. (eds.), *Women's Social and Economic Rights: Development in South Africa*. Cape Town: Jura, pp. 217-41.

FREVERT, U., 1989: *Women in German History: From Bourgeois Emancipation to Sexual Liberation*. Traducción de MCKINNON-EVANS, S. Oxford: Berg.

FRIEDAN, B., 2010: «Abortion: A Woman's Civil Right» (febrero de 1969), reimpreso en GREENHOUSE, L. y SIEGEL, R. B. (eds.), *Before Roe v. Wade: Voices that Shaped the Abortion Debate Before the Supreme Court's Ruling*. New York, NY: Kaplan Publishing, pp. 39-40.

FROC, K. A., 2015: «Is Originalism Bad for Women? The Curious Case of Canada's "Equal Rights Amendment"», en *Review of Constitutional Studies* 19 (2): 237-79.

FULCHIRON, H., 1989: «La femme, mère et épouse dans le droit révolutionnaire», BRIVE, M-F. (ed.), *Les femmes et la Révolution française*, vol. 1. Toulouse: Presses universitaires du Mirail.

GAL, S., 2002: «A Semiotics of the Public/Private Distinction», en *Differences: A Journal of Feminist Cultural Studies* 13 (1): 79, 80, 81, 85.

GALANTER, M. y KRISHNAN, J., 2001: «Personal Law Systems and Religious Conflict: A Comparison of India and Israel», en LARSON, G. J. (ed.), *Religion and Personal Law in Secular India: A Call to Judgement*. Bloomington, IN: Indiana University Press, pp. 270-300.

GALLEGO, C. y ROMERO, M. V., 2019: *Sistematización del ataque al Currículo Nacional de Educación Básica: seguimiento a la campaña «Con Mis Hijos No Te Metas» en el Perú»*. Lima: PROMSEX.

GARBAGNOLI, S. y PREARO, M., 2017: *La croisade «anti-genre»: du Vatican aux manif pour tous*. Paris: Textuels.

GARBAGNOLI, S., 2018: «Contra la herejía de la inmanencia: el «género» según el Vaticano como nuevo recurso retórico contra la desnaturalización del orden sexual», en BRACKE, S. y PATERNOTTE, D. (eds.), *¡Habemus género! La Iglesia Católica y la ideología de género: textos seleccionados*. Río de Janeiro: Sexuality Policy Watch, pp. 54-80.

GARRIDO CRIADO, C. «Hacia un derecho fundamental al cuidado: viabilidad y conveniencia de su existencia», en MARRADES PUIG, A. I. (ed.), *Retos para el Estado constitucional del siglo XXI: derechos, ética y políticas del cuidado*. Valencia: Tirant lo Blanch, pp. 41-70.

GAVISON, R., 1992: «Feminism and the Public/Private Distinction», en *Stanford Law Review* 45 (1): 1-45.

GEIGER, B. 2013: «Geschlechterverhältnisse als Medienereignis: Berichterstattung und mediale Diskurse zum österreichischen FrauenVolksBegehren», en DORER, J. y GEIGER, B. (eds.), *Feministische Kommunikations- und Medienwissenschaft: Ansätze, Befunde und Perspektiven der aktuellen Entwicklung*. Berlin: Springer-Verlag, pp. 80-97.

GELBER, K. y STONE, A., 2017: «Constitutions, Gender and Freedom of Expression: The Legal Regulation of Pornography», en IRVING H. (ed.), *Constitutions and Gender*. Cheltenham, UK: Edward Edgar, pp. 463-81.

GERHARD, U., 1990: *Unerhört: Die Geschichte der deutschen Frauenbewegung*. Hamburg: Rowohlt Verlag.

GÍSLASON, I. V. y EYDAL, G. B., (eds.), 2011: *Parental Leave, Childcare and Gender Equality in the Nordic Countries*. Copenhagen: Nordic Council of Ministers.

GIUDICE GRAÑA, L. y BERRO PIZZAROSSA, L., 2024: «Gender and the Constitution in Uruguay», en POU GIMÉNEZ, F., RUBIO MARÍN, R. y UNDURRAGA VALDÉS, V., (eds.), *Women, Gender, and Constitutionalism in Latin America*. London: Routledge, pp. 144-70.

GLENDON, M. A., 1987: *Abortion and Divorce in Western Law: American Failures, European Challenges*. Cambridge, MA: Harvard University Press.

GLISZCZYŃSKA-GRABIAS, A. y SADURSKI, W., 2021: «The Judgment that Wasn't (But Which Nearly Brought Poland to a Standstill): "Judgment" of the Polish Constitutional Tribunal of 22 October 2020, K1/20», en *European Constitutional Law Review* 17 (1): 130-53.

GODINEAU, D. 1988: *Les citoyennes tricoteuses: Les femmes du peuple à Paris pendant la Révolution française*. Aix-en-Provence: Alinéa.

GODINEAU, D., 2004: «De la guerrière à la citoyenne. Porter les armes pendant l'Ancien Régime et la Révolution française», en *Clio. Femmes, Genre, Histoire* (20): 43-69.

GOLBLATT, B., 2017: «Constitutional Approaches to Gender and Social and Economic Rights», en IRVING H. (ed.), *Constitutions and Gender*. Cheltenham, UK: Edward Edgar, pp. 482-500.

GOLDBERG, D. T., 2002: *The Racial State*. Maiden, MA: Blackwell Publishers.

GÓMEZ FERNÁNDEZ, I. 2017: *Una Constituyente feminista. ¿Cómo reformar la Constitución con perspectiva de género?* Madrid: Marcial Pons.

GONZALEZ-SALZBURG, D. A., 2019: *Sexuality and Transexuality under the European Convention of Human Rights: A Queer Reading of Human Rights Law*. Oxford: Hart Publishing.

GOODE, W. J., 1963: *World Revolution and Family Patterns*. Glencoe, IL: Free Press of Glencoe.

GORMAN, A., 2021: *La colina que ascendemos: un poema inaugural*. Traducción de BARRIOS, N. Barcelona: Lumen.

GÖSSL, S. L. y VÖLZMANN, B., 2019: «Legal Gender Beyond the Binary», en *International Journal of Law, Policy and the Family* 33 (3): 403-29.

GRABOWSKA, M., 2014: «Cultural War or "Business as Usual": Recent Instances, and the Historical Origins of a "Backlash" Against Women's and Sexual Rights in Poland». Heinrich Böll Stiftung-Warsaw, Poland, septiembre de 2014: 1-10. https://pl.boell.org/sites/default/files/uploads/2014/10/cultural_war_or_grabowska.pdf.

GRAFF, A., 2014: «Report from the Gender Trenches: War against "Genderism" in Poland», en EINHORN, B. y SLAVOVA, K. (eds.), «The New Europe: 25 Years after the Fall of the Wall», special issue, *European Journal of Women's Studies* 21 (4): 431-42.

GREEN, J. (ed.), 2007: *Making Space for Indigenous Feminism*. Halifax: Fernwood Publishing.

GREENHOUSE, L. y SIEGEL, R. B., 2019: «The Unfinished Story of *Roe v. Wade*», en MURRAY, M., SHAW, K. y SIEGEL, R. (eds.), *Reproductive Rights and Justice Stories*. St. Paul, MN: West Academic-Foundation Press, pp. 53-76.

GRIFFIN, P., 2010: «*Gender, Governance and the Global Political Economy*», en *Australian Journal of International Affairs* 64 (1): 86-104.

GRUEV, I., (en revision): «Constitutionalizing Gender in Bulgaria: Deterrence instead of Equality».

GUASTI, P., 2021: «Same Same, but Different: Domestic Conditions of Illiberal Backlash Against Universal Rights in the Czech Republic and Slovakia», en LORENZ, A. y ANDERS, L. H. (eds.), *Illiberal Trends and Anti-EU Politics in East Central Europe*. Cham: Palgrave Macmillan, pp. 179-206.

HAILBRONNER, M., PRIETO RUDOLPHY, M. y DE BÚRCA, G., 2019: «Gender in Academic Publishing», *International Journal of Constitutional Law* 17 (4): 1025-44.

HALBERSTAM, J., 2012: *Gaga Feminism: Sex, Gender, and the End of Normal*. Boston: Beacon Press.

HALKA, E., 1996: «Madam Justice Bertha Wilson: A "Different Voice" in the Supreme Court of Canada», en «Honouring the Past, Serving the Future (The Faculty of Law's 75th Anniversary)», special issue, *Alberta Law Review* 35 (1): 242-65.

HALLEY, J. y RITTICH, K., 2010: «Critical Directions in Comparative Family Law: Genealogies and Contemporary Studies of Family Law Exceptionalism», en *American Journal of Comparative Law* 58 (4): 753-75.

HAMZIĆ, V., 2016: *Sexual and Gender Diversity in the Muslim World: History, Law and Vernacular Knowledge*. London: I. B. Tauris.

HART, V. 2003: *Democratic Constitution Making*, Special Report. Washington, DC: United States Institute of Peace.

HARTOG, H., 2000: *Man and Wife in America: A History*. Cambridge, MA: Harvard University Press.

HAVELKOVÁ, B., BOKOVÁ, T. y BERDISOVÁ, L., (en revisión): «The (Non)Constitutionalization of Gender in Czechia and Slovakia».

HEGEL, G. W. F., 1952: *Philosophy of Right*. Traducción de KNOX, T. M. Oxford: Clarendon Press.

HELMS, T., 2018: «The 2013 German Law: Analysis and Criticism», en SCHERPE, J. M., DUTTA, A. y TOBIAS HELMS, T., (eds.), *The Legal Status of Intersex Persons*. Cambridge, UK: Intersentia, pp. 369-81.

HENNETTE-VAUCHEZ, S., y RUBIO-MARÍN, R., (eds.), 2023a: *The Cambridge Companion on Law and Gender*. Cambridge: Cambridge University Press.

HENNETTE-VAUCHEZ, S. y RUBIO-MARÍN, R., 2023b: «The Political Subject: A Gendered Enterprise», en HENNETTE-VAUCHEZ, S. y RUBIO-MARÍN, R., (eds.), *The Cambridge Companion on Law and Gender*. Cambridge: Cambridge University Press.

HERNÁNDEZ VELÁZQUEZ, J. y PÉREZ DE LA ROSA, J. A. (eds.), 2021: *Los derechos indígenas: en el constitucionalismo latinoamericano*. Düsseldorf: Editorial Académica Española.

HEUER, J., 2005: *The Family and the Nation: Gender and Citizenship in Revolutionary France, 1789-1830*. Ithaca: Cornell University Press.

HIMONGA, C., 2012: «Constitutional Rights of Women under Customary Law in Southern Africa: Dominant Interventions and "Old Pathways"», en BAINES, B., BARAK-EREZ, D. y KAHANA, T. (eds.), *Feminist Constitutionalism: Global Perspectives*. Cambridge: Cambridge University Press, pp. 317-35.

HINCHY, J., 2014: «The Sexual Politics of Imperial Expansion: Eunuchs and Indirect Colonial Rule in Mid-Nineteenth-Century North India», en «Gender, Imperialism and Global Exchanges», special issue, *Gender & History* 26 (3): 414-37.

HINCHY, J., 2019: *Governing Gender and Sexuality in Colonial India: The Hijra, c. 1850-1900*. Cambridge, UK: Cambridge University Press.

HINES, S., 2019: «The Feminist Frontier: On Trans and Feminism», en OREN, T. y PRESS, A. L. (eds.), *The Routledge Handbook of Contemporary Feminism*. New York: Routledge, pp. 94-109.

HODSON, L. y LAVERS, T., 2019: *Feminist Judgments in International Law*. Oxford: Hart Publishing.

HOLT, A, 1980: «Marxism and Women's Oppression: Bolshevik Theory and Practice in the 1920s», en YEDLIN, T. (ed.), *Women in Eastern Europe and the Soviet Union*. New York: Praeger, pp. 87-114.

HOLZLEITHNER, E., 2019: «Geschlecht als Anerkennungsverhältnis. Perspektiven einer Öffnung der rechtlichen Kategorie im Zeichen des Prinzips gleicher Freiheit», en *Jahrbuch des öffentlichen Rechts der Gegenwart. Neue Folge* 67 (1): 457-85.

HOVART VUKOVIC, A. y SAMOBOR, A., (en revisión): «The Constitutional Construction of Reproductive Rights and Family in Croatia and Slovenia».

HUGHES, M. M., 2018: «The Combination of Gender and Ethnic Quotas in Electoral Politics», en RUBIO-MARÍN, R. y KYMLICKA, W. (eds.), *Gender Parity and Multicultural Feminism: Towards a New Synthesis*. Oxford: Oxford University Press, pp. 97-118.

HUME, R. J., 2013: *Courthouse Democracy and Minority Rights: Same-Sex Marriage in the States*. Oxford: Oxford University Press.

Huneeus, A., Couso, C. y Sieder, R., 2010: «Cultures of Legality: Judicialization and Political Activism in Contemporary Latin America», en Couso, J., Huneeus, A., y Sieder, R. (eds): *Cultures of Legality: Judicialization and Political Activism in Latin America, Cambridge Studies in Law and Society*. Cambridge: Cambridge University Press.

Hunter, R., McGlynn, C. y Rackley, E. (eds.), 2010: *Feminist Judgments: From Theory to Practice*. Oxford: Hart Publishing.

Intercontinental Press, 1986: «Women's Rights and the New Constitution: Town Meeting Discusses Abortion, Housework, Equal Pay», en *Intercontinental Press* 24 (15): 465-67.

Inter-parlamentary Union (IPU), 2022: «New IPU Report: More Women in Parliament and More Countries with Gender Parity», comunicado de prensa.

Irving, H., 2008: *Gender and the Constitution: Equity and Agency in Comparative Constitutional Design*. Cambridge: Cambridge University Press.

Irving, H., 2017a: «Citizenship and Nationality», en Irving H. (ed.), *Constitutions and Gender*. Cheltenham, UK: Edward Edgar, pp. 387-413.

Irving, H. (ed.), 2017b: *Constitutions and Gender*. Cheltenham, UK: Edward Edgar.

Jackson, V. C., 2010: *Constitutional Engagement in a Transnational Era*. Oxford: Oxford University Press.

Jackson, V. C., 2016: «Feminisms, Pluralisms, and Transnationalism: On CEDAW and National Constitutions», en Rubenstein, K. y Young, K. G. (eds.), *The Public Law of Gender: From the Local to the Global*. Cambridge: Cambridge University Press, pp. 437-646.

Jackson, V. C., 2017: «Gender Equality, Interpretation, and Feminist Pluralism», en Irving H. (ed.), *Constitutions and Gender*. Cheltenham, UK: Edward Edgar, pp. 221-51.

Jaffer, A., 2017: «Spiritualising Marginality: Sufi Concepts and the Politics of Identity in Pakistan», en *Society and Culture in South Asia* 3 (2): 175-97.

Jagwanth, S., 2003-2004: «Affirmative Action in a Transformative Context: The South African Experience», en *Connecticut Law Review* 36: 725-46.

Jagwanth, S. y Murray, C., 2005: «No Nation Can Be Free When One Half of It Is Enslaved: Constitutional Equality for Women in South Africa», en Baines, B. y Rubio-Marín, R. (eds.), *The Gender of Constitutional Jurisprudence*. Cambridge: Cambridge University Press, pp. 230-55.

Jaramillo Sierra, I. C., 1998: «El hogar ¿público o privado?: a propósito de la jurisprudencia de la Corte Constitucional colombiana en materia de violencia entre cónyuges», en Cepeda, M. J. *et al.* (eds.), *Observatorio de la justicia constitucional: balance jurisprudencial de 1996. La Corte Constitucional, el año de la consolidación*. Bogotá: Siglo del Hombre y Universidad de Los Andes, pp. 100-140.

JARAMILLO SIERRA, I. C., 2004: «Women and LGBTI Rights in Colombia», en POU GIMÉNEZ, F., RUBIO MARÍN, R. y UNDURRAGA VALDÉS, V., (eds.), *Women, Gender, and Constitutionalism in Latin America*. London: Routledge, pp. 67-94.

JARAMILLO SIERRA, I. C. y ALFONSO SIERRA, T., 2008: *Mujeres, cortes y medios: la reforma judicial del aborto*. Bogotá: Siglo del Hombre Editores y Universidad de los Andes.

JARAMILLO, I. C., 2021: «The Story of the Recognition of Sexual Identity as a Harm in Colombian Constitutional Law», en JARAMILLO, I. C. y CARLSON, L. (eds), *Trans Rights and Wrongs: A Comparative Study of the Rights of Trans Persons*. London: Springer, pp. 437-50.

JAYAWARDENA, K., 1986: *Feminism and Nationalism in the Third World*. London: Zed Books.

JEFFREYS, S., 2004: «The Politics of the Toilet: A feminist Response to the Campaign to "Degender" a Women's Space», en *Women's Studies International Forum* 45: 42-51.

JIN SHIN, Y., 2024: «Gender, Equality, Individual Empowerment and Constitutional Rights Review: South Korea's Dynamic Development», en CHANG, W-C, LOPER, K., MALAGODI, M. y RUBIO-MARÍN, R., (eds.), *Gender, Sexuality and Constitutionalism in Asia*. Oxford: Hart Publishing, pp. 117-44.

JOHN, M. E., 2000: «Alternate Modernities? Reservations and Women's Movement in Twentieth Century India», en *Economic and Political Weekly* 35 (43/44): 3822-29.

JOSLIN, C. G., 2018: *«Discrimination In and Out of Marriage», en Boston University Law Review* 98 (1): 1-54.

JUNG, C., HIRSCHL, R. y ROSEVEAR, E., 2014: «Economic and Social Rights in National Constitutions», *American Journal of Comparative Law* 62 (4): 1043-94.

KABIRA, W. M., 2013: «Women's Experience as Sources of Public and Legitimate Knowledge: Constitution Making in Kenya», *Pathways to African Feminism and Development, Journal of African Women's Studies Centre* 1 (1): 7-25.

KAGANAS, F. y MURRAY, C., 1994: «The Contest Between Culture and Gender Equality Under South Africa's Interim Constitution», en *Journal of Law and Society* 21 (4): 409-33.

KAHANA, T. (eds.), *Feminist Constitutionalism: Global Perspectives*. Cambridge: Cambridge University Press, pp. 413-32.

KALER, A., 1999: «Visions of Domesticity in the African Women's Homecraft Movement in Rhodesia», en *Social Science History* 23 (3): 269-309.

KAMAL, H., 2015: «Inserting Women's Rights in the Egyptian Constitution: Personal Reflections», *Journal for Cultural Research* 19 (2): 150-61.

KANG, J., 2017: «Patriarchy and Constitutional Origins», en IRVING H. (ed.), *Constitutions and Gender*. Cheltenham, UK: Edward Edgar, pp. 501-24.

KANT, I., [1887]: *The Philosophy of Law*. Traducción de HASTIE, W. Edinburgh: T. and T. Clark.

KANT, I., 1963: *Lectures on Ethics*. Traducción de INFIELD, L. New York: Harper and Row.

KANT, I., 1970: *Political Writings*. Editado por REISS, H. Cambridge: Cambridge University Press.

KAPELAŃSKA-PRĘGOWSKA, J., 2021: «Istanbul Convention in Poland-From Ratification to Unconstitutionality?», en *IACL-AIDC Blog*, 11 de febrero de 2021, https://blog-iacl-aidc.org/2021-posts/2021/2/11/istanbul-convention-in-poland-from-ratification-to-unconstitutionality-ahc5m.

KAPUR, R. y COSSMAN, B., 1993: «On Women, Equality and the Constitution: Through the Looking Glass of Feminism», en *National Law School Journal* 5 (1): Article 1.

KARPIN, I. y O'CONNELL, K., 2005: «Speaking into a Silence: Embedded Constitutionalism, the Australian Constitution and the Rights of Women», en BAINES, B. y RUBIO-MARÍN, R. (eds.), *The Gender of Constitutional Jurisprudence*. Cambridge: Cambridge University Press, pp. 22-47.

KATZ, E., 2012: «Women's Involvement in International Constitution-Making», en BAINES, B., BARAK-EREZ, D. y KAHANA, T. (eds.), *Feminist Constitutionalism: Global Perspectives*. Cambridge: Cambridge University Press, pp. 204-22.

KHAN, S., 2016: «What Is in a Name? *Khwaja Sara*, *Hijra* and Eunuchs in Pakistan», *Indian Journal of Gender Studies* 23 (2): 218-42.

KHIARA, M. y BRIDGES, K. M., 2019: «Elision and Erasure: Race, Class, and Gender in *Harris v. McRae*», en MURRAY, M., SHAW, K. y SIEGEL, R. (eds.), *Reproductive Rights and Justice Stories*. St. Paul, MN: West Academic-Foundation Press, pp. 117-37.

KIMMEL, M. 2019: *Hombres blancos cabreados*. Valencia: Barin.

KLARE, K. E, 1998: «Legal Culture and Transformative Constitutionalism», en *South African Journal on Human Rights* 14 (1) (1998): 146-88.

KLARMAN, M. J., 2012: *From the Closet to the Altar: Courts, Backlash, and the Struggle for Same-Sex Marriage*. Oxford: Oxford University Press.

KNIGHT, K., 2014: «Outliers: Sunil Babu Pant, the Blue Diamond Society, and Queer Organizing in Nepal», en *Studies in Nepali History and Society* 19 (1): 113-76.

KOKOTT, J., 1995: «Zur Gleichstellung von Mann und Frau-Deutsches Verfassungsrecht und europäisches Gemeinschaftsrecht», en *Neue Juristische Wochenschrift* 48 (16): 1049-57.

KOROLCZUK, E. y GRAFF, A., 2018: «Gender as "Ebola from Brussels": The Anticolonial Frame and the Rise of Illiberal Populism», en *Signs: Journal of Women in Culture and Society* 43 (4): 797-821.

KOSHAN, J., 2014: «Under the Influence: Discrimination under Human Rights Legislation and Section 15 of the *Charter*», en *Canadian Journal of Human Rights* 3 (1): 115-42.

Kovátz, E. y Petö, A. 2017: «Anti-gender Movements in Hungary: A Discourse without a Movement?», en Paternotte, D. y Kuhar, R. (eds.), *Anti-gender Campaigns in Europe: Mobilizing Against Equality*. London: Rowman and Littlefield International Ltd., pp. 117-33.

Krizsán, A. y Popa, R. M., 2018: «Contesting Gender Equality in Domestic-Violence Policy Debates: Comparing Three Countries in Central and Eastern Europe», en Verloo, M. (ed.), *Varieties of Opposition to Gender Equality*. New York: Routledge, pp. 98-116.

Krizsán, A. y Roggeband, C., 2021: *Politicizing Gender and Democracy in the Context of the Istanbul Convention*. Basingstoke: Palgrave MacMillan.

Krook, M. L., 2009: Quotas for Women in Politics: Gender and Candidate Selection Reform Worldwide. Oxford-New York: Oxford University Press.

Kuhar, R. y Paternotte, D. (eds.), 2017: *Anti-gender Campaigns in Europe: Mobilizing Against Equality*. London: Rowman and Littlefield International Ltd.

Kwasi Prempeh, H., 2007: «Africa's "Constitutionalism Revival": False Start or New Dawn?», *International Journal of Constitutional Law* 5 (3): 469.

Kymlicka, W., 2007: *Multicultural Odysseys*. Oxford: Oxford University Press.

Kymlicka, W. y Rubio-Marín, R., 2018: «The Participatory Turn in Gender Equality and its Relevance for Multicultural Feminism», en Rubio-Marín, R. y Kymlicka, W. (eds.), *Gender Parity and Multicultural Feminism: Towards a New Synthesis*. Oxford: Oxford University Press, pp. 1-45.

L'Heureux-Dubé, C., 2001: «Outsiders on the Bench: The Continuing Struggle for Equality», en *Wisconsin Women's Law Journal* 16 (1): 15-30.

Lacey, W., 2017: «Gender Equality: International Law and National Constitutions», en Irving H. (ed.), *Constitutions and Gender*. Cheltenham, UK: Edward Edgar, pp. 135-62.

Lambert, P. A. y Scribner, D. L., 2009: «A Politics of Difference versus a Politics of Equality: Do Constitutions Matter?», en *Comparative Politics* 41 (3): 337-57.

Landau, D. y Dixon, R., 2021: *Abusive Constitutional Borrowing: Legal Globalization and the Subversion of Liberal Democracy*. Oxford: Oxford University Press.

Landau, D., 2013: «Abusive Constitutionalism», en *UC Davis Law Review* 47: 189-260.

Landemore, H., 2020: «When Public Participation Matters: The 2010-2013 Icelandic Constitutional Process», en *International Journal of Constitutional Law* 18 (1): 179-205.

Landes, J. B., 1988: *Women and the Public Sphere in the Age of the French Revolution*. Cornell: Cornell University Press.

Landes, J. B., (ed.), 1998: «Introduction», en *Feminism: The Public and the Private*. London: Oxford University Press, 3.

LANE SCHEPPELE, K., 1996: «Constitutionalizing Abortion», en GITHENS, M. y MCBRIDE STETSON, D. (eds.), *Abortion Politics: Public Policy in Cross-Cultural Perspective*. New York: Routledge, pp. 29-54.

LAU, H., 2017: «Marriage Equality and Family Diversity: Comparative Perspectives from the United States and South Africa», en *Fordham Law Review* 85 (6): 2615-28.

LAW, D. S. y VERSTEEG, M., 2013: «Sham Constitutions», en *California Law Review* 101 (4): 863-952.

LEE VAN COTT, D., 2000: «Latin America: Constitutional Reform and Ethnic Rights», en *Parliamentary Affairs* 53 (1): 41-54.

LEE VAN COTT, D., 2010: «Indigenous Peoples' Politics in Latin America», en *Annual Review of Political Science* 13 (2010): 385-405.

LEHNERT, W., 2005: «The Role of the Courts in the Conflict between African Customary Law and Human Rights», en *South African Journal on Human Rights* 21 (2): 241-77.

LEMAITRE, J., 2019: «Feminist Legalism: Colombian Constitution-Making in the 1990s», en RUBIO-MARÍN, R. y IRVING, H. (eds.), *Women as Constitution-Makers: Case Studies from the New Democratic Era*. Cambridge: Cambridge University Press, pp. 234-69.

LÉPINARD, E., 2007: *L'égalité introuvable. La parité, les féministes et la République*. Paris: Presses de Sciences Po.

LÉPINARD, E., 2018: «The French Parity Reform: The Never-Ending Quest for a New Gender Equality Principle», en LÉPINARD, E. y RUBIO-MARÍN, R. (eds.), *Transforming Gender Citizenship: The Irresistible Rise of Gender Quotas in Europe*. Cambridge: Cambridge University Press, pp. 62-93.

LÉPINARD, E. y RUBIO-MARÍN, R. (eds.), 2018: *Transforming Gender Citizenship: The Irresistible Rise of Gender Quotas in Europe*. Cambridge: Cambridge University Press.

LIEBHART, K., 2013: «Gleichberechtigte Partizipation oder strukturelle Ausgrenzung? Genderpolitische Aspekte der Demokratiequalität Österreichs», en CAMPBELL, D. F. J. y SCHALLER, C. (eds.), *Demokratiequalität in Österreich: Zustand und Entwicklungsperspektiven*. Berlin: Springer-Verlag, pp. 113-32.

LISTER, R., 2003: *Citizenship: Feminist Perspectives*, 2nd ed. New York: New York University Press.

LISTER, R. *et al.*, 2007: *Gendering Citizenship in Western Europe: New Challenges for Citizenship in a Cross-National Context*. Bristol, UK: The Policy Press.

LOCKE, J., 1967: *Two Treatises of Government*. Editado por LASLETT, P. Cambridge: Cambridge University Press.

LOKUR, M. B., 2020: «Transgender Rights and Wrongs», en KIRPAL, S. (ed.), *Sex and the Supreme Court: How the Law is Upholding the Dignity of the Indian Citizen*. New Delhi: Hachette India.

LOUSADA AROCHENA, J. F., 2020: *El enjuiciamiento de género*. Madrid: Dykinson.

LUGONES, M., 2010: «Toward a Decolonial Feminism», en *Hypatia* 25 (4): 742-59.

MABOREKE, M., 2000: «Understanding Law in Zimbabwe», en *Gender and Social Justice*. Editado por STEWART, A. London: London Blackstone Press.

MACAYA, L. 2021: «La violación o la vida: subjetividades punitivas», en SERRA SÁNCHEZ, C. (ed.), *Alianzas rebeldes*. Barcelona: Bellaterra, pp. 109-22.

MACKINNON, C. A., 2000: «The Supreme Court, 1999 Term-Disputing Male Sovereignty: On *United States v. Morrison»,* en *Harvard Law Review* 114 (1): 23-408

MACKINNON, C. A., 2006: «Sex Equality Under the Constitution of India: Problems, Prospects, and "Personal Laws"», en *International Journal of Constitutional Law* 4 (2): 181-97.

MACKINNON, C. A., 2011: «Substantive Equality: A Perspective», en *Minnesota Law Review* 96 (1): 1-27.

MACKINNON, C. A., 2012: «Foreword», en BAINES, B., BARAK-EREZ, D. y KAHANA, T. (eds.), *Feminist Constitutionalism: Global Perspectives*. Cambridge: Cambridge University Press, pp. xi-xii.

MACKINNON, C. A., 2023: «A Feminist Defense of Transgender Sex Equality Rights», en *Yale Journal of Law and Feminism* 34 (2): 88-96.

MACKINNON, C. y DWORKIN, A. (eds.), 1997: *In Harm's Way: The Pornography Civil Rights Hearings*. Cambridge, MA: Harvard University Press.

MAIHOFER, A., 1995: *Geschlecht als Exiszenzweise*. Frankfurt: Ulrike Helmer Verlag.

MALAGODI, M., 2024: «Gender, Sexuality and Constitutionalism in Nepal», en CHANG, W-C, LOPER, K., MALAGODI, M. y RUBIO-MARÍN, R., (eds.), *Gender, Sexuality and Constitutionalism in Asia*. Oxford: Hart Publishing, pp. 281-310.

MANCINI, S., 2012: «From the Struggle for Suffrage to the Construction of a Fragile Gender Citizenship: Italy 1861-2009», en RODRÍGUEZ-RUIZ, B. y RUBIO MARÍN, R., (eds.), 2012: *The Struggle for Female Suffrage in Europe: Voting to Become Citizens*. Leiden-Boston: Brill, pp. 373-89.

MANGOLD, A. K. (2015): «Ehe für alle: Der Kampf um die Gleichberechtigung», en *Blätter für deutsche und internationale Politik* (October): 11-20.

MANNING, J. E. y BRUDNICK, I. A., 2020: *Women in Congress: Statistics and Brief Overview* (Congressional Research Service Report).

MARGARIA, A., 2019: *The Construction of Fatherhood: The Jurisprudence of the European Court of Human Rights*. New York, NY: Cambridge University Press.

MARRADES PUIG, A. I., 2019: «La ética del cuidado, la igualdad y la diversidad. Valores para una constitución del siglo XXI», en *Retos para el Estado constitucional del siglo XXI: derechos, ética y políticas del cuidado*. Valencia: Tirant lo Blanch, pp. 17-39.

MARSHALL, S., 1985: «Ladies against Women: Mobilization Dilemmas of Antifeminist Movements», en *Social Problems* 32 (4): 348-62.

MASSON, E. M., 1997: «The Woman's Christian Temperance Union, 1874-1898: Combating Domestic Violence», en *William and Mary Journal of Women and the Law* 3 (1): 163-88.

MCDONAGH, E. L., 1999: «My Body, My Consent: Securing the Constitutional Right to Abortion Funding», en *Albany Law Review* 62 (3): 1057-1118.

MCQUIGG, R. J. A., 2011: *International Human Rights Law and Domestic Violence: The Effectiveness of International Human Rights Law*. London: Routledge.

MÉDICI, A., 2010: «Teoría constitucional y giro decolonial: narrativas y simbolismo de las constituciones: reflexiones a propósito de la experiencia de Bolivia y Ecuador» en *Otros Logos: Revista de Estudios Críticos* 1 (1): 94-124.

MEENA, R., 2014: *Gender Analysis of the Proposed Constitution of the United Republic of Tanzania: Gains and Challenges*. Deventer: Women Fund Tanzania.

MEYER, D. D., 2000: «The Paradox of Family Privacy», en *Vanderbilt Law Review* 53 (2): 527-95.

MILL, J. S. y MILL, H. T., 1970a: *Essays on Sex Equality*. Editado por ROSSI, A. S. Chicago: University of Chicago Press.

MILL, J. S. y MILL, H. T., 1970b: «The Subjection of Women», en ROSSI, A. S. (ed.), *Essays on Sex Equality*. Chicago: University of Chicago Press.

MILLÁN, M., 2014: «Alcances político-ontológicos de los feminismos indígenas», en *Más allá del feminismo: caminos para andar*. México, D.F.: Red de Feminismos Descoloniales, pp. 119-44.

MILLS, C. W., 1997: *The Racial Contract*. Ithaca: Cornell University Press.

MILLS, C. W., 2007: «Intersecting Contracts», en PATEMAN, C. y MILLS, C. W. (eds.), *Contract and Domination*. Cambridge: Polity Press.

MISHTAL, J., 2019: «Reproductive Governance and the (Re)Definition of Human Rights in Poland», en *Medical Anthropology* 38 (2): 182-94.

MODY, Z., 2013: «Whose Law Is It Anyway?: A Flashpoint in Religion Fundamentalism», en *10 Judgements That Changed India*. New Delhi: Shobhaa De Books.

MOLLER OKIN, S., 1999: *Is Multiculturalism Bad for Women*. Princeton, NJ: Princeton University.

MONOPOLI, P., 2006: «Gender and Constitutional Design», en *Yale Law Journal* 115 (9): 2643-51.

MORGAN, M. I., 1990: «Founding Mothers: Women's Voices and Stories in the 1987 Nicaraguan Constitution», en *Boston University Law Review* 70 (1): 1-107.

MORGAN, M. I., 2005: «Emancipatory Equality: Gender Jurisprudence under the Colombian Constitution», en BAINES, B. y RUBIO-MARÍN, R. (eds.), *Gender of Constitutional Jurisprudence*. Cambridge: Cambridge University Press, pp. 75-99.

Mos, M., 2020: «The Anticipatory Politics of Homophobia: Explaining Constitutional Bans on Same-Sex Marriage in Post-Communist Europe», en *East European Politics* 36 (3): 395-416.

Moscati, M. F. y Phuyal, H., 2009: «The Third Gender Case of the Supreme Court of Nepal on the Rights of Lesbian, Gay, Bisexual, Transsexual and Intersex People», en *Journal of Comparative Law* 4 (2): 291-97.

Murphy, R., 2004: «Constitutional Rights Discourse: Canadian and South African Feminist Engagement», en Dobrowolsky, A. y Hart, V. (eds.), *Women Making Constitutions: New Politics and Comparative Perspectives*. Basingstoke: Palgrave Macmillan, pp. 20-35.

Murray, M., 2016: «*Obergefell v. Hodges* and Nonmarriage Inequality», en *California Law Review* 104 (5): 1207-58.

Murray, C. y Wittke, C., 2017: «International Institutions, Constitution-Making and Gender», en Irving H. (ed.), *Constitutions and Gender*. Cheltenham, UK: Edward Edgar, pp. 107-32.

Nanda, S., 1999: *Neither Man nor Woman: The Hijras of India*, 2da. ed. Belmont: Wadsworth Publishing Company.

Nash, E. y Guarneri, E., 2023: «Six Months Post-Roe, 24 US States Have Banned Abortion or Are Likely to Do So: A Roundup», en Guttmacher Institute, 10 de enero de 2023, https://www.guttmacher.org/2023/01/six-months-post-roe-24-us-states-have-banned-abortion-or-are-likely-do-so-roundup.

Ndulo, M., 2011: «African Customary Law, Customs, and Women's Rights», en *Indiana Journal of Global Legal Studies* 18 (1): 87-120.

Nedelsky, J., (2012): «The Gendered Division of Household Labor: An Issue of Constitutional Rights», en Baines, B., Barak-Erez, D. y Kahana, T. (eds.), *Feminist Constitutionalism: Global Perspectives*. Cambridge: Cambridge University Press, pp. 15-47.

NeJaime, D. y Siegel, R. B., 2013: «Conscience Wars Complicity-Based Conscience Claims in Religion and Politics, en *Yale Law Journal* 124 (7): 2516-91.

NeJaime, D. y Siegel, R., 2020: «Conscience Wars in the Americas», en *Latin American Law Review* (5): 1-26.

Newman, L. M., 1999: *White Women's Rights: The Racial Origins of Feminism in the United States*. New York: Oxford University Press.

Nijsten, M., 1990: *Abortion and Constitutional Law: A Comparative European-American Study*. Firenze, IT: European University Institute.

Nussbaum, M. C., 2005: «India, Sex Equality, and Constitutional Law», en Baines, B. y Rubio-Marín, R. (eds.), *The Gender of Constitutional Jurisprudence*. Cambridge: Cambridge University Press, pp. 174-204.

Nussbaum, M. C., 2010: *From Disgust to Humanity: Sexual Orientation & Constitutional Law*. Oxford: Oxford University Press.

O'Cinneide, C. y Stelzer, M., 2013: «Horizontal Effect / State Action», en Tushnet, M., Fleiner T. y Saunders C. (eds.), *Routledge Handbook of Constitutional Law*. London: Routledge, pp. 177-88.

Okin, M., 1979: *Women in Western Political Thought*. Princeton, NJ: Princeton University Press.

Olsen, F. E., 1983: «The Family and the Market: A Study of Ideology and Legal Matter», en *Harvard Law Review* 96 (7): 1497-1578.

Organización de los Estados Americanos (OEA), 1994: Convención Interamericana para Prevenir, Sancionar y Erradicar la Violencia contra la Mujer («Convención de Belém do Pará»), 9 de junio de 1994.

Organización de las Naciones Unidas (ONU), 1989: Recomendación General n.° 12: violencia contra la mujer, en *Informe del Comité para la Eliminación de la Discriminación contra la Mujer*, Doc. ONU A/44/38.

Organización de las Naciones Unidas (ONU), 1993 (14-25 de junio): Conferencia Mundial sobre los Derechos Humanos, *Declaración y programa de acción de Viena*, ¶ 18, Doc. ONU A/CONF. 157/23.

Orloff, A. S., 1993: «Gender and the Social Rights of Citizenship: The Comparative Analysis of Gender Relations and Welfare States», en *American Sociological Review* 58 (3): 303-28.

Osella, S., 2020: «"De-gendering" the Civil Status?: A Public Law Problem», *International Journal of Constitutional Law* 18 (2): 471-75.

Osella, S., 2022: «Reinforcing the Binary and Disciplining the Subject: The Constitutional Right to Gender Recognition in the Italian Case-Law», en *International Journal of Constitutional Law* 20 (1): 454-75.

Osella, S. y Rubio-Marín, R., 2021: «The Right to Gender Recognition before the Colombian Constitutional Court: A Queer and *Travesti* Theory Analysis», en *Bulletin of Latin American Research* 40 (5): 650-64.

Osella, S. y Rubio-Marín, R., 2023: «Gender Recognition at the Crossroad: Four Ways to Go and the Compass of Comparative Law», en *International Journal of Constitutional Law* 21 (2): 574-602.

Oviedo, M. E. y Wexler, B., 2005: «Las mujeres en el proceso constituyente en Bolivia», en *Historia Regional* 27 (3): 221-28.

Palacios Jaramillo, P., 2008: «Los derechos de las mujeres en la nueva Constitución», Institut de recherche et débat sur la governance-IRG.

Parashar, A., 1992: *Women and Family Law Reform in India: Uniform Civil Code and Gender Equality*. New Delhi: Sage Publications.

Pateman, C., 1988a: «The Patriarchal Welfare State», en Gutmann, A. (ed.), *Democracy and the Welfare State (Studies from the Project on the Federal Social Role)*. Princeton, NJ: Princeton University Press, pp. 231-60.

Pateman, C., 1988b: *The Sexual Contract*. Stanford: Stanford University Press.

PATEMAN, C., 1994: «Three Questions about Womanhood Suffrage», en DALEY C. y NOLAN, M. (eds.), *Suffrage and Beyond: International Feminist Perspectives*. New York: New York University Press, pp. 331-48.

PATEMAN, C., 2007a: «On Critics and Contract», en PATEMAN, C. y MILLS, C. W. (eds.), *Contract and Domination*. Cambridge: Polity Press.

PATEMAN, C., 2007b: «Race, Sex and Indifference», en PATEMAN, C. y MILLS, C. W. (eds.), *Contract and Domination*. Cambridge: Polity Press.

PATEMAN, C., 2007c: «The Settler Contract», en PATEMAN, C. y MILLS., C. W. (eds.), *Contract and Domination*. Cambridge: Polity Press.

PATERNOTTE, D., 2015: «Global Times, Global Debates? Same-Sex Marriage Worldwide», en DALY, M. y HOBSON, B. (eds.), «Social Politics 20 Years On», special issue, *Social Politics: International Studies in Gender, State & Society* 22 (4): 653-74.

PATERNOTTE, D. y KUHAR, R., 2017: «The Anti-gender Movement in Comparative Perspective», en KUHAR, R. y PATERNOTTE, D. (eds.), *Anti-gender Campaigns in Europe: Mobilizing Against Equality*. London: Rowman and Littlefield International Ltd., pp. 253-76.

PATERNOTTE, D. y KUHAR, R., 2018: «Disentangling and Locating the "Global Right": Anti-gender Campaigns in Europe», en VERLOO, M. y PATERNOTTE, D. (eds)., «The Feminist Project under Threat in Europe», special issue, *Politics and Governance* 6 (3): 6-19.

PATERNOTTE, D. y VERLOO, M., 2021: «De-democratization and the Politics of Knowledge: Unpacking the Cultural Marxism Narrative», en LOMBARDO, E., KANTOLA, J. y RUBIO-MARÍN, R. (eds.), «De-democratisation and Opposition to Gender Equality Politics in Europe», special issue, *Social Politics* 28 (3): 556-78.

PAUTASSI GRANDOLI, L., 2021: «El derecho humano al cuidado. Su relevancia constitucional» en ARRAIGADA ACUÑA, I., GUZMÁN BARCOS, V. y CENTRO DE ESTUDIOS DE LA MUJER (eds.), *Las tramas del cuidado en la Nueva Constitución*. Santiago de Chile: Juntas en Acción y Centro de Estudios de la Mujer, pp. 35-45.

PAUTASSI, L., 2018: «El cuidado como derecho: un camino virtuoso, un desafío inmediato», en *Revista de la Facultad de Derecho de México* 68 (272): 717-42.

PETÖ, A., 2021: «Gender and Illiberalism», en SAJÓ, A., ULTZ, R. y HOLMES, S. (eds.), *Routledge Handbook of Illiberalism*. Abingdon-Oxon: Taylor & Francis Group, pp. 313-25.

PEW RESEARCH CENTER, 2015: «Same-Sex Marriage Around the World». https://www.pewresearch.org/religion/fact-sheet/gay-marriage-around-the-world/.

PEZZINI, B., 2007: «Donne e costituzione: le radici ed il cammino», en *Studi e ricerche di storia contemporanea* (68): 163-87.

Pezzini, B., 2010: «Il matrimonio same sex si potrà fare. La qualificazione della discrezionalità del legislatore nella sentenza n. 138/2010 della Corte Costituzionale», en *Rivista AIC-Associazione dei Constituzionalisti* (4). https://www.rivistaaic.it/it/rivista/ultimi-contributi-pubblicati/barbara-pezzini/il-matrimonio-same-sex-si-potr-fare-la-qualificazione-della-discrezionalit-del-legislatore-nella-sentenza-n-138-2010-della-corte-costituzionale.

Pezzini, B., 2012: «La struttura di genere della famiglia nella giurisprudenza costituzionale», en Pezzini, B. (ed.), *Genere e diritto. Come il genere costruisce il diritto e il diritto costruisce il genere*. Bergamo: Bergamo University Press-Sestante Edizioni, pp. 43-63.

Phillips, A., 1995: *The Politics Of Presence*. Oxford: Clarendon Press.

Phillips, P., 2007: *Multiculturalism without Culture*. Princeton, NJ: Princeton University Press.

Pinto, M., 2018: «Gender Parity in the Religious and Political Sphere of Israel», en Rubio-Marín, R. y Kymlicka, W. (eds.), *Gender Parity and Multicultural Feminism: Towards a New Synthesis*. Oxford: Oxford University Press, pp. 119-49.

Piscopo, J. M., 2015: «States as Gender Equality Activists: The Evolution of Quota Laws in Latin America», en *Latin America Politics and Society* 57 (3): 27-49.

Pitanguy, J., 2011: «Mulheres, constituinte e constituição», en Abreu, M. A. (ed.), *Redistribuição, reconhecimento e representação: diálogos sobre igualdade de gênero*. Brasília: IPEA, pp. 17-46.

Polikoff, N. D., 2009: *Beyond (Straight and Gay) Marriage: Valuing All Families under the Law*. Boston: Beacon Press.

Popa, R. M., 2003a: «Socialism and Gender (In)equality: Gender Relations in Socialist Theory and in the Context of Late Socialist Family and Reproductive Policies in Hungary, Poland and Romania» (tésis de máster). Central European University-Budapest College.

Popa, R. M., 2003b: «The Socialist Project for Gender (In)Equality: A Critical Discussion», en *Journal for the Study of Religion and Ideologies* 2 (6): 49-72.

Portuondo, L., 2018: «The Overdue Case Against Sex-Segregated Bathrooms», en *Yale Journal of Law and Feminism* 29 (2): 465-526.

Pou Giménez, F., 2022: «El matrimonio igualitario en la Suprema Corte de México: protección de derechos en una corte no activista», en Fuchs, M-C. y Hennig Leal, M. C. (eds.), *Activismo judicial: cómo deciden los tribunales constitucionales en América Latina. Un análisis a partir del matrimonio civil igualitario*. Bogotá: Konrad Adenauer Stiftung, pp. 285-344.

Pou Giménez, F., Rubio Marín, R. y Undurraga Valdés, V. (eds.), 2024: *Women, Gender, and Constitutionalism in Latin America*. London: Routledge.

Pou Giménez, F. y Treviño Fernández, S., 2024: «Gender and Constitutionalism in Mexico», en Pou Giménez, F., Rubio Marín, R. y Undurraga Valdés, V., (eds.), *Women, Gender, and Constitutionalism in Latin America*. London: Routledge, pp. 171-98.

PUGIOTTO, A. 2010: «Una lettura non reticente della sent. n. 138/2010: il monopolio eterosessuale del matrimonio», en *Forum di Quaderni Costituzionali*. http://www.forumcostituzionale.it/wordpress/images/stories/pdf/documenti_forum/paper/0226_pugiotto.pdf.

QUERALT JIMÉNEZ, A., 2023: «Desinformación por razón de sexo y redes sociales», en *International Journal of Constitutional Law* 21(5): 1589-1619.

QUINTERO, B., 2006: «Las mujeres colombianas y la Asamblea Nacional Constituyente de 1991: participación e impactos», en MONTAÑO, S. y ARANDA, V. (eds.), *Reformas constitucionales y equidad de género: informe final* (Seminario internacional, Santa Cruz de la Sierra, 21, 22 y 23 de febrero de 2005). Santiago de Chile: Naciones Unidas, pp. 269-85.

RADAY, F., 2022: «The Fight against Being Silenced», en CHESLER, P. y HAUTS, R. (eds), *Women of the Wall: Claiming Sacred Ground at Judaism's Holy Site*. Woodstock, VT: Jewish Lights Publishing, pp. 115-33.

RANDALL, V., 2006: «Legislative Gender Quotas and Indian Exceptionalism: The Travails of the Women's Reservation Bill», en *Comparative Politics* 39 (1): 63-82.

RANDOLPH FRYE, P., 2003: Prefacio, «Appendix: The International Bill of Gender Rights», en CURRAH, P., JUANG, R. M. y PRICE MINTER, S. (eds.), *Transgender Rights*. Minneapolis, MN: University of Minnesota Press, pp. 327-32.

RAZACK, S., 1991: *Canadian Feminism and the Law: The Women's Legal Education and Action Fund and the Pursuit of Equality*. Toronto, ON: Second Story Press.

RÉAUME, D., 2018: «Rewriting Equality II», en «Rewriting Equality II / Récrire l'égalité II», special issue, *Canadian Journal of Women and the Law* 30 (2) (2018): i-x.

REDDING, J. A., 2020: «Les droits des personnes transgenres au Pakistan (2009-2019)», en *Droit et Cultures* (80).

REDDY, G., 2005: *With Respect to Sex: Negotiating Hijra Identity in South India*. Chicago: The University of Chicago Press.

REED AMAR, A., 1995: «Women and the Constitution», en *Harvard Journal of Law and Public Policy* 18 (2): 465-74.

RESNIK, J., 2001: «Categorical Federalism: Jurisdiction, Gender, and the Globe», en *Yale Law Journal* 111 (3): 619-80.

RESNIK, J., 2002: «Reconstructing Equality: Of Justice, Justicia, and the Gender of Jurisdiction», en *Yale Journal of Law and Feminism* 14 (1): 393-418.

RICO LINAGE, R., 1989: *Constituciones históricas*. Sevilla: Universidad de Sevilla.

ROBERTS, C., 2004: *Founding Mothers: The Women Who Raised Our Nation*. New York: William Morrow.

Rodriguez de Assis Machado, M. y Alves Maciel, D., 2017: «The Battle over Abortion Rights in Brazil's State Arenas, 1995-2006», en *Health and Human Rights Journal* 19 (1): 119-31.

Rodriguez de Assis Machado, M. y Cook, R. J., 2018: «Constitutionalizing Abortion in Brazil», en *Revista de Investigações Constitucionais* 5 (3): 185-231.

Rodríguez Ruiz, B., 2010: «Hacia un estado post-patriarcal: feminismo y cuidadanía», en *Revista de Estudios Políticos* (149): 87-122.

Rodríguez Ruiz, B., 2017: *Género y Constitución: Mujeres y Varones en el Orden Constitucional Español*. Lisboa, Portugal: Juruá.

Rodríguez Ruiz, B., 2023: «Consensuando el Disenso: Autodeterminación Reproductiva y Ciudadanía Democrática», en *Teoría y Realidad Constitucional* 52: 495-519.

Rodríguez Ruiz, B. y Rubio-Marín, R., 2008: «The Gender of Representation: On Democracy, Equality, and Parity», en *International Journal of Constitutional Law* 6 (2): 287-316.

Rodríguez-Ruiz, B. y Rubio-Marín, R., 2009: «Constitutional Justifications for Parity Democracy», en *Alabama Law Review* 60 (5): 1167-90.

Rodríguez-Ruiz, B. y Rubio Marín, R., (eds.), 2012a: *The Struggle for Female Suffrage in Europe: Voting to Become* Citizens. Leiden-Boston: Brill.

Rodríguez-Ruiz, B. y Rubio-Marín, R., 2012b: «On Parity, Interdependence, and Women's Democracy», en Baines, B., Barak-Erez, D. y Kahana, T. (eds.), *Feminist Constitutionalism: Global Perspectives*. Cambridge: Cambridge University Press, pp. 188-203.

Rodríguez Ruíz, B. y Sacksofsky, U., 2005: «Gender in the German Constitution», en Baines, B. y Rubio-Marín, R. (eds.), *The Gender of Constitutional Jurisprudence*. Cambridge: Cambridge University Press, pp. 149-73.

Roggeband, C. y Krizsán, A., 2018: «Reversing Gender Policy Progress: Patterns of Backsliding in Central and Eastern European New Democracies», en *European Journal of Politics and Gender* 1 (3): 367-85.

Röhner, C., 2019: *Ungleichheit und Verfassung. Vorschlag für eine relationale Rechtsanalyse*. Weilerswist: Velbrück Wissenschaft.

Röhner, C., 2021a: «Demokratische Gleichheit als gerechte Staatlichkeit Eine antidiskriminierungsrechtliche Perspektive auf den Zugang zu Staatsämtern und Parität», en Huggins, B. *et al.* (eds.), *Zugang zu Recht*. Baden-Baden: Nomos, pp. 91-109.

Röhner, C., 2021b: «Geschlechtliche Vielfalt im Recht», en Baltes-Löhr, C. y Hornstein, R_R, (eds.), *Trans*, inter*, nicht-binäre Geschlechtlichkeiten*. Stuttgart: utb.

Romanelli, R., 1994: «Circa l'ammissibilità delle donne al suffragio politico nell'Italia liberale. Le sentenze pronunciate dalla magistrature nel 1905-1907», en Pezzino, P. y Ranzato G. (eds.), *Laboratorio di storia. Studi in onore di Claudio Pavone*. Milano: Franco Angeli, pp. 127-44.

Rosero Garcés, R., Vela, M. P. y Reyes Ávila, A., 2000: *De las demandas a los derechos: las mujeres en la Constitución de 1998*. Quito, Ecuador: Foro Nacional Permanente de la Mujer Ecuatoriana - Consejo Nacional de las Mujeres - Embajada Real de los Países Bajos.

Roth, B., 2004: *Separate Roads to Feminism: Black, Chicana, and White Feminist Movements in America's Second Wave*. New York, NY: Cambridge University Press.

Rousseau, J-J., 1979: *Emile or On Education*. Traducción de Bloom, A. New York: Basic Books.

Rousseau, J-J., 2002: «The Social Contract», en *The Social Contract and The First and Second Discourses*. Traducción de Dunn, S. New Haven, CT: Yale University Press.

Rousseau, S., 2011: «Indigenous and Feminist Movements at the Constituent Assembly in Bolivia: Locating the Representation of Indigenous Women», *Latin America Research Review* 46 (2): 11-22.

Rubenstein, K. y Young, K. G. (eds.), 2016: *The Public Law of Gender: From the Local to the Global*. Cambridge: Cambridge University Press.

Rubio-Marín, R., 1999: «Mujer e igualdad: el ordenamiento constitucional; logros y posibilidades», en *Mujer e igualdad: la norma y su aplicación (Aspectos constitucionales, penales y civiles)*, Tomo I. Sevilla: IAM, pp. 1-89.

Rubio-Marín, R., 2012: «A New European Parity-Democracy Sex Equality Model and Why It Won't Fly in the United States», en *American Journal of Comparative Law* 60 (1): 99-125.

Rubio-Marín, R., 2014: «The Achievement of Female Suffrage in Europe: On Women's Citizenship», en *International Journal of Constitutional Law* 12 (1): 8-9.

Rubio-Marín, R., 2015: «The (Dis)establishment of Gender: Care and Gender Roles in the Family as a Constitutional Matter», en *International Journal of Constitutional Law* 13 (4): 787-818.

Rubio-Marín, R., 2017: «Women's Political Citizenship in New European Constitutionalism: Between Constitutional Amendment and Progressive Interpretation», en Irving H. (ed.), *Constitutions and Gender*. Cheltenham, UK: Edward Edgar, pp. 323-56.

Rubio-Marín, R., 2018: «Women's Participation in the Public Domain Under Human Rights Law: Towards a Participatory Equality Paradigm Shift?», en Rubio-Marín, R. y Kymlicka, W. (eds.), *Gender Parity and Multicultural Feminism: Towards a New Synthesis*. Oxford: Oxford University Press, pp. 66-96.

Rubio-Marín, R., 2020a: «Mujeres, espacio público, participación política y derechos humanos: ¿hacia un paradigma de democracia paritaria?», en *Revista electrónica de estudios internacionales* (39): 1-29.

Rubio-Marín, R., 2020b: «Mujeres y procesos constituyentes contemporáneos: retos y estrategias de participación», *Revista de Estudios Políticos* (187): 43-69.

RUBIO-MARIN, R., 2022c: *Global Gender Constitutionalism and Women's Citizenship: A Struggle for Transformative Inclusion*. Cambridge: Cambridge University Press.

RUBIO-MARÍN, R. y CHANG, W-C., 2013: «Sites of Constitutional Struggle for Women's Equality», en TUSHNET, M., FLEINER T. y SAUNDERS C. (eds.), *Routledge Handbook of Constitutional Law*. London: Routledge, pp. 301-12.

RUBIO-MARÍN, R. e IRVING, H., 2019a: «Introduction: Women as Constitution-Makers: The Promises and the Challenges of Participation», en RUBIO-MARÍN, R. y IRVING, H. (eds.), *Women as Constitution-Makers: Case Studies from the New Democratic Era*. Cambridge: Cambridge University Press, pp. 1-30.

RUBIO-MARÍN, R. e IRVING, H. (eds.), 2019b: *Women as Constitution-Makers: Case Studies from the New Democratic Era*. Cambridge: Cambridge University Press.

RUBIO-MARÍN, R. y KYMLICKA, W. (eds.), 2018: *Gender Parity and Multicultural Feminism: Towards a New Synthesis*. Oxford: Oxford University Press.

RUBIO-MARÍN, R. y MORGAN, M. I., 2004: «Constitutional Domestication of International Gender Norms: Categorizations, Illustrations, and Reflections from the Nearside of the Bridge», en KNOP, K. (ed.), *Gender and Human Rights*. Oxford: Oxford University Press, pp. 113-53.

RUBIO-MARÍN, R. y OSELLA, S. 2018: «Between Rights and Pragmatism: Intersexuality before the Colombian Constitutional Court», en SCHERPE, J. M., DUTTA, A. y TOBIAS HELMS, T., (eds.), *The Legal Status of Intersex Persons*. Cambridge, UK: Intersentia, pp. 319-38.

RUBIO MARÍN, R. y OSELLA, S., 2020: «El nuevo derecho constitucional a la identidad de género: entre la libertad de elección, el incremento de categorías y la subjetividad y fluidez de sus contenidos. Un análisis desde el derecho comparado», en *Revista Española de Derecho Constitucional* (118): 45-75.

RUBIO-MARÍN, R. y OSELLA, S., 2021: «La Autodeterminación de Género: *Gender Critical Radfems* a la Prueba de la Proporcionalidad», *IberICONnect* (blog), 1 de febrero de 2021. https://www.ibericonnect.blog/2021/02/la-autodeterminacion-de-genero-gender-critical-radfems-a-la-prueba-de-la-proporcionalidad/.

RUBIO-MARÍN, R. y SALAZAR BENÍTEZ, O., 2024: *El orden de género de la Constitución española: lecciones del pasado y propuesta de reconstrucción paritaria*. Granada: Comares.

RUHM, C. J. y TEAGUE, J. L., 1997: «Parental Leave Policies in Europe and North America», en BLAU, F. D. y EHRENBERG, R. (eds.), *Gender and the Family Issues in the Workplace*. New York: The Russell Sage Foundation Press, pp. 133-56.

RUIBAL, A., 2021: «Using Courts to Advance Abortion Rights in Latin America», en *International Feminist Journal of Politics* 23 (4): 579-99.

RUIZ-RISUEÑO MONTOYA, F. M., 2019: «Los derechos de las personas LGTB en la jurisprudencia del Tribunal Europeo de Derechos Humanos», en MATIA PORTILLA, F. J., PERALES, A. E. y ARROYO GIL, A. (eds.), *La protección de los derechos fundamentales de las personas LGTBI*. Valencia: Tirant lo Blanch, pp. 101-93.

Sacksofsky, U., 1996: *Das Grundrecht auf Gleichberechtigung. Eine rechtsdogmatische Untersuchung zu Artikel 3 Absatz 2 des Grundgesetzes*, 2nd ed. Baden-Baden: Nomos.

Sacksofsky, U., 2021: «Wenn Rechtfertigungen brüchig werden. Verfassungsgerichte in der Diskriminierungsbekämpfung am Beispiel der Geschlechterordnung vor dem Bundesverfassungsgericht», en Forst, R. y Günther, K. (eds.), *Normative Ordnungen*. Berlin: Suhrkamp, pp. 604-31.

Sadurski, W., 2019: *Poland's Democratic Breakdown*. Oxford: Oxford University Press.

Salazar Benítez, O., 2013: *Masculinidades y ciudadanía: los hombres también tenemos género*. Dykinson: Madrid.

Salazar Benítez, O., 2019: *Igualdad, derecho y género*. Santiago de Chile: Ediciones Jurídicas Olejnik.

Salazar Benítez, O., 2021: «La interpretación y aplicación del Derecho en clave feminista», en Cárdenas Cordón, A. y Salazar Benítez, O. (ed.), *La interpretación y aplicación del Derecho en clave de igualdad de género*. Valencia: Tirant lo Blanch, pp. 34-77.

Salazar Marín, D., 2024: «Gender Constitutionalism in Ecuador» en Pou Giménez, F., Rubio Marín, R. y Undurraga Valdés, V., (eds.), *Women, Gender, and Constitutionalism in Latin America*. London: Routledge, pp. 230-55.

Saunders, C., 2012: «Constitution-Making in the 21st Century», en *International Review of Law* (1).

Scheppele, K. L., 2019: «The Opportunism of Populists and the Defense of Constitutional Liberalism», en *German Law Journal* 20: 314-31.

Schloesser, P. E., 2002: *The Fair Sex: White Women and Racial Patriarchy in the Early American Republic*. New York: New York University Press.

Scott, H., 1976: *Women and Socialism: Experiences from Eastern Europe*. London: Alison & Busby.

Semmalar, G. I., 2014: «Gender Outlawed: The Supreme Court Judgment on Third Gender and its Implications», en Round Table India, 18 de abril de 2014. https://www.roundtableindia.co.in/because-we-have-a-voice-too-the-supreme-court-judgment-on-third-gender-and-its-implications/.

Shachar, A., 2001: *Multicultural Jurisdictions: Cultural Differences and Women's Rights*. Cambridge: Cambridge University Press.

Sharpe, A., 2020: «Will Gender Self-Declaration Undermine Women's Rights and Lead to an Increase in Harms?», en *Modern Law Review* 83 (3): 539-57.

Sharpe, R. J. y McMahon, P. I., 2007: *The Persons Case: The Origins and Legacy of the Fight for Legal Personhood*. Toronto: University of Toronto Press.

Shaw, J., 2020: *The People in Question: Citizens and Constitutions in Uncertain Times*. Bristol: Bristol University Press.

Sieder, R. y Barrera Vivero, A., 2018: «Challenging Male Dominance in Norm-Making in Contexts of Legal Pluralism: Insights from the Andes», en Rubio-Marín, R. y Kymlicka, W. (eds.), *Gender Parity and Multicultural Feminism: Towards a New Synthesis*. Oxford: Oxford University Press, pp. 238-72.

Siegel, R. B., 1996: «"The Rule of Love": Wife Beating as Prerogative and Privacy», en *Yale Law Journal* 105 (8): 2117-2207.

Siegel, R. B., 2002: «She the People: The Nineteenth Amendment, Sex Equality, Federalism, and the Family», en *Harvard Law Review* 115 (4): 947-1046.

Siegel, R. B., 2004: «Equality Talk: Antisubordination and Anticlassification Values in Constitutional Struggles over Brown», en *Harvard Law Review* 117 (5): 1470-1547.

Siegel, R. B., 2006: «Constitutional Culture, Social Movement Conflict and Constitutional Change: The Case of De Facto ERA; 2005-06 Brennan Centre Symposium Lecture», en *California Law Review* 94 (5): 1323-1419.

Siegel, R. B., 2008: «Dignity and the Politics of Protection: Abortion Restrictions under Casey/Carhart», en *Yale Law Journal* 117: 1694-1800.

Siegel, R. B., 2012: «The Constitutionalization of Abortion», en Rosenfeld, M. y Sajó, A. (eds.), *The Oxford Handbook of Comparative Constitutional Law*. Oxford: Oxford University Press, pp. 1057-78.

Siegel, R. B., 2020a: «The Nineteenth Amendment and the Democratization of the Family», en *Yale Law Journal Forum* 129: 450-95.

Siegel, R. B., 2020b: «The Pregnant Citizen, from Suffrage to the Present», en Paras, G. (ed.), «Nineteenth Amendment Edition», special issue, *The Georgetown Law Journal* 108: 167-230.

Siegel, R. B., 2023: «History of History and Tradition: The Roots of *Dobbs*'s Method (and Originalism) in the Defense of Segregation», en *Yale Law Journal of Forum* 133: 99-160.

Singh, P., 2016: «Enforcing Social Rights through Public Interest Litigation: An Overview of the Indian Experience», en Deva, S. (ed.), *Socio-Economic Rights in Emerging Free Markets: Comparative Insights from India and China*. London: Routledge, pp. 101-22.

Skąpska, G., 2017: «The Decline of Liberal Constitutionalism in East Central Europe». en Vihalemm, P., Masso, A. y Opermann, S. (eds.), *Routledge International Handbook of European Social Transformations*. New York: Routledge, pp. 130-45.

Śledzińska-Simon, A., (en revisión): «Women's Rights in the Trajectory of Constitutional Change in Poland».

Smith, L. y Wachtel, E., 1992: *A Feminist Guide to the Canadian Constitution*. Ottawa, ON: Canadian Advisory Council on the Status of Women.

Sneider, A, 2010: «The New Suffrage History: Voting Rights in International Perspective», en *History Compass* 8 (7): 692-703.

SONG, S., 2001: *Justice, Gender and the Politics of Multiculturalism*. Cambridge: Cambridge University Press.

SPERTI, A., 2017: *Constitutional Courts, Gay Rights and Sexual Orientation Equality*. Oxford: Hart Publishing.

STRATIGAKI, M., 2004: «The Cooptation of Gender Concepts in EU Policies: The Case of "Reconciliation of Work and Family"», en *Social Politics: International Studies in Gender, State & Society* 11 (1): 30-56.

STRAUSS, G., 2018: «What's Wrong with *Obergefell*», en *Cardozo Law Review* 40 (2): 631-85.

STROBEL, M., 2002: «Women's History, Gender History, and European Colonialism», en BLUE, G., BUNTON, M. y CROIZIER, R. (eds.), *Colonialism and the Modern World: Selected Studies*. Armonk, NY: M. E. Sharpe.

SUK, J. C., 2010: «Are Gender Stereotypes Bad for Women? Rethinking Antidiscrimination Law and Work-Family Conflict», en *Columbia Law Review* 110 (1): 1-69.

SUK, J. C., 2018: «Feminist Constitutionalism and the Entrenchment of Motherhood», en SARAT, A. (ed.), *Special Issue: Law and the Imagining of Difference*. Bingley: Emerald Publishing Limited, pp. 107-33.

SUK, J. C., 2020: *We the Women: The Unstoppable Mothers of the Equal Rights Amendment*. New York: Skyhork Publishing.

SULLIVAN, K. M., 2002: «Constitutionalizing Women's Equality», en *California Law Review* 90 (3): 735-64.

SUNSTEIN, C., 1995: *Democracy and the Problem of Free Speech*. New York: Free Press.

SUTEU, S., 2017: «Women and Participatory Constitution-Making», en IRVING H. (ed.), 2017: *Constitutions and Gender*. Cheltenham, UK: Edward Edgar, pp. 19-46.

SUTEU, S. y DRAJI, I., 2015: *ABC for a Gender Sensitive Constitution: Handbook for Engendering Constitution-Making*. Traducción de FADEL, A.. Paris: Euromed Feminist Initiative IFE-EFI.

TADROS, M., 2019: «Egypt's Tale of Two Constitutions: Diverging Gendered Processes and Outcomes», en RUBIO-MARÍN, R. y IRVING, H. (eds.), *Women as Constitution-Makers: Case Studies from the New Democratic Era*. Cambridge: Cambridge University Press, pp. 314-50.

TAMARU N. y O'REILLY, M., 2018: *How Women Influence Constitution Making after Conflict and Unrest*, Inclusive Security, January 2018 Research Report.

TAMAYO NIETO, R., 2020: «Recrear el sexo: construcción discursiva del sexo en la jurisprudencia de la Corte Constitucional (1993-2019)» (tesis doctoral). Bogotá: Universidad del Rosario.

TAYLOR, B., 2004: «Mary Wollstonecraft, sobre mujer y vida pública», en CAPEL, R. M. (ed.), *Mujeres para la historia: figuras destacadas del primer feminismo*. Madrid: Abada Editores, pp. 57-80.

The Hindu, 2023: «Law and Custom: On the Supreme Court's Verdict on Same-Sex Marriage», 18 de octubre de 2023. https://www.thehindu.com/opinion/editorial/law-and-custom-on-the-supreme-courts-verdict-on-same-sex-marriage/article67431076.ece.

Thiruvengadam, A. y Hessebon, G. T., 2012: «Constitutionalism and Impoverishment: A Complex Dynamic», en Rosenfeld, M. y Sajó, A. (eds.), *The Oxford Handbook of Comparative Constitutional Law*. Oxford: Oxford University Press, pp., 153-68.

Tiojanco, B. D. G., 2024: «Gender and Constitutionalism in the Philippines», en Chang, W-C, Loper, K., Malagodi, M. y Rubio-Marín, R., (eds.), *Gender, Sexuality and Constitutionalism in Asia*. Oxford: Hart Publishing, pp. 201-30.

Toronto, J., 1993: Moral Boundaries: A Political Argument for an Ethic of Care. New York. Routledge.

Toronto, J., 2005: «Care as the Work of Citizens: A Modest Proposal», en Friedman, M. (ed.), *Women and Citizenship*. Oxford: Oxford University Press, pp. 130-46.

Tribe, L. M., 1988: *American Constitutional Law*, 2nd ed. Mineola, NY: Foundation Press.

Tribunal Constitucional, 1984: «Acórdão do Tribunal Constitucional n.º 25/84», en *Acórdãos do Tribunal Constitucional*, vol. 2. Lisboa: Coimbra Editora.

Tribunal Constitucional, 1984: «Acórdão do Tribunal Constitucional n.º 85/85», en *Acórdãos do Tribunal Constitucional*, vol. 5. Lisboa: Coimbra Editora.

Tripp, A. M., 2009: «Conflicting Agendas? Women's Rights and Customary Law in African Constitutional Reform», en Williams, S. H. (ed.), *Constituting Equality: Gender Equality and Comparative Constitutional Law*. Cambridge: Cambridge University Press, pp. 173-94.

Tully, J., 1995: *Strange Multiplicity: Constitutionalism in an Age of Diversity*. Cambridge: Cambridge University Press.

Umpiérrez Blengio, C., 2018: «Derechos políticos de la mujer en la evolución constitucional uruguaya», en *Revista de Derecho Público* 27 (54): 83-100.

UN Women, 2012; *Guidance Note: Women's Human Rights and National Constitutions, Leadership and Political Participation*. New York.

Undurraga, V., 2014: «Proportionality in the Constitutional Review of Abortion Law», en Cook, R. J., Erdman, J. N. y Dickens, B. M. (eds.), *Abortion Law in Transnational Perspective: Cases and Controversies*. Philadelphia: University of Pennsylvania Press, pp. 77-97.

United Nations Development Program (UNDP) y Asia Pacific Transgender Network (APTN), 2017: *Legal Recognition: A Multi-Country Legal and Policy Review in Asia*. Bangkok: UNDP.

UPRETI, M., 2014: «Toward Transformative Equality in Nepal: The *Lakshmi Dhikta* Decision», COOK, R. J., ERDMAN, J. N. y DICKENS, B. M. (eds.), *Abortion Law in Transnational Perspective: Cases and Controversies*. Philadelphia: University of Pennsylvania Press, pp. 279-302.

UPRIMNY, R., 2011: «The Recent Transformation of Constitutional Law in Latin America: Trends and Challenges», en *Texas Law Review* 89 (7): 1587-1609.

URBINATI, N., 2012: «Why Parité is a Better Goal than Quotas», en *International Journal of Constitutional Law* 10 (2): 465-76.

VACHUDOVA, M. A., 2020: «Ethnopopulism and Democratic Backsliding in Central Europe», en *East European Politics* 36 (3): 318-40.

VALEGA CHIPOCO, C. y BENAVIDES REVERDITTO, X., 2024: «The Ambivalent and Hetero-Cis-Normative Peruvian Constitutional Jurisprudence of the Twenty-First Century», en POU GIMÉNEZ, F., RUBIO MARÍN, R. y UNDURRAGA VALDÉS, V., (eds.), *Women, Gender, and Constitutionalism in Latin America*. London: Routledge, pp. 199-229.

VAN DER LEEST, K. *et al.*, 2007: «Engendering Constitutions: Gender Equality Provisions in Selected Constitutions-A Comparative Study Accompanied with Case Studies in Bosnia and Herzegovina, Kosovo, Montenegro and Serbia». United Nations Development Fund for Women.

VANITA, R., 2001: «Introduction: Ancient Indian Materials», en VANITA, R. y KIDWAI, S. (eds.), *Same-Sex Love in India: Readings from Literature and History*. London: Palgrave Macmillan, pp. 1-54.

VASSILEVA, R., 2018: «Bulgaria's Constitutional Troubles with the Istanbul Convention», en *Verfassungsblog* (blog), 2 de agosto de 2018. https://verfassungsblog.de/bulgarias-constitutional-troubles-with-the-istanbul-convention/

VASSILEVA, R., 2022: «A Perfect Storm: The Extraordinary Constitutional Attack Against the Istanbul Convention in Bulgaria», en *Osteuropa Recht* 68 (1): 78-96.

VENTURA FRANCH, V., 1999: *Las mujeres y la Constitución Española de 1978*. Madrid: Instituto de la Mujer.

VERGÈS, F., 2019: *Un féminisme décolonial*. Paris: La Fabrique Éditions.

VERJUS, A., 2022: *Le cens de la famille. Les femmes et le vote*. Paris: Éditions Belin.

VERLOO, M. (ed.), 2018: *Varieties of Opposition to Gender Equality in Europe*. New York-London: Routledge.

VICKERS, J., 2017: «Gendering' Federal Constitutions», en IRVING H. (ed.), *Constitutions and Gender*. Cheltenham, UK: Edward Edgar, pp. 163-94.

VITA, L., 2021: «Constitucionalismo social y perspectiva de géneros: La constitución económica de las mujeres», en RONCONI, L. *et al.* (eds.), *Tratado de géneros, derechos y justicia. Derecho constitucional y derechos humanos*. Buenos Aires: Rubinzal-Culzoni Editores, pp. 41-60.

VOGEL, H-J., 1995: «Verfassungsreform und Geschlechterverhältnis-Zur Ergänzung des Art. 3 Abs. 2 GG durch ein Staatsziel Frauenförderung», en KLEIN,

E., GEBAUER, K-E. y BENDA, E. (eds.), *Grundrechte, soziale Ordnung und Verfassungsgerichtsbarkeit. Festschrift für Ernst Benda zum 70. Geburtstag*. Heidelberg: C. F. Müller, pp. 395-420.

VOJDIK, V. K., 2007: «Conceptualizing Intimate Violence and Gender Equality: A Comparative Approach», *Fordham International Law Journal* 31 (2): 487-527.

VOLPP, L., 2001: «Feminism Versus Multiculturalism», en *Columbia Law Review* 101 (5): 1181-1218.

WALLACH SCOTT, J., 2004: «French Universalism in the Nineties», *Differences: A Journal of Feminist Cultural Studies* 15 (2): 32-53.

WALLACH SCOTT, J., 2005: *Parité! Sexual Equality and the Crisis of French Universalism*. Chicago: Chicago University Press.

WATSON HAMILTON, J. y KOSHAN, J., 2015: «Adverse Impact: The Supreme Court's Approach to Adverse Effects Discrimination under Section 15 of the Charter», en *Review of Constitutional Studies* 19 (2): 191-235.

WEBER, M., 1907: *Ehefrau und Mutter in der Rechtsentwicklung*. Tübingen: J. C. B. Mohr.

WERSIG, M., 2011: «Overcoming the Gender Inequalities of Joint Taxation and Income Splitting: The Case of Germany», en BROOKS, K., GUNNARSSON, Å., PHILIPPS, L. y WERSIG, M. (eds.), *Challenging Gender in Tax Policy Making: Comparative Perspectives*. Oxford: Hart Publishing.

WIEGMANN, B., 2003: «Der Hürdenlauf der Frauen im Recht seit 1900», en Ministerium für Gesundheit, Soziales, Frauen und Familie des Landes Nordrhein-Westfalen (ed.), *Frauen und Recht Reader*. Düsseldorf.

WHITEHURST, L. 2022: «Michigan, Vermont Join California in Enshrining Abortion Rights in State Constitution», en *Los Angeles Times*, 9 de noviembre de 2022. https://www.latimes.com/politics/story/2022-11-09/abortion-rights-protected-michigan-vermont-california.

WILLIAMS, J., 2000: *Unbending Gender: Why Family and Work Conflict and What to Do about It*. Oxford: Oxford University Press.

WILLIAMS, S. H, 2009a: *Constituting Equality: Gender Equality and Comparative Constitutional Law*. Cambridge: Cambridge University Press.

WILLIAMS, S. H., 2009b: «Feminist Theory and Freedom of Speech», en *Indiana Law Journal* 84 (3): 999-1013.

WILLIAMS, S. H., 2012: «Democratic Theory, Feminist Theory, and Constitutionalism», en BAINES, B., BARAK-EREZ, D. y KAHANA, T. (eds.), *Feminist Constitutionalism: Global Perspectives*. Cambridge: Cambridge University Press, pp. 393-410.

WILLIAMS, S. H., 2017: «Religion, Custom, and Legal Pluralism», en IRVING H. (ed.), *Constitutions and Gender*. Cheltenham, UK: Edward Edgar, pp. 413-37.

WING, A. K. y NIGH SMITH, M., 2006: «Critical Race Feminism Lifts the Veil?: Muslim Omen, France, and the Headscarf Ban», en *UC Davis Law Review* 39 (3): 743-90.

YOSHINO, K. y KAVEY, M., 2012: «Immodest Claims and Modest Contributions: Sexual Orientation in Comparative Constitutional Law», en ROSENFELD, M. y SAJÓ, A. (eds.), *The Oxford Handbook of Comparative Constitutional Law*. Oxford: Oxford University Press, pp. 1079-98.

YOUNG, I. M., 1989: «Polity and Group Difference: A Critique of the Ideal of Universal Citizenship», en *Ethics* 99 (2): 250-74.

YOUNG, I. M., 2011: *Justice and the Politics of Difference*. Princeton: Princeton University Press.

YOUNG, K. G., 2012: *Constituting Economic and Social Rights*. Oxford: Oxford University Press.

YOUNG, K. G., 2016: «Introduction: A Public Law of Gender?», en RUBENSTEIN, K. y YOUNG, K. G. (eds.), *The Public Law of Gender: From the Local to the Global*. Cambridge: Cambridge University Press, pp. 2-3.

ZANGHELLINI, A., 2020: «Philosophical Problems With the Gender-Critical Feminist Argument Against Trans Inclusion», en *SAGE Open* 10 (2). https://doi.org/10.1177/2158244020927029.

ZOLLINGER GIELE, J., 1995: *Two Paths to Women's Equality: Temperance, Suffrage, and the Origins of Modern Feminism*. Woodbridge, CT: Twayne Publishers.

ZUÑIGA AÑAZCO, Y. y UNDURRAGA VALDÉS, V., 2024: «The Role of Chilean Constitutional Law in Gender (In)Equality», en POU GIMÉNEZ, F., RUBIO MARÍN, R. y UNDURRAGA VALDÉS, V., (eds.), *Women, Gender, and Constitutionalism in Latin America*. London: Routledge, pp. 230-55.

Sentencias judiciales

—A—

ALEMANIA

Tribunal Constitucional Federal

BVerfGE 3, 225 (1953)
BVerfGE 6, 55 (1957)
BVerfGE 9, 237 (1959)
BVerfGE 10, 59 (1959)
BVerfGE 11, 277 (1960)
BVerfGE 17, 1 (1963)
BVerfGE 37, 217 (1974)
BVerfGE 39, 1 (1975)
BVerfGE 39, 169 (1975)
BVerfGE 47, 1 (1977)
BVerfGE 48, 327 (1978)
BVerfGE 49, 286 (1978)
BVerfGE 52, 369 (1979)
BVerfGE 56, 363 (1981)
BVerfGE 60, 123 (1982)
BVerfGE 84, 133 (1991)
BVerfGE 84, 168 (1991)
BVerfGE 85, 191 (1992)
BVerfGE 88, 87 (1993)
BVerfGE 88, 203 (1993)
BVerfGE 89, 276 (1993)
BVerfGE 92, 91 (1995)
BVerfGE 105, 1 (2002)
BVerfGE 105, 313 (2002)
BVerfG, 1 BvL 20/99 (2003)
BVerfGE 102, 288 (2003)
BVerfGE 107, 150 (2003)
BVerfGE 109, 64 (2003)
BVerfGE 113, 1 (2005)
BVerfGE 114, 357 (2005)
BVerfGE 115, 1 (2005)
BVerfGE 116, 243 (2006)

BVerfGE 121, 175 (2008)
BVerfGE 121, 241 (2008)
BVerfGE 124, 199 (2009)
BVerfGE 126, 29 (2010)
BVerfG, 1 BvL 15/11 (2011)
BVerfG, 1 BvR 1409/10 (2011)
BVerfG, 1 BvR 1853/11 (2011)
BVerfG, 1 BvR 2712/09 (2011)
BVerfGE 128, 109 (2011)
BVerfG, 1 BvL 2/10 (2012)
BVerfGE 132, 72 (2012)
BVerfGE 133, 59 (2013)
BVerfGE 133, 377 (2013)
BVerfGE 137, 273 (2014)
BVerfGE 147, 1 (2017)
BVerfG, 2 BvC 46/19 (2020)
BVerfG, 2 BvR 390/21 (2021)

Tribunal Constitucional de Turingia

ThürVerfGHG 2/20 (2019)

Tribunal Constitucional de Brandeburgo

VfgBbg 9/19 (2020)
VfgBbg 55/19 (2020)

ARGENTINA

Corte Suprema de Justicia de la Nación

Don Julieta Lanteri Renshaw, solicita se ordene su enrolamiento en su carácter de argentina naturalizada (1929), *Fallos* 154:283

F., A. L. s/medida autosatisfactiva (2012), *Fallos* 337:197

Internas de la Unidad N° 31 SPF y Otros s/Habeas corpus (2020), *Fallos* 343:15

Ortega, Daniel Héctor s/ causa n° 1011/2013 (2015), *Fallos* 338:1021

Portal de Belén–Asociación civil sin fines de lucro v. Ministerio de Salud y Acción Social de la Nación (2002), *Fallos* 325:292

Puig. Fernando Rodolfo c/Minera Santa Cruz S.A. s/ Despido (2020), *Fallos* 343:1037

Q. C., S. Y. c/ Gobierno de la Ciudad de Buenos Aires s/ amparo (2012), *Fallos* 335:452

R., C. E. s/ recurso extraordinario de inaplicabilidad de ley en causa n° 63.006 del Tribunal de Casación Penal, Sala IV (2019), *Fallos* 342:1827
Sisnero, Mirtha Graciela y Otros c/ Taldelva SRL y Otros s/ amparo (2014), *Fallos* 337:611
Visone Gloria Beatriz c/ Hospital Vicente López y Planes-Unidad Hospitalaria de General Rodríguez-s/ Accidente de trabajo (2013), *V. 206. XLV. RHE*

AUSTRALIA

Corte Suprema

Re McBain; Ex parte Australian Catholic Bishops Conference (2002), HCA 16

AUSTRIA

Tribunal Constitucional

VfGH G8/74 (1974)
VfGH G77/2018 (2018)

— B —

BÉLGICA

Corte Constitucional

Sentencia n.° 159/2004 (2004)
Sentencia n.° 145/2012 (2012)
Sentencia n.° 99/2019 (2019)

BOLIVIA

Tribunal Constitucional Plurinacional

Sentencia 0206/2014 (2014)
Sentencia 0323/2014 (2014)
Sentencia 0076/2017 (2017)
Sentencia 0577/2022-S2 (2022)

BOTSUANA

Corte Suprema

Attorney General vs. Unity Dow, Civil Appeal 4/1991 (1991)

BRASIL

Supremo Tribunal Federal

Ação Direta de Inconstitucionalidade (ADI) 1.946 DF (2003)
Ação Direta de Inconstitucionalidade (ADI) 4.277 DF (2011)
Ação Declaratória de Constitucionalidade (ADC) 19 DF (2012)
Ação Direta de Inconstitucionalidade (ADI) 4.424 DF (2012)
Arguição de Descumprimento de Preceito Fundamental (ADPF) 54 DF (2012)
Ação Direta de Inconstitucionalidade (ADI) 4.275 DF (2018)
Arguição de Descumprimento de Preceito Fundamental (ADPF) 442 DF (2018)
Argüição de Descumprimento de Preceito Fundamental (ADPF) 457 GO (2020)
Argüição de Descumprimento de Preceito Fundamental (ADPF) 460 PR (2020)
Argüição de Descumprimento de Preceito Fundamental (ADPF) 467 MG (2020)
Argüição de Descumprimento de Preceito Fundamental (ADPF) 526 PR (2020)
Argüição de Descumprimento de Preceito Fundamental (ADPF) 462 SC (litigio en curso)
Argüição de Descumprimento de Preceito Fundamental (ADPF) 466 SC (litigio en curso)
Recurso Extraordinário (RE) 670.422 RS (2018)
Recurso Extraordinário (RE) 845.779 SC (litigio en curso)

— C —

CANADÁ

Corte Suprema

A. G. Canada vs. Lavell (1974) S.C.R. 1349
A. L. L. vs. Beharriell (1995) 4 S.C.R. 536
Andrews vs. Law Society of British Columbia (1989) 1 S.C.R. 143

Benner vs. Canada (1997) 1 S.C.R. 358
Bliss vs. Canada (1979) 1 S.C.R. 18
Brooks vs. Canada Safeway Ltd. (1992) 1 S.C.R. 1219
Edwards vs. Attorney General of Canada (1928) S.C.R. 276
Edwards vs. Attorney General of Canada (1930) C.A. 124
Egan vs. Canada (1995) 2 S.C.R. 513
Fraser vs. Canada (Attorney General) (2020) 450 DLR (4th) 1
Kimberley Nixon vs. Vancouver Rape Relief Society and British Columbia Human Rights Tribunal (2007) 2007 CanLII 2772 (Can. S.C.)
Law vs. Canada (Minister of Employment and Immigration) (1999) 1 S.C.R. 497
Moge vs. Moge (1992) 3 S.C.R. 813
Native Women's Association of Canada vs. Canada (1994) 3 S.C.R. 627
New Brunswick (Minister of Health and Community Services) vs. G. (J.) (1999) 3 S.C.R. 46
Ontario (Attorney General) vs. Fraser (2020) 2 S.C.R. 3
Quebec (Attorney General) vs. A (2013) S.C.C. 5, [2013] 1 S.C.R. 61
R. vs. Butler (1992) 1 S.C.R. 452
R. vs. Carosella (1997) 1 S.C.R. 80
R. vs. Daviault (1994) 3 S.C.R. 63
R. vs. Ewanchuk (1999) 1 S.C.R. 330
R. vs. Hess; R. v. Nguyen (1990) 2 S.C.R. 906
R vs. Jarvis (2019) 1 S.C.R. 488
R. vs. Kapp (2008) 2 S.C.R. 41
R. vs. M. [M. L.] (1994) 2 S.C.R. 3
R. vs. Mills (1999) 3 S.C.R. 668
R. vs. Morgentaler (1988) 1 S.C.R. 30
R vs. O'Connor (1995) 4 S.C.R. 41
R. vs. Seaboyer (1991) 2 S.C.R. 577
Reference re Same-Sex Marriage (2004) S.C.C. 79, [2004] 3 S.C.R. 698
Symes vs. Canada (1993) 4 S.C.R. 695
Thibaudeau vs. Canada (1995) 2 S.C.R. 513
Trociuk vs. British Columbia (Attorney General) (2003) 1 S.C.R. 835
Withler vs. Canada (Attorney General) (2011) 2 S.C.R. 396

Saskatchewan

Tribunal de Apelaciones

Human Rights Commission (Sask.) vs. Engineering Students' Society, University of Saskatchewan (1989) 72 Sask. R. 161 (Can. Sask. C.A.)

Ontario

Tribunal Superior de Justicia

Jane Doe vs. Board of Commissioners of Police for the Municipality of Metropolitan Toronto et al. (1998) 39 O.R. (3d) 487

CHILE

Tribunal Constitucional

Rol 2777-15 (2015)
Rol 92795-16 (2016)
Rol 3729-17 (2017)
Rol 3751-17 (2017)
Rol 5572-18 (2019)
Rol 8792-20 (2021)

COLOMBIA

Corte Constitucional

Sentencia C-588/92 (1992)
Sentencia T-420/92 (1992)
Sentencia T-523/92 (1992)
Sentencia C-410/94 (1994)
Sentencia C-511/94 (1994)
Sentencia T-098/94 (1994)
Sentencia T-292/94 (1994)
Sentencia T-382/94 (1994)
Sentencia T-487/94 (1994)
Sentencia T-504/94 (1994)
Sentencia T-552/94 (1994)
Sentencia T-477/95 (1995)
Sentencia T-624/95 (1995)
Sentencia C-309/96 (1996)
Sentencia C-710/96 (1996)
Sentencia T-026/96 (1996)
Sentencia T-420/96 (1996)
Sentencia T-463/96 (1996)
Sentencia T-568/96 (1996)
Sentencia T-704/96 (1996)
Sentencia C-013/97 (1997)
Sentencia C-470/97 (1997)

Sentencia C-622/97 (1997)
Sentencia C-372/98 (1998)
Sentencia T-656/98 (1998)
Sentencia SU-337/99 (1999)
Sentencia C-371/00 (2000)
Sentencia C-273-03 (2003)
Sentencia C-1039/03 (2003)
Sentencia T-025/04 (2004)
Sentencia SU389/05 (2005)
Sentencia C-355/06 (2006)
Sentencia T-209/08 (2008)
Sentencia C-174/09 (2009)
Sentencia C-663/09 (2009)
Sentencia T-388/09 (2009)
Sentencia T-968/09 (2009)
Sentencia C-383/12 (2012)
Sentencia T-126/12 (2012)
Sentencia T-918/12 (2012)
Sentencia SU070/13 (2013)
Sentencia T-878/14 (2014)
Sentencia T-063/15 (2015)
Sentencia C-297/16 (2016)
Sentencia SU214/16 (2016)
Sentencia T-084/2018 (2018)
Sentencia SU599/19 (2019)
Sentencia T-114/2019 (2019)
Sentencia SU080/20 (2020)
Sentencia T-004/20 (2020)
Sentencia C-055/22 (2022)

COREA DEL SUR

Tribunal Constitucional

11-2 KCCR 770, 98Hun-Ma363 (1999)
12-2 KCCR 167, 97Hun-Ka12 (2000)
17-2 KCCR 544, 2003Hun-Ka5 (2005)
17-1 KCCR 1, 2001Hun-Ka9 (2005)
21-2 (B) KCCR 520, 2008Hun-Ba58 (2009)
2011Hun-Ba144 (2012)
2010Hun-Ba401 (2012)
26-2 (A) KCCR 226, 2013Hun-Ma423 (2014)

27-1 (A) KCCR 20, 2009Hun-Ba17 (2015)
2015Hun-Ba196 (2016)
28-1 (A) KCCR 259, 2013Hun-Ka2 (2016)
31-1 KCCR 404, 2017Hun-Ba127 (2019)

CORTE INTERAMERICANA DE DERECHOS HUMANOS

Identidad de género, e igualdad y no discriminación a parejas del mismo sexo, Opinión Consultiva OC-24/17 (2017), Serie A, No. 24.

COSTA RICA

Sala Constitucional de la Corte Suprema

Resolución n.° 00629-1994 (1994), Exp. 92-002163-0007-CO
Resolución n.° 03150-1994 (1994), Exp. 91-000327-0007-CO
Resolución n.° 00716-1998 (1998), Exp. 97-003527-0007-CO
Resolución n.° 06472-1999 (1999), Exp. 96-004468-0007-CO
Resolución n.° 02792-2004 (2004), Exp. 02-007331-0007-CO
Resolución n.° 03441-2004 (2004), Exp. 04-001884-0007-CO
Resolución n.° 13713-2008 (2008), Exp. 08-006341-0007-CO
Resolución n.° 04630-2014 (2014), Exp. 11-000329-0007-CO
Resolución n.° 15127-2016 (2016), Exp. 16-013133-0007-CO
Resolución n.° 06741-2017 (2017), Exp. 17-005257-0007-CO
Resolución n.° 12095-2018 (2018), Exp. 17-019057-0007-CO
Resolución n.° 12546-2018 (2018), Exp. 18-010751-0007-CO
Resolución n.° 12782-2018 (2018), Exp. 15-013971-0007-CO
Resolución n.° 13502-2018 (2018), Exp. 18-006593-0007-CO

Tribunal Supremo de Elecciones

Resolución n.° 1863-1999 (1999)
Resolución n.° 2837-1999 (1999)
Resolución n.° 8764-E3-2019 (2019)

CROACIA

Tribunal Constitucional

Comunicado SuS-1/2013 (2013)
Sentencia n.° U-I-60/1991 (2017)
Sentencia n.° U-I/144/2019 (2020)

— E —

ECUADOR

Corte Constitucional

Sentencia 133-17-SEP-CC (2017)
Sentencia 11-18-CN/19 (2019)
Sentencia 3-19-JP/20 (2020)

EL SALVADOR

Sala Constitucional de la Corte Suprema de Justicia

Sentencia 18/98 (2007)

ESLOVAQUIA

Tribunal Constitucional

Decisión PL. ÚS 12/01 (2007)

ESLOVENIA

Tribunal Constitucional

Decisión U-I-425/06-10 (2010)
Decisión U-I-242/12 (2013)
Decisión U-I-249/14-8 (2016)

ESPAÑA

Tribunal Constitucional

Sentencia 7/1983 (1983)
Sentencia 53/1985 (1985)
Sentencia 128/1987 (1987)
Sentencia 241/1988 (1988)
Sentencia 45/1989 (1989)
Sentencia 145/1991 (1991)
Sentencia 216/1991 (1991)
Sentencia 28/1992 (1992)
Sentencia 229/1992 (1992)
Sentencia 109/1993 (1993)
Sentencia 187/1993 (1993)

Sentencia 7/1994 (1994)
Sentencia 317/1994 (1994)
Sentencia 147/1995 (1998)
Sentencia 161/2004 (2004)
Sentencia 233/2007 (2007)
Sentencia 12/2008 (2008)
Sentencia 59/2008 (2008)
Sentencia 60/2010 (2010)
Sentencia 26/2011 (2011)
Sentencia 75/2011 (2011)
Sentencia 198/2012 (2012)
Sentencia 52/2015 (2015)
Sentencia 2/2017 (2017)
Sentencia 117/2018 (2018)
Sentencia 99/2019 (2019)

ESTADOS UNIDOS

Corte Suprema de Justica

Adkins vs. Children's Hospital, 261 U.S. 525 (1923)
Baker vs. Nelson, 409 U.S. 810 (1972)
Bradwell vs. Illinois, 83 U.S. 130 (1872)
Burwell, Secretary of Health and Human Services, et al. vs. Hobby Lobby Stores, Inc., et al., 573 U.S. 682 (2014)
Califano vs. Webster, 430 U.S. 498 (1977)
De Shaney vs. Winnebago County Department of Social Services, 489 U.S. 189 (1989)
Dobbs vs. Jackson Women's Health Organization, 597 U. S. ___ (2022)
Frontiero vs. Richardson, 411 U.S. 677 (1973)
Food and Drug Administration vs. Alliance for Hippocratic Medicine, Case No. 23-10362 (pendiente)
Geduldig vs. Aiello, 417 U.S. 484 (1974)
Griswold vs. Connecticut, 381 U.S. 479 (1965)
Harris vs. McRae, 448 U.S. 297 (1980)
June Medical Services, L.L.C. vs. Russo, 591 U.S. ___ (2020)
Lochner vs. New York, 198 U.S. 45 (1905)
Loving vs. Virginia, 388 U.S. 1 (1967)
Mackenzie vs. Hare, 239 U.S. 312 (1915)
Maher vs. Roe, 432 U.S. 464 (1977)
Masterpiece Cakeshop, Ltd., et al. vs. Colorado Civil Rights Commission et al., 584 U.S. ___ (2018)

Meyer vs. Nebraska, 262 U.S. 390 (1923)
Michael M. vs. Superior Court of Sonoma County, 450 U.S. 464 (1981)
Minor vs. Happersett, 88 U.S. 162 (1874)
Muller vs. Oregon, 208 U.S. 412 (1908)
National Coalition for Men vs. Selective Service System, 593 U.S. ___ (2021)
Nevada Department of Human Resources vs. Hibbs, 538 U.S. 721 (2003)
Nguyen vs. INS, 533 U.S. 53 (2001)
Obergefell vs. Hodges, 576 U.S. 644 (2015)
Orr vs. Orr, 440 U.S. 268, 278–80 (1979)
Peolker vs. Doe, 432 U.S. 519 (1977)
Pierce vs. Society of Sisters, 268 U.S. 510 (1925)
Planned Parenthood of Southeastern Pennsylvania, et al. vs. Casey, Governor of Pennsylvania, et al., 505 U.S. 833 (1992)
Reed vs. Reed, 404 U.S. 71 (1971)
Reynolds vs. United States, 98 U.S. 145 (1878)
Roe vs. Wade, 410 U.S. 113 (1973)
Schlesinger vs. Ballard, 419 U.S. 313 (1975)
Stanton vs. Stanton, 421 U.S. 7, 14–15 (1975)
Town of Castle Rock vs. Gonzales, 545 U.S. 748 (2005)
Turner vs. Safley, 482 U.S. 78, 95 (1987)
United States vs. Morrison, 529 U.S. 598 (2000)
United States vs. Virginia, 518 U.S. 515 (1996)
Webster vs. Reproductive Health Services, 492 U.S. 490 (1989)
Weinberger vs. Wiesenfeld, 420 U.S. 636 (1975)
Whole Woman's Health vs. Hellerstedt, 579 U.S. ___ (2016)
Zablocki vs. Redhail, 434 U.S. 374, 384 (1978)
Zubik vs. Burwell, 578 U.S. ___ (2016)

California

Corte Suprema

In re Marriage Cases (2008) 43 Cal. 4th 757, 183 P.3d 384

Connecticut

Corte Suprema

Kerrigan vs. Commissioner of Public Health (2008) 289 Conn. 135, 957 A. 2d 407

Hawái

Corte Suprema

Baehr vs. Lewin (1993) 74 Haw. 530

Iowa

Corte Suprema

Varnum vs. Brien (2009) 763 N.W.2d 862

Massachusetts

Corte Suprema

Goodridge vs. Department of Public Health (2003) 798 N.E.2d 941

Minnesota

Corte Suprema

Baker vs. Nelson (1971) 291 Minn. 310, 191 N.W.2d 185

— F —

FILIPINAS

Tribunal Supremo

Ang Ladlad LGBT Party vs. Commission on Elections (2010), G.R. No. 190582
Capin-Cadiz vs. Brent Hospital and Colleges (2016), G.R. No. 187417
Cheryll Santos Leus vs. St. Scholastica's College Westgrove et al. (2015), G.R. No. 187228
Garcia vs. Drilon (2013), G. R. No. 179267
People vs. Mahinay (2017), G.R. No. 179190
People vs. Tionloc (2017), G.R. No. 212193

FRANCIA

Consejo Constitucional

Décision n.° 74–54 DC (1975)
Décision n.° 82-146 DC (1982)

Décision n.° 2001–446 DC (2001)
Décision n.° 2006-533 DC (2006)
Décision n.° 2010-92 QPC (2011)
Décision n.° 2013-669 DC (2013)
Décision n.° 2015-465 QPC (2015)

Consejo de Estado

Décision n.° 13028 (1980)

Corte de Casación

Cámara Civil

1e. civ., 4 de mayo de 2017, 16–17.189 (2017)

— H —

HUNGRÍA

Tribunal Constitucional

Decisión 10/1990. (IV. 27.) (1990)
Decisión 14/1995. (III. 13.) (1995)
Decisión 48/1998. (XI. 23.) (1998)
Decisión 58/2001. (XII. 7.) (2001)
Decisión 32/2010. (III. 25.) (2003)
Decisión 154/2008. (XII. 17.) (2008)
Decisión 43/2012. (XII. 20.) (2012)

— I —

INDIA

Corte Suprema

Air India vs. Nargesh Meerza (1981), AIR 1981 SC 1829
Anuj Garg vs. Hotel Association of India (2007), AIR 2008 SC 663
Bharwada Bhoginbhai Hirjibhai vs. State of Gujarat (1983), AIR 1983 SC 753
Bodhisattwa Gautam vs. Miss Subhra Chakraborty (1996), AIR 1996 SCC (1) 490
Bombay Labour Union vs. Messrs International Franchises (1965), AIR 1966 SC 942
C. B. Muthamma vs. Union of India (1979), AIR 1979 SC 1868

Chairman, Railway Board vs. Mrs. Chandrima Das (2000), AIR 2000 SC 988
Chameli Singh vs. State of U. P. (1995), AIR 1996 SC 1051
Danial Latifi & Another vs. Union of India (2001), AIR 2001 SC 3958
Environmental & Consumer Protection Foundation vs. Delhi Administration (2012), 10 SCC 197
Goolrokh Gupta vs. Burjor Pardiwala, Special Leave to Appeal (C) No. 18889/2012 (2017)
Indian Young Lawyers Association vs. State of Kerala (2018), 2019 11 SCC 1
Indra Sawhney vs. Union of India (1992), AIR 1993 SC 477
Joseph Shine vs. Union of India (2018), AIR 2018 SC 4898
Justice K. S. Puttaswamy (Retd) vs. Union of India (2017), AIR 2017 SC 4161
Marri Chandra Shekhar Rao vs. Dean Seth G. S. M. (1990), 3 SCC 130
Maya Devi vs. State of Maharashtra (1986), 1 SCR 743
Mohamed Ahmed Khan vs. Shah Bano Begum & Others (1985), AIR 1985 SC 945
M/S. Shantistar Builders vs. Narayan Khimalal Totame (1990), AIR 1990 SC 630
National Legal Service Authority vs. Union of India (2014), AIR 2014 SC 1863
Navtej Singh Johar vs. Union of India (2018), AIR 2018 SC 4321
Olga Tellis vs. Bombay Municipal Corporation (1985), AIR 1986 SC 180
People's Union for Civil Liberties vs. Union of India, Writ Petition (Civil) No. 196 (2001)
Saroj Rani vs. Sudarshan Kumar (1984), AIR 1984 SC 1562
Shayara Bano vs. Union of India (2017), AIR 2017 SC 4609
Sowmithri Vishnu vs. Union of India (1985), AIR 1985 SC 1618
S. R. Bommai vs. Union of India (1994), AIR 1994 SC 1918
Sunita Tiwari vs. Union of India, Writ Petition (Civil) No. 286 (2017)
Supriyo @ Supriya Chakraborty & Anr. vs. Union of India, Writ Petition (Civil) No. 1011 (2023), INSC 920
Swati Bidhan Baruah vs. Union of India, Writ Petition (Civil) No. 51 (2020)
Tukaram vs. State of Maharashtra (1979), AIR 1979 SC 185
V. Revathi vs. Union of India (1988), 2 SCC 72
Vishaka vs. State of Rajasthan (1997), AIR 1997 SC 3011
W. Kalyani vs. State (2012), 1 SCC 358
Yasmeen Zuber Ahmad Peerzade vs. Union of India, Writ Petition (Civil) No. 472 (2019), 2 SCC 50 (1)
Yusuf Abdul Aziz vs. State of Bombay (1954), AIR 1954 SC 321

Delhi

Tribunal Superior

Harvinder Kaur vs. Harmander Singh Choudhry (1984), AIR 1984 DELHI 66

Bombay

Tribunal Superior

State of Bombay vs. Narasu Appa Mali (1952), AIR 1952 BOM 84

Punjab-Haryana

Tribunal Superior

R. S. Singh vs. State of Punjab (1972), AIR 1972 P&H 117

INDONESIA

Corte Constitucional

Decisión 22-24/PUU-VI/2008 (2008)
Decisión 46/PUU-VIII/2010 (2010)
Decisión 88/PUU-XIV/2016 (2016)

IRLANDA

Tribunal Supremo

Attorney General (Society for the Protection of the Unborn Child) vs. Open Door Counselling and Dublin Well Woman Centre Ltd. (1988), IR 593
C. C. vs. Ireland (2006), 4 IR 1
L. vs. L. (1992), 2 IR 77
Zappone and Gilligan vs. Revenue Commissioners & Ors (2006), 2 IR 417

ISRAEL

Corte Suprema / Alto Tribunal de Justicia

HCJ 153/87 *Leah Shakdiel vs. Minister of Religious Affairs et al.* (1988), 42(2) PD 221
HCJ 953/87 *Poraz vs. Lahat, Mayor of Tel Aviv-Jaffa* (1990), 41(2) PD 309
HCJ 257/89 *Hoffman vs. Commissioner of the Western Wall* (1994), 48(2) PD 265
HCJ 6300/93 *The Institution for Rabbinical Advocates Training vs. The Minister of Religion* (1994), 48(4) PD 441
HCJ 4541/94 *Alice Miller vs. Minister of Defense* (1995), 49(4) PD 94
HCJ 3358/95 *Hoffman vs. Director General of Prime Minister Office* (2000), 54(2) PD 345

HCJFH 4128/00 *Director General of Prime Minister's Office vs. Hoffman* (2003), 57(3) PD 289
HCJ 8670/11 *Emuna-the National Religious Women's Movement vs. the Committee for Appointing Rabbinic Court Judges* (2012)
HCJ 933/12 *The Center for Women's Justice vs. The Committee for Appointing Rabbinic Court Judges* (2013)
HCJ 8213/14 *Dror vs. Minister of Religious Services* (2017)

Tribunal de Distrito de Jerusalén

State of Israel vss. Bonnie Riva Ras et al., Arrest Appeal 23834-04-13 (2013)

ITALIA

Corte Constitucional

Sentenza 64/1961 (1961)
Sentenza 49/1966 (1966)
Sentenza 144/1967 (1967)
Sentenza 126/1968 (1968)
Sentenza 127/1968 (1968)
Sentenza 147/1969 (1969)
Sentenza 133/1970 (1970)
Sentenza 27/1975 (1975)
Sentenza 161/1985 (1985)
Sentenza 1/1987 (1987)
Sentenza 341/1991 (1991)
Sentenza 179/1993 (1993)
Sentenza 150/1994 (1994)
Sentenza 422/1995 (1995)
Sentenza 385/2005 (2005)
Sentenza 138/2010 (2010)
Sentenza 285/2010 (2010)
Sentenza 170/2014 (2014)
Sentenza 221/2015 (2015)
Sentenza 105/2018 (2018)
Sentenza 180/2017 (2017)
Ordinanza 185/2017 (2017)
Sentenza 131/2022 (2022)

—J—

JAPÓN

Corte Suprema

Nissan Motors, Inc. vs. Nakamoto (1981), 35(2) MINSHU 300
Case to seek revocation of the disposition of issuance of a written deportation order (2008), 2006 (Gyō-Tsu) 135, 62(6) MINSHU 1367

—M—

MALASIA

Corte Constitucional

Noorfadilla binti Ahmad Saikin vs. Chayed Basirun and Ors (2012), 1 MLJ 832

MÉXICO

Suprema Corte de Justicia de la Nación

Acción de inconstitucionalidad 2/2002 (2002)
Acción de inconstitucionalidad 2/2010 (2010)
Acción de inconstitucionalidad 146/2007 y su acumulada 147/2007 (2008)
Amparo en revisión 664/2008 (2008)
Acciones de inconstitucionalidad acumuladas 7/2009, 8/2009, and 9/2009 (2009)
Amparo directo en revisión 2252/2013 (2013)
Amparo directo en revisión 2655/2013 (2013)
Amparo directo en revisión 2764/2013 (2013)
Acción de inconstitucionalidad 45/2014 y sus acumuladas 46/2014, 66/2014, 67/2014, 68/2014, 69/2014 y 75/2014 (2015)
Amparo directo en revisión 1754/2015 (2015)
Amparo en revisión 554/2013 (2015)
Amparo directo 9/2018 (2018)
Amparo directo en revisión 5139/2018 (2018)
Amparo directo en revisión 5490/2016 (2018)
Amparo en revisión 364/2018 (2018)
Amparo directo 29/2018 (2019)
Amparo directo en revisión 7134/2018 (2019)
Amparo en revisión 331/2019 (2019)
Contradicción de tesis 275/2015 (2019)

Tribunal Electoral del Poder Judicial de la Federación

Decisión n.° SUP-JDC-1236/2015 (2015)

—N—

NACIONES UNIDAS

Comité de Derechos Humanos

Sandra Lovelace vs. Canada (1981), Comm. No. 24/1997, UN Doc. CCPR/C/13/D/24/1977

NEPAL

Corte Suprema

Meera Dhungana vs. Ministry of Law and Justice (1995), 37(6) NKP 462

Rina Bajracharya vs. HM Government Secretariat of the Council of Ministers (2000), 42(3) NKP 376

Advocate Meera Dhungana vs. Government of Nepal, Ministry of Law, Justice and Parliamentary Affairs, *Writ No. 55 of the year 2058 BS* (2001)

Sapana Pradhan Malla vs. Ministry of Law, Justice and Parliamentary Affairs (Nepal), *Writ No. 56 of the year 2058 BS* (2001)

Achyut Prasad Kharel vs. Office of the Prime Minister and Council of Ministers and Others, *Writ No. 3352 of the year 2061 BS* (2004)

Dil Bahadur Bishwakarma vs. Office of the Prime Minister, *Writ No. 3303 of the year 2061 BS* (2004)

Sapana Pradhan Malla vs. Office of the Prime Minister (2006), 48(3) NKP 289

Sapana Pradhan Malla vs. Office of the Prime Minister (2008), 50(8) NKP 917

Sunil Babu Pant vs. Government of Nepal, *Writ No. 917 of the year 2064 BS* (2007), Decision No. 7958

Jit Kumari Pageni vs. Office of the Prime Minister (2008), 50(6) NKP 664

Raju Chapagai vs. Office of the Prime Minister (2008), 50(7) NKP 823

Jyoti Poudel vs. Office of the Prime Minister (2010), 52(11) NKP 1903

Prakash Mani Sharma vs. Office of the Prime Minister (2010), 52(9) NKP 1480

Sabina Damai vs. Government of Nepal et al., *Writ No. 067-WO-0703 of the year 2067 BS* (2010)

Meera Dhungana vs. Ministry of Law and Justice, *Writ No. 2068-WS-0046 of year 2068 BS* (2011)

Manju and Others vs. Government of Nepal, *Writ No. 070-WO-0194* (2013)

— P —

PAÍSES BAJOS

Tribunal Central de Apelaciones

F.M.M. C., W.P.M. B. and A.J.C.A. vs. Regional Health Insurance Foundation (1996), LJN: AL0666

PAKISTÁN

Corte Suprema

Muhammad Aslam Khaki vs. S. S. P. (Operations) Rawalpindi, Constitutional Petition No. 43 of 2009 (2012), PLD 2013 SC 188

Corte Federal Shariat

Hammad Hussain vs. Federation of Pakistan &Another (2023), S.P. No. A.2/2023
Farhatullah Babar vs. Hammad Hussain (2023), C.Sh. A.2/2023

Corte Superior de Islamabad

Dr. Aamna Saleem Khan vs. National University of Sciences and Technology (NUST), Islamabad through Rector and 4 others (2021), PLC (CS) 212

Corte Suprema de Lahore

Sharifan vs. Federation of Pakistan (1998), PLD 1998 Lahore 59

PERÚ

Tribunal Constitucional

Expediente n.° 09332-2006-PA/TC (2007)
Expediente n.° 05652-2007-PA/TC (2008)
Expediente n.° 139-2013-PA/TC (2014)
Expediente n.° 01423-2013-PA/TC (2015)
Expediente n.° 6040-2015-PA/TC (2016)
Expediente n.° 00853-2015-PA/TC (2017)
Expediente n.° 01739-2018-PA/TC (2018)
Expediente n.° 01479/2018-PA/TC (2019)
Expediente n.° 03378-2019-PA/TC (2020)
Expediente n.° 02653-2021-PA/TC (2022)
Expediente n.° 02743-2021-PA/TC (2022)

POLONIA

Tribunal Constitucional

Decisión K 16/04 (2005), OTK-A 2005/5/51
Decisión K 18/04 (2005), OTK-A 2005/5/49
Decisión SK 62/08 (2011), OTK-A 2011/3/22
Decisión K 12/14 (2015), OTK-A 2015/9/143

PORTUGAL

Tribunal Constitucional

Acórdão n.° 25/84 (1984)
Acórdão n.° 85/85 (1985)
Acórdão n.° 75/2010 (2010)
Acórdão n.° 121/2010 (2010)

— R —

REINO UNIDO DE GRAN BRETAÑA E IRLANDA DEL NORTE

Cámara de los Lores

Regina vs. A. (2001), UKHL 25

Corte Suprema

Bull vs. Hall (2013), UKSC 73
R. (Steinfeld and Keidan) vs. Secretary of State for International Development (2018), UKSC 32

Tribunal de Empleo

Jepson and Dyas-Elliott vs. The Labour Party (1996), IRLR 116

RUMANÍA

Corte Constitucional

Sentencia 580/2016
Sentencia 907/2020

—S—

SUDÁFRICA

Corte Constitucional

Bannatyne vs. Bannatyne (2003), (2) SA 363
Bhe and Others vs. Khayelitsha Magistrate and Others (2005), (1) SA 580
Brink vs. Kitshoff (1996), (4) SA 197
Carmichele vs. Minister of Safety and Security and Another (2001), (4) SA 938
Fraser vs. Children's Court, Pretoria North and Others (1997), (2) SA 261
Government of the Republic of South Africa vs. Grootboom (2001), (1) SA 46
Gumede vs. President of the Republic of South Africa and Others (Women's Legal Center Trust as Amicus Curiae) (2009), (3) SA 152
Harksen vs. Lane (1998), (1) SA 300
Minister of Health and Others vs. Treatment Action Campaign and Others (No. 2) (2002), (5) SA 721
Minister of Home Affairs and Another vs. Fourie and Another (2006), (1) SA 524
Omar vs. The Government of the Republic of South Africa and Others (2006), (2) SA 289
President of the Republic of South Africa and Another vs. John Phillip Peter Hugo (1997), (4) SA 1
Prinsloo vs. Van der Linde (1997), (3) SA 1012
S. vs. Jordan (2002), (6) SA 642
S. vs. Makwanyane (1995), (3) SA 391
Shilubana vs. Nwamitwa (National Movement of Rural Women and Commission for Gender Equality as Amici Curiae) (2007), (5) SA 620
South African Human Rights Commission and Another vs. President of the Republic of South Africa and Another (2005), (1) SA 580
State vs. Baloyi (Minister of Justice and Another Intervening) (2000), (2) SA 425

Tribunal Supremo

Christian Lawyers' Association of South Africa vs. Minister of Health (Reproductive Health Alliance as Amicus Curiae) (1998), (4) SA 1113 (T)

Tribunal de Igualdad de Johannesburgo

Sonke Gender Justice Network vs. Malema (2010), 7 BCLR 729 (EqC)

SUIZA

Tribunal Supremo Federal

BGE 123 I 152 (1997)

—T—

TAIWÁN

Tribunal Constitucional

Interpretation No. 365 (1994)
Interpretation No. 452 (1998)
Interpretation No. 457 (1998)
Interpretation No. 666 (2009)
Interpretation No. 748 (2017)

TURQUÍA

Corte Constitucional

Decisión E.1988/4, K. 1989/3 (1990)

—U—

UNIÓN EUROPEA

Tribunal de Justicia de la Unión Europea

J. P. Jenkins vs. Kingsgate (Clothing Productions) Ltd., asunto 96/80 (1981)

Tribunal Europeo de Justicia

Eckhard Kalanke vs. Freie Hansestadt Bremen, asunto C-450/93 (1995)

Tribunal Europeo de Derechos Humanos

Christine Goodwin vs. United Kingdom, demanda n.° 28957/95 (2002)
Garçon et Nicot vs. France, demandas n.os 79885/12, 52471/13 y 56596/13 (2017)
I. vs. United Kingdom, demanda n.° 25680/94 (2003)
Leyla Sahin vs. Turkey, demanda n.° 44774/98 (2005)
Méndez Pérez vs. Spain, demanda n.° 35473/08 (2011)
Metka Zevnik and Others vs. Slovenia, demanda n.° 54893/18 (2019)
Opuz vs. Turkey, demanda n.° 33401/02 (2010)
Ratzenböck and Seydl vs. Austria, demanda n.° 28475/12 (2017)
Schalk and Kopf vs. Austria, demanda n.° 30141/04 (2010)
Staatkundig Gereformeerde Partij vs. the Netherlands, demanda n.° 58369/10 (2012)

Y. Y. vs. Turkey, demanda n.° 14793/08 (2015)
Zaunegger vs. Germany, demanda n.° 22028/04 (2010)